巴黎评论

诺奖作家访谈 上

美国《巴黎评论》编辑部 编　刘雅琼 等 译

人民文学出版社
PEOPLE'S LITERATURE PUBLISHING HOUSE

著作权合同登记号　图字 01-2023-2876

THE PARIS REVIEW INTERVIEW ANTHOLOGY Vol.10

Copyright © 2023 by THE PARIS REVIEW
This edition arranged with The Wylie Agency (UK) Ltd.
Simplified Chinese edition copyright © 2023 Shanghai 99 Readers' Culture Co., Ltd.
All rights reserved.

图书在版编目(CIP)数据

巴黎评论·诺奖作家访谈：上、下/美国《巴黎评论》编辑部编；刘雅琼等译. —北京：人民文学出版社，2023(2024.2 重印)
ISBN 978-7-02-018201-5

Ⅰ.①巴… Ⅱ.①美… ②刘… Ⅲ.①诺贝尔文学奖-作家-访问记-世界 Ⅳ.①K815.6

中国国家版本馆 CIP 数据核字(2023)第 157087 号

责任编辑　胡司棋　骆玉龙
封面制作　钱　珏

出版发行	人民文学出版社
社　　址	北京市朝内大街 166 号
邮　　编	100705
印　　刷	上海盛通时代印刷有限公司
经　　销	全国新华书店等
字　　数	791 千字
开　　本	890 毫米×1240 毫米　1/32
印　　张	30.5
版　　次	2023 年 10 月北京第 1 版
印　　次	2024 年 2 月第 3 次印刷
书　　号	978-7-02-018201-5
定　　价	148.00 元

如有印装质量问题，请与本社图书销售中心调换。电话：010-65233595

the PARIS REVIEW
INTERVIEWS

By the editors of *The Paris Review*

上述利息将被平均分成五等份,按照以下方式进行分配:[……]其中一份将被授予在文学领域某一理想方向创作出最杰出作品的人。

——引自阿尔弗雷德·诺贝尔遗嘱

目　录

T.S. 艾略特（1948）　　　　　　　　　刘雅琼 / 译　1

威廉·福克纳（1949）　　　　　　　王义国　蔡　慧 / 译　25

弗朗索瓦·莫里亚克（1952）　　　　王宏图　胡　泊 / 译　53

欧内斯特·海明威（1954）　　　　　　　　苗　炜 / 译　69

鲍里斯·帕斯捷尔纳克（1958）　　　　　温哲仙 / 译　95

约翰·斯坦贝克（1962）　　　　　　　　章乐天 / 译　123

乔治·塞菲里斯（1963）　　　　　凌　越　梁嘉莹 / 译　155

巴勃罗·聂鲁达（1971）　　　　　　　　俞冰夏 / 译　191

海因里希·伯尔（1972）　　　　　　　　吴　筠 / 译　217

索尔·贝娄（1976）　　　　　　　　　　杨向荣 / 译　239

艾萨克·巴什维斯·辛格（1978）　　　　　菊　子 / 译　263

切斯瓦夫·米沃什（1980）　　　　　　　李以亮 / 译　285

加夫列尔·加西亚·马尔克斯（1982）　　　许志强 / 译　315

克洛德·西蒙（1985）　　　　　　　　　朱艳亮 / 译　343

约瑟夫·布罗茨基（1987）　　　　　　　李以亮 / 译　361

纳吉布·马哈福兹（1988）　　　　　　　唐　江 / 译　405

卡米洛·何塞·塞拉（1989）　　　　　　陈超慧 / 译　427

奥克塔维奥·帕斯（1990）	叶　春 / 译	461
纳丁·戈迪默（1991）　　　姬方盈	臧　清 / 译	497
德里克·沃尔科特（1992）	杨铁军 / 译	539
托妮·莫里森（1993）	许志强 / 译	571
大江健三郎（1994）	许志强 / 译	609
谢默斯·希尼（1995）	罗　池 / 译	639
若泽·萨拉马戈（1998）	王　渊 / 译	685
君特·格拉斯（1999）	吴　筠 / 译	705
V.S. 奈保尔（2001）	陶泽慧 / 译	729
凯尔泰斯·伊姆莱（2002）	舒荪乐 / 译	757
哈罗德·品特（2005）	李亦男 / 译	771
奥尔罕·帕慕克（2006）	方柏林 / 译	795
多丽丝·莱辛（2007）　　　邓中良	华　菁 / 译	821
赫塔·米勒（2009）	杨振同 / 译	847
马里奥·巴尔加斯·略萨（2010）	魏　然 / 译	875
艾丽丝·门罗（2013）	梁　彦 / 译	901
石黑一雄（2017）	陶立夏 / 译	939

THE PARIS REVIEW

T.S.艾略特

1948年诺贝尔文学奖得主
获奖理由:"因其对当代诗歌所做出的卓越的开拓性贡献"

《巴黎评论》访谈发表时间:1959年

T.S.艾略特
（T. S. Eliot）

1888—1965

诗人、散文家、剧作家、文学评论家，生于美国密苏里州圣路易斯，1927年加入英国国籍。其代表作有诗歌《J.阿尔弗雷德·普鲁弗洛克的情歌》(1915)、《荒原》(1922)、《空心人》(1925)、《圣灰星期三》(1930)和《四个四重奏》(1943)等，另著有七部诗剧，其中尤以《大教堂凶杀案》(1935)、《鸡尾酒会》(1949)闻名。

1965年1月4日病逝于英国伦敦。

T.S. 艾略特

◎刘雅琼 / 译

这次访谈的地点是在纽约"书之屋"书店的路易斯·亨利·科恩夫人家,她是艾略特夫妇的朋友。客厅布置得优雅宜人,书架上收藏着一本本现代作家的作品,其种类数量蔚为可观。入口处的墙上悬挂着一幅艾略特先生的手绘像,这是由艾略特的嫂子亨利·威尔·艾略特夫人画的。桌上的银制相框里嵌着艾略特夫妇的签名婚礼照。科恩夫人和艾略特夫人坐在房间的另一头,艾略特先生和采访者面对面坐在房间中央。磁带录音机的麦克风放在两人之间的地板上。

艾略特先生精神矍铄。他刚从拿骚度假回来,在回伦敦前他会在美国短暂逗留数日。他晒黑了,而且比三年前采访者见他时似乎胖了些。总之,他看上去更年轻,精神也更愉悦。采访中,他时不时地看向妻子,好似与她心照不宣的样子。

采访者曾经在伦敦和艾略特先生聊过。从罗素广场拾级而上,就是费伯-费伯出版社的小办公室,办公室的墙上展览着很多照片:有弗吉尼亚·伍尔夫的巨幅照片,照片内嵌着庇护十二世的肖像;有I.A.理查兹、保罗·瓦莱里、W.B.叶芝、歌德、玛丽安·摩尔、查尔斯·威布雷、杜娜·巴恩斯等人的照片。在和艾略特谈话的时候,很多年轻的诗人都盯着墙上的那些面孔看。他们中有人讲过一个故事,展现了艾略特先生在谈话中未被察觉的一些方面。大家都在进行严肃的文学讨论,过了一个小时,艾略特突然想到他最后有一句建议。那

2.

was exploring his own mind also. The compositions in verse and in prose fiction to which I have just referred may I think be ignored, except for the information they can yield about their author; and his other writings, those concerned directly with theological, social or political matter, should be considered as by-products of a mind of which the primary activity was litera criticism.

I first met Middleton Murry by appointment at some meeting place whence he was to conduct me to his home for dinner and a discussion of his projects for The Athenaeum, a defunct weekly which was to be revived under his editorship. I had heard of him earlier, in the circle of Lady Ottoline Morrell where I had already met Katharine Mansfield on one occasion, but we had held no communication until he wrote to invite me to a meeting. I do not know what he had been told about me; what is important is that he had read (having had it brought to his attention no doubt) at Garsington) my first volume of Verse, Prufrock, and that it was entirely because of him this verse that he wished to ask me to become Assistant Editor of The Athenaeum under him. Of my critical writings he knew nothing: I gave him some copies of The Egoist to enable him to judge of my abilities. It speaks of the man, however, that he had made up his mind that he wanted my help with this venture without having seen any criticism of mine, and wholly on the strength of Prufrock. After a good deal of hesitation I declined; and I think that I was wise to do so, and to remain for some years at my desk in the City. I did however become one of Murry's regular contributors, reviewing some book

T.S. 艾略特的一页修改稿

个年轻诗人是个美国人,他马上要去牛津了——就像艾略特四十年前一样。这时,艾略特满脸凝重得好像他在推荐救赎的办法似的,结果他说要买件长的羊毛衬衣,因为牛津的石头很潮湿。虽然艾略特先生非常清楚他的举止及其传递的信息之间存在着令人可笑的反差,但他仍能保持和蔼慈爱的态度。

这样的亦庄亦谐,在这篇采访中随处可见,只是通过文字我们看不到他令人啼笑皆非的手势。实际上,这个采访时而戏谑,时而逗乐,时而令人捧腹。艾略特时不时哈哈大笑——特别是在谈到他早期对埃兹拉·庞德的贬损时,还有在说到他在哈佛读书期间写的未经发表、难登大雅之堂的《波洛王》等诗歌时,他笑的时候仰头靠在座椅上,发出砰砰的声音,录音不时被这种砰砰的声音打断。

——访谈者:唐纳德·霍尔[①],一九五九年

《巴黎评论》:我从头开始问吧。你还记得你小时候在圣路易斯是怎么开始写诗的吗?

T.S.艾略特:我记得我是大概十四岁时开始写诗的,我受爱德华·菲茨杰拉德翻译的《鲁拜集》启发,想用同样的风格写一些非常阴郁、邪恶、绝望的四行诗,还好我把这些诗歌都藏起来了——全部藏起来了,所以现在已经没有了。我从来没拿给任何人看。第一篇发表的诗作先是刊登在《史密斯学院校报》,后来又发表在《哈佛之声》[②],那是我交给英语老师的作业,模仿本·琼生的诗。他觉得

---

① 唐纳德·霍尔(Donald Hall,1928—2018),美国诗人、作家,《巴黎评论》首位诗歌编辑(1953—1961),2006 年被任命为美国国会图书馆第 14 任诗歌顾问(即美国桂冠诗人)。
② 《哈佛之声》(*The Harvard Advocate*)是哈佛大学本科生文艺刊物。

十五六岁的男孩能写出那样的诗歌非常好。后来，我在哈佛又写了几首诗，数量很少，但是光这些诗就让我有资格入选《哈佛之声》编辑部了，我那时觉得挺有意思的。再后来，我大三大四那两年，一下子写了不少。我读大三的时候开始读夏尔·波德莱尔和儒勒·拉福格，在他们的影响下，我变得很能写。

《巴黎评论》：有没有人专门给你介绍过法国诗人？我想应该不是欧文·白璧德吧。

艾略特：不不不，怎么也不可能是白璧德。白璧德经常让我们欣赏的诗歌是托马斯·格雷的《墓畔挽歌》。那首诗是还不错，但是我觉得这也说明了白璧德有他局限的地方。愿上帝保佑他。我觉得我应该公开说过我诗歌创作的来源，是亚瑟·西蒙斯关于法国诗歌的书，那是我在哈佛学生俱乐部楼（Harvard Union）偶然看到的。那时候，本科生各凭心愿，谁都可以去哈佛学生俱乐部楼。那里有个小图书馆很好，现在哈佛很多房子都有那种图书馆。我喜欢他书里的引文，我就跑到波士顿的哪个书店（我不记得书店的名字了，我也不知道这书店现在还在不在了），那个书店专卖法国、德国和其他一些外国书，我在那里找到了拉福格，还找到了一些别的诗人。我真没想到，那样的书店里居然有像拉福格这样一些诗人的书。老天，不知这些书在书店到底是存了多久，还是有其他人预订过。

《巴黎评论》：你读大学的时候，有没有感受到前辈诗人的巨大影响力？现在的年轻诗人，是在艾略特、庞德和史蒂文斯的时代写诗。你还记得你当时对文学时代的印象吗？我觉得你那时候和现在应该差不了多少。

艾略特：我当时对英国和美国任何一个活着的诗人都没什么特别的兴趣，我觉得这应该是好事吧。我不知道你说的"巨大影响力"是什么样的，但是我觉得这可能比较麻烦，会让人分心。还好，我们当时没有相互干扰。

《巴黎评论》：你对哈代或者罗宾逊有印象吗？

艾略特：我对罗宾逊稍微有点儿印象，因为我在《大西洋月刊》上读过一篇关于他的文章，里面引了他的一些诗，但那些诗完全不对我胃口。哈代那时候基本上还没有"诗人"的名声。人们只读他的小说，诗是后来才出名的。还有叶芝，可那是早期的叶芝，凯尔特人的薄暮对我来说太多了。那里面没什么值得一读的，读来读去就是十九世纪九十年代的人们——不是酗酒死了，就是自杀死了，这事那事，反正是死了。

《巴黎评论》：你和康拉德·艾肯一起在《哈佛之声》当主编时，你们写诗时互相切磋吗？

艾略特：我们是朋友，不过我不认为我们相互有什么影响。说到外国作家，他对意大利和西班牙的作家更感兴趣，我只对法国作家感兴趣。

《巴黎评论》：有没有其他朋友读过你的诗、帮助你的？

艾略特：嗯，有。我哥哥有一个朋友叫托马斯·H.托马斯，就住在剑桥，他在《哈佛之声》上读到我的一些诗。他还给我写了一封信，热情地激励我。可惜他给我的那封信不在了。我当时真是很感激他对我的鼓励。

《巴黎评论》：我听说是康拉德·艾肯把你和你的作品介绍给庞德的。

艾略特：对，没错。艾肯对朋友很慷慨。有一年夏天他去了伦敦，和哈罗德·门罗等人为在伦敦发表我的诗歌而奔走，但是没人愿意发表。他又把它们给我带了回来。后来我记得应该是一九一四年，我们那年夏天都在伦敦，他说："你去见见庞德吧。给他看看你的诗。"他觉得庞德应该会喜欢。艾肯很喜欢这些诗，尽管他自己的诗风格跟我的很不一样。

《巴黎评论》：你还记得你第一次见庞德的情景吗？

艾略特：我记得我先去拜访他。当时我们到他位于肯辛顿的家里，在小小的三角形会客室，他对我印象应该不错。他说："把你的诗寄给我吧。"后来他是这样答复我的："这是我见过的最好的诗。过来吧，我们聊聊这些诗。"后来他费了很大工夫把它们推荐给《诗歌》主编哈丽特·门罗。

《巴黎评论》：在献给你六十岁生日的那本书里，艾肯在关于你编辑《哈佛之声》那段时期的文章里引用了你早年从英国寄来的信，在里面你提到庞德的诗歌"平庸得让人惋惜"。你是什么时候改变看法的？

艾略特：哈哈！有点儿没礼貌，是不是？庞德的诗一开始是《哈佛之声》的编辑 W.G. 亭科姆·费尔南德兹拿给我看的。他和我、康拉德·艾肯和其他的诗人关系都很好。他给我看了埃尔金·马修一九〇九年出版的庞德的两本早期的书，就是《狂喜》(*Exultations*)和《人物》(*Personae*)。他说："这正对你的路子；你应该会喜欢的。"可我其实并不怎么喜欢。对我来说，那些诗浪漫虚幻，离奇古怪，还有些过时。我没觉得有多好。我去见庞德的时候，并不是因为崇拜他，尽管我现在回过头再看看，当时看到的作品的确还不错，但是我确信，他后期的作品才是真正伟大的。

《巴黎评论》：你在已经出版的书里面曾经提到，《荒原》原本比现在长很多，是庞德把它删成现在的样子的。他对你诗作的批评对你有帮助吗？他有没有删改过别的诗歌？

艾略特：是的。在当时是有帮助的。他是一位了不起的批评家，因为他并不是让你去模仿他。他是在看你自己在走什么路子。

《巴黎评论》：你有没有帮忙给你的朋友修改过诗歌？比如说埃兹拉·庞德？

艾略特：我想不起来给谁改过诗。当然了，这二十五年来，我给年轻诗人的初稿提过无数的建议。

《巴黎评论》：未删改的《荒原》原稿还在吗？

艾略特：别问我。这事我也不知道。是个未解之谜。我卖给约翰·奎恩了。我还给了他一个笔记本，里面都是我没发表的诗歌，因为他在各种事情上一直对我很关照。那是我最后一次知道它们的下落。后来他去世了，再也没见有人卖过这些手稿。

《巴黎评论》：庞德从《荒原》里删除了什么样的东西？他有没有删过完整的段落？

艾略特：完整的段落，有。有一大段是关于海难的。我不知道它们跟全诗什么关系，应该是受但丁《地狱》里尤利西斯诗章的启发写的。还有一章是模仿蒲柏《秀发遭劫记》写的。庞德说："别人已经做得很好的事情，就没必要再做了。做点儿不一样的吧。"

《巴黎评论》：删除的部分有没有改变诗歌的思想结构？

艾略特：没有。我觉得完整的版本也一样没什么结构可言，只不过更散罢了。

《巴黎评论》：我有个问题，是关于《荒原》的构思的。批评家认为你在《荒原》中表达了"一代人的幻灭"的观点，你在《朗伯斯后的沉思》中否认了这一点，你否认了这是你的创作意图。现在我看F.R.利维斯说那首诗没有表现进步；但是从另一方面来说，一些批评家研究了你的晚期诗歌之后，发现《荒原》蕴含了基督教的精神。不知道这是不是你写作意图的一部分？

艾略特：不，我自己没有这个意图。我觉得在《朗伯斯后的沉思》里，我是从否定的层面而不是从肯定的层面来说明意图的，我说的是什么不是我的意图。人总是想倾诉一些什么的。但是不到他说出来，他是不知道他会倾诉什么的。不过我不能用"意图"来阐述我的任何诗歌，或者任何诗歌。

《巴黎评论》：我还有个问题，是关于你、庞德，还有你的早期职业的。我不知在哪儿读到，说你和庞德在一九一〇年代末的时候决定开始写四行诗，因为自由诗已经发展得很不错了。

艾略特：我觉得那应该是庞德说的。而且写四行诗的主意也是他提的。他给我介绍了戈蒂埃①的诗集《珐琅与雕玉》。

《巴黎评论》：我想问问你关于形式与主题的看法。你在清楚自己要写什么之前，会不会已经把形式选好了？

艾略特：从某种意义上来说，是的。一种经过反复推敲的形式。我们仔细研究戈蒂埃的诗歌以后想，"如果用这种形式，我能说些什么？"于是我们就去尝试。形式激发内容。

---

① 特奥菲尔·戈蒂埃（Théophile Gautier, 1811—1872），法国诗人、剧作家、小说家、文学评论家，代表作有诗集《珐琅与雕玉》、长篇小说《莫班小姐》等。

《巴黎评论》：为什么你早期的诗歌选择了自由诗这种形式？

艾略特：我早期的自由诗，当然了，一开始是想试着写和拉福格形式一样的诗歌。那就只是长短不一的押韵诗行再加上不规则的押韵。虽然是"诗"，但并没多"自由"，更不像埃兹拉称之为"艾米主义"的意象诗那样自由。后来呢，当然了，下一个阶段有些更自由的作品，比方说《大风夜狂想曲》。我不知道我创作的时候脑子里有没有什么范本或者模式什么的。就那样冒出来了。

《巴黎评论》：你有没有感觉到，可能你写诗是为了抵抗什么，而不是为了符合某种模式？可能是在抵抗桂冠诗人？

艾略特：不，不，不。我不认为有人会一直抗拒什么，而应该只是在想找出什么最适合自己。其实，桂冠诗人总是遭受冷落，比如说罗伯特·布里吉斯[①]。我觉得通过类似政治的办法去推翻现有的形式并不一定能产生好诗。我觉得这只不过是新陈相替。人总要找到一种表达方式。"我不能用那种方式来说，我可以用什么方式呢？"其实没人会因为现有的模式而烦恼的。

《巴黎评论》：你应该是在写作《普鲁弗洛克的情歌》之后、写作《小老头》之前写了一些法语诗，收录在你的《诗歌选集》中。想问问你怎么会写法语诗歌的？你后来还写过吗？

艾略特：没有，我以后也不会写了。那个事情很奇怪，我也说不清是怎么回事。那段时间我以为我的灵感枯竭了。有一阵子我什么都没写，特别心灰意冷。我开始试着用法语写一些小东西，然后发现我竟然还能写——就是在那个时期。我觉得当我用法语写的时候，我并没有把诗歌太当回事，没那么当回事的时候，反而不担心能不能写的

[①] 罗伯特·布里吉斯（Robert Bridges，1844—1930），英国桂冠诗人，代表作有诗集《新诗集》《美的契约》等。

问题了。我做这些事情，不过就是当成耍杂耍，看看我能做什么。就那样持续了几个月。其中最好的一些已经刊出来了。我必须声明的是，这些诗埃兹拉·庞德都读过，还有埃德蒙·杜拉克——我们在伦敦认识的一位法国人，也帮了些忙。剩下的诗歌大概后来都丢了。后来，我突然又开始用英语写了，而且我完全不想用法语写了。我觉得这只是帮助我重新开始写诗而已。

《巴黎评论》：你有没有想过成为一位法国象征主义派诗人，就像上世纪的那两位美国前辈一样？

艾略特：你说的是斯图尔特·梅里尔[1]和维埃雷-格里芬[2]？从哈佛毕业后我在巴黎待了一年，只有在那浪漫的一年，我那么想过。我那时候想放弃英语写作，定居巴黎，慢慢开始用法语写作。现在看来，那个想法挺愚蠢的，就算我对双语的掌握能力比我实际的更强，也不行啊。一方面，我认为没人能成为双语诗人。我还不知道有哪个人，能用两种语言写出同样好的诗歌。我觉得一定有一种语言，是你用来表达自己的，用诗歌来表达自己，因此，你必须放弃另一种语言。而且我认为英语在某些方面比法语更丰富。或者说，就算我可以用法语写得和你提到的那些诗人一样熟练，我觉得我用英语还是比法语顺手。

《巴黎评论》：你现在有写诗的打算吗？

艾略特：不，我目前没有任何打算，我刚把《老政治家》写完，我们离开伦敦时我刚校完最后一稿，我最近可能会写一篇评论。我从

---

[1] 斯图尔特·梅里尔（Stuart Merrill，1863—1915），美国象征主义派诗人，主要以法语写作，代表作有诗集《音阶集》《光辉集》等。
[2] 弗兰西斯·维埃雷-格里芬（Francis Vielé-Griffin，1864—1937），美国象征主义派诗人，在法国长大，以法语写作，代表作有诗集《天鹅》等。

来不会提前多考虑一步。再写一部戏剧,还是再多写几首诗歌?现在还不知道,等到写的时候我才能知道。

《巴黎评论》:你有没有一些未完成的诗歌现在还时不时拿出来看一看的?

艾略特:那样的东西没多少,没有。对于我来说,一篇未完成的东西,就不如丢掉算了。如果里面有什么好的东西我能在别处用的,那最好把它留在我的脑子里,而不是写在纸上塞抽屉里。如果我放在抽屉里,那它还是原来的东西,但是如果它保留在我的脑海里,那它会变成别的东西。就像我以前说过的,《烧毁的诺顿》就是从《大教堂凶杀案》中拿出来的。我从《大教堂凶杀案》中学到的是,再漂亮的诗句,如果跟情节没关系,那就没必要放进去。马丁·布朗尼的话很有帮助,他会说:"这几句诗是很漂亮,但是它们和舞台上发生的事情一点儿关系都没有。"

《巴黎评论》:你的短诗,有没有是完全从长诗中删减出来的?有两首诗有点儿像《空心人》。

艾略特:哦,那些是初稿。时间比较早。其他的我发表在杂志里了,但是没有收录在诗集中。你应该不会在一本书中把同样的东西说两遍吧。

《巴黎评论》:你似乎经常一节一节地写诗。它们一开始都是各自独立的诗歌吗?我主要是指《圣灰星期三》。

艾略特:对,像《空心人》,它一开始是一些独立的诗歌。我记得,《圣灰星期三》一两部分的初稿曾经出现在《交流》和其他杂志上。后来渐渐地,我把它当成一个系列的东西。这似乎是我常年作诗的一种办法——先各自成篇,再看看有没有把它们熔在一起的可能性，重新调整，最后构成整体。

《巴黎评论》：你现在有没有写像《老负鼠的猫经》或者《波洛王》一类的作品？

艾略特：时不时地是会有这类东西冒出来！这样的诗句，我记了一点儿笔记，有一两个不完整的猫的片段，但是很可能永远都不会再写了。一个是关于一只妖猫。结局太悲惨了。这不行。我不能让我的孩子为一只犯错误的猫哭泣。她的职业很不靠谱，我是说这只猫。我之前那些猫的读者要是看到，肯定不行。我从来没写过狗。当然了，说到狗，它不像猫那么有写头。这个猫系列，我可能最后会出一个增订版，这比再出一卷的可能性大很多。我确实加了一首诗，那首诗一开始是给费伯与费伯出版社打广告用的。好像还很成功。对，没错，人就是想用各种诗歌的类型都试试手，严肃的，不严肃的，体面的，不体面的。谁也不想丢掉自己的本领。

《巴黎评论》：人们现在都很关心创作的过程。不知你能不能多谈谈你写诗的习惯？我听说你是用打字机写。

艾略特：有的是用打字机。我的新剧《老政治家》，很大一部分是用铅笔和纸写的，很潦草。我会自己先打出来，再交给我妻子整理。打字的过程中，我自己会做些改动，是比较大的改动。但是不管是写字还是打字，不论作品多长，比方说一部戏剧吧，我工作的时间都是固定的，比如说是上午十点到下午一点。我一天实际写作的时间顶多就是三小时。以后再润色。我有时候想多写点儿，但是等我第二天再看看那些东西，发现在三小时以后写的从来都不能令人满意。所以，最好还是时间一到就停下来，想想别的事情。

《巴黎评论》：你有没有按计划写过非戏剧诗？比如说《四个四

重奏》?

艾略特：只有少数"即兴诗"是这样。《四个四重奏》没按计划写。当然第一部是一九三五年写的，但是其他三部都是在战争时期断断续续写的。一九三九年要不是战争爆发，我很可能会试着写另一部戏剧。幸好我没机会写。我个人觉得，战争的好处就是耽搁我的写作，让我没办法太快写下一部戏剧。我发现《家庭聚会》里有些地方有问题，但是我觉得这五年我停下来专心思考一个剧本，比我去写别的剧本好多了。《四个四重奏》的形式正适合我当时的写作状态。我可以一节一节地去写，不需要持续不断地写下去。就算一两天不写也不要紧，因为当时是战争时期，这种情况经常发生。

《巴黎评论》：刚才只提到你的戏剧，但还没深入地去谈一谈。在《诗歌与戏剧》中，你谈到了你早年的一些戏剧。可不可以说说你写《老政治家》的意图是什么？

艾略特：我想我在《诗歌与戏剧》中谈到了我的理想目标，不过这些理想目标我从来也没想过能实现。我其实是从《家庭聚会》开始的，因为《大教堂凶杀案》是一部历史剧，很特殊。用的是一种很特别的语言，就像在处理另外一个时期时一样。我感兴趣的问题，它其实一点儿都没解决。后来我觉得在《家庭聚会》中，我太重视诗的韵律，结果忽视了戏剧的结构。但从诗作的角度来说，我仍然觉得《家庭聚会》是我最好的戏剧之一，尽管它的结构并不是很好。

在创作《鸡尾酒会》和《机要秘书》时，我在结构方面又有了些许进步，但《鸡尾酒会》的结构仍然不是很令人满意。对于我这样实际从事写作的人来说，有时候按照计划写出来的东西，却不一定是最成功的——真是让人沮丧。很多人批评《鸡尾酒会》的第三幕像尾声，所以在《机要秘书》的第三幕里，我想加入一些新的情节。当然，从某些方面来说，《机要秘书》的结构过于精巧，结果让别人误以为这只是一出滑稽戏。

我当时想把剧场技巧学得很通透,那样我就能游刃有余了。我一直觉得,对规则还不够了然于胸时,就应该好好遵循规则。

我希望《老政治家》能或多或少比《机要秘书》更富有诗意一些。我觉得我现在还没有达到目标,将来也未必能达到,但是我希望每次都能向目标更近一步。

《巴黎评论》:在《老政治家》创作的背后,有没有一个希腊模本?

艾略特:戏剧的背景故事是《俄狄浦斯在科罗诺斯》。但是我不愿意把我这些希腊原型当成模本。我一直把它们看作是写作的出发点。《家庭聚会》就是这个毛病,它和《欧墨尼得斯》太接近了。我之前的模仿太过亦步亦趋,结果我把基督教兴起之前和基督教兴起之后对良心、罪恶、负疚感的态度都混淆了。

所以,在之后的三个剧本中,我试着把希腊神话当成一种跳板。说到底,在古代戏剧里,我觉得最核心的、最有永恒价值的就是情节。你可以借用这个情节,用现代的方式来重新演绎,并且从中提炼出自己的角色和情节。这样的话,你和原作的距离就会越来越远。《鸡尾酒会》跟阿尔刻提斯相关,只不过是因为我突然想到,阿尔刻提斯复活之后,她和阿德墨托斯的生活会是怎样的;我是说,经历了生离死别,他们不可能还和从前一样。我刚开始写《鸡尾酒会》的时候,这两个人是中心人物,其他角色都是由此发展的。剧本中最重要的角色西莉亚,原先仅仅是该剧一幕家庭场景的配角。

《巴黎评论》:你在一九三二年提出的理论中,认为诗剧有五个层次:情节、人物、措辞、韵律、意义,你现在还这么认为吗?

艾略特:我现在对我自己关于诗剧的理论已经不感兴趣了,尤其是一九三四年以前提的。自从我在写剧本上花的时间越来越多，我对理论的关注就越来越少了。

《巴黎评论》：写剧本和写诗有什么区别？

艾略特：我觉得处理手法相当不同。写剧本是为观众，写诗则主要是为自己，这是截然不同的——尽管写的诗歌如果不能引起人们的共鸣你也会不高兴。写诗的时候你可以说："我在抒发我自己的感情。我现在就在把我的感受变成文字。"而且在诗歌中，你是以自己的口吻来写的，这也很重要。你在用自己的口吻思考，但在写戏剧的时候，一开始你就知道，你写的东西是给别人用的，在你写的时候你还不知道是谁会用。当然了，我的意思不是说这两种方法是绝对相互排斥的，不是的，理想状态下它们其实应当是糅合在一起。莎士比亚的戏剧里它们就经常糅合——当他写诗时考虑戏剧效果、考虑观众、考虑演员的时候。这时候两种手法就合二为一了。如果能达到这种境界，那当然很好了。只可惜我只有极少数的时候才能做到。

《巴黎评论》：你有没有尝试过控制演员念剧本里的诗，好让它听起来更像诗一些？

艾略特：这个事情我基本上交给导演了。重要的是，导演得对诗有感觉，导演得引导演员抑扬顿挫地念诗，引导他们掌握好散文和诗的距离。只有演员直接问我问题的时候，我才指导指导。不然，我觉得他们应该听导演的。只要先和导演谈妥了，后面的事情放心交给他就好了。

《巴黎评论》：你有没有觉得，你的作品甚至包括你的诗歌，读者越来越多了？

艾略特：我觉得这里面有两点因素。一个是我觉得写作戏剧——

就是《大教堂凶杀案》和《家庭聚会》，与写作《四个四重奏》不一样。我觉得它本身在语言上就比较简单，像和读者谈话一样。我发现后来的《四重奏》比《荒原》和《圣灰星期三》要简单多了，容易多了。有时候我想说的东西可能并不简单，但是我在用一种简单的方式说出来。

另一点，大概是因为经验和成熟吧。我觉得我早期写诗时能力还不够——想说的太多，却不知道该怎么说，或者还不知道怎样用合适的词语和韵律来表达，让读者能一眼就看懂。

在诗人仍在学习运用语言阶段时，语言难免会晦涩。你必须用艰深的方式来表达。否则就不要写——在那个阶段就是这样。写《四个四重奏》的时候，我还没办法用《荒原》的那种风格来写。在写《荒原》时，我甚至一点儿都不操心我知道不知道我在说什么。这些东西，慢慢地大家也了解了，《荒原》，或者《尤利西斯》，诸如此类，大家慢慢就习惯了。

《巴黎评论》：你觉得《四个四重奏》是你最好的作品吗？

艾略特：是的，而且我觉得越写越好。第二部比第一部好，第三部比第二部好，第四部最好。大概也是我敝帚自珍吧。

《巴黎评论》：想请教你一个很宽泛的问题，你能不能给年轻诗人一点儿建议，他们如果想在创作艺术上有所提高，应该遵循怎样的原则，或者培养怎样的态度呢？

艾略特：我觉得给一些泛泛的建议很危险。帮助年轻诗人最好的办法，就是挑他的一首诗来细致地批评，必要的话和他争论，把你的意见告诉他；如果要概括什么的话，让他自己去概括吧。我发现不同的人有不同的工作方式，写出作品的方式也各不相同。当你说一句话时，你永远不知道这句话是对所有诗人适用，还是只对你自己适用。

我觉得用自己的条条框框去约束别人是最糟糕的事情。

《巴黎评论》：你认为可以作个这样的概括吗，那就是，现在比你年轻的优秀诗人，似乎都在教书？

艾略特：我不知道。我认为这种事情，要等到下一代去概括才有意义。现在只能说，不同的时代有不同的谋生之道，或者说有不同的谋生局限。显然，诗人除了写诗也是要赚钱吃饭的。诚然，很多艺术家在教书，音乐家也一样。

《巴黎评论》：你是否认为，诗人最好什么工作都不做，只写写东西看看书？

艾略特：不，我觉得那样会……不过这也因人而异。给每个人指定一个最佳职业是一件很危险的事情，但是我很肯定，如果我一开始就能自立，如果我不需要操心赚钱，把时间全部都花在诗歌上，那很可能会扼杀我的写作生涯。

《巴黎评论》：为什么？

艾略特：我觉得对于我来说，去参与一些其他的实践活动很有用，比如在银行工作，甚至是做出版。而且，就是因为抽不出很多时间来创作，反而会逼着我在写作时更集中注意力。我的意思是它会耽误我的时间，我就没法写太多了。一般来说，如果一个人没别的事情好做，那么有可能他就会写得太多，导致不能把精力花费在润色一小部分作品上。那对我来说很危险。

《巴黎评论》：你现在有没有有意识地追踪英国、美国的诗坛新秀？

艾略特：我现在没有，没有专门费劲去追踪。有段时间做出版时，我经常读读短评，看看有没有新人。但是人年纪越大，对自己挑选新人的能力就越没什么把握，还总担心自己会不会跟前辈一样犯同样的错误。现在在费伯-费伯出版社，我有一位年轻的同事负责审阅诗稿。实际上在那之前，当我读到我认为很优秀的新作品时，我都会拿给我认为很有甄别能力的年轻朋友看看，听听他们的意见。当然了，总有你看不出来人家优点的时候，这种危险在所难免。所以我宁肯让年轻人先看看。如果他们喜欢，他们就会拿给我看，看看我是不是也喜欢。遇到一个作品，让有品位、有见地的人看看，如果读的人不论年纪大小都很喜欢，那这个作品一定很有分量。有时也不免会感觉有些排斥。但我不喜欢排斥别人，因为我的作品刚出来的时候也受到了人们的排斥——他们觉得我那些作品都是招摇撞骗。

《巴黎评论》：你有没有感觉到，年轻的诗人普遍推翻了本世纪初诗歌的实验主义？现在几乎没有诗人像你当初一样受到排斥了，但是赫伯特·里德等一些年纪大点儿的批评家却认为，在你之后的诗歌又退回原样了。当你第二次谈到弥尔顿时，你曾经提到诗歌在语言方面的作用：既抑制语言的改变，也促进语言的改变。

艾略特：是的，你也不希望每隔十年就来一场革命吧。

《巴黎评论》：但是有没有这样的可能，那就是不向前发展，而是出现反革命？

艾略特：不会，我看不出有什么反革命的。一段时期摒弃传统，下一段时期大家就会好奇怎么用传统形式来做新的试验。如果这之间的变革别具一格，那就会产生很好的作品。这不是退步，而是推陈出新。这不是反革命，这也不是退步。的确有些场景、有些情感有重回乔治时期艺术风格的倾向，而大众又总是偏爱平庸的作品，他们看到这些诗时，就会说："太好了！总算又有真正的诗歌了。"也有一些人喜欢现代的诗歌，但是对于他们来说，真正创新的东西他们又接受不了——他们需要比较不那么强烈的东西。

在我看来，我看到的年轻诗人最好的特质根本不是反动。我不会说具体是谁，因为我不喜欢公开评价年轻人。最好的作品会是一种不那么革命的进步——不会像本世纪初的诗歌那么革命。

《巴黎评论》：最后，我想问一些不相干的问题。一九四五年，你这样写道："诗人必须从他日常生活中的语言取材。"后来你又这样写："诗歌的音乐，就是他的时代中隐藏在日常语言中的音乐。"后来你又批评"标准化的BBC英语"。这五十年来，尤其是近五年来，商业语言通过大众传媒的作用越来越盛行，不是吗？你以前提到的"BBC英语"在ITA和BBC的传播下愈演愈烈，更不用说CBS、NBC和ABC了[①]。这种发展会使得诗人处理日常语言时变得更困难吗？

艾略特：这一点你说得很好。我觉得你说得没错，这的确变得更困难了。

《巴黎评论》：我是想请你来谈谈。

艾略特：好，你要我谈一谈，那我就来谈一谈吧。我确实觉得因为现代传媒的发展，因为少数人有了把话语强加给大众的工具，这个问题开始变得非常复杂。我不知道电影对白对大众的影响有多大，但是广播语言显然产生了更大的影响。

《巴黎评论》：那么，你所说的日常语言有可能彻底消失吗？

艾略特：如果真那样就太糟糕了，但是的确很有可能。

[①] ITA系英国独立电视管理局简称。BBC系英国广播公司简称。CBS、NBC、ABC分别系美国哥伦比亚广播公司、美国全国广播公司、美国广播公司简称。

《巴黎评论》：当代作家还有什么特别的问题吗？人类灭绝这样的事情对诗人会有什么特别的影响吗？

艾略特：我不知道人类灭绝这种事情对诗人和其他人能有什么不一样的影响。只要是人就会受到影响，影响多大只是看这个人有多敏感罢了。

《巴黎评论》：还有一个不相关的问题：我知道一个人如果本身在实践写诗的话，他的评论一般都比较高明——尽管这些评论也不免带着他自己的偏见。但是，你觉得写评论对你写诗有帮助吗？

艾略特：间接地会有帮助，有些诗人影响过我，我也很敬仰，我写关于他们的批评时，多多少少对我写诗都会有帮助。不过这只是让我更清楚地感觉到他们对我的影响。这是一股很自然的推力。有些诗人，在我写他的评论之前，早就受到他们的影响了，我觉得那些评论是我写得最好的评论。它们比其他那些泛泛而谈的话更有意义。

《巴黎评论》：G.S. 弗雷瑟在一篇关于你和叶芝的文章中，提到不知你是否见过叶芝。从你谈到叶芝的语气，你应该见过他。可以说说你们见面的情形吗？

艾略特：当然了，我和叶芝见过很多次。叶芝一向待人很好，他见年轻作家时，就好像他们是他的同辈似的。我记不清哪次具体见面的情形了。

《巴黎评论》：我听说你认为你的诗歌属于美国文学传统。能告诉我们这是为什么吗？

艾略特：我是说我的诗歌显然更接近我那一代的美国诗人的作品，而不是英国诗人的作品。这一点我很肯定。

《巴黎评论》：你认为与美国的过去有关联吗？

艾略特：是的，但是我很难说得更绝对。若非如此，就不会是这样，并且我想也不会这么好；实事求是地说，要是我出生在英国，或者我一直待在美国，就不会是现在这样了。什么因素都有。但是说到源头，情感的源头，那还是来自美国。

《巴黎评论》：最后一个问题。十七年前你曾经说，"但凡诚实的诗人，他都不能确定他写的东西有永恒的价值。他有可能白白地耗尽一生却没什么收获"。你现在七十岁了，你还是这样认为的吗？

艾略特：可能也有诚实的诗人能确定自己写的东西有价值。但我不确定。

（原载《巴黎评论》第二十一期，一九五九年春/夏季号）

THE PARIS REVIEW

威廉·福克纳

1949 年诺贝尔文学奖得主
获奖理由:"因其对现代美国小说所做出的强有力且在艺术上独特的贡献"

《巴黎评论》访谈发表时间:1956 年

威廉·福克纳

(William Faulkner)

1897—1962

美国作家,生于密西西比州新奥尔巴尼,被视为美国"南方文学"流派最伟大的作家,以一系列基于虚构的美国城镇约克纳帕塔法县的长短篇小说闻名,代表作有长篇小说《喧哗与骚动》(1929)、《我弥留之际》(1930)、《八月之光》(1932)、《押沙龙,押沙龙!》(1936)等。

1962年6月意外坠马受伤,当年7月6日病逝于密西西比州。

威廉·福克纳

◎王义国　蔡慧/译

一八九七年,威廉·福克纳出生于密西西比州的新奥尔巴尼,他出生时,他父亲在铁路上当列车长,而这段铁路的建造者威廉·福克纳上校(Colonel William Falkner,这里的姓氏没有小说家后来加上的那个字母 u,Faulkner)正是作家的曾祖父,长篇小说《孟菲斯的白玫瑰》(*The White Rose of Memphis*)的作者。福克纳出生后不久,一家人便搬至三十五英里[①]之外的牛津。而在牛津,尽管少年时代的福克纳是一位如饥似渴的读者,他却没能挣得足够的学分,以至于未能从当地的中学获得毕业文凭。一九一八年,他加入加拿大皇家空军,当了一名飞行学员。之后他花费一年多一点儿的时间,在密西西比州立大学当旁听生,后来又在该校的邮政局当邮政局长,最终因上班时读闲书而被解雇。

在舍伍德·安德森的鼓励下,他写了《士兵的报酬》(1926)。他的第一本畅销书是《圣殿》(1931),这是一本耸人听闻的小说。他说,在他先前所写的那几本书——包括《蚊群》(1927)、《沙多里斯》(1929)、《喧哗与骚动》(1929)以及《我弥留之际》(1930)——并未为他挣得足够的版税养家糊口之后,他才为了赚钱写了这本书。

随后一本又一本的小说相继问世,这其中的大多数小说与他后

---

① 1英里约合1.6千米。

福克纳《我弥留之际》手稿第一页的复印件
（由兰登书屋资深编辑萨克斯·康明斯提供）

来所称的"约克纳帕塔法世系"有关:《八月之光》(1932)、《标塔》(1935)、《押沙龙,押沙龙!》(1936)、《没有被征服的》(1938)、《野棕榈》(1939)、《村子》(1940),以及《去吧,摩西》(1941)。"二战"结束以来,他的主要著作为《坟墓的闯入者》(1948)、《寓言》(1954),以及《小镇》(1957)。他的《短篇小说集》获得一九五一年度国家图书奖,《寓言》获得一九五五年度国家图书奖。一九四九年,福克纳获得诺贝尔文学奖。

尽管福克纳生性腼腆且又与世无争,但近年来他仍四处旅行,应美国新闻处之邀到各地做演讲。下面的这个访谈是一九五六年春在纽约进行的。

——访谈者:吉恩·斯泰因[①],一九五六年

《巴黎评论》:福克纳先生,刚才你说你不喜欢接受采访。

威廉·福克纳:之所以不喜欢接受采访,是因为我似乎对有关个人的问题反应强烈。如果问题是有关作品的,我尽力回答,如果是有关我本人的,我可能回答也可能不回答;但即使我回答了,如果明天又问同一个问题,答复也可能是不同的。

《巴黎评论》:对于作为作家的你,你有何感想?

福克纳:如果我并不存在,某个他人就会取而代之,替我、海明威、陀思妥耶夫斯基,替我们所有人写作。这一点的证据就是,莎士比亚剧作的著作权涉及大约三名候选人。但重要的是《哈姆莱特》和

---

① 吉恩·斯泰因(Jean Stein, 1934—2017),美国作家、编辑,1982年出版非虚构作品《伊迪:美国女孩》,后成为广为人知的口述史先驱。

《仲夏夜之梦》，重要的并不是谁写的它们，而是有人写了。艺术家是无足轻重的，重要的是他的创作，因为并没有什么新东西可说。莎士比亚、巴尔扎克、荷马写的都是同样的事情，如果他们多活一千年或者两千年，出版商就不会需要其他作家了。

《巴黎评论》：但是，即使似乎再也没有什么可说的，难道作家的个性不重要吗？

福克纳：对他本人非常重要。其他人都忙于看作品，难得理会个性。

《巴黎评论》：你的同代人呢？

福克纳：我们都没有能使自己与我们的尽善尽美之梦相匹敌，因而我对我们的评价是以我们做不可能之事所获得的辉煌的失败为基础的。在我看来，如果能把我的所有作品再写上一遍，我坚信我会做得更好一些，这对一名艺术家来说是最健康的状况。他之所以不断工作，再次尝试，其原因也就在此；他每一次都相信这一次他将做成此事，圆满完成。当然他是不会圆满完成的，而这正是我说这种状况健康的原因。一旦他圆满完成了，一旦他使作品与意象和梦想相匹敌，那他就只能切断自己的喉管，从那经过加工的尽善尽美的尖塔的另一侧跳下去自杀，除此之外也就没有什么可做的了。我是一位失败的诗人。也许每个小说家起先都想写诗，发现自己写不了以后又试着写短篇小说，短篇小说是在诗歌之后最讲究的形式。只有在写短篇小说失败之后，他才会着手长篇小说的创作。

《巴黎评论》：要成为一位好的小说家，有什么可能的定则可遵循？

福克纳：百分之九十九的才能……百分之九十九的纪律……百分之九十九的勤奋工作。他必须永远不满足于他的创作，它是永远也不会像它可能被做出的那么好的。要永远梦想，永远定出比你所知你的能力更高的目标。不要只是为想超越你的同代人或者前人而伤脑筋，要尽力超越你自己。艺术家是由恶魔所驱使的生物，他不知恶魔为什么选中了他，而且他素常也忙得无暇顾及其原因。他完全是超道德的，因为为了完成作品，他将从任何人，从每一个人那里抢劫、借用、乞求或者偷窃。

《巴黎评论》：你是不是说作家应该完全是冷酷无情的？

福克纳：作家只对他的艺术负有责任。他如果是个好作家的话，那就会是完全冷酷无情的。他有一个梦，这梦令他极为痛苦，他必须摆脱掉，只有在把梦摆脱掉时他才能得到平静。为了把书写出，一切都被抛诸脑后：荣誉、自尊、面子、安全、幸福、一切。如果一位作家必须抢劫自己的母亲的话，他是不会犹豫的；《希腊古瓮颂》[①]抵得上任何数目的老太太。

《巴黎评论》：那么，安全、幸福、荣誉的缺乏能够成为艺术家的创造力的一个重要因素吗？

福克纳：不，它们仅对艺术家的平静和满足具有重要性，而艺术则与平静和满足无涉。

《巴黎评论》：那么，对一位作家来说，最好的环境应该是什么样子？

福克纳：艺术也与环境无涉，艺术并不在乎自己置身何处。如果你要问我，那么我曾得到的最好的工作就是当一家妓院的老板[②]。在我

[①] 《希腊古瓮颂》(*Ode on a Grecian Urn*)是英国浪漫派诗人济慈的代表作之一。
[②] 据《时代》周刊1956年5月28日报道，有人问他的话是否当真，福克纳答道："我是写小说的，我对在迄今任何采访中所作的解释均不负责任。"

看来，这是艺术家进行工作最完美无缺的环境。它给他完全的经济自由，他没有恐惧和饥饿，他有房屋御寒。除了简单记记账，每月到当地警察局交一次款，什么事情也没有。这个地方上午几个小时是安静的，这是最佳工作时间。到了晚上，他要是乐意参与的话，有足够的社交生活来让他免于无聊。这份工作能让他在社交界具有某种地位。他什么都不用做，因为有鸨母记账。住在妓院的人都是女性，乐意服从他并称他为"先生"。四邻的所有私酒贩子都会称他"先生"，而且他可以对警察直呼其名。

因而，艺术家所需要的唯一环境，就是他能以并不太高的代价所获得的不管何种平静、不管何种孤独和不管何种乐趣。不适当的环境所做的一切，就是使他的血压升高，他会把更多的时间花在受挫和被激怒上。我本人的经验是，我从事我的行业所需要的工具是纸、烟草、食物和一点儿威士忌。

《巴黎评论》：你是指波本威士忌吗？

福克纳：不，我并不那么挑剔。在苏格兰威士忌和啥都没有之间，我选苏格兰威士忌。

《巴黎评论》：你提到了经济自由。作家需要经济自由吗？

福克纳：不，作家并不需要经济自由，他所需要的只是一支铅笔和一些纸。我从未听说过由于接受了慷慨馈赠的金钱而写出佳作这种事。好的作家从不申请基金，他忙于写作，无暇顾及。如果他不是一流作家，那他就说他没有时间或经济自由，以此来自欺欺人。好的艺术可以出自小偷、私酒贩子或者马夫之手。人们属实害怕发现自己能承受多少艰辛和贫困。他们害怕发现自己有多能吃苦耐劳。什么也不能毁灭好的作家，唯一能改变好的作家的事情就是死亡。好的作家没有时间为成功或者发财操心。成功是阴性的，像女人一样，你要是在她面前卑躬屈膝，她就会蔑视你，因而对待她的方式就是扇她耳光，这时也许她就会匍匐在你面前。

《巴黎评论》：写电影脚本会伤害你本人的写作吗？

福克纳：如果一个人是位一流作家，那么什么也不能伤害他的写作，如果一个人并不是位一流作家，那就什么也帮不了他多少忙。如果他不是一流作家，那么这个问题就并不相关，因为他已为了一个游泳池而出卖了灵魂。

《巴黎评论》：作家写电影脚本时会做妥协吗？

福克纳：总是在妥协。因为电影就其性质而言是种合作，而任何合作都是妥协，因为这正是"妥协"一词的含义——给予和获取。

《巴黎评论》：你最喜欢合作的是哪些演员？

福克纳：合作得最好的是亨弗莱·鲍加。我与他在《逃亡》以及《夜长梦多》中合作过。

《巴黎评论》：你还打算写电影脚本吗？

福克纳：是的，我打算改编乔治·奥威尔的《一九八四》。我已经构思了一种结尾，它会证明我一再说明的那种论点：人是不可毁灭的，因为他拥有简单的自由意志。

《巴黎评论》：在写电影脚本时，你是怎样得到最佳效果的？

福克纳：我觉得我本人最好的电影脚本是这样写出的，就在拍摄之前，演员和作家把脚本扔到一边，在实际排练中把场景创作出来。如果我没有认真对待脚本写作，或者觉得自己没有能力认真对待脚本写作的话，出于对电影和我自己的诚实，那我就不会作出尝试。但我知道，我永远也不会成为一名好的脚本作家，因而这项工作对我来说永远也不会具有我本人的媒介所具有的那种紧迫性。

《巴黎评论》：你评论一下你所参与的那种传奇式的好莱坞经历好吗？

福克纳：我刚刚完成了在米高梅影片公司的一份合同，正要回家，与我合作的导演说道："你要是还想在这儿工作，尽管告诉我，我会同米高梅谈新合同的。"我谢了他，回到家。大约半年以后我给我的导演朋友打了电报，说我还想再去工作。此后不久我收到我在好莱坞的代理人发来的一封信，内装我头一周的工资支票。我大吃一惊，因为我本以为要先收到米高梅寄来的正式通知或召回，以及一份合同的。我自以为合同是耽误了，下一次邮件就会寄来，殊不知一周后我收到我的代理人的另一封信，内附我第二周的工资支票。这开始于一九三二年的十一月，一直持续到一九三三年的五月。这时我收到米高梅打来的一封电报，电文是：密西西比州牛津，威廉·福克纳，你在何处？米高梅影片公司。

我写出一个电文：加利福尼亚州卡尔弗城，米高梅影片公司，威廉·福克纳。

年轻的女报务员说："电报内容在哪儿，福克纳先生？"我说："这就是。"她说："条例规定无内容不得发出，你得说点儿什么。"于是我们查看了她的样本，选了一个，我现在忘记了——那是一个千篇一律的周年贺词。我把它发了出去。接下去是从米高梅打来的长途电话，它指示我乘坐头班飞机飞往新奥尔良，向布郎宁导演报到。我本可以在牛津上火车，那样的话八个小时以后就到新奥尔良了，但我遵从了米高梅的意思，去了孟菲斯，那儿确有飞机不定期地飞往新奥尔良。三天后有一架飞机起飞了。

我在大约下午六点到达布郎宁先生的旅馆，向他报了到，当时正举行宴会。他要我好好睡上一觉,准备一早出发。我问他剧情是什么,他说道:"噢,是的。到某某房间去,分镜头电影剧本作者就在那儿,他会告诉你剧情的。"

我按照指示去了那个房间,分镜头电影剧本作者正独自坐在那儿。我做了自我介绍并问他剧情,他说:"你先把对话写出来,我再告诉你剧情。"我返回布郎宁的房间,告诉他所发生的事。"回去吧,"他说道,"告诉那位某公——没关系。你好好睡上一觉,这样我们就能早晨一早出发。"

因而第二天早晨,除了分镜头电影剧本作者之外,我们都登上一艘租来的非常时髦的游艇,朝大岛驶去。大岛在约一百英里开外,电影要在那儿拍摄,到那儿正好赶上吃午饭,还得留出足够的时间驶过那一百英里,在天黑前赶回新奥尔良。

这持续了三个星期。我不时会多少为剧情担心,但布郎宁总是说:"别担心,好好睡上一觉,这样明天早晨我们就能一早出发。"

一天傍晚返回时,我还没迈进屋门电话铃就响了。这是布郎宁打来的,他要我立即去他的房间。我马上去了。他收到一封电报,上面写道:福克纳被解雇了。米高梅影片公司。"别担心,"布郎宁说道,"我马上就给那位某公打电话,不仅让他把你再写进发薪簿里,而且要给你寄一份书面道歉。"这时有人敲门,小听差又送来一封电报,这封电报上写道:布郎宁被解雇了。米高梅影片公司。于是我回了家,我猜想布郎宁也去了某个地方。我推测那位分镜头电影剧本作者仍然坐在某个地方的一个房间里,手里紧攥着他的每周工资支票。他们从未拍成那个电影,却确实建了一个捕虾村——由水中的木桩建成的一座长栈桥,上面建有棚屋,多少像个码头。米高梅本可用每座四五十美元的价格买上十来座这样的栈桥,但他们自己制作了一个,制作了一个假的。那就是一座上面有一堵墙的栈桥,因而当你打开门走过的时候,你就会径直走进海里。他们建造它的时候,在头一天,

35

有位卡真①渔夫划着他那用挖空的木头制作的狭窄漂亮的独木舟来了。他整天坐在灼热的阳光下,注视着这些奇怪的白人建这座奇怪的仿制栈桥。第二天他带着全家人划着独木舟又来了,他的妻子正给婴儿喂奶,其他的孩子,还有他的岳母,他们整天坐在灼热的阳光下,注视着这个愚蠢的无法理解的活动。两三年后我到了新奥尔良,听说卡真人仍会走上六公里来看那座仿制的捕虾栈桥,那是许多白人匆匆赶来建造的,然后又被放弃了。

《巴黎评论》:你说作家在写电影脚本时必须妥协。那么写他本人的作品呢?他是否对他的读者负有责任?

福克纳:他的责任就是尽其所能把作品写好;在此之后他所剩下的不管什么责任,他都可以用他所喜欢的任何方式把它偿付掉。我本人太忙了,无暇顾及公众。我没有时间去纳闷谁在读我的作品。我不在乎约翰·多伊②对我的或任何他人的作品持何见解。我本人的见解才是必须遵循的标准,也就是,一部作品能否给我带来和读《圣安东的诱惑》或者《旧约》时一样的感觉。它们使我感觉良好,注视着一只鸟也使我感觉良好。你知道,如果我得以转生,那我就想当一只兀鹫返回人世。什么东西都不恨它、嫉妒它、渴望它或者需要它。它从不伤脑筋也不处于危险之中,而且它什么都能吃。

《巴黎评论》:要达到你这个标准,靠什么技巧呢?

福克纳:作家假如要追求技巧,那还是干脆去做外科医生或泥水匠吧。要写出作品来,没有什么刻板的办法,没有捷径可走。年轻作家要是依据一套理论去搞创作,那他就是傻瓜。应该自己去钻,从自己的错误中去吸取教益。人只有从错误中才能学到东西。在优秀的艺

---

① 卡真人(Cajun)是美国南方法国移民的后裔,说法语。
② 约翰·多伊(John Doe),是福克纳随便编造的一个名字,意同"张三李四"。

术家看来，能够给他以指点的高明人，世界上是没有的。他有最强的虚荣心。无论他对老作家有多仰慕，他还是一心想要胜过老作家。

《巴黎评论》：这么说你认为技巧是无用的？

福克纳：决非此意。有时候技巧也会异军突起，在作家还无所措手之际，就完全控制了作家的构思。这种就是所谓"神品妙构"，作家只消把砖头一块块整整齐齐地砌起来，就是一部完美的作品了，因为作家还未着笔，他整部作品从头至尾每一字每一句，可能都早已成竹在胸了。我那部《我弥留之际》就是这样的情形。可那也不是容易写的。认认真真的作品从来就不是容易写的。不过材料既已齐备，那多少可以省一点儿事。那时我一天干十二小时的力气活儿，下班以后才能写作，只写了六个星期左右就写好了。我只是设想有那么一些人物，遭受了最平常、最普通的自然灾害，就是洪水和大火，我让这些人物的发展完全由着一个出自本性的单纯的动机去支配。不过还有另一种情况，就是技巧并不来干预。从另一种意义上来说，写这种作品倒是比较容易。因为我写的书里总有那么一个节骨眼儿，写到那里书中的人物会自己起来，不由我做主，而把故事结束了——比方说，写到二百七十五页左右结束。假如我写到二百七十四页就戛然而止那又如何呢，这我就不得而知了。客观评价自己的作品，是一个艺术家应具有的品质，当然他还应当老老实实，拿出勇气，不能欺骗自己。迄今为止我的作品还没有一部够得上我自己定下的标准，所以我要评价自己的作品，就应当把最使我心烦、最使我苦恼的一部拿出来作为依据。这就好比做娘的固然疼爱当上了牧师的儿子，可是她更心疼的，却是做了盗贼或成了杀人犯的儿子。

《巴黎评论》：是哪一部作品呢？

福克纳：《喧哗与骚动》。我先后写了五遍，总想把这个故事说个清楚，把我心底的构思摆脱掉，要不摆脱掉的话我的苦恼就不会有个完。这场悲剧的主人公凯蒂母女俩，是两个迷途彷徨的妇女。迪尔西是我自己最喜爱的人物之一，因为她勇敢、大胆、豪爽、温厚、诚实。她比我自己可要勇敢得多，诚实得多，也豪爽得多。

《巴黎评论》：《喧哗与骚动》是怎么开始写的呢？

福克纳：开始，只是我脑海里有个画面。当时我并不懂得这个画面是很有些象征意味的。画面上是梨树枝叶中一个小姑娘的裤子，屁股上尽是泥，小姑娘是爬在树上，在从窗子里偷看她奶奶的丧礼，然后把看到的情形讲给树下的几个弟弟听。我先交代明白他们是些什么人，在那里做些什么事，小姑娘的裤子又是怎么会沾上泥的，等到把这些交代清楚，我一看，一个短篇可绝对容不下那么多内容，要写非写成一本书不可。后来我又意识到弄脏的裤子倒很有象征意味，于是便把那个人物形象改成一个没爹没娘的小姑娘，因为家里从来没有人疼爱她、体贴她、同情她，她就攀着排水管往下爬，逃出了她唯一的栖身之所。

我先从一个白痴孩子的角度来讲这个故事，因为我觉得这个故事由一个只知其然而不能知其所以然的人说出来，可以更加动人。可是写完以后，我觉得我还是没有把故事讲清楚。于是我又写了一遍，从另外一个兄弟的角度来讲，讲的还是同一个故事。还是不能满意。我就再写第三遍，从第三个兄弟的角度来写。还是不理想。我就把这三部分串在一起，还有什么欠缺之处就索性用我自己的口吻来加以补充，然而总还觉得不够完美。一直到书出版十五年以后，我还把这个故事最后写了一遍，作为附录附在另一本书的后边，这样才算了却一件心事，不再搁在心上。我对这本书最有感情，总是撇不开、忘不了，尽管用足了功夫写，总是写不好。我真想重新再来写一遍，不过恐怕也还是写不好。

《巴黎评论》：你塑造班吉这个人物时，心里怀着什么样的感情呢？

福克纳：塑造班吉这个人物时，我唯一的情绪是对人类感到悲哀，感到可怜。对班吉那是谈不上有什么感情的，因为这个人物本身并没有感情。对于这个人物本身我只有一个想法，就是有些担心，不知我把他塑造得是否可信。他不过是个做开场白的演员，好比伊丽莎白时代戏剧里的掘墓人一样。他完成了任务就下场了。班吉谈不上好也谈不上歹，因为他根本就不懂得好歹。

《巴黎评论》：班吉能有爱的感受吗？

福克纳：班吉的理智不健全，他连自私都不懂。他是一头动物。他不是感受不到温情与爱意，不过就是感受到了也讲不出名堂来。他发觉凯蒂变了样以后，正是因为温情与爱意受到了威胁，所以才咆哮如雷。他失去了凯蒂，可是因为他是个白痴，所以连凯蒂已经失踪了他都没意识到。他只知道出了什么问题，只剩下一片空虚，使他感到伤心。他要设法填补这片空虚。他除了凯蒂丢弃的一只拖鞋以外什么也没有。这只拖鞋就寄托着他的温情与爱意，当然这几个字他是说不上来的，他只知道这说不出的东西已经没有了。他之所以把自己弄得一身脏，一是因为他身体动作不协调，二是因为他觉得脏也无所谓。他分不出好歹，也辨不出肮脏和干净。这只拖鞋给了他安慰，其实他已经记不得拖鞋本来是谁的，也记不得自己因何而伤心了。这时假如凯蒂重新出现的话，他恐怕也认不得她了。

《巴黎评论》：把水仙花给班吉，有没有什么特殊的意思？

福克纳：把水仙花给班吉，无非是为了转移他的注意力。那年四月五日手边正好有这么一朵水仙花，就是如此而已。其中并没有什么含意。

《巴黎评论》：把小说写成寓言的形式，就像你把《寓言》写成基督教寓言那样，是不是在艺术处理上有什么好处呢？

福克纳：这个好处，正犹如木匠为了造方形的房子而发现的方形墙角的好处。《寓言》的故事，要写成寓言的话就只能写成基督教寓言，正好比要造长方形的房子就只能把墙角造成方形而把一边的墙壁放长一样。

《巴黎评论》：这意思是不是说，艺术家完全可以把基督教也当作一件工具来使用，就像木匠借一把榔头那么稀松平常？

福克纳：我们所说的这个木匠，他可并不短少一把榔头。谁不信奉基督教呢——不过对这个词的含义，不知我们是不是可以统一下认识。它是每个人的个人行为准则，全靠这一套准则，人的为人行事才得以高尚些，不然的话，假如只知一味顺着本性，本性想要怎样就怎样，那就糟糕了。不管它挂着什么标志——十字架也好，新月也好，什么样的标志都好——人们一见那个标志就会想起自己在人类内部应守的本分。而据此编出来的各种寓言，就是供人们衡量自己、从而知道自己为人高下的尺度。这不比课本，课本能教人数学，这却不能教人为善，但是可以教人看清自己，可以给人提供一个忍苦受难、自甘牺牲的无比崇高的榜样，给人指出光明的前途，让人在本人的能力与抱负的范围之内自己形成一套道德准则、道德标准。作家历来总是利用——而且势必永远会利用——阐发道德观念的寓言，原因就在于寓言自有其独到之处——譬如《白鲸》中的三个人，代表三种道德观念：或不闻不问，或知而并不在意，或知而深以为虑。《寓言》里也有三个人物，代表三种道德观念：年轻的犹太空军少尉说："太可怕了。我决不答应，哪怕得掉脑袋我也不答应。"年迈的法国军需司令说："太可怕了，我们就含着眼泪忍受吧。"那个英国营部传令兵则说："太可怕了，这种事我不能看着不管。"

《巴黎评论》：《野棕榈》中两个互不相关的主题写在一本书里，是不是有什么象征的意义？那究竟是如某些评论家所说，作为一种美学上的对位法呢，还是完全出于偶然？

福克纳：不、不。那只是一个故事——夏洛蒂·列登迈耶和哈利·威尔伯恩的故事，他们为爱情牺牲了一切，后来却把爱情失去了。我是直到动手写了以后，才明白它可能会变成两个互不相连的故事。我写完《野棕榈》目前的第一节这一部分，突然感觉像是少了点什么，感觉作品需要加强气势，需要采用一点像音乐中的对位法之类来提升它。因此我就转而去写"老人"的故事，写着写着，"野棕榈"的调子又高起来了。等"老人"的故事写到目前的第一节结束，我就停下笔来，把"野棕榈"的故事再接着写下去，一直写到它劲头松下来为止。这时我就再写一节它的对立面，重新把小说推向高潮。这一节写的是一个人虽然获得了爱情，却一味想要逃避，小说的余下部分就是写他逃避，为了逃避甚至甘愿重新入狱，因为他觉得还是在监狱里安全。它们成为两个故事不过是出于偶然——也说不定是必然的吧。其实就是关于夏洛蒂和威尔伯恩的故事。

《巴黎评论》：你的作品有多少是以个人经历为素材的呢？

福克纳：说不上。没有计算过。因为"多少"并不重要。做一个作家需要三个条件：经验、观察、想象。有了其中两项，有时只要有了其中一项，就可以弥补另外一两项的不足。对我来说，往往一个想法、一个回忆、脑海里的一个画面，就是一部小说的萌芽。写小说就无非是围绕这个特定场面设计情节，或解释何故而致如此，或叙述其造成的后果如何。作家就是要尽量以感人的手法，在可信的动人场面里创造出可信的人物来。作家对自己所熟悉的环境，显然也势必会加以利用。依我看，人表达思想感情的手段，以音乐为最便，因为从人类的经历和历史来看，音乐出现得最早。可是我的所长则是文字，所以我就一定要啰啰唆唆地用文字来设法表达纯音乐简单明了就能表达清楚的意思。也就是说，尽管音乐可以表现得更明白、更简洁，可是我宁可使用文字。我觉得，看比听强，无声胜于有声，用文字创造的形象就是无声的。文中惊雷、文中仙乐，都只能在无声中领会。

《巴黎评论》：有人说，他们看不懂你的作品，看了两三遍还是不懂。你说，他们该怎么看好呢？

福克纳：看四遍。

《巴黎评论》：你刚才说，经验、观察、想象三者对作家来说十分重要。你看，灵感是不是也应该算一条呢？

福克纳：对灵感之道我一窍不通，因为我根本就不懂灵感是怎么回事——我听说过，可就是没见过。

《巴黎评论》：有人认为你作品中太喜欢写暴力。

福克纳：那就等于说木匠太喜欢用榔头。其实暴力也不过等于是木匠手里的一件家伙。光凭一件家伙，木匠做不成活儿，作家也写不出作品来。

《巴黎评论》：能不能请你说一说，你是怎么当上作家的？

福克纳：当初我住在新奥尔良，常常为了要挣点儿钱，什么活儿都得干。我认识了舍伍德·安德森。下午我们常常一起在城里转转，找人聊天，到黄昏时再碰头，一起喝上几杯。他谈我听。上午我不去找他。他要工作，不见客。我们每天这样，乐此不疲。我心想，假如作家的生活就是如此，当个作家倒也合我的口味。于是我就动手写我的第一本书。我立刻感到写作确是个乐趣。我跟安德森先生一连三个星期没有见面，自己居然会浑然不觉。他终于找上我的门来了——这还是他第一次来找我。他说："怎么回事啊？生我的气啦？"我就告诉他，我在写一本书。他说了声"我的老天爷"，转身就走。后来我的书写完了——那就是《士兵的报酬》，一天走到街上，我遇见了安德森太太。她问我书写得如何，我说已经完稿。她说："舍伍德说，他愿意同你做个交易。假如你不把稿子塞给他看，那他就叫给他出书的出版社接受你的稿子。"我说："一言为定。"就这样，我成了一个作家。

《巴黎评论》：你说那时你"常常为了要挣点儿钱"而干活，干的是哪一些活儿呢？

福克纳：有什么活儿干什么活儿。我什么活儿都能干一点儿——当船老大、粉刷房子、驾驶飞机，什么都行。我也不需要很多钱，因为那时在新奥尔良生活费用不大，我只要能弄上个地方睡，混上口饭吃，烟酒不缺，也就满可以了。干上两三天，就能混上个把月，这样的活儿还是不少的。论性格，我是个浪子懒汉。我不是拼命要钱的人，所以不愿意为钱而干活。依我看，世界上有那么多活儿要干，实在很不像话。说来也真是悲哀：人只有干活这一件事可以一天干上八小时，日复一日地干。人不能一天吃八小时、喝八小时、男欢女爱八小时——唯有干活倒可以一天干八小时。正是由于这个缘故，人才弄得自己苦恼万分，也弄得别人都这样苦恼万分。

《巴黎评论》：你一定很感激舍伍德·安德森吧，可是作为一个作家来看，你对他的评价如何？

福克纳：他可以说是我这一代美国作家的生父，代表了美国文学的传统，我们的子子孙孙将永远继承这个传统。他始终没有得到他应有的评价。德莱塞是他的兄长，马克·吐温则是他俩的父亲。

《巴黎评论》：那一时期的欧洲作家如何呢？

福克纳：那个时代有两位大作家，就是托马斯·曼和乔伊斯。读乔伊斯的《尤利西斯》，应当像识字不多的浸礼会传教士读《旧约》一样：要心怀一片至诚。

《巴黎评论》：你引用《圣经》怎么会这样熟悉？

福克纳：我的太公①默里，是一个温厚而和善的人，至少在我们小孩子看来是这样。就是说，他虽是个苏格兰人，却并不摆出一副道貌岸然的样子，也从不声色俱厉；他不过有他的一套道德原则，坚决不可动摇。他有一条原则就是，每天早上大家坐下来吃早饭时，在座的从小孩子起直到每一个成年人，都得准备好一节《圣经》的经文，要背得烂熟，马上就能脱口而出。谁要是讲不出来，就不许吃早饭，可以让你到外边去赶紧啃一段，好歹要背熟了才能回来（当时有一个没出嫁的姨妈专司其职，好比班长一般，她带着犯人一起退下，总会把犯人狠狠地数落一顿，不过挨过以后，回头过关也就不愁了）。

背诵的经文可一定得有根有据、正确无误。起初我们年纪还小，只要有一节经文获得通过，就可以天天早上来这一节；后来年纪稍稍大了一点儿，迟早就会有那么一个早上（此时你这一节经文已经可以倒背如流，你就有口无心地匆匆念完，因为你早已等了好大一会儿了，火腿、牛排、炸鸡、粗玉米粉、甘薯和两三种热乎乎的面包早已摆满在你面前了），你会突然发觉太公的一双眼睛盯在你的身上——他的眼睛是湛蓝湛蓝的，目光很温厚很和善，即便在此刻也并不严厉，然而却是一副寸步不让的神气；于是到第二天早上，你自然就换上一节新的经文了。可以这么说吧，到那时你也发现自己的童年时代已经过了；你已经不是个小孩子了，已经开始懂得人世间的事了。

---

① 福克纳祖母的父亲。

《巴黎评论》：你看同时代人的作品吗？

福克纳：不看。我看的都是我年轻时看后爱上的书，我就像拜望老朋友一样，经常要看看这些书：《旧约》、狄更斯、康拉德、塞万提斯（他的《堂吉诃德》我年年要看，就像有些人读《圣经》一样）、福楼拜、巴尔扎克（他完整地创造了一个自己的世界，二十部巨著全都脉络相通）、陀思妥耶夫斯基、托尔斯泰、莎士比亚。我偶尔还看看麦尔维尔的作品。诗人中有马洛①、坎贝恩②、琼生③、赫里克④、多恩⑤、济慈、雪莱。我至今还看豪斯曼⑥的著作。这些书我常看，所以也不一定都从头看起，一直看到底。我就抽一个片断看看，或者看看某一个人物的描写，就像遇到老朋友聊上几分钟一样。

《巴黎评论》：弗洛伊德呢？

福克纳：住在新奥尔良的时候，大家谈弗洛伊德谈得正热闹，不过我却始终没有看过他的书。他的书莎士比亚也没有看过，我看麦尔维尔恐怕也未必看过，莫比·迪克是肯定没有看过。⑦

《巴黎评论》：你看侦探小说吗？

福克纳：西默农的作品我看，因为他的作品往往使我想起契诃夫。

《巴黎评论》：你最喜爱的人物有哪些呢？

---

① 克里斯托弗·马洛（Christopher Marlowe, 1564—1593），英国剧作家、诗人。
② 托马斯·坎贝恩（Thomas Campion, 1567—1620），英国诗人、音乐家。
③ 本·琼生（Ben Jonson, 1572？—1637），英国剧作家、诗人。
④ 罗伯特·赫里克（Robert Herrick, 1591—1674），英国诗人。
⑤ 约翰·多恩（John Donne, 1572—1631），英国诗人、牧师。
⑥ 阿尔弗雷德·豪斯曼（Alfred E. Hausman, 1859—1936），英国诗人、散文家。
⑦ 福克纳的意思是：人们把他作品中对性与暴力的描写归之于弗洛伊德的影响。他不承认这一点，因为莎士比亚与麦尔维尔是弗洛伊德的前人，他们的作品中也有对性与暴力的描写。

福克纳：最喜爱的人物有莎拉·甘普①——那是个残忍无情的女人，还是个酒鬼，见风使舵，极不可靠，她的性格简直没有好的一面，不过那至少也是一种性格——还有哈里斯太太②、福斯塔夫③、哈尔亲王④、堂吉诃德，当然还有桑丘。麦克白夫人⑤这个角色使我一直很佩服。还有"线团儿"⑥、奥菲利亚⑦、茂丘西奥⑧——他和甘普太太一样，都是同生活搏斗的，他们不想讨谁的欢心，也决不哭鼻子。当然还有哈克·费恩，以及吉姆⑨。我对汤姆·索亚⑩一向不怎么喜欢——那简直是位道学先生。我倒喜欢萨特·洛文古德，那是乔治·哈里斯⑪写一八四〇年、一八五〇年前后田纳西州山地生活的一本书中的人物。这个人，他对自己不存幻想，遇事就尽力而为；他有时胆小怕事，自己知道，也不以为羞；他命不好，也不怨天尤人。

《巴黎评论》：能不能谈一谈，你觉得小说的前途如何？

福克纳：根据我的想法，只要还有人看小说，就总还会有人写小说，反过来也是一样的道理。当然也不能排除一种可能，就是画报和连环漫画也许有一天会弄得人的阅读能力都退化了。说实在的，文学已经快要倒退成尼安德特人洞穴里的画图记事了。

《巴黎评论》：你认为评论家的作用如何？

---

① 狄更斯小说《马丁·瞿述伟》中的人物。
② 见于《马丁·瞿述伟》一书，是莎拉·甘普凭空捏造出来的一个人物。
③ 莎士比亚戏剧《温莎的风流娘儿们》和《亨利四世》中的人物。
④ 即《亨利四世》中的威尔士亲王亨利，即位后称亨利五世。
⑤ 莎士比亚戏剧《麦克白》中的人物。
⑥ 音译为卜通，莎士比亚戏剧《仲夏夜之梦》中的人物。
⑦ 莎士比亚戏剧《哈姆雷特》中的人物。
⑧ 莎士比亚戏剧《罗密欧和朱丽叶》中的人物。
⑨ 马克·吐温小说《哈克贝利·费恩历险记》中的两个人物。
⑩ 马克·吐温小说《汤姆·索亚历险记》中的人物，也见于《哈克贝利·费恩历险记》。
⑪ 乔治·哈里斯（George Washington Harris，1814—1869），美国作家，原来做过船长，写政治论文，也写幽默小品，《萨特·洛文古德》是一本幽默故事集。

福克纳：艺术家可没有时间听评论家的意见。想当作家的人才看评论文章，想好好写些作品的人可实在没有时间去拜读。评论家其实也无非是想写句"吉劳埃到此一游"①而已。他所起的作用绝不是为了艺术家。艺术家可要高出评论家一筹，因为艺术家写出来的作品可以感动评论家，而评论家写出来的文章感动得了别人，可就是感动不了艺术家。

《巴黎评论》：所以你就觉得没有必要同别人讨论你的作品了？

福克纳：毫无必要。我要写书，实在太忙。我写出来的东西总要自己中意才行，既然自己中意了，那也就无需再议论了。假如自己并不中意，议论也无济于事，补救之道只有一条，那就是继续加工。我不是文坛名士，只是个作家。说些文坛上的行话，我可不以为是乐事。

《巴黎评论》：评论家认为在你的小说里血缘关系居于中心地位。

福克纳：这也是一种意见嘛。我已经说过，评论家的大作我是从不拜读的。要不是为了推动小说情节的发展需要借助血缘关系，我不相信一个想要写好人物的作家对血缘关系的兴趣会超过他对他们鼻子模样的兴趣。假如作家把全副心思都放在他应当注意的问题上，也就是放在真理、人情上，他就不会还有多少时间去注意其他问题，例如鼻子模样或血缘关系之类的现象或想法。因为照我看，现象也罢，想法也罢，这些都很少和真理有关系。

《巴黎评论》：评论家还有个想法，认为你笔下的人物对善恶的抉择从来不是有意识的。

---

① 吉劳埃（Kilroy）是二次大战时美国兵的代用词。战争中美国兵走遍世界各地，因而有"吉劳埃到此一游"的谐谑语。

福克纳：现实生活对善恶可不感兴趣。堂吉诃德是经常辨别善恶的，不过他辨别善恶之时，也即是在想入非非之中。也就是说，发了神经病。他只有在忙于和人周旋、无暇分清善恶之时，才回到了现实世界里。不过人们只生活在现实生活中，人们的时间也得都用于过活。生活就是不停地活动；活动，就要涉及推动人们活动的动力——那就是抱负、权势、享乐。一个人如果要用时间来讲究一下道德的话，这时间就势必得从他的活动中硬是抽出来。其实是善是恶，他迟早总得作出抉择，因为他第二天要问心无愧过下去的话，他的良心就非要他作出抉择不可。他要上天给他想入非非的权利，就不能不接受这倒霉的良心。

《巴黎评论》：你能不能再讲一讲，你所说的活动和艺术家有什么关系？

福克纳：艺术家的宗旨，无非是要用艺术手段把活动——也即生活——抓住，使之固定不动，而到一百年以后有陌生人来看时，它照样又会活动——既然是生活，就会活动。人活百岁终有一死，要永生只有留下不朽的东西——永远会活动。那就是不朽了。这是艺术家留下名声的办法，不然他总有一天会被世人遗忘，从此永远湮没无闻。

《巴黎评论》：马尔科姆·考利说过，你笔下的人物都有一种对命运逆来顺受的味道。

福克纳：这是他的意见。依我看，我写出来的人物有的是这样，有的却也不然，别人笔下的人物又何尝不是如此。我看《八月之光》里的莱娜·格鲁夫就是和自己的命运极力搏斗的。其实，她的男人是不是卢卡斯·伯奇，对她的命运关系也不大。她的命运无非就是嫁个丈夫、生儿育女，这一点她心里也明白，所以她不要别人帮忙，就走出家庭，去和自己的命运周旋。她凡事都有自己的主张。拜伦·本奇没法儿可想，最后不顾一切地就想强奸她，她抗拒时所说的那句话是何等的镇定、何等的清醒，她说："你不害臊吗？小娃娃都要给你弄醒了。"她始终没有一点儿惊骇、恐怖、慌乱。她甚至都没有想到，她并不需要谁的怜悯。譬如，她最后说了那两句话："我才出门一个月，怎么一下子就到了田纳西。哎呀呀，走得好快啊。"

《我弥留之际》一书中的本特伦一家，也是和自己的命运极力搏斗的。做父亲的死了妻子，自然要续娶，所以又讨了个老婆。他突然一下子不仅换了个家庭厨娘，而且还寻来了一台留声机，让他们休息的时候索性乐个痛快。怀了孕的女儿想打胎，一次没有成功，并不泄气，还想打第二次，即使一次次打下去全都失败，那也没什么，大不了再添一个娃娃罢了。

《巴黎评论》：考利先生还说，你笔下的人物，凡是在二十岁至四十岁之间的，写得总不大惹人喜爱。

福克纳：二十岁至四十岁之间的人本来就并不惹人喜爱。小孩子有股干劲，却不懂事。等到懂事，劲头已经没有了——已经过了四十岁了。在二十岁至四十岁这段期间，干事的劲头格外大，也格外具有危险性，可是人还没有开始懂事。出于环境和种种压力的缘故，这股干劲被推入了罪恶的渠道，因此虽已身强力壮，却尚无道德观念。世界人民的痛苦，就是由二十岁至四十岁之间的人造成的。譬如，在我家乡一带挑起种族间紧张关系的人——米拉姆们和布赖恩特们（就是谋害艾米特·梯尔的凶手[①]），以及为了报复而抓住一个白人妇女加以强奸的黑人暴徒们——还有希特勒们、拿破仑们……这些人都是人类受苦遭难的标志，他们全都在二十岁至四十岁之间。

[①] 此案发生于1955年8月下旬。梯尔是一个14岁的黑人男孩，从家乡芝加哥到密西西比州叔父家去做客，被白人暴徒绑去，打死后沉于密西西比河中。三日后尸体浮起，引起美国公众极大义愤。米拉姆和布赖恩特即本案的两个凶手。

《巴黎评论》：在艾米特·梯尔被杀害时，你对报界发表过一个声明。你还有什么话需要在这里补充吗？

福克纳：没有了。我只想再重复一下我说过的话：如果我们美国人将来还想存在下去，那就只能这样：我们愿意，而且也坚决主张，我们要首先做个美国人，我们要作为一个统一而完整的阵线出现在世界上，不管是白皮肤的美国人，还是黑皮肤的美国人，哪怕就是紫皮肤的、青皮肤的、绿皮肤的，也全都一样。在我家乡密西西比，两个成年白人对一个饱受折磨的黑人小孩犯下了这样一件令人可悲可叹的罪过，这恐怕就是为了向我们表示，我们有一个配不配存在下去的问题。因为，假如说我们美国的文化已经病入膏肓，到了对孩子都要杀害的地步（不管此中有什么理由，也不管孩子是什么肤色），那我们根本就不配存在下去，而且恐怕也不会存在下去。

《巴黎评论》：在你写《士兵的报酬》和《沙多里斯》之间的那段时间里，请问你是怎么个情形——我是说，你是怎么会开始写"约克纳帕塔法世系"的？

福克纳：写了《士兵的报酬》一书，我觉得写作是个乐趣。可是后来我又感到，不仅每一部书得有个构思布局，一位艺术家的全部作品也得有个整体规划。我写《士兵的报酬》和《蚊群》这两本书，是为写作而写作的，因为觉得写作是个乐趣。打从写《沙多里斯》开始，我发现我家乡的那块邮票般小小的地方倒也值得一写，只怕我一辈子也写不完它，我只要化实为虚，就可以放手充分发挥我那点儿小小的才华。这块地方虽然打开的是别人的财源，我自己至少可以创造一个自己的天地吧。我可以像上帝一样，把这些人调来遣去，不受空间的限制，也不受时间的限制。我抛开时间的限制，随意调度书中的人物，结果非常成功，至少在我看来效果极好。我觉得这就证明了我的理论，即时间乃是一种流动状态，除在个人身上有短暂的体现外，再无其他形式的存在。所谓"本来"(was),其实是没有的——只有"眼前"(is)。如果真有所谓"本来"的话,那也就没有什么伤心、没有什么悲哀了。我总感到,我所创造的那个天地在整个宇宙中等于是一块拱顶石,拱顶石虽小,万一抽掉,整个宇宙就要垮下。将来我的最后一本书,就是约克纳帕塔法县的末日记、宝鉴录。写完了这本书,我就折断铅笔,从此歇手了。

(原载《巴黎评论》第十二期,一九五六年春季号)

THE PARIS REVIEW

弗朗索瓦·莫里亚克

1952年诺贝尔文学奖得主
获奖理由:"因其在自己的长篇小说中用深刻的精神洞察和艺术强度洞悉了人类生活的戏剧性"

《巴黎评论》访谈发表时间:1953年

弗朗索瓦·莫里亚克

（François Mauriac）

1885—1970

法国小说家、戏剧家、文学评论家、诗人、记者，1926年凭长篇小说《爱的荒漠》获法兰西学院小说大奖，1933年成为法兰西学院院士，1958年获法国国家荣誉勋章。其主要作品另有长篇小说《给麻风病人的吻》《蛇结》、诗集《握手》等。

1970年9月病逝于法国巴黎。

弗朗索瓦·莫里亚克

◎王宏图　胡泊/译

"每一位小说家都应该创造出自己的技巧，事实也正是如此。每一部名副其实的小说都拥有自身的法则，犹如不同的星球，无论大小，都拥有自己的动植物群。因此，福克纳的技巧无疑是描绘福克纳世界的最好技巧，而卡夫卡的噩梦则孵化出了使它自身奥秘得以显现的隐喻。邦雅曼·贡斯当、司汤达、欧仁·弗洛芒坦、雅克·里维埃、拉迪盖，他们全都使用了不同的技巧，文笔各自汪洋恣肆，以期达成不同的目标。无论标题为《阿道尔夫》《红与白》《多米尼克》《肉体的恶魔》，还是《追忆似水年华》，艺术作品本身就为技巧问题提供了答案。"

在一九四九年八月问世的法国文学杂志《圆桌》上，弗朗索瓦·莫里亚克以上述这番话谈论小说，展示了他自己的立场。一九五三年三月，《圆桌》杂志常务秘书让·勒·马尔尚代表《巴黎评论》就同一主题采访了他。采访一开始，让·勒·马尔尚先生便问及莫里亚克先前的那番言论。

——访谈者：让·勒·马尔尚，一九五三年

"便笺随笔"中的一页手稿

("便笺随笔"是弗朗索瓦·莫里亚克讨论诸多当代议题的系列文章，图中是他针对于连·格林剧作《南方》的讨论）

莫里亚克：我的观点没有改变。我相信我年轻的小说家同行们全神贯注于技巧。他们似乎认为一部优秀的小说应当遵循某些外界施加的规则。然而，这种对技巧的全神贯注实际上妨碍了他们，使得他们在创作中困惑不安。伟大的小说家不依赖任何人，只靠自己。普鲁斯特可谓前无古人，后无来者。伟大的小说家从他的模式中突围而出，只有他才能这么写。巴尔扎克创作了"巴尔扎克式"的小说，而这些小说的风格只适合巴尔扎克本人。

一位小说家的创造性通常和他风格的个人特性有着紧密的联系。借来的风格是一种糟糕的风格。从福克纳到海明威这些美国作家创造了一种风格，得以酣畅淋漓地表达他们想要诉说的一切——这样的风格是无法传递给他们的追随者的。

《巴黎评论》：你曾经说每一位小说家都应该创造属于自己的风格，那么你如何描述自己的风格呢？

莫里亚克：我一直都在坚持写小说，但极少会问自己用的是什么技巧。一旦动笔，我不会停下来问自己是否太直接地干预故事的发展，不会问自己是否对我的角色过于了解，也不会问自己应不应该对他们进行评判。我写作时全然处于天然、自发的状态。我从不预先考虑该怎么写或不该怎么写。

如果现在我有时会问自己这些问题，那是因为别人在向我发问——这些问题将我团团围住了。

事实上，在已完成的作品中（无论是好是坏），不难为这类问题找到答案。纠结于此类问题已成为法国小说创作的绊脚石。只要我们年轻一代作家成功地摆脱乔伊斯、卡夫卡和福克纳掌握着小说写作技巧的法典这一迷思，人们谈论甚多的法国小说创作的危机顷刻间便会烟消云散。我相信一个真正具有作家气质的人必定会冲破禁忌，无视这些臆想出来的规则。

《巴黎评论》：但我还是想知道，你在小说创作中是不是有意识地使用过某些技巧？

莫里亚克：一个小说家会自发地创造出符合自身禀性的技巧。因此，在《苔蕾丝·德斯盖鲁》中，我使用了一些源自默片的手法：缺乏铺垫、突然开场、闪回。在那个年代，它们新颖独特，出人意料。我只是运用了自己本能提示的那些技巧。我的小说《命运》同样借鉴了电影的技巧。

《巴黎评论》：当你开始写作时，情节中所有重要的节点是不是已经确定了？

莫里亚克：这要取决于小说本身。通常情况下没有。会有一个开端，有几个人物。通常最初构想的那些人物走不了多远；另一方面，那些较为模糊、前后缺乏连贯性的角色随着故事的发展呈现出新的可能性，占据了我们先前没有预想到的位置。以我的剧本《阿斯摩台①》为例，我一开始对库蒂尔先生这一角色如何发展、他在全剧中会有多大的分量都茫然无知。

《巴黎评论》：在写小说时，有没有什么问题给你增添了非同寻常的麻烦？

莫里亚克：暂时还没有。然而，现在面对那些从技巧角度对我的作品的种种评论，我无法不在意。这便是我刚写完的小说不会在当年出版的原因。我想从那一角度来重新审视它。

《巴黎评论》：你是否描写过一种自己未曾亲身体验过的状态？

莫里亚克：这种情形当然会有——比如，我从未给别人下过毒！

---

① 阿斯摩台（Asmodée），犹太神话中耽于声色的恶魔。

当然，一个小说家或多或少了解他笔下所有的角色，但是我也描述过我没有直接体验过的情形。

《巴黎评论》：要时隔多久，你才会去描绘自己的亲身经验，或你的所见所闻？

莫里亚克：不到一定的年龄，一个人难以成为一名真正的小说家。因此一个年轻的作家除了自己的童年或青春期，要想描写他生命的其他时段，几乎没有成功的可能。对于小说家而言，时间的间隔必不可少，除非他写的是日记。

我所有小说的时间背景都安置在我的青少年时期，它们都是"对往昔的回忆"。尽管普鲁斯特有助于我对自身的理解，但我绝对无意在作品中模仿他。

《巴黎评论》：你会做笔记以备日后之用吗？当在生活中看到某些非常有趣的东西，你会不会想"这将是我可以使用的素材"？

莫里亚克：从未如此，原因正是我刚刚谈到的。我既不观察也不描绘，我只是"重新发现"了自己虔诚、缺乏快乐、羞怯、内向的童年，那是一个狭小、詹森主义气息浓厚的世界。仿佛在我二十岁时，我内心的一扇门永远关上了，门里的一切日后成了我作品的素材。

《巴黎评论》：听觉、声音和视觉等感官知觉在多大程度上主导了你的写作？

莫里亚克：很大程度上——批评家们都在谈论我小说中嗅觉的重要性。每写一部小说之前，我都会在心中重现它的地点、环境、颜色和气味。我在内心将童年和青少年时期的氛围复活——我就是我的角色和他们的世界。

《巴黎评论》：你是每天坚持写作，还是只有当灵感降临时才动笔？

莫里亚克：我会在任何适宜的时间写作。在创造力活跃的时候，我会天天写；一部小说的写作不该中断。一旦觉得文思乏力，失去了神助，我就会停下笔来。

《巴黎评论》：你尝试写过与先前截然不同的小说吗？

莫里亚克：有时我想写一部侦探小说，但从未付诸实施。

《巴黎评论》：你是如何为小说中的人物取名字的？

莫里亚克：我曾经使用家乡波尔多周边地区常见的姓名，这太不明智了。好在我已消除了这一做法导致的诸多尴尬。

《巴黎评论》：你的小说人物在多大程度上以真实人物为原型？

莫里亚克：一开始几乎总会有一个真人的影子，随后便发生变化，最后他与原型没有一点相似之处。一般来说，小说中只有那些次要人物直接源自生活。

《巴黎评论》：你有没有一种特殊的方法，可以将一个真人转换成一个虚构的人物？

莫里亚克：没有这种方法……这只是小说的艺术。我所做的就是将围绕一个人物的一切具体地展现出来。这不太容易描述。对一个真正的小说家来说，这种转化是他的内在生活。如果我使用了某些预先想好的方法，结果反倒会使人物看起来不真实。

《巴黎评论》：你有没有在人物角色身上描述过你自己？

莫里亚克：在某种程度上，在所有的角色身上都有。在《戴锁链的孩子》和《镶红边的白袍》这两部作品中我详尽地描述了自己。小说《丰特纳克的秘密》中的伊夫·丰特纳克既是我,也不是我:有很多非常相似的地方,极为相像,但同时也作了很多变形处理。

《巴黎评论》:从技巧角度而言,哪些作家对你影响最大呢?

莫里亚克:这很难说清。就技巧而言,迄今为止我没有受到任何人的影响;但在另一方面,所有我读过的作家都影响了我。每个人都是文化的产物,我们有时会受到那些谦逊、但已被我们遗忘的作家的影响——或许只有那些长时间浸润其间的书,那些幼年时读过的书才会影响到我。我觉得其他小说家都没有影响过我。我是一个专注于氛围的作家,诗人对我而言非常重要,比如说像拉辛、波德莱尔、兰波、莫里斯·德·盖兰[①]、弗朗西斯·雅姆[②]等人。

《巴黎评论》:您觉得一个小说家需要"更新"(renew)自己吗?

莫里亚克:我认为作家的第一要义就是成为自己,接受自身的局限性。自我表达的努力会影响到表达的方式。

写一部小说之前,如果不是信心满满,觉得写了这一部便再无必要再写另一部,我便决然不会动笔。每一篇作品我都是重新起步,之前所做的一切都不作数……我不是在对一幅壁画进行加工。就像一个人决心重新开始生活,我告诉自己迄今为止我一无所成:因为我总是相信那时我正在创作的小说将会是一部杰作。

《巴黎评论》:小说一旦写完,你还会依恋你创造的人物吗?你会和他们保持联系吗?

[①] 莫里斯·德·盖兰(Maurice de Guérin,1810—1839),法国诗人,极受圣伯夫推崇。
[②] 弗朗西斯·雅姆(Francis Jammes,1868—1938),法国诗人,代表作有《从晨祷到晚祷》等。

莫里亚克：只有当人们和我谈起他们，或是写有关他们的文章时，他们对于我才是存在的。我之所以为《苔蕾丝·德斯盖鲁》写续篇，是受了外界的诱导。作品一旦写成，便离我而去，只有通过他人它才能存在。前天晚上，我收听了《爱的荒漠》的广播改编版。尽管不无曲解，我还是认出了库莱热先生，他的儿子雷蒙，被包养的女人玛丽亚·克鲁斯。这个小世界在我面前倾诉，受苦受难，它三十年前便离我远去。我认出了它，反射的镜面稍稍扭曲了它的面目。

我们将自身的大部分浇铸在某些小说中，但它们不一定是最好的小说。例如，在《丰特纳克的秘密》中，我摸索着记录自己的青春期生活，栩栩如生地展现我母亲和我父亲的兄弟（他是我们的监护人）的形象。除了它本身的优缺点，这部小说对我而言有种撕心裂肺的基调。事实上，我自己重读这部小说的次数并不比别人来得多：我只在需要校对清样时才重新阅读自己的书。出版自己的作品全集迫使我这样做；这和重读旧信一样让人痛苦。正是以这种方式，死亡从抽象中现身，我们仿佛触摸到了实物：一撮尘土，一缕灰烬。

《巴黎评论》：你现在还阅读小说吗？

莫里亚克：我读得非常少。每天我都发现年龄的增长使我体内的人物角色奄奄一息。我曾经是一个充满激情的读者，可以说有点儿贪得无厌，但是现在……当我年轻的时候，包法利夫人、安娜·卡列尼娜、巴尔扎克笔下的人物，那种在我眼里使他们栩栩如生的氛围，让我对自己的未来充满信心。他们在我面前呈现出自己梦寐以求的一切，他们预示了我的命运。然而，我活得越久，他们聚拢在我周围，成了竞争对手。为了一比高下，我不得不以他们（尤其是巴尔扎克的那些人物）为参照来衡量自己。不过，他们已经成为业已完成的工作的一部分。

另一方面，我仍旧在重读贝尔纳诺斯①、甚至于斯曼②的小说，因为它们包含着某种形而上的维度。至于比我年轻的同代作家，他们让我感兴趣的是其技巧，而非其他。

这是因为小说不再对我有吸引力，我更多地关注历史，关注发展中的历史。

《巴黎评论》：你不觉得这种态度对你来说有点奇怪？更确切地说，难道你没有发现，当某个时期的事件（像在阿尔及利亚所发生的）产生的影响是如此巨大，现实世界或多或少地与虚构小说分道扬镳了？也许时间上的"间隔"不再是人们接受小说必需的条件。

莫里亚克：历史的每一时期或多或少都是悲惨的。我们亲历过的那些事件并不足以去解释被人们随意命名的"小说的危机"这一现象；我要补充的是，当今公众阅读小说的人数和印刷业的规模和我年轻时相比要庞大得多，因而它不是读者的危机。

不是那样。在我看来，小说的危机，具有某种形而上的特性，它与对人的具体观念相联系。从根本上来说，否定心理小说的想法源自当今一代秉持的对人的观念，它是全然否定性的。这一个体观念的改变很早之前就开始了。普鲁斯特的作品展示了这一点。在《在斯万家那边》（一部完美的小说）和《重现的时光》中，我们目睹人物角色的消解。随着小说的推展，人物变得枯萎干瘪。

如今，随着非写实派艺术的发展，我们有了非写实小说——其中的人物缺乏鲜明的特性。

我认为，如果果真有小说的危机的话，就在那里——从根本上说

---

① 乔治·贝尔纳诺斯（George Bernanos，1888—1948），法国小说家、文学评论家，以长篇小说《恶魔苍穹下》闻名。
② 若利斯-卡尔·于斯曼（Joris-Karl Huysmans，1848—1907），法国作家，代表作有长篇小说《逆流》等。

就在于技巧的领域。小说已经失去了它的宗旨。这是最为严重的困难，但是我们也必须从那儿起步。年轻一代人相信，在乔伊斯和普鲁斯特之后，他们发现老派小说的"宗旨"都是预先建构好了的，与现实世界没有关系。

《巴黎评论》：在谈论人物角色消解时，你是不是过多强调实验小说的因素了？普鲁斯特和卡夫卡的小说中毕竟还有人物。当然，和巴尔扎克笔下的角色相比，他们变化巨大，但你还会记得它们，知道他们的姓名，他们活跃在读者的脑海中。

莫里亚克：我下面说的话会使你大吃一惊。卡夫卡小说中人物的姓名我几乎一个都记不清，但同时我非常了解他，因为他本人令我着迷。我读过他的日记、他的书信，所有关于他的一切我都没遗漏，但是我读不进他的小说。

至于普鲁斯特，我曾提到他笔下每个人物缓慢的枯萎干瘪会给人留下深刻的印象。在《女囚》那一卷之后，小说转向了对妒忌的绵长思考。阿尔贝蒂娜的肉身不再存在；而在小说开始貌似存在的那些人物（夏吕斯便是一个），变得和吞噬他们的恶习别无二致。

小说的危机因而是形而上的。我们的前一代人不再信仰基督，但他们相信个体，这和相信灵魂的存在殊途同归。我们每一个人对灵魂这个词的理解各不相同，但无论如何它都是个体得以建构的支点。

许多人失去了对上帝的信仰，但依旧遵循这种信仰宣示的价值。善事不恶，恶事不善。小说的解体正是由于这一分辨善恶的基础观念的丧失。对道德良心的非难导致语言本身贬值，意义被抽空。

观察一下那些像我这样坚守基督教信仰的小说家，人不是创造自我，便是毁灭自我。任何人都不是静止、固定不变、一劳永逸地用某个模子浇铸出来的。这便是传统的心理小说和我曾经做的或认为我在做的大不相同的地方。我在小说中想象的人物身陷救赎的戏剧性事件之中，即便他对此并不知晓。

不过，我钦佩年轻小说家们"对绝对的探寻"，他们对虚假的表象和错觉的憎恨。他们让我想起阿兰和西蒙娜·薇依所说的"纯洁的无神论"。但我们还是避开那个话题为好，我不是哲学家。

《巴黎评论》：所有人都说你是，对此你为什么要否认呢？

莫里亚克：每当文学才俊减少时，哲学家便增多了。我这样说并不是与他们为敌，但他们慢慢占据了主导地位。现在这一代人极度聪明。以前一个人可以很有才华，同时还不无傻气，如今这种情形已不会出现。年轻一代中哲学家多如牛毛，他们对于小说的需求和我们相比很可能要少得多。

尽管如此，至关重要的是在我们这个时代对文学影响最深的大师会是一位哲学家。此外，如果让-保罗·萨特不具备过人的天赋，他便不会拥有现在的地位。与萨特的影响相比，柏格森则局限于思想观念的领域，仅仅通过对文人本身的影响，才间接地影响到文学。

《巴黎评论》：你认为文学不经意间移交给了哲学家吗？

莫里亚克：这里有个历史方面的原因：法国的悲剧。萨特通过戏剧将这一代人的绝望表现了出来。他不是创造了它，而是给了它正当的理由，赋予了它风格。

《巴黎评论》：你说你对卡夫卡本人比对他的作品更感兴趣。在《费加罗文学报》上你曾写道，在《呼啸山庄》全书中吸引你的是艾米莉·勃朗特本人的形象。简而言之，当人物角色消失，作者便步入前台，慢慢占据了主导地位。

莫里亚克：很多作家人虽健在，但几乎所有的作品都已死去。除了《忏悔录》和《墓畔回忆录》，我们很少会再读卢梭和夏多布里昂的其他作品，只有这些作品还引起我们的兴趣。直到现在，我一直对纪德怀着仰慕之情。然而，看起来只有他的日记和有关他童年生活的故事《如果种子不死》有机会留存下来。文学中最为稀罕的事，可谓独一无二的成功，便是作者消失了，但他的作品留存下来。我们不太知道莎士比亚或者荷马究竟是谁。人们费尽九牛二虎之力去研究拉辛的生平，但一无所获。他消失在自己作品的光焰之中，这实属罕见。

几乎见不到作家消失在他们的作品中，相反的情形却比比皆是。即使是那些在小说中存活的最著名的人物角色如今也是更多出现在小册子和历史中，仿佛放置在博物馆里。作为有生命的活物，他们变得衰朽虚弱。有时我们甚至看到他们的死亡。在我眼里，包法利夫人的健康比之前还要糟糕得多……

《巴黎评论》：你当真这样想吗？

莫里亚克：是的，甚至像安娜·卡列尼娜、卡拉马佐夫这些人物也是如此。首先是因为他们需要有读者才能活着，而新的一代人越来越不能够为他们提供呼吸需要的氧气。

《巴黎评论》：在某个地方你曾谈到小说作为一种完美的文学形式非常伟大，它是各门艺术之王。

莫里亚克：我当时是在赞美我的商品，但是没有任何一种艺术比其他种类的艺术更加高贵。只有艺术家才称得上伟大。托尔斯泰、狄更斯和巴尔扎克是伟大的，而不是他们所展示的文学形式。

《巴黎评论》：当你作为一名小说家写作时，基督教的影响是不是强烈到让你感到困难重重？

莫里亚克：一直是这样。在天主教的圈子里我几乎被视为一个色情作家，如今这看起来非常好笑。但这或多或少使我失落。

如果有人问我:"你认为你的信仰阻碍还是丰富了你的文学生涯?"我会回答两者兼有。我的基督教信仰使我充实,同时也阻碍了我,如果我随心所欲地写,我的书将不会是现在这个样子。如今我知道上帝并不会在意我们写了什么;他直接利用它们。

然而,我是个基督徒,我不想让我的生命在暴力和愤怒中终结,而是安息在祥和之中。当一个基督徒的生命临近终点时,最诱人的莫过于远离喧嚣。即使是与最钟爱的音乐相比,如今我也更偏爱宁静,因为与上帝同在,便不会有安宁。

我的敌人们认为不管付出怎样的代价,我都会强行留在舞台上——为了存活下来,我会不择手段。如果他们知道我最大的快乐是独自待在露台上,试图去猜测携带清香的风吹向何处,他们会惊愕不已。我所惧怕的并不是在我离世后被遗忘,而是没有被彻底遗忘。就像我们刚才说的,我们的作品没有存活下来,反倒是我们可怜的生命在历史中游荡。

(原载《巴黎评论》第二期,一九五三年夏季号)

THE PARIS REVIEW

欧内斯特·海明威

1954年诺贝尔文学奖得主

获奖理由:"因其精通叙事艺术,这突出地表现在他的近著《老人与海》中,同时也由于其对当代写作风格所施加的影响"

《巴黎评论》访谈发表时间:1958年

欧内斯特·海明威

(Ernest Hemingway)

1899—1961

美国小说家、记者,20世纪最伟大的短篇小说作家之一。1899年生于伊利诺伊州,高中毕业后曾在《堪萨斯城星报》短暂担任记者,"一战"爆发后奔赴意大利前线,1918年受伤返美,1921年结婚并移居法国巴黎后开始密集写作,1925年出版短篇小说集《在我们的时代》。代表作有长篇小说《太阳照常升起》(1926)、《永别了,武器》(1929)、《丧钟为谁而鸣》(1940)、《老人与海》(1952)等。

1961年在爱达荷州凯彻姆市寓所内开枪自杀。

欧内斯特·海明威

◎苗炜 / 译

海明威：你看赛马吗？
访问者：偶尔看。
海明威：那你读马经了……那你就掌握虚构的真谛了。
——一九五四年五月，在马德里一家咖啡馆的对话

欧内斯特·海明威在卧室里写作，他的房子位于哈瓦那近郊的圣弗朗西斯科·德·保拉地区。在房子西南一个外形方正的角楼里，有一间特设的工作室，但他偏爱卧房，唯有小说里的"角色"能驱使他爬上角楼。

卧室在一层，和主厅相连。它们之间的门虚掩着，一本介绍世界飞机引擎的厚书横在门缝里。卧室很大，阳光充足，从东侧和南侧窗户照进来的日光直射在白色墙壁和泛黄的地砖上。

整间卧室被一对齐胸高、同墙面成直角摆放的书架隔成两边，其中一边放了张低矮的大双人床，大尺码的拖鞋整整齐齐地摆在床尾地板上，两只床头柜上垒满了书。在卧室另一头，立着一张宽大的平板书桌，两边各放一把椅子。书桌上，纸张和纪念品有秩序地摆放着。卧室尽头立着一只大衣柜，柜顶上方挂了张豹皮。一排白色书架倚在房间另一侧的墙上，书多得溢到地板上，底下还堆放着旧报纸、斗牛杂志和一沓沓用橡皮筋绑好的信。

> "I could take it," the man said. "Don't you think I could take it, kid?"
> "You bet."
> "They all bust their hands on me," the little man said. "They couldn't hurt me."
> He looked at Nick.
> "Sit down," he said. "Want to eat?"
> "Sure," Nick said. "I'm hungry."
> "Listen," the man said, "Call me Ad."
> "Sure."
> "Listen," the little man said. "I'm not quite right."
> "What's the matter?"
> "I'm crazy."
> He put on his cap. Nick felt like laughing.
> "You're all right," he said.
> "No I'm not. I'm crazy. Listen, you ever been crazy?"
> "No," Nick said. "How does it get you?"
> "I don't know," Ad said, "When you got it you don't know about it. You know me don't you?"
> "No."
> "I'm Ad Francis."
> "Really?"

欧内斯特·海明威短篇小说《杀人者》的一页手稿

其中一排混乱的书架的顶端——就是对着东侧窗户，距离床差不多三英尺①远的那个——是海明威的"工作台"，大概一平方英尺大的空间，一侧堆满书，另一侧是成沓的纸、手稿和小册子，上面盖着报纸。余下的地方刚好放下一台打字机，上面有一块木质读写板，五六支铅笔和一大块镇纸用的铜矿石，以防纸张被东侧窗户吹进来的风刮跑。

站着写作是海明威最初就养成的习惯。他总是穿一双大号拖鞋，站在那块发旧的捻角羚羊皮上——面对着齐胸高的打字机和读写板。

海明威如此开始每项新的工作：在读写板上放好半透明的打字纸，拿起一支铅笔。他用纸夹板固定好一沓白纸，放在打字机左侧。从标有"亟待付清"字样的金属夹子下面抽纸，每次只取一页。把纸斜放在读写板上，左臂倚着读写板，一只手按住纸。随着岁月的流逝，纸面上的字越来越大，更像是孩子的笔迹，只用很少的标点符号和大写字母，句号常用一个"×"代替。当一页完成，他就会把纸反过来，页面朝下夹在打字机右侧的纸夹板里。

当写作顺畅无阻或是碰到相对容易进行的部分，比如人物对话，海明威会掀开读写板改用打字机。

他把每天的工作进程记录在一张大表格上——"以防自欺欺人"。这张工作表用包装盒侧面的硬纸板制成，立在墙边，上面悬挂着一个小羚羊头标本。表格上的数字代表每天产出的文字量，从450、575、462、1250到512。高产的日子定是因为海明威加班工作，免得因为第二天要去海湾小溪钓鱼而内疚。

海明威不习惯用那张嵌在壁凹里的书桌，它虽然更宽敞一些，却同样堆满杂物：一沓沓信件；一个毛绒狮子玩具，在百老汇红灯区常常能看到的那种；一只装满食肉动物牙齿的麻袋；一根鞋拔子；木

---

① 1英尺约合0.3米。

雕的狮子、犀牛、两头斑马和一只疣猪，在桌子表面摆成一排。当然，还有许许多多的书垒在书桌上方。除了这些，还有胡乱堆放在书架上的小说、历史书、诗歌集、剧本和散文，瞥一眼书名就知道种类有多么繁复。当海明威站在"工作台"前写作时，他膝盖正对的书架上立着弗吉尼亚·伍尔夫的《普通读者》，本·阿米斯·威廉姆斯的《分裂之家》《偏执的读者》，查尔斯·比尔德的《共和对话录》，塔尔列的《拿破仑入侵俄国》，佩吉·伍德的《你看上去如此年轻》，奥尔登·布鲁克斯的《莎士比亚与染工的手》，鲍德温的《非洲狩猎》，T.S.艾略特的诗集，还有两本关于卡斯特将军在"小巨角战役"中失败的书。

　　第一眼望去，房间杂乱无章，仔细看看却能发现，主人爱好整洁但不忍丢掉任何一样东西——特别是那些附着情感的物品。其中一排书架顶端摆放了一排奇特的纪念品：一头用木珠做成的长颈鹿；一只铸铁小乌龟；一个火车头模型，两辆吉普车车模和一艘威尼斯轻舟模型；一个后背插着钥匙的小熊玩具；一只拿着铜钹的猴子；一架微型吉他模型，还有一架美国海军双翼飞机模型（一只轮子不见了）歪歪扭扭地摆在圆形的草编桌垫上——这些收藏品不过是些零碎罢了，如同每个小男孩藏在衣柜鞋盒里的好玩意儿。显而易见，每一件纪念品都有其珍贵之处。好比海明威摆在卧室里的三只水牛角，尺寸大小并非重点，它们之所以珍贵是因为那次的狩猎过程，开始并不顺利而最终否极泰来。"每次看到它们，都会让我十分开心。"他说。

　　海明威或许会承认自己对这些物件的迷信，但他宁愿不去谈论它们，感觉它们的价值会在言谈中消减。这同他对待写作的态度一样。在采访过程中，他曾多次强调，写作这门手艺不该被过度的探究所干扰——"虽然写作中的某些方面很坚硬，无论怎么讨论都不会对它造成伤害，但其他部分却是脆弱的，一旦谈起来，它们的构造就会轰然瓦解，而你一无所得。"

因此，作为一个充满幽默感、善于讲故事、对自己感兴趣的东西研究颇深的人，谈论写作仍会令海明威颇感艰难——并非对此主题没有过多想法，而是因为他强烈地意识到，有关写作的思考不该被表达出来，相关的采访提问往往会"惊吓"到他（此处用了海明威最喜欢的表达），甚至令他失语。采访中的大部分回答他更愿意在读写板上完成。海明威偶尔的尖刻口吻同样印证了他的观点：写作是私人的、孤独的职业，在终稿完成前，不需要任何旁观者在场。

海明威全心投入艺术所表现出的个性，或许同传统观念中那个放荡不羁、以自我为中心的角色有所出入。事实上，虽然海明威很会享受生活，但他同样对自己从事的每一件工作虔心付出——怀着严谨态度，对那些不精准的、带有欺骗性的、迷惑人的、半成品的想法深恶痛绝。

若要验证海明威对写作事业的付出，没有任何地方比得上这间铺有黄色地砖的卧室。清早起床后，海明威会全神贯注地站在读写板前，唯有将重心从一只脚换到另一只脚时，才会挪动一下身体；写作顺利推进时，他大汗淋漓，兴奋得像个小男孩；而当艺术家的触觉突然消失，他便会感到烦躁、痛苦——他是一个严于律己、自我约束力极强的人。直到晌午时分，他才会拿起圆头手杖离开房子，到泳池边开始每日半英里的游泳。

——访谈者：乔治·普林顿[①]，一九五八年

《巴黎评论》：真正动笔写作的时候快乐吗？

[①] 乔治·普林顿（George Plimpton，1927—2003），美国作家，《巴黎评论》创始人之一，生前一直担任《巴黎评论》主编，直至2003年去世。

欧内斯特·海明威：非常。

《巴黎评论》：你能不能谈谈这个过程？你什么时候工作？是否严格遵循一个时间表？

海明威：写书或者写故事的时候，每天早上天一亮我就动笔，没人打搅；清凉的早上，有时会冷，写着写着就暖和起来。写好的部分通读一下，知道接下来会发生什么、会写什么就停下来。写到自己还有元气、知道下面该怎么写的时候停笔，吃饱了混天黑，第二天再去碰它。早上六点开始写，写到中午，或者不到中午就不写了，停笔的时候，你好像空了，同时又觉得充盈，就好像和一个你喜欢的人做爱完毕，平安无事，万事大吉，心里没事，就待第二天再干一把，难就难在你要熬到第二天。

《巴黎评论》：你离开打字机的时候能不去想你正在写的东西吗？

海明威：当然可以。不过，这得训练，不练不成。我练成了。

《巴黎评论》：你读前一天写好的那部分时是否会修改？还是等全篇结束时再修改？

海明威：我每天停笔之前会修改一遍，全部完成之后自然会再改一遍。别人打字之后，有机会再更正和修改，打字稿看得清楚。最后是看校样。你得感谢有这么多修改的机会。

《巴黎评论》：你修改的程度有多大？

海明威：这得看情况。《永别了，武器》的结尾，最后一页，我改了三十九次才满意。

《巴黎评论》：有什么技术问题？是什么让你为难？

海明威：找到准确的词。

《巴黎评论》：是不是重读能重振"威力"？

海明威：重读让你在必须往下写之前，知道你写的已经跟你想要达到的水平一样好了。"威力"总是能在某个地方爆发的。

《巴黎评论》：可有没有灵感全无的时候呢？

海明威：当然有。你要是在知道接下去会发生什么的时候停笔，就能接着写下去。只要你能开始，问题就不大，元气自然贯通。

《巴黎评论》：桑顿·怀尔德说，有一回你告诉他，你削尖了二十支铅笔。

海明威：我不记得一下用过二十支铅笔，一天用七支 2 号铅笔就不错了。

《巴黎评论》：你发现有什么地方最有益于写作吗？两世界旅馆一定是一个，你在那里写出了不少作品。写作环境对你有影响吗？

海明威：哈瓦那的两世界旅馆是非常好的写作地点。这个庄园也是个很好的地方，或者说以前很好。不过，我在哪儿都工作得挺好。我是说我能在各种环境下工作，只有电话和访客会打扰我写作。

《巴黎评论》：要写得好是否必须情绪稳定？你跟我说过，你只有恋爱的时候才写得好，你能就此多说点儿吗？

海明威：好一个问题。不过，我试着得个满分。只要别人不打扰你，随你一个人去写，你任何时候都能写，或者你狠狠心就能做到。但最好的写作注定来自你恋爱的时候。如果你也是这样的，我就不多说什么了。

77

《巴黎评论》：经济保障呢？对写出好东西有害吗？

海明威：如果钱来得太早，你爱写作又爱享乐，那么就要有很强的个性才能抵制诱惑。写作一旦成了你最大的恶习又给你最大的快乐，那只有死亡才能了结。经济保障的好处是可以让你免于忧虑，坏身体和忧虑会相互作用，袭击你的潜意识，破坏你的储备。

《巴黎评论》：你记得你想当作家的确切时间吗？

海明威：不记得，我一直想当个作家。

《巴黎评论》：菲利普·扬在评论你的书里提出，一九一八年你中了迫击炮弹，那次重伤把你震成了一个作家。我记得你在马德里简单说起过你对他这个论调不以为然，你还说，你认为艺术家的才能不是后天能养成的，根据孟德尔的观点，是先天的。

海明威：显然在马德里那年，我的脑子不能算是正常。我只是简单提到扬先生那本书和他的文学创伤理论，也许两次脑震荡和那年的头盖骨骨折弄得我说话不负责任，我的确记得告诉过你，想象力是种族经验遗传的结果。在脑震荡之后愉快的谈话中，这说法听起来不错，也多少有点儿不靠谱。等我下次为自由受创伤的时候再聊吧，你同意吗？我感谢你删去我可能涉及的亲属的名字，谈话的乐趣在于天南地北地闲聊，但大多数谈话和那些不负责任的说法都不应该被写下来。一写下来，你就得担着。说的时候也许是看看你信不信。至于你提的问题，创伤的影响是不同的，没伤到骨头的不要紧，有时候还给你信心。伤了骨头和损坏神经的创伤对作家是不利的，对谁都不利。

《巴黎评论》：对想当作家的人来说，你认为最好的智力训练是什么？

海明威：我说，他应该出去上吊，因为他发现要写好真是无法想象的困难。此后他应该毫不留情地删节，在他的余生里逼着自己尽可能地写好。至少他可以从上吊的故事开始。

《巴黎评论》：那些进入学术界的人怎么样？你如何看待有许多作家做出妥协，放弃了文学生涯而谋得一个教席？

海明威：这要看你说的放弃是什么意思。是被抛弃的妇女那个意思？是政治家的一种妥协？是你愿意多付点儿钱给杂货店老板或裁缝，但打算晚点再付这种意义上的妥协吗？既能写作又能教书的自然能两样都干，好多能干的作家已经证明他们能做到。我做不到，我知道，我佩服那些能做到的。我认为学术生活会中止你的外部经验，有可能限制你对世界的了解。而了解越多，作家的负担越重，写起来越难。想写出一些具有永恒价值的东西是一件全日制的工作，实际写作可能一天只有几个小时。作家好比是一口井，有多少种井就有多少种作家，重要的是井里得有好水，定量汲水比一下抽干再等井渗满要好。我看我是离题了，不过这问题没什么意思。

《巴黎评论》：你会建议年轻作家干报纸吗？你在《堪萨斯城星报》受到的训练对你有帮助吗？

海明威：在《星报》工作，你得学着写简单的陈述句，这对谁都有用。新闻工作对年轻作家没害处，如果能及时跳出，还有好处。这是最无聊的老生常谈，我感到抱歉，但是，你要是问别人陈旧而扯淡的问题，就会得到陈旧而扯淡的回答。

《巴黎评论》：你在《大西洋两岸评论》上写道，写新闻报道的唯一原因是报酬高，你说，"写报道会毁掉你最有价值的东西，干这个就是为了赚大钱"，你把那样写作看成一种自我毁灭吗？

海明威：我不记得我这么写过。这话听起来愚蠢又粗暴，好像是我为了避免苦思冥想而故作聪明的判断。我当然并不认为写这类东西是自我毁灭，不过，写新闻报道过了一定程度，对一个严肃的创作型作家来说会成为一种日常的自我毁灭。

《巴黎评论》：你觉得同其他作家相处，智识上相互刺激，这对一个写作者来说有价值吗？

海明威：当然。

《巴黎评论》：二十年代你在巴黎和其他作家、艺术家在一起时有没有群体感？

海明威：没有。没有群体感。我们相互尊重。我尊重许多画家，有的跟我差不多年纪，有的比我大，格里斯、毕加索、布拉克、莫奈——当时他还活着。我尊重一些作家——乔伊斯、埃兹拉和斯泰因好的一面……

《巴黎评论》：写作时，你是否会发现自己受到正在阅读的书籍的影响？

海明威：自打乔伊斯写《尤利西斯》之后就没有了。他的影响也不是直接的。可那个时候，我们掌握的词语对我们构成阻塞，我们不得不为一个单词而较劲，他的作品的影响在于他把一切都改变了，这为我们摆脱限制提供了可能。

《巴黎评论》：你能从作家身上学到关于写作的东西吗？比如，你昨天对我说，乔伊斯不能容忍谈论写作。

海明威：你同你这行当的人在一起，通常会谈论其他作家的作品。那些越少谈论自己写了什么的作家，写得就越好。乔伊斯是一个很伟大的作家，他只跟笨蛋解释自己干了什么。他所尊重的那些作家，应该读了他的作品就知道他在干什么。

《巴黎评论》：这几年你好像在刻意避免和作家来往，为什么？

海明威：这个有些复杂。你写得越深入就会越孤独。好朋友、老朋友大多去世了，还有些搬得远了。你几乎见不到他们，但是你在写作，就好像同他们有来往，就好像和他们一起泡在咖啡馆里。你们互通信件，写得滑稽，兴之所至会淫秽、不负责，这几乎跟聊天一样美妙。但是你更孤独，因为你必须工作，能工作的时间总体来说越来越少，你要是浪费时间就会感到犯了不可饶恕的罪。

《巴黎评论》：有些人，特别是你同时代的人，对你的作品有什么影响？格特鲁德·斯泰因有没有影响？还有埃兹拉·庞德？或者麦克斯·珀金斯？

海明威：对不起，我不擅长这样的"尸检"。有文学界和非文学界的法医专门干这样的事情。斯泰因小姐关于她对我的影响有许多相当不靠谱的絮叨，她有必要这么做，因为她从一本叫《太阳照常升起》的书里学到了写对话。我很喜欢她，我觉得她学会了怎么写对话实在了不起。对我来说，向不管是活人还是死人学习并不是新鲜事，但我没想到我对她有这么强的影响。其实她在其他方面已经写得很好了。埃兹拉对自己真正了解的题目有极端的才智。这类谈话你不觉得厌烦吗？这类私下的文学八卦，捣腾三十五年前的糗事，让我恶心。要是谁想试着说出整个真相那又不同，那会有点儿价值。我们简单点儿更好：我感谢斯泰因，我从她那里学到了字与字之间的抽象联系——看我多喜欢她；我重申我对埃兹拉作为伟大诗人和好朋友的忠诚；我非常在乎麦克斯·珀金斯，从来没能接受他已经死了。他从来没要求我改动我写的东西，除了删掉一些当时不能发表的字眼。删掉的地方留下空白，知道那些字的人自然知道空白之处该是什么字。对我来说，他不是一个编辑，他是一个睿智的朋友、极好的伙伴。我喜欢他戴帽子的方式和嘴唇抽动的那副怪样子。

《巴黎评论》：说说你的文学师承——你从哪些人身上学到的东西最多？

海明威：马克·吐温、福楼拜、司汤达、巴赫、屠格涅夫、托尔斯泰、陀思妥耶夫斯基、契诃夫、安德鲁·马维尔、约翰·多恩、莫泊桑、好的吉卜林、梭罗、马里亚特船长、莎士比亚、莫扎特、克维多、但丁、维吉尔、丁托列托、耶罗尼米斯·博斯、勃鲁盖尔、帕蒂尼尔、戈雅、乔托、塞尚、梵高、高更、圣十字若望、贡戈拉——全记起来要用一整天。这样一弄，就好像我在卖弄我不具备的博学，而不是真的想回忆一切对我的生活和创作发生影响的人似的。这不是一个无趣的老问题，这是一个严肃的好问题，必须凭良心作答。我把画家放在里面，是因为我从画家身上学习如何写作同从作家那里学到的一样多。你要问怎么学的，这又要花一天去解释。我还觉得，一个作家可以向作曲家学习，学习和声与对位法的效果很明显。

《巴黎评论》：你玩过乐器吗？

海明威：我玩过大提琴。我母亲让我在校外学了一整年的音乐和对位法。她认为我有能力学音乐，但我绝对没这个才能。我们搞室内乐，有人来拉小提琴，我姐姐拉中提琴，母亲弹钢琴，大提琴——我拉得比世上任何一个人都糟。当然那一年我还出去干别的事情。

《巴黎评论》：你会重读这名单里的作家吗，比如，吐温？

海明威：你必须隔两三年再读吐温，因为记得太清楚了。我每年都读一点儿莎士比亚，通常是《李尔王》，读了心里就高兴。

《巴黎评论》：读书已成为一种经常性的消遣和乐趣？

海明威：我总是在读书，有多少读多少。我给自己定量，所以我也总是有补给。

《巴黎评论》：那你读手稿吗？

海明威：这么干会惹麻烦，除非你和作者私交不错。几年前我被指控剽窃，有个人说，我的《丧钟为谁而鸣》抄袭了他没有发表的一个电影剧本。他在某个好莱坞聚会上朗读过这个剧本，我在那儿，他说至少有个叫"欧尼"的家伙在场听了他的朗读，这就足以让他起诉要求一百万美元的赔偿。他还控诉了电影《西北骑警队》和《捕青鱼的孩子》的制片人，说是也剽窃了他那部没发表的剧本。我们上了法庭，当然，我赢了官司，结果那家伙破产了。

《巴黎评论》：好啦，我们还是回到你那个名单上，谈一位画家——耶罗尼米斯·博斯？他作品里那种梦魇般的象征似乎和你的作品风马牛不相及？

海明威：我有过梦魇，所以了解他人的梦魇。但是你不一定把他们写下来，你省略掉你所了解的东西，但它们依旧存在于你的作品中，它们的特质依然会显现出来。当一个作家省略掉他所不了解的东西，它们就会像作品中的漏洞一样显现。

《巴黎评论》：这是不是意味着，你熟悉了你那份名单上那些人的作品后，就能灌满你刚才说的那口"井"？或者说，他们会有意识地帮助你提高写作的技巧？

海明威：他们是我学习去看、去听、去想、去感觉和不去感觉、去写的一个部分。你的井是你的"元气"所在，谁也不知道它由什么构成，你自己更不知道。你所知道的只是你有了"元气"，或者你不得不等待"元气"恢复。

《巴黎评论》：你愿意承认你的小说中存在象征主义吗？

海明威：既然批评家不断找到了象征，那我想就有吧。要是你不介意，我不喜欢谈论象征，也不喜欢被问到象征。写了书和故事又能不被别人要求去解释它们可真够难的。这也抢了解释者的饭碗，要是有五个、六个或者更多的好批评家不断地在解释，我为什么要去干扰他们呢？读我写的东西是为了读的时候愉快，至于你从中发现了什么，那是你的阅读带来的理解。

《巴黎评论》：在这方面再多问一个问题：有一个编辑顾问发现在《太阳照常升起》中，在斗牛场的戏剧性人物和小说人物的性格之间有一点对比。他指出这本书头一句话说罗伯特·科恩是一个拳击手；后来，在开铁栏时你描写那头公牛像一个拳击手似的用它的两个角又挑又戳，后来见了一头阉牛就被吸引住了，安静了下来；罗伯特·科恩听杰克的话，而杰克是被阉过的，就跟阉牛一样。编辑顾问把杰克看成是斗牛士，一再挑动科恩。编辑的论调这么推演，但是他不知道你是否有意识地用斗牛仪式的悲剧结构来组织你的小说。

海明威：听起来这位编辑顾问真有点儿钻牛角尖。谁说杰克是"阉割过的一头阉牛"？他是在不寻常的状况下受的伤，他的睾丸完好无损。他具备一个男人的正常感觉，就是没法圆满。重要的区别在于，他伤在肉体而不是心理，他不是一个阉人。

《巴黎评论》：这些追究技术的问题真的是有点烦。

海明威：明智的问题既不会让你高兴也不会让你烦恼。我还是相信，作家谈论自己怎么写非常不好，他写出来是给读者用眼睛看的，解释和论述都不必要。你多读几遍肯定比最初读一遍得到的东西要多。在此之后，叫作者去解释，或者在他创作的更艰难的国土上去当向导，就不是作者该干的事情了。

《巴黎评论》：与此相关，我记得你也警告过，作家谈论自己正在写的作品是危险的，他可能把作品"谈没了"，怎么会这样？我之所以问这个问题，是因为有许多作家，吐温、王尔德、瑟伯、斯蒂文森，都是先给听众检验，再修饰他们的材料。

海明威：我不相信吐温拿《哈克贝利·费恩历险记》给听众"检验"过，如果他这么做了，他们没准儿让他删掉好的加上坏的。了解王尔德的人说他讲的比写的好，斯蒂文森也是讲的比写的好。他的写作和谈话有时都让人难以相信，我听说他年纪大了之后好多故事也改变了。如果瑟伯谈的和他写的一样好，他准是一个最了不起、最不招人烦的谈话者。我所认识的人里，谈论自己那行当最好的是斗牛士胡安·贝尔蒙特，又让人高兴，又"毒舌"。

《巴黎评论》：你能不能谈谈，你是经过怎样的努力才形成你独特的风格的？

海明威：这是一个长效的累人问题，如果你花几天的时间回答这个问题，你就会变得非常自知而不能再写作了。我可以说，业余爱好者所说的风格就是不可避免的别扭，那是缘自你首次尝试去做前人没做过的事情。没有一个新的经典会和老经典类似。一开始，人们只看到别扭，后来不大看得出来了。当它们显得那么笨拙的时候，人们认为这些笨拙就是风格，还有好多人去模仿，这太遗憾了。

《巴黎评论》：你有一次在信中告诉我，在简陋环境下写出小说的不同片断，对作家是有益的，你能用这个来说说《杀人者》吗？你说过，这个小说、《十个印第安人》和《今天是星期五》是在一天之内写成的，或许还有你头一个长篇小说《太阳照常升起》？

海明威：我想想，《太阳照常升起》是我生日那天在巴伦西亚动笔写的，七月二十一日。我妻子哈德莉和我一早就到巴伦西亚去买看斗牛的好位置的票，那是七月二十四日开始的狂欢聚会。和我年龄相仿的人都写过一部小说，可我写上一段还觉得费劲。所以我就在生日那天动笔写书，整个假日都在写，早上在床上写，到马德里之后接着写。那里没有狂欢节，我们订了一个有桌子的房间，我能在桌子上写真是太奢侈了。旅馆拐角、阿尔瓦雷斯街上有一个挺凉快的喝啤酒的地方，我也去那儿写。最后热得写不下去了，我们就去昂代伊，那里有片又长又美的沙滩，有一家便宜的小旅馆，我在那儿写得很顺。后来又到巴黎去，在圣母院路一一三号一家锯木厂楼上的公寓里写完了第一稿。从动笔算起用了六个星期。我把初稿拿给小说家内森·阿什看，他有很重的口音，他说，"海姆，你说你写了个小说是什么意思？一个小说啊哈，海姆，你是在坐旅行巴士吧。"我听了内森的话并没有特别丧气，又改写了这个小说，保留了福拉尔贝格州施伦斯村陶伯旅馆的那部分旅途内容（关于钓鱼旅行和潘普洛纳那部分）。

你提到我一天之内完成的那几个小说，是五月十六日在马德里圣伊西德罗斗牛场写的，当时外面在下雪。头一个我写的是《杀人者》，以前试着写过一稿但失败了。午餐之后我上床暖和暖和又写了《今天是星期五》。我底气充沛，我想我快要疯了——还有六个故事要写呢。所以我穿上衣服，到佛诺斯，那间老斗牛士咖啡馆去喝咖啡，然后回来又写《十个印第安人》。这弄得我很悲伤，喝了点儿白兰地酒上床睡觉。我忘了吃饭，结果有个服务员叫我起来吃了点儿鲈鱼、一小块牛排，还有炸土豆，喝了一瓶瓦尔德佩尼亚斯产的葡萄酒。

掌管酒店的那个女人老是担心我吃得不够，就派个服务员来。我记得我坐在床边吃饭、喝"瓦尔德佩尼亚斯"，服务员说他要再拿一瓶上来，他说老板娘想知道我是不是还通宵写作，我说不了，我想歇上一会儿。你为什么不试着再写一个呢？那个服务员问我。我倒是想再写一个呢，我说。扯淡，他说，你能写六个。我明天试试，我说。今儿晚上就试试，他说，你觉得为什么那个老女人会给你送吃的上来？

我告诉他，我累了。胡说，他说（他可不是胡说），写三个悲惨小故事你就累了？给我讲一个。

让我清静会儿，我说，你不让我一个人待着，我怎么接着写？我就在床上坐着，喝"瓦尔德佩尼亚斯"，想，如果我的第一个故事就像我希望的那么好，那我是个多么该死的作家啊。

《巴黎评论》：你如何在脑子里完成一个短篇小说的构想？是主题、情节，还是人物变化推动？

海明威：有时候你了解这个故事。有时候你得写起来才能让故事浮现，又不知道它是从哪里冒出来的。运转起来就什么都变了。运转起来就造成故事。有时候运转会很慢，就像不动似的，但总有变化发生，也总是在动。

《巴黎评论》：长篇小说也是一样吗？你在动笔之前就列出整个写作计划并严格坚持吗？

海明威：《丧钟为谁而鸣》是我每天都要应对的问题。原则上我知道接下去要发生什么，但写的时候我每天都在虚构发生了什么。

《巴黎评论》：《非洲的青山》《有钱人和没钱人》《过河入林》一开始都是短篇，后来才发展成长篇的？这样说来，这两种形式很相似，作家可以从短篇过渡到长篇而不用完全改造他的路径？

海明威：不，不是这样。《非洲的青山》不是一本小说，写出来是看看我能否写一本绝对真实的书，描绘一个国家的面貌，记述一个月的活动,看这种真实的呈现能否和虚构的作品相媲美。写完《非洲的青山》,我写了两个短篇小说,《乞力马扎罗的雪》和《弗朗西斯·麦康伯短促的幸福生活》,这两个故事来源于《非洲的青山》里如实记述的那一个月打猎旅行所获得的见识与经历。《有钱人和没钱人》《过河入林》都是从短篇小说开始的。

《巴黎评论》:你觉得从一个文字工程转移到另一个容易吗?还是你开始一个就要先完成一个?

海明威:事实上,我中断自己认真的工作来回答你这些问题,足以证明我蠢得应该被判以重刑了。别担心,接着来。

《巴黎评论》:你觉得你在和别的作家竞争吗?

海明威:从来没有。我总试着比我确定其价值的死去的作家写得要好些。长久以来我只是单纯努力尽自己的可能写到最好。有时我运气不错,超水平发挥。

《巴黎评论》:你是否认为,一个作家年纪大了,创造力就消退了?在《非洲的青山》里,你提到,美国作家到了一定年纪就变得自我重复。

海明威:我对此并不知晓。那些知道自己在干什么的人会一直干到死。你提到的那本书里,要是你细究起来,会发现我那是和一个没有幽默感的奥地利人乱喷美国文学,我想去干别的事,可他逼着我谈文学。我对那番对话有准确的记述。我不是要发表一个不朽的宣言,差不多的宣言就足够好了。

《巴黎评论》:我们还没有谈论人物,你小说中的人物都毫无例外地来自真实生活?

海明威：当然不是。有些人来自真实生活。你创造的大多数人物来自你对人的见识、理解和经验。

《巴黎评论》：你能不能谈谈把真实生活中的一个人变成一个虚构人物的过程？

海明威：如果我解释了我是怎么干的，那会成为诽谤罪律师的一本手册。

《巴黎评论》：你是否像E.M.福斯特那样把"扁平人物"和"圆形人物"区别开？

海明威：如果你只去描写一个人，那就是平面的，好比一张照片，从我的立场看，这就是失败；如果你根据你的经验去塑造，那就会是全方位的。

《巴黎评论》：回想你所塑造的人物，其中哪一个是你特别喜欢的？

海明威：这会列一个很长的名单。

《巴黎评论》：这样说来，你挺享受读自己的书的——你不会想去修改一些地方？

海明威：有时我感到写不下去，就读自己的书让自己高兴起来。记得写作从来都是艰难的，以往也曾有过看似不可能写下去的时候。

《巴黎评论》：你怎么给你的角色起名字？

海明威：尽力起好。

《巴黎评论》：你写故事的过程中就想好书名了吗？

海明威：不是。我写完一个故事或者一本书，开列一个题目单子——有时会有一百个，接着开始划掉，有时一个不剩。

《巴黎评论》：有的题目直接来自内文，《白象似的群山》也是这种情况？

海明威：是的。题目是后来加的。我在普吕尼耶遇见一位姑娘，午饭之前去吃牡蛎的时候，我知道她已经打过一次胎。我走过去和她聊天，没谈到打胎，但回家的路上我想出这个故事，午饭也没吃，花了一下午把它写了出来。

《巴黎评论》：这么说，你不写的时候也在观察，以便寻找一些能用的东西？

海明威：当然。作家停止观察就完了。但他不必有意识地观察，老想着怎么去用。一开始可能是这种状况。但后来，他观察到的东西进入他所知所见的大储藏室。知道这一点可能有用：我总是用冰山原则去写作；冰山露在水面之上的是八分之一，水下是八分之七，你删去你所了解的那些东西，这会加厚你的冰山，那是不露出水面的部分。如果作家略去什么东西是因为他并不了解那东西，那他的故事里就会有个漏洞。

《老人与海》本来可以有一千页以上，把村子里每个人都写进去，包括他们怎么谋生、出生、受教育、生孩子，等等。有的作家这么写，写得很好很不错，写作这行当，你受制于既存的完美杰作。所以我得努力学着另辟蹊径。第一，我试着把向读者传递经验之外的一切不必要的东西删去，这样他或她读了一些之后，故事就成为他或她的一部分经验，好像确实发生过。这做起来很难，我一直努力在做。

总之，先不说怎么做成的，我这次有难以置信的好运气，能够把经验完整地、前所未有地传达出来；运气在于我有一个好老头和一个好孩子，近来的作家都已经忘了还有这样的事情。还有大海也同人一样值得描述。这是我的运气好。我见过马林鱼交配，知道那是怎么回事。我把这些放弃。在那一片水面上，我见过五十多头抹香鲸的鲸群，有一次我叉住了一头几乎有六十英尺长的鲸鱼，却让它逃走了。可我也没把这些写到小说里。我对渔村所了解的一切都略去不写，但那正是冰山在水下的部分。

《巴黎评论》：阿奇博尔德·麦克利什[①]说过一种向读者传达经验的方法，他说是你过去在《堪萨斯城星报》写棒球比赛时形成的。这很简单，用小的细节去传递经验，秘密隐藏的、又有能够显示整体的效果，使读者意识到在他们潜意识中有所察觉的东西……

海明威：这个传闻不靠谱。我从来没给《星报》写过棒球。阿奇博尔德要记起来的是一九二〇年前后我在芝加哥怎么努力学着寻求那些产生情绪又不被注意的东西，比如一个外野手扔掉手套而不回头看一眼手套落在哪里的样子，一个拳击手的平底帆布运动鞋下树脂底发出的吱吱声，杰克·布莱克本从监狱刚出来时的灰色皮肤。我像画家画素描一样还注意到其他一些东西：你见过布莱克本那种古怪的肤色、剃刀留下的老伤疤、对不了解其历史的人吹牛的方式，这是在你知道一个故事之前就触动你的东西。

《巴黎评论》：你是否描写过某一种你没有个人体验的情形？

海明威：这是个奇怪的问题。所谓个人体验，你是说肉体的体验吗？如果是这样，回答是肯定的。一个作家，如果他是好作家，不会去描写。他是创作，根据他亲身经历或非亲身经历的经验来虚构，有时他似乎具备无法解释的知识，可能来自已经忘却的种族或家庭经

[①] 阿奇博尔德·麦克利什（Archibald MacLeish，1892—1982），美国诗人，代表作有十四行组诗《夏日之歌》和史诗《征服者》等。

验。谁去教会信鸽那样飞？一头斗牛的勇气或一只猎狗的嗅觉从何而来？这次谈话是对上次我们在马德里谈话的阐释和浓缩，那次我头脑靠不住。

《巴黎评论》：你觉得对一种体验应该超越到什么程度才能用小说的形式去表现？就拿你在非洲遇到的飞机事故来举例如何？

海明威：这取决于经验本身。有一部分经验你一开始就抱着完全超脱的态度，另一部分经验就很纠结。我想并没有什么规定要作家应当隔多久才能去表现，这要看作家个人调整得怎么样，看他或她的复原能力。对一个训练有素的作家，飞机着火坠落当然是一次宝贵的经验，他很快就学会一些重要的东西。这对他有没有用，要看他能不能生存下来。生存，体面地生存，这个过时的、极度重要的词，对作家来说始终是又困难又极度重要。那些没活下来的人常常更招人喜爱，因为没人看见他们为了他们所认定的必须在死之前完成的任务，而进行的长期、沉闷、无情、既不宽恕别人也不求别人宽恕的奋斗。那些死得早、轻巧放弃的人更有理由招人喜欢，因为他们能被理解，更人性化。失败和伪装巧妙的胆怯更有人性，更可爱。

《巴黎评论》：我能不能问一下，你认为作家对他所处时代的社会问题应该有怎样程度的关心？

海明威：每个人都有自己的良知，不应该规定说良知起的作用应该到什么程度。对于一个关心政治的作家，你可以确定的一点是，要是他的作品想持久，你读的时候就要把政治那部分跳过去。许多所谓参与政治的作家都经常改变他们的政见，这对于他们和他们的政治文艺批评很刺激。有时他们重写自己的政治观点——匆匆忙忙地。也许作为一种找乐子的方式，这也值得尊重。

《巴黎评论》：埃兹拉·庞德对种族隔离主义者卡斯帕产生的那种政治影响是否也作用于你，当你认为这位诗人应该被从圣伊丽莎白医院释放出来时？

海明威：不，不是这样。我认为埃兹拉应该被释放，被允许在意大利写诗，只要他许诺不再参与任何政治。我很高兴看到卡斯帕尽快入狱。大诗人不必是女孩子的向导、童子军团长，或者对青年人有什么好影响。提几个人名，魏尔伦、兰波、雪莱、拜伦、波德莱尔、普鲁斯特、纪德，这些人不应该被禁闭起来，只因害怕他们的思想、举止或道德被当地的卡斯帕所效仿。我肯定，过不了十年，这段要加上一个脚注来说明卡斯帕是谁。

《巴黎评论》：你能说，你的作品中就没有说教的意图吗？

海明威：说教是个被误用的词，被用滥了。《午后之死》是一本有教益的书。

《巴黎评论》：有人说，一个作家在作品中始终只贯彻一两个理念。你能说说你的作品表现的一两个理念吗？

海明威：谁说的？听起来太简单了。说这话的人自己可能只有一两种理念。

《巴黎评论》：好，这么说也许更好一些：格雷厄姆·格林说过，一种对于统治地位的激情让一架子小说形成一个体系。我相信，你自己也说，伟大的创作来自对不正义的感觉。一位小说家就是这样被某种紧迫感所支配，你认为这重要吗？

海明威：格林先生发表声明的才能我不具备。对我来说，不可能对一架子书、一群呆鸟，或者一群鹅做一个概括。不过，我还是概括一下。一个对正义和非正义没有感觉的作家还不如去给特殊学校编辑年鉴而不是写小说。再概括一条，你看，事儿明摆着也不难概括，一个优秀作家最本质的才能在于他内嵌的、雷打不动的狗屎探测器。这是作家的雷达，所有伟大作家都有这玩意儿。

《巴黎评论》：最后，触及根本的问题，作为创作型作家，你认为虚构艺术的功能何在？为什么要表现现实而不是写事实本身？

海明威：干吗为这个感到困惑？从已发生的事情，从存在的事情，从你知道的事情和你不知道的那些事情，通过你的虚构创造出东西来，这就不是表现，而是一种全新的事物，比任何东西都真实和鲜活，是你让它活起来的。如果你写得足够好，它就会不朽。这就是你为什么要写作，而不是你所知的其他什么原因。可是，那些没人能知晓的写作动因又是什么样子呢？

（原载《巴黎评论》第十八期，一九五八年春季号）

THE PARIS REVIEW

鲍里斯·帕斯捷尔纳克

1958年诺贝尔文学奖得主（未领奖）
获奖理由："因其在当代抒情诗和伟大的俄罗斯史诗传统领域所取得的重要成就"

《巴黎评论》访谈发表时间：1960年

鲍里斯·帕斯捷尔纳克

(Boris Pasternak)

1890—1960

苏联诗人、小说家和翻译家,1922 年出版首部诗集《生活,我的姐妹》后蜚声文坛,1931 年发表自传体随笔《安全保护证》,1957 年发表长篇小说代表作《日瓦戈医生》。另曾将歌德、席勒、莎士比亚等人的戏剧作品译介至俄语世界。

1960 年 5 月病逝于莫斯科郊外的佩列杰尔金诺。

鲍里斯·帕斯捷尔纳克

◎温哲仙/译

鲍里斯·帕斯捷尔纳克在给一位年轻诗人的信中写道:"您大部分作品中体现出的精准韵律,您对声韵原则的忠实,以及将亚历山大·勃洛克①所说的'上行'发挥到极致,都令我感到极为亲切。如果您去读我最新的作品,您会发现我也同样深受影响,不过我们必须努力做到,正如亚历山大·勃洛克的作品一样,这支曲调悠然响起,至为明晰地揭示、体现和表达出隐于其中的思想,而不应仅仅是些缥缈的余音,起初魅惑了我们,随即风飘云散,消逝成为无关痛痒的回音。"

一月我到达了莫斯科,十天后,我决定去拜访鲍里斯·帕斯捷尔纳克。我的双亲与他相识多年,从他们那里我听说过很多关于他的传闻;早在孩提时代我就听过他的诗,我很喜欢。

我的双亲和其他仰慕帕斯捷尔纳克的人托我带信和小礼物给他。到了莫斯科,我才发现帕斯捷尔纳克没有电话。我打消了写张便条的念头,那样未免过于不近人情。面对大量的采访要求,我怕他会一概

---

① 亚历山大·勃洛克(Alexander Blok,1880—1921),俄国诗人、作家、政论家、戏剧家、翻译家、文学评论家。二十世纪俄国文学经典作家,俄国象征主义流派重要代表人物。此处勃洛克借用音乐术语来阐述诗歌的韵律,乐理中由较低的音级向较高的音级进行叫"上行"。

鲍里斯·帕斯捷尔纳克致一位诗人朋友的信件片段

（信件内容见访谈开篇引文）

加以拒绝。暗访一位如此知名的人士真是要花很多的心思,我担心近年来的帕斯捷尔纳克不复是他的诗歌在我心目中建立起来的形象——抒情冲动,而首先是青春洋溢。

我的父母说过,他们是一九五七年去见的帕斯捷尔纳克,就在他获得诺贝尔奖前夕,当时每逢周日他会举办家庭招待会,这是俄罗斯作家的传统。移居国外的俄国人沿袭了这一做法。记得豆蔻年华的我在巴黎时,曾在星期天下午随父母去拜见作家列米佐夫和著名的哲学家别尔嘉耶夫。

在莫斯科的第二个星期天,我突然决定前往佩列杰尔金诺①。这一天阳光明媚,在我居住的市中心新雪初霁,与克里姆林宫的金色圆顶交相辉映。街头满是观光者,这些城外的家庭像农民一样结伴步行来到克里姆林宫。许多人捧着几束新鲜的含羞草——有的时候只带着一个枝杈。冬天的周日,通常会有大量的含羞草被运送到莫斯科。俄罗斯人买下来互相赠送,或者仅仅是手持含羞草,仿佛是为了表示那一天的庄严和肃穆。

虽然我知道莫斯科近郊有一班基辅站始发的电车,但还是决定乘出租车去佩列杰尔金诺。尽管知情的莫斯科人一再警告,帕斯捷尔纳克不愿接待外国人,我还是突然十万火急地要赶去那里,我准备把口信捎去,或许和他握一下手就打道回府。

出租车司机是个年纪轻轻的小伙子,同各地的出租车司机一样神神叨叨的,他向我保证自己非常熟悉佩列杰尔金诺,沿基辅高速开上大约三十公里就能到。费用约三十卢布(约合三美元)。他似乎觉

---

① 佩列杰尔金诺(Peredelkino),位于莫斯科近郊伏努科沃新莫斯科行政区。1934年,根据马克西姆·高尔基的建议,政府在这里建造了50栋两层的木制小屋,供作家终身无偿居住。科尔涅伊·楚科夫斯基、亚历山大·绥拉菲摩维奇、伊萨克·巴别尔、伊利亚·爱伦堡、鲍里斯·帕斯捷尔纳克、康斯坦丁·费定、亚历山大·法捷耶夫、康斯坦丁·西蒙诺夫、叶夫图申科、安德烈·沃兹涅先斯基等二十世纪三十年代至九十年代的苏联文学大师都曾在这里居住,1988年这里成为历史文化保护区。

得，在阳光如此灿烂可爱的日子里坐他的车过去，是再自然不过的事情。

但司机自诩的认路原来是吹牛，很快我们就迷路了。我们沿着四车道高速公路平稳行进，路上没有积雪，也没有广告牌或者加油站。倒是遇到几块内容详尽的路标，却也没有把我们指引到佩列杰尔金诺，于是路上无论碰见谁，我们都要停下来问路。每个人都很友善，乐于助人，但看上去没人知道佩列杰尔金诺。我们沿着一条冻得硬邦邦的没铺过柏油的土路，穿过茫茫无际的雪野行驶了很久。最后，我们驶入一座村庄，它仿佛来自另一个时代，与莫斯科郊外的大型崭新公寓形成了鲜明的对比，低矮古朴的木屋散落在笔直的主路两边。一匹马拉雪橇从旁掠过，包着头巾的妇女们三三两两地聚集在一座小木教堂附近。我们发现这个镇子离佩列杰尔金诺已经很近了。车子穿过茂密的常青树林沿着一条蜿蜒的小路行进，十分钟后，我来到了帕斯捷尔纳克的房前。我曾经在杂志上见过房子的照片，突然它就出现在我的右边：棕色的房子，带有飘窗，坐落在斜坡上，背靠一片冷杉林，俯瞰着我们偶然踏入的镇子的这条小路。

佩列杰尔金诺是个住户疏疏落落的小镇，在正午明媚的阳光下看上去热情好客而又欢欣鼓舞。据我所知，许多作家和艺术家常年生活在这里，住处由当局为他们提供，可以享用终生，苏联作家协会还为作家和记者开办了一家大型疗养院。但镇子里还住着一些小手艺人和农民，这里丝毫没有"文雅"的气息可言。

楚科夫斯基，著名的文学评论家和儿童文学作家，住在一栋舒适而好客的房子里，房间里陈列着一排排的书架——他为镇上的孩子们开办了一座小小的可爱的图书馆。康斯坦丁·费定，在世的俄罗斯最著名的小说家之一，住在帕斯捷尔纳克隔壁。他目前担任作家协会秘书长，这个职务先前由亚历山大·法捷耶夫长期担任，他也住在这里，直到一九五六年辞世。后来，帕斯捷尔纳克带我看了伊萨克·巴别尔的故居，二十世纪三十年代末他在此被捕，从此再也没有回来。

帕斯捷尔纳克的房前是条弯弯曲曲的乡间羊肠小道，蜿蜒通向山下一条小溪。在那个阳光和煦的午后，山上挤满了滑雪和坐雪橇的孩子，他们穿得鼓鼓囊囊的，活像泰迪熊。房子对面是一大片被栅栏围起的空地，那是人们夏天耕种的公地，如今成为一片白色的莽原，山上的一座小公墓耸立在那里，有点像从夏加尔画作中走出来的背景。坟墓被漆成湖蓝色的木栅圈起来，十字架以各种奇怪的角度树立着，明亮的粉红色和红色的纸花半埋在雪里。这是一座欢愉明快的公墓。

这所房子带有门廊，看起来好像四十年前的美式木屋，不过屋后的枞树却标记出它的俄式风格。冷杉密集地生长在一处，好似深山老林，其实镇上只有小片这样的枞树林。

我给司机付了钱，随后惴惴不安地推开那道将庭院和小路隔开的门，走到幽暗的房前。小门廊的尽头有扇门，门上钉着一张英文字条，纸已发黄，且已撕破，上面写着"我在工作。我不见任何人，请走开"。片刻犹豫后，我选择视而不见，主要是因为字条看上去很旧，还因为我手中拿着需要转交的小包裹。我敲了敲门，几乎就是同时，门开了，开门的正是帕斯捷尔纳克本人。

他戴着一顶阿斯特拉罕羔皮帽。人出奇地帅气，高高的颧骨、黑黑的眼睛，加上这顶皮帽子，仿佛是从俄罗斯童话中走出来的人物。旅途中积聚起来的焦虑，此刻突然烟消云散，好像我从未真正怀疑过能否见到帕斯捷尔纳克似的。

我做了自我介绍，奥尔佳·安德烈耶夫，是瓦季姆·列昂尼多维奇的女儿，我使用的是我父亲半正式的名字。前面是他的教名，后面是祖父的名字。祖父列昂尼德[1]是一位短篇小说作家和剧作家，著有

---

[1] 列昂尼德·尼古拉耶维奇·安德烈耶夫（Leonid Nikolaievich Andreyev，1871—1919），俄国作家，俄国白银时代文学代表人物，被视为俄国表现主义创作的始祖。著有《瓦西里·菲维伊斯基的一生》《七个被绞死的人》《马赛曲》等。

《挨耳光的男人》《七个被绞死的人》等作品。在俄国，安德烈耶夫是个相当常见的姓氏。

帕斯捷尔纳克沉思了片刻，才醒悟过来我是从国外来拜访他的。他极其热情地向我问候，双手握住我的手，询问我母亲的身体健康，我父亲的写作状况，还问我什么时候离开巴黎的。他仔细地端详着我的脸，寻找着家族相像的痕迹。他正打算出门打几个电话，如果我晚来一会儿，也许就见不到他了。他要我陪他一程，只要到第一站——作家俱乐部即可。

帕斯捷尔纳克做外出准备的工夫，我有机会打量起我走进的这间陈设简单的餐厅。从踏进屋里的那一刻起，我就惊诧于它酷似我昨天参观的托尔斯泰在莫斯科的故居。简朴而又好客的气氛，我想应是十九世纪俄罗斯知识分子家庭的特征。家具很舒适，但是老旧而又朴实无华。这些房间是用于私人招待、儿童聚会以及书斋生活的理想处所。尽管这些房子在各自所处的时代都极为简朴，托尔斯泰的住宅比帕斯捷尔纳克的大些，也更雅致，但相同之处都是不讲究外表和排场。

通常，进入帕斯捷尔纳克的房间需要穿过厨房，那里有个笑容可掬的小个子中年厨师，帮助客人扫掉衣服上的雪。然后来到有飘窗的餐厅，飘窗旁摆放着天竺葵。墙上挂着作家的父亲、画家列昂尼德·帕斯捷尔纳克的木炭画作品，有写生画和肖像画，可以辨认出托尔斯泰、高尔基、斯克里亚宾[1]和拉赫马尼诺夫[2]的肖像，还有儿时的鲍里斯·帕斯捷尔纳克和他弟弟妹妹的速写，以及戴着大宽檐帽蒙

---

[1] 亚历山大·尼古拉耶维奇·斯克里亚宾（Alexander Nikolaevich Scriabin，1872—1915），俄国作曲家、钢琴家。其作品对二十世纪的欧洲音乐有过重大的影响，成为俄罗斯典范音乐作品的一部分。代表作有三部交响曲和交响诗《狂喜之诗》等。

[2] 谢尔盖·瓦西里耶维奇·拉赫玛尼诺夫（Sergey Vasilievich Rachmaninoff，1873—1943），俄国古典音乐作曲家、钢琴家、指挥家。主要作品有第二、三钢琴协奏曲、帕格尼尼主题狂想曲等。

面纱的妇人画像……这正是帕斯捷尔纳克早年记忆中的世界,是他年少时爱情诗歌的世界。

帕斯捷尔纳克很快就准备停当出发。我们走进灿烂的阳光,穿过房后的常青树丛,积雪很深,直往我的矮腰靴子里钻。

很快我们上了大路,虽然不得不提防容易滑倒的凶险莫测的冰面,但走起来舒服多了。帕斯捷尔纳克阔步前行,他只会在特别危险的地方抓住我的手臂,余下的精力则专心致志地和我谈话。散步已然成为俄罗斯生活不可或缺的组成部分,就像喝茶或者关于哲学的长篇大论一样,他显然喜欢散步这种生活方式。通往作家俱乐部的这条路,我们明显兜了一个很大的圈子,走了大约四十分钟。起初他详尽地阐述翻译的艺术,谈话的过程中,不时会停下来向我询问法国和美国的政治局势以及文学状况。他说自己很少读报。"最多削铅笔的时候,瞥一眼接碎屑的报纸。去年秋天,我就是这样才得知阿尔及利亚险些发动了反对戴高乐的兵变,而且苏斯戴尔[①]下了台——苏斯戴尔下了台。"他重复了一遍自己大致的翻译,既强调对戴高乐裁决的赞同,也突出了"苏斯戴尔"和"下台"之间发音的相似[②]。看来实际上他对海外的文学生活了如指掌,对此似乎也充满了极大的兴趣。

帕斯捷尔纳克的谈吐和他的诗歌作品有相似之处,既充分地运用双声修辞手法合辙押韵,又充满了独特的意象,从最初的一刻起就令我非常着迷,留下了非常深刻的印象。他用音乐的方式将词语彼此联结,但丝毫没有做作的痕迹,也不会牺牲所要表达的准确词义。对于熟稔帕斯捷尔纳克俄语诗歌的人来说,与他交谈是令人难忘的经历。他的词语极富个人色彩,让人觉得对话是诗的延续和阐释,是一场激情迸发的演

[①] 雅克·苏斯戴尔(Jacques Soustelle,1912—1990),"自由法国"运动早期重要人物,1955年担任阿尔及利亚总督,协助戴高乐当选为第五共和国总统,在阿尔及利亚独立事件中与戴高乐因意见相左而决裂。
[②] "苏斯戴尔"(Soustelle)与"下台"(ousted)原文发音相似。

讲，语词和意象滚滚而来，一浪推进一浪，越来越强劲有力。

后来，我提及他话语中的音乐特质。"写作和谈话一样，"他说道，"语词的音乐从来不仅仅是声响。它不是由元音和辅音的和谐形成的，而是由言语与意义之间的关联所产生的，而意义——也就是内容——必须始终处于统领的地位。"

我常常难以相信，自己是在同一位七十岁的老者交谈。帕斯捷尔纳克看上去非常年轻，身体健康。这种年轻有些怪异和令人生畏，好像某种物质——是艺术吗？——融入他的灵肉，让他永葆青春。他的举止俨然一副年轻人的模样——他的手势，他向后甩头的动作。他的朋友，女诗人玛丽娜·茨维塔耶娃曾经写道："帕斯捷尔纳克看起来既像一个阿拉伯人，又像阿拉伯人的马。"的确，由于帕斯捷尔纳克黧黑的面色以及有些古典的面容，他的面庞确实带有阿拉伯人的五官特征。有时，他似乎突然意识到自己与众不同的面孔，以及他整个人格产生的影响，便瞬间好像收敛起来，闭口不言，半合上微斜的棕色的双眼，转过头去，隐约让人联想到一匹却步不前的马。

莫斯科有些作家对我说，帕斯捷尔纳克是一个自恋的人，而他们中的大多数人和他并无交往。我在莫斯科逗留的那几天，还有人对我描述了许多和这种说法相矛盾的事情。帕斯捷尔纳克似乎是一个活着的传奇——有的人奉他为英雄，有的人则视他为卖身投靠于俄国敌人的叛徒。作家和艺术家对他的诗歌普遍怀有强烈的崇敬之情，而为其带来最大争议的似乎是《日瓦戈医生》的同名主人公。"没什么大不了的，不过是个毫无生趣的过气文人罢了。"一位著名的年轻诗人评论道。而这个年轻人思想非常自由开明，还狂热地崇拜着帕斯捷尔纳克的诗歌。

无论如何，我发现关于帕斯捷尔纳克以自我为中心的指责实属无稽之谈。恰恰相反，他似乎对于周围的世界一清二楚，对身边人些微的情绪变化都关照有加。很难想象还有比他更善解人意而又健谈的人。他能立刻领会最难以捉摸的念头,与他交谈非常轻松,丝毫都不沉闷。帕斯捷尔纳克问起我父母,虽然他同他们只见过几面,却记得关于他们的点点滴滴,乃至他们的喜好。对于他所喜欢的我父亲的一些诗歌,他的记忆惊人地准确。他想了解我认识的作家——巴黎的俄国人,以及法国人和美国人。他对美国文学表现出格外的兴趣,虽然他只知道几位重要作家的名字。不久我就发现,让他像我希望的那样谈谈自己,很难。

我们漫步在阳光之下,我告诉帕斯捷尔纳克,《日瓦戈医生》在西方,特别是在美国,引发了人们何其浓厚的兴趣和狂热的崇拜;即便我和其他许多人都认为,英文译本并未完全再现他作品的本来面貌。

"是的,"他说,"我知道大家感兴趣,我格外地开心,并引以为荣。我收到了大量询问我作品的海外邮件。其实,这还真是不轻的负担,因为我得回复所有的信件,但为了保持同境外的联系,这又是不可或缺的。至于《日瓦戈医生》的译者,不要苛责他们。这不是他们的错。就像世界各地的译者一样,他们是要再现作品的字面意思,而非作品的格调——当然重要的恰恰是格调。实际上,唯一有趣的翻译是翻译经典作品,这是一项富有挑战性的工作。就当代作品而言,鲜有翻译的价值,尽管翻译起来也许不费什么力气。你说你是画家,好吧,那么翻译很像临摹。想象一下你在临摹马列维奇[①]的一幅画,是不是很无聊?我在翻译捷克著名的超现实主义作家奈兹瓦尔[②]时,就感觉枯燥无味,如同嚼蜡。其实,奈兹瓦尔的作品并不差,只是这部二十年代的作品太过时了。我答应完成这本书的翻译,再加上自己的

[①] 卡西米尔·塞文洛维奇·马列维奇(Kazimir Severinovich Malevich, 1878—1935),苏联画家,至上主义艺术奠基人,曾参与起草俄国未来主义艺术家宣言。
[②] 维塞斯拉夫·奈兹瓦尔(Vítězslav Nezval, 1900—1958),捷克作家,二十世纪上半叶捷克最多产的先锋派作家,超现实主义运动的发起人之一,代表作有诗集《时间的信号》及长诗《斯大林》《和平歌》等。

往来信件,占用了我太多太多的时间。"

——访谈者:奥尔佳·卡莱尔[①],一九六〇年

《巴黎评论》:寄给您的邮件您能收到吗?

鲍里斯·帕斯捷尔纳克:目前所有的邮件我都收到了,寄给我的每一样东西,我认为是这样。邮件好多——我很高兴,尽管太多了,还必须逐一回复,真是有些不堪重负。

你可以想象,有些关于《日瓦戈医生》的信是相当荒谬的。最近法国有位撰写《日瓦戈医生》评论的人,向我索要小说的写作计划。我猜想按部就班的法国人难以理解这部作品……这有多蠢,因为这部小说的构思是由附诗勾勒出来的。这也是我把诗歌与小说一并发表的部分原因。它们令小说更丰满,更充实。出于同样的考虑,我运用宗教象征的手法,让这本书读起来温暖而亲切。现在一些批评家沉迷于这些象征符号——其实它们在书中的作用跟屋里的炉子一样,是为了取暖,他们想让我公开表态,然后爬进炉子里去。

《巴黎评论》:您读过埃德蒙·威尔逊评论《日瓦戈医生》的文章吗?

帕斯捷尔纳克:是的,我看过了,感谢他的洞察力和理解力,不过你要知道这本小说不能按照神学原则来评判。对世界的认知我从未放弃。生活不断提供新的素材,作家要做到生命不息,笔耕不止。我厌恶不顾一切的固执己见。周围的生活在不断变化,我相信人们应该因此尽

[①] 奥尔佳·卡莱尔(Olga Carlisle, 1930—),俄裔美国小说家、翻译家、画家,曾与丈夫亨利·卡莱尔合力将索尔仁尼琴的作品译介至英语世界。

量改变自己的成见——至少每十年改变一次。像伟大的英雄一样献身于自己的成见不是我的特点——这是缺乏谦恭的表现。马雅可夫斯基自杀了,因为他的傲慢无法顺应滋生于他体内或周遭的新生事物。

**

我们到了一排长长的矮木栅栏旁的大门口。帕斯捷尔纳克停下脚步,他到达目的地了;我们的谈话稍稍耽搁了他,让他迟到了。我遗憾地和他道别,其实还有很多事情想问问他呢。帕斯捷尔纳克给我指明了通往火车站的路,非常近,就在山下小公墓的后面。不到一小时的光景,小电车就把我带回了莫斯科。帕斯捷尔纳克在《在早班火车上》曾经如实地描述过它:

> 我一面克制崇拜的心情,
> 一面观察得那般虔诚。
> 这里有乡村妇女、居民,
> 这里也有学生、钳工。
>
> 他们身上无奴颜的痕迹,
> 贫困会给他们这种烙印,
> 他们也像堂堂的主人,
> 能承受种种新闻和困窘。
>
> 少年儿童们三五成群,
> 像乘坐马车,姿势各异,
> 个个像上足了发条似的
> 埋头阅读,把知识吮吸。
>
> 在向银白色过渡的黑暗中

> 莫斯科迎接我们到它跟前……①

随后,我又两次拜访了帕斯捷尔纳克,在我的记忆中,它们合为一场长长的文学对话。虽然他拒绝接受我的正式采访("要采访的话,你得在我不太忙的时候过来,或许明年秋天吧"),他似乎对我想问的问题颇感兴趣。除了用餐,我们都是单独相处的,没有任何人来干扰谈话。每次当我打算告别时,帕斯捷尔纳克都以老派的俄罗斯方式吻吻我的手,请我下个星期天再过来。

我记得黄昏时分从火车站去帕斯捷尔纳克的住处,走的是公墓附近的那条近道。突然,狂风大作,暴风雪降临了。我看到团团的雪花打着旋儿一波波从远处车站的灯火旁飞舞而过。天很快黑下来,我顶着风艰难地走着。我知道这是俄罗斯冬季司空见惯的天气,但这却是我平生见过的第一场真正的——暴风雪。它令人忆起普希金和勃洛克的诗句,想到帕斯捷尔纳克的早期诗歌,以及《日瓦戈医生》中的暴风雪。几分钟之后我坐在他的家中,聆听他如同自己诗作般含蓄的言谈,觉得恍如隔世。

我来得太晚了,没赶上午餐,帕斯捷尔纳克的家人已经离席,屋子里空荡荡的。帕斯捷尔纳克坚持要我吃点东西,厨师拿了些鹿肉和伏特加进餐厅。当时大约四点钟,房间阴暗但却温暖,与外面的世界隔绝开来,只有暴风雪的呼啸声不绝于耳。我饿了,食物很美味。帕斯捷尔纳克坐在桌子对面,谈起我的祖父列昂尼德·安德烈耶夫。他最近重读了我祖父写的一些故事,非常喜欢。"它们带有俄罗斯辉煌璀璨的十九世纪作品的印记,那些年代如今在我们的记忆中渐渐淡去,但依然犹如远处巍峨的群山在脑海里隐现,雄伟壮观。安德烈耶夫对尼采着了魔,他从尼采那里继承了超人哲学,斯克里亚宾也是如此。

---

① 引自《在早班火车上》,顾蕴璞译,《帕斯捷尔纳克诗全集·中》,上海译文出版社,2014,第269—270页。

尼采满足了俄罗斯人对于极端和绝对的渴望。在音乐和写作方面,人们必须具备如此广阔的视野,才能获得独特的个性,成为他们自己。"

帕斯捷尔纳克告诉我,他最近为一家杂志写了篇小文章,关于"什么是男人"的主题。"尼采现在看上去何其守旧,可我年轻时,他是最重要的思想家!瓦格纳,高尔基,他们受到了多么巨大的影响啊……他的思想孕育了高尔基。实际上,尼采的主要作用在于传播他所处那个时代的低级趣味。而当时鲜为人知的克尔凯郭尔才注定要对我们的时代产生深远的影响。我想更好地了解一下别尔嘉耶夫的作品,他具有同样的思想,我相信他是我们时代一位真正的作家。"

餐厅里变得太暗了,我们挪到同一层亮着灯的小客厅里。帕斯捷尔纳克给我拿来蜜柑当甜点。我怀着一种似曾相识的奇怪感觉吃着,蜜柑经常出现在帕斯捷尔纳克的作品中——在《日瓦戈医生》的开篇,在他的早期诗作中。它们似乎代表了一种解渴仪式。随之魂兮归来的是帕斯捷尔纳克的另外一首诗,如同外面肆虐的暴风雪一样栩栩如生——一架打开的三角钢琴,黝黑、巨大,占据了大半个房间:

> ……岂能比黄昏时分更加亲密?

> 一串串的和弦音符,犹如年复一年一页页的日记
> 投入壁炉,火苗蹿来蹿去。[①]

和餐厅一样,这里的墙上也挂着列昂尼德·帕斯捷尔纳克的速写作品。氛围既严肃又轻松。

看来,这是我向帕斯捷尔纳克请教一个特别感兴趣的问题的天赐良机。在创作《日瓦戈医生》时,有些人跟他接触过,我从他们那里

[①] 引自帕斯捷尔纳克诗集《主题与变奏》中的组诗《决裂》里的第九首"颤抖的钢琴",此处中译文由译者据俄文并参照英译译出。

得知他否定了自己早期的绝大部分诗作，觉得只是些试验性作品，已经过时了。我对此难以置信。虽然《主题与变奏》《生活啊，我的姐妹》在二十世纪二十年代具有实验性质，但现已成为完美的经典。我发现，俄罗斯作家和诗人把它们铭记在心，狂热地吟诵。在青年诗人的作品中常常会发现帕斯捷尔纳克的影响。马雅可夫斯基和帕斯捷尔纳克以各自的风格，成为革命岁月和二十年代特有的象征。当时艺术和革命思想看似密不可分。在历次排山倒海的运动浪潮和思潮中让自己能够保持姿态，这已经足够了。几乎没有什么令人心碎的选择可做（我察觉到部分俄国青年知识分子对那个年代的向往）。帕斯捷尔纳克排斥自己早期的作品，会是真的吗？

在帕斯捷尔纳克的回答中，我觉察出他有些微的愠怒。或许因为他不喜欢仅仅由于那些诗作而受到人们的崇拜——他可曾意识到也许这些诗是后人无法超越的？还是艺术家通常并不满足于过去的成就，而只关心当下的艺术问题，因而产生一种更具普遍性的厌倦感呢？

"这些诗就像是速写——只要把它们与我们前辈的作品做个对比就能发现这一点。陀思妥耶夫斯基和托尔斯泰不单单是小说家，勃洛克也不只是一位诗人。在文学界——这个由寻常事物、清规戒律、知名人士组成的世界——他们是发表言论的三种声音，因为他们有话要说……而且听起来如雷贯耳，振聋发聩。至于二十年代人们的能力，以我父亲为例，为了完成一幅画作，他要经过多少探索，付出多少努力啊！我们在二十年代取得的成功，部分是缘于机遇。我们这代人发现自己身处历史的焦点。我们的作品是由时代决定的。它们缺乏普适性，如今它们过时了。此外，我认为抒情诗再也不能表达出我们沧桑的经历了。生活变得太繁琐、太复杂了。我们获得的价值观，用散文来表达是最好的形式。我试图通过我的小说表达这些价值观，我写剧本时也时刻谨记着它们。"

**

《巴黎评论》：日瓦戈怎么样？一九五七年您曾对我父母说，日瓦戈是您作品中最重要的人物，您仍然这样认为吗？

帕斯捷尔纳克：我创作《日瓦戈医生》时，感觉对同代人负有一笔巨债。写这本书就是试图偿还债务。在我缓慢创作的过程中，那种负债感一直压迫着我。经过那么多年仅仅从事抒情诗创作或者翻译之后，我觉得我有责任记述我们的时代，记述那些虽已远去却仍与我们如此贴近的岁月。岁月不待人，时间是紧迫的。我想记录下过去，在《日瓦戈医生》中弘扬那些岁月中俄国人的美好和敏感的民族特质。那些岁月一去不返，我们的父辈祖辈也无法复生，但我预见到，在繁花似锦的未来，他们的价值将会复苏。我试图描述它们。我不清楚《日瓦戈医生》作为小说是否完全成功，不过，尽管存在这样那样的缺陷，我觉得同我早期的诗作相比，还是小说更有价值，它比我年轻时的作品更加丰富，也更有人情味。

《巴黎评论》：二十年代的同代人中，您认为谁最具有生命力？

帕斯捷尔纳克：你知道我对马雅可夫斯基的想法，在我的自传《安全保护证》中，我用大量的篇幅详尽地叙述了我的感受。我对他后期的大部分作品不感兴趣，只有他最后一首未完成的诗《放开喉咙歌唱》除外。那个时期的诗歌形式松散，思想贫瘠，跌宕突兀，这些都与我格格不入。但是也有例外。我喜欢叶赛宁所有的作品，他对俄国大地气息的捕捉恰到好处。我最推崇的是茨维塔耶娃，从一开始，她就注定是个遗世独立的诗人。在那个虚情假意的年代，她畅抒胸臆，写出了富有人性的文学经典。她是个有着男人气魄的女人。从日常生活的斗争中，她汲取了力量。她不懈努力，将诗歌臻于清澈明晰的完美境界。她是比阿赫玛托娃更伟大的诗人，虽然我一贯赞赏阿赫玛托娃的简约和抒情。茨维塔耶娃的离世是我平生最大的伤痛之一。

《巴黎评论》：那么您对那些年颇有影响的安德列·别雷作何感想呢？

帕斯捷尔纳克：别雷过于封闭，过于狭隘。他的创作可与室内乐相比，从未超出这个范围。假如他真正地体验过生活，也许会写出重大的作品，他具备这种才能。可是他从不接触现实生活。也许像别雷这样英年早逝的作家，命中注定要去追求新的形式，新的体裁？我始终无法理解关于这种新式语言的梦想，以及对一种完全原始的表达形式的追求。因为这个梦想的缘故，二十年代的大部分作品成了新文体的实验，没有流传下来。只有当艺术家渴望一吐胸中块垒时，才会做出最不寻常的发现。然后急切间他会使用旧式语言，旧式语言的变化是从自身内部发生的。即使在那些年中，人们也为别雷感到些许遗憾，因为他太脱离生活实际了，而生活本可以帮助他充分施展他的才华。

《巴黎评论》：您对如今的年轻诗人有何评价呢？

帕斯捷尔纳克：诗歌似乎已经成为俄国人日常生活的一部分，对此我印象极为深刻。年轻诗人的诗集印数达到两万册，这对于西方人来说是个惊人的数字，不过实际上诗歌在俄国并不如你所想象的那样充满生气。仅限于一小批知识分子。今天的诗歌往往平淡无奇。它就像壁纸的图案，看起来赏心悦目，但是并没有实际存在的理由。当然，一些年轻人也显示出卓越的才华——譬如叶甫图申科。

《巴黎评论》：您是否认为，俄罗斯二十世纪上半叶的重大成就是诗歌而不是散文呢？

帕斯捷尔纳克：我不再那样认为了。我认为散文是今天的传播媒介——譬如福克纳的散文，构思精巧，内容丰富。今天的作品必须再现生活的全部内容。这是我在我的新剧本中试图要做到的。我说试图,是因为日常生活对我而言已经变得十分错综复杂。对于任何成名作家而言都必然如此,但我尚未做好进入这个角色的准备。我不喜欢被剥夺了隐私和安宁的生活。我觉得年轻的时候,工作是生活中不可或缺的一部分,照亮了其他的一切。如今我却必须为之奋斗了。对于学者、编辑、读者提出的所有要求,我不能置之不理,再加上翻译工作,耗尽了我的时间……你应该告诉海外关心我的人,我目前遇到的唯一严重问题是——时间太不够用了。

**

我最后一次采访帕斯捷尔纳克持续的时间很长。他请我早点儿去,以便在家宴前同我长谈。又是一个晴朗的星期天。我刚到不久,帕斯捷尔纳克就从晨练散步中回到了家里。他带我去书房时,房屋里回荡着欢声笑语。某间房子的深处,他的家人聚在一起。

帕斯捷尔纳克的书房在二楼,房间很大,但空荡荡的。同其他房间一样,书房里家具很少——靠近飘窗有张大书桌,两把椅子,一张沙发。阳光透过可以眺望广袤雪野的窗户照进来,十分耀眼。浅灰色的木墙上,钉着大量的艺术明信片。帕斯捷尔纳克进来时向我解释说,这些都是读者寄给他的,大多来自海外。许多是宗教画的复制品,如中世纪的耶稣降生画、圣乔治刺死恶龙、抹大拉的玛丽亚……这些都与《日瓦戈医生》的主题有关。

散步回来的帕斯捷尔纳克看上去精神矍铄,容光焕发。他穿着件学生式样的海蓝色运动上衣,心情显然很好。他在窗前的书桌旁坐下,请我坐在他对面。和其他几次拜访一样,谈话的气氛很轻松,谈话的人却又聚精会神。那种愉快的感觉如今回忆起来依然历历在目——帕斯捷尔纳克看上去非常开心,阳光透过窗子照进屋里,暖融融的。我们在书房里坐了两个多小时,我真希望那一刻时光永驻,岁月停留——第二天我就要离开莫斯科了,可是随着天色向晚,盈满房间的明亮阳光也无可挽留地逐渐消退了。

帕斯捷尔纳克决定跟我谈谈他的新剧本。他这样做似乎是出于一时的冲动。我非常入迷地听着，几乎没有打断过他。只有那么一两次，因为不清楚一些历史或文学的隐喻，我才请他加以解释。

"我想，由于你的背景——对于俄罗斯十九世纪的事件非常了解——你会对我新作的故事梗概感兴趣的。我在创作一个三部曲作品，现已完成了大约三分之一。

"我想再现一个历史时期的全貌，再现十九世纪俄国的重大事件，即农奴解放。当然，我们已有很多关于那个时代的作品，但是没有用现代手法来表现的。我想写一部包罗万象的全景式作品，就像果戈理的《死魂灵》那样。我希望我的剧作能像《死魂灵》那样真实，那样再现日常生活。尽管剧本会很长，但我希望能在一个晚上演完。我认为大部分剧本应该删节，以便在舞台上演出。我佩服英国人，他们知道如何删节莎士比亚，不仅仅是保留原著的精华，而是要强调那些重点所在。法兰西喜剧团最近来到莫斯科。他们没有删节拉辛的作品，我觉得这是一个严重的错误。仅仅是那些在当下有表现力并产生轰动效应的作品，才应该上演。

"我的三部曲描述了漫长的农奴解放进程中三个有意义的阶段。第一部戏发生于一八四〇年，当时全国开始感受到农奴制引起的骚乱不安。旧的封建制度苟延残喘，但是俄国还看不到任何明确的希望。第二部描写十九世纪六十年代。俄国出现了开明的地主，俄国贵族中的有识之士开始受到西方思想的深深触动。前两部的故事场景设定在乡下的一座大庄园，与前两部不同的是，第三部则发生在十九世纪八十年代的圣彼得堡。不过，这一部分还只是个设想而已，第一部和第二部戏部分已完稿。如果你想听，我可以更详细地跟你谈一谈。

"第一部戏描写生活的原初状态，生活的平凡琐屑，采用了《死魂灵》第一部分的手法。它所描述的是尚未接触任何精神形态的生活方式。

"请你想象一下一八四〇年前后一座大庄园消失在俄罗斯乡村的心脏地带。这座庄园无人打理,近乎破产。庄园的主人——伯爵和他的妻子——都已离去。为了避免见到庄园里的那些农奴通过抽签被指派去参军的痛苦景象,他们干脆外出旅行去了。你知道,那时在俄罗斯兵役的期限是二十五年。主人就要回转家园,家里人在准备迎接他们。戏一开场,我们看到仆人们在清扫房屋——扫地、掸灰、挂起新窗帘。庄园里一片忙乱,年轻的女仆们跑来跑去,到处是欢声笑语和插科打诨。

"实际上,俄罗斯这个地区的乡村那时并不安生。仆人们的情绪很快低落下来。从他们的谈话中,我们得知附近的树林里藏着土匪,他们很可能是逃兵。我们也听到关于庄园周边的传闻,类似于叶卡捷琳娜二世时代的'入室杀手'。那个女人是个虐待狂,历史上确有其人,以恐吓和酷刑折磨农奴为乐,尽管当时的法律使得奴隶主几乎可以对奴隶为所欲为,她还是因为罪孽过于深重而被拘捕。

"仆人们还谈起高高的食品橱上的半身石膏像。那是一个年轻的美男子头像,留着十八世纪的发型。据说,这个半身石膏像有魔力,它的命运与庄园的命运息息相关。所以,擦拭的时候务必极其谨慎,免得打碎它。

"这部戏的主角是普罗科尔,庄园的管家。当时他正要去城里卖木材和小麦——庄园靠出售这些来维持日常运转,但他受到大家情绪的感染,不走了。他记得有些化装舞会的旧衣服堆放在壁橱里,于是打算跟这些迷信的仆人开个玩笑。他装扮成一个恶魔,鼓着一双凸凸的大眼睛,像条大鱼。他刚穿好奇装异服,就有人喊报主人回来了。仆人们匆忙到门口列队欢迎伯爵和伯爵夫人。普罗科尔别无选择,只好藏在壁橱里。

"伯爵和伯爵夫人一进来,我们立即觉察到他们之间的关系十分

115

紧张，原来，回家的途中伯爵曾试图劝妻子把她的珠宝给他，除了抵押的房产外，这是他们剩下的唯一值钱的东西。伯爵夫人没有答应，当伯爵用暴力威胁她时，陪他们同行的年轻男仆保护了她——一种令人难以置信的大胆反抗行为。他至今未受罚，不过这只是个时间问题，伯爵的怒火早晚会发泄到他的身上。

"伯爵再次威胁起夫人，那个光脚不怕穿鞋的男仆，突然拿起刚从马车上带进来的伯爵的手枪。他朝伯爵开了枪。现场一片混乱，仆人们尖叫着四散奔逃。半身石膏像从柜子上掉了下来，摔得粉碎。碎屑伤到了一个年轻的女仆，扎瞎了她的眼睛。她成了'盲美人'，这部三部曲即以她命名。书名当然象征着俄罗斯，长久以来她忘却了自己的美丽，忽视了自己的命运。盲美人虽然是个农奴，同时也是个艺术家，她是一位非凡的歌手，是庄园农奴合唱团的主角。

"当受伤的伯爵被抬出房间的工夫，伯爵夫人趁乱把珠宝交给那个年轻的男仆，他设法逃脱了。可怜的普罗科尔，还打扮成魔鬼的样子藏在柜子里，最终被指控偷走了珠宝。由于伯爵夫人没有透露真相，他被判盗窃罪，发配到西伯利亚……

"你看，这一切既夸张又感人，具有情节剧的特点，不过我认为戏剧应该是情绪化的、丰富多彩的。我想人人都厌倦了平淡无奇的舞台。戏剧是情感的艺术，也是具象的艺术，现在应该再次朝着高度评价情节剧的趋势发展：譬如维克多·雨果、席勒……

"目前我正着手写第二部戏。按照现在的构想，分为不同的场景。地点设在同一个庄园，但时代变了。我们现在身处农奴解放的前夕——八六〇年。庄园现在由伯爵的侄子掌管。他早想让农奴获得自由，却又怕损害其他庄园主的共同利益。他饱受自由主义思想的滋养，酷爱艺术。他最热衷于戏剧，组织了一个杰出的剧团。当然，演员是他的农奴，但剧团在全俄国享有盛誉。

"第一部戏中盲美人的儿子是该剧团的首席演员。他也是三部曲这一部中的男主人公。他叫阿加丰,是一位才华横溢的演员。伯爵出资供他上学,他受到了良好的教育。"

"戏一开场,风雪大作,"帕斯捷尔纳克挥动着手臂进行演示,"一位显赫的客人即将光临庄园,这位贵客不是别人,正是小仲马,当时他正在俄国旅行。他受邀参加一出新戏的首场演出。这出戏名叫《自杀》,就像《哈姆雷特》中的戏中戏,我打算这样写。我乐于写一部具有十九世纪中期趣味的情节剧。

"小仲马及其随从被暴风雪困在离庄园不远的一个驿站里。一出戏发生在那里,除了庄园从前的管家普罗科尔,驿站的主人又会是谁呢?伯爵夫人临死前证实了他的清白,几年前他从西伯利亚释放回来,靠运营驿站,他的生意蒸蒸日上。尽管新时代已经到来,旅店中的场面却重现了第一部近乎中世纪的情景:我们看到当地的刽子手和助手在旅店中歇脚。他们从城里赶往密林深处的住所,按照风俗,他们不能同其他人为邻。

"客人们终于到达庄园后,上演了一场重头戏。小仲马与阿加丰之间进行了一场关于艺术问题的长谈。不用说,这场戏将阐述我自己对于艺术的看法,而不是十九世纪六十年代的观念。阿加丰梦想出国,梦想成为莎士比亚剧演员,梦想演哈姆雷特。

"这一部的结局同第一部有相似之处。我们起初在驿站见到的讨厌鬼是当地的警察头子。他是《死魂灵》中索巴凯维奇类型的人物,代表人性最邪恶的部分。《自杀》演出结束后,他在后台想强奸一个年轻的女演员。阿加丰为了保护后者,用香槟瓶子砸了警察头子,为了躲避迫害,他只好逃跑了。不过伯爵帮了他,最后送他去了巴黎。

"在第三部中,阿加丰回到了俄罗斯,住在圣彼得堡。他不再是个农奴(我们现在是在一八八〇年),而是一位非常成功的演员。最后,他请一位欧洲的名医,为他母亲治愈了失明。

"至于普罗科尔,在最后一场戏中,他成了一名富商。我想让他代

117

表中产阶级,这个阶级在十九世纪末为俄国做出了巨大的贡献。想想舒金①这样的人,在世纪之交收集了莫斯科所有精美的画作。本质上,我想在三部曲结尾表明的只是:一个富裕开明的中产阶级诞生了,它对西方的影响持开放的态度,它不断进取、富有智慧、举止风雅……"

帕斯捷尔纳克谈话的典型特征是:常常用具体的词句向我讲述他的戏,就像有剧本一样。他并没有强调三部曲所要表达的思想,但只要听上一会儿你就会明白,他想要表达对艺术的看法,不是历史语境中的艺术,而是现实生活中无时不在的艺术。随着他的讲述,我意识到他所描述的只是他新作的框架结构。其中部分已完成,其他部分仍有待于充实。

"起初,我查阅了有关十九世纪的各种文献。现在我完成了研究工作。毕竟,重要的不是作品的历史准确性,而是对一个时代的成功再塑。重要的不是描述的对象,而是落在它上面的光,就像远处房间里的灯发出的光。"

在三部曲的描述接近尾声时,帕斯捷尔纳克显然加快了速度。晚餐的时间早就过去了。他不时地瞥一眼手表。尽管他没有机会揭示其哲学寓意,令其戏剧的奇特结构血肉丰满,但我觉得已见证了他对于俄国历史的精彩追忆。

> 我们父辈的往事,简直像是斯图亚特朝代的传奇;
> 比普希金还要遥远,恍然显现在梦里。②

我们下楼来到餐厅,家人已经围坐在大饭桌旁边。"他们看上去像不像一幅印象派画作呢?"帕斯捷尔纳克说道,"他们的身后陈放着

---

① 谢尔盖·伊万诺维奇·舒金(Sergei Ivanovich Shchukin,1854—1936),莫斯科商人和艺术品收藏家。艾尔米塔什博物馆和普希金国家美术馆中法国现代(Modern)绘画作品展厅的藏品主要来自他的收藏。
② 引自《一九〇五年·父辈》,冯玉律译,《帕斯捷尔纳克诗全集·中》,上海译文出版社,2014,第7页。

天竺葵,沐浴在午后的阳光中?吉约曼[①]就有一幅这样的画……"

我们进去时所有人都站了起来,帕斯捷尔纳克把我向他们逐一介绍,他们也保持站立的姿态。除了帕斯捷尔纳克的夫人外,他的两个儿子也在那儿。大儿子是前妻所生,小儿子约莫十八或二十岁,非常帅气的男孩,黝黑的肤色,很像他母亲。他在莫斯科大学物理系学习。尼豪斯教授也是客人,在莫斯科音乐学院以教授肖邦的作品著称,是帕斯捷尔纳克夫人的前夫。他已上了年纪,蓄着老式的唇髭,非常迷人而优雅。他向我询问巴黎的情况,以及我们彼此共同认识的音乐家。席间还有两位女士,我不记得她们与帕斯捷尔纳克家的确切关系了。

我坐在帕斯捷尔纳克的右边。他的夫人坐在左边。餐桌布置得很简单,铺着俄式白色亚麻桌布,配有红十字绣镶边。银器和瓷器都很朴素。桌子的中央摆放着一个插着含羞草的花瓶,还有一碗橘子和一碗蜜柑。冷盘已摆在桌上,客人彼此传递,帕斯捷尔纳克给大家斟上伏特加。菜肴很丰盛,有鱼子酱、腌制的鲱鱼、泡菜、蔬菜沙拉……晚餐缓缓进行着。一会儿给众人倒上了格瓦斯——乡下常喝的一种自制发酵饮料。帕斯捷尔纳克夫人说,由于发酵的缘故,格瓦斯的瓶塞有时会在夜里蹦出来,惊醒所有人,就像手枪射击一样。冷盘之后,厨师端上来一道罐焖野味。

席间的谈话内容漫无边际,海明威的作品也被讨论到了。他是去年冬天在莫斯科拥有最多读者的作家之一。他的新文集刚刚出版。帕斯捷尔纳克夫人和餐桌上的女士们说,海明威有些枯燥寡味——主人公除了没完没了地酗酒,几乎没有什么别的情节。

帕斯捷尔纳克沉默了片刻后,发表了不同的意见:

"一个作家的伟大与题材本身无关,只和题材能触动作者的程度有关。重要的是风格。通过海明威的风格,你感觉到题材,是铁的、

[①] 阿尔芒·吉约曼(Armand Guillaumin,1841—1927),法国印象派画家。

是木头的，"他双手压在桌面上，用手断开词句，"我钦佩海明威，但我更欣赏福克纳的作品。《八月之光》是一部奇书。年轻孕妇这个人物令人难以忘怀。当她从亚拉巴马州走向田纳西州时，美国南部的广袤、南部的精华，也让我们这些从未到过那里的人领略到了。"

后来，谈话转向音乐。尼豪斯教授和帕斯捷尔纳克讨论了对肖邦作品的理解，见解非常精辟。帕斯捷尔纳克说，他多么喜欢肖邦——"几天前我谈到形式自内而重生，肖邦就是一个典范，他用古老的莫扎特语言诠释出一些全新的东西，使音乐这种形式从内部更新得到了新生。尽管如此，恐怕美国有人认为肖邦的作品有点儿过时了。我给斯蒂芬·斯彭德[①]写了一篇关于肖邦的文章，但文章没有发表。"

我告诉他，纪德非常喜欢弹奏肖邦——帕斯捷尔纳克对此并不知情，听我说后他很高兴。话题转到了普鲁斯特，当时，帕斯捷尔纳克正缓慢地读着他的作品。

"现在我快读完《追忆似水年华》了，我深受触动的是，它如此真实地反映了一九一〇年深深地吸引过我们的一些思想。在关于'象征主义与不朽'的演讲中我提到了这些思想，我是在列夫·托尔斯泰去世的前一天发表演讲的，我和父亲一起去了阿斯塔波沃[②]。演讲稿早已遗失，关于象征主义本质，我谈了很多，其中一点是艺术家会死，他所经历的幸福生活却是不朽的。如果艺术家的幸福以个人的而又带有普遍性的方式在作品中得到了反映，那么实际上其他人可以通过他的作品来重新体验这种幸福。"

"我一贯喜欢法国文学，"他继续说道，"我觉得战后法国的作品有了新的特色，不那么华而不实了。加缪的死对我们大家来说是个巨

[①] 斯蒂芬·斯彭德（Stephen Spender，1909—1995），英国诗人、小说家、评论家，时任《文汇》(Encounter)杂志编辑。该杂志由他和欧文·克里斯托共同创办于1953年。
[②] Astapovo，即阿斯塔波沃火车站，1910年托尔斯泰逝世于此。后更名为列夫·托尔斯泰火车站。

大的损失。"(先前我已将加缪的悲剧结局告诉了帕斯捷尔纳克,不幸就发生在我来莫斯科之前。俄罗斯新闻界没有报道,当时加缪的作品还没有被译成俄语。)"虽然主题不同,法国文学现在更接近我们了。但法国作家在致力于政治事务时就索然寡味了。他们要么搞小圈子,不诚实,要么按照他们法国式的逻辑思维,觉得必须忠于信仰才能得出结论。他们幻想着自己必将成为罗伯斯庇尔或圣茹斯特[①]那样的专制主义者。"

晚餐结束时侍者端上了茶和法国白兰地。帕斯捷尔纳克突然看上去面带疲倦,沉默不语。客人们问了我许多问题,询问西方的文化生活和我们的日常生活。我在俄国期间,经常有人提出这些问题。

灯开了,我看了看表,发现早已过了六点。我得走了,我也觉得很累。

帕斯捷尔纳克穿过厨房,送我到门口。外面下着雪,在蓝蓝的夜色中,我们在小门廊上道别。想到这一别,可能再不会回到佩列杰尔金诺,我十分伤感。帕斯捷尔纳克握住我的手,迟迟不放,请求我尽快回来。他再次要我转告他的海外朋友,他很好,他记得他们,尽管他没时间答复他们的信件。我已走下门廊,上了小路,突然他叫住了我。我很高兴能有借口停下来,转回身,最后再看一眼帕斯捷尔纳克。他没戴帽子,穿着蓝色运动夹克,站在门口的灯光下。

"请你本人,"他喊道,"不要把我关于信件的话放在心上,不是针对你的。一定写信给我,随便哪种文字都行。我会回信给你的。"

(原载巴黎评论第二十四期,一九六〇年夏/秋季号)

[①] 路易·安托万·德·圣茹斯特(Louis Antoine de Saint-Just,1767—1794),法国大革命雅各宾专政时期的领导人之一,也是罗伯斯庇尔最坚定的盟友。

THE PARIS REVIEW

约翰·斯坦贝克

1962年诺贝尔文学奖得主
获奖理由:"因其作品兼具现实主义与想象力,结合了同情的幽默感和敏锐的社会洞察力"

《巴黎评论》访谈发表时间:1969年、1975年

约翰·斯坦贝克

（John Steinbeck）

1902—1968

美国作家，被视为"美国文学的一位巨人"。代表作有长篇小说《煎饼坪》(1935)、《人鼠之间》(1937)、《罐头厂街》(1945)、《伊甸之东》(1952)等，其中《愤怒的葡萄》相继获得1939年美国国家图书奖和1940年普利策奖。

1968年12月病逝于美国纽约。

约翰·斯坦贝克

◎章乐天/译

约翰·斯坦贝克在他晚年同意接受一次《巴黎评论》的访谈。他起初羞于从命，后来又迫不及待。不巧的是，尽管到死他都常常挂念此事，但他当时身染沉疴，已无法按计划进行访谈。本刊编辑考虑到他的热忱，整合了一组约翰·斯坦贝克过去多年里留下的小说艺术评论，其中一些来自《伊甸之东》的创作日记，即维京出版社于一九六九年十二月辑录出版的《一部小说的日记》一书，另一些则摘自他的书信，其中一部分选自维京一九七五年十月出版的《斯坦贝克：文学人生》一书。选文按不同主题而非日记和书信的时间顺序排列。作家的一位密友纳撒尼尔·本奇利撰写了导言。

——乔治·普林顿、弗兰克·克罗瑟，一九七五年

公平地说，这篇序文或导言之类的东西应该叫《一个朋友的赞誉》，因为我既无洞识，也无意愿去给约翰·斯坦贝克的写作提出什么批评，哪怕有人爱听。再说，也没人要我这么做，这对我们来说都是好事。我与他相识，也略知一二他关于写作的看法，我就说这么两句吧。

他曾说，想把什么东西给写好了，你必须要么爱它到死，要么恨之入骨，这话从某种意义上说是他自己人格的写照：凡事非黑即白，

约翰·斯坦贝克的一封信

顺他则对，逆他即错，哪怕（正如后来在越战期间那样）他的基本立场或许会变。实际情况不像听起来这么简单，但是，在他这里很少有灰色地带。读他的书，你清楚地知道他站在哪一边，你也会希望跟他站在一起。

多年以前，有人引了他说过的一句话：天才就是一个追着一只蝴蝶上了一座山的小男孩儿。后来他纠正说，他的原话是天才是一只追着一个小男孩上了一座山的蝴蝶（又或是一座追着一只蝴蝶上了一个小男孩的山？我记不清了），而我觉得，在某种程度上，他念念不忘的是在这场竞逐中尽早逮住他的蝴蝶。他从来没有费过这么多词来讲这个意思（至少对我是如此），但是他狠狠地扎进写作之中，坚信他写下的每个词都是所能找到的最好的词，都证明这是一个害怕被人说成懒散怠惰，或者没能尽力追求完美的人。有一次，应我的一个住在埃克塞特的儿子的请求，他给《埃克塞特人报》创刊七十五周年纪念版写了几段话：他起标题叫《敬畏文字》，我征得负责人同意后，把这些话录入于下，因为按惯例，他这些话主要是说给自己听的。

  一个人，要写一则故事，就必须用上自己最好的知识和最美妙的情感。形诸纸面的文字的纪律会惩罚蠢行和谎言。一个作家生活在对文字的敬畏之中，因为文字可能粗鲁也可能良善，可能在你的面前改换了意义。它们就像冰箱里的奶油一样有不同的口感和气息。当然，不诚实的作家或许还能过上一阵，但不会长久——不会长久。

  一个走出孤独的作家设法像一颗遥远的星辰一样散发信号。他不说话，不教诲，也不发号施令。相反，他试图建立一种意义的联系，情感的联系，观察的联系。我们都是孤单的动物。我们把全部人生都用来减轻孤独。对此，我们有很多古老的策略，其中之一就是讲个故事，启发听者去说——或者去感受——

"没错,事情就是这样,或者至少我也觉得是这样的。你不像你想得那么孤单。"

当然,作家重组了人生,缩短时间间隔,强化一个个事件,构设开端、中场和结尾。我们的确是有一幕一幕的——一天有早晨、中午和夜晚,一个人有出生、成长和死亡。幕起幕落,但故事继续进行,一切都没有结束。

结束对于一个作家来说是悲伤的——一桩小小的死亡。他写下最后一个词,然后结束了。但它并不是真正的结束。故事在继续,把作家抛在后边,因为,没有一个故事真正画上过句号。

我读了一通他逝世后的各种讣闻,发现许多人在分析他的创作,有个负责加工改写的编辑人员斗胆说,他个人认为斯坦贝克是个羞涩的人;但是他的性格中最灿烂的一点却没有人提,那就是幽默。所有高品质的幽默都反对分析(E.B.怀特将之比作一个死于解剖刀下的青蛙),而在约翰这里,这种反对比所有人都强烈,因为他的幽默不是插科打诨式的,而是宽广的想象力、惊人的知识储备以及精确的语词运用的结晶。这种对语词的尊重和精准的运用让他与几乎一切形式的语言狎亵绝缘;面对老套的淫猥,多数人破口大骂,他却能略施讽刺,既泄了愤又不失风趣。仅举一例:大约三年前,我们在复活节时去塞格港看望斯坦贝克两口子,那天约翰和我先于女士们起床去做早餐。他在厨房里边哼哼边忙活着,神情就仿佛在发明一种新型的烤箱一样,突然咖啡壶烧沸了,不停地把咖啡末喷到炉子上,冒出一股股蒸汽。约翰一个箭步冲过去按下了开关,咆哮道:"混账!怪不得人说我就是个白痴!怪不得没人要嫁给我!混账!"这会儿,他和咖啡都慢慢消停下来了,他又煮上了新的一壶。我记得,这天他先是断然否认自己宿醉未醒,沉吟了片刻后又补了句:"当然啦,我是真的有点儿头疼,从脊椎根里往上冒的头疼……"为了证明自己,他那个早晨余下的时间都花在把一个复活节彩蛋染黑上头了。

很奇特,他的身上还留着许多小孩子习气,我说的小孩子气,可以指探索一切新鲜东西的兴趣,可以指一种逗乐子、找乐子或制造乐子的欲望,可以指一种对无论什么样的小装置的痴迷,还有那种从相当琐屑之事中取乐的能力。我见过的成年人里,他是唯一一个每个礼拜都会边看星期天连环漫画边哈哈大笑的家伙;他用一个主意——把报纸、水和面粉放进搅拌器做纸模——把我们的厨房变成了十八层地狱;他会时不时去隔壁玩具店走一趟,有时仅仅浏览一下货品,有时会买把玩具手枪给他太太作为情人节礼物。跟他一起过,就等于连续不停地参加狂欢节——心理上是这样,事实上也是如此。唯一困惑的是他们家带孩子的保姆,她有一次说:"我不知道为什么斯坦贝克先生和本奇利先生要去泡那些酒吧,家里不是有免费的酒嘛。"而到了深夜,喝过一些家里供应的"免费"酒品之后,他有时会念约翰·辛格译的弗朗切斯科·彼特拉克致劳拉十四行诗,接着就在那儿抽泣。不是酒,而是辛格词句里轻盈的调子和彼特拉克心中的痛让他哭了,这些十四行诗中有那么一首,我从没听他从头到尾念完过。

——纳撒尼尔·本奇利

谈起笔

一种常见的情况:如果你——当然我的意思是如果一个人——为了发表而写作时,你就会变僵变硬,就跟站在照相机镜头前时一样。要克服这一点,最简单的办法就是跟我一样,把你要写的东西致予某人,即像给一个人写信那样去写。这样你就不会因要对一大群难辨面目的观众说话而感到莫名的恐怖,你也会发现自己获得了一种自由感,不再忸怩害羞。

现在,我来和你分享一下面对四百页空白稿纸时的体会吧——这么大一堆可怕的玩意儿都得填满了。我知道没人真心想从任何他人的经验里受益,所以这类东西才会满世界派送。不过,下面这几件事属于我必须做到的,否则就要犯傻。

1. 不要想着"快了,我就要写完了"。忘了那四百页纸,每天只写一页就行了。这样下去,到写完的时候你肯定会大吃一惊。

2. 写作要尽可能自由自在,尽可能快,把一切一切都倒到纸上去,全都写上去了之后才检查或修改。边写边改通常只是停步不前的借口,也会妨碍语句的流动和节奏,后者只能来自一种与素材之间并非刻意的联系。

3. 忘了你那些泛泛的观众。首先,无名、无面目的观众会把你吓死的,其次,和戏剧不同,写作没有观众,写作的观众只是区区一个读者而已。我发现有时挑一个人出来会有好处——挑一个你认识的大活人或一个想象中的人,并且写给他/她。

4. 如果一个场景或一个桥段让你无力驾驭,但你仍想写它——跳过去,继续写下面的。当你完成了全部内容后再回去看,你会发现你之所以受困于它,是因为它本来就不该搁在那里。

5. 要是有一个场景让你情有独钟,让你迷恋超过了其他一切场景,请小心,你多半已经描写得走形了。

6. 如果你写对话,就一边写,一边念出来。只有这样它才能拥有说话的声音。①

---

① 来自1962年2月与罗伯特·沃尔斯顿的通信。

谈运气

你知道，在我的左手小指下面一点儿的指垫上长了个深棕色的斑，而就在我左脚对应的位置上还有一个，几乎一模一样。有一次，一个中国人看到我手上的斑，一下子就来了精神，当我告诉他我脚上还有一个时他已是兴味盎然。他说，在中国的相术里，手上的斑记证明人有天大的好运气，而我脚上的斑记则说明这运气还要翻倍。这些记号无非是色素沉着罢了。我从小就有，无非是所谓的胎记罢了。但我特别提到它，是因为过去一年半来这两个斑点越来越深，而且，假如我信它们，这自然就意味着我的运气在越来越好，且埃莱娜（约翰·斯坦贝克夫人）也能跟着沾光。但是，斑点继续变深，也许那也意味着我要写出一本新书了，这也是一种巨大的好运气。

谈工作习惯

马克·吐温习惯窝在床上写东西——我们最伟大的诗人也是如此。①但是，我好奇他们躺着写作的频率如何——或者，是不是他们躺着写个两次，一个故事基本就定下来了。我也想知道他们以卧姿写哪一类东西，以坐姿写的又是哪一类东西。所有这些都关乎写作的舒适度和作品的价值。我得考虑到，一个舒适的身体才能让思想自由地集中。

你知道的，我工作时总要抽个烟斗——至少我过去是这样，现在又抽上了。有意思的是，一旦烟斗开始变得美味可口起来，雪茄就乏味了。也许我能做到彻底戒烟一段时间的。这会是件大好事。

---

① 译者注：他指的应是史蒂文森。

甚至只靠这么一点点改变，我那老早就落下病、不断复发的雪茄咳也开始远离我了。几个月不咳嗽真让我如释重负。

我现在已经把我业余时间的一大部分花在了漫不经心地雕一块桃花心木上，不过我觉得我也一直在思考。谁知道。我带着一种恍惚坐在这儿，我管它叫思想。

我现在再一次擦干净了写字台上的黑墨，一直擦到木质表皮为止，我铺了一张绿色吸墨纸在上面。我对我的工作桌面就从没满意过。

铅笔，我要么用从福克斯电影公司偷来的"计算者"牌黑铅笔，要么用这种 Mongol 2 3/8F，它很黑，笔尖不易折——老实说比福克斯电影公司的铅笔要好太多。这种铅笔，我还得往我的铅笔盒里装填个六打四打的。

我发现了一种新铅笔——我迄今用过的最好的铅笔。当然它的价钱也要贵三倍，但这铅笔又黑又软又不会断。我琢磨着我要一直用下去。这种铅笔的牌子叫"黑翼"，它们当真是在纸上滑行的呢。

凌晨，天蒙蒙亮的时候，我脑子里萌发了一个邪恶的欲念：把我那个电动削笔器拆开。这东西一直不大好使，再说我也一直想看看它里头是什么样的。于是我拆了，发现工厂里做的时候出了些错。我给它正了过来，清理干净，上了油，现在它又跟我刚拿到时那么顺溜了。这是不睡觉的一个回报。

今天是个用来混的日子。日子和日子是交替的。我干了一整天的活儿，带着胜利的喜悦混第二天，也就是今天。变态的是，不管在哪一天，我都要写下同样数量的文字。这个早上我一直紧紧抓着铅笔，这可不是什么好事。这意味着我不放松。而写这本书，我仅仅希望自己尽可能放松一点儿。也许这是我心猿意马的另一个原因吧。我想要那种能让自己专注的平静，这样真好——几乎像摸着一件羊绒睡袍似的那么好。

那是个工作的好日子,一切无碍。我在写字桌前坐了良久,铅笔在我手里捏着很爽。外头太阳很亮堂,很暖和,花蕾鼓凸着都快要爆了。我猜想,我当了个作家真是件好事。也许我太懒了,干不了别的。

我右手中指上有个好大的茧子,是每天好几个小时握铅笔磨出来的。到现在已经起了老大的一块,再也消不掉。这东西有时候粗糙得很,其他时候,比如今天,它像玻璃一样明亮。真是奇特呀,人对细小的东西也会这么敏感。铅笔得是圆的。六角形的铅笔一天下来会割了我的手指的。你看,我每天握一支铅笔要握六个小时呢。看起来怪怪的,但这是事实。我真的是一只受限于条件的动物,有一只受限于条件的手。

今天我真过得浑浑噩噩的,我要写的东西都在脑袋里装着,据说很多作家到处跟人说他们的书,因此就不写了。我想我也严重地犯了这个错误。我跟人谈了太多自己的作品,谁要听,我就跟谁谈。要是我能把我的谈话限制在创意的程度,管住我的大嘴巴不谈工作就好了,我很可能会写出多得多的作品来。

我握笔的手指上的茧子今天好疼哇。我得把它锉平了。它长得太大了。

一个愚蠢的真相:我什么样的工作量都能承担,却忍受不了混乱。

谈灵感

我听到一些刺激的小道消息,说你正犯着写作困难症呢。上帝呀!我太知道这种滋味了。我以为它过去了就不会回来了,但它真的复发了——在一个早晨,它又回来了。

大概一年前，鲍勃·安德森（剧作家）出于同样的问题要我帮他。我告诉他去写诗——别写那些卖钱的诗，甚至也别用来读的诗——去写用来扔掉的诗。因为诗是写作的数学，而且最亲近音乐。也许这是最佳的疗法，因为不定什么时候你那些麻烦就给一起扔出去了。

他照我说的去做了。做了六个月。我收到他的三封信，说这招很灵。只是写诗而已——或者某种不为读者而写的东西。这是一桩大大的、很有价值的私事。

要是你的干涸期太长，让你悲摧得要死，那么我只能给你这一招。你总有一天会走出来的。反正我走出来了。词跟词正在打架，都想往外跑呢。①

谈诗

一些事情，比如爱情，或者某个国难，或者梅②，都会给个体带来压力，如果压力大到一定程度，比如以诗的形式体现的那种，它就得被释放掉。国难和爱情在我的生活里都没多少分量，我也不会总被梅给压垮。

我的第一件宝贝招来了很恶意的批评，尽管我觉得它来得完全正逢其时。它发表在了一扇木篱笆上，是自由体。类似这样的：

> 盖蒂爱汤姆，
> 汤姆也爱盖蒂。

---

① 来自1960年2月19日与罗伯特·沃尔斯顿的通信。
② 梅（May）是人名，可能是作者二十岁时的女友或其养的狗。

这只是我的大脑的产物里唯一引起过注意的,而它引起的注意让我后来每出版一本书之前都畏首畏尾的。①

谈短篇小说

距离我在斯坦福你的课堂上学习小说写作过去准有一千年了,不过我对那体验还记忆犹新。我两眼放光,脑子里沟回密布,准备从你那儿吸取写出上好的、乃至伟大的短篇故事的秘方。

你很快就破掉了我的这个幻觉。你说,要写出一个好短篇,唯一的方法就是写出一个好短篇。

只有在故事写成了之后,我们才能分析它,看它是如何写成的。你告诉我们,短篇小说是写作难度最高的体裁,存世的伟大短篇如此之少就是明证。

你教给我们的写作基本法则既简单又震撼。一个故事要有效,就必须把某种东西从作家传到读者那里,这种传导力的高低决定了它有多么出色。你说,除此之外就别无他法了。一个故事什么都能写,什么方法、技术都可以用——只要是有效的。

你还说,这个法则还有个副题:对作家而言,似乎有必要知道他想说什么,或者简单点说,他正在说什么。我们得设法把一个故事的核心部分缩减为一句话,这是一种训练,只有这样我们才会晓得怎样把它扩充到三千、六千或一万个词。

这就是那魔术般的法则,那神秘莫测的东西。不过就是凭此,你把我们放到了作家的孤僻之路上。我们肯定交过一些烂到家的短篇小

---

① 来自1920年代初的一封与威廉·赫伯特·卡拉思教授的通信。

说。即便我曾期待拿一个完完全全的优秀，你给我的心血打的分数也很快就让我幻灭了。即便当时我觉得你的批评多有不公，但许多年以后，编辑们的判断也站在你、而不是我的一边。

这似乎很没道理。拜你的训练之赐，我不但能读一篇好故事，甚至也能说出它是怎么写就的。但为什么我自己就写不了？好吧，我写不了，或许这是因为不可能有两个故事胆敢彼此雷同吧。多年之后，我写了很多很多故事，可我依旧不知道怎么写，只是先动笔、后撞大运而已。

如果说在故事写作里有种魔法的话，我相信那就是从来就没人可以把它浓缩成一句秘诀，由一人传授给另一人。这一法则，似乎只存在于作家想把他认为的某些要事传达给读者的痛苦欲望之中。要是作家有那种欲望，他有时能找到途径，但不可能总是如此。

在一个故事写完之后对它评头品足并不很难，不过过了很多个年头，动笔开写一个故事仍旧让我怕得要死。我甚至觉得，没有惊慌失措过的作家是幸运的，他不知道小说这种东西遥远而蛊惑人心的美。

不知道你是否还记得你给我的最后一条忠告。那是在富裕、疯狂的二十年代的繁荣中，我即将踏入那个世界，力争当一名作家。

你说："你需要相当长的一段时间，而你还一文不名。如果可以的话，或许你去欧洲更好。"

"为啥？"我问。

"因为在欧洲，贫穷是一种不幸，但在美国贫穷是耻辱。我不知道你能否扛得住贫穷的耻辱。"

那之后没过多久，大萧条降临了。因为人人都穷，所以耻辱也不复存在。我再也无法知道自己是否能扛住耻辱。但毫无疑问，伊迪思，你有一点是对的：需要相当长的一段时间——很长很长的时间。这段时间仍然在延续，局面从来没有容易过。你告诉我，再也不会变得容易了。①

谈乱写

此邮包里的这份稿子（《谋杀在月圆之夜》），我想我就不用解释什么了。最近我有好一阵子不快活。因为我有债在身，这让我很难熬。

我之前写的那些小说明摆着没人买。因此，为了赚到我所需的钱，我就必须迎合他们，写他们想读的。换句话说，我必须为了个人的完整而暂时牺牲艺术的完整。如果这份手稿让你郁闷的话，请记住这一点。也请记住它给我带来的郁闷远比给你的多。

康拉德说过，只有两样东西卖得动：最好的和最烂的。我最近写的东西让我确信自己还无力写出最好的。当然，将来我行，但现在还不行。我是否能写出最烂的还有待观望。

就这包《谋杀》书稿我还得跟你叨咕两句。这是我花了九天写出来的，大约六千二三百字吧，打字稿则花了我两星期。我在这个小说里把我所知的所有廉价伎俩都用上了，我也试图赋予它一种轻微的戏谑调调让小说立起来。除了我老婆和我那圈子人外，没人知道是我写的，也没人会知道是我写的，除了你之外。我看不出有啥理由不用个笔名，也不知道为啥用笔名就该被人鄙视，就不该用。我选了个笔名叫彼得·皮姆。

这个小说掺水太多太多，我觉得它还有相当大的神秘色彩。那些戏谑性的东西主要是为了不让自己一坐在打字机前就倒胃口才写的，你可以删掉。②

---

① 来自1962年3月8日的一封与伊迪思·米瑞尔利斯的通信。
② 1930年12月致阿玛萨·米勒。

谈篇幅

人们常说，大书比小书更重要，更加权威赫赫。虽有个把例外，不过这话一般都是对的。我曾设法为这一点找个合理的解释，最后得出了我自己的理论，就是说：人的头脑，尤其在今天，被无数琐屑的东西——税、战争隐忧、肉价——困扰、模糊、嗡嗡地叮着不放。所有这些往往都聚集到了一起，最后让男人跟他老婆打了起来——因为这是纾解内心焦虑的最省事的法子。现在，我们必须把一本书看作一枚打入个人生活的楔子。一本小书打进去后很快又弹了出来，这么一个楔子可能打开了人脑、完成它的任务后就被退出了，空留下颤巍巍的神经和被割断了的组织。相反，一本篇幅较长的书，只要在时间上能持续一阵子，它楔入得会非常慢。它并非割断了就退出，它让思想能重组自身来适应楔子。我们把这个比喻再推进一下。当小楔子快进快出时，头脑就会飞快地彻底愈合成受攻击之前的样子，但一本大书或许就会让头脑在愈合后留下楔子的形状，由此，当楔子最终拔出、书合上时，头脑再也无法恢复到跟它之前一模一样。这是我用来解释为何一本大书的意义更重大的理论。和它共处的时间越长，就能赋予它更大的力量。如果我说得没错，那么一本大书，即便不是特别好，也要比一个出色的短篇小说更加有效。

谈人物

我们很难剖开一个人看他的内里。这里甚至有一点点涉及隐私的体面的不情愿，但是作家和侦探却不能允许隐私泛滥。在这本书（《伊甸之东》）里我剖开了许多人物，其中一部分人正为此而有些忿忿。但我不得不这样做。我一时还想不到有什么需要读者保持如此长时间专注的小说,能称得上是一本"大长篇"的。

我有时觉得,人性是一座恶臭弥天的丛林,里面鬼影幢幢,暗无天日。它在我眼里是一个危机四伏的冒险之地,有点像科尼岛上的那些地道,各种"东西"尖叫着从里面跳出来。已经好多次有人责骂我净写变态人了。

如果我偏要让我小说里的那些人孤苦无助,只等我的援救,那倒真是好玩了。要是他们欺负我、企图我行我素的话,我也会给他们好看。他们得等到我拿起一支铅笔才能动一下。他们是僵的,抬起一只脚站着,脸上带着我昨天停笔就带着的那种微笑。

谈意图

所谓写作的技术或艺术,就是这样一种笨拙的尝试:给语词无法描述的东西找来一个个象征。一位处于完全孤独之境的作家设法去解释解释不能解释的东西。有时候,如果他运道够好,又恰逢其时,他的努力会有很少一点点成果——从来就只是一点点。而假若这个作家足够聪明,知道此事不可能完成,他就根本不是个作家了。一个好作家总是知其不可为而为之。还有另一种作家缩小自己的视域,像放低枪的准星一样放低思想,但若放弃了不可能,他也就放弃了写作。在我身上发生的是同一种盲目的尝试,时张时弛,既无幸事也无不幸。我始终希望能有些什么一点一滴地流到最后。这种欲望从来没有泯灭过。

往最好的地方说,写作也就是一桩非常愚蠢的生意。为人生绘下一幅画是荒诞不经的。更荒诞的是,人为了画那幅画,得逃出生活一段时间。第三,人必须扭曲自己生活的路径,在某种意义上,只是为了激活别人的生命,让他们过上正常的日子。经过所有这些无聊之后，出来的可能是最苍白无味的思想。哇！这真的是个狗屁生意。你翻山越岭、连吁带喘，几乎筋疲力尽，最后得到的只是一丁点儿东西。愚之大者莫过于这样一个事实，作家必须相信他正在做的事是世界上最要紧的，方能着手写作，即便他知道这是假的，也得保持这个幻觉不放。要是不这么做，他写出来的东西甚至没法跟原本可能形成的样子相比。

这是恐惧和种种不确定感的开头，这些情绪和感受把人压垮，于是他一边做着那愚蠢的工作一边认为自己一定是疯了，因为他如此孤单无援。如果他正在做的事事有所值，为什么更多的人不选择这条路呢？然而，这又不像一笔必能成果丰硕的生意，一件做起来肯定会很好玩的事。聪明人几乎总是在一个可能的水平上过他们的日子——设法去做好，不担心自己是否能做好，保留那些有安慰性的、让自己安心的意见，抛弃那些相反的意见。他们在岁月将尽时从不带着失败的悲苦告别人世，因为他们从未做过尝试，所以也从未失败过。这些人比起在纸上埋头涂废话的傻瓜蛋可是要聪明得太多太多了。

现在有个写作时髦：把每个人物都写成失败者，被毁掉的人。我不相信所有人都给毁了。我可以说出若干没有毁的人，世界依赖他们以存在。战争讲究成王败寇，精神上也是一样。今天的作家，甚至包括我，都习惯于庆贺精神之毁，而上帝知道往往毁得还不够。我想，我现在是时候说说这个了。"南方神经症一代"对此会响亮地嗤之以鼻，那些被炒得烂熟的作家也会，但是我相信伟大作家，像柏拉图、老子、佛陀、基督、保罗以及伟大的希伯来先知们并不是因为否定什么、拒绝什么而被人铭记的。并不是说人有必要被铭记，而是说，我在书写中可以看到一个目的，一个除了写作找乐子之外的目的。作家的责任就是提升、推广、鼓励。如果写下的文字对我们正处于发展中的人类种族以及半发达的文化有任何助益，那就行了：伟大的作品已是一个可以依赖的团队，一个可以求教的母亲，一份能让顽廉懦立的智慧，给弱者注入力量，为胆小鬼增添勇气。我不晓得有什么消极的、让人绝望的工作可以冒充文学的。当然，我们是病弱的、丑陋不堪、吵吵闹闹，但若那就是我们一直以来的样子，我们早几百万年就该从世上灭绝了，我们人族早该只剩下一点颚骨化石和几颗牙藏在石灰岩底层里面，作为曾经存世的唯一证据了。

谈到这些，我们开不了太多玩笑，这一点很不好。不管怎么说，这只是一本书，它既不能创世也不能毁世。但是，它却呈现出与它的意义无法相比的重要性来。我想那才是根本的。屎壳郎在滚屎球的时候一定知道根本性何在，一个高尔夫球手只有在把打一个小球看作世界上的头等大事时，才会精于此道。因此，我必须确信这本书是一起十分稀有的事件，我不能有半点玩笑。我经不住开这个玩笑。这个故事必须前进、前进、前进、前进。它现在就像一台机器——被设置好了要做什么。它将叮叮当当地干到结束。

当一本书完成时，我的确不在乎它。随之而来的名利都与我对这本书的感情无关。我写下最后一个词时，对我来说，它真的死了。我有一点点悲伤，然后就开始写一本新的、活着的书。我书架上的书在我眼里就像做了防腐处理的尸体。它们既不是活的也不是我的。我对它们没有半点伤感，因为我忘了它们，在最真实的意义上，我忘了它们。

谈写作技艺

现在，总算又到了开工写书的时候了。我发呆已经发得够久了，但这是件好事。我不知道我写的速度会怎样，但我能肯定时间的速度一定还是不变的。我眼看着就要结束这种标志性闲逛了，我真怕开始写另一本书啊，我甚至得把我想写出一本好书这事给忘了。这些都是计划时想想，一旦开始了，除了写完它，就不作他想了。现在一切都好了，太太平平，一切小细节都妥妥帖帖，所以心境和态度真是很重要，它们既然得持续很久，就得几乎变成生活方式和思维习惯。于是没人能说：我因为稀里糊涂而失败了。这跳板上最后一跳啦，看水池最后一眼啦，跳的时刻到了。真的到了。

一如既往地，我饱受在纸上落下第一行字的恐惧的煎熬。折磨人的是惊人的恐怖、巫术、祈祷、让人举步维艰的羞涩。仿佛词语不仅仅不可抹删，而且它们会像颜料滴进水里一样化开，周围满是色彩。写作，一种陌生而又神秘的生意。自从有了写作以来，几乎没有前进过一分一毫。早在古埃及时，《亡灵书》就已经写得跟二十世纪的所有书一样出色、一样完美乃至登峰造极，但是，尽管他们的作品无法流芳后世，成千上万的人却在步我后尘——狂热地祷告着，想从他们的词语苦闷中求得解脱。

很早以前我就懂得，你不可能根据你是怎么开始的来判断你将如何结束。我只是随便瞥了一眼这一页。看最上边这些字啊——参差不齐、粗拙生硬，铅笔每写一行都断，字迹就像实验室里的一只惊惧不已的小白鼠。而仅仅过了半个小时，我的手迹就光滑流畅、大为改观了。

现在我该投入今天的写作了。其中满是陌生和神秘的东西，如同很早以前我写的那些实验小说一样深入无意识之中的东西。那些小说也是给这本书做的准备，我正在用我从所有其他写作中习得的经验。

我常常想，这可能是我最后一本书。这不是真的，因为我会写到死的，但是我想就当它是最后一本。也许，我觉得每本书都该这么写。

我希望自己能掌握一切在手，与此同时又让这本书似乎是偶然的产物。这会很难，但必须这么做。我也得一点儿一点儿进入故事，以便让读者直到被迷住了才意识到自己身上起了什么变化。正因此，我的作品才带上了一种随意——甚至近乎无礼——的味道。这就像一个人设了个陷阱逮狐狸，却做出一副样子，假装他并不知道在乡间有只狐狸或一个陷阱似的。

我把自己裂成三个人。我知道他们长什么样。一个思考，一个提意见，第三个设法从中撮合。常常打起来，但打打闹闹之间，整个一周的工作就出来了。在我的脑袋里，争吵以对话的方式在进行。它是一种奇怪的体验。在这些情况下，它或许属于某种精神分裂症状之一，但作为一门工作技术，我完全不认为它很不堪。

我似乎真的感到创造的体液奔向一个出口，犹如精液从男人体内的四面八方集中到一起，你推我撞地要往卵泡里冲。我希望能产出一些美而真的东西——但这东西（同样与交媾相似）我得是知道的。即便我心知从这本书里一无所出，我仍然要写。似乎对我来说，不同的器官必然有其彼此不同的方法——用声音、用姿势——来象征创造的欢愉——开花结果。而且，如果这一点属实，人也一定有其彼此不同的方法，一些人会笑，一些人建造，一些人毁坏，是的，一些人甚至创造性地自毁。没有解释。在我心里，愉悦的东西有两个出口：第一是对无比诱人的肉体、对女人之甘甜投以宝爱，第二——两者基本同等——则是纸、铅笔或钢笔。而思考纸笔和蠕动的单词是件有趣的事。它们仅仅是愉悦的导火线——美的呼喊——创世的纯粹至福的放声大笑。经常，词语甚至并无法匹配感情，只是有些时候在强度上不相上下。因此，一个满心愉悦的人能带着力与热情写出某个伤感的画面——美的死亡或一个漂亮小城的毁灭——而这仅仅证明了他的感受有多么剧烈、多么美妙。

我的作品凝固不起来。它就像厨房地板上的一颗生鸡蛋一样无法抓握。我要疯了。我现在真的想试着去抓它，但我担心试一下的力量就会要了作品的命。我不知道这种讨厌的东西打哪儿来的，但我知道它不新鲜。

我们在自身的阴影里工作，对我们正在做的事几乎一无所知。我想我比大多数作家知道得更多一些，但那仍然不多。

我猜想自己害怕在书上写下"结束"二字，因为我害怕自己要结束了。

突然，很奇怪，我觉得孤单。我猜我担心了。总是在一本书写到结尾时，这种感觉来临了——害怕你还没有完成你着手做的事。那就跟呼吸一样自然。

再花一点点时间，书就写完了，它也不再是我的了。其他人会拿走，拥有它，它就从我这里游走了，仿佛我从来就不是它的一部分似的。这时我害怕，因为我再也无法收回它，这就像是对某个蹬车上路的人喊"再见"，马达的嗡鸣声吞没了喊声，他听不见。

谈竞争

你知道，我打小就没有竞争意识。在很多方面这是件要命的事。我不赌博，因为赌博没有意义。我过去扔标枪，但是从没真正在意过是否扔到最远了。有一度我是个心狠手辣的拳手，但不是为了要赢，只是为了打完比赛，离开那个狗日的地方。如果没人把我塞回绳栏里头，我就再也不会干这行的。私下场合里我打过的仅有的几场架，那是我实在躲不开的。后来我甚至从来没想过要比较作家跟作家的地位高低。我不晓得这有啥意义。写作，对我来说是纯个人的事，甚至是一桩秘密行动，作品出来就像是从我身上割下来了一样，我再也不觉得它是我的了。于是，批评也对我毫无意义。作为一种惩戒，它来晚了。[①]

[①] 1949 年 6 月 8 日致约翰·奥哈拉的信。

谈出版

虽然有时我自觉手底有火,洒在纸上时一片光亮——但我从未失去过笨拙、无知、痛心无能的分量。

一本书就像一个人——聪明的和愚笨的,勇敢的和胆怯的,美的和丑的。每一朵思想开了花,都会写下一页脏兮兮的杂种癞狗似的文字,每飞完一圈,也都会伴随着翅膀上的一击,伴随着靠太阳过近时蜡就无法粘紧羽毛的警醒。

书写完了,它从此一无是处。作家想大哭一场:"还给我!让我重写!"或者哀告:"让我烧了它吧,别让它那样传播出去遭受恶意的冷落。"

帕特,你最知道了,书不是从作家直接奔着读者去的。它首先得喂狮子——编辑、出版商、批评家、编校员、书商。它被踹、被砍,又是抠又是挖。它那遍体鳞伤的爸爸还得忍受律师的纠缠。

编辑:这本书失衡。读者期待一个,你给他们的却是另一个。你写了两本书,把它们连在了一起,读者读不懂的。

作家:不,先生。这是一起的。我写了一个家庭的事,用另一个家庭的故事作为——嗯,作为对位,作为补充,作为节奏和色彩上的对照。

编辑:读者不会懂的。你所说的对位只是把书的节奏给拖慢了。

作家:拖慢是必须的——不然的话,加快的时候你怎么能感觉到?

编辑:你写着写着这本书就停下来了,然后你去讨论那些天知道是什么玩意的东西。

作家:是的,是停止了。我不知道为啥。我只是想停而已。

也许我错了。

发行部：这本书写得太长了，成本都上去了。我们得卖五美元一本。人家不会出五美元。他们不会买的。

作家：我上一本书很短，你又说他们不会买一本小书。

校对员：整个故事的时间顺序漏洞百出。用的语法不是英语语法。在第几几几页，你让一个人在《阿尔曼纳克世界志》里查蒸汽船的速度。我查了，那里面根本没有。中国新年你也搞错了。人物前后不统一。你说丽莎·汉密尔顿是这么一个人，可是写她的行为时又与性格不符。

编辑：你把凯茜写得太阴暗了。读者不会信的。你把山姆·汉密尔顿写得太白了。读者不会信的。没有一个爱尔兰人是那么说话的。

作家：我爷爷就这么说话。

编辑：谁信。

第二个编辑：小孩不会那么说话的。

作家：（绝望至发火）他妈的。这是我的书。我想让小孩怎么说话就让他们怎么说话。我的书是关于善恶的。没准这个题目犯了忌。你们到底想出不想出？

编辑们：我们看看这小说是否没法修改了吧。费不了多大工夫的。你也希望它好，不是吗？比方说吧，这个结尾，读者理解不了的。

作家：你们能理解？

编辑：我能，但是读者理解不了。

校对员：上帝啊，你怎么把一个分词给悬垂起来了①？翻到第几几几页。

---

① 此处指悬垂分词，即其逻辑主语与所处句子的主语不一致的分词。分词悬垂是英语中一种常见的语法错误。

帕特，那会儿你也在。你满心欢喜地来，听了一堆无聊的废话。这次会上还冒出来一个新人物。他的名字叫"读者"。

　　读者：他是个蠢驴，你不能信他一分一毫。
　　他很聪明，你再小的错误也逃不过他的眼睛。
　　他不会买小书。
　　他不会买厚书。
　　他是由白痴、天才和吃人怪兽三部分组成的。
　　他会不会阅读，这一点存疑。①

谈标题

我从来就不是一个标题党。一丁点儿都不是。我可以把它（《伊甸之东》）叫作《向海之谷》，这个题目是一句完全没有出处的引文，不过包含了两个大词和一个方向。你觉得怎样？我是再也不会去琢磨它的。

谈批评家

今早我看了一眼《星期天评论》，看了几则新书（不是我的书）简介，心头生出了常有的恐惧感。人可以做个评论者，或更进一步，做个批评家，这些好奇心甚重的食人鱼带着愉快的移情换位感靠其他人的作品活着，然后用乏味无聊的语言训斥养活他们的食物。我不是说作家就不该接受训斥，但我满希望那些安排自己从事这项工作的

---

① 1952年，一封致帕斯卡尔·考维奇的信。

人，不管在形式上还是在心理上都别太程式化了。

我写的东西总是先念给我的狗儿，看看它们的反应如何——安琪儿，你知道的，它就坐那儿听着，我感到它能听懂一切。但是查理，我总觉得它只是在等机会插嘴。多年前，我那条红毛蹲伏猎狗把我的《人鼠之间》手稿嚼巴嚼巴吃了，当时我说，它一定是个出色的文学批评家。

时间是唯一没有野心的批评家。

给批评家一丁点东西，他能写出一个戏来。

谈放松

我最大的缺点，至少在我看来是缺少放松的能力。回想我整个人生，都不记得曾有过放松的时候。即使在睡梦里我也是紧张、不安的，一有响动我就醒了。这不是什么好事。能放松是有益的。我想，我在这一点上是得了我爸的遗传，我记得他那坐卧不宁的个性。有时候，尽管他话不多，但这种不安却充斥了整间屋子，变成一声号叫。他是个特别安静的人——我猜想，这首先是因为他话少，其次是因为他没有说话的伴儿。他的感情强度大却不太深刻，聪明机巧则会让他困惑——这一点很有趣——而他对音乐之类的东西也不感兴趣。各种形式的音乐对他都毫无意义。我常常觉得他这个人很奇怪。在我奋力当个作家的过程中，是他支持我，做我的后盾，解释我的选择——而不是我母亲，她只是一味地要我做点更体面的工作，比如银行家。她恐怕会乐于看到我成了个塔金顿一类的成功作家，但她又确信我做不到。而我父亲希望我成为我自己。这很怪，不是吗？他推崇任何设定人生路线后一辈子不偏离的人。我想这是因为他把个人命运放手于细琐的职责之中，在家庭、金钱和责任的旋涡里俯首而行。要想做个纯粹的人，需要一种他所不具备的高傲，也需要一种他无法想象的自私。他是个对自己十分失望的人。我想他欣赏我决意当作家的冷酷无情，为此不惜跟包括我妈在内的一切对着干。不管怎样，他是个勇者。母亲总觉得我会清醒过来，恢复理智。

谈家里有个作家

这是个噩耗，但我想你们对此毫无办法。我还记得，当我父母确信此事确确凿凿就发生在我身上时，他们是怎样惊恐万状。你们所拥有的，也是他们不得不展望的，是被一个卑鄙自私、脾气暴躁、固执己见、喜怒无常、动辄吵吵闹闹、神经质、无理性、轻浮而不负责任的儿子搞得不堪忍受的生活。父母休想从这个儿子这里得到任何忠诚、关心，连一点点注意力都别想——实际上你会想杀了他的。我敢肯定，我爸我妈一定常常想着毒死我。有了这么个儿子，你们和他都别想有好日子过。他甚至都不具备成功所需的体面感，而即便成功了，他也会百般挑剔，仿佛这是一场失败似的，因为干作家这行就有这么个特点，但凡你有些优秀之处，失败就是家常便饭。而丹尼斯（丹尼斯·墨菲），他不只是个作家，我很担心他还是个非常不错的作家。

我迫不及待地要向玛丽和你表达我的同情，但我也得警告你，你很无助。从今往后，你要履行的父职就成了把他救出监牢，给他吃的让他得免于饿死，他貌似失去理智的时候你得满怀绝望地守着他——而所有这些换来的最佳回报是被视而不见，最坏的回报则是横遭辱谤。别指望能懂他，因为他自己都不懂自己。看在上帝的分上，别用凡人的善恶成败标准来衡量他。每个人都有自己的价值，但一个作家，一个真正的作家的价值是很难发现的，几乎不可能实现。我给你们的最好的建议就是站到一边，拿拳头护着脑袋转开身子，特别保护住肚子。如果你们有心杀了他，最好快点动手，否则就晚了。我看他不可能消停，你们也很难安生。你们可以跟他断绝关系。天底下墨菲多得是。①

谈荣誉

我考虑过很多值得一写，但我作为一个小说家不能或不该写的东西。人们荒谬地琢磨着我那些伟大同侪（我说的是福克纳和海明威）的不朽——他们几乎就好比在为墓碑上的演出名录争斗。

另一件我没法写而你可以写的事是有关诺贝尔奖的。我害怕得它，怕得要死，我不在乎它有多么让人垂涎。但是我却不能这么说，因为我还没得到这个奖。不过我感觉似乎获奖者之后就再也写不出什么好东西或有勇气的东西来了。这个奖就仿佛让他们退休了似的。具体原因我不清楚：因为他们的创作好歹都已结束？还是因为他们试图配得上这个奖，故而胆量什么的全没了？但要克服这些是一桩艰难的冒险，多数人都没能做到。或许它让他们备受尊敬，而一个作家却不敢做个备受尊敬的人。同样的情况发生在任何一个荣誉学位以及奖章上。一个人拿的荣誉越多，他的写作就越走下坡路。可能正是我内心的这种恐惧，让我拒绝了那些不停地由大学颁出的荣誉博士学位；可能出于同样的理由，即便当选美国文学与艺术学院院士，我也从未靠近过它；出于同样的理由，我把我的普利策奖奖金给扔了。②

---

① 1957年2月21日致约翰·墨菲的信。
② 这段话摘自1956年的一封致小帕斯卡尔·考维齐的信，六年之后斯坦贝克获得了诺贝尔奖。

谈海明威

关于欧内斯特·海明威之死,我们听闻的第一个信息是从伦敦《邮报》打来的一个电话,让我评评此事。尽管我隐隐对这事有预感,但到真的发生时,我还是受了震动。他的写作只有一个主题——只有一个:人跟世上的各种强力(所谓的"命运")互搏,鼓足了勇气去会会它们。当然,人有权夺走自己的命,不过,海明威的主人公,哪一个身上都没有这种可能。悲凉的是,我觉得他对意外的憎恨远远甚于自杀。他这个人自负到你难以置信的地步。擦枪时发生一个意外,就可能触犯了他所引以为骄傲的一切。用一支双管猎枪崩了自己的脑袋,这样的事除非预谋,否则几乎是不可能发生的:因为走火致死的情况多半是枪脱手掉了,因此枪伤通常都是在肚子上。一个有经验的人不会在实弹的情况下擦枪。其实,猎人从来不会在家里放一把上着子弹的枪。我屋子里放着不少猎枪,但子弹都搁在下面的架子上。枪一入手就是清洁过的,而且你必须把子弹取出来后才能清洁它。如果这是意外,也只有傻子才会碰上,而海明威可是鄙视傻子的。此外,就我所了解的,他最近一年的样子似乎在经历一种个性上的变故。无疑,他在西班牙的最后一个夏天及后来在《生平》的叙述都不是他过去的风格了。也许,就像保尔·德·克鲁伊夫告诉我的那样,他罹患了一连串的中风。这可以解释他的变故。

不过除了所有这些——他对写作活动的影响至深——比我能想到的任何人都多。他没有一丁点儿的幽默感。这是一种怪异的人生。他总是试图证明一些什么。你只会企图证明你不确定的东西。他是批评家的宠儿,因为他从未改变过风格或主题,连故事都一成不变。他在思考和情感上都没有做过任何实验。他有点像罗伯特·卡帕,创造出一个理想的自我形象,进而设法保持它。他的死让我难过。我对他一直了解不够,见面次数也屈指可数,他总是笑吟吟的,对我很好,尽管有人告诉我他私下里对我的创作语多轻蔑。但是，这也说明他并不把其他健在的作家视为同辈，而是看作敌手。他的确在意自己的不道德，仿佛他拿不准自己是不是有这方面的问题——而毫无疑问，他确实有。

有件事让我觉得很有意思。有那么几年他说到自己在写一本大书，又说到一些已经写好了、存着将来出的书。我压根就不信真有这些书存在，真有的话我会很吃惊。一个作家的第一冲动该是让别人读。当然我可能是错的，他或许是个例外。我引了两句话给《邮报》，这两句话是一位比我俩都强得多的作家写的："他是个完美的人，我从此再也见不到他的面容了。"①

人都管他叫"爸爸"——这两句话真是双重贴切啊。②

谈声名

这里真美，你所见的每个地方都是风景。它们多数都是废墟——你不可能搞明白是谁、什么时候、为了什么而造了它们。这使得雄心壮志似乎有一点点荒唐。我写了许多书，其中一些写得很美，或者包含了一些很美的东西。而且，被人问起"你写《上帝的小块土地》和《永别了，武器》的感觉如何？"那种滋味也是很爽的。③

小媒体给我写信，要我的手稿，我回信说"我身边一份手稿都没有"，他们就回信问，他们能否刊登这封说"我身边一份手稿都没有"的信。④

---

① 这句话出自《哈姆雷特》第一幕第二景，哈姆雷特形容其父。
② 1961年7月1日致小帕斯卡尔·考维齐的信。
③ 1961年11月22日致法国尼斯的埃利亚·卡赞的信。《上帝的小块土地》系另一位美国作家欧斯金·考德威尔的小说名作。
④ 1939年7月致伊丽莎白·奥蒂斯的信。

最后的信[1]

亲爱的伊丽莎白：

我欠你这封信很长时间了——但我的手指头已经躲着铅笔，好似它是件又老旧又被毒化了的工具似的。

(分两次原载于《巴黎评论》第四十八期，一九六九年秋季号／第六十三期，一九七五年秋季号)

---

[1] 致他的经纪人伊丽莎白·奥蒂斯——这封信是在斯坦贝克逝世很久之后，他的妻子埃莱娜在其工作台的吸墨纸下面发现的。

THE PARIS REVIEW

乔治·塞菲里斯

1963年诺贝尔文学奖得主
获奖理由:"因其对希腊文化世界的深厚感情所激发的
杰出的抒情写作"

《巴黎评论》访谈发表时间:1970年

乔治·塞菲里斯

(Giorgos Seferis)

1900—1971

本名乔治·塞菲里阿底斯,希腊诗人、外交官,被视为20世纪最重要的希腊诗人之一。主要作品有诗集《转折点》《蓄水池》《神话和历史》《船上日记》(三卷)、长诗《"画眉鸟"号》等。

1971年9月病逝于希腊雅典。

乔治·塞菲里斯

◎凌越　梁嘉莹 / 译

　　本采访在一九六八年十二月底进行，在接受这个采访时，塞菲里斯对美国最长的一次访问已近尾声。他刚刚作为普林斯顿高级研究院的研究员完成了为期三个月的学习，心情特别好，因为他觉得他的访问起到了一种回春作用：这是一个不受雅典几个月来日益加剧的政治紧张局势影响的插曲①，同时也是反思和表现的机会。后者包括一系列朗诵会——在哈佛、普林斯顿、罗格斯、匹兹堡、华盛顿特区，以及在纽约的希伯来青年会诗歌中心——塞菲里斯用希腊语朗读而参与的听众用英语，每一次露面都有其独特的兴奋和回应。例如在匹兹堡，听众（主要由希腊裔美国人组成）在阅读时似乎对诗歌感到困惑，但在随后的招待会上，他们对这位诗人就像他们对待希腊流亡国王一样。纽约朗诵会从参议员尤金·麦卡锡（Eugene McCarthy）的介绍开始，在讨论时，听众提出了几个问题，具体涉及希腊的政治局势。塞菲里斯拒绝回答，被一些听众认为是在逃避，但他坚持自己的立场，在朗诵之后的晚宴上，他私下给出理由：他认为安全地处于政府不满的边界之外，在外国领土上作为客人批评他的政府是不恰当的，他把自己的回答留到返回希腊的时候——不顾戒严令，冒着明显的个人风险，向当地和外国记者发表了一份反对独裁的不妥协的声明（见

---

① 1967年4月希腊军方发动政变，同年12月希腊国王康斯坦丁二世反制政变失败，被迫流亡海外，希腊进入军政府统治时期（1967—1974）。

塞菲里斯诗集《转折点》第一卷第五部分《情欲标志》的手稿

一九六九年三月二十九日《纽约时报》）。

外交手腕和高尚的良知的结合，定义了塞菲里斯的政治性格，也令他的风度和个人风格增色。他是一个体格健壮的男人，在空闲的时候他的声音温和，动作缓慢，有时无精打采，但他有个习惯，在激动的时候会抓住你的手臂，这种握法虽然具有老派欧洲人的和蔼可亲，但依然年轻有力，足以让你感受到他内心的力量。当他感觉到一些有误导性的或者轻率的质疑的时候，那声音瞬间锋利尖锐起来，转而又用起外交手段，又出现了一种幽默感：爱胡言乱语，爱讲低俗笑话，爱拿自己和别人开玩笑，爱在椭圆形的脸上出人意料地露出一丝苦笑——尤其是在他用"你为什么笑？"这个问题让他的听众陷入疑惑之后。一位美国诗人曾在一首关于他几年前第一次在纽约朗诵的诗中称他为"中东穴居人"。当采访者终于鼓起勇气向他展示这首诗时，塞菲里斯用一种毫不妥协的犀利目光盯着它。"中东穴居人。荒唐而不准确。我曾经称自己为卡帕多西亚①穴居人，这是我打算保留的名号。你笑什么？"然后是微笑。

采访是在高级研究院塞菲里斯的临时住所进行的，这是一套朴实的二层公寓，有三个房间，有一扇大窗户可以俯瞰地面，书架几乎空无一物，没有一幅现代希腊绘画和古典珍宝，而那些东西设定了塞菲里斯在雅典的家的风格；然而诗人还是对这个地方很满意，因为这里让他接触到许多异国情调的事物：会变化的树木、松鼠，以及从学校出来跨越草地的孩子们。他的妻子玛罗——头发依然金色，编着女孩子般的发辫——自始至终出现在采访里，有时候带着明显的快乐倾听着，有时候在背景处准备着食物和饮料。有三次录音。面对着从咖啡桌上注视着他的麦克风，塞菲里斯需要一段时间热身。但每当他开

---

① 卡帕多西亚（Cappadocia），位于小亚细亚半岛东南部。塞菲里斯曾于1950年代前往当地游历并写下游记《卡帕多西亚修道院三日》。

始回忆起战争年代的朋友——亨利·米勒、达雷尔、乔治·卡辛巴利斯①——或者童年的岁月，他会放松进入自然状态，说话轻松自如，直到录音带用完。

——访谈者：埃德蒙·基利②，一九七〇年

《巴黎评论》：首先我想问你有关高级研究院的情况。你最近刚从外交部门退休，作为一名学生开始新的职业生涯，对此有何感受？

乔治·塞菲里斯：我亲爱的朋友，那个让我困惑的问题是：什么是高级研究？当一个人处于我进修的这个阶段时，他应该努力尝试去忘记，还是去学更多？现在我必须说，在一个更平淡的层面上，我非常享受这儿的整个状况，因为这里有非常好的人、非常好的朋友，我很享受——我该怎么说呢？他们的视野。我周围有许多视野：科学、历史、考古学、神学、哲学……

《巴黎评论》：但是你不会觉得和这么多科学家格格不入吗？还有这么多的历史学家？

塞菲里斯：不会，因为我会被兴趣不在我的领域的人吸引。

《巴黎评论》：你会认为和历史学家对话——我认为卡瓦菲斯可能会这么想——会有什么好处吗？换句话说，你觉得历史有什么特别的

---

① 乔治·卡辛巴利斯（George Katsimbalis，1899—1978），希腊编辑、作家，与亨利·米勒等人交好。
② 埃德蒙·基利（Edmund Keeley，1928—2022），美国小说家、翻译家、诗人，希腊现代诗歌研究专家。

东西要对诗人说吗?

塞菲里斯: 如果你还记得的话,卡瓦菲斯为自己有历史感而自豪。他常常说:"我是一个有历史的人。"——诸如此类的话,我不记得确切的出处了。我不是那种方式,但是,我仍然感到历史的压力。以另一种方式,也许:更神话,更抽象,或更具体……我不知道。

《巴黎评论》: 希腊诗人与他独特的历史传统的关系如何?你曾说过在希腊没有古希腊。你的意思具体是指什么?

塞菲里斯: 我的意思是希腊是一个持续的过程。在英语表达里,"古希腊"包括了"已终结"的意思。然而对于我们而言,希腊继续活着,更好了或更坏了;它在生命之中,尚未过期。这是事实。一个人可以提出同样的争论,当他讨论古希腊语的发音的时候。你们在美国、英国或在法国的学者或许会采用伊拉斯谟式发音①:对于他们来说,希腊语是一门死亡的语言,但对于我们这是另一个故事。事实是,你们认为古希腊语在某一点终结了它的运行,这使你们用一种武断的方式去拼读它,对此我很遗憾。

《巴黎评论》: 因此你显然把语言中的希腊传统,在其他领域也一样,看作一个持续的过程。而这个国家的一些古典学者和拜占庭学者并不这么相信——而且,我想在别的国家也是如此。

塞菲里斯: 你知道为什么会这样吗?因为希腊的主题、希腊的历史是如此庞杂以致每个学者都把自己限制在一个特定时期或分支里,而没有任何东西存在于它们之外。例如,吉本认为一千年的生命是一种衰落。一个人怎么会处在一千年的衰落里呢?可别忘了,从荷马史诗到基督诞生,八百年过去了——或者差不多这么长的时间——然后

---

① 即古希腊语发音。文艺复兴时期人文主义学者伊拉斯谟最早系统性研究了古希腊语与当时希腊语(今称"标准希腊语")的发音差异,因此得名。

大概有了一千年的衰落。

《巴黎评论》：关于希腊诗人与其传统的关系，我一直认为希腊诗人比盎格鲁-撒克逊诗人更有优势，后者利用希腊神话，有时甚至利用希腊的景观。记得几年前，我在写一篇论文，在想英语对卡瓦菲斯和塞菲里斯的诗歌产生了怎样的影响。我问你在你风景中突然出现的某些意象，例如你作品中雕像的象征意义，你转过身对我说："但那些都是真正的雕像，它们存在于我见过的风景中。"我想你的意思是，你总是从一个活生生的、真实的环境开始，然后从那儿转移到任何可能包含了它的普遍意义中去。

塞菲里斯：前几天，一位古典雕塑专家给我们举了一个例子。他是一位英国学者，正在讲授帕台农神庙的雕像。在他讲完后我上前去祝贺他，然后他对我说，我记得是这样的："但你有一行诗表达了我想说的，你说的是：'那些雕像不是废墟，我们才是废墟。'"我的意思是，我很惊讶，像他这样水准的学者竟然用我的一行诗来说明一个观点。

《巴黎评论》：之前我们讨论过，诗人从他的童年获得意象。你曾把自己和普通的英国人区分开来，你说驴子对于你或许就像足球和汽车对于他们的意义一样。我记得你还谈到过大海和你家乡斯麦纳附近村庄的水手。

塞菲里斯：你知道，意象的奇怪之处在于它很大程度上是潜意识的，有时候它出现在一首诗中，没人知道它是从何而来的。但我确信它植根于诗人的潜意识生命，通常是关于他的童年的，这就是为什么它对于诗人来说是决定性的：他所经历的童年。

我认为有两种不同的机能：有意识的记忆和潜意识的记忆。我认为诗歌的方式是从潜意识中汲取灵感。这不是你写回忆录的方式，也不是你试图回忆你的过去和早年生活的方式。我记得很多童年时的事情，它们给我留下深刻印象。比如当我还是个孩子的时候，我在祖母的花园——那是我们过去避暑的地方——的一间平房的角落里发现一枚指南针。那个奇怪的仪器——我想我通过检查又检查，拆开又组装，最后搞坏了它——对我来说变得有点儿神秘了。再一次，当秋天来临，当刮起一阵很大的风，渔船不得不穿过恶劣的天气去航行，当他们最终抛锚的时候我们总是很高兴，我母亲会对着某个走出来的渔民说："啊，太好了，你经受住了恶劣的天气。"而他会回答："夫人，你知道，我们总是和卡戎①一起航行。"这让我很感动。也许当我在你评论的那首早期的诗（《论一首外国诗》）里写尤利西斯的时候——也许我想到了像那个渔夫一样的人，那些会背诵《埃罗托克里托斯》的"我童年时代的某些老水手"。无论如何，我认为把潜意识想象变成有意识的，把它们带到光线中来总是有点儿危险，因为你知道它们会立即干涸。

《巴黎评论》：这么多年来，你一直为为数不多的读者写作，你感到有什么负担吗？在你写作生涯的早期读者很少，以至于你不得不自费出版你的作品，每本的发行量都在三百册以下？这是一个已成名的美国诗人所不熟悉的情况。

塞菲里斯：我给你举个例子。当我出版我的第一本诗集《转折点》时，发行了一百五十册，那是一九三一年。我记得到一九三九年的时候，书店里还有这本书，我把它们收回来，以便在一九四〇年出版新版。但我必须说在那之后不久，情况开始发生了一些改变。当希腊在对德国的战争中溃败、我启程去埃及前，除了早期的《水池》和《转折点》之外，我留下了三部作品——《日志第一卷》《神话和历史》

---

① 希腊神话里将亡魂渡送到阴界去的冥府摆渡人。

《习作集》——都是崭新的,在我和流亡的希腊政府驶向克里特岛和开罗之前,它们一本也没有卖出去,如你所知的那样。我不在时,所有东西都卖光了。当我回来的时候,一本不剩。外国占领——敌人的占领——给了希腊公众集中注意力和阅读的机会。我想当我在占领结束后回到希腊时,我在希腊的知名度比以前要高得多。

《巴黎评论》:这是一个非常奇怪的现象,在希腊被占领期间,人们对诗歌的兴趣又恢复了。我从其他诗人那里听说过这件事,比如加索斯①和埃利蒂斯②。诗歌成为雅典知识分子聚集在一起进行阅读和讨论的活动,因此在某种程度上它成为三十年代以来本世纪诗歌最丰富的时期。

塞菲里斯:埃利蒂斯在被占领期间出版了他的书,而加索斯——我的意思是他著名的《阿莫尔戈斯》也是在被占领期间推出的!

《巴黎评论》:占领结束之后发生了什么?为什么那些主要诗人会沉默如此之久?

塞菲里斯:那不是沉默。时代变了,视野开阔了,每个人都想多看看国外的生活,他们试图寻找新的表达方式。

《巴黎评论》:我好奇通过向这个国家的广大公众读者朗诵,你是否感受到什么新鲜有趣的东西?我那些对希腊语一窍不通的朋友的证据是,从你们的希腊语朗诵中,他们获得了和我的英语朗诵不同的诗歌节奏感。

---

① 尼可斯·加索斯(Nikos Gatsos,1911—1992),希腊诗人、翻译家和词作者,与塞菲里斯和埃利蒂斯交好,代表作为长诗《阿莫尔戈斯》。
② 奥德修斯·埃利蒂斯(Odysseus Elytis,1911—1996),希腊诗人,1979年诺贝尔文学奖得主,代表作有诗集《英雄挽歌》等。

塞菲里斯：这非常重要。但我可以多谈一点在美国朗诵的事情。有一天，另一位诗人给了我一首关于我朗诵的诗作为回应。这是一种新的回应，但重要的始终是要看到回应，而不是鼓掌或不鼓掌。

《巴黎评论》：今年秋天，你在罗格斯大学朗诵后，听众中有人问你怎么看你的诗歌的英译，而你对你的英语译者做出了有雅量的姿态，但之后你补充道："当然了，我诗歌的最好翻译是中文翻译，一种我根本不懂的语言。"

塞菲里斯：要详细说明这一点并不难，你知道的，我感觉在我懂的语言里，也许因为我太熟悉它们（不是英语，比如我真的很熟悉的法语），在翻译中还有其他可能性。对于中文则没有其他可能性了。但是翻译——我稍稍改变一下问题——总是有趣的，因为它是一种控制你自己语言的方法。当然英语现在是比我们的语言更稳定的一种语言，而我们可以说必须在写作的所有时间里创造我们自己的语言。

《巴黎评论》：庞德说翻译是作家不断提高对自己语言的意识的一种手段，他建议年轻诗人要尽其所能地去翻译。

塞菲里斯：只要你不做过头，我想这总是有效的。

《巴黎评论》：你是一个诗人，用希腊以外很少人懂的语言写作。我想知道你是否会感到不满，对于你在国外诗坛的名气，因为你的名气主要是靠翻译获得的。

塞菲里斯：有补偿的。例如大约一年前，我收到一封寄自美国的信："我为了读塞菲里斯而学了现代希腊语。"那是一个很棒的恭维，我想。这比一个在学校学一门外语的人的情况更个人化，不是吗？我曾听别人说："嗯，你知道，我们从你的诗中学到希腊语。"一个了不起的报偿。然后我应该补充一点,也许这种没有很多听众的情况也有好处,我的意思是,它以某种方式教育你:不要以为海量听众就是这个世界上最重要的奖赏。我认为即使只有三个人阅读我,我的意思是真正的阅读,也就够了。这让我想起从前的一次谈话,那是我唯一一次匆匆见到亨利·米肖。我想是在他从埃及到雅典中途停留的时候。当他的船停靠比雷埃夫斯港的时候他上了岸,只是为了看看雅典卫城。当时他对我说:"你知道,我亲爱的朋友,只有一个读者的人不是作家。只有两个读者的人也不是作家。但一个有三个读者"——他把"三个读者"说得就像三百万——"的人是一个真正的作家。"

《巴黎评论》:你之前说过,希腊语中有一个建立语言的问题。那是大部分美国读者天然无法理解的。我们有自己的语言,我们的问题是总是要扩展我们的语言,使它以某种方式显示出新的活力。当你说建立或者创造一种语言时,你指的是完全不同的东西。

塞菲里斯:我们经历了学术干预的灾难。注意,我的意思是左翼和右翼都有。在最初的时候,我们受到教授的干预,他们想把我们活生生的语言变得抽象,以达到某种纯粹语言的"理念"。另一方面,我们捍卫"通俗希腊语",我们称之为流行的口语。但这个传统——教授传统——是如此强烈,以至于有一种学术思想在积极地为纯粹的和地方的语言而斗争。进步的最好方法就是忘掉所有学术干预。比如,我非常欣赏克里特岛的文艺复兴。在那个时期你会发现完整的诗歌——上万行诗句,庞大的诗歌——其中没有任何紧张,没有任何努力,语言在非常自然地发挥功效,没有任何明显的学术上的倾向。

《巴黎评论》:有趣的是,你把一首轻松诗作为典范,因为我记得在另一个场合,你把风格描述为一个人在表达自己时遇到的困难。

塞菲里斯：我在讲马克里雅尼斯①的时候说过，你知道的，他直到三十五岁才学会写字和阅读。当你看他的手稿，它就像一堵墙——一堵石头砌成的墙，一块放在另一块上面。这很奇怪，例如他从未使用标点符号。没有段落。什么都没有。它就是这样。你看，每一个词都加在另一个词上，就像一块石头堆在另一块石头上面。我的意思是，在任何情况下，当你真的感觉到了某件事情，你面临表达它的困难。而后，最终形成你的风格。

《巴黎评论》：你在确立你自己的风格中遇到了什么困难？

塞菲里斯：那是另一个故事。在我年轻时我非常努力地学习希腊语。词汇表，古老文献，中世纪文献，等等。但困难不仅在于研究它们，困难在于如何忘记它们，如何让自己的语言变得自然。或许我有神佑，关于变得自然这事，我不知道。都是别人这么说……

《巴黎评论》：我知道你一向认为对于一个诗人而言，首要任务是在风格上力求精练。这看起来和你的前辈们的主导模式形成对照——至少对于帕拉马斯②和西凯里阿诺斯③的模式而言。

塞菲里斯：这也许是当地的特点。在我早期努力的时候，我觉得在希腊，他们太浮夸了，而我是反对这样的。那是我的感觉。我在很多方面都反对它。例如，在形容词的使用上，尤其是复合形容词，我避免使用。你知道。我是故意避免某些东西。我对表达的兴趣不在于语言的色彩，希腊语已经有足够多的色彩，但最重要的是准确；而且

---

① 雅尼斯·马克里雅尼斯（Yannis Makriyannis，1797—1864），希腊政治家、军事家，希腊独立战争（1821—1829）军事领袖。除杰出的政治军事才能外，马克里雅尼斯以其撰写的《回忆录》闻名，后者被视为现代希腊文学的丰碑。
② 科斯蒂斯·帕拉马斯（Kostis Palamas，1859—1943），希腊诗人，奥运会会歌《奥林匹克颂》词作者，代表作有诗集《静止的生命》等。
③ 安吉洛斯·西凯里阿诺斯（Angelos Sikelianos，1884—1951），希腊抒情诗人、剧作家，生前曾多次被提名为诺贝尔文学奖候选人。

为了做到准确，你必须节约使用你的材料。你记得瓦雷里曾说抒情诗终究是感叹词的发展，是"啊"的发展。对我来说，"啊"就足够了，我从未想过要详细解释这个感叹号。

《巴黎评论》：让我把风格的问题作为节俭地使用语言的过程来探讨。你是否同意在你自己的作品中，在《转折点》和所有之后的作品中存在着一种发展，一种进一步的精炼手段？

塞菲里斯：当然。与其说这是一种文体风格的发展，不如说是一种进化。所有事物的进化。我的意思是，一个人必须进化——必须看到新事物。一个人必须看到其他方面，并表达这些方面。当然这是一种进化，但我不认为它是用引号表示的"发展"。如果我还有更多时间，我也许会用另一种方式写作，甚至用另一种风格。我也许使用严格的诗句或者押韵诗，可能。在诗歌中，为了有一个新鲜的表达，你会不时改变事物的基础。你在诗歌中寻求的最主要的东西是避免陈词滥调的表达。这是个非常大的问题。

《巴黎评论》：散文风格的发展问题呢？你是希腊为数不多的对散文批评语言的影响几乎和对诗歌语言的影响一样强烈的诗人。从一开始，发展出一种生动又严谨的散文风格一定是你奋斗目标的一部分。

塞菲里斯：是的，但是你知道，我一直在为精确而奋斗。那是它的基础。当然在散文中，它表现得更明显——我指的是精炼的问题。

《巴黎评论》：这台录音机好像停止录音了，说点什么，让我们看看它还能否正常运转。

塞菲里斯：华莱士·史蒂文斯在一家保险公司工作。

《巴黎评论》：希望它还能撑一会儿。你的一个观点引起我的兴

168

趣，那就是诗歌和公共服务的关系问题；我想你说过，重要的是不要有一份与成为一名诗人直接相关的工作。

塞菲里斯：我没说"重要"的事情。我不知道，真的，因为我不能代表别人说话；但至少对于我，我认为这是一种帮助——不去做一份必须在我的笔记本或者诗歌本上写作的工作。比如，我不是教授或教师，甚至不是新闻记者。我宁愿有另一种职业。

《巴黎评论》：在你的职业生涯中有什么东西——那是你作为一个外交官的经历——在某种程度上可能影响了你诗歌的意象或选择去表达的特定主题吗？

塞菲里斯：我不相信我的工作创造了任何主题或者意象，尽管我可以提一下——你是怎么翻译的？——《最后一站》中的诗行："灵魂因公众的罪恶而萎缩，每个人坚守岗位像笼中之鸟。"我的意思是，这是我直接从我的公共服务中描画的为数不多的意象之一。但即使我不在外交部门工作，我也能感觉到这一点。但重要的是，我有一份与我的创造性工作无关的工作。另一件事是我没有——我该怎么说呢？——没有义务去处理属于文学的范式。当然，这个职业也有一些麻烦，我最大的痛苦是没有足够的时间。虽然其他人也许会告诉你，没时间更好，因为写诗这工作靠的是潜意识。这是艾略特的观点。我曾记得，当我从伦敦调到贝鲁特时（当时我在伦敦只工作了一年半），我告诉他："我亲爱的艾略特先生，我觉得我受够了我的职业，我要放弃这一切。"我记得他的话："小心，如果你要那样做的话，务必小心。"然后他提到潜意识——为诗歌工作的潜意识。我告诉他："是的，但是如果我有一份工作，一份干扰我潜意识的正式工作，那么我宁愿不要工作。我的意思是我宁愿成为一名木匠，我的潜意识可以自由做它喜欢的任何事情，跳舞或者不跳舞。"并且我补充说："你知道，我可以告诉你，我的公众生活什么时候开始干扰我的潜意识。那是与意大利战争的前夜——一九四〇年九月——我开始有了政治梦想。然后我清楚意识到我的潜意识正蒙受着我的正式工作的冲击。'在梦中责任开始了。'"

《巴黎评论》：你曾经评论过诗歌和政治之间的关系……

塞菲里斯：你指的是我就鼓动宣传写作或"介入"写作，或在我们这个时代随便你怎么称呼的那种写作所说的话吧。我相信那些真实的东西，就感觉而言，应该被阐述为感觉。我不认为埃斯库罗斯把受苦受难的波斯人，或者走投无路的薛西斯，或者大流士的鬼魂放在舞台上是在做宣传。相反这其中有人类的同情心，即便是对于他的敌人。并不是说他不高兴希腊人赢得萨拉米斯战役。但即便如此，埃斯库罗斯也表明薛西斯的失败是一种神的惩罚：惩罚薛西斯在凌辱大海时所犯的狂妄自大。由于他狂妄妄为到要鞭笞大海，所以在萨拉米斯之战中他受到了大海的惩罚。

《巴黎评论》：有可能跨越国界比较诗歌吗？还是我们总是必须在一个单一的传统中进行严格的质性比较？

塞菲里斯：我不愿意拿诗人做比较，这是非常困难的——即使是在相同的传统中。比如，试着比较但丁和阿尔弗雷德·丁尼生勋爵，那会导致什么后果呢？我不知道。或者在法国传统中，你能去比较拉辛和维克多·雨果吗？你必须深入传统的底层，才能找到一些共同点，让比较能够公平地进行。另一方面，我自己在斯德哥尔摩获奖演讲中提到叶芝，因为我在斯德哥尔摩之行的几个月前读过《瑞典的奖赏》，在其中叶芝详细叙述了他获得诺贝尔奖的经过：他到斯德哥尔摩的旅行、颁奖仪式等所有一切。在那里我感觉到他作为一个人——不是作为一个诗人，而是作为一个人——与我有某种关系。因为叶芝属于一个有着伟大民间传说传统的小国，这个国家毕竟有政治动荡。

顺便提一下，这里还有一个不写宣传鼓动诗的公众诗人的例子。例如，叶芝写了一首关于爱尔兰飞行员的诗，但这首诗完全不是宣传。"我不恨那些与我战斗的人——"，等等。他也写了《第二次降临》，那也不是宣传："中心不能持续"，等等，毕竟这些都是从爱尔兰政治生活的某个地方开始的；但它们更深入，我认为这才是重点。

《巴黎评论》：你在朗诵会上谈论《亚辛之王》时提到过，你花了两年时间才找到一种方法来描述这段特殊的经历。然后，在某个时刻，当你把那首诗的笔记给了一个朋友之后，你在某个漫长的晚上完成了最终的草稿。艾略特曾暗示道，你确切地说是写出了这首诗（从晚上十点到凌晨三点），因为你面前没有笔记。

塞菲里斯：我没有笔记。他可能是对的，我不知道。在我雅典的家里，我有我所有的笔记和书。我在想这是不是一件有益的事，如果有一张空白写字台，没有任何笔记和书籍，你可以每天定时坐在那里，是不是会更好。

《巴黎评论》：你通常会在写一首诗之前对这首诗的素材做笔记吗？

塞菲里斯：噢，有很多方法。有时我做笔记，有时我不做。有些东西你必须记住，我必须把它们记录下来，所以我当然会做笔记。举个例子，有一首诗里我引用了编年史家马克哈伊拉斯的话。在那首诗中，我不可避免提到了那个通奸恶魔的故事。

《巴黎评论》：我指的不是诗在你脑海中形成之后的笔记，而是关于实际上变成了这首诗的那些素材的笔记。

塞菲里斯：不，我不那样做。当我说笔记的时候，我指的是有一些关于材料的笔记，这些笔记是需要的，因为它们是描述性的。还有一些笔记是关于想法的，诗意的想法，比如诗意的表达、诗意的话语，这就是我所说的笔记。如果我要写一首关于你的诗，我可能会记下"迈克已戒烟多年"。我的意思是说，如果用希腊语写的东西听起来不错，我就会写下来。就这些——别人不感兴趣的一些东西。我把这些称作诗歌笔记。有时我完全不理会它们，有时我会看看它们。有时当它们快被忘掉了，只要瞥一眼它们，我就会说："噢，那首诗相当有趣。"虽然它们根本没有对普通人说任何东西。尽管如此，它们还是把我带回到某种氛围，这种气氛一直在工作，在我脑海中详细阐述着一种形式。

《巴黎评论》：你会保存这些笔记还是会销毁它们？

塞菲里斯：噢，我销毁了很多。几个月前在雅典——有个希腊文化研究者对拍摄笔记很有兴趣。我有印象记得自己保存了《水池》的笔记。我在我所有文件档案中翻找，后来发现我已经把它们销毁了。我唯一找到的是最近出版的《一周笔记》，也就是那组诗中丢失的两首。

《巴黎评论》：我感到遗憾，在某种程度上，我认为《水池》是一首我们所有人都在某些地方感到晦涩难懂的诗，而这些笔记或许有所帮助——无论如何，可能会对我有所帮助。

塞菲里斯：不要抱怨，你知道，它们可能会让这首诗变得更晦涩难懂。例如，关于我在诗歌方面的发展，普遍的看法是："啊，你看，塞菲里斯从规整的诗句、押韵、严格的诗律开始，然后转向自由诗。"当我看我的笔记时，我看到《转折点》里的主要诗歌，也就是那首《情欲标志》，似乎用了非常严格的诗律；但我的笔记向我显示这首诗也是用自由诗体写作的，我找到了一些初稿。

《巴黎评论》：你会考虑出版它们吗？

塞菲里斯：上帝啊，不。

《巴黎评论》：你会认为这就是艾略特对于重新找到《荒原》遗失部分如此谨慎的原因吗？那些部分现在已经被重新发现。

塞菲里斯：当他给我讲《荒原》的故事时，他似乎对手稿的丢失感到绝望。另一方面，他也告诉我——他强调这一点——庞德的干预是多么有用。

《巴黎评论》：你会同意出版自己丢掉的东西吗？

塞菲里斯：我不知道，视情况而定。这需要很多机缘。不取决于诗人本人而取决于他的编辑。如果他们发表了这些发现，他们往往会强调这些都是重要的发现，而我认为这很糟糕。它们的价值被夸大了。我认为编辑和文献学家总是做得过头。

《巴黎评论》：我从我和妻子翻译的你日记中的一段得知，你与艾略特的关系在你生活的各个方面都很重要。我很好奇在西方是否还有其他知名的文学人物对你来说也很重要。我特别想到了亨利·米勒和劳伦斯·达雷尔，也许还有其他我不知道的。我也想到了你的同胞：例如西奥多卡斯[①]和卡辛巴利斯。

塞菲里斯：你知道，达雷尔比我小得多。当我遇见他时，他是一个非常有趣的年轻人，二十五六岁。我和亨利·米勒一起遇到他。他们来雅典看"玛洛西的大石像"[②]，也就是卡辛巴利斯。如果我没记错的话，是在宣战的那一天。

[①] 伊奥戈斯·西奥多卡斯（Yiorgos Theotokas，1905—1966），希腊小说家，代表作有长篇小说《阿尔戈》等。
[②] 《玛洛西的大石像》是亨利·米勒出版于1941年的一部希腊游记，他在其中写到了卡辛巴利斯，并将其形容为"大石像"。因此塞菲里斯才这样说。

《巴黎评论》：当然，卡辛巴利斯当时还不是大石像。

塞菲里斯：还不是，但是米勒威胁要把他做成非常巨大的东西。

《巴黎评论》：好吧，他做到了。

塞菲里斯：很高兴见到他们，让我这样说，他们是第一个——或者不是确切的第一个，那么是第二个或者第三个——了解我在做什么的读者。比如他们中的一个，米勒或者拉里[1]，读完我的诗后告诉我："你知道我喜欢你的地方是，你把内里的事物翻出来，我的意思是用好的感觉。"对我来说这是非常好的赞誉。

《巴黎评论》：他们怎么知道你的诗歌？

塞菲里斯：怎么？嗯，当时只有卡辛巴利斯翻译的英文版。我是指翻译手稿。

《巴黎评论》：当他们来到雅典的时候，为什么他们直接去找卡辛巴利斯？为什么他是他们接洽的那个人？他是在国外的希腊著名文学人物吗？

塞菲里斯：我不知道，也许只是普通朋友间的事。在《玛洛西的大石像》出版之后，他变成了一个重要的文学人物。当时，他和英美文坛的联系比我多。那时雅典有一种国际化的波希米亚风格，我是说在战争前夕。我必须补充一点，卡辛巴利斯有极好的品格，他的内心没有邪恶的企图。他或许会批评某人，但是以善意的方式。他相信我们的国家，我们的小国家，有能力去做某些事情。他有这种信念。

---

[1] 即劳伦斯·达雷尔。"拉里"是"劳伦斯"的昵称。

《巴黎评论》：亨利·米勒如何？你怎么回应他？

塞菲里斯：我喜欢米勒，因为他是一个非常好心的人，我认为——请原谅我这么说，但这不是批评：说一个作家是好人是很大的赞美——米勒极其慷慨。例如，当他准备回美国的时候（美国领事建议他这样做；作为美国人他必须回家，因为战争已经迫近），一天他对我说："亲爱的乔治，你一直对我很好，我想送你一些东西。"他拿出一本日记，那是他在希腊逗留期间一直保存着的。我说："注意，亨利，但毕竟，我知道你在计划写一本书，而你不能写那本书——我的意思是你或许需要这本笔记。"他说："不。所有的东西都在这儿。"他指着自己的脑袋。我主动提出给他打一份打字稿。"不，"他说，"礼物必须是完整的。"嗯，我认为那是一种很棒的行为方式。我永远不会忘记这一点。那本日记是《玛洛西的大石像》的第一稿。但是带有更多个人的火暴脾气，当然还有更多笑话。

《巴黎评论》：那本书里也有不少玩笑。

塞菲里斯：伊兹拉岛和波罗斯海峡之旅是精彩至极的。记得吗？我对米勒的感觉是这样的：当然了解古代作家是一件很棒的事情，但是我钦佩的第一个来希腊却没有做任何传统准备的人是米勒。他身上有清新的气质。

《巴黎评论》：你的意思是第一次准备好接受一切的新鲜感？

塞菲里斯：当他决定去迈锡尼的时候，我想我是第一个送他埃斯库罗斯作品的人。但当然了，他从埃斯库罗斯那里没有看到任何东西；在阿耳戈斯平原上，他听到了爵士小号手的演奏，他看见了印第安人[①]。那是自发的行为，我很欣赏。

---

① 此处原文为redskins，"红皮肤人"，是对印第安人的俚语叫法，带有歧视性。

175

《巴黎评论》：爵士小号手？

塞菲里斯：我猜那爵士小号手是受路易斯·阿姆斯特朗的影响，因为他曾在我雅典家里的一个相当简陋的小唱机上听过阿姆斯特朗。我自己早在八年或十年前就发现了爵士乐……

《巴黎评论》：在米勒到希腊之前。所以是你教了他爵士乐？

塞菲里斯：那时我三十二岁或者三十三岁，我成了爵士乐迷。我对自己说，你终究同时发现了巴赫——伟大的巴赫——以及爵士乐的重要性。我记得有一次我对米特罗普洛斯[①]说："对我来说，我亲爱的米特罗，爵士是仅有的几种不带尴尬地表达情感的方式之一。"那是在一九三五年。不，一九三四年。

《巴黎评论》：在国外或希腊有没有其他作家和你有特别密切的关系？

塞菲里斯：这取决于你指的是哪个时期。例如，我曾经和西凯里阿诺斯关系很亲密。我第一次遇到他是在一九二九年，不过直到他病了，一九四四年我回到希腊后，我们才成为亲密的朋友。在他生病期间，西凯里阿诺斯真是了不起，当他的健康出现危机的时候。我在国外工作时，会趁出差雅典的机会去看他。一次我听说他刚刚经历了一次脑出血。我发现他在剧院里戴着墨镜——一场在国家剧院的首映式。我说："噢，安杰洛，我很高兴你在这里，因为我听说你身体不太好。""我亲爱的，"他说，"这事太精彩了，我的大脑顶部被镶了一颗小小的红宝石。"他是指脑出血。我对他说："你能这样说真是太好了，我很高兴。"他说："乔治，看这儿。我该告诉你一个故事，在

[①] 狄米特里·米特罗普洛斯（Dimitri Mitropoulos，1896—1960），希腊音乐指挥家、钢琴家、作曲家。

下一次幕间休息时。"幕间休息时,我走近他,他说:"你读过《罗坎博尔》吗?"这是一个法国惊险故事。西凯里阿诺斯继续道:"从前有一次,一个女人对着罗坎博尔的脸泼了硫酸,罗坎博尔当时有失去视力的危险;因此他的亲信带他去看巴黎最好的专家,专家给他做了很仔细的检查,然后罗坎博尔的朋友坐在候诊室里,无意间听到了医生的对话。医生的结论是:'先生,你必须在两件事之间做出选择:失明或者毁容。'一阵沉重的寂静,接着从候诊室传来一个声音,是罗坎博尔朋友的声音:'罗坎博尔不需要他的视力。'"

《巴黎评论》:告诉我更多有关西凯里阿诺斯的事。在希腊之外,外界对他知之甚少。

塞菲里斯:还有一件事,是我在他死的时候写的。他在雅典遇到严重的危机,我急忙去看他;我非常焦虑,因为他在一个朋友家晕倒了。又一次,同样精彩的反应。我对他说:"我亲爱的安杰洛,你还好吗?"他说:"我还好。但我有了一个辉煌的经历。我看见了绝对的黑暗,如此美丽。"

《巴黎评论》:你认识帕拉马斯吗?他是什么样的人?

塞菲里斯:你知道,我对别人的记忆很奇怪。例如,有些人因为他们自己特殊的原因而欣赏西凯里阿诺斯;我自己,我是被西凯里阿诺斯最后岁月的那些悲剧性和辉煌的时刻所吸引。帕拉马斯,我对他最后的记忆之一是,我去和他道别,因为我马上就要走了。在我们的谈话中,他提到他诗歌中写到的各种疯子,并补充说:"你知道,我的家族有很多疯子。很久以前,我想写一本书,书名叫 To Genos ton Loxon。"我们该怎么把它翻译成英语呢?"……之种?"

《巴黎评论》:疯子之种。

塞菲里斯：不完全是疯子。关于"倾斜的"（oblique）人。

《巴黎评论》：倾斜的人？

塞菲里斯：我正尝试找到一个关于这个词的精确翻译。

《巴黎评论》：精神错乱的人，也许。

塞菲里斯：我对他说："帕拉马斯先生，你没写这么一本书是一个遗憾。"因为我想这会是一本好书。他有一种有趣的幽默感。

《巴黎评论》：你认为帕拉马斯对于希腊文学最重要的贡献是什么？

塞菲里斯：嗯，我认为他的贡献在《多克麦斯》里，但我会重申：他对希腊语有非常重要的贡献。我的意思是，和他相比，卡瓦菲斯的表达似乎相当弱，尽管它在某些时刻更真实。

《巴黎评论》：但你说"尽管更真实"那一刻……

塞菲里斯：再一次说，我非常欣赏卡瓦菲斯的地方是，他从极其不真实的诗歌开始，然后通过坚持和努力，最终找到了自己的声音。直到三十四岁，他写的诗都很糟糕。这些诗歌的失败无法翻译或者传达给外国读者，因为翻译的语言总是要提高它们。要忠实地翻译那种东西是不可能的。你知道我欣赏的——让我用我自己的方式来说——我欣赏的是：他是在一定年龄开始创作的人，所有迹象都表明他无法创作出任何重要作品。然后，通过不断拒绝别人试图对他施加的影响，他最终找到了，看到了，正如他们说的那样；他确信找到了他自己的表达方式。这是一个很好的例子，一个人通过他的拒绝找到自己的路。

《巴黎评论》：他究竟拒绝了什么？

塞菲里斯：表达方式，轻易的东西，冗赘——诸如此类。以他那首关于古代悲剧的诗为例。真是糟糕，难以置信。通过抛开这些东西，卡瓦菲斯改进了他的表达方式，直到他生命的尽头，甚至直到他在安提阿郊外写的最后一首诗：基督徒和尤利安①之间的故事。我很钦佩他能坚持到最后。他是个很好的例子。他有勇气，一直到他生命的最后，不向某些事情屈服，拒绝它们。这就是我为什么对那些人心存疑虑，他们试图发行卡瓦菲斯所有被拒绝的作品，除非有人非常仔细地阅读过他的作品。你知道，那需要非常棒的洞察力。

《巴黎评论》：现在我们来看看老一辈的另一位著名作家，卡赞扎基斯②怎么样？在美国，卡瓦菲斯受到诗人们的尊敬——比如奥登，以及许多重要的年轻美国诗人。他们大多数知道卡瓦菲斯，并且对他抱有同情的态度。但在学生和刚开始学习文学的人中，卡赞扎基斯是目前最受欢迎的希腊作家，无论是作为诗人还是小说家。我的工作越来越多地在讨论卡赞扎基斯的作品——不管是诗歌还是小说——不是在贬低他。

塞菲里斯：我不知道。问题是一个人必须要有和一个作家接触的可能性，而我不能在卡赞扎基斯的例子中做到这一点——这对我来说是一件糟糕的事情，你知道的。我必须给你一个有关卡赞扎基斯的警告。一方面，这有他的诗——所谓的诗歌——当然就是《奥德赛续记》和他的诗剧；另一方面，还有他的散文小说。现在就小说而言，我没有能力判断。我不知道如何去评价那些小说，我没有全部读完它

---

① 尤利安（Julian，331—363），君士坦丁王朝的罗马皇帝，罗马帝国最后一位非基督徒皇帝。
② 尼可斯·卡赞扎基斯（Nikos Kazantzakis，1883—1957），希腊小说家、诗人，代表作有长篇小说《希腊人左巴》《基督的最后诱惑》、长诗《奥德赛续记》等，生前曾多次被提名为诺贝尔文学奖候选人。

们。我从我信任的人那儿听说它们都非常好，它们很可能很好。但《奥德赛续记》是另一回事。虽然其中有有趣的段落，但恐怕当中并没有诗。我说的有趣的段落——提供了有关卡赞扎基斯的信息，但我不相信那是诗歌，至少不是我信仰的那种诗歌。

《巴黎评论》：除了诗学考虑之外，那么"理念"呢？诸如哲学或宗教立场方面的陈述。

塞菲里斯：我不知道。关于哲学立场和世界观我没有概念。你知道的，无论何时世界观都会妨碍写作——我不知道。我更喜欢那种枯燥、令人反感和（我不知道怎么去说）平淡无奇的世界观。我不喜欢在写诗的时候尝试去表达世界观的人。我记得有一次我在塞萨洛尼基古城有一场朗诵会，然后一个哲学家站起来问："但塞菲里斯先生，究竟什么是你的世界观？"我回答："我亲爱的朋友，很抱歉我没有世界观。我必须向你做这个公开的坦白，我写作时并未带任何世界观。我不知道，也许你觉得这骇人听闻，先生，请容许我请求你告诉我荷马的世界观是什么？"而我没有得到回复。

《巴黎评论》：转到一个更普遍的话题，你在我们在雅典的一次谈话中说，本世纪希腊作家有一个值得关注的情况是，他们中有许多人都成长在严格意义上的希腊王国之外。你提到你自己就是一个例子，你在斯麦纳[①]长大。你可以评价一下你的斯麦纳出身是如何影响你的作品或你作为一个文字工作者的角色的吗？

塞菲里斯：我想说的是，我对希腊语言和希腊土地上表现出来的一切都感兴趣——我的意思是，把希腊大地作为一个整体。比如，我曾经对十七世纪克里特岛的情况非常感兴趣。另一方面，罗马尼亚

[①] 今称伊兹密尔，土耳其西部的港口城市。

人，比如摩尔达维亚和瓦拉几亚联合公国①时代的人，令我非常感兴趣——甚至是像恺撒里奥斯·达彭提斯（Kaisarios Dapontes）这样的小人物，如果你知道他是谁的话。我想他来自北方的某个岛屿，斯波拉提群岛的斯科派洛斯岛，他在君士坦丁堡度过了很长一段时间，最后他以"恺撒里奥斯"这个名字隐居在希腊亚度斯山。我并不是说他是个伟大诗人，只是说他表达自己的方式引起了我的兴趣。我不是说他写了伟大的诗歌，但毕竟，人们觉得在十八世纪的那些国家里，希腊文学非常繁荣。另一个在亚度斯山的修道士——我试着想想他的名字——是的，他叫潘保利斯（Pamberis），写了一首诗，不是很长，因为在他决定使用的系统之下，写长诗是不可能的。他称之为《珀伊玛·卡奇尼康》，也就是"癌变的诗"。它被设计成可以从左到右读或从右到左读，并且仍然试图让人觉得有意义——但那是如此稀薄的意义，以至于他不得不写下注释来解释每行诗的含义。你知道，这些小细节让我很开心。我认为它们改观了我们对希腊文学过于学者气的印象。又或者是另一篇文章：《没有胡子的男人的弥撒》。它是以模拟弥撒的形式写成的一篇文章，以一种令人相当震惊的方式对弥撒进行了戏仿。这让我很开心，尤其是因为我没有在我们的文学作品中看到足够多的轻喜剧文本。要么人们克制自己不写这样的文字，要么这些文字被思想严肃的学者淘汰了。

《巴黎评论》：这是个有趣的言论。你在另一个场合说过，你发现益格鲁-撒克逊传统中有一种其他传统没有的东西，那就是胡言乱语元素——这种元素在我们的文学中是相当连续的，而且似乎总是以某种形式存在。

塞菲里斯：益格鲁-撒克逊人的传统在这方面当然与我们不同；

---

① 存在于1859—1862年间，是现代罗马尼亚的前身。

我相信没有大陆国家可以产出像爱德华·李尔[①]和刘易斯·卡罗尔那样的胡诌诗。

《巴黎评论》：你曾在英格兰有过三段公职经历，分布在你文学生涯的最好时期。你觉得那里的气氛特别适宜工作吗？

塞菲里斯：并不是。对我来说，写作的好地方是阿尔巴尼亚，因为我在那里默默无闻，与世隔绝；同时我离希腊很近，我的意思是，从语言的角度来看；我可以利用我的空闲时间，没有令人筋疲力尽的社交活动。

《巴黎评论》：早年你在英国结识的英国文学家怎么样？当然，你见过艾略特。

塞菲里斯：不，我有一封给艾略特的介绍信，然后我致电他的办公室，但他的秘书告诉我艾略特在美国。当时他是哈佛大学诺顿讲座教授。一开始我从未见过艾略特，也没见过其他任何作家。首先，作为一个人我很害羞，那一时期我正摸索着寻找自己进一步表达的方式。相比之下，等"二战"后我回到英国的时候，我在中东时期已经结交了许多英国朋友，所以当我作为大使馆的参赞回到英国时，我一点儿也不觉得困难，因为那时我在英国已经很有名。那是一九四八年，正好在我的第一本英译诗集《阿西尼王及其他诗歌》出版之后。

《巴黎评论》：在你第一次正式出访英国期间，我想知道你是否与英美文学有过接触？有没有发现与艾略特作品一样特别令人兴奋的东西？

塞菲里斯：后来我发现叶芝对我很有启发，但我说的是早期叶

[①] 爱德华·李尔（Edward Lear，1812—1888），英国插画家、音乐家、诗人，以写作胡诌诗闻名，著有《胡诌诗集》。

182

芝。毕竟，你知道，我曾像叶芝一样努力发掘民间传说。

《巴黎评论》：美国文学怎么样？在你的风格形成期你有喜欢的美国作家吗？

塞菲里斯：这对我们来说是一件奇怪的事情——我想发生在国外的每个人身上——我的意思是，一个人偶然进入文学和艺术领域。例如，我不记得是什么时候认识阿奇博尔德·麦克利什的。事实上，我翻译过他。我想我是希腊第一个翻译他的作品的人。然后是玛丽安·摩尔，战前我也翻译过玛丽安·摩尔的作品，《猴子》和《致一条蛇》。

《巴黎评论》：你说你是意外遇见他们的。那意外是怎么发生的？

塞菲里斯：噢，我不知道。有些人议论我是在哪里看到这些诗的，我不记得是哪一首了。还有埃兹拉·庞德。战前我已经翻译了三篇《诗章》。

《巴黎评论》：当我提到美国文学的时候，我真正想到的是美国的老一辈诗人：比如沃尔特·惠特曼和艾米莉·狄金森。

塞菲里斯：我知道沃尔特·惠特曼。因为我从法国文学开始，沃尔特·惠特曼很早就被翻译成法语，自然我能读到。然后当时亨利·米勒对于惠特曼有一种崇敬之情，他给了我许多关于他的提示。当然那时已非常接近大战爆发了。但我一直阅读惠特曼，如同我在青年时期一直读埃德加·爱伦·坡一样。

《巴黎评论》：现在你即将回到希腊去，关于这次对美国的特别访问——这是你的第三次访问，如果我没弄错的话——你有任何想说的东西吗？比如你对这个国家的印象？

塞菲里斯：我第三次访问美国是最重要的一次，这次访问比另外两次访问更充实。我认为参观纽约并不能帮助你了解美国。奇怪的是，我现在身处普林斯顿这个偏僻之地的树林中，然而在这个偏僻的地方，我能看到和了解更多关于美国的东西，比身处一个伟大的中心还要多。

《巴黎评论》：当然普林斯顿人并不认为普林斯顿有多偏僻。

塞菲里斯：嗯，我的意思是，对于那些在旅行中试图看到国际都市中心的人来说，它可能显得有点儿偏僻。毕竟我们旅行者不用在大学上课。

《巴黎评论》：在这次访问中，你看到了哪些特别令你印象深刻的东西？

塞菲里斯：我不想提起令我印象深刻的东西，你知道的。没有人当场知道什么会使他印象深刻。我的意思是，通过记忆的方式来阐述是需要时间的。

《巴黎评论》：你完成了一些作品吗？

塞菲里斯：是的，我想是的。我不能说。我不知道如何谈论已完成的工作。我的印象是，一个人只能在作品结束后才能谈论所做的工作。我不想谈论还在苦心经营期间的工作。但在任何情况下都有一种内在的感觉，即你没有浪费你的时间，这是有意义的。这是一些，我的意思是我想和你说实话，我不能提任何真的已完成的作品。我能对你提及的只有这件事——并且我打算提及这件事的本质——我写了一首两行诗。

《巴黎评论》：你刚刚收到尤金·麦卡锡的诗集。我发现它相当动人：事实上他明显是在去年竞选期间写了那本诗集。

塞菲里斯：是的，为什么不？我的意思是我能很好地理解这一点。如果有一段欢欣快乐的时期，没有理由不让它发生在诗歌中，就像发生在政论中一样。我的一首诗《"画眉鸟"号》，是在我生命中非常活跃的时期之后写的——我是说政治上很活跃，因为我在去波罗斯之前，是希腊摄政王的首席私人秘书。当然，诗歌不像火山喷发，它们需要准备。当我回想起《"画眉鸟"号》时，我可以很好地标明笔记、诗行的位置，因为那是我在前一年开始写的，我最活跃的一年。尽管如此，我还记得那些工作累死人的日子，因为我不是一个政治家，我只是一个仆人，一个公务员。我记得我在早上八点左右去我的办公室，第二天早上五点回家的时候，我没有吃过饭，也没有睡过觉。当然，我提到这一点并不是为了感动你，而是为了向你表明，时间是紧迫的，而我还在写作。当然，当时还有一些其他事情影响了我的工作，在其他因素中，我要提到的一个事实是，在经历了一段很长时间的渴望之后，战争结束了，我回到了祖国。

《巴黎评论》：你是否觉得，除了你写的那些诗句，这首诗〔指《"画眉鸟"号》〕在这段非常活跃的时期还在以某种重要的方式孕育着，所以当你到波罗斯的时候，它可以在相对较短的时间里成为连贯的作品？一个月的假期，不是吗？

塞菲里斯：两个月。我的职业生涯中的第一个长假期——最长的一个。

《巴黎评论》：而你写那首诗——而且是一首长诗——实际上是一口气写完的，那两个月假期你一直在伏案写作？

塞菲里斯：不。你会发现我写那首诗的故事就在那段时期的日记里，那是一九四六年在波罗斯期间。我常常去游泳——不，首先我

185

会在花园里砍树（那是一个巨大的花园），然后去海边，然后工作到晚上，直到七点开始天全黑了。这很奇怪，你知道的——原谅我这样说——我注意到一个人是如何被这样的生活逐渐净化的。例如，我注意到净化出现在我的梦中，像我在这本新近出版的日记里提到的。

《巴黎评论》：我只有一个真正更具普遍性的问题要提。我想知道你是否觉得，因为你现在处于希腊文学界相当独特的位置——我想任何诗人在他的国家都会有一个独特的位置，一旦他获得了诺贝尔文学奖——你会不会觉得这在某种程度上影响了你的公众角色意识？毕竟文学家这一角色与你作为一个诗人的私人角色判然有别——你是否觉得自己对于比如说年轻诗人，对于围绕你的文化生活负有任何责任？或者有什么因为关系到你的国家所以你感觉自己必须去维护的位置吗？

塞菲里斯：我应该从一开始就坦率地告诉你——如果我能用英语说的话——诺贝尔奖是一个意外，只不过是一个意外。这不是一个约定。我不觉得被指派了什么任务。这只是一个必须努力遗忘得越快越好的意外。否则，如果你被这些事情冲昏了头脑，你就会迷失方向，垮掉。在我获奖的时候，有一类——用英语我该怎么说？——像卡珊德拉[①]那样的批评家写道，塞菲里斯应当非常小心，因为就他的作品而言，他会完全枯竭，甚至死于各类疾病，因为这种事情会发生在拥有这种成功的人身上。毕竟，他只是夸大了事情的一面，而没有考虑我对获奖的反应。比如，我在斯德哥尔摩对那些评委说（或者无论他们是什么）：先生们，我要感谢你们——这是在我的演讲即将结束的时候——允许我，在漫长的努力之后，变成不为人知的无名小卒，犹如荷马说起尤利西斯。我是非常真诚的。毕竟，我不承认任何人有权从背后揪住你的脖子，把你扔进一个空荡荡的责任的海洋里。为什

[①] 古希腊预言吉凶的女预言者。

么？毕竟那是骇人听闻的。

《巴黎评论》：现在让我们离开诺贝尔奖这个话题。作为一个小国家，在我看来，希腊似乎一直有一种传统（这是一种非正式传统，不像英国的传统），普遍被获奖诗人所认可——诗人及其追随者认为，每一特定的一代人中都有一位诗歌代言人，即使代言人的角色有时是自我假设的。比如西凯里阿诺斯就演绎了这个角色。而在他的时代，帕拉玛斯也是如此。

塞菲里斯：嗯，是的，上帝保佑他们，但我很抱歉地说，我从未觉得自己是任何事情或任何人的代言人。没人有资格任命任何人成为某些事的代言人。现在其他人认为这是一种必须履行的职责；但我想，这就是为什么我写得这么少的原因。我从未感觉到这种义务，我必须考虑的只有作为诗人我没有枯竭，我要写作。我的意思是我从一开始就有这种感觉。我记得当我出版第一本书时，有很多人说："塞菲里斯先生，你必须现在努力向我们展示你可以做得更多。"我回答他们："先生们，你们必须考虑到我每首发表的诗都是最后一首。我对它的延续没有任何感觉。"我的最后一首诗。如果我写了另外一首，这是伟大的神佑。现在我为创作下一首诗努力了多少，或者我没有努力多少，是另外一件事——一件私事。别人认为他们是这个国家的喉舌。好吧，上帝保佑他们。有时候他们已经非常擅长此道。

《巴黎评论》：乔伊斯也有点这感觉。我想起斯蒂芬·德达勒斯在《一个青年艺术家的画像》结尾处的那句名言："在我灵魂的铁匠铺里锻造我的种族未被创造的良知。"

塞菲里斯：我可以再举一个例子。在我年轻的时候，有很多关于"什么是希腊的，什么不是希腊的"的问题讨论，或者试图定义什么是希腊的，什么不是希腊的——赞美一件事是希腊的，谴责另一件事不是希腊的，简而言之，就是试图建立"真正的"希腊传统。所以我写道："希腊性是希腊人将要创作的真正作品的总和。"我们不能说我们有些作品创造了希腊意识。我们看见一条线索，但被大片的黑暗所包围。这并不简单，我不知道什么是我的声音。如果其他人，暂时认为那就是他们的意识，那就更好了。由他们来决定。这不是我可以强加的，因为在这些事情上你不能做独裁者。

《巴黎评论》：有些人会认为你的态度是健康的，但也有些人感觉诺贝尔奖得主，特别是当他是这个国家的唯一获奖者时，应该成为代言人和公众的良知。

塞菲里斯：也许是这样，毕竟，一个人所持的态度是被他的天性施加的，或你把它称作无论什么。同时，我从未强迫自己去写任何我认为不必要的东西。当我说"必要"，我的意思是我必须表达，否则就会窒息。

《巴黎评论》：好吧，我没有问题了。既然你对年轻一代没有什么好建议，我已经没有什么问题要问你了。

塞菲里斯：我有建议。

《巴黎评论》：噢，你有？太好了。

塞菲里斯：我给希腊年轻一代的建议是：尽可能多地用现代希腊语去练习。不要把它写反了。我必须告诉他们，为了写作，一个人必须相信他自己写的东西，而不是表面上相信自己在相信什么。他们必须记住，唯一不能说谎的工作是诗歌。你不能在诗歌中撒谎。如果你是一个骗子，你终究会被揭穿。或许现在，或许五年后、十年后，但如果你说谎，你终究会被揭穿。

《巴黎评论》：当你说到撒谎，你首先说的是违背自己情感的谎言……

塞菲里斯：我不清楚我的意思是什么。也许这是一件情感的事情。一个人的想法中的现实。我不知道。我的意思是，有一种有关坚实可靠之物的特殊的声音。你敲击它，它会回敬一种声音，证明它是真的。

《巴黎评论》：你认为每个作家都知道自己听到的声音是否真实吗？

塞菲里斯：不。这很难说。但他一定有一种本能——一种指引性的本能——那本能会对他说："我亲爱的孩子，我亲爱的小伙子，小心点，你会跌倒。你现在太夸大其词了。"然后，当他听到这句话时，他不应该向自己注射麻醉药，只为了对自己说："嗨，你没事，亲爱的。"你一点儿也不舒服，亲爱的，压根儿不。

（原载《巴黎评论》第五十期，一九七〇年秋季号）

THE PARIS REVIEW

巴勃罗·聂鲁达

1971年诺贝尔文学奖得主
获奖理由:"因其具有自然粗犷之力的诗歌使得一个大陆的命运和梦想变得鲜活"

《巴黎评论》访谈发表时间:1971年

巴勃罗·聂鲁达

（Pablo Neruda）

1904—1973

智利诗人、外交官、政治家，十三岁发表诗作，十九岁出版第一部诗集，被马尔克斯誉为"20世纪所有语种中最伟大的诗人"。其主要作品有诗集《二十首情诗和一首绝望的歌》《船长的诗》《一百首爱的十四行诗》《疑问集》等。

1973年9月病逝于智利圣地亚哥。

巴勃罗·聂鲁达

◎俞冰夏/译

"我从不认为我的生活在诗歌与政治之间是割裂的,"巴勃罗·聂鲁达在一九六九年九月三十日接受智利共产党总统候选人提名的演讲里说,"我是个智利人,几十年来,我了解我们这个国家的各种不幸与艰难,了解智利人民的一笑一颦,我曾是其中一分子。对他们来说我不是陌生人。我从他们中来,我是智利人民的一部分。我出生于一个工人阶级家庭……我从未与那些有权有势的人勾结,我一直认为我的职业和我的责任是用我的行动和我的诗歌为智利人民服务。我活着,便是在为他们歌唱,守卫他们。"

然而由于左翼的分裂,聂鲁达在四个月激烈的拉票活动后退出了竞选,他辞去了职务,以支持一个人民团结阵线的候选人。这次访问是于一九七〇年一月,他退出选举前不久,在他位于内格拉岛上的家里进行的。内格拉岛(也叫黑岛),既不黑,也不是个岛。这是个优雅的海滨度假小镇,离圣地亚哥两个小时车程,从瓦尔帕莱索往南四十公里。没人知道这名字从哪里来。聂鲁达怀疑这里的黑岩石看上去好似一座岛屿,至少从他的露台上看去有点儿像。三十年前,在内格拉岛变得受欢迎之前很久,聂鲁达用他的版税买了这里六千平方米的海滩房产,包括峭壁顶上的一座石头小屋。"最后这小屋开始长大,像人一样,像树一样。"

聂鲁达还有其他的房产———一幢别墅在圣地亚哥的圣克里斯多瓦尔山上,另一幢在瓦尔帕莱索。为了装饰房子,他会在古董店或者拉

聂鲁达与访谈者丽塔·圭波尔特通信的一页

垃场搜寻各种东西。每一件东西都能让他讲出一个故事。"他看上去难道不像斯大林吗？"他指着内格拉岛别墅餐厅里的一尊破旧的英国探险家摩根的头像。"巴黎的古董商不肯卖给我，但他听说我是智利人以后，就问我认不认识巴勃罗·聂鲁达。我就是这样劝他卖给我的。"正是在内格拉岛上，"地球导航员"巴勃罗·聂鲁达和他的第三任妻子玛蒂尔德（他亲切地叫她"帕托哈"，她是他的缪斯，许多首情诗都献给了她）建立了他们最长久的住所。

他又高又壮，橄榄色的皮肤，五官最突出的是他挺拔的鼻子和肿眼泡的两只棕色大眼睛。他的一举一动缓慢但坚定。他吐字清晰，不浮夸。当出去散步的时候——通常由他的两只松狮犬陪伴——他会穿上一件长斗篷，手握一根已经有些生锈的拐杖。

在内格拉岛，聂鲁达不断在接待一批又一批的客人，餐桌上总有给不请自来的客人留的位置。聂鲁达大部分的娱乐活动在家中的酒吧里，客人可以从面对海滩的露台上通过一个小走道进去。走道的地板上放着一个维多利亚时期的坐浴桶和一把古老的手风琴。窗台上有一排酒瓶。整个酒吧被装饰成船上沙龙的模样，家具都被钉在地板上，所有的灯和墙上的画都是海洋主题。整个房间的玻璃墙面对大海。天花板上，每一根木头横梁上都有木匠根据聂鲁达的手迹刻下的他死去朋友的名字。

吧台后，在酒架上有个标志写着"不赊账"。聂鲁达很看重自己调酒师的角色，他喜欢为客人调制各种非常复杂的饮料，虽然他自己只喝苏格兰威士忌和葡萄酒。一面墙上贴着两张反聂鲁达的海报，其中一张是他上次去加拉加斯的时候带回来的。海报上是他的头像，以及那句传奇的"聂鲁达滚回家"。另一张则是一本阿根廷杂志的封面，上面是他的照片和一行字："聂鲁达，他为什么还没自杀？"旁边一幅崔姬[①]的巨型海报顶天立地。

---

① 崔姬（Twiggy，1949— ），原名莱斯利·赫拜，英国超级模特。

内格拉岛的每顿饭基本都是智利菜，聂鲁达曾经在他的诗里提到过其中一些：海鳗汤、特醇番茄酱配小虾煮成的鱼和肉饼。葡萄酒永远是智利的。其中一个陶瓷酒罐形状像只鸟，倒酒的时候会唱歌。夏天，午餐通常在面向花园的阳台上进行，那里还存放着一台古董火车引擎。"多么有力，简直是个玉米收割机，是个生产者、啸叫者、咆哮者和雷鸣者……我很爱这玩意，因为它看上去像沃尔特·惠特曼。"

这次访问当中的对话是由一次次的短访谈组合起来的。每天早上——聂鲁达在自己房间里用完早餐之后——我们会在书房见面，这是这栋房子的新翼。我会等着他处理邮件，为他的新书写新诗，或者修正智利新版《二十首情诗》的校样。写新诗的时候，他会用绿墨水在一本普通的本子上写。他可以在很短的时间里写出一首相当长的诗，之后他会稍作修改。之后这首诗会由他的秘书，也是他五十年的好友——奥梅罗·阿尔塞在打字机上打出来。

下午，在他每天的午觉之后，我们会坐在面向大海的露台上。聂鲁达说话的时候会手握录音机的话筒。话筒除了录下他的声音，还录下了海声作为背景。

——访谈者：丽塔·圭波尔特[①]，一九七一年

《巴黎评论》：你为什么改名字，为什么选了巴勃罗·聂鲁达？

巴勃罗·聂鲁达：我不记得了。那时候我只有十三四岁。我记得我想写作这件事非常困扰我父亲。出于一片好意，他认为写作会给我们的家庭和我带来灾难，而更重要的是，它会让我变成一个无用之

[①] 丽塔·圭波尔特（Rita Guibert，1916—2007），阿根廷裔美国作家、记者、编辑，以其采访聂鲁达、马尔克斯等七位作家的访谈集《七个声音》闻名。

人。他这样考虑是有家庭原因的，但这些家庭原因对我并不重要。这是我采取的第一批防守措施之一——改名字。

《巴黎评论》：你选择聂鲁达与捷克诗人扬·聂鲁达有关吗？

聂鲁达：我读过他的一篇短篇小说。我从来没有读过他的诗歌，但他有本书叫作《马拉街的故事》，讲的是布拉格那个街区的贫民的故事。很可能我的新名字是从那来的。像我刚才说的，整件事离现在已经很远了，我已经完全不记得了。不管怎样，现在捷克人认为我是他们的一分子，他们国家的一分子，我与他们保持非常友好的联系。

《巴黎评论》：如果你当选智利总统，你还会继续写作吗？

聂鲁达：对我来说写作就好像呼吸。我无法停止呼吸而活着，就好像我无法停止写作而活着。

《巴黎评论》：哪些诗人曾经向往登上很高的政治舞台并成功做到这点的？

聂鲁达：我们这个时代是一个诗人掌权的时代：比如毛泽东和胡志明。毛泽东有很多其他优点，比如他游泳游得很好，我绝对不行。还有一个伟大的诗人，列奥波尔德·桑戈尔，现在是塞内加尔总统。另一个，埃梅·塞泽尔，一个超现实主义诗人，是法属马提尼克岛上法兰西堡市市长。在我的国家，诗人们总是与政治纠缠在一起的，虽然我们从来没有过一位真正成为共和国总统的诗人。但是在拉丁美洲的历史上，确实有过成为总统的作家：罗慕洛·加列戈斯曾经做过委内瑞拉总统。

《巴黎评论》：你是怎样操作你的总统选举事宜的？

聂鲁达：我们建立了一个平台。首先，总是会有人唱几首民歌，然后有人会从政治的角度介绍我们这个竞选团队最重要的目标。这之后，我会介入，与当地人用一种更自由、更非组织性的、更诗意的方式交流。每次结束的时候我几乎都会朗读诗歌。如果我不念诗，人们走的时候会很困惑。当然，他们也想听我讨论政治思想，但我不会过度地谈政治或者经济方面的内容，因为人们需要另一种语言。

《巴黎评论》：你念诗的时候人们是怎样回应的？

聂鲁达：他们用一种非常情绪化的方式爱着我。在有些地方我进不去也走不了。我有个特别的随从会保护我，因为群众会涌上来。这到处都会发生。

《巴黎评论》：人们经常说你要得诺贝尔文学奖了。如果你非得在智利总统的职位和诺贝尔奖当中选择，你会选择哪个？

聂鲁达：你无法在想象中的事情里做选择。

《巴黎评论》：如果总统职位和诺贝尔奖杯现在就在桌上呢？

聂鲁达：如果他们把这两样东西放在我面前，我会换张桌子坐的。

《巴黎评论》：你觉得把诺贝尔奖颁给塞缪尔·贝克特公平吗？

聂鲁达：是的，我觉得公平。贝克特写一些短而非常精致的东西。诺贝尔奖，不管它发给谁，总是一种对文学的尊敬。我不是那种会争论某个奖有没有颁对的人。重要的是这个奖——如果它有任何重要性的话——对作家这个身份给予了某种尊重。这才是重要的事情。

《巴黎评论》：你最强烈的记忆是什么？

聂鲁达：我不知道。最强烈的记忆，也许，是我在西班牙的生活——在那伟大的诗人兄弟会里。我从未在美洲有过这样的兄弟组合——"充满了各种八卦",他们布宜诺斯艾利斯人会这么说。之后,看到这些朋友被内战彻底击败是件让人痛苦的事情,这充分证明了我们在恐怖的现实里面对着法西斯主义压迫。我的朋友们四处流窜,有些在那里被处决——比如加西亚·洛尔迦和米格尔·埃尔南德斯。另一些在流亡当中去世,还有一些仍在流亡。我的生活的那一部分非常丰富,充满了深刻的情绪,在我人生的演化当中起了至关重要的作用。

《巴黎评论》:现在他们会让你进入西班牙吗?

聂鲁达:我并没有被禁止入境。有一次,我受智利大使馆的邀请在西班牙进行几场朗读会。很可能他们会让我入境。但我不想就此做文章,因为对于西班牙政府来说,让几个反抗分子入境反而可能是种轻而易举的、显示自己有民主情结的作秀。我不知道。有过那么多国家阻止我入境,又有那么多国家驱逐我出境,真的,这问题现在已经不像以前一样让我生气。

《巴黎评论》:从某种意义来说,你在加西亚·洛尔迦去世前写的对他的颂歌,预测了他悲剧性的结局。

聂鲁达:是的,那首诗很奇怪。奇怪是因为他曾经是个如此快乐的人,那么充满喜气的一个人。我根本不认识几个像他那样的人。他是……好吧我们不要说成功,但可以说生命之爱的化身。他享受人生的每一分钟——挥霍快乐。从这种意义上说,处决他的罪行是法西斯主义最无法被宽恕的罪行之一。

《巴黎评论》:你经常在诗歌里提到他,以及米格尔·埃尔南德斯。

聂鲁达：埃尔南德斯像我的儿子。作为诗人，他好像是我的弟子，他几乎住在我家里。他进入监狱，死在里面，因为他不赞同加西亚·洛尔迦之死的官方版本。如果他们的版本正确的话，为什么法西斯政府会把米格尔·埃尔南德斯关在监狱里直到他死去呢？为什么他们拒绝，像智利大使馆提议的那样，把他转移到医院？米格尔·埃尔南德斯之死也是场暗杀。

《巴黎评论》：在印度的那几年里，你印象最深刻的是什么？

聂鲁达：我对印度之行中的遭遇没有准备。那片不熟悉的土壤的灿烂让我沉浸其中，但我感到十分绝望，因为我的生活和我的孤独过于长久。有的时候我觉得自己被锁进了一部不会结束的胶片电影——一部十分美好的电影，但也是一部不允许我离开的电影。我从未经历那些指引过很多南美人和其他外国人的神秘主义。那些去印度为他们的焦虑寻找宗教性解释的人看待一切事物的方式与我不同。对我来说，我是被那里的社会条件所深深感动的——这个广大的、手无刀枪的国家，如此没有自我防卫能力，必然被帝国主义的绳索绑住。即使我总是偏爱的英国文化，也因为在那里从智慧层面上俘虏了那么多的印度人而让我感到仇恨。虽然我在领事馆有工作，但我一直与那片大陆上的反叛青年混在一起。我认识了所有的革命派——那些最终为印度带来了独立的运动者。

《巴黎评论》：你是不是在印度写下《大地上的居所》的？

聂鲁达：是的，但印度对我的诗歌来说影响很小。

《巴黎评论》：你那些非常感人的写给阿根廷人埃克托尔·埃安迪的信件是在仰光写的？

聂鲁达：是的。那些信件对我的一生来说非常重要，因为他，作为一个我并不认识的作家,像一个撒玛利亚好人一样,承担了给我寄新闻、给我寄期刊的责任,帮助我度过了最绵长的孤独。我对与自己的母语失联感到恐惧——好几年我都没有遇到任何一个可以说西班牙语的人。在其中一封给拉法埃尔·阿尔维蒂的信里我问他要了一本西班牙语字典。我被任命到一个领事馆,但那是个非常低的职位,没有生活补助。我的生活十分贫穷,比起贫穷,孤独更甚。有几个礼拜我甚至没有见过一个人。

《巴黎评论》:你在那里,与乔西·布利斯有过一段惊天动地的爱情,你也在好几首诗里提到过。

聂鲁达:乔西·布利斯在我的诗歌里留下了深刻的烙印。我永远都会记得她,甚至在我最新的书里也会提到她。

《巴黎评论》:你的作品,与你的个人生活是不是紧密相连?

聂鲁达:一个诗人的生活自然应该反映在他的诗歌里。这是艺术的准则,也是生活的准则。

《巴黎评论》:你的作品可以被分为几个阶段吗?

聂鲁达:对此我有比较混乱的想法。我自己并没有各种阶段,但评论家们总是在发现这些阶段。如果我可以说什么的话,我的诗歌有种生理上的特质——我还是男孩的时候诗歌有孩子气,我年轻的时候有些青涩,在我痛苦的时候十分凄凉,在我必须介入社会斗争的时候开始有战斗力。这些倾向如今都被融入我现在的诗歌里。我总是出于内在的需要才写作,我猜想对所有作家来说都一样,尤其是诗人。

《巴黎评论》:我见过你在车里写作。

聂鲁达:我在任何可以写作的时间和地点写作,我总是在写作。

《巴黎评论》：你是不是总是用笔写作？

聂鲁达：自从我出了个事故以后才这样。有一次我的一根手指骨折了，所以几个月不能用打字机以后，我回到了年轻时候的传统，用笔写作。当我发现我的手指好多了，可以打字以后，我也发现我用笔写出的诗歌更敏感，可塑性更强。某一次访问当中，罗伯特·格雷夫斯说要思考，你身边非手工制造的东西越少越好。他也许应该补充一句，诗歌应该用手来写。打字机把我与诗歌之间的亲密感割裂了，我的手又让我找回了那种亲密感。

《巴黎评论》：你工作的时间怎样？

聂鲁达：我没有什么计划性，但我更偏好在早晨写作。也就是说，如果你不在这里浪费我的时间（还有你自己的时间）的话，我现在会在写作。我早上不怎么阅读。我其实更想一天都写作，但更经常的是，一个完整的想法，表达方式，或者从我自身爆发的混乱的东西——用一个过时的词来说，就是"灵感"——会让我满足，或者精疲力尽，或者平静，或者虚无。也就是说，我就无法继续了。除此以外，我太爱生活了，不可能一天都坐在桌前。我喜欢身处日常生活的百态当中，我的房子，政治，自然，这一切。我总是在进进出出。但只要我可以找到一个时间和地点，我会非常严肃地写作。对我来说周围有很多人也无所谓。

《巴黎评论》：你能让自己从周围的一切当中脱离出来？

聂鲁达：我可以，而如果周围一切忽然安静下来，反而会打扰我。

《巴黎评论》：你从来没想过写散文。

聂鲁达：散文……我一生都觉得必须用诗句写作。散文的表达方式我没有兴趣。我只能用散文来表达一种转瞬即逝的感情或者事情，这其实离叙事比较接近。事实上我现在已经完全不用散文体写作了。我只会暂时这么写一下。

《巴黎评论》：如果你必须从一场大火里拯救一部作品的话，你会救什么？

聂鲁达：可能什么都不会救。我要这些干吗？我更希望能救一个女孩……或者一套好的侦探小说……那些比我自己的作品更能让我开心。

《巴黎评论》：你的评论家里，哪一个最理解你的作品？

聂鲁达：我的评论家们！我的评论家们几乎都把我撕成碎片了，用这世界所有的爱与恨！在生活当中，就像在艺术当中一样，你无法取悦所有人，这是一个始终与我们同在的状况。一个人永远都在同时接受亲吻和巴掌，爱抚和拳打脚踢，这就是一个诗人的生活。让我困扰的是对诗歌或者人生解读当中的变异与扭曲。打个比方，在纽约的笔会上——这个会议召集了世界各地的许多人，我念了我的社会诗歌，在加州我读了更多的社会诗——那些献给古巴的、支持古巴革命的诗歌。然而古巴作家们联名写了一封信，并且派发了几百万份，里面我的看法被质疑，我被看作唯一受到北美人保护的人。他们甚至说我能进入美国是种奖励！这太蠢了，如果不是恶意诽谤的话，因为许多社会主义国家的诗人确实入了境，甚至古巴诗人的到来也是被期待的。到纽约并不等于我们失去了反帝国主义的立场。然而，古巴诗人不管是因为轻率还是因为其他不良原因表达了这样的意思。事实上，在这个点上，我是我的党派的总统候选人证明了我有真正的革命性。那些在那封信上签名的作家没有一个可以与我的革命活动相比，他们中没有一个做过我所做过和我所反抗过的百分之一的事。

《巴黎评论》：你的生活方式和经济状况也经常被批评。

聂鲁达：总的来说，这是毫无根据的。从某种意义来说，我们从西班牙继承了一种非常不好的遗产，那就是我们无法承受人民能够站起来或者在某方面非常杰出。他们在克里斯托弗·哥伦布回到西班牙以后给了他个五花大绑。我们从那些嫉妒的小布尔乔亚那里得到了这些想法，他们总是觉得别人有他们没有的东西。从我本人的例子来看，我把我的一生都献给了补偿我们的人民，我家里有的东西——我的书——都是我自己劳动的成果。我没有剥削任何人。这太奇怪了。这种责备从来没有被给予过那些生来就富有的作家。取而代之的，是我——一个工作了五十年的作家。他们总是在说："看啊，看他怎么活的。他有个面向大海的房子。他喝那么好的酒。"一派胡言。这么说吧，在智利要喝不好的酒还挺难的，因为几乎所有的智利酒都不错。这也是一个问题，从某种意义来说，反映了我们国家不够发达的现状——总的来说，我们提倡平庸的生活方式。你自己也告诉我，诺曼·梅勒在一本北美杂志上写了三篇稿子就挣了九万美金。这里，如果一个拉丁美洲作家可以得到这么高的稿费，其他作家会马上起来反抗——"多么惊人啊！多么可怕啊！到什么时候才能结束？"——而不是所有人很高兴作家能得到这么高的酬劳。所以，像我说的，在文化不发达的名下有许多不幸。

《巴黎评论》：这种指责是否因为你是你所在政党的一员才更为严重呢？

聂鲁达：绝对是的。那些什么也没有的人——这我已经讨论了很多次——除了身上的枷锁就没有什么可以输的了。我在此刻冒着输掉一切的风险，我的生活，我的人格，我所拥有的一切——我的书，我的房子。我的房子被烧过，我被判过刑，我不止一次被捕，我流亡过，他们曾经禁止我与外界沟通，我被成千上万的警察追捕过。太好了。我对我所拥有的一切并不安心。我所拥有的一切,都已经献给了人民斗争,这座房子曾经有二十年都属于我所在的政党,我签过公文把这座房子送给它们。我住在这房子里仅仅是因为我所在政党的慷慨。好吧,让那些指责我的人做出同样的事情,或者至少把他们的鞋子留在某个地方好送给别人吧!

《巴黎评论》:你捐献过好几个图书馆。你现在与内格拉岛的作家区项目有任何关联吗?

聂鲁达:我给我国家的大学捐赠过一整个图书馆。我所有的收入来自我的书。我没有任何存款。我没有任何可支配的收入,除了每个月通过书所挣来的钱。用这些钱,我最近在海边买了一大块地,这样以后的作家可以在这里度过夏天,在这里的美景下从事他们的创作。它将会是坎塔拉尔基金会——它的领导团队来自天主教大学、智利大学和作家协会。

《巴黎评论》:《二十首情诗和一首绝望的歌》,你早期的一本书,已经被成千上万的崇拜者阅读了。

聂鲁达:我在一百万册纪念版(马上就到两百万册了)的前言里写了,我真的不知道这本书到底是说什么的——为什么这本书,一本关于爱与忧愁、爱与痛苦的书被那么多人阅读,那么多年轻人。真的,我并不理解。可能这本书代表了对许多人生谜团的一种年轻的姿态,也许它代表了对许多人生谜团的一种解答。这是本沉重的书,但它的吸引力还没有散尽。

《巴黎评论》:你是世界上被翻译最多的诗人之一——翻译版本有三十多种语言。你认为哪种语言翻译得最好?

聂鲁达:我会说是意大利语,因为这两种语言本身的相似。英语和法语是除了意大利语以外我懂的另外两种语言，这两种语言与西班牙语并不相通——音韵上不通，词序上也不通，色彩上、词语的分量上都不相通。这不是意译的问题，感觉可以是对的，但翻译的正确性、意义的正确性可能对诗歌是种毁坏。很多法语翻译里——我不是说所有的——我的诗歌逃走了，什么也不剩下。你无法抗议，因为这诗歌说的是我写的时候相同的东西。但很明显，如果我是个法语诗人，我不会像我在那首诗里一样写作，因为词语的价值是不同的。我会用不同的词语。

《巴黎评论》：那英语呢？

聂鲁达：我觉得英语翻译与西班牙语非常不同——直接得多，很多时候它们只是传达了我诗歌的意思，但没有把诗歌的氛围表达出来。也许一个英语诗人被翻译成西班牙语的时候也一样。

《巴黎评论》：你说过你喜欢读侦探小说。你最喜欢的作家有哪些？

聂鲁达：侦探小说里一部伟大的文学作品是埃里克·安布勒的《德米特里奥斯的棺材》。我读过安布勒自此以后的所有作品，但没有一部有这一部里最基本的完美，那种特别的复杂，那种神秘的氛围。西默农也很重要，但詹姆斯·哈德利·蔡斯超越了恐怖，超越了惊悚，也超越了一切其他写作当中的毁灭性。《布兰德什小姐得不到兰花》是本很老的书，但它仍然是侦探小说里的里程碑作品。《布兰德什小姐得不到兰花》与威廉·福克纳的《圣殿》——一本很不好看但又很重要的作品——之间有种奇怪的相似，但我一直搞不清楚这两本书谁先谁后。当然，提到侦探小说，我会想到达希尔·哈米特。他把这整个类型从一个非主流的魔咒里拯救了出来，给了它坚定的基石。他是个伟大的创造者，他之后有成千上万的追随者，约翰·麦克唐纳是其中最有才华的人之一。所有这些作家都非常高产，他们工作非常辛苦。几乎所有这一门类下的北美作家——侦探小说作家——也许是对北美资本主义社会批评最为尖锐的人。没有比这些侦探小说里表现出来的政客与警察的疲惫与腐败、大城市里金钱的影响力、北美体制所有部分里充斥的腐败，以及"美国式生活"更能否定资本主义制度的了。这可能是这个时代最有戏剧性的证词，然而这些责备又是最微薄的，因为文学评论家们从来不把侦探小说放在眼里。

《巴黎评论》：你还读些什么书呢？

聂鲁达：我读很多历史书，特别是我祖国的史册。智利有不同凡响的历史。并不是因为那些历史遗迹或者古代雕塑，那些这里都没有，而是因为智利是由一个诗人创造的，堂阿隆索·德·埃尔西拉·祖尼加，卡洛斯五世时人。他是个巴斯克贵族，与新大陆征服者们一起到达这里——不是很寻常，因为大多数被发配到智利的人都是穷鬼。对生存来说这是最艰难的地方。阿劳干人[①]与西班牙侵略者斗争了将近三百年。堂阿隆索·德·埃尔西拉·祖尼加，一个年轻人文主义者，与那些想要占领美洲的人一同前来，并且做到了，除了这片我们叫作智利的暴戾野蛮之地。堂阿隆索写下了《阿劳卡纳》，西班牙语文学当中最长的史诗，里面他对那些阿劳卡尼亚的未知部落表达了敬意——他第一次给了那些无名英雄一个名字——比对西班牙军人更为尊敬。《阿劳卡纳》在十六世纪出版，被翻译，并且在欧洲各地传播。伟大的诗人伟大的作品。智利的历史在它开端的时候就有了史诗般的伟大与英雄主义。我们智利人，与另一些西班牙人和印第安人混血的美洲人不一样，我们不是西班牙军人以及他们强奸与嫖妓的后代，我们是阿劳干人在战争年代与作为战俘的西班牙女人自愿或被迫

[①] 南美印第安人的一支，生活在智利中南部。

结婚的后代。我们是一个例外。当然，一八一〇年后，有了我们流着血的独立史，一整个充满悲剧、不满与抗争的年代，圣马丁和玻利瓦尔、何塞·米格尔·卡雷拉与贝尔纳多·奥希金斯的名字带来了胜利与不幸的交错。这一切让我成为了那些我发现的早已尘封的书籍的忠实读者，这些书让我兴奋，在我追寻这个国家的重要性的时候——这个与所有人都如此遥远的国家，纬度如此之高，如此荒芜……北部充满硝石矿的潘帕斯平原，无穷无尽的巴塔哥尼亚高原，永远在下雪的安第斯山脉，海边又如此水草丰茂。这就是我的祖国，智利。我是那种永远的智利人，那种无论在别处再受款待，也总会回来的智利人。我喜欢欧洲那些伟大的城市：我热爱阿尔诺峡谷，哥本哈根和斯德哥尔摩的某些街道，很自然的，我爱巴黎，巴黎，巴黎，但我最后总要回到智利。

《巴黎评论》：在一篇叫作《我的同代人》的文章里，埃内斯托·蒙特内格罗批评乌拉圭评论家罗德里格斯·莫纳加尔所表达出的那种无端的希望，希望当代欧洲和北美作家向拉丁美洲作家学习语句的创意。蒙特内格罗开玩笑说这就好像对大象说，"爬到我肩上来。"他引用博尔赫斯："与野蛮的美国相比，这个国家（这片大陆）还没有过一个有世界性影响的作家——一个爱默生、惠特曼、爱伦·坡……也没有过一个隐秘的作家——一个亨利·詹姆斯或者麦尔维尔。"

聂鲁达：为什么在这片大陆上我们非要有一个惠特曼、波德莱尔或者卡夫卡呢？文学创作的历史与人性一样恢宏。我们无法制造一种惯例与礼仪。拥有很庞大的文学人口的美国，以及有着浓厚传统的欧洲无法与没有多少书也没有多少表达渠道的拉丁美洲大众作比较。但把时间浪费在互相掐架，或者花时间期望超过这块大陆或者那块大陆，在我看来似乎是种乡下人的思维模式。除此以外，文学的好坏其实都是个人意见。

《巴黎评论》：你想对今天拉丁美洲文坛发表什么意见？

聂鲁达：不管是洪都拉斯还是纽约，蒙得维的亚还是瓜亚基尔的西语文学杂志里，几乎都是同一种艾略特或者卡夫卡风格的时尚文学。这是种文化的殖民主义。我们仍然处于欧洲的礼仪当中。在智利，打个比方说，每个家庭的女主人会带你参观某些东西——比如陶瓷盘，然后以一种得意的微笑告诉你："进口的。"在成千上万的智利家庭里摆设的那些难看的陶瓷品都是"进口的"，而它们都非常差，只不过是在德国或者法国的工厂里制造的。这些东西被认为质量很高，仅仅因为它们是进口的。

《巴黎评论》：是不是无法跟紧形势的恐惧作怪？

聂鲁达：当然，再往前一点儿，很多人对革命思想都很害怕，尤其是作家。这十年，尤其是古巴革命以后，现在的潮流完全相反。作家活在恐惧里，害怕他们不被当成极端左派，所以每个人都摆出了一副游击队的架势。很多作家只写一些把自己放在反帝国主义战争最前线的文字。我们当中一直在这场战争中斗争的人很高兴看到文学把自己放在了人民这一边，但我们觉得如果这只是一种潮流，唯恐不被当成活跃左翼分子，那我们觉得这样的革命走不远。说到底，这个文学丛林里能装得下各种动物。有一次，当我被一些毕生理想就是攻击我和我的诗歌的顽固分子烦扰了很多年的时候，我说："让他们去吧，丛林里每个人都有地盘，如果占据了非洲和锡兰的丛林里那么多空间的大象都有地方，那显然所有的诗人也能找到地方。"

《巴黎评论》：许多人指责你对博尔赫斯有敌意？

聂鲁达：对博尔赫斯的敌意纯粹是思想上或者文化上的，因为我们的倾向不同。一个人可以和平地斗争。但我有很多其他敌人——不是作家。对我而言我的敌人是帝国主义，我的敌人是资本主义者和那些在越南扔炸弹的人。博尔赫斯不是我的敌人。

《巴黎评论》：你对博尔赫斯的作品怎么看？

聂鲁达：他是个伟大的作家，所有说西班牙语的人都对博尔赫斯的存在非常骄傲——尤其是拉丁美洲人。博尔赫斯之前，我们有过几个能与欧洲作家比肩的作家。我们有过伟大的作家，但一个有普遍意义的作家，像博尔赫斯那样的作家并不太经常在我们这里出现。我不能说他是最伟大的作家，我希望后人能超越他，但从任何意义上来看，他都开拓了新的空间，把整个欧洲的好奇心吸引到了我们这里。但如果要我与博尔赫斯斗争，仅仅因为所有人都想要我们斗争——我永远不会这么做。如果他像一只恐龙一样思考，好吧，这跟我的思考毫无关系。他对现实世界里的一切毫无了解，但他也觉得我对一切毫无了解。在这点上，我们是有共识的。

《巴黎评论》：星期天，我们看到一些年轻的阿根廷人在弹吉他，唱着博尔赫斯写的米隆加探戈，你很喜欢不是吗？

聂鲁达：博尔赫斯的米隆加我很喜欢，因为这是一个例子，一个隐居的诗人——让我们姑且用这个词，一个如此复杂如此充满智慧的诗人也能转向这样的流行形式，用如此真诚与坚定的方式。我很喜欢博尔赫斯的米隆加。拉美诗人应该以此为榜样。

《巴黎评论》：你写过智利民歌吗？

聂鲁达：我写过几首在这个国家非常流行的歌。

《巴黎评论》：你最喜欢的俄国诗人是谁？

聂鲁达：俄国诗歌界最突出的人物依然是马雅可夫斯基。他与俄罗斯革命的关系就好像沃尔特·惠特曼与北美工业革命的关系。马雅可夫斯基孕育了诗歌，他的贡献如此重要，几乎所有的诗歌仍然是马雅可夫斯基式的。

《巴黎评论》：你对那些离开了俄罗斯的俄国作家有什么看法？

聂鲁达：如果你想离开一个地方，那必须离开。这是个个人问题。一些苏维埃作家可能对他们国家的文学组织或者国家本身不满。不过就我所见，社会主义国家当中作者与国家之间的对立是最少的。大部分苏维埃作家都对自己国家的社会主义结构，对反纳粹的解放战争，在战争当中人民的角色以及社会主义所建造的结构感到非常骄傲。如果有例外，那是个人问题，必须个别问题个别处理。

《巴黎评论》：但创作无法自由进行，必须总是反映国家的思想。

聂鲁达：这是种夸张的说法。我也认识许多作家与画家对赞美国家的这个或者那个毫无兴趣。这么说是种阴谋论。并不是这样的。当然，每一次革命都必须调动力量。没有发展，革命无法维系；如果革命不要求的话，如果不利用所有的力量，没有社会各界——包括作家、知识分子和艺术家的支持的话，从资本主义往社会主义的转变中所引起的暴动就无法持续。想想美国革命吧，或者我们对帝国西班牙的独立战争。如果当时，作家们把时间都花在君主制上，或者重新建立英国对美国的控制，或者西班牙皇室与过去殖民地的关系，等等，会发生什么？如果有作家或者艺术家称颂殖民主义，那时候他会被处决。所以我们有更多的证据证明，一场革命，如果需要从零开始建造一个社会（毕竟从资本主义或者私有制财产转向社会主义和共产主义的过程从未被尝试过），必须合理调动知识分子的帮助。这个过程可能会带来一些冲突，发生这样的冲突无论从人性上还是政治上都是正常的。但我希望，时间长了以后，社会越来越稳定以后，社会主义国家可以少需要作家思考社会问题一点，这样他们可以创作自己内心想创作的东西。

《巴黎评论》：你会给年轻诗人什么建议？

聂鲁达：哦，对年轻诗人我没有建议可给！他们必须自己找到自己的路走。他们会遇到表达的困境，他们必须自己克服。但我绝对不会建议他们从政治诗开始写起。政治诗歌相比其他种类要更深厚，更情绪化——至少与情诗差不多，这些无法强迫，一旦强迫就会变得粗野、无法接受。必须要写过其他所有种类的诗歌才能写政治诗。真正的政治诗人要准备好接受扔向他的各种污蔑——背叛诗歌，或者背叛文学。然后，政治诗歌必须用极丰富的内容、本质、智慧与情绪来武装自己，这样它才能瞧不起其他东西。这很难做到。

《巴黎评论》：你经常说你并不相信原创性。

聂鲁达：不顾一切地寻找原创性是种现代性状况。我们这个时代，作家希望能吸引注意力，这种肤浅的欲望有种恋物主义的特征。每个人都想找到一条他能破茧而出的道路，但并不是为了深度也不是为了新的发现，只是为了摆出一种特别的多元的姿态。最有原创性的艺术家会与时俱进。最好的例子是毕加索，一开始他从非洲的土著艺术当中寻找绘画和雕塑的营养，之后他经过了如此有力的转变，他的作品，在他绚烂的原创性之下似乎成为了全球文化地理的舞台。

《巴黎评论》：你在文学上受到谁的影响最大？

聂鲁达：作家们是互相可以替换的，就好像我们呼吸的空气并不只属于某个地方。作家们永远从这个房子搬到那个房子：作家应该换换家居。有些作家并不习惯这个。我记得费德里科·加西亚·洛尔迦总是要我念我的诗，但我念到一半的时候他会说："停下，停下！别念了，免得你影响我！"

《巴黎评论》：关于诺曼·梅勒。你是作家当中最早谈到他的人之一。

聂鲁达：梅勒的《裸者与死者》出版以后，我在墨西哥的一个书店里看到一本。没人知道这是什么书，书商也不知道。我买了，因为我要出行，我想要一本新的美国小说。我以为美国小说在德莱塞以后，到了海明威、斯坦贝克和福克纳这里已经死了——但我找到了一个拥有巨大语言爆发力的作家，与之相衬的是深刻的微妙性和完美的描写技巧。我很喜欢帕斯捷尔纳克的诗歌，但《日瓦戈医生》与《裸者与死者》相比简直是本无聊的小说，只有对自然的描写还能挽救它一些，也就是说，被诗歌拯救。我记得我写《让分轨器醒来》这首诗，这首诗提到了林肯，是为全球和平而写。我写到了长岛，日本战争，我特别提到了诺曼·梅勒。这首诗在欧洲被翻译了。我记得阿拉贡对我说："很难搞明白诺曼·梅勒是谁啊。"事实上，没人认识他，我很骄傲我是最早提到他的作家之一。

《巴黎评论》：你能解释一下你对自然的热爱吗？

聂鲁达：从小时候开始，我就维系着对鸟、贝壳、森林和植物的热爱。我去过许多地方，就为了找海洋贝壳，我现在有非常好的收藏。我写过一本书叫《鸟的艺术》。我写了《动物语言、海震》和《草本主义者的玫瑰》，献给花、树枝和植物生长。我无法与自然分开。我喜欢住几天酒店，我喜欢坐一个小时飞机，但我最快乐的是在树林里，在沙滩，或者在船上，与火、土、水与空气接触。

《巴黎评论》：你的诗歌里有这些符号，它们反复出现，都与海洋、鱼或者鸟有关……

聂鲁达：我不相信符号。这些是物质的东西。海洋、鱼或者鸟有种物质的存在。我想到了它们，就好像我想到了日光。事实上有一些主题在我的诗歌当中比较突出——总是在出现，只不过是种物质的存在。

《巴黎评论》：鸽子和吉他各自代表什么？

聂鲁达：鸽子代表鸽子，吉他代表一种叫作吉他的乐器。

《巴黎评论》：你是说那些尝试研究这些东西的人……

聂鲁达：我看见一只鸽子，我叫它鸽子。这鸽子，不管在不在场，主观上或者客观上给了我一种形式——但它不会超越一只鸽子的属性。

《巴黎评论》：你说过《大地上的居所》里的诗歌"不能帮助我生存。它们帮助我死亡"。

聂鲁达：《大地上的居所》这本书里是我人生当中最黑暗也最危险的一段时光。这本书里面是一些没有出口的诗歌。我几乎必须从中重生才能摆脱它们。是西班牙内战把我从这个我至今不知其底的深渊里拯救出来，那些重要而严肃的事件让我必须冥想。我曾经说过，如果我有足够的能力，我会禁止人们阅读这本书，制止这本书再加印。它把人生痛苦的负担夸张了，变成了一种精神压迫。但我知道这是我最好的作品之一，它代表了我当时的思想。当然，当一个人写作的时候——我不知道其他人是否如此——你应该思考你的诗句会停在哪里。罗伯特·弗罗斯特在他的某篇散文里说诗歌必须只有哀伤一种倾向："让哀伤只与诗歌独处。"但我不知道如果一个年轻人自杀了，血沾满他的书，他会作何感想。这在我身上发生过——在这里，在这个国家。一个充满生命气息的男孩在我的书旁边自杀了。我并不真的感到对他的死亡负责。但这一页沾满血液的诗歌足够让不止一个诗人思考，应该让所有诗人思考……当然，我的对手利用了这一点——就像他们利用我说的一切一样，他们在政治上利用了我对我自己的书的指责。他们认为我只想写快乐的、乐观的诗歌。他们不知道这件事。我从未放弃过对孤独，对愤怒，对忧郁的表达。但我想要改变我的语气，去找到各种声音，去追随各种色彩，去各处寻找生命的力量——在创造中或者在毁灭中。

我的诗歌像我的生命一样经过各种阶段，从一个孤独的童年，到被困在一个遥远、幽闭国家的青年时期，我走了出去，把自己变成了人类大众的一部分。我的人生成熟了，仅此而已。上个世纪，诗人被忧郁症折磨是种潮流。但也可以有懂得生活，懂得其中的问题，但冲破了风雨以后勇敢存活的诗人。走过了忧伤，得到了丰裕。

（原载《巴黎评论》第五十一期，一九七一年春季号）

THE PARIS REVIEW

海因里希·伯尔

1972年诺贝尔文学奖得主
获奖理由:"因其作品通过对其时代的广阔视角和敏锐的人物塑造技巧的结合,为德国文学的复兴做出了贡献"

《巴黎评论》访谈发表时间:1983年

海因里希·伯尔

（Heinrich Böll）

1917—1985

德国当代小说家，"二战"后德国最重要、最多产的作家之一，被称为"德国文学的良心"。其主要作品有长篇小说《一声不吭》(1953)、《无主之家》(1954)、《小丑之见》(1963)、《莱尼和他们》(1971)、《丧失了名誉的卡塔琳娜·勃罗姆》(1974)和《保护网下》(1979)等。1967年获颁毕希纳奖，1971至1973年任国际笔会主席。

1985年因病去世。

海因里希·伯尔

◎吴筠 / 译

采访者坐着一辆有轨电车,穿过德国科隆市南部的绿色田野与牧场,最终在一个名叫"莫顿"的小站下了车,把地址交给出租车司机。"哦,你要去伯尔家。"司机马上回复道。跟着地址找到的房子,是一栋毫无特征又朴实无华的三层砖砌小楼。采访者站在一扇木门前,上面没有明显的门闩。突然,上面的门廊里有人打招呼,是个脸色红润的秃顶男人,"把上面的门板往右推就行了"。

采访者走进屋子,海因里希·伯尔与其热情握手,并介绍了安娜玛丽·伯尔——他的助手以及成婚四十年的妻子,然后带着客人走进了一间昏暗的客厅,客厅里塞满了椅子和沙发。

伯尔最近刚把他在科隆市住了多年的老房子卖了,搬到了拉穆夫出版社附近。这是他儿子的公司,伯尔在这里作为编辑和顾问,帮他初出茅庐的儿子一把。

伯尔穿着一件皱巴巴的西装,没戴领带,行动缓慢,说话音调柔和。当他和采访者在屋里坐下后,他向前倾身说道:"我们就来聊聊天吧。"他这句话就给之后轻松的对话奠定了基调。

——访谈者:A. 莱斯利·威尔逊[1],一九八三年

---

[1] A. 莱斯利·威尔逊(A. Leslie Willson,1923—2007),美国学者、翻译家,美国文学翻译协会创始主席。生前任得克萨斯大学奥斯汀分校德语系教授。

一九八二年出版的海因里希·伯尔随笔作品《矿区》的一页手稿

《巴黎评论》：我想到您的作品中，那些令读者震惊的场面，比如在《亚当，你到过哪里？》里，主人公在书的最后一页被杀死了；还有在《女士及众生相》中，读者一直悬着一颗心，等待着叙述者与莱尼·普法尔福见面，等到他们真的见面了，却只有寥寥数语。这些令人惊异的安排，有什么作用？您是不是故意策划了这样的惊喜？

海因里希·伯尔：不，我不这么看。在《女士及众生相》中，我这么写的原因可能是——我强调这只是可能——叙述者在整本书中都很冷淡，他成为一名研究员，收集个人印象、事实片段、心情，还有事件，因此他可能会回避见面的这一刻。

在《亚当，你到过哪里？》里，我很可能用了来自个人经历的元素。我在战争的最后几个月里在德国西部，直到我成为美军的俘虏。我看到过，那些竖起白旗的屋子，经常遭到德军的射击。随着美军的不断推进，在前线之间的村庄和小镇都在等着美军到来，并竖起投降的白旗，当时这可是被禁止的，是可以被判死刑的。

当然，随着前线的推移，有些村庄会易手，那些外面挂着白旗的房子会被德军射击，至少有些部队会射击。因此，白旗对我来说就有了个人意义，我不太记得究竟我当时脑子里在想些什么，也许是想着我最后一刻可能会被杀，这让我想到了这个故事的结局。

这样的事情发生在很多人身上。在莱茵兰有一堆逃兵被枪决，关于这些事情很少有人知道。他们被吊死在树上，也有被射杀的。这是军事法庭的裁决。我相信，当时希特勒是有命令，如果任何人被认为是逃兵，就可以射杀。我和我的兄弟就是战争最后几个月里的逃兵，所以我经常生活在恐惧中："我们能逃过这一劫吗？我们能活着逃脱吗？能幸存下来吗？"然后，为了逃脱这种厄运，对于我来说最保险的方法，就是重新回到部队里。在我成为美国人的俘虏前的那个晚上，我一直在观察那些白旗。当然对于我这么一个从部队里逃出来、怕被抓回去枪毙的人来说，这有非同一般的意义，这不仅仅是个任性的结局而已。

《巴黎评论》：当我翻到那一页，那个突然的令人震惊的瞬间出现时，我仿佛和那名士兵站在一起，站在他家门口，有一面白旗在飞舞。那个瞬间，我几乎内心崩溃了。

伯尔：我还记得有一个年轻人，是个预备役军官，他离开前线只是为了和他妈妈一起喝杯咖啡，后者住在距离前线差不多四公里之外，最后他就被当成逃兵枪毙了。

《巴黎评论》：难道他不是逃兵吗？

伯尔：我不是很清楚，他并不是个狂热的军国主义者，但是他确实脱离战线，去了四公里还是五公里之外见他的母亲，他们就枪毙了他。这样的事情是会发生的。在一九四五年三月，有一次去科隆的时候，正好城市刚遭遇了一场大规模的轰炸，我看到成百上千的逃兵蹲坐在瓦砾堆中，很多都是之前就窝在从罗马时代就存在的地窖里。他们从法国撤退回来就藏身那里，靠着贩卖黑市香烟和易货贸易为生。像这样逃离战场，在战争的最后时刻却被枪毙的人，的确为数不少。白旗，是一个非常重要的主题。我至今还记得，我劝父亲不要过早挂出白旗。他总是很早准备好了手帕和扫帚柄，在美国人到来之前，他早就准备要挂出去了，我们跟他说："不要这么早，看着点儿，现在挂出去会倒霉的。"所以，你就能理解，白旗对我来说意味着什么。

《巴黎评论》：有很长一段时间，我注意到在您的作品中，有相当部分都在关注人的抵达与离开……所以，火车站成了一个叙事的焦点。

伯尔：噢，是这样的。我想这也和战争有关，成百上千人的离开和告别，最终可能就是永别。没人知道："我们是否还能再次相见？"

甚至时至今日，我还在经历这种告别的玄学。我现在离开一个地方，比如要换个地方住，很不幸地，我经常这么干，这时候的告别，我就会把它当成最后的告别。就算我只是从我们在乡间的房子来到我们现在这里，我们的官方住址，我也必须好好打包整理东西。我要搬很多东西，以至于我要爬进私家车或者出租车里。要离开总是很困难，现实的视角并不能排除玄学的视角——那就是：在这个地球上，我们所在的，不过是一间候车室而已。就是这种解读。

《巴黎评论》：我们可以说，这是地球集合点，是吧？

伯尔：没错，你可以这么说。不过，我渴望不再需要离开的时候，也许跟我上了年纪有关。

《巴黎评论》：我想到了《小丑之见》中的汉斯·施尼尔，想到他坐在台阶上的那个瞬间。

伯尔：在战争的荒唐事件中，总是有一种永恒的往来，一种永恒的改变，由此及彼。你被塞进另一列火车，送上征途；你到了一个地方，只是待上几天，然后你又上路了——这就是战争带来的荒谬移动。如果你把这种行为推而广之到所有人身上，无论他们是平民还是士兵，这就好像难民遣送航班一样。

《巴黎评论》：只是在战争年代这样吗？

伯尔：在战争之前就是那样了。那些掌权的纳粹，给人们制造的威胁就是，你不得不离开。你会被逮捕，你会被带离。还有那时候的经济条件，也意味着我们得不断移动：付不出房租的恐惧深植于心中，想象一下，一个十岁或者十二岁的小男孩，对经济条件没有清晰概念，只知道："上帝啊，我就希望能付得起房租，不然我们就会被扔出去。"这些都是有关联的。我父亲有好几栋房子——其中一处房产，后来由于经济大萧条不得不卖了。更大的危机在一年以后到来，银行破产了，我们不得不搬出我们的房子，房子被拍卖了，恐惧开始蔓延："你有地方住吗？你有床睡觉吗？"后来，我有了自己的儿子们，对我来说，能让他们有个家、有床、有被子盖，一直是我的主要忧虑。这都和我之前的经历有关。火车站显然不是一个家，候车室也不是，所有的军营就更不是了。

《巴黎评论》：有时候，您会被拿来与海明威相比较，您觉得这比较有道理吗？

伯尔：我不这么看。他的写作风格当时对于我们来说，充满了巨大的惊诧。我们为此着迷，很简单，是因为他是那么肤浅——和我们著名的德国式深奥形成了鲜明对比。不过在这个显而易见的区别之下，在几乎所有的新闻性肤浅中，你都可以感受到一种深度。我和他完全不同的一点，其实在于他的男子气概创伤后遗症——对他来说可能是种创伤后遗症，或者说是他的英雄崇拜、生殖崇拜情结！我一点儿都不喜欢这一点。这对我来说毫无感觉，甚至让我感到恶心。尽管如此，他的表达方式还是很有影响力的。

《巴黎评论》：您和您妻子与J.D.塞林格的《麦田里的守望者》在德国的成功有点儿渊源。

伯尔：是这样的。这本书当时被翻译成了德语，翻得很好，但是却卖得不好，甚至都没人注意到这本书。书是由一家瑞士出版社出的，我们把译文和英文原文进行了对比，发现由于主动审查或是其他原因，书中的有些部分被删去了。瑞士人很喜欢进行删节——尤其是涉及性和反战内容的时候。所以我们另找了一家出版社，也就是我们的出版社，我们说服了出版商——还挺难的，他根本就不想出这本书，我们重新翻译了《麦田里的守望者》，重新审定文稿，改动了很多地方，加上了那些被删节的部分。我们还翻译了塞林格的其他作品，包括《弗兰妮与祖伊》《抬高房梁，木匠们》。

《巴黎评论》：您和塞林格当面交流过吗？

伯尔：没有，估计跟他挺难沟通的。

《巴黎评论》：您会不会像他一样，将自己藏在一面墙的后面，远离社会？

伯尔：不，不过我想这与德国的历史有关。如果纳粹、"二战"和战后的政治运动没有发生过的话，我也许可以过着离群索居的生活。不过，作为德意志联邦共和国的公民，作为德国人，我无法做到这一点。有时候我会尝试一下，成为爱尔兰人和奥勃洛摩夫①的综合体——一个爱尔兰的奥勃洛摩夫，但是我做不到。当然，我可以理解塞林格的自闭，我也完全尊重他的选择。

《巴黎评论》：您的作品在苏联销量一度很大，比在美国的销量还要大，您对于俄语翻译本的情况了解吗？

伯尔：有一位美国的斯拉夫学者亨利·格拉德，写过一本关于我的作品在苏联受到何种欢迎的书。他和一位俄裔德国学者一起校对了译本，发现翻译质量很糟糕。我一想到我在苏联被推介的情况就感到很焦虑，既然文本已经被粗鄙化了，俄国读者一定感到很困惑，他们不理解："我的上帝呀，这人到底是怎么了？"这是个悲伤的故事。

《巴黎评论》：今天在苏联还有那么多人读您的作品吗？

伯尔：是这样的，我的书在一九七二年之后就没有在那里出版了，主要原因是苏联占领捷克斯洛伐克之后，我激烈地表达过我的

---

① 俄国作家冈察洛夫长篇小说《奥勃洛摩夫》中的同名主人公，是一个只能空想却无力完成任何事情的颓废人物。

观点。

《巴黎评论》：当时您不在布拉格吧？

伯尔：苏军进城的那天我的确在那里，是的。我和我的捷克朋友在一起，我在采访中所表露出的观点，我私底下写的文字，都毫无争议地证明，我很长一段时间里都是个"不好惹的家伙"。一九七二年，有少量我写的小说在苏联出版，但是从那之后就没有了。我的书不要说卖了，连在莫斯科的黑市上都看不到了。

《巴黎评论》：索尔仁尼琴被释放的时候，您对此表示欢迎，这肯定不是加分项。

伯尔：也许不是吧。还有其他人也来过这里。不过即使在索尔仁尼琴来到德国之后，我也还去过苏联，我还是偶尔会去那里。

《巴黎评论》：我想您在苏联还有资产吧。

伯尔：不，不，那并不是原因，而且我也没有什么钱在苏联，很少一点儿。

《巴黎评论》：您的作品被翻译成很多语言，对于一位作者来说，译者有多重要？您是否听到过批判性的反馈？

伯尔：我唯一可以判断的只有英文翻译本。即使这样，我也发现译文并不完全准确。我最有意思的反馈来自我的译者。我赞叹他们对于特定段落的高度敏感，即使德文很好的人，也不是人人都能欣赏。当然，俄语译者从来没有向我提过任何问题，不过法语、意大利语和英语译者经常和我互动，这样我就可以为他们解释一些特定的表达、在一些特定的情形下的用法，这给我很多欢乐，我很喜欢这一点。

《巴黎评论》：我想您自己也学到了一些东西。

伯尔：是的，当然。你必须解释一些历史掌故，尤其是一些细枝末节。在纳粹时代，情况是非常复杂的，哦，不，不，应该这么说，这让我感到很好玩。

《巴黎评论》：您认为在您的作品中，哪些部分是幽默的？

伯尔：我认为？你怎么认为呢？

《巴黎评论》：我甚至能在您小说中一些严肃的情形下感受到幽默，比如，您是否会像小丑在《小丑之见》中那样，通过电话线闻到气味？

伯尔：不，不，很遗憾，不是这样的。

《巴黎评论》：那么汉斯·施尼尔是怎么想到他能够通过电话线闻到气味的呢？

伯尔：我不知道。

《巴黎评论》：您不知道？

伯尔：不，我真的不知道。幽默真的是最难定义的事情之一，太难了，还很模棱两可。你要么懂幽默，要么不懂。你无法通过后天获得幽默感。对于职业性的幽默表达，有一些实在糟糕的例子，比如搞笑者的幽默。这简直是糟糕透了，让我感到压抑，因为这是人工的幽默。你不可能永远保持幽默，但是职业喜剧演员必须这样，这就是让人沮丧的现象。

《巴黎评论》：这和当个小丑并不是一回事。

伯尔：哦，不，当然不是一回事。

《巴黎评论》：对他来说，幽默是肤浅的事情。

伯尔：是的，不过这是一种幻觉。基本上，这是深度忧郁的表达，很多小丑最终陷入了深度抑郁症。我不知道你在指什么，你是说在我的作品中发现了幽默元素？

《巴黎评论》：我想到了《穆尔克博士累计的沉默》中穆尔克博士的表现，那根本就不是沉默。

伯尔：嗯，这个可以算是。

《巴黎评论》：还有那个故事，《飞刀艺人》。

伯尔：对，是有点儿恶劣了。

《巴黎评论》：故事也许有点儿恶劣，但是您的目标很精准。我们生活在一个什么都可以丢弃的社会。

伯尔：主要是纸张。我不知道《飞刀艺人》是否算幽默，真的不知道。我写这个故事时写得很痛苦。

《巴黎评论》：一部作品是如何开始的？您首先想到的事情是什么？是一个画面，一个任务，还是一种社会状态？

伯尔：一般都是从一个在特定环境中的人（最多可以有两个）开始的，产生冲突和紧张气氛。至于有多少"呼吸空间"或者小说的长度，就由需要被卷入的人数来决定了。

《巴黎评论》：是否会有作品随着您的推进，偏离了它原来的走向？

伯尔：对我来说，故事一直在改变，因为对于结尾，我很少会有一个固定的桥段或者想法，不过会有一个非常清晰的、几乎是数学化理念的框架来决定小说长度——文学作品的长度或者精简度，是可以跟一张照片所需的相框大小相类比的。

《巴黎评论》：您是为谁而写作的？是否会有脑海中的读者形象？

伯尔：我的"脑海中的读者"可以是受教育不多，但是会有一种容易动摇的乐观主义精神，有时候甚至会偏向悲观的人。我仍然认为，语言是与读者沟通的方式，就算是复杂的事件（一般由事件来组成杂文或者议论文中的主题），也是为了给那些受教育不多的读者看的。

《巴黎评论》：在写作中，您觉得最难的方面是什么？

伯尔：这么说吧，考虑到"我脑海中的读者"，难在能在不妥协、不需要把有些其实并不简单的事情故意简单化，或者把有些简单的事故意弄复杂的情况下，就能被读者理解。

《巴黎评论》：获得诺贝尔文学奖，有没有改变您的生活？

伯尔：获得诺贝尔奖的时候，我对自己说，获奖并没有使我变得更聪明或者更愚蠢。我也说过，我们德国人从来就不是缺乏想象力的民族，所以能够获奖我挺高兴的。诺贝尔奖并没有改变我的个人生活。奖金很丰厚，从财务角度讲是件好事，我可以在科隆买一套建于"二战"前的大公寓，不过我现在已经不住在那里了。

《巴黎评论》：是否有什么仪式性的东西，驱动着您进行文学创作？

伯尔：当我全身心投入一个文学项目的时候，没有什么仪式——我开工写作，一直写到疲倦迫使我停下。如果是比较短小的创作，我就会偷懒了：我首先理理书桌，然后再拾掇拾掇，看看报纸，散个步，整理一下我的书架，和我妻子喝杯咖啡或者茶，抽会儿烟，让我的注意力转向来访的客人、电话甚至是广播。最后，我不得不开始写了，就好像跳上一辆已经驶离车站的火车。

《巴黎评论》：您在斯德哥尔摩发表诺贝尔奖的获奖致辞时，曾形容过您的书桌，它在这里吗？
伯尔：不，它在我另一幢房子的书房里。

《巴黎评论》：您不在书桌旁也可以工作吗？
伯尔：可以，不过效果不好，还是在书桌旁的状态最好。

《巴黎评论》：是一张很大的书桌吗？
伯尔：不，书桌很小，就那么大。

《巴黎评论》：还有您提到过的那台打字机？
伯尔：对，还在呢。"旅行作家"豪华型，一九五七年制造，但是现在它会发出咔哒咔哒的声响，有时候我觉得估计它坚持不了多久了。

《巴黎评论》：您会买一台电动打字机吗？
伯尔：有个电动机在的话，我可没法工作。打字机对我来说，就像工具。

《巴黎评论》：就像是写字的铅笔？
伯尔：我更愿意说，像是一种乐器，尽管打字机听起来不悦耳。我会忘记我坐在一台机器前。

《巴黎评论》：您会用您所有的手指打字吗？

伯尔：不不，最多用六个或者七个手指。我从来没有正式学过打字，总是会打错字。之后我妻子会更正错误，或者我自己动手。我必须集中注意力在写作本身，直到我写完。我不能口述写作。在打字机上写作对我来说是个高效的过程，我已经很习惯打字机了，它有自己的韵律。跟它告别的时候我会很难过的。不过一台电动打字机是无法想象的，我不能在我的书桌上有个电动机，它会发出些嗡嗡的动静，不是吗？

《巴黎评论》：您在斯德哥尔摩的致辞中也提到，语言和想象力是同一样东西，您具体是什么意思？

伯尔：在每个词的背后都有一个隐藏的世界，一个用想象力构建出的世界。事实上，每个词都有一段记忆的包袱，这不仅是对一个人，而是对全人类而言的。比如说"面包"这个词，或者"战争"，又比如"椅子""床"或者"天堂"，在每个词背后，都是一整个世界。我想，很多人把词语当成一些可以随意丢弃的东西，而没有感受到词语背后的责任。当然，这就是诗歌或者歌谣的重要性，这比文章中的文字力量要更强，尽管文章也有一样的作用。

《巴黎评论》：您的政治和社会批判立场，有时会让您在您的同事中不太受欢迎，我指的是像评论乌尔丽克·梅茵霍芙[①]这样的极端分子，还有您曾表示过对媒体的批评。

伯尔：在任何地方都不受欢迎。

《巴黎评论》：在任何地方……您为什么要这么做呢？

[①] 乌尔丽克·梅茵霍芙（Ulrike Meinhof, 1934—1976），德国左翼恐怖分子、记者。她在20世纪70年代领导了一个恐怖主义组织，试图通过抢劫银行和政治暗杀来影响社会变革。她和她的几个同伙最终在狱中自杀。

伯尔：我并不是为了不受人欢迎而这么做的。回到我们之前谈论过的话题，其实是他们使用那些缺乏想象力的词汇惹恼了我。简单来说，比如乌尔丽克·梅茵霍芙和她的同伙，他们在谋杀案盖棺定论之前，就被人称作谋杀犯。我觉得这样做很过分。我还记得类似这样的诽谤，曾在这片土地上肆无忌惮地被滥用，不仅仅是那些最知名的出版商，还有其他人。这甚至让我想起了纳粹是如何针对犹太人、共产主义者，以及之后针对教会发起宣传攻势的。事实上，我的激动或者说我的愤怒，是我用我的方法在说："给我住手！"所有这些都和我对于语言、对于词汇的态度有关。就是关于词汇的。我精心挑选出一个词，展示词语背后的含义，以及如果滥用它的话会造成什么后果。而很多我的同行不理解这一点，他们觉得："上帝啊，他是在支持恐怖分子。"根本就不是这么回事好不好！但是他们就是从我写的任何文字中捏造事实，然后有些我说的话被错误引用，导致我和我的家人身处非常不利的境地。这就是词汇的事。我觉得这就是语言的功能，尤其是在我们国家的历史中。还是个年轻人的时候，我读过《冲锋报》[①]，这份该死的纳粹宣传工具，不仅仅把犹太人作为他们邪恶宣传针对的主题，还对社会其他群体，比如同性恋者、天主教神父，还有不用说，对共产主义者进行恶毒攻击。所以，今天当一个群体被人诋毁，尤其是有鉴于我们自己的政治历史，别忘记了，很多诋毁别人的人，就是狂热、快速变脸的民主派，也就是那些在一九四五年三月还是纳粹、到了一九四五年十月却成了火红的民主主义者的人。我不相信他们。我认为，民主是建立在漫长的程序之上的，你不可能那么快就变成一个民主派。所有这些都是相关的，我并不后悔，并不后悔。当然，有些我愤怒时说的话，的确是蠢话，也因为我感到自己孤立无援。好吧，不过民主的过程真的是必要的。

[①] 《冲锋报》(*Stürmer*)，德国著名的反犹太报纸。

《巴黎评论》：您是否认为，历史就是谎言？

伯尔：永远都会被重新定义的谎言。好吧，你必须区分历史和撰写历史。历史是一种多多少少可以被证实的过程，永远不能被精准地重建，这就导致了我们所说的谎言，或者应该说，非事实，或者误差。大多数历史学家，太过依赖可以获得的信息源，当然，这是允许的。历史学家还能怎么做呢？他去寻找源头，进入帝国总理府或者英国外交部翻查文件，他核对某些人的话与其他人的是否能对得上，比较这事和之后发生的事。不过，在每个环节上，他都有可能会犯错。毕竟，是有伪造的事实存在的。找不到的事实，往往是错误或者具有欺骗性的，如果在官方文件中出现丘吉尔写信给斯大林或者希特勒写信给墨索里尼诸如此类的事，这肯定是假的。我怀疑撰写历史，就是要和很多此类错误为伍，以前就是这样。

《巴黎评论》：您是否在说，即使在存在的时候，真相本身也很难被找到。那么，人们该怎么找到真相呢？在小说中是否有真相呢？

伯尔：有的，有人的真相。很多小说比学术著作提供了更多真知灼见。我举个例子：在南美，从阿根廷的萨瓦托到危地马拉的阿斯图里亚斯，有那么多著名作家，巴尔加斯·略萨、加西亚·马尔克斯还有上百位其他作家，正是通过这些人，一个关于这片次大陆的印象变得非常接近现实。当然，我不会把自己限于一位作者，真相必须靠拼凑才能出来。在战后的德国，从一九四五年到一九六〇年或一九七〇年，并不只有一部小说可以给你信息，至少有二十部——比如克里斯塔·沃尔夫的《童年典范》、君特·格拉斯的《铁皮鼓》、乌韦·约翰森的小说，还有沃尔夫冈·克彭的作品。我们无法一一列举它们，但是也许它们凑在一起，就写出了那个时代的真相。历史和虚构必须互相补充。当然，还有绘画、音乐，尤其是建筑……真的，任何那个时代产生的东西都是其中的一部分。真相当然存在，只是很难拼凑出来，它永远是集合式的事实。历史写作也是真相的一部分，但是我不相信，光靠它可以提供完整的真相。我发现一个有力的例证，沃尔夫·霍赫胡特写过一个年轻的瑞士人，叫作巴沃，他想要暗杀希特勒。霍赫胡特想要反驳的那些人，带着盖世太保的官方文档出现了，他们提供的内容非常冷静清晰："看，谁谁谁说了这个，他干了这个和那个，都记录在档案里了。"不过，我们怎么知道这些档案就没有被伪造呢？毕竟，在任何法庭程序中你都会听到法官说："这些要进入法庭记录，那些不用记录。"还是在美国情况不太一样？

《巴黎评论》：哦，不是这样的。

伯尔：如果你都不能觉察出一次小型盗窃行为或者一个离婚官司中的真相，当你坐下来撰写历史的时候，你也会遇到一样的信息来源是否真实的问题。

《巴黎评论》：人必须谨慎对待信息来源。

伯尔：就说审讯文化吧。官员写下来的内容，他是如何表述的，语言表达非常关键。他省略了哪些内容？最后没剩下多少内容？

《巴黎评论》：那么，真相到底存在吗？

伯尔：是的，有的。关于这次盗窃的真相，或者关于这场婚姻最终灭亡的真相。但是并不一定在档案中发现，也许可以在小说中发现。

《巴黎评论》：您提到了词语含义和真相的重要性，但是词语不正是最不准确的吗？

伯尔：语言比音乐和绘画更扎实，但它是不准确的。可是，一个词往往有多重意思，不仅仅在一种语言里是这样，在语言之外也是如此，这就使得追寻词语和语言的根源，变得非常重要。这是文学永恒的挣扎，绝对的意义存在于某处，我们只是还没找到它而已。

《巴黎评论》：是什么让您投入写作的呢？

伯尔：首先，是渴望用语言表达一些不一样的东西。不过有多种多样的诱因，不是吗？有纯粹语言学的诱因，比如我想到了一句句子，或者一个场景。

《巴黎评论》：您会从书的标题开始吗？

伯尔：不，不，标题往往是后面加的，通常要想很久。我记得《火车正点》这本书，在写作过程中就有一个完全不同的题目，叫《蓝堡和泽诺韦茨之间》。出版商说："我的天哪，两个地名。"我被说服改了书名，倒不是违心的，我同意改书名，写作中的题目经常会改的。

《巴黎评论》：您能否描述一下，您日常的工作日是怎么样的？

伯尔：我的吗？最近几年有点儿困难，因为我病了好长一段时间，现在还在生病。一般情况下，我早晨写作，从早餐之后一直写到十二点半，然后下午、晚上也写，如果我真的想写的话。当然不幸的是，会有不少中断，倒不是不重要的事，比如与人通讯之类的，这会让持续工作有点儿困难。

《巴黎评论》：您写作不会事后修改太多吗？

伯尔：噢，不，我什么都会改，改得很勤。即使我只是在写一篇短文，比如说只有两页纸，我都会改上四次或五次。

《巴黎评论》：您会写到底，然后再通读一遍？

伯尔：是的，然后我修改文稿，或者用铅笔或圆珠笔在旁记录，然后重写，再改一稿，加点儿内容。不过不幸的是，我很少匆忙赶稿。当然，真正决定性的想法，一般都是最后才来的。有时候，我开始写作，突然灵感来了，也许在第三页上，然后我扔掉其他部分，从第三页写起。能够写下去是件好事，很多发生在背后的故事，应该挪到前面来。

《巴黎评论》：您作品中的人物名字，是否对您来说有特别的意义？

伯尔：有的，对我很重要。我肯定，如果我不知道人物的名字，我就无法开始写作。这就是我的问题。我在脑海中有一张蓝图，比如一部小说，我早就应该已经有了五个或者六个名字了，但是我眼下还没想出来。当然，我也可以找到办法，其实也不是坏主意，就都叫他们"施密茨"，只要写下去就行。不过，我不能想太多名字的事。

《巴黎评论》：难道在您的小说中，就没有具有象征意义的名字吗？比如名字就是……

伯尔：名字就代表着职业？不，不，我不喜欢这样。我觉得这样不合适，因为你不应该让一个人的名字和他本人对立起来。如果创造出一个响亮的名字，或者符合他性格的名字，这会是个错误。一个人的名字对我来说，就真的是神圣不可侵犯的。如果我找不到一个合适的名字，很多事情就会被毁掉了。有时候，我在打字机上即兴发挥，就好像在钢琴上即兴演奏一样。我觉得吧，应该从字母 D 开始，然后我写下一个 E，然后一个 N，然后继续写。随后，他就被称作登格（Denger）或者类似的名字了。

《巴黎评论》：您有没有遇到过文思枯竭的时候，写不出东西来？

如果是的话，您是怎么走出来的？

伯尔：写作抑制或者写作障碍，最近已经成为了我的第二本性。这和地球上的环境有关，我生活在地球上核武器最为集中的国家，现在又加上了更多新型核武器。这会让你窒息，夺走你生活的乐趣，让你停下来思考，写作到底有没有意义。曾有一段时间，音乐，主要是古典音乐帮助我渡过难关——比如说贝多芬的气息，我从中感受到了西欧和莱茵河的气息。我写作一直有一个问题，我从来不知道是怎么写出来的，即使只是写个短篇评论，我也得从头开始。我没有天赋。

《巴黎评论》：但，这对于作家来说，难道不是一个致命性的认识吗？

伯尔：我倒觉得受益匪浅——它会阻止事情变得因循不变。

《巴黎评论》：您愿意看到这个世界发生什么改变？

伯尔：你是说我们这个世界？

《巴黎评论》：是的。

伯尔：有个问题让我很困扰：这个地球，到底属于谁？

《巴黎评论》：您会说您自己是个乐观主义者吗？

伯尔：我吗？

《巴黎评论》：是的。

伯尔：我既悲观又乐观。

《巴黎评论》：既是悲观主义者，又是乐观主义者？

伯尔：我是幸存者的乐观主义；幸存下来的感觉，其实经常是非常糟糕的,当你意识到有多少人都没有活下来。我还是完整的,还能坐在这里。这就是我的驱动力,幸存下来的感觉。对于今天的年轻人来说,他们所面对的困难之一,就是他们没有这样的体验。不过对于那些经历过"二战"、从奥斯维辛集中营和政治谋杀中幸存下来的人来说,他们有一种特定的乐观主义,伴随着煎熬的内心。因为要撑过这样的艰难,不仅仅要靠运气和恩典,它也许还是残忍的生命力的证明。我不知道,我只是习惯于批判地去看事物。

(原载《巴黎评论》第八十七期,一九八三年春季号)

THE PARIS REVIEW

索尔·贝娄

1976年诺贝尔文学奖得主
获奖理由:"因其作品中结合了对当代文化的
人性理解和精妙分析"

《巴黎评论》访谈发表时间:1966年

索尔·贝娄

(Saul Bellow)

1915—2005

美国小说家,迄今唯一一位三获长篇小说类美国国家图书奖的作家。其主要作品有长篇小说《奥吉·马奇历险记》(1953)、《雨王亨德森》(1959)、《赫索格》(1964)、《赛姆勒先生的行星》(1970)、《洪堡的礼物)(1975)、《院长的十二月》(1982)等。

2005年4月病逝于美国马萨诸塞州。

索尔·贝娄

◎杨向荣/译

对贝娄的访谈陆续"发生"了若干个星期。从一九六五年五月的一些探索性讨论开始,夏天时又被搁置,实际完成已在九、十月间。其间进行了两次录音访谈,总共花了大约一个半小时,但这只是贝娄先生为这次访谈所做努力的一小部分。在五个多星期的时间里,我们做了一系列面谈,专门对原始材料进行了极为仔细的修改。从一开始他就意识到自己将为这次访谈付出不小的努力,所以对于开始做这次访谈,他其实是非常不情愿的。然而一旦做出决定,他就无所顾忌地将大量时间投入这项工作——在为期整整五周的时间里,每天多达两个小时,每周至少有两次,经常是三次,投入其中。正如他所说,这次访谈已经成为某种机会,他可以借此说出一些重要却未曾被说出的东西。

某些类型的问题在早期的讨论中即被排除在外。贝娄先生对那些他认为对自己作品所做的无聊或愚蠢的批评没有兴趣回应。他引用了一句犹太谚语,说一个傻瓜把一块石头扔进水里,十个聪明人都找不回来。他也不想讨论他认为纯属自己个人写作习惯的问题,是用笔还是用打字机写作,他在纸上按压的力度有多大之类。对于艺术家来说,如此关爱自己的鞋带是危险,甚至是不道德的。最后,有些问题会使这次访谈的"空间过于宽泛",需要在其他场合做更为充分的处理。

HERZOG 10|12|24 TR-OS (VIKING) 4591

"We're all right."
"Comfortably settled? Liking Chicago? Little Ephraim still in the Lab School?"
"Yes."
"And the Temple? I see that Val taped a program with Rabbi Itzkowitz—Hasidic Judaism, Martin Buber, *I and Thou*. He's very thick with these rabbis. Maybe he wants to swap wives with a rabbi. He'll work his way round from 'I and Thou' to 'Me and You'—'You and Me, Kid!') I suppose you wouldn't go along with everything."
Phoebe made no answer and remained standing.
"Maybe you think I'll leave sooner if you don't sit. Come, Phoebe, sit down. I promise you I haven't come to make scenes. I have only one purpose here, in addition to wanting to see an old friend. . . ."
"We're not really old friends."
"Not by calendar years. But we were so close out in Ludeyville. That is true. You have to think of duration—Bergsonian duration. We have known each other in duration. Some people are sentenced to certain relationships.
"You earned your own sentence, if that's how you want to think about it. We had a quiet life till you and Madeleine descended on Ludeyville and forced yourself on me." Phoebe, her face thin but hot, eyelids unmoving, sat down on the edge of the chair Herzog had drawn forward for her.
"Good. Sit back. Don't be afraid. I'm not looking for trouble. We've got a problem in common."
Phoebe denied this. She shook her head, with a stubborn look, all too vigorously. "I'm a plain woman. Valentine is from upstate New York."
"Just a rube. Yes. Knows nothing about fancy vices from the big city. Had to be led step by step into degeneracy by me—Moses E Herzog."
Stiff and hesitant, she turned her body aside in her abrupt way; then, her decision reached, turned just as abruptly to him again. "You never understood a thing about him. He fell for you. Adored you. Tried to become an intellectual because he wanted to help you—saw what a terrible thing you had done in giving up your respectable university position and how reckless you were, rushing out to the country with Madeleine. He thought she was ruining you and tried to set you on the right track again. He read all those books so you'd have somebody to talk to, out in the sticks, Moses. Because you needed help, praise, flattery, support, affection. It never was enough. You wore him out."
"Yes . . . ? What else? Go on," said Herzog.
"It's still not enough. What do you want from him now? What are you here for? More excitement? Are you still greedy for
Herzog no longer smiled. "Some of what you say is right enough, Phoebe. I was certainly floundering in Ludeyville. But you take the wind out of me when you say you were leading a perfectly

《赫索格》的最终校样

242

两次录音访谈都是在贝娄所在的芝加哥大学社科楼五楼办公室进行的。这间办公室虽然很大，却是那种相当典型的正四边形格局：大部分地方相当黑暗，只有一块明亮的区域，被他的桌子所占据，桌子紧挨并且正对一组三扇的屋顶窗；靠墙壁排列着几个深绿色的金属书架，偶尔被用来充当存放各种书籍、杂志和信件的地方。一套《鲁迪亚德·吉卜林全集》("这是送给我的")与几本新小说的试读本以及贝娄本人的书放在一起，包括最近刚出的《赫索格》法语和意大利语译本。一张桌子，几个打字台以及各种破旧和不匹配的椅子，以明显随意的方式散落在整个房间里。门里面的一个墙架上挂着他那顶漂亮的黑色毡帽和手杖。成堆的纸张、书籍和书信扔得到处都是，总的感觉是凌乱。当你走到门口时，会看到贝娄经常坐在他的打字台边，快速地用一台便携式打字机敲打着，回复他每天收到的众多信件中的几封。偶尔会有一位秘书走进来，在房间的另一边继续打计划之类的东西。

两次访谈期间，贝娄坐在他的桌边，在明显伸进房间的屋檐投影之间，室内反射着从南面的屋顶窗透进的午后阳光。往下四层就是五十九号大街和米德路，大街上汽车和行人发出的噪声不绝如缕地扎进办公室。提问时贝娄总是仔细聆听，而且回答得也很缓慢，频频停下来琢磨他所能想到的精确说法。他的回答都很严肃，但充满自己的幽默特色。显然这种愉快的思想兜转游戏让他感到很开心，往往在这样的兜转中问题已经作答。为了把自己的想法向记者解释得更清楚，他在整个过程中可谓备受辛苦，反复询问这句话是否说清楚了，或者是否应该就这个话题多讲些内容。访谈期间，他的注意力高度集中，这足以让人感到疲惫，两次录音都以他坦承自己精疲力竭而结束。

每次录音访谈结束后，都会打出一份谈话的文字稿。这些打印稿上处处都留下了贝娄用钢笔和蘸水笔修改的痕迹，完成这样一次完整修改需要花费多达三次的面谈时间。然后再打印出一份修改稿，整个过程重新开始。这项工作是在访谈者在场时完成的,相关改动会被反复斟酌。这些工作通常在贝娄的办公室或者他的寓所进行,从他的寓所可以俯瞰奥特尔大街和密歇根湖。不过,有一次修改工作是贝娄和访谈者坐在杰克逊公园的一张条椅上进行的。那是一个美丽的十月的午后。其中一份录音打字稿是在当地一家酒吧,在啤酒和汉堡的款待中完成的。

修改的内容可谓形形色色。经常会有意思上的微妙变化:"这才是我真正想说的。"其他变动不是让语言更简练,就是涉及风格性质的改进。任何他认为偏离主题的片段都会被删除。访谈者最为后悔的就是修修剪剪,这种修剪让好多极具贝娄特色的机智不见了踪影:有几个地方,他开始觉得完全是在"展示"自己,然后这些地方便被抹去了。另一方面,只要他能用一种意想不到的口语化措辞——在语境中往往证明是很幽默的——来代替传统的文学术语时,他都会尽量那么做。

——访谈者:戈登·劳埃德·哈珀,一九六六年

《巴黎评论》:某些评论家觉得应该把你的作品划入美国自然主义传统,也许其依据是你对德莱塞所作的某些评论。我不知道你是否认为自己属于某个特定的文学传统?

索尔·贝娄:我认为十九世纪现实主义的兴起仍然是现代文学中的重要事件。德莱塞当然是一个现实主义作家,他有某种天才的要素。他行文笨拙、臃肿,在某种意义上还是一个乏味的思想家。但是,他某些方面的情感却极其丰富,这使他与许多同时代的作家明显地区分开来,每个人都本能地觉得这种情感非常重要。德莱塞对这些重要的情感持有比二十世纪任何一个美国作家都要开放的接纳态

度。他的情感没有找到一个更为成熟的文学形式来予以承载，许多人因此感到不舒服。他的艺术可能"太自然"了，这是无需讳言的。他有时用大块的单词和语句的堆砌来表达自己的感悟。他一路走得跌跌撞撞，但总体上还是在沿着真理的方向前进。结果，我们不经某种媒介就被他的主人公们打动了，就像直接被生活感动了一样，于是，我们就认为他的小说完全是从生活中撕下的一角，因此也就不能算作小说。但我们不禁还是要阅读这些作品。他不用过多精致的装饰就表达了我们通常与巴尔扎克或莎士比亚联系起来的情感的深度。

《巴黎评论》：那么，这种现实主义是一种特殊的情感而不是一种技巧？

贝娄：现实主义的特长显然是直接呈现经验本身。让德莱塞激动的不过是这样一种理念：你可以把直接的情感写进小说。他在无需费劲掌握某种技艺的情况下就天真烂漫地做到了。我们看不出这点，因为他摆出了许多我们熟悉的、从他那个时代的流行艺术，甚至从那些华而不实的杂志借鉴来的"艺术"姿态。其实他是一个朴素、原始的作家。我特别敬重他的这种质朴，我认为这种质朴比美国小说中被奉为高级艺术的东西价值大得多。

《巴黎评论》：你能举个例子说明自己的意思吗？

贝娄：比如《珍妮姑娘》中的细腻微妙——珍妮让莱斯特·凯恩去过正常传统的生活，而自己则跟私生女儿宁肯不被承认也要生活在一起，还有她那种宽容心、同情心的深刻和真实，所有这些给我留下动人的印象。她不是那种多愁善感式的人物。她有一种天生的尊严感。

《巴黎评论》：晚近的美国小说很大程度上都遵循这个方向吗？

贝娄：嗯，他的很多追随者中有人觉得笨拙和真实性是并驾齐驱的。可是重拙不见得必然意味着心有诚意。大多数德莱塞派的作家都缺乏天才。另一方面，贬抑德莱塞的人追求小说的所谓"高雅艺术"标准，错失了重点。

《巴黎评论》：除了德莱塞，还有哪些美国作家你特别感兴趣？

贝娄：我喜欢海明威、福克纳和菲茨杰拉德。在我看来，海明威作为艺术家，发展出一种很有意义的个人风格，一种重要的生活方式。他是那些怀旧的老派绅士依然觉得留恋的人物。我并不认为海明威是个伟大的小说家。我更喜欢菲茨杰拉德，但我常常感觉菲茨杰拉德分不清纯真和趋炎附势。我想到《了不起的盖茨比》。

《巴黎评论》：如果我们放眼美国文学之外，你刚才提到自己兴致盎然地读了不少十九世纪俄国作家的东西。他们有什么特别吸引你的方面吗？

贝娄：哦，俄国人有种很直接的卡理斯玛式魅力（charismatic appeal）——对不起，我用了马克斯·韦伯学派的术语。他们的社会习俗允许人们自由地表达对自然和人类的感觉。我们继承的是对感情更为严谨和拘束的传统态度。我们得围绕清教徒式的坚韧克制的约束来行事。我们缺乏俄国人的开放态度。我们的路径相对要窄。

《巴黎评论》：还有哪些作家你特别感兴趣？

贝娄：我对乔伊斯非常感兴趣，对劳伦斯非常感兴趣。有些诗人的作品我读了又读。我说不上，他们在我的理论框架里属于哪个位置；我只知道，我对他们有某种依恋。叶芝就是这样一位诗人。哈特·克兰[①]算一个。还有哈代和沃尔特·德·拉·梅尔。我不知道这

[①] 哈特·克兰（Hart Crane，1899—1932），美国诗人，代表作有长诗《桥》等。

些诗人之间有何共通之处——也许毫无共性。我只知道自己被这些人反复吸引。

《巴黎评论》：有人说，一个人不可能同时喜欢劳伦斯和乔伊斯，你得从二人中选一个。你的感觉不是这样吗？

贝娄：不是。因为其实我对劳伦斯的性理论不是很当回事。我严肃看待的是他的艺术，不是教条。但他反复告诫我们不要相信艺术家。他说要相信作品本身。所以，写《羽蛇》的劳伦斯对我没有多大意义，对写了《误入歧途的女人》的劳伦斯我却钦佩备至。

《巴黎评论》：你觉得德莱塞作品中透出的魅力跟劳伦斯有异曲同工的感觉吗？

贝娄：没错，那就是对经验的某种开放包容。愿意相信人的本能，且无拘无束地追随，这点劳伦斯同样具备。

《巴黎评论》：在访谈前你提及不太愿意谈论自己早期的小说，你认为现在的你与那时的你已经不同。我不知道，这个问题谈到这个份儿上是否已经到此为止，或许你还可以谈谈自己的想法有何变化。

贝娄：我想，写早期那些小说时，我是挺怯的。我仍然觉得向这个世界（在某种意义上我是指新英格兰白人世界）宣称自己是一个作家和艺术家时有一种不可思议的狂妄感。我得脚踏实地，证明自己的才华，对形式的限制表示尊重。一句话，我害怕自己放开去写。

《巴黎评论》：你是什么时候发现自己的写作风格有了明显的变化？

贝娄：我开始写《奥吉·马奇历险记》时。我摆脱了很多束缚。我觉得自己摆脱的太多了，走得太远，但同时我也体会到了发现的兴奋感。我一个劲地扩大自己的自由度,然后像被解放了的平民百姓那样立刻开始诅咒这种自由了。

《巴黎评论》:你在《奥吉·马奇历险记》中摆脱了哪些束缚?

贝娄:我的最初两本书写得还不错。第一本写得很快,但辛苦备至。第二本写得比较吃力,试图尽善尽美。写《受害者》时我采用了福楼拜式的标准。说实话,这个标准不赖,但最终,我感到压力颇大。这种压力与我的生活环境和在芝加哥作为一个移民的儿子的成长经历有关。用在前两本书中形成的表达手段,我无法表现各种非常熟悉的东西。那两部作品虽然都很有帮助,但在形式上还没有达到让我感到很舒服的程度。一个作家应该能够很轻松、很自然、很充分地用一种能够释放能量、自由思索的方式来表现自己。他干吗要用形式主义,用借来的感性,用显得"正确"的欲望来固步自封呢?我为什么要强迫自己像一个英国人或者《纽约客》的作者那样去写呢?我很快发现,做一个保守的知识分子绝非自己心甘情愿;我还应该说,对处于那个位置的年轻人而言还存在种种社会限制。我有足够的理由害怕,我会被当成一个外国人和闯入者给压制下去。很清楚,我在大学研习文学期间,作为一个犹太人,一个俄国犹太人的儿子,我恐怕对种种盎格鲁-撒克逊传统以及英文单词缺乏体贴的感同身受。我甚至在大学还意识到,向我指出这个问题的朋友不见得就很客观公正。但他们对我会产生一定的影响。我必须以此为契机自求超越。我要为自由而战,因为我必须如此。

《巴黎评论》:今天这些社会阻力跟你当年写《晃来晃去的人》时一样强大吗?

贝娄:我想所幸自己是在中西部地区长大的,这种影响在那里不是很强烈。如果我生长在东部,而且上了一所常春藤联盟的大学,我可能会被摧毁得更加厉害。美国的清教徒和新教徒在伊利诺伊州所占的比重没有马萨诸塞州那么大。不过,这种事情已经不会再让我烦恼了。

《巴黎评论》:在你创作《奥吉·马奇历险记》和《赫索格》的间隔期又出现了一次变化吗?你曾说写《奥吉·马奇历险记》时有一种巨大的自由感,而我认为《赫索格》是一部写作难度很大的书。

贝娄:没错。为了创作《雨王亨德森》和《赫索格》,我得驯服和抑制写《奥吉·马奇历险记》时形成的那种风格。我认为这两本书都反映出风格上的某些变化。我真不知道怎么来描述这种变化。我竭力想找到一个准确的说法来描述那种状态,不过它可能跟随时准备记录从某个本源涌现出的各种印象的心情有关,迄今我们对这个本源还所知甚少。我想所有的人内心深处都有一个原始的激励者或解说者,他从遥远的早年就在指教着我们,告诉我们这个世界的真相。我内心就有这样一个解说者。我准备的写作基调必须让他信服。字词、语句、音节都是从这个本源散发出来的,有时从中传出的不过是些模糊的声音,我就试图把它翻译出来,有时会出现整个段落,连标点都完整无缺。E.M. 福斯特说:"如果看不见我所说的东西,我怎么知道自己在想什么呢?"他也许是指自己的那个激励者,我们内心还存在一个观察机制,至少童年时期是有这样一个机制。当看到一个男人的脸庞、他的鞋子、光线的颜色、一个女人的嘴唇或者耳朵时,人们就会接到从原始解说者那里传来的一个词、一个短语,有时可能索性就是一组毫无意义的音节。

《巴黎评论》:这种变化反映在你的写作中……

贝娄:……就是想更加接近那个原始的解说者。

《巴黎评论》：你如何接近他，为通向他准备好了路径吗？

贝娄：我说解说者是原始的，并不是说他就是粗陋的，天知道，他总是非常挑剔。但是，如果氛围不对，他会沉默不语。如果你准备好了一大堆棘手的难题交给他解决，他可能没有任何反应。我肯定经常被欺骗和糊弄，因为有时我在酝酿恰当的基调时会碰到巨大的困难。这也是我在创作上两部长篇时困难重重的原因。我直接求助于我的激励者。但是，激励者得寻找最恰当的状态，也就是说要显得既真实又必然。如果在准备过程中出现丝毫多余的奢侈或者内在的虚假，他都能觉察得到。我就得停下来。我经常推翻再来，从第一句话重新写起。我不知道写了多少遍《赫索格》，但最终还是找到了可以接受的基调。

《巴黎评论》：这些准备、酝酿的过程包括寻找作品的主体思想吗？

贝娄：我不知道这种思想是如何产生的，我一般是放任自流。我尝试避开扭曲和变形这种常规的方式。很久以来，也许从十五世纪中期开始，作家就不再满足于单纯自视为作家。他们需要有一套自己的理论体系。他们往往就自命为理论家，发明自己作为艺术家的依据，替自己的作品做注解。他们发现还有必要采取一种姿态而不是单纯创作出几部小说。昨天晚上，我就在床上读了司汤达的一本文选。其中一篇文章我觉得很有意思，也让我感触颇多。司汤达说，在路易十四时代当一个作家不知该有多么幸运，因为谁也不把他们当回事。他们这种低微的身份是很值得珍惜的。高乃依死了数天后，朝廷才有人觉得这件事重要得值得一提。司汤达说，在十九世纪，高乃依的葬礼本应有若干公开演讲登在报纸上。

目前还出现了一种微不足道的时髦紊乱——即那些凭借他人制造的自我形象活着的人的痼疾，这些形象是报刊、电视、百老汇、萨迪饭店、流言蜚语或大众对名人的需求制造出来的。连小丑、职业拳击手、影星都在竞相蹚这潭浑水。我极力回避这种"形象"。我有一种渴望，不是渴望完全默默无闻——对此我也有些自我主义，而是渴望宁静和摆脱琐事纷扰的自由。

《巴黎评论》：与此相应，《赫索格》带来的热烈反响也许极大地影响了你的生活。你想过为什么这本书成为并仍然还是畅销书吗？

贝娄：我不同意这样一种流行观点：你写了一部畅销书，是因为你背叛了某个重要原则或者出卖了自己的灵魂。我知道，那种自以为成熟的舆论就持这样的观点。不过，我并不在乎这种舆论，我拿自己的良知来检验。我一直想弄清楚自己是否犯下不够机智的错误。但我还没有发现这是一种罪恶。我真的认为，像《赫索格》这样一部总销量应该只有八千本的低调之书，享有如此殊遇，是因为它诉诸了许多人没有意识到的同情心。我从别人的来信中明白，这本书描写了一种最常见的困境。《赫索格》也诉诸犹太读者，那些曾经离过婚的人、自言自语者、大学研究生、平装本读者、自修者，以及那些希望多生活一段时间的人。

《巴黎评论》：你觉得文学时尚的制造者是在刻意吹捧名流吗？我一直在想，最近，有人认为福克纳和海明威的去世为美国文学留下了空白，而我们都知道这种说法是很讨厌的。

贝娄：我不知道是否可以称之为一种空白。也许只是一个鸽子窝吧。我同意，有必要把鸽子窝给填满了，空白的存在总让人觉得不舒服。再说，大众媒体也需要报道素材，文学记者最终也得制造出文学大腕联盟的氛围。作家自己不会提出要填充这些空白。是评论家需要供奉在万神殿里的那些人物。不过，主张每个作家都必须谋求一席神位的也大有人在。为什么作家要像网球运动员那样希望被排名、充当种子选手呢？像赛马那样被致残呢？一个作家的墓志铭应该是："他赢得了全部民意选票！"

《巴黎评论》：你写作时心目中读者的分量有多重？存在你为之写作的理想观众吗？

贝娄：我心目中另有会理解我的人们。我看重他们。这种理解不是笛卡尔式的完全理解，而是一种犹太人的近似领悟。那是心有灵犀一点通的会意。不过，我头脑中并没有理想的读者，没有。我也只能这样说。我似乎盲目地认可那种想不到自己的怪癖根本不可理喻的怪人。

《巴黎评论》：你对修辞问题不太计较吗？

贝娄：这种事情其实不能过于设计。谈到无中生有的虚构才华时有人肯定认为小说家就是那种建起一幢摩天大楼来掩藏死老鼠的人。兴建摩天大楼可不光是为了掩藏耗子。

《巴黎评论》：据说当代小说都视人类为受害者。你曾以此作为自己早期一部小说的标题，但是你的小说似乎坚决反对把人当作被完全决定了的或徒劳者。你认为对当代小说的这种判断有合理性吗？

贝娄：我认为，现实主义文学从一开始就是一种受害者的文学。它把任何普通个体——现实主义文学本身就关心普通个体——都置于跟外部世界作对的困境中，当然，最终外部世界都征服了他。在十九世纪，人们对决定论、人在自然中的地位以及社会生产力的信仰，必然导致现实主义小说的主人公不会是英雄，而是最终要被击溃的受难者。所以我再写一部描写普通人的现实主义小说，并把它叫《受害者》将毫无新意。我以为自己独立找到了现代主义的本质，于是开始天真无邪地染指此道。严肃的现实主义同时又衬托出普通人身上蕴含的贵族的崇高性。面对命运的压迫，普通人表现得跟莎士比亚或者索福克勒斯戏剧中的主人公一样伟大。但是，这种文学传统中固有的反差性往往会伤害普通人的形象。最后，传统的力量把现实主义变成了拙劣的戏仿、讽刺剧和嘲弄性史诗——利奥波德·布卢姆[①]。

《巴黎评论》：你本人不也偏离对普通人悲剧的关注，转向处理具有更多喜剧色彩的受难者吗？虽然主题基本上依然严肃，写作难度依然很大，《雨王亨德森》《赫索格》和《只争朝夕》中的喜剧元素似乎比《晃来晃去的人》甚至《受害者》更突出。

贝娄：是的，因为我已经很厌倦一本正经的抱怨了，对抱怨完全失去耐心。如果必须在抱怨和喜剧之间做出选择，我会选择喜剧，它更有活力、更机智、更硬朗。这其实也是我不喜欢自己早期小说的理由之一。我觉得它们平淡无奇，有时还喋喋不休。《赫索格》对抱怨进行了喜剧性的加工。

《巴黎评论》：当你说自己必须在抱怨和喜剧之间进行选择，是否意味着这是唯一的选择，也就是说你只能在这两项中做出选择？

贝娄：我不喜欢预测将来发生的事情。我觉得自己也许会再次偏向喜剧，也可能不会。但是，从二十到五十年代，占据现代文学主流的是一种挽歌式的基调，是艾略特的《荒原》和乔伊斯的《一个青年艺术家的画像》的那种气氛。感性中浸透着这种伤感，艺术家眼中的这种景观，作为当代与一个美好时代的唯一联系，迫使人们注视漂浮在泰晤士河上的垃圾，现代文明的各个方面都在对他（艺术家—反叛者）的情感进行施暴。在这方面，它走得要比本人允许的更远。它最终落在了荒诞上，我想我们绝不缺乏荒诞。

---

① 乔伊斯《尤利西斯》一书的主人公。

《巴黎评论》：我不知道你能否谈谈在自己的作品中外部环境的重要性。我认为，从现实主义者的传统而言，行为发生的环境是极其重要的。你把自己小说的背景放在芝加哥、纽约，甚至远到非洲。这些背景对小说有多大的重要性？

贝娄：你提了一个我认为谁也找不到答案的问题。人们可以写得很现实主义，同时又要想创造一个令人向往的环境，充满让行为变得高尚的氛围，处处呈现出生活魅力的环境。如果失去了这些东西，还叫什么文学？狄更斯的伦敦充满了阴郁之气，但同时又很温馨。现实主义一直都致力于精确地清除这种品质。也就是说，如果你最终要走现实主义道路，你等于把艺术空间本身带入危险之境。在狄更斯那里，除了雾几乎没有虚无的空白之处。环境是人性化的，而且从来如此。你理解我的意思吗？

《巴黎评论》：我还不太理解。

贝娄：现实主义倾向挑战人在事物中的重要性。你越现实主义，越威胁自己艺术的根基。现实主义总是既接受又排斥普通的生活环境。它接下描写普通生活的任务的同时又试图用某种奇特的方式来完成。福楼拜就是这样写的。描写对象也许平凡、低俗、颓废，最终所有这一切都被艺术赎回了。我在描写芝加哥的环境时其实是看得见它们的。环境自己在表现着自己的存在风格，我不过是把这种风格精致化了。

《巴黎评论》：你不会特别因为《雨王亨德森》的读者而烦恼吧？比如，有读者说非洲其实并不是这个样子。某些现实主义者要求作家敢于把角色放在某个环境之前，花好几年时间定位。你不会有我提到的这种麻烦吧？

贝娄：也许你应该说"事实主义者"而不是"现实主义者"。多年以前，我就跟已故的赫斯科维茨教授研究过非洲种族学。后来他讥笑我写了《雨王亨德森》这样的书。他说这个主题对于如此嬉闹行为而言过于严肃了。我觉得我的嬉闹是很严肃的。文字主义、事实主义都会把想象力统统给窒息掉。

《巴黎评论》：你在某个场合把近来的美国小说划分为你所谓的"干净"和"肮脏"两类。我想前者倾向于保守，容易乐观主义，后者倾向于永远唱反调、反叛、反主流，你觉得今天的美国小说仍然是这么一种局面吗？

贝娄：我觉得这两种选择都是初级和可怜的，但我也知道向其他小说家推荐任何既定的道路都是徒劳的。不过，我还是想说，要摆脱这两个极端。两种极端都没有用，也是幼稚的。毫不奇怪，我们这个社会真正有势力的人，不管是政客还是科学家，都很鄙夷作家和诗人。他们之所以如此，是因为从现代文学中找不到任何证据表明任何人在思考任何重大问题。当代激进作家的激进主义贡献了什么？大多数不过是自我贬低的小资情怀、多愁善感的民粹主义、带着水分的D.H. 劳伦斯和模仿的萨特。对美国作家而言，激进主义是一个尊严问题。他们为了自己的尊严必须激进。他们把激进视为自己的使命，而且是高尚的使命，去说不，不仅咬给他们喂食物（我应该加一句，用喜剧的丰富养料来喂养他们）的手，而且还咬任何伸向他们的手。然而，他们的激进主义是空洞的。真正的激进主义是果真去挑战权威，这是我们最需要的。但是一种故作姿态的激进主义不仅容易拿得出手而且也显得陈腐不堪，激进的批评需要知识，而不是装模作样、口号和咆哮。通过在电视上耍小伎俩的恶作剧来维护自己艺术家尊严的人只能娱乐一下媒体和大众。真正的激进主义需要做大量家庭作业———思考。另一方面，至于干净文学，实在没有多少可说的，它们似乎正在式微。

《巴黎评论》：你的小说背景一般都设置在现代都市，是吗？除了你来自大城市的经验外，还有其他原因吗？

贝娄：我不知道怎么可能把自己对生活的认识与城市分开。我说不出城市深入我的骨髓有多么深，在这方面我所能告诉你的不会比一个在钟表厂工作涂描刻度盘的女士告诉你的更多。

《巴黎评论》：你提到现代生活中的纷扰特征。这种情况在这个城市感受特别强烈吗？

贝娄：一个人所作判断量的大小取决于观察者的感受能力，如果某个人属于易感型，有不计其数的意见想发表——"你是怎么看待这个那个问题的、如何看待越南的、如何看待城市规划、高速公路、垃圾处理、民主、柏拉图、波普艺术、福利国家或者'市民社会'中的文化教养？"我怀疑在现代生活环境中，是否还有足够的宁静允许我们当代的华兹华斯沉思万物。我觉得艺术与人在混乱中获得宁静有关。那种只有祷告者才会具备的宁静，是风暴眼。我认为艺术与人在纷扰中捕捉到专注有关。

《巴黎评论》：我相信你曾说过，小说特别需要处理的正是这种纷乱，因此，小说家不适合选择某种接近诗歌或者音乐的形式。

贝娄：对这样的说法我不再有那么大的把握了。我觉得小说家可以利用同样的特权。只是他使用的方式不能像诗人那样纯粹或者简洁。他必须越过一个极其泥泞和嘈杂的领域才能得出一个纯粹的结论。他更需要直接面对生活的细节。

《巴黎评论》：你认为当代小说家对这纷扰有什么特别需要正视的

吗？它是否仅仅意味着细节的更加丰富，或者这种纷扰的本质今天跟以往已经不同？

贝娄：描写现代混乱的杰作当属乔伊斯的《尤利西斯》，在这部作品中，精神已经不堪抵御经验。纷至沓来、形形色色的经验，无论其快乐还是恐怖，所有这一切都像大海穿过一块海绵般涌进布鲁姆的头脑。海绵是阻挡不住的，它得接纳海水携带的任何东西，记录下从中通过的每一条微生物。我想要说的就是这个意思。其中有多大成分必然是精神痛苦，在多大细节程度上，在接受海水的同时不得已要附带上人类这种浮游生物，有时似乎精神的力量被纷至沓来的经验完全抵消。不过，当然它具有的消极程度跟乔伊斯在《尤利西斯》中带有的消极性一样。更强势、更有目标性的人会要求秩序，影响秩序，进行挑选和舍弃，但是面对纷纭的细节，他们仍然有被瓦解的危险。一个浮士德式的艺术家是不情愿屈从于成堆细节的。

《巴黎评论》：有人觉得你的主人公们都在寻求同一个问题的答案，这个问题也许可以概括为："在当今社会一个好人怎么能生活得下去呢？"我不知道你是否察觉到自己的小说中反复出现这一问题？

贝娄：我不觉得自己描写了什么真正的好人，在我的小说中，没有一个人大获好评。在这方面，现实主义对我的约束是很厉害的。我应该乐于去表现好人才是。我渴望知道他们是谁，是什么样的人及其处境如何。我经常描写一些渴望拥有这种品质的人，但似乎显然未能如愿以偿。我认为这应该归罪于自己。我觉得这是一种局限。

《巴黎评论》：真遗憾。这种局限究竟是什么？

贝娄：其实就是我认不清这种品质或者无法用行为来表现这种品质。赫索格多么渴望拥有各种动人的美德，但在小说中这又成为一种喜剧的源泉。我觉得自己更关心别的事情，我不想带着早已准备好的答案去碰这种问题。我更愿意把它看作一篇研究论文，与人的个性或者无需什么合理性的品质有关。这种事情做起来会显得很怪异，它不会必然让某些事情显得合理。但是我们周围充满了喜欢怀疑、反叛或者压根儿就是神经质的作家，他们在这个行当已经待了整整二十或三十年，他们否定或者排斥生活，因为生活不能满足他们作为形而上知识分子的标准。在我看来，如此自信的否定意味着他们不会对生活懂得多少。不可知的神秘性太巨大了。所以，当他们用认知的指节叩敲不可知的大门时，很自然，这扇门会开启，某种神秘的力量将对着他们的目光喷涌而出。我认为，《赫索格》很大程度上完全可能用这样一个毋庸置疑的假设来解释：完全独立于我们的任何判断的存在本身就是有价值的，存在是妙不可言的。但是，那种与他作为人特有的事业不可分割的欲望也可能会卑鄙地背叛赫索格。他想生活吗？那是什么生活啊！塑造他的泥土中就包含着这种共同的需求。一个人配享任何这种殊荣吗？

《巴黎评论》：可是，这样说有助于对这个问题的解释吗？为什么在整部小说中赫索格头脑中反复折腾他的那些困惑似乎一直都无法用理智来解决呢？

贝娄：这部小说的主题并非有人所说的反智主义，它只是指出，要想以喜剧的方式达到满足各种现代要求的综合（syntheses）是不可能的。也就是说，我们不可能对所有重大问题，包括必要的历史、科学、哲学知识获得全面的把握。因此，赫索格总是曲解托马斯·马歇尔——伍德罗·威尔逊的副总统——的言论，他曾说，这个国家只需要一根上好的五美分的雪茄。（我想第一个说这句话的是巴格斯·贝尔）赫索格的版本成了：这个国家只需要一个上好的五美分的综合。

《巴黎评论》：你认为许多当代作家试图提出这种综合或者坚持认

为伟大的小说应该提供这种综合吗？

贝娄：我不清楚有多少美国小说家，无论年轻的还是年老的，在拿这种问题折磨他们的大脑。欧洲作家的确是在折磨自己。我不知道他们在自己选择的基础上有朝一日能否取得满意的结果。无论如何，他们写出来的好长篇并不多。但那种东西却会引导我们涉猎更为宽阔的领域。

《巴黎评论》：《赫索格》里的这些思想还发挥着其他重要作用吗？"反智主义"的指责似乎来自那样一些人，他们感觉不到这些思想无论在激发行为以及赫索格做决定方面，还是在帮助他最后获得觉悟方面，都是必不可少的基本要素。

贝娄：首先，我认为应该先谈谈思想在美国文学中的不同作用。欧洲文学——在这里我是指欧洲大陆——有着不同于我们的智性主义特征。一个法国或德国小说中的智性人物很可能是个搞哲学的知识分子，一个研究本体论的知识分子。在我们这里，在我们的自由民主体制中，知识分子或者受过教育的大众知道，思想在一个完全不同的传统中才会变得有效。这些界线划分得不是特别分明。比如，我们不指望思想有何结果，比如在道德或者政治领域，而一个法国人则特别希望能在类似的领域开花结果。在美国，做一个知识分子有时意味着禁闭在一种私人生活中，在这种生活中，人们会想到，不过是带着某种屈辱感想到，自己能够取得的思想成果何其有限。因此，提倡在一部美国小说中来一场思想意义上的戏剧性革命无异于追求几乎没有任何先例的东西。我的小说要表现的就是私人关切与知识分子的兴趣混合（美国式混合）之后所产生的那种屈辱感。这是这本书的大部分读者好像完全忽视了的东西。幸运的是，还是有人捕捉到了。但在某种程度上，《赫索格》试图根据某种盲目的理由，沿着一种渐进的轨迹结束。许多人觉得一种"私人生活"就是一种痛苦的折磨。在某种意义上，那是一种真正的痛苦，它把人同公共生活隔绝开来。在我看来,《赫索格》最耀眼的主题之一,就是个体被囚禁在一个可怜而又苍白无力的私密生活中不可自拔。他觉得这是一种耻辱。他可笑地与之搏斗。最后,他意识到被自己视为知识分子"特权"的东西不过是另一种形式的束缚。忽视这一点的人尚未把握这本书的主旨。因此,说赫索格的行为没有思想的推动,那纯属无稽之谈。任何教育小说——《赫索格》在此就是这样一种小说,用一下这个德语重词:教育小说——在迈出第一步后即告结束。那是真正的第一步。任何为了迈出第一步而摆脱华而不实思想的人就已经做出了极有意义的事情。当人们抱怨这部小说缺乏思想时,他们的意思可能是自己没有在里面找到熟悉的思想、流行的思想。"经典"之外的思想,他们是认不出来的。因此,如果他们所谓的思想是萨特或者加缪的思想,那他们就说对了:在《赫索格》中,这样的思想十分鲜见。也许,他们的意思是:一个人为了心智的健全、为了生活而奋争这样的思想不适合摄取到小说中来。

《巴黎评论》:赫索格排斥这类流行思想,包括萨特或者加缪的思想吗?

贝娄:我认为他首先拿自己对生活的感觉以及他对清晰性的渴求来验证这些思想。在他的内心,这些思想可不是一种游戏。尽管当他想到它们时可能会大笑,但他的生存系于这些思想。我无意把他写成要和萨特这些人物进行全面交战。如果他选择用典型的赫索格式的方式与萨特论辩,也许他首先会拿萨特的这一观点开刀:犹太人之所以能存在下来,仅仅是因为他们的反闪族主义;犹太人必须在真实的存在和非真实的存在之间做出选择;真实的存在永远无法脱离这种决定其存在的反闪族主义。赫索格也许会因为萨特的缘故想起这个来:犹太人之所以生存下来是因为他被人憎恶,而不是因为他有历史,也不是因为他有自己的根源——仅仅是因为他是被一个十恶不赦的魔鬼用其犹太性创造出来的。萨特为那些准备选择真实的犹太人提供了一个医治方案：广泛邀请他们变成法国人。如果当今欧洲哲学的伟大王子都只能给赫索格奉上这么一个拥抱（或抗拒）的主意，谁还会指责赫索格对所谓"思想"和当代知识分子事业的怀疑呢？他是用消极的方式对待思想的。为了生存他需要从大堆毫无意义和互不相关的事物中解脱出来。也许这就是早些时候我们说需要作出数不清的判断时想表达的意思。我们完全可能会因为需要分辨各种各样的观点而被吞没。如果我们要过人特有的或人性的生活，就得抛弃形形色色的思想。有时我们似乎每周七天时间都在受审般地回答这些问题，试图给我们自己一个明白的说法。但人什么时候才算真正生活了？如果必须做出这些无休止的判断，他又如何生活呢？

《巴黎评论》：很多人看出了赫索格对某些思想的拒斥，但是——

贝娄：对他为什么拒斥这些思想却完全不清楚。赫索格对思想有着很深的怀疑。虽然犹太人经常被骂为"没有根"的民族，像赫索格这样的人就非常清楚：习惯、风俗、倾向、脾性、天赋、辩认真实且符合人性的事实的能力与思想同等重要。

《巴黎评论》：你同时也谈到试图把一部小说建立在思想基础之上的徒劳，是指根据某种哲学概念来建构一部小说吗？

贝娄：不是。我没有反对过，我毫不反对把小说建立在哲学概念之上或者其他任何有效的事物之上。不过，我们不妨看看本世纪某个占主导地位并被许多现代艺术家所接受的思想——人类进入终结期的思想。我们不难从乔伊斯、托马斯·曼等人的作品中找到这种终结论。在《浮士德博士》中，政治和艺术在文明的毁灭中融为一体。现在，在二十世纪的某些伟大小说家的作品中也出现了这种思想。这种思想就这么好吗？可怕的事件并没有发生。终结根本就没有应验。文明依然还在这里。各种预言却已经不攻自破。小说家根据艺术创造论对历史做出的解释发表"最后的遗言"是错误的。小说家还是最好相信自己对生活的感觉,少一些宏大的野心。这样更有可能讲出真理。

《巴黎评论》:你的小说中的主人公总是极力避免被别人的思想或者现实的视角所吞没。有时你好像给予了他所有的当代备选项——比如在《奥吉·马奇历险记》或《赫索格》中。这是你的本意吗?

贝娄:这一切其实说来很复杂。当然,这两部作品关注的是自由选择。我认为它们的问题提得并不很成功——我所使用的措辞的广延性还不够。我认为是自己轻易放弃了。我好像在书中质问过:人们怎能既抵挡得住这个巨大社会的控制,同时又不会变成一个虚无主义者,避免空洞的叛逆的荒谬性?我还问道,还有其他更好的抵抗和自由选择的方式吗?我猜自己像大多数美国人那样,潜意识中更喜欢这个问题中让人感到更舒服更温馨的一面。我不是说我本应该更"悲观主义",因为我发现"悲观主义"在很多方面几乎跟"乐观主义"一样空洞。但我必须承认,我对这些问题的探究没有达到必要的深度。我没有指责自己未能充当一个苛细的道德家,我总是借口说自己毕竟不过是一个作家。但我对自己至今为止发表的作品并不满意,除了利用喜剧形式这一点。需要格外声明的是,我们的法国朋友无一例外都看到了这种问题以及所有真理问题的答案,在我们看来这些答案都极其可怕、不友善且充满敌意。有时,也许真理本来就是残酷的。我曾试图在自己的作品中描述这个意思。也许人生的真相就是如此。我已完全做好承认的准备:作为习惯性骗子和自我迷惑家,我们完全有理由害怕真理,但我绝不打算放弃希望。在这个世界上,还有一些真理是我们的朋友。

(原载《巴黎评论》第三十六期,一九六六年冬季号)

THE PARIS REVIEW

艾萨克·巴什维斯·辛格

1978 年诺贝尔文学奖得主

获奖理由:"因其根植于波兰-犹太文化传统、充满激情的叙事艺术,让普遍的人类境况变得鲜活可感"

《巴黎评论》访谈发表时间:1968 年

艾萨克·巴什维斯·辛格
（Isaac Bashevis Singer）
1904—1991

美国犹太裔小说家、散文家、翻译家，生于波兰，1935年移居美国，始终用意第绪语写作，作品通过英译本广为人知。其主要作品有长篇小说《卢布林的魔术师》(1960)、《庄园》(1967)、《冤家，一个爱情故事》(1972)等，1974年凭短篇小说集《羽冠》获美国国家图书奖。

1991年7月病逝于美国佛罗里达州。

艾萨克·巴什维斯·辛格

◎菊子/译

艾萨克·巴什维斯·辛格和他的妻子住在上百老汇大街一座公寓楼内，一套宽敞、阳光很好的有五个房间的公寓里。除了大量的书和一个大电视，公寓里摆放的是伪维克多利亚式样的家具，那种曾经是二十世纪三十年代舒适家庭典型的摆设。

辛格在起居室内的一个窄小的、拥挤的桌子上工作。他除了访谈、访问和电话以外，每天都写作，但没有特定的写作时间。他的名字还列在曼哈顿的电话簿上，差不多每天都要接到几个陌生人的电话，这些人读到了他写的什么东西，想跟他谈谈。直到不久前，他还会邀请任何打电话的人来吃午餐，至少是喝咖啡。

辛格用意第绪语在带条格的笔记本上写作，不用速记。他写的大部分作品，首先还是出现在纽约出版的、美国最大的意第绪语杂志《犹太前进日报》上。找翻译来将他的作品翻译成英文，一直是个大问题。他坚持和译者密切合作，和他们一起反复切磋每一个字。

辛格总是穿深色西装，白色衬衣，系深色领带。他的嗓音有点儿尖，但很令人愉快，并且从不抬高嗓门。他中等个子，很瘦，脸色有一种不自然的苍白。多年来，他一直严格保持素食。

辛格给我的第一印象是，他是一个弱不禁风、虚弱的人，走一条街区都要花很大力气。实际上，他每天要走五六十个街区，走路途中一定要停下从一个棕色纸袋里拿出东西来喂鸽子。他喜欢鸟，家里有

《教授的妻子》的一页手稿

两只宠物长尾鹦鹉,不关笼子,在他的公寓里飞来飞去。

——访谈者:哈罗德·弗伦德,一九六八年

《巴黎评论》:很多作家起步时,将别的作家当作模仿的样本。

艾萨克·巴什维斯·辛格:对,我模仿的样本是我的哥哥 I.J. 辛格,他写过《阿什肯纳兹兄弟》。我哥哥是我最好的写作模范了。我目睹他如何跟父母争斗,目睹他如何开始写作,如何慢慢成长,开始发表作品。很自然,他对我有影响。不光如此,后来一些年,我开始发表作品以后,我哥哥还教给我一些写作规则,对我来说,这些规则是神圣的。倒不是说这些规则不能偶尔违反一下,但最好是记住它们。他的一个规则是:事实永远不会变得过时或陈旧,但议论总是会变得过时或陈旧。当一个作家试图作出过多的解释、进行心理分析时,那么,他创作伊始,就已经过时了。想一想吧,假如荷马用古希腊的哲学或者是他那个时代的心理学去分析他的主人公的行为,那么,谁也不会去读荷马!幸运的是,荷马只为我们呈现了形象和事实,而正因如此,《伊利亚特》和《奥德赛》在我们的时代还仍然新奇。我认为这条规则适用于所有的写作。一旦作者开始试图从心理学的角度解释主人公的动机,他就已经失败了。这并不意味着我反对心理小说。有很多大师把心理小说写得很好。但是,我认为让一个作家,尤其是年轻作家去模仿他们,不是什么好事情。譬如说,陀思妥耶夫斯基。你可以说他是心理派的作家;我可能不会那么说。他有他的探索,他试图用他自己的方式诠释事件,但即便是他,他的基本力量也是在于铺陈事实。

《巴黎评论》：你如何看待心理分析和写作？很多作家都被人做过心理分析，并且觉得心理分析不仅帮助他们理解自己，还帮助他们理解他们笔下的人物。

辛格：如果一个作家是在医生的办公室里做了心理分析，这是他自己的事。但是，如果他想把这个心理分析写进作品，那就很可怕。最好的例子是写《旋律的配合》的那个人。他叫什么名字？

《巴黎评论》：奥尔德斯·赫胥黎。

辛格：奥尔德斯·赫胥黎。他试图按照弗洛伊德的心理分析来写一篇小说。我认为他失败得一塌糊涂。这篇小说现在这么老，这么陈旧，即使在学校也无人问津。所以，我认为，当一个作家坐下来进行心理分析时，他是在毁坏自己的作品。

《巴黎评论》：你有一次告诉我，你读的第一部小说是《夏洛克·福尔摩斯探案集》。

辛格：喔，我十岁、十一岁的时候读到这些东西，在我看来，它们是那么崇高，那么美妙，直到今天，我还是不敢再去读夏洛克·福尔摩斯，因为我担心可能会失望。

《巴黎评论》：你认为柯南·道尔对你有过什么影响吗？

辛格：没有，我觉得夏洛克·福尔摩斯的故事对我没有什么实际影响。但我可以说一条——从童年起，我就热爱一个故事中的悬念。我喜欢一个故事应当是一个故事。故事应当有一个开头和一个结尾，还有一种最后会发生点儿什么的感觉。这个规则，我到今天还在遵守。我觉得，到我们这个时代，讲故事已经差不多成了一门被遗忘的艺术。但是，我在尽力不要感染上这种健忘症。对我来说，故事仍旧是一个故事，在故事中，读者聆听故事，然后想知道有什么事情会发生。如果读者从一开始就什么都知道，那么，即使叙述很好，我也觉得这不是一个好故事。

《巴黎评论》：诺贝尔奖颁给了S.Y.阿格农和奈利·萨克斯，你怎么看？

辛格：关于奈利·萨克斯，我一无所知，但我知道阿格农。从我开始阅读就知道他了。我认为他是一个好作家。我不会称他为天才，不过这年头你到哪里去找那么多天才？他是老派作家里面一个很扎实的作家，这一派作家的作品，一翻译就失去很多东西。但是，仅就希伯来语来说，他的风格简直就是美妙。他的所有作品，都和《塔木德》《圣经》和《米德拉什》有关。他写的东西都有许多层面，特别是对那些懂希伯来文的人来说。翻译之后，所有这些层面都消失了，剩下的只有纯粹的写作，不过，这剩下的纯粹的写作还是很好。

《巴黎评论》：诺贝尔文学奖颁奖委员会说，他们是在将诺贝尔奖颁给两位反映以色列声音的犹太作家。这让我思考，你如何定义一个犹太作家，而不是一个碰巧是犹太人出身的作家？

辛格：在我看来，只有意第绪语作家、希伯来语作家、英语作家、西班牙语作家。整个犹太作家或天主教作家的概念，在我看来都有些牵强附会。但是，如果你一定要逼着我承认有一种叫犹太作家的东西，我可以说，他必须是一个真正浸染在犹太性中的人，懂希伯来文、意第绪语、塔木德、米德拉什、哈西德文学、卡巴拉，等等。然后，如果他还写有关犹太人和犹太生活的作品，或许我们称他为犹太作家，不管他用什么语言写作。当然，我们也可以简单地直称他为作家。

《巴黎评论》：你用意第绪语写作，今天，能读意第绪语的人已经很少了。你的书被翻译成了五十八种文字，但你说过，你对这个事实很忧虑，就是你的大多数读者，你的绝大多数读者，都是从英文或法文等译文中读到你的作品的。没有几个作家能读你的意第绪语作品。你是否觉得很多东西在翻译过程中损失掉了？

辛格：我的意第绪语读者没有我期望的那样多，这个事实确实使我感到忧虑。一门语言在走下坡路，而不是上坡路，这可不好。我想让意第绪语蓬勃发展，就像意第绪语学者们号称它确实是在蓬勃发展的那样。不过，就翻译来说，很自然，每个作家在翻译中都有所损失，尤其是诗人和幽默作家。还有那些与民间传说密切相关的写作者损失也很大。不过，最近我在帮助别人翻译我的作品，由于已经意识到这个问题，我就加倍小心，不要损失太多。问题是，在另外一种语言中，为一个成语找到一个完美的对应词非常困难。当然，我们都从翻译中学习文学，这也是一个事实。大多数人都是从译文学《圣经》的，从译文读荷马和所有的古典文学。翻译虽然会损害一个作者，但不会杀死他：如果他确实优秀，即使是在翻译中，他也能够出类拔萃。我在我自己作品的翻译中也见过这样的情形。此外，翻译在一个方面也对我有帮助。我在编辑译文、和译者合作的时候，一遍又一遍地阅读自己的作品，我在这么做的时候，能够看见我作品中所有的缺陷。翻译帮助我避免一些陷阱，如果我用意第绪语写一部作品，然后就发表它，而不是因为翻译逼着我再读它一遍，那我可能就无法避开这些陷阱。

《巴黎评论》：听说你停止写作五年，因为你觉得你没有为之写作的读者，这个说法对不对？

辛格：我来到美国以后，确实停写了几年。我认为那不完全是因为我觉得没有读者。读者多得很。从一个国家到另一个国家，移民，是一种危机。我有一种感觉：我的语言丢失了。我的形象也不存在了。事物——我看见成千上万的物体,波兰的意第绪语里没有它们的名称。拿地铁举个例子吧——我们波兰没有地铁。意第绪语中没有地铁这一名词。突然,我得应付地铁、穿梭火车和区间火车,我的感觉是,我失去了自己的语言,也失去了对周围事物的感觉。当然,此外还有谋生、适应新环境的麻烦……所有这些事情交织在一起,那几年间,我不能写作。

《巴黎评论》:你觉得意第绪语有没有未来,还是觉得它很快就会完全成为一种死亡的语言?

辛格:它不会成为一种死亡的语言,因为意第绪语和五六百年的犹太历史,非常重要的犹太历史,联系在一起。任何想研究这段历史的人,都必须学意第绪语。我开过一个玩笑,我从意第绪语得到一种特别的安慰,这就是,我们现在的世界人口只有三十五亿,但一百年以后,我们很可能就会有一千亿,而每个人都需要一个博士学位。想想看,意第绪语对所有这些找题目的学生该多有用处。他们会挖出所有跟意第绪语有关的东西,分析它,写与之相关的东西,文章啊,那些你为大学写的东西——论文啊。因此,我觉得它不会被忘记。举阿拉米文作个例子吧。犹太人不用阿拉米文有两千年了,但语言却还在那里。它现在成了希伯来文的一部分。阿拉米文现在用于证书和离婚文件中。犹太人从来不会忘记任何东西,尤其是不会忘记像意第绪语这样有这么多创作、起过这么大作用的语言。

《巴黎评论》:我们想想用意第绪语写作的当代作家时,马上想到了你。但是,然后就很难找到任何别的名字了。还有别的你比较推崇的用意第绪语写作的作家吗?

辛格:我比较推崇的作家有一个。确实,他是一个伟大的作家。他是一个诗人。他的名字是阿哈龙·泽特林(Aaron Zeitlin)。这个人，他是我的朋友，但我不是因为他是我的朋友才夸奖他。他确实是一个伟大的诗人。我认为他的作品和托马斯·哈代的诗歌有同样的价值，而我对哈代的评价是很高的。其他的……还有其他一些意第绪语作家……有些人比较有名，比如肖勒姆·阿施①，还有大卫·贝格尔松②。还有个叫A.M.富克斯（A.M.Fuchs）的很有力量的散文家，他是一个强有力的作家，但他总是写同一个题材。他用一百万种形式讲述一个故事。但我得说，意第绪语写作中有一种非常有效却非常老派的东西——因为现代意第绪语作家不写真正犹太的东西，尽管事实上他是启蒙的产物。他是在这种观念中成长起来的：要脱离犹太性，成为普世的人。正因为他这么处心积虑地要变得普世，反而变得褊狭。这就是悲剧所在。不是所有的意第绪语写作都这样，但很多是这样。感谢上帝，我开始写作的时候，避开了这个不幸。尽管我常常受到劝阻。他们说，你干吗写恶魔和小鬼啊。你干吗不写写犹太人的处境，犹太复国主义、社会主义、工会、裁缝们应该涨工资，等等，等等。但我内心深处有什么东西拒绝干这些。他们向我抱怨，说我过时了。说我退回到已经消失了的那几代人那里去了。说我差不多算是个反革命派。但是，青年作家有时候十分固执。我拒绝走他们的路，我后来感到庆幸，我有这样的个性，没有做他们想让我做的事情。这种写作到了如此过时和陈旧的程度，问题已经不是找到意第绪语的翻译，而是实际上我们可以翻译的东西很少。

《巴黎评论》：你说"这种写作"的时候，指的是关于工会的作品和……

---

① 肖勒姆·阿施（Sholem Asch，1880—1957），犹太裔美国小说家、剧作家，生于波兰，代表作有长篇小说《东河》、剧作《复仇之神》等。
② 大卫·贝格尔松（David Bergelson，1884—1952），犹太裔俄国作家，代表作有长篇小说《一切的终结》等。

辛格：关于工会，关于移民，关于进步，关于反犹主义。这种新闻记者式的写作，作者有创造一种他们所称的更好世界的欲望写作。让世界更好，让犹太人的处境更好。这种写作在二十年代很时髦，我得说，意第绪语作家实际上一直就没有从中跳出来。

《巴黎评论》：你相信一个更好的世界吗？

辛格：我相信一个更好的世界，但我不认为一个坐下来写一篇小说让世界变得更好的小说家能取得什么成就。更好的世界是由很多人，由政治家、国务活动家和社会学家造就的。我不知道谁会去创造它，也不知道是不是终究会有一个更好的世界。我唯一确定的，就是小说家做不到这一点。

《巴黎评论》：超自然在你几乎所有作品中，尤其是你的短篇小说中屡屡出现。你为什么这样关注超自然？你本人相信超自然吗？

辛格：绝对相信。超自然之所以总是频繁出现，是因为它总是在我的头脑中。我不知道我是否应该称自己为神秘主义者，但我总是觉得我们周围环绕着力，一种神秘的力，它在我们所做的所有事情中都发挥着很大的作用。我觉得，心灵感应和千里眼在每个爱情故事中都起作用。甚至在生意中也起作用。在人类从事的所有活动中都起作用。几千年来，人们曾经穿羊毛衣服，晚上他们脱衣服的时候，会看见小火星。我不知道，几千年前，当人们脱衣服时看见这些小火星，他们怎么想？我敢肯定，他们假装没看见，如果小孩子们问他们，"妈妈那些小火星是什么呀？"我敢肯定，母亲会说，"都是你想出来的！"人们肯定不敢谈及这些小火星，免得被人怀疑成巫师和巫婆。不管怎么说，人们假装没看见小火星，我们现在知道它们并不是幻觉，这些小火星背后的力，就是如今催动我们的工业的力。我还要说，我们每一代人都看见这样的小火星，但我们忽视它，因为它们不符合我们的科学和知识的图画。我认为，作家的责任，以及作家的乐趣和功能，就是引出这些小火星。对我来说，千里眼和心灵感应……恶魔和小鬼……所有这些东西……

《巴黎评论》：鬼魂？

辛格：鬼魂和所有这些人们今天称之为迷信的东西，恰恰是我们今天正在忽视的东西。

《巴黎评论》：你觉得它们将来能从科学上得到解释吗，就像今天可以用电来解释小火星？

辛格：我觉得，科学的概念——什么是科学的，什么是不科学的——是会随着时间而发生变化的。有很多事实，不能在实验室里制造出来，但它们仍旧是事实。你不能在实验室里显示曾经有过一个拿破仑，你不能像证明电流那样证明拿破仑的存在，但我们知道确实有过一个拿破仑。我们今天称作鬼魂、灵异和心灵感应的东西，也是那种不能准备、不能进行试验的事实。但这并不说明这些事实不是真实的。

《巴黎评论》：那恶魔呢？在你很多作品中，恶魔是主要角色。

辛格：自然，我将恶魔和小鬼当作文学象征来使用。这是真的，但我使用它们的原因是因为我对他们有感觉。如果我对这些实体没有感觉，我便不会使用它们。我仍然恪守这条信念，就是我们周围环绕着各种力，我是在这种信念中长大的，如今我还坚持这种信念。倒不是我刻意而为，而是它们附着在我身上。如果你关上灯，我就在一个黑屋子里，那么我就会感到害怕。就像我七八岁的时候一样。我和很多理性主义者说过这个，他们都觉得这太反逻辑了，不过，当我问他们会不会在一个冬天的晚上和一具尸体睡在同一间屋子里，他们便会发抖。每个人都害怕超自然。既然我们都害怕超自然，我们便没有理由不利用它。因为假如你害怕什么东西，你在害怕这桩事实，就说明你承认它确实存在。我们不会害怕不存在的东西。

《巴黎评论》：你是唯一一个写魔鬼的犹太作家。即使是希伯来文学也避免恶魔题材。

辛格：意第绪和希伯来文学都确实经受了启蒙的影响。从某种意义上讲，它们都是现代类型的文学。作家们在成长过程中，相信他们已经在中世纪里沉沦太久，也相信既然现代文学应当是理性和有逻辑的，他们就应当面对真实世界。对他们来说，当我刚开始写作时，我像是一个最反动的作家，一个想回到黑暗时代的作家。但是，如我所说，青年作家有时候是十分固执的。对你来说是黑暗，对我来说是真实。他们都为此而谴责我。但是今天，既然这种写作取得了一定程度的成功，他们也设法接受了它。因为你知道这个世界是怎么回事：如果什么事情能行，那它就能行。事实上，我并没有指望什么人能够对我那种写作感兴趣。我感兴趣，这对我就足够了。

《巴黎评论》：你对仪式和迷信这么感兴趣，那你对你自己有什么仪式和迷信吗——特别是有关你的写作和写作习惯？

辛格：我确实相信奇迹，或者说，天上的恩典。但是，我相信的是生活所有领域的奇迹，单单除了写作。写出好作品的唯一途径是埋头苦干。口袋里装一条兔子腿，靠这个是不可能写出好故事的。

《巴黎评论》：你是怎么动手写小说的？你是不是像一个记者那样随时都在观察？你记笔记吗？

辛格：我从来不出去寻找故事。我记笔记，但从来不是像记者那样。我的故事都是基于生活中发生在我身上的故事，而不是我走出去寻找它们。我记的唯一笔记是关于一个故事的想法。但这个故事必须有一个高潮。我不是那种写生活片段的作家。如果我有了一个故事的想法，我会把它写在我随时携带着的小笔记本上。最后，故事要求被写出来，然后我就把它写出来。

《巴黎评论》：除了写故事和小说以外，你还多年从事新闻行业。你还在给《前进》当记者。

辛格：是。我是一名记者。每个星期，我写一到两篇新闻文章。意第绪语新闻业和其他语言尤其是英语的新闻业有很大不同。在美国，一个记者要么完全处理事实，要么就政治局势发表评论。至于意第绪语报纸，虽然它是日报，实际上，也是个每日杂志。在《前进》上，我可以写关于生活是否有意义的文章，或者写你不应当自杀的文章，或者是关于小鬼和恶魔无处不在的专著。我们读者的习惯，主要是从广播、电视和每天晚上发行的英文报纸中得到新闻。当他早上买《前进》时，并不是为了新闻；他想读文章。所以，如果我是记者的话，我也不完全是那种比如说给《纽约时报》工作的记者。

《巴黎评论》：你认为给《纽约时报》那样的报纸工作，对于想写小说和故事的人是不是很好的背景？

辛格：我觉得，人，尤其是一个作家，任何信息对他都是有好处的。我觉得当记者对一个作家不会有坏处。

《巴黎评论》：你认识别的作家吗？

辛格：很少，因为在美国这儿我发现没有什么地方可以和他们碰头。住在波兰的时候，我曾经在作家俱乐部里出入。我每天都去那里。但美国没有那样的地方。我基本不认识别的作家。偶尔，我会在一个鸡尾酒会上认识一些作家，我也喜欢他们；他们是很好的人。但不知怎么的，我们从来没有超出那种点头之交。对此我觉得很遗憾。我想和其他作家更友好一些。

《巴黎评论》：很多当代作家都在大学里教书。你如何看待在写作的同时以教书为生？

辛格：我认为对一个作家来说，当记者是个比教书更健康的职业，尤其如果他教的是文学。如果教文学的话，作家习惯于时时刻刻地分析文学。有个人，一个批评家，告诉我："我从来不能写任何东西，因为我刚刚写下头一行，就已经在想写一篇关于它的文章。我已经在批评我自己的作品。"

作家同时又是批评家，又是作家，这样不好。如果他只是偶尔写一篇评论，甚至是写一篇关于批评的论文，这还没有关系。但是，如果他时刻进行这种分析，分析变成他每天的口粮，某一天这种分析也会成为他写作的一部分：一个作家，一半是作家，一半是批评家，这非常糟糕。他在为他的主人公写文章，而不是在讲故事。

《巴黎评论》：你能跟我们谈谈你写作的方式吗？你是不是每天都写作，一个星期写作七天？

辛格：哦，我早上起来的时候，总是有点儿想坐下来写作的愿望。大多数日子，我确实写点儿什么。可是，然后我就接到电话，有时候我得给《前进》写篇文章。偶尔，我得写一篇书评，我被人采访，我总是被人打扰。不管怎么着，我坚持写点儿什么。我不用逃走。有些作家说，他们只有到一个遥远的岛上才能写作。他们会跑到月球上去写，免得被人打扰。我觉得，被人打扰是人生的一个部分，有时候，被人打扰是有用处的，因为你中断了写作，你休息的时候，你在忙着做别的事的时候，你的视角会发生变化，或者视野会变得开阔。关于我自己，我能说的是，我从来没有像一些作家说他们自己那样，平平安安地写作过。不过，不管我有什么想说的东西，我坚持说下去，不管周围有什么干扰。

《巴黎评论》：你觉得写作最困难的是什么？

辛格：故事结构。对我来说，这是最困难的部分。如何安排一个故事的结构，使它有趣。实际写作本身对我来说倒容易一些。一旦我将结构安排好了，写作本身——叙述和对话——就自然地流淌出来了。

《巴黎评论》：大部分西方作品的主人公是超人，普罗米修斯的性格。而意第绪语小说、犹太作品的主人公，似乎是小人物。一个贫穷而骄傲、永远在挣扎的人。你自己的小人物的经典范例是傻瓜吉姆佩尔。这么多意第绪语小说的主人公是小人物，你认为原因是什么？

辛格：嗯，意第绪语作家确实不是在英雄观念中长大的。犹太人聚居区中，英雄很少——很少骑士、伯爵、决斗的人物，等等。至于我自己，我不觉得我是在按照意第绪语作家的"小人物"传统在写作，因为他们的小人物实际上是一个"受害者"——一个反犹主义、经济状况等等的受害者。我的人物，虽然他们不是在世界上发挥很大作用那种意义上的大人物，但他们仍然不是小人物，因为他们以自己的方式，成为有性格的人物、有思想的人物、有伟大的苦难的人物。傻瓜吉姆佩尔确实是个小人物，但他不是肖勒姆·阿莱汉姆笔下的特维那种小人物。特维是一种欲望很少、偏见很少的小人物。他想做的一切，就是谋生。如果特维能够谋生，他便不会被赶出自己的村庄。如果能将他的女儿都嫁出去，他就会是一个幸福的人。而在我这里，我大多数主人公都不会仅仅满足于一些卢布、或者是满足于得到在俄国或其他什么地方居住的许可。他们的悲剧不同。吉姆佩尔不是一个小人物。他是一个傻瓜，但他不小。小人物的传统，是我在自己的写作中回避的东西。

《巴黎评论》：如果你大多数作品涉及一个没有权力、没有土地、没有国家和政治组织，甚至没有选择职业权利的人民，而这些人却还有着伟大的道德反应和热忱的信仰，你是不是实际上在说，犹太人在受限制、受歧视的时候更好？

辛格：我觉得，毫无疑问，权力是很大的诱惑，那些有权的人，迟早都会陷入不公正。犹太人两千年没有任何权力，这对犹太人民来说是个好运气。他们拥有的那一丁点儿权力，也跟别的任何有权力的人一样，被滥用了。但是，将近两千年来，我们一直幸运地根本没有权力，所以，我们从来没有像那些有权力决定别人生死的人那样罪孽深重。不过，我提这一点，并不是为了讲道。我从来就不认识很有权力的人。除了我描述波兰人的时候，或者我偶尔描述一个富人，他的钱就是他的权力。但是，即便如此，这些人也没有富裕到能够行使很大权力的程度。

《巴黎评论》：阅读你的作品时，我不由自主地感到，你对仅有知识甚至智慧是否足够，存有严重的怀疑。

辛格：哦，在某种意义上讲，这是对的。意第绪语写作差不多完全是建立在启蒙思想基础上的。启蒙，不管它进步多大，都不可能带来救赎。我从来就不相信社会主义或任何其他主义能够拯救人类、创造出他们所称的"新人"。我和很多写这些东西的作家讨论过。我年轻时，刚开始写作的时候，人们真的相信一旦生产力归诸政府，"新人"就会应运而生。我因为自己够聪明，或者是够傻、够怀疑主义，所以知道这是胡言乱语；不管谁拥有铁路或工厂，人仍旧是一样的。

《巴黎评论》：你认为有什么东西可以拯救人类吗？

辛格：什么都不能拯救我们。我们可以取得很大进步，但我们会继续经受苦难，永远不会有终结。我们永远会发明新的痛苦的根源。说人会得到拯救的观念，完全是一种宗教性的观念，而且即使是宗教领袖，也没有说我们在今生今世就能够得到拯救。他们相信，灵魂将在另一个世界里得到拯救，相信如果我们在这里表现好，我们的灵魂就有希望进入天堂。在这个尘世中建立天堂的思想，不是犹太人的，当然也不是基督教的，而是一个完全希腊或者异教的思想。如犹太人所说，用猪尾巴，你不可能造出一只丝质钱包。你不能将人生拿来，然后突然把它变成一种极大的乐趣、海量的享受。我从来不相信这个，当人们谈起一个更好的世界的时候，我一方面承认条件可以改善，我也希望我们能够远离战争，另一方面，还是会有足够多的疾病、足够多的悲剧，人类还是会一如既往地以差不多同样的方式继续经受苦难。对我来说，做一个悲观主义者，就意味着做一个现实主义者。

我觉得，尽管我们有苦难，尽管生活永远不会带来我们想让它带来的天堂，我们还是有值得为之活下去的东西。人类得到的最大礼物，就是自由选择。确实，我们对自由选择的使用是有限的。但是，我们拥有的这一点儿自由选择，是一份如此伟大的礼物，它的潜在价值可以有如此之大，以致仅仅为了它本身，人生就值得活下去。从一种意义上来说，我是个宿命论者，但我知道，我们迄今为止所达到的这一水准，主要是因为自由意志，而不是像马克思主义者所相信的那样，是因为条件发生了变化。

《巴黎评论》：很多读者将你当作一个讲故事大师来景仰。另外一些人认为，你在你的写作中有一个目的，这个目的比仅仅讲故事要重要得多。

辛格：哦，我认为，将一个故事写好，是一个讲故事人的天职。

要呕心沥血，把故事讲对。我说的对，就是结构要对，叙述要对，形式和内容之间应当平衡，如此等等。但这还不是一切。每个故事中，我还试图说些东西，我试图说的东西，和我的这些思想多多少少是有些关联的，就是：今生和今世并不是一切，灵魂是存在的，上帝是存在的，死亡之后是有生命的。我总是回到这些宗教真理上，虽然从教条的意义上看，我并不是一个笃信宗教的人。我不恪守有组织的宗教的所有清规戒律。但是，宗教的基本真理离我很近，我总是在思考它们。我觉得，和大多数意第绪语作家相比，我更像一名犹太作家，因为我比他们更相信犹太人的真理。他们大多相信进步。进步成了他们的偶像。他们认为，人们要进步到这一程度，这样犹太人就会得到很好的待遇，他们也能够同化，和非犹太人混合，得到好工作，说不定哪一天还能当上总统。对我来说，这些希望都非常渺小、非常过时、非常狭隘。我觉得，我们真正的伟大希望在于灵魂，而不是在于肉体。在这个意义上，我认为我自己是一个宗教作家。

《巴黎评论》：有时候，读你的作品的时候，我会想起某些远东哲学家，比如说印度哲学家克里希那穆提。你受到过佛教或印度教作品的影响吗？

辛格：我读这些作家的作品太晚，没有真正受到他们的影响。但是，当我后来一些年间读到他们时，也就是不久前，我告诉自己，我尚未读过他们的东西的时候，就已经有过同样的思想。当我阅读《薄伽梵歌》的时候，它在我眼里是那么近，我差一点想到，我是不是前世曾经读过它。读到佛祖的言论和其他远东作品的时候，我也有这样的感觉。所谓永恒的真理，确实是永恒的。它们是在我们的血液中，在我们的本质里。

《巴黎评论》：有些评论当前状况的评论家，比较有名的有马歇尔·麦克卢汉，觉得我们几百年来所知道的文学是一种时代错误，觉得它在走向末路。他们觉得，由于电器娱乐、收音机、电视、电影、立体声录音、磁带和其他即将被发明的机械交流方式，阅读故事和小说，很快就会成为陈年旧事。你认为这是真的吗？

辛格：如果我们的作家不再是好作家，那当然会是真的。但是，如果我们有人具有讲故事的能力，那么，就永远会有读者。我认为，人类本性不会变到这个程度，使人们变得对想象的产品不再感兴趣了。当然，真实的事实、真正的事实，总是很有趣的。如今，非虚构作品发挥着很大的作用……倾听发生了什么的故事。如果人们到了月球，记者会告诉我们，或者电影会告诉我们，那里发生了什么事情，这些是比任何小说家能够写出的东西更有趣味的故事。但是，好的小说作家还是会有一席之地。没有任何一台机器、任何一种报道、任何一部电影，可以做托尔斯泰、陀思妥耶夫斯基和果戈理做过的事情。确实，诗歌在我们这个时代遭受了很大损失。但这不是因为电视或其他东西，而是因为诗歌本身变糟糕了。如果我们继续写很多坏小说，而坏小说家之间还互相模仿，那么，他们写的东西，就不会有趣，也不会被人理解。自然，这可能会扼杀小说，至少是在一段时间以内。但是，我不认为文学、好的文学，需要对技术有任何恐惧。恰恰相反。技术越多，对人脑在没有机器的帮助下能够创造出来的东西感兴趣的人，就会越多。

《巴黎评论》：那么，你会鼓励今天的年轻人将严肃写作当作一种生活方式？

辛格：涉及生意经，也就是写作的经济方面，我真不好说。有可能，有朝一日，小说家的稿费如此之低，他不能以此为生。对此我不知道怎么应答你。但是，如果一个年轻人到我这里来，我可以看出他有才能，然后他问我他是不是应该写作，我会说，接着写去吧，不要害怕任何发明和任何种类的进步。进步永远不会扼杀文学，就像它不能扼杀宗教。

《巴黎评论》：我们很难不注意到，在今天的美国，那些读者最多、最受尊敬的作家里，犹太作家的比例很高——你本人、索尔·贝娄、菲利普·罗斯、亨利·罗斯、伯纳德·马拉默德。即便是非犹太作家，也在写犹太主题，还出版了畅销书，比如说，詹姆斯·米切纳和他的小说《本源》。你认为"二战"以后犹太作家和犹太主题流行的原因是什么？

辛格：我认为，在几个世纪中，犹太人在文学中完全被忽略了。作家们总是用一种似曾相识的老套子写犹太人。犹太人要么是高利贷者，一个坏人，一个夏洛克，要么他就是一个穷人，一个反犹主义的受害者。换句话说，作家们或者斥责犹太人，或者可怜犹太人。因此，犹太人的生活方式，犹太人爱的方式，对人类来讲都是一个秘密。只是到了不久以前，犹太作家才像美国作家写美国人、英国作家写英国人那样写犹太人。他们讲述犹太人的所有事情，包括好的和坏的。他们不试图为犹太人道歉。他们不试图去斥责他们。我得说，正是因为人们对犹太生活有很多好奇心，犹太文学现在才这么流行。这并不说明，今后也永远会是这样。我相信，迟早都会平衡下来。有多少犹太人是好作家，有多少是坏作家，这个我不知道。我觉得我们出的好作家不像人们以为的那样多。我们有很多有能力的、有才能的作家，有很多有能力的人，但我觉得我们中的伟大的作家很少，就像在别的人群中间的伟大的作家也很少一样！任何地方，伟大的作家都很少很少。

（原载《巴黎评论》第四十四期，一九六八年秋季号）

ing
THE PARIS REVIEW

切斯瓦夫·米沃什

1980年诺贝尔文学奖得主
获奖理由:"因其以毫不妥协的敏锐洞察力表达了人类暴露于一个充满严重冲突的世界中的境况"

《巴黎评论》访谈发表时间:1994年

切斯瓦夫·米沃什

（Czesław Miłosz）

1911—2004

波兰诗人、散文家、翻译家、外交官，被视为20世纪最伟大的诗人之一。1960年应邀到美国加利福尼亚大学伯克利分校任教授，1961年起定居美国。主要作品有诗集《冬日钟声》《面对大河》、自传体小说《伊萨谷》、政论集《被禁锢的头脑》、散文集《旧金山海湾景象》等。

2004年8月病逝于波兰克拉科夫市。

切斯瓦夫·米沃什

◎李以亮/译

因为与周围环境失去和谐的联系，在这个世界上找不到家的感觉，因此，一个侨民、难民或移民——不管如何称呼他，假如他是一名艺术家，要他所置身的社会完全理解他，这是非常矛盾的。不仅如此，如果他想表达现代人生存的处境，他必生活于某种流放状态之中。

——切斯瓦夫·米沃什《论流亡》

诺贝尔文学奖获得者切斯瓦夫·米沃什认为自己是一个波兰诗人，因为他以母语波兰语写作，但他并非出生于波兰，也有半个多世纪不在那里生活了。尽管如此，这位感性的神秘主义者的诗却被镌刻在位于格但斯克的纪念碑上，同时还被印在纽约城市交通运输系统的海报上。

一九一一年，他出生在立陶宛。他的祖父是一个农民，有一点儿薄产。在米沃什的记忆里，那个时期立陶宛偏僻的农村代表着"神话和诗歌的故乡"。他的童年因第一次世界大战而被打断，其时他的父亲亚历山大作为一名道路工程师被沙皇军队招募。米沃什和他的母亲一起，陪着他的父亲，在靠近俄罗斯的战区，从事危险的桥梁勘察工作。

一九一八年全家人回到立陶宛。有几年，米沃什沉浸在青春期的

切斯瓦夫·米沃什一本笔记中的一页手稿

孤独之中，直到他开始在维尔纽斯接受严格的正规教育——维尔纽斯是立陶宛首都，当时处于波兰占领之下。他在二十岁出头时出版了第一本诗集《冰封时期的诗》，一九三六年出版第二本诗集《三个冬天》。米沃什在维尔纽斯大学获得法学学位，然后依靠奖学金在巴黎度过了一年时间。在那里他遇到了他的一个远房堂兄、法国诗人奥斯卡·米沃什（Oscar Miłosz），后者成为他的导师。

维尔纽斯建立的苏维埃政权最终迫使米沃什逃离了他的青春之城。他逃到纳粹占领的华沙，在那里加入了社会主义者的抵抗运动。在那个时期，米沃什反抗纳粹的诗歌选集《不能征服的歌》在华沙的地下出版社出版；他还写下了《世界（一首天真的诗）》和组诗《可怜人的声音》。在华沙被纳粹摧毁之后，米沃什在克拉科夫城外住了一段时间，国家出版社出版了他的一卷本诗歌选集《救援》。

战争的结束带来了更多的混乱。米沃什在波兰共产党政府担任文化专员，服务于驻纽约和华盛顿的波兰大使馆。一九五一年他与波兰政府决裂，在法国寻求政治庇护，虽然这意味着必然切断与波兰读者的联系。在法国的十年，他与强烈支持社会主义和共产主义的知识分子阶层意见不合。这一时期他写了两部小说《夺权》和《伊萨谷》，以及他最著名的书《被禁锢的头脑》，研究极权主义思想危险的吸引力，同时刻画了一系列被极权主义思想诱惑的朋友的肖像。作为西蒙娜·薇依的拥趸，他将她的文章译成了波兰语。他还写作了两本诗集，以及一本精神自传《故土：对自我限定的寻找》。因为作品在波兰被禁，米沃什的诗由巴黎的文学机构出版。

一九六一年，五十岁时，米沃什更进一步走向西方，开始了一个新的职业，在加州大学伯克利分校成为一名斯拉夫语言和文学的教授。虽然只是一个小院系不知名的一员，他最终却因讲授有关陀思妥耶夫斯基的课程而大受欢迎，而对于那些大学之外的读者，米沃什是兹比格涅夫·赫贝特诗歌的译者。直到一九七三年，米沃什的精选诗集才以英语出版。一九七八年出版《冬日钟声》，此后被授予了诺贝尔文学奖。一九八一年，在离开三十年后，他首次回访波兰；一九九二年，即在离开五十二年后，他第一次回到了家乡立陶宛。

获得诺贝尔奖之后，米沃什出版了多部散文集和诗歌作品。他的诗和散文集，包括《旧金山海湾景象》《从我的街道开始》《乌尔罗之地》，以及诺顿讲座文集《诗的见证》。他的《诗选》在一九八八年出版，其中包括《不可企及的大地》的一部分。紧随其后出版的是他的另一本诗选《省份》，还有他一九八八年的日记《猎人的一年》（一九九四年出版）以及诗集《面对大河》（预计一九九五年出版）。米沃什一年之中大部分时间住在伯克利，夏季有部分时间生活在克拉科夫。

这次采访的主要部分是在米沃什家里进行的。他的家在伯克利山上，俯瞰着旧金山湾，他和妻子卡罗尔住在那里。他们有一只猫，名叫泰尼。本文另有一部分，是在位于纽约第九十二街的希伯来青年会的翁特贝格诗歌中心举行活动时面对现场观众的录音。第一部分，在伯克利的访谈，连续进行了四小时，直到诗人看了看手表，然后好心地瞧了瞧他疲惫的对话者，说："六点了，是时间喝点伏特加了吧？"

——访谈者：罗伯特·法根[①]，一九九四年

《巴黎评论》：在五十二年后，最近你首次回到了立陶宛。那里怎么样？

切斯瓦夫·米沃什：这是一次动人的经历。我受到了非常真诚的接待，作为一个土生土长的儿子。我被授予考纳斯大学的一个荣誉学

[①] 罗伯特·法根（Robert Faggen, 1960— ），美国学者、文学评论家，现为加州克莱蒙特·麦肯纳学院文学讲席教授。

位,然后参观了我的家乡,在那里我受到一个身着农民服装的边境地区代表团的欢迎——这在该地区是一个相当大的事件。我成为那里的荣誉市民,在我受洗的木结构教堂里参加了弥撒仪式。但是,许多村庄消失了。我不得不想到,大量的居民被驱逐到了西伯利亚。有一些干净的、红砖墙的小城镇。我访问了我出生的地方,但是那里没有房子,只剩一个公园光秃秃的残余物,河也被污染了。

《巴黎评论》:当你在立陶宛时,是什么样的文学塑造了你的想象力?

米沃什:请想象一个没有收音机、没有电视、没有电影的世界。我的童年就是欧洲的一个偏僻地方。那时书籍的影响力远远大于现在,我从祖父的图书室获益良多,那里主要是一些十九世纪的书。唯一的地图册是过时的,非洲中部有很大一个白点。时间的神秘不是由马塞尔·普鲁斯特向我透露的,而是詹姆斯·费尼莫尔·库珀[①]。像费尼莫尔·库珀这样的作者,当时非常受欢迎,适合儿童阅读的删节本和有些混乱的版本。比如,史诗般的《打鹿将》被压缩成一卷。不过,它给我留下了巨大的印象,因为它是真正的故事,关于一个年轻猎人逐渐成熟,然后在他从东到西逐渐进行冒险的过程中,成为一个老人。他的悲剧在于,他是一个流放者,但是他无法逃离文明。我也阅读那些在美国从未听说过的作者,如托马斯·梅恩·里德(Thomas Mayne Reid)。他是爱尔兰人,作为一个猎人、教师,在美国度过了一段时间,后来,他成为一个儿童书籍的作者,生活在伦敦。他的书充满各种各样的植物、动物、鸟类——每一种都有一个确定的拉丁文名字。这对我来说至关重要,因为当时我想成为一个鸟类学家。我知道所有那些鸟类的名字及其对应的拉丁文。我也读过卡尔·梅(Karl

---

[①] 詹姆斯·费尼莫尔·库珀(James Fenimore Cooper, 1789—1851),美国作家,代表作有长篇小说系列《皮袜子故事集》、长篇小说《打鹿将》等。

May），他受到整个欧洲小男孩的喜欢，作品被译成所有欧洲语言，但在美国不为人知。他是德国人，因为债务坐牢，在监狱里写作历险小说。

　　后来，当我生活在维尔纽斯时，我常常看电影。在这方面，我的教育就像现在美国的孩子一样。玛丽·碧克馥、莉莉安·吉许、巴斯特·基顿、查理·卓别林以及后来的葛丽泰·嘉宝，都给我留下了深刻印象。在儿童读物和开始更成熟的阅读之间，很难画一条界线。但是，因为我在偏僻乡村度过的童年，因为这些十九世纪的书籍，我总是被有关自然的书籍迷住，特别是那些带插图和彩色木刻版画的书——奥杜邦（Audubon）、亚历山大·威尔逊（Alexander Wilson），等等。这些书定义了我对自然的态度。

　　《巴黎评论》：自然有什么迷住了你？

　　米沃什：我的大英雄是林奈，我喜欢他发明的命名生物的系统，他以那种方式抓住了自然的本质。我对自然的惊奇，很大程度上就是迷恋它们的名称和命名。但我同时也是一个猎手。我的父亲也是。今天我深感羞愧杀死过一些鸟类和动物。现在我不会这样做，但在当时我很喜欢。我甚至是一个动物标本的剥制者。在高中时，大约十三四岁，我发现了达尔文和他的自然选择理论。我被迷住了，并在我们的自然科学俱乐部做过关于达尔文的演讲。然而，与此同时，虽然我读的是一所公立学校，神父仍然是非常重要的。所以，一方面我学习宗教、教会史、教义学和护教学；另一方面，我也学习科学知识，它在根本上是破坏宗教的。我最终背离了达尔文主义，因为它的残酷性，虽然起初我拥抱了它。在我看来，"自然"是一幅更优美的画。

　　《巴黎评论》：在一个博物学家对自然的欣赏和一个诗人对自然的欣赏之间有联系吗？

米沃什：大卫·瓦格纳（David Wagoner）写过一首诗，题为《〈美洲鸟类学〉作者描绘一种现已灭绝的鸟》。它是关于亚历山大·威尔逊的一首诗；威尔逊曾经是美国主要的鸟类学家，他射击、打伤了一只有象牙喙的啄木鸟，他不停地画它，因为对他来说，那是一个全新的标本。这只鸟在他的房子里慢慢地死去了。威尔逊解释说，他必须杀死这只鸟，这样，它们就可以活在他的书里。这是一首非常戏剧性的诗。所以，科学与自然的关系——我也怀疑艺术的本质，都是科学家头脑和艺术家头脑的一种结合，他们心中都有一种想要把握世界的热情。我更关心的是由于科学的影响而导致的宗教想象力的侵蚀。它触及我们这个时代一个基本问题的根源——当代人在以宗教方式思考上的无能。我也一直受到托马斯·默顿[①]的影响，我和他保持通信多年。我们主要讨论宗教和自然问题。我指责他过于乐观，很大程度上代表了美国人对自然的态度。

《巴黎评论》：所以，你接受的天主教信仰，超过了科学的影响？

米沃什：噢，是的。但麻烦的是，写作宗教诗歌在二十世纪是非常困难的。我们在很大程度上处于一个后宗教的世界里。我与当今教宗有过一次谈话，他评说过我的部分作品，特别是我的《诗的见证》。他说，你总是向前走一步，然后向后退一步。我说：圣父，在二十世纪该如何以不同的方式写作宗教诗歌呢？

《巴黎评论》：他怎么说？
米沃什：他笑了。

《巴黎评论》：在你的书《乌尔罗地》里，你向你的堂兄奥斯

[①] 托马斯·默顿（Thomas Merton，1915—1968），美国作家、诗人、神学家，是一位天主教修士，代表作为自传《七重山》。

卡·米沃什提出了那些问题,并且说明了它们对于你的重要性。他在多大程度上影响了你的创作?

米沃什:就风格而言,我意识到他的影响是危险的。他的风格是后期象征主义,那时我觉得,那属于不应该模仿的东西。但是他神秘作品的精髓,《使徒书信》和《大艺术》——即世界的创造是通过非物质的光转化成物质的光——对我来说非常重要。他直觉性的构想,的确早于爱因斯坦,是一种相对论的宇宙学——其时还没有空间、没有物体、没有时间;此三者,在他关于运动的想象中结合在了一起。

《巴黎评论》:你曾经写过一首献给爱因斯坦的诗。

米沃什:我认识爱因斯坦。事实上,我非常崇拜他。我的堂兄奥斯卡·米沃什认为,爱因斯坦的相对论开辟了人类的一个新纪元——一个和谐的时代,科学、宗教和艺术之间达成了和解。爱因斯坦的发现,其积极的结果取消了牛顿式的无限时间和空间,而引入了时间和空间的相对性,它蕴含了一种新的宇宙学及宇宙大爆炸的概念。我带着无比的崇敬接近爱因斯坦,所以我为他写了一首诗。当时,他确信因为原子武器,世界在走向毁灭,认为唯一的解决办法是建立一个世界政府来控制武器。在一九四八年,他依据这个精神,写了一篇论文,寄给在波兰弗罗茨瓦夫召开的世界知识分子大会。但大会只是一个斯大林军备政策的前线,俄国人反对宣读那篇论文。就是在那个时候,我询问爱因斯坦,我应该回到波兰还是待在国外。他认为我应该回去,非常坦率。

《巴黎评论》:你和他见面的情况怎样?

米沃什:其时,我是波兰驻华盛顿大使馆的一名专员。对我来说,这是一个困难的时期,正在犹豫是否与当时的波兰政权决裂。当然,爱因斯坦流亡于美国,于是,我向他寻求权威的意见。一天,我没有直接开车从纽约到华盛顿,而是转向去了普林斯顿。当然,我知道爱因斯坦住在那里。尽管我常有反讽感,我的天性却使我想要寻求一个可以崇敬和赞美的人。爱因斯坦一头白发,灰色长袖衫上别着一支钢笔。他的手和声音很柔和,完全符合我所需要的一个父亲的形象,一个引导者。他极有魅力,热心快肠。他反对我成为一个流亡者。他与我说话的方式,是从情感层面出发的,他说,你不能与你的国家决裂;一个诗人应该回到自己的故国。我知道这是困难的,但是事情必须改变。它们不会永远像那个样子的。他乐观地认为,那种统治会过去。作为一个人道主义者,他认为,人是一种理性的生物,虽然我这一代人看到,人更多是作为某些邪恶力量的玩物。于是,我离开了他位于普林斯顿莫色尔大街的房子,有些木然地开车走了。我们都渴望最高的智慧,但是,最后我们还是不得不依靠自己。

《巴黎评论》:你是从什么时候开始想成为一个作家的?

米沃什:我在高中时开始写作,虽然这不能算是一种表达自己的尝试——只是形式的练习,缺乏激情,我想,我是受到十六世纪法国七星诗社诗人的影响,那是我从法国文学教科书上读到的——约希姆·杜贝莱(Joachim du Bellay)、雷米·贝洛(Remy Belleau)、皮埃尔·德·龙沙,等等。说我想成为一个诗人,这是不准确的。我只想与我的环境保持冲突,采取消极的态度,福楼拜所谓"保持对资产阶级的仇恨"。我想要一种不同的风格,以不同的方式生活。

《巴黎评论》:维尔纽斯是你的青春之城,它一再出现在你的写作中。

米沃什:它有非常持久的影响。我看到在外省小城长大的巨大优势。它给我带来一个不同的——也许是一个更好的——视角。当我发现自己身在国外的时候,我试着将维尔纽斯和立陶宛介绍给西方读者，这是困难的，因为这座城市在本世纪已经易手十三次。那里有着不同的种族、教派、语言，就像萨拉热窝。我一直被发生在波斯尼亚的事情深深地触动，因为我理解那里所有的种族冲突。

《巴黎评论》：但在你近年来的诗歌中，对历史的兴趣越来越少。

米沃什：是的，很明确。在波兰团结工会时期，当宣布实施戒严法时，我发表了一篇文章，题为《唉，高尚的头脑》。在其中，我警告说，在对戒严法一致的抵抗中，文学和艺术创造了某种被夸大的集体精神气质，那是危险的，因为它排除了其他人性的考虑，专注于当下的斗争。当时，知识分子和教会之间存在一种协议，它给许多文学艺术团体提供庇护。我的文章已经成为某种预言性的东西，因为国民的统一在过去几年里已经瓦解。年轻一代无法忍受诱人的崇高道德理想的出现。我很同情理想主义者，我深知，我的宗教地位是立足于一个天主教教徒。但是，我非常不喜欢把教会作为一个政治机构。

《巴黎评论》：早年，你是一个被称为"灾祸派"的文学团体中的一员，你们的世界观和诗学实践，被称为"灾祸主义"。

米沃什：我是那个团体的创始人之一。我们不知道自己是灾祸主义者。那是后来文学评论家的一个命名。那些年——一九三一年到一九三三年——是绝望的岁月。现在，我很疑惑，一种绝望的历史观，是否由于个人倾向于悲观主义或者悲观主义正好反映了一个历史时期的氛围。无论如何，那是欧洲一个可怕的时期。魏玛德国的文学是虚无主义的，充满讽刺、仇恨。苏联二十年代的文学，在社会主义现实主义被引入之前，也是极其残酷和消极的。有一些作家，比如绥甫林娜①、伊利亚·爱伦堡，他们当时就生活在巴黎。爱伦堡的虚无

---

① 莉迪亚·绥甫林娜（Lidiya Seifullina, 1889—1954），苏联记者、剧作家、小说家，代表作有短篇小说《肥料》《维丽尼亚》等。

主义小说迅速被翻译成了波兰文。所以文学情绪非常悲观、非常消极；同时，政治消息也非常多——希特勒在德国、斯大林在俄罗斯掌权。这些当然影响了我们的团体。我们大学的校长马利安·兹切霍夫斯基（Marian Zdziechowski），一个老教授，也影响了我们，他也是极其悲观；他写过一本叫《面对末日》的书，其中预言欧洲很快将被两种极权主义力量毁灭。幸运的是，他在战争于一九三九年爆发之前就去世了。还有一些极其悲观的波兰作家，尤其是斯坦尼斯瓦夫·伊格纳齐·维特凯维奇①，对于前景也是一个灾祸论者。所以，我们的诗歌表达了一个预感——一种关于恐怖的超现实主义的预言。它就像卡珊德拉的声音。我们想到了一种宇宙的灾难，而不是一个明确的政治灾难。之后，在华沙被纳粹占领时期，出现了一群非常年轻的诗人，对于他们来说，极点、末日天启，当然就是纳粹的占领。对于我们来说，它不是；它只是更大的灾难的一部分。

《巴黎评论》：你加入了华沙的抵抗。你出版了——或者主要编辑了——一部反抗纳粹的地下诗歌选集。战争岁月对你的诗歌产生了什么影响？

米沃什：作为一个诗人，我深感不安，因为我明白，诗歌不能如其所是地描绘世界——形式的惯例都是错误的。所以，我寻找不一样的东西。但同时，我写了一个长篇作品，由一组短诗组成，也就是《世界（一首天真的诗）》那部作品，一首组诗——虽然那时对于它，我不是太有自觉意识——就像布莱克之于《天真之歌》。我认为世界非常可怕，这些天真的诗歌是我的回答——我想说，世界应该是怎样的，而不是像它当时那个样子。《世界》是关于发生了什么的诗，它

---

① 斯坦尼斯瓦夫·伊格纳齐·维特凯维奇（Stanislaw Ignacy Witkiewicz, 1885—1939），波兰作家、画家、哲学家、摄影师，与布鲁诺·舒尔茨、贡布罗维奇并称波兰"先锋文学三杰"。

是一部深刻的反讽之诗。

《巴黎评论》：那就是副标题"一首天真的诗"的意义之所在。

米沃什：这首诗正如一本给孩子读的关于泰迪熊的纯小说。当批评家和读者把它当作关于爱、信念、希望的诗歌，当作所谓积极的诗歌，并要求波兰学生阅读时，它让我深感不安。我收到了在学校里阅读、背诵了这些诗的孩子们的来信——这些诗，它们实际上是挖苦性的。

《巴黎评论》：在《世界》的其中一首诗里，你写道："我们和鲜花把影子投在地上／那些没有影子的事物没有活下去的力量。"

米沃什：在这些句子背后，有一些托马斯·阿奎那的意味，他断言事物的客观存在。这是某种天真的诗——相信一朵花、一条河流和一座花园的真实。我那个时期的诗歌包含双重的探求：一个是对于天真之恩典的探求——"天真的"诗歌——另一个，见之于《可怜人的声音》那一组，探求的则是如何直面纳粹占领。同时还有一些中国诗歌的影响，当时我正在阅读它们，为了色彩，单纯的色彩。

《巴黎评论》：你是怎么碰巧接触到中国诗歌的？

米沃什：在华沙，我买了一本诗歌选集《中国笛音》。它不是根据中文，而是根据法语翻译的。诗歌提供了清晰的意象，特别是强烈的色彩，我可以将它们注入一个黑暗的、被纳粹占领的黑色和红色的世界。从那时起，这两种颜色，黑与红的组合，对我来说，一直就是不祥的。

《巴黎评论》：哪些亚洲诗人最引起了你的兴趣？

米沃什：那时，我并不太了解个别的诗人。那是后来的事，通过我对美国诗歌的兴趣。如你所知，从古老中国和日本翻译的诗歌，对于现代诗歌的发展发挥了突出的作用。这方面，庞德是一位先驱：意象派诗人受到亚洲文学强烈的影响。所以，我受到的影响是一个渐进的过程，很大程度上，主要还是因为我创作的一些哲学前提。

《巴黎评论》：比如？

米沃什：好吧，我不希望听起来过于理论化，但是，我反对现代诗歌里完全朝向主观化的某些倾向。在亚洲诗歌里，有某种主体和客体之间的平衡，这在西方诗歌里很少实现。在我所从属的诗学传统中，历史起着重要的作用，我的诗在很大程度上涉及某些重大事件、历史悲剧的转换。中欧的传统是，个体很弱小，完全不同于西方国家，而西方非常强调个人。在我停止处理二十世纪的大悲剧后，我想找到一种平衡。我并不想写纯粹个人化的感知，这在今天许多的诗歌里是非常典型的，它们都是通过一个非常个人的角度来看世界，因此经常难以理解。我意识到，个人的弱点在诗歌里没有什么好处，而过度的个人主义也是很危险的。

《巴黎评论》：然而，在《不可企及的地球》里，你表达了对惠特曼这样一个强大的自我主义者的赞赏，并收入了对他的许多诗作的翻译。你如何看待他对自我的表现？

米沃什：惠特曼是一个非常特殊的案例，因为他创造了一个人格面具。那个人格面具在说话；然而，在惠特曼和他在诗歌中模仿的复杂人格面具之间，存在一定的距离，后者大不同于诗人，他天真地相信，他在特定时刻感知的一切都能吸引读者。当然，惠特曼是一个极其复杂的诗人，混合了"好的"和"坏的"，正如我的堂兄奥斯卡·米沃什曾经说过的那样，这是一切伟大诗歌的药方。当我们今天阅读大量的惠特曼诗歌时，我们会跳过许多天真的东西，特别是那些长长的列举。对我来说，惠特曼是这样一个诗人，从他那里，你可以"切出"很多优秀的短诗——他是一个极其丰富的诗人。

《巴黎评论》：对于惠特曼传统的现代继承人艾伦·金斯堡，你也很赞赏。

米沃什：我的诗《致艾伦·金斯堡》是很微妙的。在他的一个诗歌朗诵会后，他走到我面前，说："我猜，你也许并不像你所展现的自己那样一本正经。"我对金斯堡的态度是矛盾的。他的《卡迪什》在某种程度上是一部非常可怕的作品，但是，非常大胆。作品叙说一个母亲的精神错乱，描述其不同的阶段……这令人难以置信。我一直公开抨击那种个人化的轻率。我感到震惊，又有点嫉妒金斯堡的大胆，这就是我在诗中想表达的东西。

《巴黎评论》：我注意到，在《不可企及的地球》里，你收录了惠特曼的诗《火花从砂轮上四处飞溅》。惠特曼在那首诗中使用了一个绝妙的词，"被忽视的（unminded）"，暗示一种未被注意又超然于一个人的注意的状态。这也是你在自己的诗歌里所做的。

米沃什：是的。一种反讽。让我们称之为浪漫的反讽吧。一个人常常同时一方面参与，而一方面又在观察：当一个人从楼梯上跌下来时，同时会感到这个样子很是好笑。我感到，当一首诗过于一般和普遍化时，它就会滑向某种感伤的自白，我想再说一句——不是什么形式的设计，更应寻求的是诚实。这种反讽是整体性的，对于我的写作来说，甚至很难把它和具体的过程分离开来。

《巴黎评论》：在你的《诗的艺术？》一诗里，你说，诗歌的目的在于提醒我们，一个人要保持自我是多么困难。

米沃什：我的诗歌一直被称为复调，也就是说，我有许多说话的声音；在某种程度上，我认为自己是一种乐器、一个中介。我的朋友让娜·赫什（Jeanne Hersch），曾经把我介绍给存在主义哲学家卡尔·雅斯贝尔斯，她喜欢说"我从来没有见过一个人如此像一件乐器"，她的意思就是说，我被多个声音拜访过。在这一点上，没有任何天外来客式的东西，只与我内心的东西有关。在这一点上，我是孤独的吗？我不这么认为。陀思妥耶夫斯基，与弗里德里希·尼采一道，是第一个认识到现代文明危机的作家：我们每个人都被互相矛盾的声音、互相矛盾的身体冲动拜访过。关于维持自我的困难，关于这样一些客人进来、让我们成为它们的乐器，我写过一些作品。但是我们有必要期望能受到良好精神而不是邪恶精神的鼓舞。

《巴黎评论》：你自视为一个中介，却是一个可疑的中介。你这样说的意思是什么？你是何物的中介？

米沃什：回想起来，我认为我写下的一切，都是被口授于我的东西，我只是一个工具。我不知道我是何物的一个中介。我宁愿相信我是神的一个工具，但这样说，是狂妄自大的。所以，不管它是什么，我宁愿称它为"我的守护神"。我写了一首新诗描述这种关系：

> 我的守护神，请稍事休息，
> 我即将结账，而我还有太多话说。
> 你有节奏的低语吓着我了。
> 比如今天，我阅读，关于我再次看见的
> 某个老妇——让我们称她为"普里西拉"，
> 虽然我惊讶我还可以给她一个名字
> 而人们不会在意。就是那个普里西拉，
> 她的牙龈状况不佳，一个老巫婆，
> 我再次见到的那个人，为了赞美

>为了致敬她永远的青春,我想引入一条河,
>青山,雨后湿润的彩虹
>以及一段谈话。"你知道",我说,
>"我永远不会知道你的头脑里是什么
>而且永远猜不到。我有一个
>不会被回答的问题。"而你,我的守护神,
>就在此刻,干扰、打断了我们,
>嫌恶我们名字和姓氏及所有的现实,
>毫无疑问,你认为它们太乏味、太可笑了。

所以,这声音包含了我通过时间和距离而对往昔的提纯。它阻止我过于现实、过于平凡地写我自己的生活。我转向了另一个维度。

《巴黎评论》:回到你的早年,你是华沙起义和大屠杀的见证者,但是,关于它们,你所写的相对较少。

米沃什:我不时被要求朗读我的诗作《鲜花广场》,关于"苦难"的作品。最近,我拒绝了一个征求许可的请求,不让转载我关于那些事件的诗。我不想被人称为一个专业的哀悼者。

《巴黎评论》:作为一个流亡者,你生活在巴黎。你的诗《经过笛卡尔街》把巴黎描述为这样一个城市:它信奉许多你所说的"漂亮的理念"——那些既天真又残忍的理念。

米沃什:巴黎当然不是为一个来自东欧的人准备的地方。在巴黎,我经历了两个阶段。在一九五〇年,我是波兰大使馆的随员,参加有保罗·艾吕雅和巴勃罗·聂鲁达出席的派对。随后,在我与波兰政权决裂后,我是作为一个难民生活在那里。当时,法国知识分子完全爱上了共产主义和斯大林。任何像我这样来自东欧而不满的人,都

被认为是疯子或美国的代理人。法国人认为，他们所谓的"普遍思想"（ideés générales），对于整个地球都是正当的——我认为，它们都只是些漂亮的观念，但几乎不现实。在那时，欧洲的政治气候是阴沉的；数以百万计的人被投入古拉格，他们的苦难污损了欧洲的气氛、欧洲的空气。我知道发生了什么。西方世界还必须等索尔仁尼琴写出《古拉格群岛》才能了解它。

《巴黎评论》：你的观点给你造成麻烦了吗？

米沃什：这不是一个秘密。当我回到华沙时，政府拿走了我的护照。他们不希望我回到巴黎继续从事我的外交工作。护照最终还给了我，然后，我与之彻底决裂成为了流亡者。一个俄罗斯女人，她是一个外交部长的妻子，一个非常热心的共产主义者，她说，在我看来，一个诗人应该留在自己的国家，但是既然你已经做出相反的决定，就要记住，你有责任反对他。这样说是很危险的。但是，我觉得有义务说出来。我当时与阿尔贝·加缪关系很友好，但让-保罗·萨特和他的那个团体在围剿他，试图摧毁他，因为他在《反抗者》和其他文章里提到了在苏联存在集中营。因为我的观点的缘故，能够翻译我的作品的人也拒绝了。他们说，如果他们那样做，他们会被排斥。所以，我当时处于一个非常困难的境地。

《巴黎评论》：诗歌是哲学的适当领域吗？

米沃什：这取决于是什么样的哲学。

《巴黎评论》：你认为什么样的哲学适合你的诗歌？

米沃什：有一些哲学让我想起在晚上开车的情况，有一只兔子在车灯前面跳。兔子不知道如何摆脱光束，它向前跑。我感兴趣的是那种在此情形下对兔子有用的哲学。

《巴黎评论》：那只兔子的希望不是太大。当你还是一个学生时，你随身背包里带着一本关于教会的历史书，你似乎对摩尼教的异端学说特别感兴趣。

米沃什：摩尼教的观点不只是异端。在很长一段时间里，它是一个确立的宗教。从根本上说，它认识到邪恶的巨大力量，消解了古典神学关于"邪恶是善之缺乏"的解释。在那些时期，邪恶的力量，被广泛地看成人类社会的一种共同的结果，以及个别人类灵魂的组成部分。当代无神论者的观点——一个仁慈的上帝不会创造如其所是的这么一个世界——在本质上是非常摩尼教的。虽然它不一定是我的观点，但我意识到这是一个有效的论点；我很担心在我的诗歌里存在着邪恶。西蒙娜·薇依，她是一个非常强大的决定论者，也认识到邪恶的力量，这是我对她的思考感兴趣的主要原因。她还接着说，在人里，只存在"一粒恩典的芥菜种"。

《巴黎评论》：在你题为《歌》的一首诗里，女人渴望"没有生锈的种子"。你和薇依，似乎都是意指《马可福音》中的芥菜种。

米沃什：是的。一粒芥菜种，的确是恩典和善良、神的王国——与世界相比，很小。这是薇依的信念。那时吸引我的另一个作家列夫·舍斯托夫，他认为整个世界是由必然法则（laws of necessity）统治着。他反对斯多葛哲学。一个斯多葛主义者，无论是在古代还是在现代，会说，默默忍耐吧。但是，我们为什么要逆来顺受呢？舍斯托夫的观点是，恰恰相反，我们应该反抗，大声喊"不！"。他在那本非常有力的书《雅典和耶路撒冷》中所描写的约伯，与希腊斯多葛哲学截然不同，舍斯托夫的约伯会大声喊"不"。

《巴黎评论》：你认为上帝从旋风中对约伯的回答是充分的吗？

米沃什：不充分。它不是充分的。

《巴黎评论》：你认为约伯的神和《新约》的神是两个不同的神？

米沃什：我不知道。我想，我们已经进入了没有答案的领域。

《巴黎评论》：诺斯替教对待早期基督教精神的复杂性，是强调借由知识而拯救，而不是信仰。你对诺斯替教的兴趣，与你的诗歌如何相关？

米沃什：在基督教最初的几个世纪里，这个新的宗教，在很多方面，对于受过教育的人而言被证明是不够的，所以诺斯替教变得普遍起来。对于受过教育的人，那时，诺斯替教所做的，就像诗歌在今天所做的。但是，诗歌不应沦为单纯的唯美主义。在最重要的情况下，诗歌是对于人类在宇宙中位置的探索。自人类的堕落起，善与恶一直就是人的属性。最大的问题是：在那一刻之前，亚当和夏娃生活在哪一种状态下？"原罪"是一个巨大而极其困难的哲学问题。列夫·舍斯托夫说，而且我同意，这一问题是不同寻常的，而且几乎不可想象，那些原始的牧羊人如何能够想出一个如此神秘的神话，乃至一代又一代的人对它绞尽脑汁，直到今天仍然想不明白。

《巴黎评论》：在诗歌里你一直抓着一个问题：一个好的上帝如何允许这个世界上存在邪恶。我们能够通过理性、通过诗歌，为神辩护吗？

米沃什：舍斯托夫说，有一些问题不应该问，因为我们没有答案。西蒙娜·薇依为矛盾性辩护，通过她所称的"超然存在的杠杆"。我自己一直很矛盾；我是由矛盾组成的，这就是为什么，对于我来说，诗是比哲学更好的形式。

《巴黎评论》：西蒙娜·薇依对宗教里廉价的安慰充满怀疑。

米沃什：她是一个非常严苛的人，很少容忍人类的弱点，对她自己尤其如此。在某种程度上，她是一个纯粹的苦行者。比如，她把想象力的作用视为恶魔的运作而剔除，认为那是身患致命疾病而自认会变得好起来的人的幻想。可是，怀抱对于奇迹般治愈的希望，这是非常人性的。为什么因此拒绝它呢？在所有人性的事情上，我们都应该允许存在那样的慰藉。

《巴黎评论》：你的朋友维托尔德·贡布罗维奇曾经在他的日记里写道："米沃什在经受冲突、折磨，以及以前的作家完全不了解的怀疑。"你同意他吗？

米沃什：是的，我同意。他特别提到我的那本《被禁锢的头脑》，尤其是我与本世纪的恶魔——对历史必然性的黑格尔式信念，认为历史沿着注定的路线发展——所进行的斗争。我写《被禁锢的头脑》，是为了解放自己，找到反对那种哲学的论据。这可能就是为什么他说我所进行的斗争，对于以前的作家来说是前所未知的。

《巴黎评论》：你认为什么有助于那种解放？

米沃什：我的小说《伊萨谷》，其中并没有什么政治性的东西。情节发生在大约一九二二年的立陶宛农村。它讲的是一位神父，他有一个情妇自杀了，那个教区开始闹鬼。我最近参观了那个教区，这是我离开五十多年后第一次回到立陶宛。那个姑娘的坟墓位于当地的公墓，在我受洗的同一个教堂附近，那里发生了许多我在小说中描述的事情。但是这部小说不只是关于童年的回忆，而是一种哲学小说，关于魔鬼、关于从历史必然性与自然的残酷性中实现自我解放的渴望。

《巴黎评论》：自那以后，你就没有兴趣再写小说了。你跟这种体裁似乎有不和。为什么？

米沃什：小说是一种不纯的形式。我在伯克利教授陀思妥耶夫斯基二十年了。一个天生的小说家，他可以牺牲一切；他不理会维护名誉的义务。他会把任何东西放进一部小说。陀思妥耶夫斯基在《白痴》里创造了一个角色，伊沃尔金将军，他是一个骗子，一直在讲故事——说他在战争中如何失去他的腿、他如何埋葬他的腿，然后他在墓碑上刻了什么。碑文其实取自陀思妥耶夫斯基母亲的坟墓。这里，你发现他是一个真正的小说家。我做不到这样。

《巴黎评论》：尽管小说这种体裁不适合你，你却很欣赏托马斯·曼，甚至写了一首叫《魔山》的诗。

米沃什：当我还是一个学生时，我对《魔山》就有非常深刻的印象。里面有一个角色，纳夫塔，他是一个耶稣会会士、一个极权主义者、一个启蒙运动的敌人。我着迷于他。我有很强的左翼极权主义倾向，我被纳夫塔对启蒙运动的怀疑所吸引。虽然在今天，我可能会站在小说里纳夫塔的对手登布里尼那一边，后者代表了启蒙运动的精神。但是，我关于人类的洞察，比登布里尼更为灰暗。

《巴黎评论》：在被占领时期，你将艾略特作品从英语翻译成了波兰语。他的作品有什么吸引你的地方？

米沃什：《荒原》充满灾难的元素。当时，在被占领的华沙，它有某种力量，充满了崩溃城市的意象。这让异乎寻常的阅读像从燃烧的犹太人区发出的火光，照彻天空。它是一首深刻的讽刺诗，甚至可以说是一首辛辣的挖苦诗。它于我的想象而言，是完全陌生的。但在《四个四重奏》里，我们看到的情况则是特殊而罕见的，我们看到一个人，经过许多挣扎之后，成功地和解，回到了他对艺术的信仰。我在伦敦遇到过艾略特，他热情接待了我。后来我在美国也看到过他，并将他的更多诗歌翻译成了波兰语。

《巴黎评论》：你是否如艾略特那样，认为诗歌是对个性的逃避？

米沃什：对我来说，这一直是一个恒定的问题。文学产生于对真实的渴望——不隐藏任何东西，不是像其他什么人那样展示自己。然而，一旦你写作什么，你就有了一定的义务，我称之为"形式律"。你不能说出一切。当然，人们的确常常说得太多，没有克制。但诗歌必然带来一定的限制。无论如何，你总有一个感觉，没有充分揭示自己。完成一本书后，它出版了，而我会觉得，好吧，下次我会更好地揭示自己。而当下一本书出来时，我又有同样的感觉。直到你的生活结束，就是这样。

《巴黎评论》：在你的诗里，有很多自白。你认为自白会引起什么吗？

米沃什：我不知道。我从未进行过精神治疗。就精神病学而言，我很是怀疑。坐在一个沙发上，说出我的梦，以及一切，而我很可能做不到，而且，它并不能通向什么地方。

《巴黎评论》：你的写作过程是怎样的？

米沃什：我每天早晨写作，无论是一行，还是更多，但是只在早上写。我通常把草稿写在笔记本上，然后输入电脑。我在写作时，从来不喝咖啡，并且从来不会使用任何刺激物。我只适度地饮酒，但也只是在我工作之余。因为这些原因，我可能不符合神经质的现代作家的形象，但是，谁知道呢？

《巴黎评论》：你大幅修改你的诗作吗？

米沃什：没有一定之规。有时一首诗在五分钟内写成，有时则需要几个月。没有一定之规。

《巴黎评论》：你通常是用波兰语写作，然后把它翻译成英语吗？

米沃什：我只用波兰语写作。我一直只用波兰语写作，因为我认为，在使用我童年的语言时，我对语言的把握是最出色的。

《巴黎评论》：你认为你的诗歌可以被很好地翻译吗？

米沃什：我通常自己翻译，然后请我的朋友来修正，最近多是罗伯特·哈斯（Robert Hass），或者伦纳德·内森（Leonard Nathan）。但是，基本的节奏由我决定，因为他们不懂波兰语。我不相信我的诗歌可以被翻译。我感到非常荣幸，我可以与美国的爱好者交流。他们中间一半的人，通常是有抱负的诗人。作为一个诗人，他们对我很欣赏。对波兰人来说，更重要的，我是一个著名人物。

《巴黎评论》：你称自己是一个与外界隔绝的诗人。你不想拥有受众吗？

米沃什：我为一个理想的人而写作，我想象那是一个变异的自我。对于是否容易理解，我不关心。我会判断，我的诗有什么是必要的、有什么是适当的。我跟随我的节奏与秩序的需要，而且，我反对混乱和虚无，为了将多方面的现实尽可能转化为一种形式。

《巴黎评论》：在你的近作《蜘蛛》一诗里，在隐喻的意义上，你将诗歌界定为"建造小小的船只/……适于穿越时间的边界"。你这样看待自己的工作吗？

米沃什：我更喜欢使用"蜕皮"的隐喻，它意味着放弃旧的形式和假定。我感觉，这是写作令人激动的地方。我的诗歌总是在寻找一个更宽阔的形式。我一直与那些仅仅专注于审美目标的诗歌理论发生抵触。然而，在某种程度上，我感到高兴，我的一些旧作，它们独立于我很好地存在，不受到我以及创造它们这一行为的限制。

《巴黎评论》：那么，为什么在一个诗人或者画家被高度欣赏和肯定时，你经常表达你的疑虑？

米沃什：问题是，公众通常想要的，是一幅完善的艺术家的画像，排除了所有的矛盾，超过了生命许可的不朽。这样一幅肖像与主体之间的差距，可能会令人沮丧。如果诗人的声望被限制在一个狭窄的圈子，那么，他的形象很可能不会被扭曲。圈子越大，扭曲的风险就越大。

《巴黎评论》：对于你的形象，怎样的扭曲是最令你烦恼的？

米沃什：将我当作一个道德家的形象。当我的诗在波兰被禁止，而我获得诺贝尔奖之后，对于许多人来说，我成了对抗出版审查的象征，因此成为一个道德人物。我不知道，我是否依然是这样一副形象，它可能已经变得有点劣质了。让我给你看一样东西。［米沃什摸索口袋，翻出一个纪念章。］这是波兰的一个纪念章的复制品。它上面有四个符号：教宗约翰·保罗二世的徽章、波兰大主教的法冠、电工的工具——代表瓦文萨，以及一本书，代表我。

《巴黎评论》：你的同伴很不错啊。

米沃什：还不坏吧，对于一个二十世纪的诗人来说，尤其是考虑到所有那些关于诗歌在人类社会中位置的悲叹。但是，我很怀疑这一点。我不希望自己被当成波兰历史上一个伟大的道德运动的一个部分。对于"如何过一种道德的生活"这一问题，艺术不是一个充分的替代品。我害怕披上一件对我来说过大的披风。

《巴黎评论》：你认为一个诗人最好是在一种默默无闻的状态里工作吗？

米沃什：我一直都在一种几近默默无闻的状态下工作了许多年。我在伯克利的岁月，实际上几乎没有听众，而在美国，我只可以依赖少数几个人的判断。我在巴黎和波兰有几个朋友，所以通信为我发挥了巨大的作用：收到几个朋友的来信是我唯一坚持下去的力量。我以波兰语出版我的诗集。这些书必须被偷运回波兰，所以我并不知道波兰读者的反应。

我知道我是谁，我知道我的价值，但是，在伯克利，我几乎所有的同事都不知道我，当然，除了斯拉夫语言系的教授。我只是一个不起眼的院系里一个名不见经传的教授。只是在我开始教授陀思妥耶夫斯基时，才在学生中间出了名。有一个故事可以简要说明那些岁月。在斯坦福大学，我出席一个文学界的聚会晚宴，和耶日·科辛斯基一起，当然，他很有名。有一个女人是科辛斯基的热心读者，她在餐桌上与我相邻而坐。也许觉得有必要表示一下礼貌，她问我，你是做什么工作的？我说，我写诗。她厉声回答说：每个人都写诗。我不是特别介意，但仍然感觉受到了伤害。它代表了我那些年的状况，怀抱雄心的痛苦。

《巴黎评论》：你是怎么获得一个相对较大的受众面的？

米沃什：很久以前有一个时期，我因为写作一些取悦于人的东西，尝到过"知名"的滋味，但是，那个时期早已一去不复返了。当你写作政治诗时，就像我在战争期间所做的那样，你总会得到一些追随者。今天，对于"知名"，我感到吃惊和不安，因为我想知道，那些反响是真实的，而不仅仅因为我是诺贝尔奖得主。另一方面，我不认为诺贝尔奖已经影响到我，或者影响到了我的创作。

《巴黎评论》：你怎么看待华莱士·史蒂文斯关于现代诗的一个观念，他认为"心智之诗的写作在于找到自足的对象"。

米沃什：今天，文学和诗歌处在科学思维方式、实证思维方式的巨大压力之下。史蒂文斯的头脑具有穿透力和剖析性，我认为它用于诗歌是错误的。如果我们以史蒂文斯的一首诗《两只梨的研究》为例，我们会发现，它似乎试图向火星人、向一个来自另一星球的生物描述梨子。这就是解剖。我觉得，这个世界的事物应该被沉思，而不是被解剖——在荷兰静物画里，可以发现那种对于客体的超然的态度。叔本华认为，这些是艺术的最高形式。这种沉思，也存在于日本的俳句中。松尾芭蕉说过，写松树，你必须向松树学习。这是一个与解剖世界完全不同的态度。我觉得，叔本华真是艺术家、诗人的哲学家。

《巴黎评论》：为什么？

米沃什：因为他强调距离的必要。在宇宙的运转里，我们处于激情的地狱之火的循环中——奋斗和挣扎。叔本华受到印度宗教著作的影响，对他来说，解放意味着站在生与死的永恒之轮之外。艺术也应该站在那运转的轮子之外，这样，我们就可以摆脱激情、欲望，以某种超然的态度，接近客体的对象。生命的激情，可以通过超然的沉思而被消除，它是一个很好的关于艺术的定义："超然的沉思"。这就是为什么叔本华认为艺术的典型是静物画，荷兰静物画。

《巴黎评论》：在你的两首诗里，《致雷杰·饶》是对一次谈话的回应，而在最近的诗《卡普里》中，你提到等待"真正的存在"，以肉体形式存在的神圣之神秘。这是否表明，诗歌是一种神圣的行为，通过诗歌我们可以唤起存在？

米沃什：是的，就我自己而言，我相信，我们所知的世界，是一个更深的现实的表皮，那个现实存在于那里。它不能被简化为纯粹的词语，这是我与本世纪一些作家的基本分歧。这是有区别的，一者是关注语言、关注自己的内心生活的人，一者是猎人——如我本人——因为现实不能被捕获而痛苦。

《巴黎评论》：拉金的诗《晨歌》，你感觉如何？在诗中，他认为宗教是一种诡计，并且称之为"巨大的、虫蛀的、动听的锦缎／创想出来，只是为了假装我们永远不会死去"。

米沃什：我知道拉金的《晨歌》，对我来说，这是一首可恶的诗。我不喜欢拉金。他是一个出色的工匠，的确很好。作为一个具有独特风格的人，我把他排在很高的位置，因为他准确地示范了我的理想——以清晰的意义，写作清晰的诗歌，而不只是依靠主观的印象；但是，我不喜欢他的诗，我认为它们过于病态，我喜欢不起来。

《巴黎评论》：怎么病态？

米沃什：在当下的、绝望的宇宙观或世界观方面，表现得过于病态。在我看来，在他的诗歌里没有启示。甚至他的书信也使他的朋友沮丧，因为它们充满了仇恨，尤其是对于黑人、印度人、巴基斯坦人，等等，持有种族主义的仇恨。他是一个非常沮丧和不快乐的人、绝望的人。他摆出一副渴望虚无的姿态，与生活作对——而这并没有给他带来太多东西。我担心，我们可能已经完全丧失了将道德标准应用于艺术的习惯。因为，当有人告诉我说，拉金是一个伟大的诗人，并且认为放弃全部人的价值足以写出伟大的诗歌，我是深表怀疑的。也许那是我的教养和本能在说话。我的座右铭是小林一茶的俳句——"我们走在地狱的屋顶／凝望着花朵"。落入反讽、挖苦，这有点儿廉价。空虚和残忍，这是拉金世界观的底色，它们应该被作为一个基础而接受，在此基础上你的作品应该朝向某种光明的东西。

《巴黎评论》：好吧，语言如何准确地捕捉世界？

米沃什：语言不能捕捉一切，语言也不只是任意的。某些词语，比在纯粹的习惯用法里，有着更深的含义。所以，我拒绝称语言是任意的，但是，我也不会将语言缩减为"写作"（écriture）或者写作的工具和内容。

《巴黎评论》：在你的《省份》一书里，有一首散文诗，《一个哲学家的家》，你将"一名摄影记者的强烈热情"归之于神。这是否描述了你的理想——"作为见证者的神"？而它是不是一个诗人可以努力去做些什么的理想？

米沃什：是的。虽然我还应该说，诗人就像一只置身于一块大奶酪里的老鼠，兴奋于有太多奶酪可吃。正如我提到的，惠特曼是一个对我产生了强烈影响的诗人。惠特曼想拥抱一切，把一切都放进他的诗歌，我们可以原谅他无限的词语之流，因为他竭力想要拥抱尽可能多的现实。我想，在我死后，我的生命的形象，从某种角度说，应该与"无限的追猎"——这是布莱克的一个用语——联系在一起吧。

《巴黎评论》：你曾定义"诗是对真实的热情追求"？在你的创作中，是否曾经获得了那样的"真实"？

米沃什：真实，我的意思是，神，一直是深不可测的。

（原载《巴黎评论》第一百三十三期，一九九四年冬季号）

THE PARIS REVIEW

加夫列尔·加西亚·马尔克斯

1982 年诺贝尔文学奖得主
获奖理由:"因其长短篇小说将奇幻与现实元素结合在一个富于想象力的世界中,反映出一个大陆的生活和冲突"

《巴黎评论》访谈发表时间:1981 年

加夫列尔·加西亚·马尔克斯
（Gabriel García Márquez）

1927—2014

哥伦比亚作家、记者和社会活动家，拉丁美洲魔幻现实主义文学的代表人物。其主要作品有长篇小说《百年孤独》(1967)、《一桩事先张扬的凶杀案》(1981)、《瘟疫时期的爱情》(1985)等。

2014年4月病逝于墨西哥城。

加夫列尔·加西亚·马尔克斯

◎许志强 / 译

加夫列尔·加西亚·马尔克斯在他的办公室里接受采访。他的房子位于圣安赫尔·伊恩,墨西哥城花团锦簇的一个古旧而美丽的街区。工作间就在房子的背后,离主屋不过几步之遥。那是一座低矮的长方建筑,好像原先是设计来做客房的。房间一头放着一张沙发卧榻、两把安乐椅,还有一个临时凑合的吧台——一台白色小冰箱,上头贮放着矿泉水。

房间里最惹人注目的,是沙发上方加西亚·马尔克斯自己的一幅放大的照片,他身披时髦的短斗篷,在某处街景背风而立,看起来多少有点儿像安东尼·奎因。

加西亚·马尔克斯当时正坐在工作间远端的书桌前,过来向我问好时,走起路来步履轻捷,精神抖擞。他是一个身板结实的人,大概只有五英尺八九英寸[①]高,看起来像是一个出色的中量级拳手——胸脯宽厚,但两条腿可能有点儿细瘦。他,衣着随意,穿着灯芯绒宽松裤和一件浅色的高领套头衫,脚蹬一双黑皮靴子;头发是鬈曲的深褐色;他还留着一撇厚厚的唇髭。

访谈分别在三个午后临近黄昏的时段里进行,每次会面大约两小时。尽管加西亚·马尔克斯的英语说得相当好,但是大部分时间里他

---

① 约合 1.72 米。

El otoño del Patriarca — mustios

había hecho

y sin embargo

callejero que por cinco centavos recitaba los versos del olvidado poeta Rubén Darío y había vuelto feliz con una morrocota legítima con que le habían premiado un recital que ~~hizo~~ sólo para él, aunque no lo había visto, por supuesto, no porque fuera ciego sino porque ningún mortal lo había visto desde los tiempos del vómito negro, ~~pero~~ sabíamos que él estaba ahí, ~~puesto que~~ el mundo seguía, la vida seguía, el correo llegaba, la banda municipal tocaba la retreta de valses bobos bajo las palmeras polvorientas y los faroles ~~pálidos~~ de la Plaza de Armas, y otros músicos viejos reemplazaban en la banda a los músicos muertos. En los últimos años, cuando no se volvieron a oír ruidos humanos ni cantos de pájaros en el interior y se cerraron para siempre los portones blindados, sabíamos que había alguien en la casa ~~presidencial~~ — civil
porque de noche se veían luces que parecían de navegación a través de las ventanas del lado del mar, y quienes se atrevieron a acercarse oyeron desastres de pezuñas y — era
suspiros de animal grande detrás de las paredes fortificadas, y una tarde de enero habíamos visto una vaca contemplando el crepúsculo desde el balcón presidencial, imagínese, una vaca en el balcón de la patria, qué cosa más inicua, qué país de mierda, pero se hicieron tantas conjeturas de cómo ~~era~~ posible que una vaca llegara hasta un balcón si todo el mundo sabía que las vacas no se trepaban por las escaleras, y menos si eran de piedra, y mucho menos si estaban alfombradas, que al final no supimos si en realidad la vimos o si era que pasamos una tarde por la Plaza de Armas y habíamos soñado caminando que habíamos visto ~~una vaca en un balcón presidencial, y desde entonces nada se volvió a ver ni nada se volvió a oír en muchos años, sólo lo hondo de mar de gallinazos que vinieron de donde estaban~~
siempre adormilados en la cornisa del hospital de pobres, vinieron más de tierra adentro, vinieron en oleadas sucesivas desde el horizonte del mar de polvo donde estuvo el mar, volaron todo un día en círculos lentos sobre la casa del poder hasta que un rey con plumas de novia y golilla encarnada impartió una orden silenciosa y empezó aquel estropicio de vidrios, aquel viento de muerto grande, aquel entrar y salir de gallinazos por las ventanas que sólo era concebible en una casa sin autoridad, de modo que ~~subimos hasta la cocina~~ y encontramos en el ~~interior~~ desierto los escombros de la grandeza, el cuerpo picoteado, las manos lisas de doncella con el anillo del poder en el hueso anular, y tenía todo el cuerpo retoñado de líquenes minúsculos y animales parasitarios de fondo de mar, sobre todo en las axilas y en las ingles, y tenía el braguero de lona en el testículo herniado que era lo único que habían eludido los gallinazos a pesar de ser tan grande como un riñón de buey, pero ni siquiera entonces nos atrevimos a creer en su muerte porque era la segunda vez que lo encontraban en aquella oficina, solo y vestido, y muerto al parecer de muerte natural durante el sueño, como estaba anunciado desde hacía muchos años en las aguas premonitorias de los lebrillos de las pitonisas. La primera vez que lo encontraron, en el principio de su otoño, la nación estaba todavía bastante viva como para que él se sintiera amenazado

pagaron

lo sabíamos porque

de los sábados

una vaca en un balcón presidencial donde nada se había visto ni había de verse otra vez en muchos años hasta el amanecer del último viernes cuando empezaron a llegar los primeros gallinazos que se alzaron de donde estaban

~~cambio~~ nosotros nos atrevimos a entrar

antuario

加夫列尔・加西亚・马尔克斯《族长的秋天》的一页修改稿

都是说西班牙语,由他的两个儿子一起翻译。加西亚·马尔克斯说话的时候,身体经常是前后摇摆,他的手也经常在晃动,做出细小而明确的手势,强调某个观点,或是表示思路要变换方向。他时而冲着听众朝前俯身,然后远远地靠后坐着,时而架起二郎腿,用沉思的语调说话,两个动作交替进行。

——访谈者:彼得·H.斯通,一九八一年

《巴黎评论》:你对使用录音机有何感受?

加夫列尔·加西亚·马尔克斯:问题在于,当你知道采访要录音时,你的态度就变了。拿我来说吧,我立马会采取一种防卫的态度。作为一个新闻工作者,我觉得我们还是没有学会怎样用录音机做采访。最好的办法,我觉得是作一次长谈而记者不做任何笔记。过后他应该去回忆谈话的内容,照他所感觉到的印象把它写下来,倒不一定是要照搬原话。另一种管用的方法是记笔记,然后本着对采访对象一定程度的忠诚,把它们诠释出来。让你觉得恼火的是,录音机把什么都录下来,而这对于被采访的人并不忠诚,因为,哪怕你出了洋相,它还录下来记着呢。这就是为什么有一台录音机在,我就会意识到我是在被人采访,而要是没有录音机,我就会用无意识的相当自然的方式说话的原因。

《巴黎评论》:嚄,你让我觉得用它都有点儿内疚了,不过我想,这种类型的采访我们可能还是需要它的吧。

加西亚·马尔克斯:反正我刚才那么说的目的,无非是要让你采取守势。

319

《巴黎评论》：那你自己做采访就从来没有用过录音机吗？

加西亚·马尔克斯：作为一个新闻工作者，我从来没有用过。我有一台非常好的录音机，不过我只是用来听音乐的。做记者的那个时候，我从来没有做过采访。我做的是报道，从未做过问和答的采访。

《巴黎评论》：我倒听说过有一篇著名的采访，采访一位沉船的水手。

加西亚·马尔克斯：那不是问和答的。那位水手只是跟我讲他的历险故事，而我是用他自己的话、用第一人称把它们写出来，就好像他就是写作的那个人。作品在一家报纸上以连载的形式发表，每天登一部分，登了两个礼拜，当时署名的是那个水手，不是我。直到二十年后再版，人家才发现那是我写的。没有一个编辑认识到它写得好，直到我写了《百年孤独》之后。

《巴黎评论》：既然我们开始谈起新闻业，那么写了这么长时间的小说之后，重新做一名记者的感觉如何呢？你做这件事，用的是不同的感觉或不同的观察吗？

加西亚·马尔克斯：我一直相信，我真正的职业是做记者。以前我所不喜欢的是从事新闻业的那种工作条件。再说，我得把我的思想和观念限定在报纸的兴趣范围内。现在，作为一名小说家进行工作之后，作为一名小说家取得经济独立之后，我确实可以选择那些让我感兴趣的、符合我思想观念的主题。不管怎么说，我总是非常高兴能有机会去写一篇新闻杰作。

《巴黎评论》：对你来说怎样才算是一篇新闻杰作？

加西亚·马尔克斯：约翰·赫西的《广岛》是一篇罕见的作品。

《巴黎评论》：今天有你特别想要写的报道吗？

加西亚·马尔克斯：很多，有几篇事实上我已经写了。我写了葡萄牙、古巴、安哥拉和越南。我非常想写一写波兰。我想，要是我能确切地描写眼下所发生的事情，那就会是一篇非常重要的报道了。不过，这会儿波兰太冷了，而我是那种喜欢舒适的新闻工作者。

《巴黎评论》：你认为小说可以做新闻做不到的某些事情吗？

加西亚·马尔克斯：根本不是。我认为没有什么区别。来源是一样的，素材是一样的，才智和语言是一样的。丹尼尔·笛福的《瘟疫年纪事》是一部伟大的小说，而《广岛》是一部新闻杰作。

《巴黎评论》：在平衡真实与想象方面，记者与小说家拥有不同的责任吗？

加西亚·马尔克斯：在新闻中只要有一个事实是假的便损害整个作品。相比之下，在虚构中只要有一个事实是真的便赋予整个作品以合法性。区别只在这里，而它取决于作者的承诺。小说家可以做他想做的任何事，只要能使人相信。

《巴黎评论》：在几年前的访谈中，你好像是以畏惧的心情回顾说，那个时候作为记者写起来要快多了。

加西亚·马尔克斯：我确实感到现在写作比以前要难，写小说和写报道都是这样。在为报纸干活时，我并没有非常在意写下的每个字，而现在我是很在意的。在为波哥大的《旁观者报》干活时，我一周至少写三篇报道，每天写两到三篇短评，而且还写影评。然后在夜里，大家都回家去之后，我会留下来写小说。我喜欢莱诺整行铸排机发出的噪音，听起来就像是下雨声。要是它们停歇下来，我被留在了寂静之中，我就没法工作了。现在，产量相对是低了。在一个良好的工作日，从上午九点干到下午两三点，我能写的最多是四五行字的一个小段落，而这个段落通常到了次日就会被撕掉。

《巴黎评论》：这种变化是由于你的作品受到高度赞扬呢，还是由于某种政治上的承诺？

加西亚·马尔克斯：两种因素都有吧。我想，是我在为比从前想象过的更多的人写作这种观念，才产生了某种文学和政治的普遍责任感。这当中甚至还有骄傲，不想比从前写得差。

《巴黎评论》：你是怎样开始写作的？

加西亚·马尔克斯：通过画画。通过画漫画。在学会读和写之前，我在学校和家里经常画连环画。好笑的是，我现在了解到，我上高中时就有了作家的名声，尽管事实上我根本没有写过任何东西。要是有什么小册子要写，或是一封请愿书，我就是那个要去写的人，因为我被认作是作家。进了大学之后，我碰巧拥有一个大体上非常好的文学环境，比我的朋友们的平均水平要高出许多。在波哥大的大学里，我开始结交新朋友和新相识，他们引导我去读当代作家。有个晚上，一个朋友借给我一本书，是弗朗茨·卡夫卡写的短篇小说。我回到住的公寓，开始读《变形记》，开头那一句差点让我从床上跌下来。我惊讶极了。开头那一句写道："一天早晨，格里高尔·萨姆沙从不安的睡梦中醒来，发现自己躺在床上变成了一只巨大的甲虫。"读到这个句子的时候，我暗自寻思，我不知道有人可以这么写东西。要是我知道的话，我本来老早就可以写作了。于是我立马开始写短篇小说。它们全都是一些智性的短篇小说，因为我写它们是基于我的文学经验，还没有发现文学与生活之间的关联。小说发表在波哥大《旁观者报》的文学增刊上，那个时候它们确实取得了某种程度的成功——可能是因为哥伦比亚没有人写智性的短篇小说。当时写的多半是乡村生活和社交生活。我写了我的第一批短篇小说，那时有人便告诉我说，它们受了乔伊斯的影响。

《巴黎评论》：那个时候你读过乔伊斯了吗？

加西亚·马尔克斯：从来没有读过乔伊斯，于是我开始读《尤利西斯》。我读的只是可以弄到手的西班牙文译本。后来，我读了英文的《尤利西斯》，还有非常棒的法文译本，这才知道，原先的西班牙文译本是非常糟糕的。但我确实学到了对我未来的写作非常有用的某种东西——内心独白的技巧。后来在弗吉尼亚·伍尔夫那里发现了这种东西，我喜欢她使用它的那种方式更胜于乔伊斯。虽说我后来才认识到，发明这种内心独白的那个人是《小癞子》的佚名作者。

《巴黎评论》：能说说早年对你有影响的人的名字吗？

加西亚·马尔克斯：真正帮我摆脱短篇小说智性态度的那些人，是"迷惘的一代"的美国作家。我认识到他们的文学有一种与生活的联系，而我的短篇小说是没有的。然后发生了与这种态度有重要关联的事件，就是"波哥大事件"。一九四八年四月九日，当时一位政治领导人盖坦遭到了枪击，波哥大的市民在街头制造骚乱。那时我在公寓里准备吃午饭，听到了这个消息就朝那个地方跑去，但是盖坦刚好被塞进一辆出租车送到医院去了。在我回公寓的路上，人们已经走上街头，他们游行、洗劫商店、焚烧建筑，我加入他们当中。那个下午和晚上，我终于意识到我所生活的这个国家的存在，而我的短篇小说与它任何一个方面的联系都是微乎其微的。后来我被迫回到我度过童年的加勒比地区的巴兰基亚，我认识到那就是我所生活过的、熟悉的生活类型，我想要写一写它。

大约是一九五〇年或五一年，另一个事件的发生影响了我的文学倾向。我妈妈要我陪她去阿拉卡塔卡、我的出生地，去把我度过了最初几年的那间房子卖掉。到达那里的时候,我首先感到非常的震惊。这会儿我二十二岁了,从八岁离开之后从未去过那里。真的什么都没有改变过,可我觉得我其实并非是在看这座村子,而是在体验它,就好像我是在阅读它。这就好像我所看见的一切都已经被写出来了,而我所要做的只是坐下来,把已经在那里的、我正在阅读的东西抄下来。就所有实际的目标而言,一切都已经演化为文学:那些房屋、那些人,还有那些回忆。我不太肯定我是否已经读过福克纳,但我现在知道,只有福克纳的那种技巧才有可能把我所看见的写下来。村子里的那种氛围、颓败和炎热,跟我在福克纳那里感觉到的东西大抵相同。那是一个香蕉种植园区,住着许多果品公司的美国人,这就赋予它我在"南方腹地"的作家那里发现的同一种氛围。批评家谈到福克纳的那种文学影响,可我把它看作一个巧合:我只不过是找到了素材,而那是要用福克纳对付相似素材的那种方法来处理的。

去那个村子旅行回来后,我写了《枯枝败叶》,我的第一部长篇小说。去阿拉卡塔卡的那次旅行,在我身上真正发生的事情是,我认识到我童年所遭遇的一切都具有文学价值,而我只是到了现在才略懂欣赏。从我写《枯枝败叶》的那一刻起,我认识到我想成为一名作家,没有人可以阻拦我,而留给我要做的唯一一件事情,便是试图成为这个世界上最好的作家。那是在一九五三年,但是直到一九六七年,在我已经写了八本书中的五本之后,我才拿到我的第一笔版税。

《巴黎评论》:你是否认为,对于年轻作家来说这是常见的:否认其童年和经验的价值并予以智性化,像你最初所做的那样?

加西亚·马尔克斯:不是的,这个过程通常是以另外的方式发生的。但如果我不得不给年轻的作家一点忠告,我会说,去写他身上遭遇过的东西吧。一个作家是在写他身上遭遇的东西,还是在写他读过的或是听来的东西,总是很容易辨别。巴勃罗·聂鲁达的诗中有一个句子说："当我歌唱时上帝助我发明。"这总是会把我给逗乐,我的作品获得的最大赞美是想象力,而实际上我所有的作品中没有哪一个句子是没有现实依据的。问题在于,加勒比的现实与最为狂野的想象力相似。

《巴黎评论》:这个时候你为谁而写?谁是你的读者?

加西亚·马尔克斯:《枯枝败叶》是为我的朋友写的,他们帮助我,借给我书,对我的作品非常热心。大体上我认为,通常你确实是为某个人写作。我写作的时候总是觉察到这个朋友会喜欢这一点,或者那个朋友会喜欢那一段或那一章,总是想到具体的人。到头来所有的书都是为你的朋友写的。写了《百年孤独》之后的问题是,现在我再也不知道我是在为千百万读者中的哪些人写作,这使我混乱,也束缚了我。这就像是一百万双眼睛在看着你,而你真的不知道他们在想什么。

《巴黎评论》:新闻对你的创作有什么影响?

加西亚·马尔克斯:我想这种影响是相互的:创作对我从事新闻工作有帮助,因为它赋予它文学的价值;新闻工作帮助我创作,因为它让我与现实保持密切的联系。

《巴黎评论》:在写了《枯枝败叶》之后,在能够写《百年孤独》之前,你经历了风格的摸索,你会如何描述这个过程?

加西亚·马尔克斯:写了《枯枝败叶》之后,我得出结论,写那个村子和我的童年其实是一种逃避,逃避我不得不要面对的、要去写的这个国家的政治现实。我有了那种虚假的印象,以为我正在把自己掩藏在这种乡愁的背后,而不是面对那正在发生的政治性的东西。这便是文学和政治的关系得到了相当多讨论的那个时期。我一直试图弥合两者之间的沟壑。我一直深受福克纳影响，现在则是海明威。我写了《没有人给他写信的上校》《恶时辰》和《格兰德大妈的葬礼》，这些作品多少都是写在相同的时期，很多方面都有共同点。这些故事发生在与《枯枝败叶》和《百年孤独》不同的一个村子。这是一个没有魔幻色彩的村子。这是一种新闻式的文学。可是当我写完了《恶时辰》，我发现我所有的观点又都是错误的。我终于领悟到，我关于童年的写作事实上比我所认为的要更加富于政治性，与我的国家有着更多的关系。《恶时辰》之后，有五年时间我没有写过任何东西。我对我一直想要做的东西有了想法，但总觉得缺了点儿什么，又拿不准那是什么，直到有一天找到了那种正确的调子——我最终用在《百年孤独》中的那种调子。它基于我祖母过去讲故事的方式。她讲的那种东西听起来是超自然的，是奇幻的，但是她用十足的自然性来讲述。当我最终找到我要用的那种调子后，我坐了下来，一坐坐了十八个月，而且每天都工作。

《巴黎评论》：她是怎样做到如此自然地表达"奇幻"的呢？

加西亚·马尔克斯：最重要的是她脸上的那种表情。她讲故事时面不改色，而人人感到惊讶。在《百年孤独》此前的尝试写作中，我想要讲述这个故事而又并不相信它。我发现，我所要做的便是相信它们，而且是用我祖母讲故事的那种相同的表情来写作：带着一张木头脸。

《巴黎评论》：那种技巧或调子似乎也具有一种新闻的品质。你描述那些貌似奇幻的事件，用了如此精细的细节，而这些细节又赋予自身以现实。这是你从新闻这个行当中得来的什么东西吗？

加西亚·马尔克斯：那是一种新闻的把戏，你同样可以用在文学上面。举个例子：如果你说有一群大象在天上飞，人们是不会相信你的；但如果你说有四百二十五头大象在天上飞，人们大概会相信你。《百年孤独》满是那一类东西。那正好是我祖母所使用的技巧。我尤其记得那个故事，是讲那个被黄色的蝴蝶包围的角色。我还非常小的时候，有一个电工来到房子里，我非常好奇，因为他拴着一条腰带，是他用来把自己悬挂在电线杆上的玩意儿。我祖母常常说，每一次这个人来，他总是会让房子里充满蝴蝶。可是当我写到这件事情的时候，我发现如果我不说那些蝴蝶是黄色的，人们就不会相信它。当我写到俏姑娘蕾梅苔丝升天这个插曲时，我花了很长时间让它变得可信。有一天我走到外面园子里，看见一个女人，那个常常来房子里洗东西的女人，她正在把床单挂出去晾干，当时风很大，她跟风吵嘴，让它别把床单刮走。我发现，如果我为俏姑娘蕾梅苔丝使用床单的话，她就会升天了。我便那样做了，使它变得可信。作家面临的问题是可信性。什么东西都可以写，只要所写的东西使人相信。

《巴黎评论》：《百年孤独》中的失眠症瘟疫，其来源何在？

加西亚·马尔克斯：从俄狄浦斯开始，我一直对瘟疫感兴趣。我对中世纪瘟疫做了许多研究。我最喜欢的一本书是丹尼尔·笛福写的《瘟疫年纪事》，其中一个原因是，笛福是一名记者，他所讲述的东西听起来像是纯粹的奇幻。多年来我以为，笛福写的伦敦瘟疫就像他所观察的那样。不过后来我发现，那是一部小说，因为伦敦爆发瘟疫时笛福还不到七岁。瘟疫一直是我重复出现的一个主题——而且是以不同的形式。《恶时辰》中，那些小册子是瘟疫。多少年来我都觉得，哥伦比亚的政治暴力有着与瘟疫相同的形而上学。《百年孤独》之前，在一篇题为《周末后的一天》的小说中，我用一场瘟疫杀死了所有的鸟儿。在《百年孤独》中，我把失眠症瘟疫用作某种文学的把戏，既然它的反面是睡眠瘟疫。说到底，文学除了是木工活，什么也不是。

《巴黎评论》：能否再稍稍解释一下那个类比？

加西亚·马尔克斯：两者都是非常困难的活儿。写东西几乎跟做一张桌子一样难。两者都是在与现实打交道，素材正如木料一样坚硬。两者都充满把戏和技巧。基本上很少有魔术，倒包含许多艰苦的活计。我想，就像普鲁斯特说的，它需要百分之十的灵感、百分之九十的汗水。我从未做过木工活，但这个工作是我最钦佩的，尤其是因为你根本找不到任何人来帮你干活。

《巴黎评论》：《百年孤独》中的香蕉热又如何呢？它有多少成分是基于联合果品公司的所作所为？

加西亚·马尔克斯：香蕉热是密切地以现实为模本的。当然了，有些事情上面我使用了文学的把戏，而它们还未得到历史的证明。例如，广场上的大屠杀是完全真实的，但我在以证词和文件为依据写作的时候，根本就不能确切地知道有多少人被杀死。我用的数字是三千，那显然是夸张的。但我儿时的一个记忆是目睹一辆很长很长的火车离开种植园，据说满载着香蕉。可能有三千死者在里面，最终被倾倒在大海里。真正让人惊讶的是，现在他们在国会和报纸上非常自然地谈及"三千死者"。我疑心我们全部的历史有一半是以这种方式制成的。在《族长的秋天》中，那位独裁者说，要是现在不真实那也没有关系，因为未来的某个时候它会是真实的。迟早都会这样，人们相信作家胜过相信政府。

《巴黎评论》：这使得作家非常有权力，是不是这样？

加西亚·马尔克斯：是这样，而且我也能够感觉到这一点了。它给了我一种强烈的责任感。我真正想要写的是一篇新闻作品，完全的真实和实在，但是听起来就像《百年孤独》一样奇幻。我活得越久，过去的事情记得越多，我越会认为，文学和新闻是密切相关的。

《巴黎评论》：怎么看一个国家为了外债而放弃它的大海，就像《族长的秋天》里做的那样？

加西亚·马尔克斯：是啊，可那确实是发生过的。它发生过而且还要发生许多次。《族长的秋天》完全是一本历史书。从真正的事实中去发现可能性，是记者和小说家的工作，也是先知的工作。麻烦在于，很多人认为我是一个写魔幻小说的作家，而实际上我是一个非常现实的人，写的是我所认为的真正的社会主义现实主义。

《巴黎评论》：是乌托邦吗？

加西亚·马尔克斯：我拿不准乌托邦这个词意味着现实还是理想，可我认为它是现实的。

《巴黎评论》：《族长的秋天》中的角色，例如那位独裁者，是以真人为模特的吗？好像是与佛朗哥、庇隆和特鲁希略有种种相似之处。

加西亚·马尔克斯：每一部小说中的人物都是一个拼贴：你所了解的或是听说的或是读过的不同人物的一个拼贴。我读了我能找到的关于上个世纪和这个世纪初拉美独裁者的所有东西，我也跟许多生活在独裁政体下的人谈过话。我那么做至少有十年。然后当我对人物的面貌有了一个清楚的想法时，便努力忘记读过的和听到过的一切，这样我就可以发明，无需使用真实生活中已经发生过的情境。某一点上我认识到，我自己并没有在独裁政体下的任何时期生活过，于是我想，要是我在西班牙写这本书，我就能够看到在公认的独裁政体下生活会是一种什么样的氛围。但我发现，佛朗哥统治下的西班牙，其氛围不同于那种加勒比的独裁政体。于是那本书卡住了有一年光景。缺了点儿什么，而我又拿不准缺的是什么。然后一夜之间，我作出决定，咱们最好是回加勒比去。于是我们全家搬回到哥伦比亚的巴兰基亚。我对记者发布了一个声明,他们都以为是开玩笑。我说,我回来是因为我忘记番石榴闻起来是什么味道了。说真的,那就是我要完成这本书所真正需要的东西。我做了一次穿越加勒比的旅行。在我从一个岛屿到另一个岛屿的旅程中,我找到了那些元素,而那是我的小说一直缺乏的东西。

《巴黎评论》:你经常使用孤独的权力这个主题。

加西亚·马尔克斯:你越是拥有权力,你就越是难以知道谁在对你撒谎而谁没有撒谎。当你到达绝对的权力,你和现实就没有了联系,而这是孤独所能有的最坏的种类。一个非常有权力的人、一个独裁者,被利益和人所包围,那些人的最终目标是要把他与现实隔绝;一切都是在齐心协力地孤立他。

《巴黎评论》:你如何看待作家的孤独?它有区别吗?

加西亚·马尔克斯:它和权力的孤独大为相关。作家描绘现实的非常企图,经常导致他用扭曲的观点去看待它。为了试图将现实变形,他会最终丧失与它的接触,关在一座象牙塔里,就像他们所说的那样。对此,新闻工作是一种非常好的防范。这便是我一直想要不停地做新闻工作的原因,因为它让我保持与真实世界的接触,尤其是政治性的新闻工作和政治。《百年孤独》之后威胁我的孤独,不是作家的那种孤独;它是名声的孤独,它与权力的孤独更为类似。幸好我的朋友总是在那儿保护我免于陷入那种处境。

《巴黎评论》:怎么个保护法?

加西亚·马尔克斯:因为我这一生都在设法保留相同的朋友。我的意思是说,我不跟老朋友断绝或割断联系,而他们是那些把我带回尘世的人;他们总是脚踏实地,而且他们并不著名。

《巴黎评论》：事情是怎么开始的？《族长的秋天》中反复出现的一个形象便是宫殿里的母牛，这个是原初的形象吗？

加西亚·马尔克斯：我打算给你看一本我弄到的摄影书。在不同的场合我都说了，我所有作品的起源当中，总是会有一个形象。《族长的秋天》的最初的形象，是一个非常老的老人，他待在一座豪华的宫殿里，那些母牛走进殿内啃食窗帘布。但是那个形象并不具体，直到我看到了那幅照片。我在罗马进了一家书店，开始翻看那些摄影书，我喜欢收集摄影书。我看到了这幅照片，而它正好非常棒。我只是看到了它将要成为的那种样子。既然我不是一个大知识分子，我只好在日常事物、在生活中而不是在伟大的杰作中寻找先例了。

《巴黎评论》：你的小说有过出人意料的转折吗？

加西亚·马尔克斯：起初那是常有的事。在我写的最初的那些短篇小说中，我有着某种总体的情绪观念，但我会让自己碰运气。我早年得到的最好的忠告是，那样写很好，因为我年轻，我有灵感的激流。但是有人告诉我说，要是不学技巧的话，以后就会有麻烦，那个时候灵感没了，便需要技巧来做补偿。要是我没有及时学到那种东西，那我现在就没法预先将结构勾勒出来。结构纯粹是技巧的问题，要是你早年不学会，你就永远学不会了。

《巴黎评论》：那么纪律对于你是非常重要的啰？

加西亚·马尔克斯：没有非凡的纪律却可以写一本极有价值的书，我认为这是不可能的。

《巴黎评论》：那怎么看待人造兴奋剂呢？

加西亚·马尔克斯：海明威写过的一件事让我感到印象极为深刻，那就是写作之于他就像拳击。他关心他的健康和幸福。福克纳有酒鬼的名声，但是在他的每一篇访谈中他都说，醉酒时哪怕要写出一个句子都是不可能的。海明威也这么说过。糟糕的读者问过我，我写某些作品时是否吸毒，但这证明他们对于文学和毒品都一无所知。要成为一个好作家，你得在写作的每一个时刻都保持绝对的清醒，而且要保持良好的健康状态。我非常反对有关写作的那种罗曼蒂克观念，那种观念坚持认为，写作的行为是一种牺牲，经济状况或情绪状态越是糟糕，写作就越好。我认为，你得要处在一种非常好的情绪和身体状态当中。对我来说，文学创作需要良好的健康，而"迷惘的一代"懂得这一点，他们是热爱生活的人。

《巴黎评论》：布莱斯·桑德拉尔说，较之于绝大部分工作，写作都是一种特权，而作家夸大了他们的痛苦。这一点你是怎么看的？

加西亚·马尔克斯：我认为，写作是非常难的，不过，任何悉心从事的工作都是如此。然而，所谓的特权就是去做一种让自己满意的工作。我觉得，我对自己和别人的要求都过于苛刻，因为我没法容忍错误；我想那是一种把事情做到完美程度的特权。不过这倒是真的，作家经常是一些夸大狂患者，他们认为自己是宇宙和社会良知的中心。不过最令我钦佩的就是把事情做好的人。我在旅行的时候，知道飞行员比我这个作家更好，我总是非常高兴的。

《巴黎评论》：现在什么时候是你的最佳工作时间？你有工作时间表吗？

加西亚·马尔克斯：当我成了职业作家，我碰到的最大问题就是时间表了。做记者意味着在夜间工作。我是在四十岁开始全职写作的，我的时间表基本上是早晨九点到下午两点，两点之后我儿子放学回家。既然我是如此习惯于艰苦的工作，那么只在早上工作我会觉得内疚；于是我试着在下午工作，但我发现，我下午做的东西到了次日早晨需要返工。于是我决定，我就从九点做到两点半吧，不做别的事情。下午我应对约会和访谈还有其他会出现的什么事。另外一个问题是我只能在熟悉的环境里工作，我已经工作过的环境。我没法在旅馆里或是在借来的房间里写作，没法在借来的打字机上写作。这就产生了问题，因为旅行时我没法工作。当然了，你总是试图找借口少干点活。这就是为什么，你强加给自己的种种条件始终是更加的艰难的原因之所在。不管在什么情况下你都寄希望于灵感。这是浪漫派大加开发的一个词。我那些信奉马克思主义的同志接受这个词非常困难，但是不管你怎么称呼它，我总是相信存在着一种特殊的精神状态，在那种状态下你可以写得轻松自如，思如泉涌。所有的借口，诸如你只能在家里写作之类，都消失了。当你找到了正确的主题以及处理它的正确的方式，那种时刻和那种精神状态似乎就到来了。而它也只能成为你真正喜欢的东西，因为，没有哪种工作比做你不喜欢的事情更加糟糕。

最困难的是开头的段落。我花几个月的时间写第一段，一旦找到了，余下的就会来得非常容易。你在第一段中解决书里的大部分问题。主题确定下来，接着是风格、调子。至少我是这样，书的其余部分会成为什么样子，第一段便是样板。这就是为什么写一部短篇小说集比写一部长篇小说要难得多的原因。每写一个短篇，你都得重新开始。

《巴黎评论》：梦境是灵感的重要来源吗？

加西亚·马尔克斯：刚开始的时候我对梦境投入很多关注，但后来我认识到，生活本身是灵感的最大源泉，而梦境只是生活那道激流的一个非常小的组成部分。我写作中最为真实的东西，是我对于梦境的不同概念及其诠释的非同一般的兴趣。大体上我把梦境看作生活的一部分，现实要丰富得多；但也许我只是拥有很蹩脚的梦境。

《巴黎评论》：能对灵感和直觉做个区分吗？

加西亚·马尔克斯：灵感就是你找到了正确的主题、你确实喜欢的主题，而那使工作变得大为容易。直觉，也是写小说的基础，是一种特殊的品质，不需要确切的知识或其他任何特殊的学问就能帮助你辨别真伪。靠直觉而非别的东西可以更加轻易地弄懂重力法则。这是一种获得经验的方式，无需勉力穿凿附会。对于小说家而言，直觉是根本。它与理智主义基本上相反，而理智主义可能是这个世界上我最厌恶的东西了——就把真实世界转变为一种不可动摇的理论而言。直觉具备非此即彼的优点，你不会试着把圆钉费力塞进方洞里去。

《巴黎评论》：你不喜欢理论家？

加西亚·马尔克斯：确实如此。主要是因为我确实没有办法理解他们。这便是我不得不用趣闻轶事来解释大部分事物的主要原因，因为，我不具有任何抽象的能力。这就是为什么许多批评家说我不是一个有修养的人的原因，我引用得不够。

《巴黎评论》：你是否觉得批评家把你归类或者说划分得太齐整了？

加西亚·马尔克斯：对我来说，批评家就是理智主义的最典型例子。首先，他们拥有一种作家应该是什么样的理论。他们试图让作家适合他们的模子，即便不适合，也仍然要把他给强行套进去。因为你问了，我只好回答这个问题。我对批评家怎么看我确实不感兴趣，我也有很多年不读批评家的东西了。他们自告奋勇充当作家和读者之间的调解人。我一直试图成为一名非常清晰和精确的作家，试图径直抵达读者而无需经过批评家这一关。

《巴黎评论》：你怎么看翻译家呢？

加西亚·马尔克斯：我极为钦佩翻译家，除了那些使用脚注的人。他们老是想要给读者解释什么，而作家可能并没有那种意思；它既然在那儿了，读者也只好忍受。翻译是一桩非常困难的工作，根本没有奖赏，报酬非常低。好的翻译总不外乎是用另一种语言的再创作。这就是我如此钦佩格里戈里·拉巴萨的原因。我的书被译成二十一种语言，而拉巴萨是唯一一位从不向我问个明白，以便加上脚注的译者。我觉得我的作品在英语中完全得到了再创作。书中有些部分字面上是很难读懂的。人们得到的印象是译者读了书，然后根据记忆重写。这就是我如此钦佩翻译家的原因。他们是直觉多于理智。出版商不仅支付给他们低得可怜的报酬，也不把他们的工作视为文学创作。有一些书我本来是想译成西班牙语的，但是要投入的工作会跟我自己写书需要的一样多，而我还没有赚到足够的钱来糊口呢。

《巴黎评论》：你本来是想译谁的东西呢？

加西亚·马尔克斯：马尔罗的所有作品。我本来是想译康拉德，还有圣埃克絮佩里。阅读的时候我有时会有一种感觉，我想要译这本书。排除伟大的杰作，我喜欢读那种平庸的翻译之作，胜过用原文试图去弄懂它。用另一种语言阅读，我从未觉得舒服过，因为我真正感觉内行的唯一一门语言是西班牙语。不过，我会说意大利语和法语，我还懂得英语，好得足够二十年来每周用《时代》杂志毒害自己了。

《巴黎评论》：现在墨西哥像是你的家了吗？你有没有感觉到自己属于一个更大的作家社群？

加西亚·马尔克斯：大体上讲，我跟许多作家、艺术家交朋友，并不仅仅因为他们是作家和艺术家。我的朋友从事各种不同职业，其中有些是作家和艺术家。总的说来，在拉丁美洲的任何一个国家里，我都觉得自己是本地人，但在别的地方没有这种感觉。拉丁美洲人觉得，西班牙是唯一一个能让我们在那里受到很好的招待的国家，但我本人并不觉得我好像是从那里来的。在拉丁美洲，我并没有一种疆域或边界的意识。我意识到国与国之间存在着种种区别，但是内心的感觉都是一样的。使我真正有家的感觉的地方是加勒比地区，不管那是法语、荷兰语或英语的加勒比。我老是有那种印象：当我在巴兰基亚登上飞机，有个穿蓝裙子的黑人女士会在我的护照上盖章；而当我在牙买加走下飞机，有个穿蓝裙子的黑人女士会在我的护照上盖章，但用的是英语。我并不认为语言使得那一切都大为不同。但在世界的其他地方，我感觉自己像是一个外国人，那种感觉剥夺了我的安全感。这是一种个人的感觉，但我旅行的时候老是这样觉得。我具有一种少数族裔的良知。

《巴黎评论》：你认为拉丁美洲作家去欧洲住上一段时间很重要吗？

加西亚·马尔克斯：或许是去拥有一种外在的真实视角吧。我正在考虑要写的一本短篇小说集，讲的是拉丁美洲人去欧洲。二十年来我一直在考虑这个。要是你能从这些短篇小说中得出一个最终的结论，那么结论就会是拉丁美洲人几乎去不了欧洲，尤其是墨西哥人，而且当然住不下来。我在欧洲碰到过的所有墨西哥人，总不外乎在接下来的星期三离开。

《巴黎评论》：你认为古巴革命对拉丁美洲文学有何影响？

加西亚·马尔克斯：迄今为止是负面影响。许多作家认为自己有政治上的承诺，他们感觉不得不去写的小说，不是他们想要写的，而是他们认为应该要写的。这便造成某种类型的谋算好的文学，与经验和直觉没有任何关系。古巴对拉丁美洲的文化影响一直受到很大的抵制，主要原因是在这里。在古巴本国，这个过程还未发展到那样一种程度，足以让一种新型的文学或艺术被创造出来。那样的东西需要时间。古巴在拉丁美洲文化上的极大重要性，是在于充当了桥梁的作用，把在拉丁美洲已经存在多年的某种类型的文学加以传播。某种意义上，拉美文学在美国的爆炸，是由古巴革命引起的。这一代的每一个拉美作家都已经写了二十年，但是欧洲和美国的出版商对他们没有什么兴趣。古巴革命开始后，对古巴和拉美就突然大为热衷了。革命转变为一宗消费品。拉丁美洲变得时髦了。人们发现，已经存在的拉美小说好得足以译成外语，可以和所有其他的世界文学一起来考虑。真正可悲的是，拉丁美洲的文化殖民主义是如此糟糕，因此要让拉美人自己相信他们自己的小说是好的是不可能的，一直要到外面的人告诉他们才行。

《巴黎评论》：有你特别钦佩的名气不大的拉美作家吗？

加西亚·马尔克斯：我现在怀疑到底有没有。拉美爆炸文学的一个最好的副作用，就是那些出版商老在那里眨大眼睛，确保不要漏掉了新的科塔萨尔。不幸的是，许多年轻作家关心名气甚于关心他们自己的作品。图卢兹大学的一个法语教授，他写一些拉美文学的评论文章；很多年轻作家给他写信，让他不要对我写这么多，因为我已经用不着了，而别人正用得着。可他们忘了，我在他们那个年纪，批评家不写我，而是宁愿写米格尔·安赫尔·阿斯图里亚斯。我想要强调的一点是，那些年轻作家给批评家写信是在浪费时间，还不如去搞他们自己的写作呢。比起被人写，去写作可是重要得多。我的写作生涯中非常重要的一种东西，是直到四十岁为止，我从未拿到过一分钱的作者版税，尽管我已经出版了五本书。

《巴黎评论》：你认为在作家的生涯中名气或成功来得太早是不好的吗？

加西亚·马尔克斯：任何年龄段上都是不好的。我本来是想死后才让我的书获得承认，至少在资本主义国家里，届时你将变成一种商品。

《巴黎评论》：除了你最喜欢的读物，今天你还读什么？

加西亚·马尔克斯：我读最古怪的玩意儿。前天我还在读穆罕默德·阿里的回忆录呢。布拉姆·斯托克的《德拉库拉》是一本很棒的书，多年前这种书我可能还不会去读，因为我会觉得是在浪费时间。不过，除非是有我信任的人推荐，我是从来不会真正去卷入一本书的。我不再读小说。我读许多回忆录和文件，哪怕是一些伪造的文件。我还重读我最喜欢的读物。重读的好处是你可以打开任何一页，读你真正喜欢的段落。我已经丧失了那种单纯阅读"文学"的神圣的观念。我会什么都读。我试着做到与时俱进。我每周都读世界各地几乎所有真正重要的杂志。自从习惯了阅读电传打字机传来的东西，我就总是关注新闻。但是，当我读了所有严肃重要的各地报纸之后，我妻子却还总是过来告诉我还没有听到过的新闻。我问她是从哪里读到的，她会说是在美容店的一本杂志上读到的。于是我读时尚杂志，还有各种妇女杂志和八卦杂志。我学习只有读这些杂志才能学到的许多东西，这让我忙得不可开交。

《巴黎评论》：为什么你认为名气对作家这么有破坏性呢？

加西亚·马尔克斯：主要是因为它侵害你的私生活。它拿走你和朋友共度的时间、你可以工作的时间，它会让你与真实世界隔离。一个想要继续写作的著名作家得要不断地保护自己免受名气的侵害。我真的不喜欢这么说，因为听起来一点儿都不真诚，可我真的是想要让我的书在我死后出版，这样我就可以做一个大作家，用不着去对付名声这档子事了。拿我来说吧，名声的唯一好处就是我可以把它用于政治,否则就太不舒服了。问题在于,你一天二十四小时都有名,而你又不能说"好吧,到了明天再有名吧",或是摁一下按钮说"这会儿我不想有名"。

《巴黎评论》:你料到过《百年孤独》会取得巨大成功吗?

加西亚·马尔克斯:我知道那本书会比我其他的书更能取悦我的朋友。可是我的西班牙语出版商告诉我说,他打算印八千册,当时我目瞪口呆,因为我其他那些书的销量从来没有超过七百册。我问他为什么开始不慢一点儿,他说他相信这是一本好书,从五月份到十二月份所有的八千册会卖完的。结果在布宜诺斯艾利斯,它们一周内就卖完了。

《巴黎评论》:你觉得《百年孤独》如此走红的原因是什么?

加西亚·马尔克斯:我可一点儿都不知道,因为面对自己的作品,我是一个蹩脚的批评家。我听到的最频繁的一种解释是,这是一本讲述拉丁美洲人的私生活的书,是一本从内部写成的书。这种解释让我吃惊,因为我最初想要写的这本书的题目是《宅子》。我想让这部小说整个的情节发展都出现在房子的内部,而任何外部事物都只在于它对这所房子的影响。后来我放弃了《宅子》这个题目,但是这本书一旦进入马孔多城,它就没有再进一步了。我听到的另一种解释是,每一个读者都可以把书中的人物理解为他想要的东西,把他们变成他自己的东西。我不想让它变成电影,因为电影观众看见的面孔,或许不是他所想象的那张面孔。

《巴黎评论》:有人有兴趣把它拍成电影吗?

加西亚·马尔克斯:有啊,我的经纪人出价一百万美金,想要吓退那种提议,而当他们接近那个报价时,她又把它提高到三百万左

339

右。我对电影没有兴趣,只要我能阻止,就不会发生。我喜欢在读者和作品之间保留一种私人关系。

《巴黎评论》:你是否认为任何书籍都能被成功地翻拍成电影?

加西亚·马尔克斯:我想不出有哪一部电影是在好小说的基础上提高的,可我能想到有很多好电影倒是出自相当蹩脚的小说。

《巴黎评论》:你自己有没有想过拍电影呢?

加西亚·马尔克斯:有一个时期我想成为电影导演。我在罗马学导演。我觉得,电影是一种没有限制的媒介,那个里面什么东西都是可能的。我来墨西哥是因为我想在电影界工作,不是想做导演,而是想做剧作家。但电影有一种很大的限制,因为这是一种工业艺术,一整套工业。在电影中要表达你真正想要说的东西是非常困难的。我仍想着要做电影,但它现在看起来像是一种奢侈。我想和朋友一起来做,但对能否真正表达自己不抱任何希望。这样我就离开电影越来越远了。我和电影的关系就像是一对夫妻,一对既无法分开住却也无法住到一起的夫妻。不过,在办一家电影公司和办一份刊物之间,我会选择办刊物。

《巴黎评论》:你会怎样描述你正在写的那本有关古巴的书?

加西亚·马尔克斯:实际上,这本书像一篇很长的报纸文章,讲述古巴千家万户的生活,他们如何在供应短缺的状况下设法挺过来。在最近两年去古巴的许多次旅行中,令我感到印象深刻的是,那种封锁在古巴已经产生了一种"文化的必要性"、一种社会情势,生活在其间的人们没有了某些东西,不得不好好相处。真正让我感兴趣的方面,是封锁如何有助于改变人们的精神面貌。在这个世界上,存在着反消费社会和消费至上社会之间的冲突。这本书眼下处在这样一个阶段：原先觉得那会是一篇轻松的、相当短小的新闻作品，可眼下它正在变成一本非常长的、复杂的书。不过那也真的没有什么，因为我所有的书一直都是那样的。此外，这本书会用历史事实证明，加勒比那个真实的世界，正好和《百年孤独》的故事一样奇幻。

《巴黎评论》：作为作家，你有长远的雄心或遗憾吗？

加西亚·马尔克斯：我想，答案跟有关名声的那个回答是一样的。前天有人问我对诺贝尔奖是否感兴趣，我认为，对我来说那绝对会是一场灾难。我当然对实至名归感兴趣，但要接受这个奖项是可怕的，甚至只会比名声的问题更加复杂。我生活中唯一真正的遗憾是没有生女儿。

《巴黎评论》：有什么进行当中的计划你可以拿来讨论的？

加西亚·马尔克斯：我绝对相信，我将要写出我一生中最伟大的书，但我不知道那会是哪一本，是在什么时候。当我这样感觉的时候——这种感觉现在已经有一段时间了，我就非常安静地待着，这样一旦它从身旁经过，我便能捕捉它。

（原载《巴黎评论》第八十二期，一九八一年冬季号）

THE PARIS REVIEW

克洛德·西蒙

1985 年诺贝尔文学奖得主

获奖理由:"因其在自己的长篇小说中将诗人、画家的创造力和深刻的时间意识相结合,对人类的境况进行了描绘"

《巴黎评论》访谈发表时间:1992 年

克洛德·西蒙

（Claude Simon）

1913—2005

法国小说家，生于马达加斯加，1936年参加西班牙内战，在第二次世界大战期间参加法国地下抵抗运动。其代表作有长篇小说《弗兰德公路》(1960)、《历史》(1967)和《农事诗》(1981)等。1967年凭《历史》获美第奇奖。

2005年7月病逝于法国巴黎。

克洛德·西蒙

◎朱艳亮 / 译

长久以来，克洛德·西蒙否认自己的作品属于法国"新小说派"——事实上，他认为"新小说派"是一个具有误导性的名词，评论家们将包括娜塔丽·萨洛特、阿兰·罗伯-格里耶和玛格丽特·杜拉斯在内的几位法国作家的作品错误地归入这个派别名下。按照西蒙的说法，他们的文学风格、主题和兴趣迥然不同。尽管如此，直到一九八五年获得诺贝尔文学奖为止，西蒙最著名的身份还是"新小说派作家"。从对荒诞哲学的痴迷到对虚无主义的执着，文学评论家和学者们把这一切都归结于他。其作品中的象征主义被广泛地分析，在西蒙看来甚至是过分地分析——他几乎拒绝所有对他作品的解释，他把自己描绘成一个直率的作家，利用生活提供给他的材料进行创作，尽管写出来的是具有挑战性的、巴洛克式的作品：一个持续数页的句子；没有标点符号的段落。他始终是抒情的。更多的时候，西蒙描绘的是一种由死亡与解体构成的现实，战争也时常现身其中。他摒弃了十九世纪的传统小说，转而拥抱陀思妥耶夫斯基、康拉德、乔伊斯、普鲁斯特和福克纳等人的作品，借鉴这些作家高度紧张、令人回味的语言运用。物体和场景相互呼应，它们被重复、翻转，被从多个角度细细审视。时间随着视角的变化向后、向前，再向后流动。

克洛德·西蒙一九一三年出生于马达加斯加的塔那那利佛，在法国的佩皮尼昂长大。他未满周岁，父亲就战死了。十一岁丧母成为孤儿后，他被送到巴黎的寄宿学校，暑假则在亲戚家度过。年轻时，他曾短暂地学习过绘画，并在西班牙内战期间前往西班牙；在那里，他站在共和军一边。他曾说过，他之所以转向写作，是猜想写作比绘画或革命都要容易。西蒙在"二战"前夕以小说《作弊者》开始了他的文学生涯，但还没来得及完成手稿就被征召入伍。他在一个装备过时的法国骑兵中队服役，在与全副武装、手持马刀和步枪的德国骑兵交战时险些丧命。《作弊者》最终在一九四五年出版。西蒙此前获得了一笔遗产，在战争结束时，他终于可以全身心地投入写作中去。

他的作品被广泛翻译，其中十部被译成英文，包括小说《草》（1960）、《弗兰德公路》（1961）、《大酒店》（1963）、《历史》（1968）、《导体》（1974）、《三折画》（1976）、《农事诗》（1989）、《邀请》（1991）和《刺槐树》（1991）。

西蒙现居巴黎，他在那里度过了自己成年后的大部分时光。他夏天会待在法国南部，就在他长大的佩皮尼昂附近。这次采访主要是在一九九〇年春夏期间通过邮件进行的。最后一次简短的谈话是在他装修简朴的巴黎公寓中明亮宽敞的客厅里进行的，他的公寓在五楼，位于巴黎第五区，通风，无电梯，白色的墙壁上挂满了艺术品。这个环境与西蒙在小说中描述的黑暗世界几乎没有相似之处。

——访谈者：亚历山德拉·伊尔，一九九二年

《巴黎评论》：您会把自己的童年描述为快乐童年吗？

克洛德·西蒙：我的父亲于一九一四年八月在战争中丧生，母亲在我十一岁时过世。此后，我被送到一所纪律非常严明的教会学校做寄宿生。虽然我在幼年成了孤儿，但我认为我的童年还是幸福的，这

要感谢我的叔叔、阿姨和表兄弟姐妹对我的关爱。

《巴黎评论》：那所寄宿学校的名字是什么？

西蒙：斯坦尼斯拉斯学院，其实是巴黎的一所文法学校。我的母亲非常虔诚，曾希望我接受教会式的教育。

《巴黎评论》：这个学校对您有什么情感或学识上的影响吗？

西蒙：我成了一个无神论者。这一点，在我看来，在我的书中很明显。

《巴黎评论》：正规教育如何塑造了您？

西蒙：我接受的是人们所说的文化基础教育——拉丁语、数学、科学、历史、地理、文学、外语。法国的中学教学有一个巨大的缺陷，就是几乎从来不讲艺术——音乐、绘画、雕塑、建筑。例如，我被逼着学习高乃依的几百首诗，却从来没有听说过尼古拉·普桑[①]，他的重要性更大。

《巴黎评论》：您曾经在西班牙内战中与共和党人并肩作战，但后来心灰意冷，放弃初衷。为什么？

西蒙：我没有参战。我于一九三六年九月抵达巴塞罗那，"试图成为在世界各处上演的喜剧中的一个旁观者，而非演员"。这是笛卡尔提出的原则之一。当他写下这句话的时候，"喜剧"（comédie）这个词指的是所有戏剧表现形式，有喜剧，也有悲剧。在过日俭省、严谨观察人类激情的弱点的笛卡尔看来，这个词略带贬损和讽刺的意味。巴尔扎克在为一组作品取名时也用了这个词，《人间喜剧》，其实

[①] 尼古拉·普桑（Nicolas Poussin, 1594—1665），17 世纪法国巴洛克时期重要画家，高乃依的同代人。

就是放弃悲剧情节。西班牙内战最可悲的成分是它的自私动机，它所效力的隐蔽野心，强调双方使用的空话；它看似一出喜剧——非常血腥——却是一出一成不变的喜剧。不过，考虑到战争的凶残程度和其中涉及的大量背叛行为，我不能把它定性为喜剧。是什么吸引了我？当然是我对共和党人的同情；但还有我的好奇心，我想观察一场内战，看看会发生什么。

《巴黎评论》：您的人生充满了幸运：您是一九四〇年默兹战役中幸存下来的少数法国骑兵之一，而这场战役就发生在您父亲牺牲的战场上。您被德国人俘虏，六个月后逃脱，然后加入抵抗组织。战争之后，您退居家族的乡村庄园，在那里获得的遗产使您能够全身心地投入写作中去。

西蒙：我的一生都被不可思议的运气所眷顾。如果要一一列举，那就太长了，不过其中有一个脱颖而出不得不说的：一九四〇年五月，我的中队遭到德国坦克的伏击。在敌方火力的压制下，我们先是被愚蠢地命令"徒步作战"，紧接着又被命令"上马疾驰！"。就在我把脚套入马镫的时候，马鞍滑落了。在战争进行中，我只能怪自己倒霉！但这救了我的命。步行前进时，我发现自己处在一个火力空白地带，一个平坦的交叉路口，在那里我不会被击中。那些重新上马的人大部分都被杀死了。类似的好运气我还可以讲出十多个。时常如此，就像这次伏击一样，你自以为运气不好，结果却往往恰好相反。保罗·瓦莱里写道："当一切事物叠加起来时，我们的生活只是一连串的危险，我们就此或多或少恰当地给予回应。"

《巴黎评论》：您是如何从德国人的监狱里逃出来的？

西蒙：我设法上了一列德国人运送俘虏去战俘集中营过冬的火车。营地守卫森严。到达后，在光天化日之下，我从两个德国哨兵之间溜入森林，逃了出来。从那里开始，我沿途躲藏，到达了分界线。

《巴黎评论》：您在抵抗组织中做什么？

西蒙：我不在其中。由沃邦上校领导的民族解放运动军事情报中心，就设在我的公寓里，位于蒙帕纳斯大道一百四十八号，从一九四四年四月开始，一直到巴黎解放。我的角色是被动的：东道主。"二战"后，我住在巴黎，夏天我住在比利牛斯山脉东部的佩皮尼昂。在佩皮尼昂以北十五公里的萨尔塞，我拥有少量的葡萄园。不过我已经卖掉了那片土地，但在村里还有一栋房子，我在那里度过夏天。

《巴黎评论》：您从什么时候开始写作？

西蒙：我不太确定。我想大概是在服兵役期间。

《巴黎评论》：是什么让您写出第一部小说？

西蒙：想写小说的野心。

《巴黎评论》：您说过"我们对世界的认知是畸形的、不完整的……我们的记忆是有选择的。写作会转变……"。这种转变会是治疗性的吗？您认为写作是一种治疗方式吗？

西蒙：不，我写作只是为了乐趣，为了生产一些东西，自然也希望被阅读。显然，这个希望并不完全是徒劳的，因为我现在在许多国家有成千上万的读者。

《巴黎评论》：萨特和加缪的著作对您自己的作品影响大吗？

西蒙：我认为加缪和萨特的著作绝对没有价值。萨特作品的最大特征是虚伪和恶毒。如果要承认我受到什么影响的话，会是陀思妥耶夫斯基、契诃夫、乔伊斯、普鲁斯特和福克纳的作品。我所有的写作都来自个人经验。

《巴黎评论》：您的第一部小说《作弊者》中的主人公被描述为非常接近《局外人》中的默尔索。

西蒙：《作弊者》在一九四一年春天接近完成，远远早于加缪的《局外人》。在战争期间，我遇到了我的第一个编辑，埃德蒙·鲍姆瑟。他是犹太人。他的出版社"人马座"被德国人没收了，他去南部避难，让我等到战争结束后再出版《作弊者》。我同意了。因此，与加缪方面绝对没有任何联系或影响。

《巴黎评论》：您提到福克纳、乔伊斯和普鲁斯特对您创作的影响。有些评论家认为您的作品是在模仿，这是否让您感到不快？

西蒙：对那些写出多少有些愚蠢或恶意的评论的人，我基本无动于衷。如果我关注他们，我就无法从事为我赢得诺贝尔奖的工作。

《巴黎评论》：有人说，您是在五十年代写了《春之祭》之后成为"新小说派"作家的。

西蒙：由于大多数专业评论家并不阅读他们所评论的书，关于"新小说派"的空洞言论和文字因此堆积如山。这个名称指的是几个法国作家组成的群体，他们无法接受传统的和学究的小说形式，就像在他们之前的普鲁斯特和乔伊斯一样。除了这个共同的摒弃对象外，我们每个人都通过自己发声而工作，声音各异，但这并不妨碍我们有相互尊重和相互团结的感觉。

《巴黎评论》：您和其他"新小说派"作家的声音有什么区别？

西蒙：从《草》开始，我的小说越来越多地以我自己的生活为蓝本，极少需要虚构——到最后，一点儿虚构也不需要。

《巴黎评论》：如果您必须给自己的作品贴一个标签，假如不是"新小说派"，那会是什么？

西蒙：标签始终是危险的。您逼迫我重复我自己：在抛弃了寓言之后，如果说小说中有什么新的东西，那它是在本世纪由乔伊斯和普鲁斯特所带来的。

《巴黎评论》：您曾经说过对十九世纪的写实主义感到厌倦。您选择的写作风格是否是您对此做出的反应，写一部您觉得能够真正再现现实的小说？

西蒙：所谓能"真正"再现"现实"的事物并不存在。也许，代数公式是个例外。所有的文学流派都假装比前人写得更现实。谁又知道现实是什么？印象派不再声称再现可见的世界，而是把他们从可见世界得到的"印象"呈现给公众。如果说我们只是以碎片的方式来感知外部世界，那么立体派"合成"时期的油画就是真实的。而更逼真的则是施维特斯[1]、劳森伯格[2]或奈维尔逊[3]的"拼接组合"。

《巴黎评论》：您为什么选择这种写作风格？

西蒙：我没有选择。我尽自己的能力写作。

我很幸运有一个天才的出版商——热罗姆·兰东。他在巴黎拥有一家只有九名员工的小出版社，叫"午夜"。我是通过阿兰·罗伯-格里耶的介绍找到他们的。我在度假时结识了罗伯-格里耶。他要求读我当时刚写完的《风》。他喜欢这部手稿，并鼓励我通过午夜出版社

---

[1] 库尔特·施维特斯（Kurt Schwitters，1887—1948），德国画家、雕塑家，达达主义代表人物之一，装置艺术先驱。
[2] 罗伯特·劳森伯格（Robert Rauschenberg，1925—2008），美国画家，战后美国波普艺术的代表人物，以其采用拼贴技法的"融合绘画"著称。
[3] 路易丝·奈维尔逊（Louise Nevelson，1899—1988），俄裔美国雕塑家，以大型单色抽象雕塑和环境雕塑闻名。

出版。我同意了，因为在他们已经出版的作家中，有不少是我非常尊重的，如贝克特、布托尔、潘热①，以及罗伯-格里耶本人。近年来，午夜出版社有了两位诺贝尔奖获得者——萨缪尔·贝克特和我本人。

《巴黎评论》：您写得快吗？

西蒙：不。很慢。

《巴黎评论》：您记笔记、写日记吗？

西蒙：我很少做笔记。从来没有写过日记。我的记忆是视觉高于一切。

《巴黎评论》：您希望您的读者从您的书中学到什么？

西蒙：他们什么都学不到。我没有什么信息要传递。我只希望他们能找到快乐。这种快乐的性质很难界定。一部分是罗兰·巴特所说的认知——认知到自己经历过的情感或感受。另一部分是发现自己所未知的自己。约翰·塞巴斯蒂安·巴赫将这种快乐定义为"预期的意外"。

《巴黎评论》：您是怎么工作的？

西蒙：我先用圆珠笔［思笔乐 Stylist 188 型］写，然后用打字机。我写得非常艰苦。我的词句是经过多次擦写后，一点儿一点儿自行构成的，这就禁止了打字机的使用。

《巴黎评论》：您是否有固定的写作安排，每天留出一定的时间来工作？

---

① 罗伯特·潘热（Robert Pinget，1919—1997），法国先锋派作家，代表作有长篇小说《审判官》等。

西蒙：我每天下午三点半左右开始，工作到晚上七点半或八点。

《巴黎评论》：您曾经说过："在我开始与文字搏斗的那一刻，有些东西出现了。"

西蒙：的确如此。每当有一个模糊的计划出现在我的思想中，随着工作的进行，它自己会逐渐修正。

《巴黎评论》：您真的会用彩色铅笔在手稿上标记不同的颜色，以便追踪每条叙事线吗？

西蒙：我很为自己的书的结构头痛。在创作《弗兰德公路》时，我给每个主题和人物都赋予一种颜色。这样一来，我可以把整体形象化，对其进行改动，改进淡入出现的位置，变动场景，排练，谢幕。有一天，作曲家皮埃尔·布勒兹告诉我，我面临最大的问题一定是周期性；在音乐中，是某个主题重复出现或在乐曲中反复出现的频率，它经常取决于变奏或音调的改变。布勒兹说得完全正确。他在我的书中并没有发现太多的重复，但他明白我的问题之一是如何安排好它们。

《巴黎评论》：如果您自己都难以记住这几条线的顺序，怎么能指望读者记住呢？

西蒙：如果读者无法跟上书的进程，感到厌烦，为什么不把书扔掉呢？这是很简单的事。当一本书没有给我带来乐趣时，我总是这样做。我们生活在一个民主世界。我们可以选择阅读自己喜欢的东西。

《巴黎评论》：在您的早期小说中，如《草》和《弗兰德公路》里，您用长而复杂的句子写作。最近，您的句子变简单了，也已经放弃了长篇段落。是什么原因让您改变了风格？

西蒙：我的计划每次都不一样。重复同样的事情是无趣的。

《巴黎评论》：您是事先决定小说的视角，还是在写作时才形成？

西蒙：当我开始写一部小说时，我把它看作一个非常模糊的项目。它在我的工作过程中会朝着好的方向改变，这不是因为我小说中的人物自行决定他们的行为，就像某些低能小说家所吹嘘的那样，而是因为语言不间断地呈现出新的视角。很多年前，我在接受采访时说："小说造就了它自己，我造就了它，它也造就了我。"

《巴黎评论》：评论家们说您有两种类型的主角——一种对抗秩序，另一种接受秩序——而这两种类型之间的冲突是您的作品的中心。

西蒙：这类问题应该向哲学家提问。我是一个小说家。最后再说一次：我感兴趣的不是事物的为什么，而是如何。

《巴黎评论》：那么说您不认为自己是哲学家？

西蒙：当然不是。我高中时甚至没有学过哲学。我学的是数学。总的来说，我不信任哲学。柏拉图建议把诗人赶出城市；"伟大的"海德格尔是个纳粹；卢卡奇是个共产主义者，让-保罗·萨特写道："任何反共产主义者都是一条狗。"

《巴黎评论》：您认为人类在他们的生活中寻找幸福是可行的还是愚蠢的？

西蒙：不，这不愚蠢。这是人性。但福楼拜是不是说过，"'幸福'这个概念导致了很多眼泪"？

《巴黎评论》：什么是您生活中最幸福的时刻？

西蒙：有很多……处于恋爱或性关系中，读一本好书——普鲁斯特总能让我陷入狂喜状态——欣赏一幅画，陶醉于建筑，聆听音乐……要把它们一一列举出来就太长了……也许我最快乐的日子是在那个秋天，当我从监狱营地逃出来的时候……逍遥法外的生活。

《巴黎评论》：对于您小说中的人物来说，性在情感上总是空虚的，或者是摧毁性的，然而您对性行为的描写却往往非常色情。

西蒙：大多数情欲小说的最大弱点在于主人公是传统的、没有深度的无骨木偶——必然出现的侯爵或侯爵夫人、英国老爷、百万富翁、男仆和猎场看守员，性行为只是发生在他们身上，也正因此，这些性行为似乎是空洞的……我所感兴趣的是描述那些穿插在其他非情色场景中的情欲场景（就像生活中发生的那样）；我曾做过几次尝试。可悲的是，性涉及太多禁忌，以至于很难谈论它。你必须找到一种语调，一种距离。诸如情感、嘲讽或抒情，这些有可能会削弱其他题材写作的东西，在情欲写作中则变得彻底不能接受了。那些私密的东西被渲染成赤裸裸的荒唐，如著名的《O的故事》……这让我想起陀思妥耶夫斯基《群魔》中的一个情节，在斯塔夫罗金讲述了小女孩被强奸和希望自杀这一高度色情且形而上的情节后，吉洪只是简单地问他是否不相信荒唐之事的存在。

《巴黎评论》：您的小说反复论述死亡的必然性、万物的解体以及生命的虚无。如果生命真的如此空洞无意义，为什么要写它？

西蒙：安德烈·马尔罗（我对他并没有太多的赞赏）说过："人是唯一知道自己注定要死的动物。"生命并不因此而"徒劳"。真的，恰恰相反，正因为如此，它才值得珍惜。为什么要写作？为了写作。为了有所成就。对于这个问题，萨缪尔·贝克特给出了最好的回答："我就这么点儿本事。"如果说生活有时艰难、充满不幸与痛苦——我对此有所体会：我打过仗，当过俘虏，被强迫劳动，营养不良，后来得了重病——我也知道生活中有很多欢乐、满足。

《巴黎评论》：那么，作家在社会中的角色是什么？

西蒙：改变世界。每当一个作家或艺术家以甚至只是稍微有些新意的方式"讲述"世界时，世界就会被改变。奥斯卡·王尔德说："自然模仿艺术。"这并不是一句俏皮话。除了碰触，人类只能通过对世界的再现来认识它……通过绘画、文学、代数公式，等等。

《巴黎评论》：您是否关注国内或国际政治？

西蒙：我对政治感兴趣，但没有激情。今天的政治似乎比以往任何时候都更受控于经济，政治领导人沦为行政人员的角色。戈尔巴乔夫希望建立一个与前任不同的政治体制结构，不是出于意识形态的原因，而是因为他面临着苏联的经济灾难。当事件越过了可以容忍的门槛时（比如，五十年代法国在阿尔及尔发动的镇压和战争），我就会公开表示反对。

《巴黎评论》：您曾两次成为诺贝尔文学奖的候选人。一九八三年你未能获得该奖时，舆论一片哗然。一九八五年拿到奖时，您的感觉如何？

西蒙：欣喜若狂。老实说，别人的反应是无法掩饰的不快。在法国，在文学界，仿佛有人让他们吞下了一只刺猬，整只刺猬身上的针刺。比如，我的一位同事，一位"朋友"，对《纽约时报》说，是他让我把我的一部小说每隔一章就加以控制，多亏了他，那小说才变得更有可读性。可我还是拿到了获诺贝尔奖。让我告诉你，这真是福从天降！在七十二岁的时候，当你的头脑已顽固时，能发生这样的事情，真是幸运。荣誉和金钱突然堆摞在你身上！来自世界各地的雪崩式的邀请函！这是一种压力，这让你众人瞩目。有些作家以少得多的代价获得一个巴黎文学奖后，余生则无所作为。瑞典学院的秘书拉尔斯·吉伦斯滕在斯德哥尔摩告诉我："现在——写吧，写吧！……之后，大多数获奖者都不会再写别的东西了。"所以，"之后"我写了一部大小说《刺槐树》，去年秋天已出版，从共产党到极右派，包括天主教徒在内的评论家，都称它是我最好的书。

《巴黎评论》：您经常说自己是业余作家。在创作了十四部小说之后，您还称自己是业余的吗？

西蒙：写小说不是一种职业。没有老板按月或按年支付薪水给作者。职业人是指掌握了一定数量的技能，并藉此获得可计算收入的人。屠夫学会切肉，医生学会诊断疾病，泥瓦匠学会如何砌墙——都是按照各种规则进行的。但是艺术没有规则。恰恰相反，艺术往往面临打破常规的问题。然而没有保障。因此，我始终是一个业余爱好者，只是奇迹般地，时而被赐予金钱。

《巴黎评论》：那么您对职业作家的定义是什么？

西蒙：记者、评论员，在某一出版物上负责定期发稿，领取预先确定的报酬。也指畅销书作者，他们为取悦大量公众而写作，并收取定额薪酬。

《巴黎评论》：《弗兰德公路》中有些章节将话语描述为无用的。您相信这一点吗？

西蒙：有必要把这话放回语境中。《弗兰德公路》中说这些话的人物是一个营地里的囚犯，疲惫不堪，饥肠辘辘，浑身长满了虱子。在这种情况下，话语似乎没有太大的价值。但这并不是什么新鲜事。"饥肠辘辘的肚子没有耳朵"是一句古老的法国谚语。幸运的是，今天的我并没有生活在监狱里，而是在一个相对文明的社会里。但话虽如此，我仍然认为为本世纪留下烙印的恶行——奥斯威辛、古拉格——表明人的生命完全不值一提，"人文主义"的话语已不再有理。由此产生了我所倾向的描述，以及我对定性形容词，或者类似的，对心理学或社会学的评论或分析的不信任；如果我有胆量尝试使用这些，我会用大量的"可能""毫无疑问"和"好像"来对它们进行限定。

《巴黎评论》：您说过，只要愿意付出同样的努力，任何人都可以做到您所做的事情。您的意思是说，一个作家无须天生才华——坚持和努力就是全部的要求？

西蒙：除了一定程度的初级教育外，我认为实际上任何人只要努力，都可以做到我所做的事情。当然，人各有志……有人倾向数学，有人倾向商业、医学、绘画……甚至有的人喜欢懒惰……

《巴黎评论》：年轻人会向您请教成为作家的建议吗？

西蒙：令人愉快的是，这并不常见。

《巴黎评论》：如果有人问的话，您会告诉他们什么？

西蒙：到街上去，走两百米，再回家，然后尝试写下（并描述）自己在这次行走中的全部所见（或所思、所梦、所记、所想象）。

《巴黎评论》：一九七〇年，您出版了《盲猎户座》，这本书被称为您的文学宣言。

西蒙：不是这样的。应出版社的要求，我在一篇小小的序言中表达了自己对写作的一些看法。非常简短。勉强八页。

《巴黎评论》：书名的含义是什么？

西蒙：在斯德哥尔摩，我说过，失明的猎户座就是作家的形象，他在符号的森林中摸索着，追寻太阳升起的光芒。值得注意的是，猎户座是一个星座，只要太阳在天空中升起，它就会被抹去。这是尼古拉·普桑的一幅画作的主题。

《巴黎评论》：在您的创作中，象征主义似乎很重要。比如在《草》中，一个T形的影子在躺着奄奄一息的玛丽的房间里穿过时，不断地生长和缩小，代表着时间的流逝和死亡的必然性。您是如何确定这类意象的？

西蒙：我不是一个象征主义者。我看到光线画了一个T，在房间的地板和家具上慢慢移动。这个T向我暗示了"时光"[①]这个词和时间的行进。它看起来是一个很好的意象。

《巴黎评论》：火车经常出现在您的小说中——它们象征着什么？

西蒙：只是火车而已。

《巴黎评论》：盖子上饰有图画的盒子——比如《钢索》中的雪茄盒标签，《草》中的饼干罐。它们有什么暗示的意义？

西蒙：没有什么。我喜欢描述事物。就像别人喜欢画画一样。仅此而已。莎士比亚写过：生活是"一个白痴讲的故事，充满了声音和愤怒，毫无意义"。这也是我的思维方式。只是对我来说，生活不仅只是充满了声音和愤怒。它也有蝴蝶、鲜花、艺术……

《巴黎评论》：您读自己已经出版的小说吗？

---

① 原文为法语：temps。

西蒙：不。

《巴黎评论》：您的未来计划是什么？

西蒙：我没有。我只做短期计划。我已经七十七岁了。我可能明天就会死去。我只希望能够写作。

（原载《巴黎评论》第一百二十二期，一九九二年春季号）

# THE PARIS REVIEW

约瑟夫·布罗茨基

1987 年诺贝尔文学奖得主
获奖理由:"因其充满思想清晰性与诗性强度的包罗万象的写作"

《巴黎评论》访谈发表时间:1982 年

约瑟夫·布罗茨基

(Joseph Brodsky)

1940—1996

美籍俄罗斯诗人、散文家,生于圣彼得堡,1972年被迫离开苏联,后定居美国,1991年被任命为美国桂冠诗人。其代表作品有诗集《诗选》《词类》《致乌拉尼亚》,散文集《小于一》《悲伤与理智》等。

1996年1月病逝于美国纽约。

约瑟夫·布罗茨基

◎李以亮/译

一九七九年十二月,约瑟夫·布罗茨基在他位于格林威治村的寓所接受了采访。他未刮胡子,看上去有点儿苦恼。他正在校阅新书《言辞片断》的长条校样。他说,他已错过了所有可接受的最后期限。他客厅的地板上堆满了文件。我曾建议在一个更方便的时间采访他,但布罗茨基并不介意。

他寓所的墙壁和各处几乎都被书籍、明信片和照片淹没。有许多更早一些的照片,布罗茨基与奥登、斯彭德、奥克塔维奥·帕斯,以及其他的朋友在一起。壁炉上方,是两幅加框的照片,一幅是安娜·阿赫玛托娃,另一幅是布罗茨基和他的儿子,后者仍在俄罗斯。

布罗茨基冲了两杯速溶咖啡。他坐在壁炉旁边的椅子上,三个小时里保持着相同的姿势——偏着头,两腿交叉,右手要么拿着香烟,要么放在胸前。壁炉堆满了烟蒂。每当他厌倦了吸烟,就会把香烟扔往那个方向。

对于第一个问题的回答,他自认不甚满意。他说了几次:"让我们重新开始。"但是,访谈进行大约五分钟后,他似乎已经忘了录音机的存在,或者换句话说,忘记了采访者。他语速加快、热情高涨。

布罗茨基的声音,按照娜杰日达·曼德施塔姆的描述,如同"非凡的乐器",带有鼻音,非常洪亮。

在一个间歇时刻,布罗茨基问我喜欢何种啤酒,然后去了街角商

约瑟夫·布罗茨基的一页手稿：组诗《献给苏格兰玛丽女王的二十首十四行诗》的第十四首，被收录于俄语版《言辞片段》一书

店。在他穿过院子返回时，一个邻居问了一声："你好吗？约瑟夫，你好像在减肥①？""不知道，"布罗茨基回答说，"当然，我在失去头发。"过了一会儿，他补充道："以及我的心智。"

采访结束后，布罗茨基看上去很放松，与四个小时之前为我开门的那个人判然不同。他似乎还不愿停止说话。此时地板上的文件开始引起他的注意。"我非常高兴我们做了这么一个访谈。"他说。他目送我出门，并伴随他最喜欢的一语："吻你！"

——访谈者：斯文·伯克茨②，一九八二年

《巴黎评论》：我想首先引用娜杰日达·曼德施塔姆关于你的一句话，这话出自她的《被放弃的希望》③一书。她说："他……一个非凡的年轻人，我担心他的结局可能不好。"

约瑟夫·布罗茨基：在某种程度上说，我的结局是不好，在俄罗斯文学方面——以俄语发表作品来说。然而，我认为，她担心的是更糟糕的事情——身体的伤害。当然，对于一个作家来说，不能以他的母语发表作品，也是一样糟糕的结局。

《巴黎评论》：阿赫玛托娃对你有过什么预测吗？

布罗茨基：也许有过，但是，我想，要更好一些，所以我不记得

---

① 此处减肥（losing weight）可直译为"失去体重"，由此引发布罗茨基后面的回应。这是布罗茨基与他的邻居开玩笑玩的文字游戏。
② 斯文·伯克茨（Sven Birkerts，1951— ），美国散文家、文学评论家，曾在多所大学教授写作，著有《古登堡哀歌》等。
③ *Hope Abandoned*，这是英译本书名，国内通译《第二本书》，是《曼德施塔姆夫人回忆录》的续篇。

了。因为你只会记得不好的事情——你留意它们，因为它们比你的工作与你更有关系。另一方面，好东西都是一种天意的安排。没必要操心天意的干预，因为它要么发生，要么不发生。那些都不由你控制。你可以控制的，是可能的坏结局。

《巴黎评论》：在多大程度上，你将"天意的干预"用作一种精神的隐喻？

布罗茨基：实际上，在很大程度上。我的意思是，语言在你身上的干预。奥登有句关于叶芝的名言："疯狂的爱尔兰使你痛苦进入诗歌"——使"你""痛苦"进入诗歌或文学的是语言、你的语感。不是你个人的哲学或政治，甚或创造性的冲动，或者青春。

《巴黎评论》：所以，如果你建立宇宙学的话，你会把语言置于顶部？

布罗茨基：嗯，语言不是小事——它很宏伟。当他们说"诗人听到了缪斯的声音"，如果对缪斯的性质不加具体说明，这就是一句废话。但是，如果你深入地看，缪斯的声音就是语言的声音。它比我现在所说的更为世俗。从根本上说，它就是我们对于听见、读到的一切东西做出的回应。

《巴黎评论》：你使用语言——我似乎感觉——就是叙述一个不断下行、直到完结的历史。

布罗茨基：很可能是。从根本上说，评价自己是一件困难的事，困难不仅在于那么做很不谦虚，还因为一个人没有能力评价自己，更不用说他的作品。然而，如果要我总结一下，我的主要兴趣在于时间的本质。这是我最感兴趣的。时间对一个人的作用。这也是我们可以拥有的、最深刻地洞察时间本质的途径。

《巴黎评论》：你在一篇关于圣彼得堡的作品里说，水是"时间凝结的形式"。

布罗茨基：是的，它是时间的另一种形式……没错，是有那么一篇关于圣彼得堡的作品，不过我没有读过校样，里面混进了许多错误，拼写错误以及类似的东西。这对我来说很重要。不仅因为我是一个完美主义者，更因为我对英语的爱。

《巴黎评论》：你如何看待你作为译者的经历？你翻译或重写自己的作品吗？

布罗茨基：不，当然不。我可能对翻译重新进行一些润色，这导致我与很多译者产生嫌隙，因为我尝试修正翻译中那些我认为的瑕疵。回头翻阅旧作本身是一件令人发狂的事情，翻译它更是令人发狂。所以，工作之前，你必须冷静下来，然后，当你开始正视你的作品，就像灵魂从其住所正视被废弃的身体。灵魂所感知的唯一的东西，是"腐朽"在缓慢地冒烟。

所以，你对它真的没有任何依恋。当你进行翻译时，你想保持那些树叶的光泽、色质。你得接受那样的事实，其中有一些人看起来丑陋，但是，也许出于某种考虑，你还是保持了原样。缺陷在一首诗里具有某种功能……它们有助于让读者认识到这一行或那一行的影响。

《巴黎评论》：你对他人将你的作品翻译成英文的方法介意吗？

布罗茨基：我对翻译的主要观点是要求"准确"，而他们经常"不准确"——这是完全可以理解的。让这些人如你所愿地准确，是非常困难的。因此，与其为此事发愁，我想，也许不如我亲自来尝试翻译。

此外，我有原诗，这就够了。我把它翻译了，无论好坏，它都会保持不变。我的俄语桂冠——或者差个桂冠——已使我足够满意。在美国诗坛，我并不寻求一个好的座次。许多翻译令我不快，其实是因为它们不是很好的英语。这可能是因为我对英语的爱，还是相当无经验、相当新鲜的爱，因此也可能使我受制于一些额外的敏感性。所以，与其说我烦恼的，是我的诗歌的英语版本很糟糕，不如说我烦恼的是坏的英语诗歌。

某些译者信奉某种他们自己的诗学。在许多情况下，他们对现代主义的理解是极其简单的。他们的想法，如果简要说来，就是"散漫"。以我来说，却宁愿我的诗听起来老套平庸，也不愿它们松弛或散漫……我宁愿像有序的陈词滥调，也不愿是机巧的松散。

《巴黎评论》：有一些完美的高手翻译过你的作品——

布罗茨基：有时我很幸运。理查德·威尔伯[①]和安东尼·赫克特[②]两人都翻译过我的作品。

《巴黎评论》：最近我参加了一个诗歌朗诵会，在会上威尔伯向听众描述——我想，语气相当尖锐——你和德里克·沃尔科特在飞越爱荷华的飞机上，修改他翻译的你的一首诗。这让他很不高兴……

布罗茨基：这是真的。因此受益的是这首诗。我非常尊重他。我已经要求他修改了三四次或者更多次，我觉得，我没有权利再打扰他一次。我只是没有勇气。即使不修正，那个版本也是非常好的。这与我反对威斯坦·奥登[③]自告奋勇地翻译我的一些诗歌，理由或多或少是相同的。我想："我算老几，轮得上威斯坦来翻译？"

《巴黎评论》：这是一个有趣的颠倒——诗人感觉配不上他的

[①] 理查德·威尔伯（Richard Wilbur，1921—2017），美国诗人，曾于 1957 年、1989 年两获普利策奖，1987 年成为第二任美国桂冠诗人。
[②] 安东尼·赫克特（Anthony Hecht，1923—2004），美国诗人，曾获 1968 年普利策奖。
[③] 即诗人 W.H. 奥登。他的全名为威斯坦·休·奥登（Wystan Hugh Auden）。

译者。

布罗茨基：是的，是的，这是问题的关键。对于威尔伯，我有同样的情感。

《巴黎评论》：你什么时候开始写作的？

布罗茨基：我十八或十九岁的时候开始写作。然而，直到约二十三岁时，我才认真对待它。有时，人们会说："你最好的东西，是你十九岁时写的。"但我不认为我是兰波。

《巴黎评论》：那时候你的诗歌视野如何？你知道弗罗斯特或者洛威尔吗？

布罗茨基：不知道。但是最后，我还是都知道了他们，先是通过翻译，然后通过原作。我第一次知道罗伯特·弗罗斯特时二十二岁。我得到了他的一些翻译诗，不是一本书，又是从我的一些朋友手上得到的——你知道，我们就是这样交换读物的——我真是吃惊于他的敏感、节制，以及他作品里隐藏和克制着的惊骇。我简直不能相信我所读到的。我想我应该进一步研究这事，检查一下这是译者的翻译，还是我们俄语里出现了一个天才。所以我那么做了，一切都如我所能地弄清楚了。我对诗歌的了解，完全是从弗罗斯特开始的。

《巴黎评论》：那时你在学校接触的是什么——歌德、席勒吗？

布罗茨基：我们学了个大概。英语诗人可能是拜伦和朗费罗，以十九世纪为主。经典作家，也可以这么说。你不可能听说艾米莉·狄金森、杰拉德·曼利·霍普金斯或其他任何人。他们给你讲讲两三个外国诗人，仅此而已。

《巴黎评论》：你知道"艾略特"这个名字吗？

布罗茨基：我们都知道"艾略特"这个名字。[笑]对于任何东欧人来说，艾略特是一种盎格鲁-撒克逊品牌式的名字。

《巴黎评论》：就像李维斯①？

布罗茨基：是的，就像李维斯。我们都知道有一个诗人艾略特，但很难得到他的任何东西。俄国人第一次尝试翻译艾略特是在一九三六年、一九三七年，作品收在一个英语诗歌选集里，译文相当邪门。但是，因为我们都知道他的名声，所以我们从那些诗行里读出了——至少在俄语里——比诗行的意味更多的东西。就是这样……译者在完成翻译后不久就被处决或监禁了，当然，这本书也就不再流通了。

然而，我设法让自己逐渐理解它，用词典武装自己，学起了英语。我逐行逐行地理解那些诗，因为基本上，在二十岁、二十三岁时，我差不多已读完了全部的俄罗斯诗歌，所以不得不看些别的东西了。不是说俄罗斯诗歌已经不再满足我，但你读过那些文本，你就已经了解它们了……

《巴黎评论》：那时你也做翻译？

布罗茨基：那是谋生的方法。我翻译的，都是各种废品。我翻译过波兰人、捷克人以及斯拉夫兄弟的东西，但是后来我冒险越界，开始翻译西班牙语诗歌。不止我在这样做。在俄罗斯，有一个巨大的翻译行业，还有很多东西没有被翻译。在介绍或评论文章里，你会遇到一个名不见经传的诗人的名字，他的作品还没有被翻译，于是你会开始寻找他。

然后，我开始翻译英语诗歌，尤其是多恩。当我在北方开始国内

---

① Levi's，美国著名牛仔裤品牌，由李维·施特劳斯创立于1853年。

流放时,一个朋友送了我两三册美国诗歌选集……奥斯卡·威廉姆斯①编选的,有图片,它们点燃了我的想象力。对于外国文化、一个你认为永远不会亲眼看到的陌生领域,你的爱意会更加炽烈。

所以,我就是在做这些事情,阅读、翻译;与其说是翻译,不如说是在接近……直到最后,我来到了这里,加入了原作队伍〔笑〕……太过靠近原作了。

《巴黎评论》:对于你曾经欣赏的诗人,你是否失去了一些兴致?对于多恩、弗罗斯特,你的赞赏是否一如既往?

布罗茨基:对于多恩、弗罗斯特,我仍然一如既往。对艾略特的欣赏感觉减少了,更不用说卡明斯。

《巴黎评论》:这里有个问题,卡明斯是一个令人印象深刻的人物吗?

布罗茨基:是的,因为现代主义曾经享有非常崇高的地位,属于先锋派的东西,很能骗人,诸如此类。我曾经认为它是一个最理想的目标。

很多偶像,我已经不再迷恋,比如说,林赛②、埃德加·李·马斯特斯③。然而,有些人的地位得到了加强,比如马维尔、多恩……这里我只是随便说出几个名字,但这倒是值得更深入地谈一谈的话题……比如,另外还有埃德温·阿林顿·罗宾逊④。更不要说托马斯·哈

---

① 奥斯卡·威廉姆斯(Oscar Williams,1900—1964),美国诗人、编选家。
② 维切尔·林赛(Vachel Lindsay,1879—1931),美国诗人。他有意识地吸收民歌和爵士音乐,使其诗歌具有独特的美国特色。
③ 埃德加·李·马斯特斯(Edgar Lee Masters,1868—1950),美国诗人。代表作《匙河集》是一部大胆创新的诗集。
④ 埃德温·阿林顿·罗宾逊(Edwin Arlington Robinson,1869—1935),美国诗人,曾三次获得普利策奖。他早在1896年就出版作品,但直到1920年代才得到承认。

代了。

《巴黎评论》：你第一次读到奥登是在什么时候？

布罗茨基：是在一九六五年。当时我生活在一个村子里，在那次国内流放中，我被送到了那里。我已经写过一些诗，我把其中几首寄给了翻译弗罗斯特的那个人，因为他给我极深的印象——我认为他的意见就是最高评判，尽管我们很少通信。然后他告诉我："你的这首诗，"——他说的是《在一个空水槽里的两个小时》——"在幽默感方面，真的很像奥登。"我说："是吗？"［笑］。接下来，我设法去弄奥登的作品。然后，我弄到了，并开始阅读。

《巴黎评论》：你最初读到的是奥登的哪部作品？

布罗茨基：我真的不记得——当然是《悼念叶芝》。在那个村子里，我无意中发现了这首诗。我很喜欢，尤其是第三部分，是吧？"泥土呵，请接纳一个贵宾"，好像歌谣，又带着救世军的赞美诗的味道。节奏短促。我把它拿给一个朋友看，他说："他们比我们写得还好？这可能吗？"我说："好像是的。"

接下来，我决定写一首诗，它在很大程度上模仿了奥登《悼念叶芝》一诗的结构。不过，那时我还没有更仔细地研究过奥登。然后，我去了莫斯科，给我的翻译家朋友看了那些诗。再一次，他说："这很像奥登。"所以，我走出去并找来奥登的诗，开始更系统地阅读。

我所感兴趣的是他描述症状的手法。他从来不说真正的……溃疡……他只是谈论其症状，是吧？他的双眼盯着文明、人类的状况。但是，他不会给你直接的描述，他采取间接的方法。于是，当你读他的诗行时，比如"水银柱跌进垂死一天的口腔"——事情就开始改变了。［笑］

《巴黎评论》：你早年的经历如何？最初怎么想起写诗的？

布罗茨基：我在十五六七岁的时候，写得很少，实际上不能称为写。我不停地换工作，要干活。十六岁时我到过很多地方。我随一个地质考察队一起工作。那些年，俄国人对找到铀非常感兴趣。所以，每个地质队都配备了盖革探测器[1]。我走了很多地方。那里完全靠步行，所以我们每天要走过大约三十公里的沼泽地。

《巴黎评论》：是在俄罗斯哪个地区？

布罗茨基：实际上，所有地区。我在中俄边境阿穆尔河[2]以北的伊尔库茨克待过很长时间。在一次洪水期间，我甚至去了中国。不是我想去，而是搭载我们所有东西的木筏子，漂流到了河流的右岸，所以我在中国短暂停留了一会儿。然后，我到了中亚，在沙漠中，在山区——天山是很雄伟的山脉，它在兴都库什山脉的西北部[3]。我到过俄罗斯在地理上属于欧洲北部的地区，也就是白海，靠近阿尔汉格尔斯克的地方。沼泽，可怕的沼泽地。沼泽本身不可怕，但是蚊子很可怕！你看，那就是我所做的事情。同时，在中亚，我有时要登山。我很会登山，我必须说。嗯，那时候我年轻……所以，我走过许多地方，与地质队和登山队一起。当他们第一次逮捕我时，那是一九五九年，我想，他们试图威胁我说："我们要把你打发得远远的，送到从来没有人去过的地方。"好吧，我并不惊讶，因为我已经到过他们谈论的许多地区。当他们确实把我送到其中一个地方时，我发现它比我知道的地方更好，至少从气候上来看。那是在北极圈附近，靠近白海。所以，它对我来说似曾相识。

---

[1] 以德国物理学家盖革的名字命名的一种气体电离探测器。
[2] 即中国的黑龙江。
[3] 原文如此。天山山脉实际位于兴都库什山脉东北部，布罗茨基恐记忆有误。

373

《巴黎评论》：不过，把你从山上带到阿赫玛托娃身边，其中一定有一个强有力的因素在起作用吧。

布罗茨基：在做地质工作的第三或第四年，我开始写诗。我开始写诗，因为我看了一个同事的一本诗集。它们的主题无非是浪漫主义的东西。至少在我看来如此。我认为我可以写得更好，所以我开始写作自己的诗歌。它们并不能说真的很好。嗯，但有些人喜欢，后来所有写诗的人，都成了那些东西的读者。很奇怪，是不是？所有的文人至少会有一个想象的朋友——一旦开始迷上写作。不过，尽管如此，当时我仍然不得不首先谋生。所以，我一直跟他们到处走。我获得的报酬不是那么高，但在野外花费也很少；无论如何，有一份薪水在等着你。

我领到这笔钱就回家，靠它可以过上一段时间。通常，到了圣诞节或新年，钱就会花完，我就得开始寻找工作。一种正常运转，我想。最后外出中的一次，又是向远东地区去，我带了一册普希金那个圈子里的一个诗人的作品——虽然他在某些方面比普希金更好——他叫巴拉丁斯基①。阅读他迫使我放弃整个愚蠢的旅行，开始更严肃的写作。这就是我正式的开始。我提前回了家，开始写一首真正称得上好的诗，我记得就是这样。

《巴黎评论》：我在一本书里读到过关于列宁格勒诗人群体的描述，写到你的住处，灯罩上覆盖着骆驼牌香烟包装纸……

布罗茨基：那是我和父母一起住的地方。我们在集体公寓有一个大的、很大的房间，由两个拱门分开。那些拱门里，我塞进了各种各样的书架、家具，为了把我和我的父母隔开。我有我的桌子、沙发。

---

① 巴拉丁斯基（Baratynsky，1800—1844），俄国诗人。别林斯基说："在与普希金同时出现的诗人中，巴拉丁斯基无疑占有首要的地位。"普希金称其为"有思想深度的诗人"。

对于一个陌生人、特别外国人来说，它看起来真的就像一个山洞；你必须穿过一个没有背面的木制衣柜，它就像一扇门。我在那里住了很多年。不过，我用挣来的每一笔钱，给自己租或转租了一个住的地方，只是因为在那个年纪，你宁愿在别处生活，而不是与父母一起，对吧？找女孩，诸如此类。

《巴黎评论》：你最后是怎样与阿赫玛托娃会面的？

布罗茨基：那是在一九六一年，我想。那时我和两三个人交上了朋友，后来他们在我的生活中发挥了很大的作用——就是后来所谓"彼得堡诗人圈子"。大约有四个人。其中一个人，我认为，是今天俄罗斯最好的诗人。他的名字叫叶夫根尼·莱茵①；这个姓取自莱茵河。他教会我很多写诗的诀窍。也不是他教。我读他的诗，他读我的诗，我们坐在一起，彼此慷慨地交流，假装我们比实际知道得更多；他比我知道得多，因为他比我大五岁。在那个年龄，这相当重要。他曾经说过一个事，我通常会把这个告诉其他诗人——他说，如果你真希望写出有效的诗，形容词的使用应该降低到最小程度；但是，你要尽可能多地塞进名词——甚至动词也有害。如果你给你的一首诗蒙上某种神奇的面纱，将形容词和动词蒙住，当你揭开面纱后，纸上留下的应该是一层"名词"。在某种程度上，我遵循了这个建议，虽然不是宗教般地虔诚。它带给我很多好处，我必须说。

《巴黎评论》：你有一首诗里说"我的叶夫根尼……"

布罗茨基：是的，那是写给他的，收在组诗《墨西哥余兴节目》里。我也给他写了另外几首诗，在某种程度上，他仍然是——用庞德

---

① 叶夫根尼·莱茵（Yevgeny Rein, 1935— ），俄罗斯诗人，普希金奖、俄罗斯国家诗歌奖得主。

的话说:"高明的匠师"①。有一年夏天,莱茵说:"你想会见阿赫玛托娃吗?"我没有多想,说:"好啊,为什么不呢?"那时我不太在意阿赫玛托娃。我有一本书,通读了它,但我在那时差不多完全沉浸在自己白痴似的世界里,裹在我自己的事情里面。于是……我们去了她那里,实际上也就去了两到三次。我非常喜欢她。我们讨论过这个问题、那个问题,我给她看过我的一些诗歌,没有真正关心她会说些什么。

但是我记得有一天晚上,从她的住处回来时——她住在列宁格勒的郊区——我们搭的是拥挤的火车。突然之间——就像七重面纱脱落——我忽然意识到,我正在跟谁打交道。之后,我就经常去见她。

然后,在一九六四年,我在监狱服刑,见不到她;我们互通一些信件。我得以释放,是因为她非常积极地斡旋。在某种程度上,因为我的被捕,她很自责,但是根本上是因为当局的骚扰;她被跟踪,等等,等等。每个人都那么想,都感到自责;后来轮到我时,我对待他人时会尽量谨慎,因为我的住处是被监视的。

《巴黎评论》:这一现象是否给你一种奇怪的、自我很重要的感觉?

布罗茨基:真的没有。它不是让你害怕就是让你讨厌。你不可能从自负感中得到任何东西,因为你懂得它是多么愚蠢、多么可怕。这种可怕的感觉往往主导你的思想。有一次,我记得,阿赫玛托娃在与某人交谈,与某个天真的女人,或许不那么天真,后者问她道:"安娜·安德烈耶夫娜,如果你被跟踪,你会注意到吗?"她回答说:"亲爱的,不注意到这样的事是不可能的。"他们跟踪,就是为了恐吓你。

---

① 原文为意大利语: il miglior fabbro。原系但丁在《神曲》中褒扬普罗旺斯诗人阿尔诺·达尼埃尔之语,后被艾略特引作《荒原》开篇致敬庞德的献辞。

你不必遭受被迫害妄想症。你是真的被跟踪。

《巴黎评论》：在你抵达奥地利后，你用了多长时间才摆脱这种感觉？

布罗茨基：这种感觉仍然萦绕着我，你还是很小心谨慎。在你写作的时候，在你与他人交流的时候，在参加俄罗斯人的会议、俄国文学会议的时候，等等。因为它已经渗透进来，不一定是通过国家安全警察的直接影响，而是通过可能被利用的那些人。

《巴黎评论》：那时你了解索尔仁尼琴吗？

布罗茨基：我认为，那时连索尔仁尼琴也不了解自己。不，要到后来。当时《伊万·杰尼索维奇的一天》刚出版，我立即拜读了。说到阿赫玛托娃，我记得谈到《伊万·杰尼索维奇的一天》时，我的一个朋友说："我不喜欢这本书。"阿赫玛托娃说："这是什么评论——我喜欢它，或者我不喜欢它？关键是，这本书应该被两亿俄罗斯人读到。"就是这样，明白吗？

在六十年代后期，我一直持续跟踪阅读索尔仁尼琴的新作。到一九七一年，大约有五六本书，以手稿的形式在广为流传。《古拉格群岛》还没有发表。《一九一四年八月》刚刚浮出水面。还有他写的散文诗，我认为完全不行。但是，我们喜欢他，不是因为他的诗歌，对吧？

《巴黎评论》：你有没有见过他？

布罗茨基：没有。我们有过一次邮件交流……我认为，在他身上，苏联统治找到了它的荷马：他努力揭示的东西，他把世界拉近的方式，是不是？

377

《巴黎评论》：就一个人可以做到任何事情而言……

布罗茨基：这就是问题所在，是吧？但是，在他身后存在数以百万计的死者。仍然活着的个人的力量，和他们的数量是成比例增长的——从本质上讲，不是他，而是他们。

《巴黎评论》：你在一九六五年被投进了劳改营……

布罗茨基：那是一次国内流放，不是投入劳改营。一个村庄，有十四个人，迷失，完全迷失在北方的沼泽地带。几乎没有人能够进来。起初，我待在一个临时监狱里：十字架监狱①，然后被转移到沃洛格达监狱，再然后是阿尔汉格尔斯克监狱，最后我到了那个村庄。一切都在监视之下。

《巴黎评论》：你能够保持你作为一个语言工作者的形象吗？

布罗茨基：这事很可笑，但我做到了。即使坐在那些墙壁之间，被关起来了，被从一个地方转移到另一个地方，我仍在写诗。其中有一首，是很狂傲的诗——准确地说，它是语言的载体——如我所说，非常狂傲，但是，我的情绪达到了悲情的顶点，可以说，我自己、我整个人也到了一个悲情的顶点。

《巴黎评论》：当时你是否知道，审判过程发生的一切，已经使你处于国际性的聚光灯下？

布罗茨基：不，对于审判带来的国际反响，我一无所知，一无所知。我发觉，我遭遇了很大的一团狗屎。[笑]我得放松一下……此外，那时候我恰巧还遇到倒霉事——但是对我来说，它也是幸运的事——就是我最大的个人问题，与一个女孩有关，等等，等等……就

---

① 十字架监狱，在列宁格勒（现圣彼得堡）郊外。

像一个三角形,与一个孤独的禁闭正方形严重重叠,明白吗?这是一种几何学——它有恶毒的圆。

个人处境对我的刺激,超过了身体方面发生的事。从一个单身牢房转移到另一个单身牢房,从一个监狱到另一个监狱,审讯,这一切,我真的并没有太注意。

《巴黎评论》:在国内流放期间,你还能跟文学界保持某种通信吗?

布罗茨基:我努力跟文学界保持联系。以一种迂回的方式邮件联系,或直接联系。有时我甚至会接到电话。我是住在一个"村子"里。十四个小窝棚。当然,很明显有一些信件,不止我的眼睛读过。但是,你知道你收到了它;你知道谁是你房子的主人。不是你。因此你试图嘲弄体制,这就是可以做到的。感觉像一个农奴抱怨贵族,它本身也有娱乐的一面。

《巴黎评论》:但是,那种处境,你一定是在极端的压力下——

布罗茨基:不,我不是。首先我还很年轻。其次,我的工作是干农活。我经常讲的一个笑话是,农业就像美国的公共交通。它是分散的操作,缺乏组织。所以你有足够的时间,是不是?就身体来说,有时很费力,也不愉快。我没有权利离开。我被限制。也许是因为我性格中的某种权宜因素,我决定最大限度地利用它。我有点儿喜欢上它。我认为这一点跟罗伯特·弗罗斯特有关。思考处境、周围的环境,你发现你要做的是:开始假装几乎可以成为一个农民绅士。其他俄罗斯作家,我想,这样做时,肯定比我更努力,更加努力。

《巴黎评论》:这样的生活给你带来了田园的感觉吗?

布罗茨基:我喜欢它。它给你的感觉超过了田园生活……因为你在早上，在这个村里或在任何别的地方起床，担负起每天的生活，穿过田野，与此同时，你知道这个国家大多数人也在做着同样的事情。它带给你一些令人振奋的感觉，你和其他人在一起。如果你从一只鸽子或鹰的高度去看，你也许会明白这一点。从这个意义上说，这样的生活是好的。它带给你对于基本生活的洞察力。

《巴黎评论》：那里有人可以与你谈谈文学吗？

布罗茨基：没有——但是我不需要，真的。坦率地说，真的不需要。或者说，至少我不是那种文学人士，虽然我喜欢谈论这些事情。但是，一旦被剥夺了这样的机会，也没有关系。你的民主的特性开始起作用。你跟一般人交谈，并试着欣赏他们所说的东西，等等。从心理上来说，这是有好处的。

《巴黎评论》：你那时可以读到许多经典吗？

布罗茨基：并不能。事实上，没什么经典。如果我需要参考书，我不得不写信向别人求助。但是我对那类参考书的需要不是太多。也就是说，没有什么深奥难懂的。你可以在布尔芬奇①的神话学著作里查到一切，是不是？我也读苏维托尼乌斯②，以及其他人的书——比如塔西佗。但是，坦率地说，我不记得了。

《巴黎评论》：从某种意义上说，经典是相当重要的。我不是仅指那些历史领域的经典……

布罗茨基：每当你遇上麻烦时，你必然会自动将自己看作——除非你是一个任性的人——某种典型人物。所以，除了奥维德，我还能

---

① 托马斯·布尔芬奇（Thomas Bulfinch，1796—1867），美国作家，由他撰写的《布尔芬奇神话》是关于西方神话的经典之作。
② 苏维托尼乌斯（Suetonius），罗马帝国早期历史学家，著有《罗马十二帝王传》。

想到谁？这会是一件最自然的事……

我必须说，那是一段美好的时光。我写了很多诗歌，而且我认为我已经写得相当好。我记得我在诗歌上取得的一个突破。我写下了这些诗行："在这里的山上，在空蒙的天空下，在通往森林的道路上，生活从它自己闪避到一旁，在困惑的状态里凝视它自己。"这也许不是多么了不起，但是对我来说，是很重要的……它并不全然是一种新的观察方式，但是可以说，它解放了一些东西。然后你就不可战胜了。

《巴黎评论》：你有没有得到西方的暗示？

布罗茨基：哦，没有。没有俄罗斯人会得到这样的暗示。你生在一个受到重重限制的地方。这个世界的其他国家，只是纯粹的地理学、一门学科，而不是现实。

《巴黎评论》：你离开俄罗斯时，是要前往以色列。

布罗茨基：我只能去以色列！叫我滚蛋的通知是让我去以色列。但是我哪里也不打算去。我降落在维也纳，密歇根大学的卡尔·普洛弗尔从阿迪斯①来，等在那里迎接我。我第一眼看到的，就是栏杆外他高大的身影。我们互相招手。当我走上前去时，他问我的第一件事是："约瑟夫，你想去哪里？"

我说："天啊，我一点也不知道。"我真的没有主意。我知道我将永远离开我的国家，但是，将要去哪里我一点也不知道。有一件事是很清楚的，我不想去以色列。我不懂希伯来语，虽然我懂得一点英语。

除此之外，我也没有太多的时间想这个事。我从未想过，他们会

---

① 即阿迪斯出版社（Ardis Publishing），由美国学者卡尔·普洛弗尔夫妇于1971年在密歇根州创办，是当时苏联以外唯一一家专门出版俄语文学作品的出版社。

让我离开。我从未想过他们会把我推上飞机,而且当他们这样做时,也没有告诉我,飞机是向东还是向西飞。

《巴黎评论》:是卡尔提出让你来美国的吗?

布罗茨基:我告诉他,我什么计划也没有,他问道:"好吧,你愿意来密歇根大学吗?"我相信,还有来自伦敦和索邦大学的邀请。但我做出了决定,"这是一个很大的变化,就让我们把它真的搞大吧。"当时他们从英国驱逐了大约一百五十名间谍,于是我想:"这还不是全部?"〔笑〕我不想被在英国效力的俄罗斯安全人员追捕。所以,我来到了美国。

《巴黎评论》:奥登当时在维也纳吗?

布罗茨基:奥登并不在维也纳,但我知道他在奥地利。他通常在基希施泰滕度夏。我带了一个礼物送给他。我从俄罗斯带出的全部东西,就是我的打字机,上面的螺丝在机场一个一个被他们松开——这就是他们告别的方式——还有"现代文库"出版的一卷小开本多恩诗集,以及一瓶伏特加。我想如果我到了奥地利,就把它送给奥登。如果我不去奥地利,我就自己喝了它。我还有一瓶酒,是一个朋友、立陶宛诗人托马斯·温茨洛瓦给我的——我想,他是一个杰出的诗人——他给了我一瓶立陶宛烈酒。他说:"把这个送给威斯坦吧,如果你能见到他。"所以,我有两瓶酒、一个打字机、一卷多恩诗集,连同一套换洗的衣服,也就是内衣,这就是全部了。

在维也纳的第三或第四天,我对卡尔说:"威斯坦·奥登可能在奥地利——我们为什么不去找他呢?"因为除了去听歌剧和上餐馆,无事可做,所以我们雇了一辆阿维斯、一辆大众,弄了一张奥地利地图,出发去找他。麻烦的是,有三个叫"基希施泰滕"的地方。每一个我们都去了,我想——它们之间相距数英里——最后我们发现了奥登大街,在那里找到了他。

他立即给了我很大的照顾。突然之间,许多给我的电报,开始经由奥登转达到我手里,明白吗?他很想让我安顿下来。他告诉我在什么地方见什么人,如此等等。他给身在伦敦的查尔斯·奥斯本[①]打电话,让他邀请我参加一九七二年的国际诗歌节。我和威斯坦一起在伦敦住了两个星期,在斯蒂芬·斯彭德的寓所。

一般来说,因为在这八年里,我能同样地阅读英语诗歌和俄语诗歌,所以我对诗坛相当了解,除了——比如说——不知道威斯坦是同性恋。不管怎样,我后来还是知道了。我并不在意这个。然而,我是从俄罗斯来的,而俄罗斯是一个维多利亚式的国家,它有可能影响到我对威斯坦的态度。而我认为,实际上并没有影响。

我在伦敦逗留了两个星期,然后飞到了美国。

《巴黎评论》:你与诗歌界的联系开始激增。你和很多人成为了朋友:赫克特、威尔伯、沃尔科特——

布罗茨基:在洛威尔的葬礼上,我遇到了德里克·沃尔科特。洛威尔曾对我说起过沃尔科特,并给我看了一些他的诗歌,它们给我留下了很深的印象。我边读边想:"嗯,又一个很棒的诗人。"他的诗歌编辑给了我那本诗集《另一生》。它令我很是震惊。我意识到,在我们身边的是一个巨人。在英语诗歌里,他是可以——嗯,我可不可以说,比得上弥尔顿的人?[笑] 好吧,更确切地说,我把他置于马洛和弥尔顿之间,尤其是考虑到他爱写诗剧,以及他身上的活力。他有惊人的才能。批评家们想把他归为西印度群岛的地区性诗人,这是犯罪。因为他是我们身边最伟大的诗人。

---

① 查尔斯·奥斯本(Charles Osborne,1927—2017),澳大利亚作家,奥登的友人,出版过《奥登传》。

《巴黎评论》：俄罗斯作家呢？

布罗茨基：我不知道我对哪一个作家最有感觉。我记得，在我十九或二十岁时，曼德施塔姆的诗对我产生过巨大的影响。他的作品不能出版，今天他的主要作品仍然没有发表，没有被充分注意——在批评文章乃至私人谈话中，都没有引起注意，除了在朋友、在我的圈子里，可以这么说。一般人对他的认识，如果说还有一些，也极其有限。我记得他对我的影响。它今天仍然存在。我读他时，不时会大吃一惊。另一个诗人，不仅真正改变了我的诗歌观念，而且改变了我对于世界的看法——它就是全部，是不是？——这个诗人就是茨维塔耶娃。我个人觉得我更接近茨维塔耶娃——接近她的诗学，她的技巧是我从未能拥有的。这样说是非常不谦虚的，但是，我总是在想："我可以写出曼德施塔姆那样的作品吗？"我想，有几次模仿我算是成功的。

然而，对于玛琳娜·茨维塔耶娃，我认为我虽努力却不曾接近她的声音。她是独一无二的诗人——如果你是一个专业诗人，你脑子里就会想这个——她是唯一我不能与之一争高下的诗人。

《巴黎评论》：在她的诗里，有什么独特的东西吸引了你，而又令你受挫？

布罗茨基：不，它从来没有令我受挫。首先，她是一个女人。但正是在这里，她成为所有俄罗斯诗歌里最具悲剧性的声音。不能说她是最伟大的，因为还有其他人可以与之相提并论——卡瓦菲斯、奥登——但是，我个人被她极大地吸引。

这是非常明确的。她的诗就是极其悲剧性的诗，不仅是主题——这个不是大新闻，尤其是在俄罗斯——还有她的语言，她的韵律。她的声音，她的诗歌，几乎让你认为，或者感到悲剧就在语言本身之中。我之所以决定——这几乎是一个有意识的决定——不与她一争高下，只因一事：我知道我比不过她。毕竟，我是一个不同的人，更重要的，我是一个男人；对于一个男人来说，以极高的音高说话是不得体的。我这样讲，不是说她只是一种浪漫主义的、狂乱的诗人……不，她是一个非常黑暗的诗人。

《巴黎评论》：她的声音可以更长时间、不间断地歌唱？

布罗茨基：是的。阿赫玛托娃曾经这样谈到她："玛琳娜的诗常常始于高音，在八度音阶的边缘。"你想，把一首诗维持在尽可能高的音高上是非常非常难的，而她能够做到。对于不适或悲剧，一个人的能力是非常有限的。有限，从技术上来说，就像一头奶牛，不可能产出超过两加仑的牛奶。同样，从一个人身上你也不能挤出更多的悲剧。所以，在这方面，她对人类戏剧的阅读能力，她无以安慰的声音，她的诗歌技巧，绝对都是惊人的。不管怎么说，在俄语里，我认为没有人比她写得更好。她说话的语调，那种悲剧性的颤音，那种抑扬顿挫。

《巴黎评论》：你是逐渐认识，还是一夜之间发现她的？

布罗茨基：不，一开始就发现了。从我的一个朋友把她的诗给我阅读开始。就是这样。

《巴黎评论》：你诗歌里的声调是可怕地孤独的，没有从与他人的互动里获益。

布罗茨基：是的，正是那样。阿赫玛托娃在一九六二年看过我的第一批诗之后，说过同样的话。她就是这样说的，一字不差。我冒昧地认为这是我诗歌的特点。

《巴黎评论》：随着诗歌涌现，你是否在一定程度上意识到——如果从外人的角度看——它们具有明显的发展和变化的轨迹？

布罗茨基：没有。我唯一意识到的是，我试图使它们与我前面所写的东西有所不同。因为一个人不仅对他阅读的东西做出反应，也会对他写下的东西做出反应，对吧？所以，先前的每一个东西就是重新出发的起点。如果说在我的创作过程里存在某种可察觉的轨迹，应该是一个小小的惊喜。

《巴黎评论》：你写的地方，似乎都不是你待过很久的地方。你写过关于纽约或者威尼斯的东西吗？

布罗茨基：我想我没有写过纽约。关于纽约你写不了太多。但是关于威尼斯，我已经写了很多。而像新英格兰和墨西哥，或者英格兰、古老的英格兰——从根本上说，当你身在一个陌生的地方时，在一定程度上它越陌生越好——不知何故，它会使你变得更敏锐，比如布莱顿或英格兰的约克郡。［笑］在一个陌生的背景下，你会更能看清自己。它让你生活在你的语境之外，好像在流放之中。一个好处就是，你摆脱了很多幻想。不是关于世界的幻想，而是关于你自己的幻想。就好像扬谷一样，你清理了自己。在我来美国这样一个孤独的环境之前，我从未获得过如此清晰的关于自我的概念。我喜欢"孤绝"这个观念。我喜欢它的现实。你知道你是谁……而不指望这一定有益。尼采对此说过很多："一个人被抛下独自一人时，他是在与他的猪相处。"

《巴黎评论》：我想赞美你的是，读过你诗中描述的任何一个地方后，我马上感觉再也不必去那里了。

布罗茨基：好极了！［笑］如果你把它写下来，我永远不需要雇人打广告了。

《巴黎评论》：你在出版一本书后，是否故意隔上很长时间才会再出版新书？

布罗茨基：不是那样。我不是那么职业性的作家。我并不喜欢一本接一本地出书。那样做有些不光彩，是不是？

《巴黎评论》：在苏联，你的家人知道你在做的事情吗？

布罗茨基：他们大致知晓，知道我在教书，如果不说经济上，至少从心理上，过得很好。他们知道并欣赏我是一个诗人。在一开始他们并不高兴。起码有十五年，他们对此是很反感的，是吧？［笑］——但是，当时他们持那样的态度，有什么不应该的呢？我本人对此也不很高兴。阿赫玛托娃曾经告诉我说，当她的父亲得知她即将出版一本诗集时，对她说："好吧，只请注意一件事。请注意不要辱没了我的姓氏。如果你想从事这个行业，请采用一个笔名。"

就我个人而言，我更喜欢驾驶小型飞机，成为飞行在非洲某些地方的一个丛林飞行员，而不是干目前这行。

《巴黎评论》：你觉得写散文怎么样？

布罗茨基：我喜欢，用英语写。对我来说，这是一个挑战。

《巴黎评论》：辛苦吗？

布罗茨基：我不认为很辛苦。当然是一项劳作。然而，几乎是一项爱的劳作。如果让我用俄语写散文，我不会这么热心。但是用英语写，却有巨大的满足感。在写散文时，我会想到奥登，他会怎么说——他会觉得它是垃圾吗？或者认为它很有趣？

《巴黎评论》：他是你的无形的读者吗？

布罗茨基：奥登和奥威尔。

《巴黎评论》：你试过写任何形式的小说吗？

布罗茨基：没有。年轻的时候，我试过写一部长篇小说。我自以为，我写的东西在现代俄语写作里是一个突破……很高兴，我再也没有见过它。

《巴黎评论》：是否有什么使你震惊或者惊讶？你怎样面对这个世界？"又来了"，或是别的什么感觉？

布罗茨基：当然，我并不吃惊。我认为，从根本上说，这个世界只擅长一件事——增加它的邪恶。时间似乎也是这样。

《巴黎评论》：与此相应，你有没有觉得，在某种情况下人的意识会发生飞跃？

布罗茨基：意识上的飞跃，是我不相信的。

《巴黎评论》：只是恶化——是这样吗？

布罗茨基：嗯，崩塌，而不是恶化。嗯，也不确定是崩塌。如果我们以线性方式看问题，它当然看起来一无是处，对吧？唯一让我感到惊讶的是，在目前的情况下，太多实例，有关人的尊严、天真的损失。因为从根本上说，人的处境——在整体上——与正派或者正义是非常不相宜的。

《巴黎评论》：那么你是完全不信神的人吗？这似乎是矛盾的。在你的一些诗歌里，我感到了信仰之门的开启。

布罗茨基：我不相信理性具有无限的能力，也不相信非理性。我相信理性，只是因为它把我带向非理性——这是我需要理性的原因，它将我尽可能地带向非理性。然后它抛弃你。有那么一会儿，它创造了一种恐慌的状态。然而，"启示"正存在于这里——不是说你可能把它们捞起来。但是，我至少有过两次或三次获得启示的经验，或者说，它们至少在理性的边缘降临，留下过痕迹。

这一切与正统的宗教几乎没有任何关系。总的来说，我不愿求助于任何正式的宗教仪式或礼拜。如果我有什么关于最高存在的概念，我愿把它交给绝对自由的意志。我有点儿反对那种以基督教为基础的杂货店式的心理学。你这样做，于是你就会得到那个，对吧？甚或这样：上帝具有无限的仁慈。嗯，从根本上说，它是一种"神人同形同性论"。我宁可相信《旧约》里的神，他常常惩罚人——

《巴黎评论》：不合理地——

布罗茨基：不，反复无常地（惩罚人）。我更愿意相信拜火教里的神的版本，他可能是最残酷的。我似乎更喜欢面对反复无常。在这方面，我觉得我比任何以色列的犹太人更犹太人。仅仅因为我相信，如果说我相信什么的话，我相信反复无常的神。

《巴黎评论》：我怀疑你可能经常沉思艾略特和奥登，他们使你这样……

布罗茨基：陷入这种状态……

《巴黎评论》：嗯，或者做出最后的决定。

布罗茨基：是的，的确如此。我必须说，比起艾略特，我更乐意支持奥登。虽然有人比我更有资格解释两者之间的区别。

《巴黎评论》：不过，从你所有的描述来看，艾略特在他最后的日子是一个非常幸福的人，然而奥登……

布罗茨基：当然，他不是非常幸福。我不知道。它意味着很多东西。从根本上说，如果是想得到一个幸福的结论才这样安排生活，这有点……好吧，也许是我太罗曼蒂克，或者太年轻，所以难以尊重这种事情或严肃对待它。此外，我没有那么幸运，能像他们两个人一样，在童年时就已经有了一生的安排。所以，我一直就是完全靠自己。例如，我第一次阅读《圣经》时已经二十三岁。这让我感觉自己有点缺乏指导，你明白吗？我真的不知道我可以返回什么上去。我没有任何关于天堂的概念。首先，我也没有由童年生发而来的那个概念，认为"童年是最快乐的时光"，在童年就听说了"天堂"。在俄罗斯我所经受的严厉、反宗教的教育，不会给我留下任何关于来世的观念。所以，我想说，我感兴趣的只是程度——"反复无常"的程度。

《巴黎评论》：那什么是你最崇高的时刻？当你沉浸于语言的深度之时？

布罗茨基：这就是我们最开始聊的东西。因为，如果有什么神祇的话，对我来说它就是语言。

《巴黎评论》：在你写作时，有没有把自己几乎当作一个旁观者的时刻？

布罗茨基：对我来说，这个问题太难回答了。在写作过程中——我认为，它们就是向深掘进、向前发展的过程——你享有发表思想的自由，说出曾经忽略的东西。也许，那就是语言所带给你的。

《巴黎评论》：卡尔·克劳斯[①]有一个警句："语言是发现思想之井的魔杖。"

布罗茨基：它是认知过程里一个令人难以置信的加速器。这就是我如此珍视它的原因。这也许有点儿好笑，因为我觉得，在谈论语言

[①] 卡尔·克劳斯（Karl Kraus，1874—1936），奥地利作家，尤以睿智、犀利的格言著称。

时，我听起来就像一个讨厌的法国结构主义者。既然你提到卡尔·克劳斯，至少给出了某种需要认真对待的欧洲大陆的东西。好吧，他们有文化，我们有勇气，我们俄罗斯人和美国人。

《巴黎评论》：请告诉我，你缘何爱上了威尼斯？

布罗茨基：在许多方面，它就像我的家乡，圣彼得堡。但最主要的，它是那么漂亮的一个地方，你可以生活在那里而不必陷入恋爱。它是那样美丽，你知道在你一生中，你不可能想出或造出相应的美物——特别是在"纯粹的存在"的意义上。它是如此优越。如果我能够以不同的化身生活在什么地方，我宁愿作为一只猫，或任何别的东西，甚至是一只老鼠，生活在威尼斯。到一九七〇年，对于威尼斯我已有了一个固执的观念。我甚至产生过一个想法，移居到那里，租下水上某个豪华的宫殿，坐在那里写作，弹落烟头，让它们在入水时发出嘶嘶声。当钱花光之后，我会去商店，买一份报纸的星期六特刊，然后干掉我的头脑。[做出以手指对准太阳穴的手势]

所以，当能够自由旅游时，也就是在一九七二年，在安阿伯市执教一个学期之后，我做的第一件事，就是买了威尼斯的往返机票，去那里过圣诞节。有趣的是看游客到达那里。威尼斯太美了，以致他们有些目瞪口呆。他们首先所做的，就是狂扫各大卖场，买服装打扮自己——威尼斯有欧洲最好的精品店——但是，当他们带着所有这些东西涌现出来时，在人群与他们四周的事物之间，仍然存在着一种令人难以忍受的不协调性。因为无论他们如何打扮，如何得天独厚，他们都缺乏尊严，这当中有一部分是衰退的尊严，以及他们周遭那些精巧技艺的尊严。它总让你觉得人用手造的东西，比他们自己好多了。

《巴黎评论》：你在那里的时候，是否感到历史在逐渐走向终结？这是你的临场感的一部分吗？

布罗茨基：是的，或多或少。我喜欢它，除了美，还有它的衰退。那是美的衰退。它不会被重复。但丁说过："任何艺术作品的主要特征之一就是它的不可重复。"

《巴黎评论》：你觉得安东尼·赫克特的《威尼斯晚祷》如何？

布罗茨基：它是非常好的书。它没有太多威尼斯的东西——它更多的是体现美国人的情感。我认为赫克特是一个出色的诗人。我认为，在美国有三个出色的诗人：威尔伯，赫克特，以及——我真的不知道该如何分配第三个荣誉。

《巴黎评论》：我想知道，你为什么把威尔伯摆得如此高？

布罗茨基：我喜欢完美。的确，你不会从中听到整个地球的悸动，或者诸如此类。然而，他使用材料时的那种壮丽辉煌补偿了一切。因为——存在这样那样的诗歌，还有这样那样的诗人。比起其他人，威尔伯做得更好。

我想，如果我出生在这里，我可能最终会获得类似赫克特的一些品质。我想要的品质之一，就是如赫克特和威尔伯一样完美。也应该有些别的东西，我想，属于我自己的东西，但仅就艺术性而言，一个人不可能希望拥有更多。

《巴黎评论》：同类心灵之间的沟通会更接近吗？你们常常互相审视对方吗？沃尔科特、米沃什、赫伯特、你自己——诗人共享一个领域？

布罗茨基：不完全如此，但是我看沃尔科特时，比如我读到他最近的两首新诗，将发表在《纽约客》上——编辑把它们的复印件发给了我——我就想："哦，约瑟夫——"我想，"你要写的下一首诗与这两首诗有一拼呀。"［笑］

《巴黎评论》：还有谁，你想要拼一拼？

布罗茨基：哦，有很多过去的诗人和现在的诗人。埃乌杰尼奥·蒙塔莱是健在诗人里的一位。还有一个德国人，一个很好的德语诗人，彼得·胡赫尔[①]。依我的知识，没有法国人。我真的不重视法国那种诗歌。阿赫玛托娃说过，非常明智地说过，在二十世纪初，法国绘画吞噬了法国诗歌。至于英国，我当然很喜欢菲利普·拉金。我非常喜欢他。唯一的抱怨是跟大家一样的——拉金写得太少了。此外，道格拉斯·邓恩[②]，以及一个杰出的诗人，澳大利亚的莱斯·穆瑞[③]。

《巴黎评论》：你读些什么书？

布罗茨基：读一些我不是很熟悉的学科方面的书，像东方主义。百科全书。我几乎没有时间读这样的书。请不要以为这是势利眼，只是太疲劳了。

《巴黎评论》：你教什么？它影响你的阅读吗？

布罗茨基：影响是，教课之前，我不得不读诗。［笑］我教哈代、奥登和卡瓦菲斯——这三人反映了我的趣味和喜好。我还教曼德施塔姆，以及帕斯捷尔纳克的部分作品。

《巴黎评论》：你知道吗？波士顿大学有一门课程，名为"现代犹太人写作"，你在必读列表上。

布罗茨基：哈，祝贺波士顿大学！太好了。我真的不知道。我是一个非常糟糕的犹太人。犹太人圈子常常指摘我不支持犹太人的事

[①] 彼得·胡赫尔（Peter Huchel，1903—1981），德国诗人。1972年出版诗集《屈指岁月》，其中以自然风光为题材的隐喻诗充满了孤寂、哀伤之情，作品风格简洁、自由而富于匠心。
[②] 道格拉斯·邓恩（Douglas Dunn，1942—   ），苏格兰诗人、学者、评论家。
[③] 莱斯·穆瑞（Les Murray，1938—2019），澳大利亚诗人，获得过T.S.艾略特奖等多项国际大奖。

业，在我的写作里存在大量《新约》的主题。我觉得太愚蠢了。它与任何文化遗产无关。就我个人而言，对他们的事业我表示敬意。就是这么简单。

《巴黎评论》：你也被列入了一本名为《著名犹太人》的书里——

布罗茨基：好家伙！哦，好家伙！著名犹太人——就是说，从现在开始我要把自己当作著名犹太人啦——

《巴黎评论》：你最钦佩哪些人呢？我们已经谈到几个已经过世的人。那些健在的人呢？就是你希望知道他们在那里，对你来说他们的存在是非常重要的那些人。

布罗茨基：威尔伯、赫克特、高尔韦·金内尔[1]、马克·斯特兰德[2]。这些只是我所知道的，而且我实在非常幸运了。蒙塔莱，我提到过，肯定是一个；沃尔科特是另一个。还有其他一些作家，我个人非常喜欢他们。比如苏珊·桑塔格。她是这里最好的头脑，也就是大西洋两岸最好的。因为在她那里，其他人观点结束之处却是她的起点。在现代文学里，我想不出有任何东西可以与她随笔中的智性音乐相提并论。不知怎的，我无法把人和写作二者分割开来。我喜欢某个人的写作，而不喜欢那个人，这种情形至今还没有发生过。我想说的是，即使一个人很可怕，但如果他写得不错的话，我会是第一个找到其可怕之处的正当性的人。然而，同等地把握好"生活"和"作品"毕竟是很困难的。所以，如果说其中注定有一个要作伪，那最好是"生活"。

---

[1] 高尔韦·金内尔（Galway Kinnell，1927—2014），美国诗人，1982年获普利策奖。
[2] 马克·斯特兰德（Mark Strand，1934—2014），美国诗人，1990年成为美国第四任桂冠诗人，1999年获普利策奖。

《巴黎评论》：你和洛威尔的首次会面是怎样的？

布罗茨基：在一九七二年的国际诗歌节上，我第一次见到洛威尔。他志愿以英语朗读我的诗，而我自己用俄语读。这是一个极其动人的姿态。所以，我们同时登台。

他邀请我到肯特。我有一点惶恐——因为我的英语不够好。同时，我也有些担心英格兰的铁路系统——我还不能搞清首尾。第三，也许是我没去的主要原因，我认为，我去是给别人添负担。因为，我算老几？所以，我就没有去。

然后，在一九七五年，我在马萨诸塞州的五校联盟①执教，住在北安普顿，他打来电话，邀请我到布鲁克林去。到那时，我的英语已经好多了，于是我去了。我们在一起度过的时间，在许多方面都是我在美国可以回忆的最美好的时光。我们讨论过这个问题、那个问题，最后我们停留于但丁。这是我们之间关于但丁的第一次讨论，因为俄罗斯对我实在意义重大。我认为，洛威尔很了解但丁，对他绝对着迷。他特别对《神曲·地狱篇》非常有研究。我认为，他以前应该在佛罗伦萨生活或待过一段时间，所以他对《神曲·地狱篇》比对其他部分更有感触；至少我们的谈话围绕着那些事情。

我们在一起待了大约五六个小时，或者更长，然后我们去吃晚饭。他对我说了一些非常有趣的事。我知道的唯一一件留下阴影的事是，在奥登健在的最后几年里，他们发生了争吵，好像还是持久的争吵。威斯坦不喜欢洛威尔的超道德做派，而洛威尔在想，关他什么事，对他作为诗人的身份很是挖苦。

《巴黎评论》：听起来那不像是奥登会非常担心的问题呀——

布罗茨基：在某种意义上，威斯坦像是一个英格兰的儿子，他会

---

① 美国文理学院四大联盟之一，由同属马萨诸塞州且位置相邻的阿默斯特学院等五所高校组成。

特别在意别人的道德性。我记得他有过一个评论。我问他:"你觉得洛威尔如何?"这是在我见到威斯坦的第一天。我坐下来,开始以绝对愚蠢的方式,拿问题折磨他。他大致上是这样说的:"我不喜欢男人在他们身后给哭泣的女人留下个烟头。"他的用词也可能相反:"抽烟的女人哭泣的烟头"——

《巴黎评论》:无论哪一种方式——

布罗茨基:是的,无论哪一种方式。他没有批评作为诗人的洛威尔。我想,这不过是一种老生常谈的道德,而奥登,他喜欢沉迷其中。

《巴黎评论》:但是,毕竟是奥登啊,他是会因为谁写得好,请求神的赦免的呀——

布罗茨基:是的,但是那话是他在一九三九年说的。我认为,从某种意义上说,所有这一切背后的原因在于——在自己的事务方面,以及在更广泛的意义上——他坚持要忠实。此外,他开始变得不那么灵活。当你活得久了,你会明白,小事情最终会造成大损失。因此,在态度方面,你变得更个性化。同样,我也认为,这在他那里是一种游戏。他想扮演校长;做那个,在这个世界上,他是完全合格的。

《巴黎评论》:如果现在能唤回他们中的一个或者两个人,你认为自己会有什么想说的?

布罗茨基:很多。首先——当然,这是一个奇怪的问题——也许可以谈谈神的反复无常。与奥登谈这个话题,可能不会走远,只因我知道他不喜欢谈论托马斯·曼式沉重的东西。然而,他后来成为一个经常去做正式礼拜的人,可以这么说吧。我有点担心——因为诗学概念里的"无限"要远远大过基于任何信仰所理解的"无限"——

而我怀疑，他可能会妥协。如果可能，我想问他是否相信教会，或者是否相信宗教信仰中的"无限"概念、天堂或宗教信条——这些往往是一个人精神的终点。而对于一个诗人，它们往往只是出发点，或者开始形而上学之旅的起点。嗯，诸如此类的事情。但是，最可能的是，我想指着他诗里的某些地方，问他这里和那里是什么意思。比如，在《赞美石灰石》里，他列出了诸种诱惑，或者说有点像是翻译出了诸种诱惑，仿佛它们在《圣经》里可以找到一般，又或者，它们只是像一首诗一样冒出来而已，对吧？［长时间停顿］我真希望他能在这里。超过了对其他任何人的想念。哦，这样说是一种残忍的说法，但是——我真希望那三四个可以与之交谈的人还活着。他、阿赫玛托娃、茨维塔耶娃、曼德施塔姆——已经有四个了。还有托马斯·哈代。

《巴黎评论》：有没有你想从古代拉回来的人呢？

布罗茨基：哦，那就太多了。这个房间装不下。

《巴黎评论》：洛威尔最后对宗教是否变得尊重起来了？

布罗茨基：我们从来没有就此讨论过，除了反讽地顺便提起。在谈论政治或者作家的弱项时，他绝对出语惊人。谈论人类的弱点也是如此。他也是极其大度的，而我最喜欢他的，还是他的毒舌。洛威尔和奥登都是自言自语者。在某种意义上，你不能像他们那样说话，你应该倾听他们——在终极存在的意义上，这是和读诗等效的。也是一种延续。我洗耳恭听，部分是因为我的英语能力。

他是一个可爱的男人，真的，很可爱——洛威尔。我们之间的年龄差距并不是那么大——嗯，差不多二十岁，所以，在某种意义上，我觉得他比奥登更容易相处。但是，话又说回来，我觉得打交道最舒服的，还是阿赫玛托娃。

《巴黎评论》：那么，他们中间是否有谁，就像你质问自己一样，质问过你和你的写作？

布罗茨基：洛威尔做过。阿赫玛托娃问过我几个问题。但是，在他们还健在时，你明白的，我感觉自己还是一个年轻后辈。他们是长辈，可以这么说，是我的大师。而他们都走了，我突然觉得自己非常老了。而且……这就是文明的意思吧，往前进。我不认为奥登会喜欢摇滚乐，我也不喜欢。我想洛威尔也不会。

《巴黎评论》：有没有艺术家、画家、音乐家、作曲家是你亲密的朋友？

布罗茨基：在这里，我想没有。在俄罗斯有。在这里，我这方面唯一的朋友是巴雷什尼科夫①。作曲家，一个也没有。没有。我以前喜欢的一类人，其中最多的是视觉艺术家和音乐家。

《巴黎评论》：但是，从这些领域你吸收了许多营养。

布罗茨基：是的，从音乐里。我只是不知道它是如何反映在我的作品里的，但我肯定吸收了它们的营养。

《巴黎评论》：你经常听些什么？我发现现在你的唱机上放着比莉·哈乐黛②——

布罗茨基：比莉·哈乐黛的《复杂的女人》是一个杰作。我喜欢海顿。我认为，事实上，音乐是最好的创作教师，即使对文学来说也是如此。比如，仅就创作大协奏曲的原则来说：三部分，一个快，两

---

① 米哈伊尔·巴雷什尼科夫（Mikhail Baryshnikov, 1948— ），苏联舞蹈艺术家，1974年到访美国后留在了美国。
② 比莉·哈乐黛（Billie Holiday, 1915—1959），美国爵士歌手、作曲家，爵士乐坛的天后级巨星。

个慢，或者反过来，也是一样。你知道，你必须将想要表达的东西倾注于这二十分钟里。同时，可以遵循音乐原则的还有抒情性和无意识拨奏的交替，等等等等……它们就像是一场论辩里的变换、对位和流动性，流动的蒙太奇。我第一次听古典音乐时，萦绕我的事情是它推进的方式，那种不可预见性。所以，在这个意义上说，海顿绝对是了不起的，因为他太不可预测了。［长时间的停顿］太愚蠢了……我认为一切都是毫无意义的，除了两或三件事——写作、听音乐，也许还包括一点点思考。而其余的——

《巴黎评论》：友谊呢？

布罗茨基：友谊是一个很好的东西。我还愿意算上食物，然后［笑］……但是有些其他的事情，你不得不做——完税、计算数字、写参考文献、做家务——所有这些事情，难道不会让你觉得完全没有意义吗？这就像我们泡咖啡馆。就好像那个女孩在做馅饼，或者其他什么，从冰箱里弄出的什么东西。她在那个位置待了大约两分钟。一旦你看到这个事，存在就不再有意义了。［笑］很简单的意义，明白？

《巴黎评论》：除了你将它转化为一个意象或者一个思想的那一刻。

布罗茨基：但是，一旦你已经看到它，整个存在就已被连累了。

《巴黎评论》：问题又回到了"时间"——在这里，你看到的容器，里面什么也没有。

布罗茨基：差不多，对吧？实际上，在潘·沃伦的新书前面，我读到［起身从书桌上翻找出那本书］："时间就是神努力在其中定义他自己的那个维度。"好吧，"努力"说得有点儿像幼儿园的味道。但是，还有另一个说法，来自百科全书："简而言之，没有绝对的时间

399

标准。"

《巴黎评论》：我们上次谈话后，发生了两件事。你在多大程度上关注阿富汗局势①和人质问题？

布罗茨基：在我没有写作或读书时，我在思考这两件事。在这两件事中，我认为阿富汗局势是最为悲剧性的。一年前，我从电视屏幕上第一次看到关于阿富汗的摄影报道，镜头非常短。那是坦克驰骋在高原的画面。在三十二个小时里，真把我气坏了。这并不是说，我耻于做一个俄罗斯人。此生我有这样的感觉，已经两次：一九五六是因为匈牙利事件，一九六八年是因为捷克斯洛伐克事件。那时候，我的态度因直接的恐惧而恶化，如果说不为我自己，我也为我的朋友感到担心害怕——仅仅因为，我知道无论什么时候，国际形势一旦恶化，接着便是国内开始的内部镇压。

但是，这并不是阿富汗事件出乎我意料的地方。我所看到的，是从根本上违反自然的东西——因为那个高原从来还没有看到过铁犁，更不用说坦克。所以，这是一种"存在的噩梦"。而且，它仍然发生在我眼前。从那以后，我一直在想那些士兵，他们比我年轻约二十岁的样子，所以，从技术上来说，他们中的一些人，可能是我的孩子。我甚至写了一首诗，其中说："荣耀归于那些六十年代走进流产室的人，他们从而使祖国免除耻辱。"

最使我绝望的不是污染——而是更可怕的东西。我想，它是犹如在从事建筑的时候他们所干的坏事，破坏基础的事情。它侵犯土地，违背自然。这并不是说，我有田园诗的倾向。不，我认为恰恰相反，那儿应该建设核电站——因为它毕竟比石油更便宜。

但是，一辆驰骋于高原的坦克，辱没了"空间"。这绝对是毫无

---

① 这次访谈发生于1979年，同年年底，苏联入侵阿富汗，持续十年的阿富汗战争就此爆发。

意义的，就像除以"零"。在原始的意义上，它就是邪恶，部分原因在于，坦克很像恐龙。它就不应该发生。

《巴黎评论》：你是否认为，这些事情与你的写作是分离的？

布罗茨基：对于这个事，我不相信写作——我相信行动。我认为，到了组织某种国际纵队的时候了。一九三六年就这么做过，现在为什么不呢？不同的只是，一九三六年的国际纵队有GPU——也就是苏联国家安全部——提供资金支持。我只是想知道，这次谁有钱来支持……也许在得州有人能从经济上支持这个事。

《巴黎评论》：你认为国际纵队能做什么？

布罗茨基：好吧，国际纵队可以做与一九三六年在西班牙本质一致的事情，也就是说，进行反击，帮助当地人。或者，它们至少可以提供某种医疗帮助——以及食物、避难所。如果还有什么崇高的事业，这个就是——而不是某个国际特赦组织……我不介意为红十字会开吉普车……

《巴黎评论》：有时候，确认道德上的立场是很难的——

布罗茨基：我真不知道你在寻找何种道德立场，特别是在阿富汗这样一个地方。这是很明显的。他们被入侵，他们被征服。他们可能只是落后的部落，但是，"奴役"也不符合我关于"革命"的观念。

《巴黎评论》：我更多的是从国家之间的关系来说。

布罗茨基：苏联对美国吗？我不认为这有任何问题。说到美国和苏联，如果这两个国家之间没有其他明显的区别，对我来说，只要看看十二人陪审团制度对比一个法官独裁的制度，就足够了。或者，可以说得更简单一些——因为即使这样说，仍然会使多数人感到困惑——我更喜欢一个你可以离开的国家，而不是一个你不能离开的国家。

《巴黎评论》：你说过，你很满意自己用英语写作的悼念洛威尔的诗。为什么你没有继续用英语写诗？

布罗茨基：有几个原因。首先，我有足够多要用俄语去写的东西。而用英语写作，你要面对很多极好的、健在的写作对手。这样做是没有意义的。我用英语写作那首挽歌，仅仅是想取悦亡灵。当我写成给洛威尔的那首挽歌后，又有一首诗以英文的形式袭来。我感觉到了那美妙的韵律，但我告诉自己打住，因为我不想为自己创建一个额外的现实。同时，如果那样，我将不得不与以英语为母语的人竞争，对吧？最后，也是最重要的，我没有那个抱负。我满足于我用俄语所做的事情，有时顺利，有时不顺利。不顺利的时候，我也不会想到试用英语。我不想被处罚两次［笑］。至于英语，我用它写随笔，这带给我足够的信心。事情在于——我真不知道如何表达清楚——从技术上来说，英语是我生活中剩下的唯一有趣的事了。这不是夸张，也不是一个冥思苦想的说法。事实就是这样，对吧？

《巴黎评论》：你读过厄普代克在《纽约时报书评》上论述昆德拉的文章吗？他在文章结尾时说到你，以你为例，认为你通过成为一个美国诗人来应对"流亡"。

布罗茨基：这是奉承，但是，也是胡说。

《巴黎评论》：我想，他不仅仅是指你用英语写了一些东西这个事实，而是说你已开始处理美国的风景，科德角——

布罗茨基：也许吧——在这种情况下，我能说什么呢？当然，一个人总是会变成他赖以生活的土地的一部分，特别是在最后。在这个意义上，我和美国人一样。

《巴黎评论》：你的俄语作品里充满与美国相关的东西，对此你是什么感觉？

布罗茨基：在许多情况下，你找不到相应的俄语单词，或者你找到一个俄语词，但又不是很恰当；于是你只好绕着这个问题，寻找解决的办法。

《巴黎评论》：嗯，你的作品里也写到过警车和雷·查尔斯[①]的爵士乐——

布罗茨基：是的，写过。因为雷·查尔斯是一个名字，"警车"在俄语里也有一个表达，还有篮球架上的框也是。但是，我在那首诗里处理的最困难的事和可口可乐有关。"可口可乐"这个词会让我想起"Mene，Mene，Tekel，Upharsin"，也就是伯沙撒[②]在墙上看到的预言其王国结局的那行句子，我要传达出这种感觉。这就是"墙上的文字"[③]一语的来历。你不能说"可口可乐的标志"，因为没有这样的习惯用语。所以，我不得不用一个迂回的方法描述它——因此，我想表达的这个意象反倒获利。我不说"标志"，但我用一些具有楔形文字或象形文字效果的表达来形容可口可乐，对吧？所以，这样就强化了"墙上的文字"这一意象。

《巴黎评论》：当你写作一首诗达到某个极点，接着可能朝一个你无法控制、无法想象的方向发展时，你认为在心理上发生了什么？

[①] 雷·查尔斯（Ray Charles，1930—2004），美国灵歌音乐家、钢琴演奏家、布鲁斯音乐的先驱。
[②] 伯沙撒，巴比伦最后一个国王。事见《旧约·但以理书》第五章。"Mene，Mene，Tekel，Upharsin"意为"计数过年日，称算过亏欠，预言了分裂"。
[③] 墙上的文字（writing on the wall），在英语里意指"不祥之兆"。

布罗茨基： 问题是你总可以一直写下去，即使你有了最好的结尾。对于诗人来说，信条或教义不是终点，恰恰相反，它们往往是他的形而上学之旅的起点。比如，你写了一首有关耶稣被钉死在十字架上的诗。你决定写十节——而在第三节，你已经写到耶稣被钉死在十字架上。你必须走得更远，增加一些其他的——写出某些"非现成的东西"。从根本上说，我想说的是，关于"无限"的诗学概念要更为广大，它几乎是由"形式"自身推动的。有一次，在布莱德·洛夫①，我与托尼·赫克特②谈起对《圣经》的使用问题，他说："约瑟夫，你是否同意，诗人要做的，就是从这里面发掘出更有意义的东西？"事实就是这样——《圣经》里存在更多的意义，对吧？在更好的诗人的作品中，你会感到他们不再是与凡人，或者某个六翼天使似的生灵交谈。他们所做的，是与语言本身交谈——把语言当成美、感性、智慧、反讽——对于语言的这些方面，诗人是一面清晰的镜子。诗歌不是一门艺术或艺术的一个分支，它是更多的东西。如果有什么将人与其他物种区别开来，那就是语言；而诗歌，作为语言最高级的表现形式，它是我们的人类学甚至遗传学目标。那些视诗歌为娱乐的人，视其为一种"读物"的人，首先就对自己犯下了一个人类学上的罪。

（原载《巴黎评论》第八十三期，一九八二年春季号）

---

① 即布莱德·洛夫作家大会（Bread Loaf Writers' Conference），美国明德学院的暑期创意写作项目，由罗伯特·弗罗斯特于1926年倡议发起。
② 即安东尼·赫克特。"托尼"是"安东尼"的昵称。

THE PARIS REVIEW

纳吉布·马哈福兹

1988年诺贝尔文学奖得主

获奖理由:"他通过其富于细微差别的作品——时而是清晰可见的现实主义,时而是引人深思的暧昧含混——塑造了一种适用于全人类的阿拉伯叙事艺术"

《巴黎评论》访谈发表时间:1992年

纳吉布·马哈福兹

(Naguib Mahfouz)

1911—2006

埃及作家,当代阿拉伯文学的代表人物,阿拉伯世界的第一位诺贝尔文学奖得主。其代表作为"开罗三部曲"《两宫间》(1956)、《思慕宫》(1957)、《怡心园》(1957),另著有《小偷与狗》《道路》《乞丐》《尼罗河上的絮语》等作品。

2006年8月病逝于埃及吉萨省。

纳吉布·马哈福兹

◎唐江/译

纳吉布·马哈福兹认为，哈菲兹·纳吉布是他最早的文学影响者，后者是小偷、囚犯、有名的警方线人和二十二本侦探小说的作者。十岁的马哈福兹在小学同学的推荐下读了纳吉布的《约翰逊的儿子》，马哈福兹承认，这段经历改变了他的一生。

马哈福兹后来受到的影响是多方面的。高中时，马哈福兹迷上了塔哈·侯赛因，其锐意革新的批评著作《论伊斯兰教之前的诗》于一九二六年出版时，在保守的艾什尔里派圈子激起了激烈的反应。在大学里，马哈福兹读到了萨拉玛·穆萨的作品。穆萨是《新杂志》的编辑，后来该刊发表了马哈福兹的第一部小说。马哈福兹说，他从穆萨那里学会了"相信科学、社会主义和宽容"。

在"二战"过后的岁月里，马哈福兹从他的社会主义理想中退却，陷入了深深的悲观主义。他花了很多时间在开罗的贾拉桥旁的草地上，与同为作家的阿迪勒·卡米勒和艾哈迈德·扎基·马赫卢夫闷闷不乐地讨论人生，讨论文学的无意义，他们戏称那里是"不祥的圆环"。在五十年代，他尝试了苏菲神秘主义，在其中寻找科学无法解决的形而上学问题的答案。这时，马哈福兹似乎已经确立了一种哲学，它将科学社会主义与灵性的关怀融合在一起——对于这种融合，他在一九四五年提出小说定义时，就已经有所预见：小说是工业时代的艺术。它代表了人类对现实的热情和他对想象的久远爱恋的综合。

纳吉布·马哈福兹的一页手稿，出自他为开罗《金字塔报》撰写的一篇文章一九一一年，马哈福兹出生于开罗，十七岁开始写作，至今已写了三十多部小说。在六十岁从文职部门退休前，他都是在晚上和业余时间写作——尽管他在评论界取得了成功，但他不能靠写作谋生。他发表的第一部作品《命运的嘲弄》于一九三九年面世，是以法老时代为背景的三个历史故事系列中的第一部。马哈福兹原本打算以沃尔特·司各特爵士的风格，把这个系列扩展成一部三四十本的埃及历史小说，但他放弃了这个计划，转而写起了他的当代开罗小说，第一本是《汗·哈利里市场》，出版于一九四五年。

尽管马哈福兹在阿拉伯世界的其他地方广受赞誉，但直到一九五七年"开罗三部曲"出版后，他才在埃及获得巨大声望。这本长达三千页的史诗描写了两次世界大战之间开罗中产阶级的生活，立即被誉为属于那一代人的小说。六十年代后期，马哈福兹的许多作品被翻译成英语、法语、俄语和德语，他在国外名声大噪。一九八八年，马哈福兹获得了诺贝尔文学奖，得到了全世界的认可。

马哈福兹现年八十岁，与妻子和两个女儿住在开罗郊区的阿戈扎。他回避公开露面，尤其是对他私生活的窥探，用他的话来说，这可能会成为"报纸和广播节目里的愚蠢话题"。这次采访的一系列会面是在一连几个星期四进行的，每次都在十一点整。采访者坐在马哈福兹左侧的椅子上，靠近他好使的那只耳朵。

马哈福兹本人有些矜持，但始终坦率而直接。他经常笑，穿着一套老式的深蓝色西装，扣子一直扣到最上面一颗。他抽烟，喜欢喝苦一点儿的咖啡。

——访谈者：夏洛特·埃尔·沙布拉维，一九九二年

《巴黎评论》：你是从什么时候开始写作的？

纳吉布·马哈福兹：一九二九年。我写的故事全都被拒稿了。《新杂志》的编辑萨拉玛·穆萨曾对我说：你有潜力，但你还没到那一步。一九三九年九月，我记得很清楚，因为那是第二次世界大战的开始，希特勒进攻波兰。我的故事《命运的嘲弄》发表了，这是《新杂志》出版方给我的一份惊喜礼物。这是我生命中相当重要的一件事。

《巴黎评论》：之后的写作和发表就变容易了吗？

马哈福兹：没有……不过在第一次发表之后，我的一个作家朋友来找我，告诉我他兄弟开了一家印刷厂。他和一些小有成绩的同事成立了一个出版委员会。我们从一九四三年开始定期出版。我们每年出版一个我的故事。

《巴黎评论》：但你从未依靠写作谋生？

马哈福兹：没有。我一直都是政府雇员。相反，我为文学花钱——买书和纸。直到很久以后，我才从写作中赚到了钱。我免费发表了大约八十个故事。甚至我的第一批小说都是免费出版的，都是为了帮助委员会。

《巴黎评论》：你是从什么时候开始从写作中赚到钱的？

马哈福兹：当我的短篇故事被译成英语、法语和德语的时候。《扎巴拉维》特别成功，给我带来的收入比其他任何故事都多。

我的第一部被翻译的长篇小说是《梅达格胡同》。该译本最初由黎巴嫩人哈亚特出版。我和翻译都没赚到钱，因为哈亚特骗了我们。海涅曼出版社在一九七〇年前后再版了它。从那以后，这本书被译成法语，随后我的其他作品也被翻译了出来。

《巴黎评论》：你能不能给我们讲讲有名的团体"哈拉菲什"

（Kharafish）？它的成员都有谁？它又是如何形成的？

马哈福兹：我们最初是在一九四三年熟悉起来的：穆斯塔法·马哈茂德、艾哈迈德·巴哈·阿勒丁、萨拉赫·雅欣、穆罕默德·阿菲菲。我们讨论艺术和当前的政治问题。"哈拉菲什"的意思是"暴徒"——就是那些出现在示威活动边缘，一有机会就开始抢劫的人，他们就是"哈拉菲什"。艾哈迈德·马兹哈尔［一位埃及著名演员］给我们取了这个名字。起初，我们常在穆罕默德·阿菲菲的家里见面。有时我们会去一个叫撒哈拉城的地方，在金字塔附近。现在我们去电影导演陶菲克·萨利赫的住处，因为他家在十楼，有个阳台正对着尼罗河。我们还剩四五个人。

《巴黎评论》：你跟埃及年轻作家接触得多吗？

马哈福兹：每个星期五晚上，我都会参加在尼罗堡夜总会举办的聚会，新作家会受邀到场。会来很多人：诗人、作家、文人……自从我一九七一年不再为政府效力之后，我有了更多的时间跟朋友们在一起。

《巴黎评论》：一九五二年之前的政治局势，在你的生活中扮演了什么角色？

马哈福兹：一九一九年革命发生时，我大约七岁。我越来越受它的影响，也越来越热衷于这项事业。我认识的每个人都是为华夫脱党和摆脱殖民统治而战的。后来，我更多地参与了政治生活，成为萨阿德·扎格鲁尔帕夏[①]直言不讳的追随者。我现在仍然认为，参与其中

---

① 萨阿德·扎格鲁尔（Saad Zaghloul，1859—1927），埃及政治活动家，"一战"后成为埃及民族独立运动领袖，是华夫脱党的主要创始人之一。他曾于1919年和1921年两次被捕并遭流放。在他于1919年被捕后，埃及爆发反对英国占领的全国性革命。1924年，他曾短暂担任华夫脱党内阁首相，坚持英军撤离埃及，谈判失败后辞职。帕夏（Pasha），原为奥斯曼帝国行省总督、军队统帅及其他高级军政官员称号，也是埃及共和时期的最高荣誉称号。

是我这一生做过的最重要的事之一。但我从未从政，从未参加官方委员会或政党。虽然我支持华夫脱党，但我从不希望别人把我当作党员；身为一名作家，我想得到党员永远不可能享有的完全自由。

《巴黎评论》：一九五二年呢？

马哈福兹：我为那场革命①的发生感到高兴。但不幸的是，它并未带来民主。

《巴黎评论》：你认为从纳赛尔和萨达特②的时代开始，在民主与自由方面有进步吗？

马哈福兹：哦，是的，这一点毫无疑问。在纳赛尔的时代，人们害怕隔墙有耳。每个人都害怕。我们坐在咖啡馆里，不敢说话。我们待在家里，不敢说话。我害怕跟孩子们谈论革命之前发生的任何事，我担心他们去上学时会说出一些会被人误解的话。萨达特让我们更有安全感。胡斯尼·穆巴拉克③？他的宪法不民主，但他是民主的。我们现在可以发表意见了。新闻是自由的。我们可以坐在家里大声说话，就像在英国一样。但宪法确实需要修订。

《巴黎评论》：你认为埃及人民已经准备好迎接全面民主了吗？他们真的理解它是如何运作的吗？

马哈福兹：在今天的埃及，大多数人关心的是赚取面包、填饱肚子。只有一些受过教育的人才真正理解民主是如何运作的。拖家带口的人没有空闲来讨论这个问题。

---

① 1952年7月，由埃及自由军官组织发动的埃及七月革命爆发，次年宣布成立埃及共和国，废除君主制度。
② 纳赛尔和萨达特分别是埃及第二任（1956—1970年在任）和第三任总统（1970—1981年在任）。
③ 穆巴拉克是埃及第四任总统，1981—2011年在任。

《巴黎评论》：审查制度有没有让你饱受困扰？你有没有重写过你的书稿？

马哈福兹：近些年没有，但"二战"期间，《新开罗》和《拉杜比斯》遭到过审查。我被称为左派。审查员称《拉杜比斯》具有煽动性，因为在《拉杜比斯》中，人们杀死了国王，而我们的国王还活着。我向他们解释说，那只是一个历史故事，但他们说那是错误的历史，说那个国王不是被人民杀害的，而是死于"神秘的情况"。

《巴黎评论》：审查员们没有反对《我们街区的孩子们》？

马哈福兹：反对过。尽管当时我负责所有的艺术审查，但文学审查的负责人还是建议我不要在埃及出版这本书，以免与爱资哈尔大学发生冲突，它是开罗的伊斯兰教中心。它在贝鲁特出版，但不准进入埃及。那是一九五九年，纳赛尔执政的时代。现在这本书在埃及还是买不到。人们把它偷偷带了进来。

《巴黎评论》：你写《我们街区的孩子们》是抱着何种意愿？是有意煽动吗？

马哈福兹：我想用这本书表明，科学在社会里是有地位的，它就像一门新兴的宗教，科学与宗教的价值观并不必然冲突。我想说服读者：如果我们拒绝科学，我们就拒绝了正常人。不幸的是，它被那些不知道该怎样阅读故事的人给误解了。虽然这本书写的是犹太社区和它们的管理者，却被解释成是跟先知们本人有关。由于这种解释，这个故事自然被认为是令人震惊的，据说展示了先知们赤脚行走、行为残忍……当然，这是一个寓言。我们的传统对寓言并不陌生。比如，在《卡里来和笛木乃》这个故事里，狮子代表的是苏丹，但是没有人声称，作者把苏丹变成了动物！这个故事是有寓意的……寓言不能从字面上理解。有些读者非常缺乏理解力。

《巴黎评论》：你如何看待萨尔曼·鲁西迪的事例？你认为作家应该有绝对的自由吗？

马哈福兹：我告诉你我是怎么想的吧：每个社会都有其传统、法律和宗教信仰，它试图把它们保持下去。时不时地，会有人站出来，要求改变现状。我相信社会有权捍卫自己，就像个人有权抨击他不赞成的事一样。如果一个作家得出结论，认为他所处社会的法律或信仰不再有效甚至有害，那他就有责任大声疾呼。但他必须准备好，为自己的直言不讳付出代价。如果他还没准备好付出代价，他可以选择保持沉默。历史上有很多人因为宣扬自己的观点而入狱，或者被绑在火刑柱上烧死。社会总是在捍卫自己。如今，它用警察和法院这么做。我既捍卫言论自由，也捍卫社会反对言论自由的权利。我必须为我的异议付出代价。这是事物的自然规律。

《巴黎评论》：你读过《撒旦诗篇》吗？

马哈福兹：没有。它面世的时候，我已经不能很好地阅读了——我的视力最近恶化了很多。但亚历山大城的美国文化专员向我逐个章节地解释了这本书。我觉得书中的侮辱是不可接受的。鲁西迪甚至侮辱先知的女人！可以和观点进行争辩，但应该怎么处理侮辱呢？处理侮辱是法庭的事。与此同时，我认为霍梅尼的处境也同样危险。他没有做出裁决的权力——这不是伊斯兰教的方式。根据伊斯兰教的教义，当一个人被指控犯有异端邪说罪时，他可以在忏悔和受罚之间做出选择。鲁西迪没有选择的余地。我一直在捍卫鲁西迪用语言文字表达想法的权利，但他没有权利去侮辱任何人任何事，尤其是先知或公认神圣的事物。你不同意吗？

《巴黎评论》：你小时候信教吗？你每周五都和父亲去清真寺？

马哈福兹：我年轻的时候特别虔诚，但我父亲并未给我施加压力，让我参加周五的祈祷，但他每周都去。后来，我开始强烈地感到，宗教应该是开放的；思想封闭的宗教是一种诅咒。在我看来，过度关注宗教是被生活弄得筋疲力尽的人最后的手段。我认为宗教非常重要，但也有潜在的危险性。如果你想打动人们，你就要找到一个敏感点，而在埃及，没有什么比宗教更能打动人们的了。是什么让农民工作？宗教。正因如此，宗教应该以开放的方式来解释。它应该表达爱和人性。宗教与进步和文明有关，而不仅仅是情感。不幸的是，今天对宗教的解释往往是落后的，与文明的需要相矛盾。

《巴黎评论》：那你怎么看待女性遮挡头部，甚至脸和手？这是宗教与文明的需要相矛盾的例子吗？

马哈福兹：遮挡头部已成为一种风格，一种时尚。对大多数人来说，它没有更多的意义。但我的确害怕宗教狂热……这是一种有害的发展，完全是反人类的。

《巴黎评论》：如今你还祈祷吗？

马哈福兹：有时候。但我现在年纪大了。私下告诉你，我认为宗教是人类的一种基本行为。不过，善待自己的同胞显然比总是祈祷、斋戒、把头靠在祈祷垫上更重要。真主并不想把宗教变成健身俱乐部。

《巴黎评论》：你去过麦加吗？
马哈福兹：没有。

《巴黎评论》：你想去吗？
马哈福兹：不想。我不喜欢人群。

《巴黎评论》：你结婚的时候有多大年纪？

马哈福兹：三十七或三十八岁。

《巴黎评论》：为什么这么晚？

马哈福兹：我忙于工作和写作。我白天是政府雇员，晚上是作家。我的日子过得很充实。我害怕结婚……尤其是当我看到我的兄弟姐妹因为结婚而忙于社交活动时。这个去拜访人，那个去邀请人。我有一种感觉，婚姻生活会占用我所有的时间。我看到自己淹没在拜访和聚会中。没有自由。

《巴黎评论》：即使是现在，你不也拒绝参加宴会和招待会吗？

马哈福兹：我从不参加这类活动。我甚至从不去拜访我的朋友。我在尼罗堡夜总会或者另外一两家咖啡馆跟他们见面。

《巴黎评论》：你也是因为这个，才不去瑞典领取诺贝尔奖？因为有太多的拜访、晚餐、聚会……

马哈福兹：不，不完全是。我年轻的时候很喜欢旅行，但现在我已经没有这个愿望了。即使是两周的旅行，也会扰乱我的生活方式。

《巴黎评论》：你肯定多次被问到你对荣获诺贝尔奖的反应。你事先就隐约知道你会获奖吗？

马哈福兹：完全没有。我妻子认为我当之无愧，但我一直觉得诺贝尔奖是西方的奖项；我以为他们永远不会选择东方的作家。不过，有传言说，有两位阿拉伯作家获得了提名：尤素福·伊德里斯[①] 和阿多尼斯。

[①] 尤素福·伊德里斯（Yusef Idris，1927—1991），埃及剧作家、小说家，主要作品有短篇小说集《最廉价的夜晚》、剧作《危难时刻》《第三性》等。

《巴黎评论》：你知道你入围决选了吗？

马哈福兹：不知道。那天早上我在《金字塔报》报社。我要是再待上半个小时，马上就会知道了，但我回家吃了午饭。这消息从《金字塔报》的电报机传出，他们往我家打了电话。我妻子把我叫醒，告诉了我，我以为她在开玩笑，想继续睡觉。这时她告诉我，《金字塔报》的人打电话来了。我听到有人说"恭喜！"，是巴沙先生。巴沙先生有时跟我开玩笑，所以我没把他当回事。我穿着睡衣走进客厅，刚坐下来，门铃就响了。有人进了屋，我以为是记者，结果是瑞典大使！于是我道歉，去换衣服……事情的经过就是这样。

《巴黎评论》：再回到你的写作上吧。你是按照时间表工作吗？

马哈福兹：我一直不得不如此。从上午八点到下午两点，我都在上班。从下午四点到七点我都在写作。然后从晚上七点到十点，我读书。这是我每天的时间表，周五除外。我从来没有时间做我喜欢做的事。但我三年前停笔了。

《巴黎评论》：你是怎么想出你故事里的人物和思想的？

马哈福兹：我这么说吧。你和朋友们在一起的时候，你们会聊些什么？都是那天、那个星期给你留下深刻印象的事……我也是用同样的方式写故事。在家里、学校、工作中、街上发生的事，这些都是故事的基础。有些经历给我留下了深刻的印象，我没有在俱乐部里谈论它们，而是把它们写进了小说。

举个例子吧，最近一名罪犯在这里杀了三个人。从这个基本的故事开始，我要就如何编写它，做出若干决定。比如说，我会选择从丈夫、妻子、仆人还是罪犯的角度来写这个故事。也许我同情罪犯。正是这些选择让故事彼此不同。

《巴黎评论》：当你开始写作，你是让语言自由流淌，还是先准备笔记？你是否从脑海里一个特定的主题开始写起？

马哈福兹：我的短篇小说直接出自内心。对别的作品，我都是先做调查研究。比如，在开始写"开罗三部曲"之前，我做了广泛的调查研究。我为每个人物编纂了一份档案。要是不这么做，我就会迷失，忘掉一些事。有时，故事的主题会自然而然地从事件中衍生，有时我在开始讲故事之前，就已经有了一个主题。如果我事先知道，我想要描绘这样一个人，他有能力战胜任何降临到他身上的不幸，那我就会塑造一个能够证明这一想法的主人公。但我也会在故事开始时，详细描述人物的行为，让主题在后文出现。

《巴黎评论》：你会先做多少修改和重写的工作，才会认为一个故事完成了？

马哈福兹：我经常修改，划掉很多内容，写得满篇都是，甚至写在反面。通常我的修改都是大改。修改之后，我重写了故事，把它寄给出版商。然后我把所有的旧稿撕碎，扔掉。

《巴黎评论》：你从不保留你的笔记吗？许多作家把他们写的每一个字都记下来！你不认为通过仔细观察作家所作的修改，来研究他的写作过程，很有趣吗？

马哈福兹：很可能，但保留笔记这件事不是我的作风。我从未听说哪个作家会保留他早期的草稿。我必须把修改过的东西扔掉——否则我的屋子里就会堆满没用的纸张！此外，我的字写得很差。

《巴黎评论》：短篇故事和长篇小说都不是阿拉伯文学遗产的组成部分。你如何解释你在这些文学形式上获得的成功？

马哈福兹：我们阿拉伯作家的确是从西方借来了短篇小说和长篇

小说的现代观念，但现在他们已经将其化为己用，融入了我们自己的文学。在四五十年代，我们读到了许多翻译作品；我们把它们的风格简单理解为故事的写作方式。我们用西方的风格，来表达我们自己的主题和故事。但不要忘了，我们的遗产中也有像《阿拉伯的岁月》这样的作品，其中包含了许多故事——其中有《安塔尔》《卡伊斯和莱拉》——当然还有《一千零一夜》。

《巴黎评论》：你认同你笔下的人物吗？

马哈福兹："三部曲"里的卡迈勒代表了我这一代人——我们的观念、我们的选择、我们的困境和心理危机，所以他这个人物在这个意义上，是自传性的。但同时，他也是普遍性的人物。我还觉得自己和他父亲阿卜杜勒·贾瓦德很相近……他对生活的方方面面都持开放态度，他爱朋友，从不故意伤害任何人。两者合起来代表了我的人格。阿卜杜勒·贾瓦德爱交朋友，热爱艺术和音乐；卡迈勒拘谨、害羞、严肃、理想主义。

《巴黎评论》：让我们谈谈你的写作的一个具体例子吧：《小偷与狗》。你是如何开始动笔的？

马哈福兹：这个故事的灵感来自一个曾让开罗人惶恐不安的小偷。他叫马哈茂德·苏莱曼。他出狱时，试图杀死他的妻子和律师。他们毫发无损地逃走了，而他却在这一过程中被杀。

《巴黎评论》：他的妻子背叛了他，像小说中一样？

马哈福兹：没有……我根据他的角色创作了这个故事。当时，我有一种持续的特殊感觉，觉得自己在被人追踪，同时我也坚信，在当时的政治秩序下，我们的生活毫无意义。所以在写这个罪犯的故事时，我同时也写了我自己的故事。一个简单的犯罪故事，变成了对时代的哲学思考！我让主角赛义德·麦赫兰，陷入了我所有的迷惑和困惑之中。我让他经历了从教长、"堕落的女人"、为了金钱和名声而背叛自己理念的理想主义者那儿寻找答案的经历。你看，作者不仅是一名记者。他把自己的怀疑、疑问和价值观交织在一起。这就是艺术。

《巴黎评论》：宗教在故事中扮演了何种角色？对真主的信仰就是通往真正幸福的道路吗？就像教长暗示的那样？苏菲主义就是罪犯寻求的答案吗？

马哈福兹：正如我们所知，教长排斥生活。另一方面，罪犯正试图解决眼前的问题。他们处在两个不同的世界。我爱苏菲主义，就像我爱美丽的诗，但它不是答案。苏菲主义就好像沙漠中的海市蜃楼。它告诉你，过来坐着，放松一下，好好享受一下。我排斥任何排斥生活的道路，但我情不自禁地爱上了苏菲主义，因为它听起来如此美妙……它在战斗中给人以慰藉……

《巴黎评论》：我有几个埃及朋友，他们定期咨询苏菲教长，寻计问策。

马哈福兹：我希望他们安好。真正能为他们解决问题的是国家银行。

《巴黎评论》：你怎么看待故事中的那个女人努尔？还有《始与末》中的奈菲莎和《米拉玛尔》中的祖赫拉？这些人物虽然"堕落"了，但显然心地善良，似乎代表着对未来唯一的希望。

马哈福兹：说得对，不过我也打算让奈菲莎展现出，在一个典型的埃及家庭里，做出不光彩的行为有何后果。

《巴黎评论》：你能谅解那样的惩罚手段吗？

马哈福兹：我和大多数埃及人认为，那种程度的惩罚太严重了。另一方面，如果一个埃及男人不像奈菲莎的兄弟那样做出回应，他就没法继续生活在这个社会里。不论他愿不愿意，他都有义务杀死这个不名誉的女孩。他逃避不了。这一传统要改变，还需要很长时间，尽管最近它的影响力有所削弱，尤其是在城里。

《巴黎评论》："三部曲"里的阿卜杜勒·贾瓦德，是那个时代典型的埃及男性。他那样的人现在还常见吗？

马哈福兹：哦，是的。特别是在上埃及，农村地区……尽管今天的阿卜杜尔·贾瓦德可能没有那么极端。每个人身上不都有他的影子吗？

《巴黎评论》：每个埃及人，还是每个人？

马哈福兹：我不能替其他国家发言，但对埃及人来说是这样。

《巴黎评论》：不过事情似乎正在改变，你不这样认为吗？

马哈福兹：事情刚要开始发生变化。妇女在家庭中的地位变得更高了，这主要是因为教育，不过还有其他因素。

《巴黎评论》：你认为谁应该在家里占上风？应该由谁说了算？

马哈福兹：婚姻就像一家由平等的伙伴成立的企业。没有谁占上风。如果双方意见不一致，应该以更聪明的一方为主。但每个家庭各不一样。权力往往取决于金钱；谁赚的钱越多，谁就更有实力。没有固定的规则。

《巴黎评论》：在埃及这样非常保守、传统的社会，难道不会女性的权力超过男性吗？

马哈福兹：当然会，近代历史证明了这一点。拥有相当政治或军事权力的男性会落入女强人手中，女强人会影响他们的决定。这些女人在帷幕后面，在面纱后面施行统治。

　　《巴黎评论》：为什么你笔下的大多数女主人公出身于社会底层？你是否想用她们来象征某种更为宏大的东西？比如，埃及？

　　马哈福兹：没有。通过描写下层妇女，我只是想表明，在这些小说背景所处的那个时代，妇女是没有权利的。如果女人找不到好丈夫，也不能和坏丈夫离婚，她就没有希望了。不幸的是，有时她唯一的生路就是从事违法行为。直到最近，女性都命运悲苦，享有极少的权利……甚至基本权利，如婚姻、离婚和受教育的自由都无法保障。现在女性正在接受教育，这种情况正在改变，因为受过教育的女性就有了武器。一些评论家在《梅达格胡同》里，看出哈米达象征着埃及，但我从没计划过这样的事情。

　　《巴黎评论》：你如何看待这种批评，他们用象征来解释你的作品？

　　马哈福兹：我第一次听说哈米达象征埃及的时候，感到惊讶，甚至有点儿震惊。我怀疑评论家们只是贸然决定，把所有人和事都变成象征。但后来，我开始看到了哈米达的行为与政治局势各方面的相似之处。当我读完那篇文章的时候，我意识到评论家是对的——我在写哈米达的时候，潜意识里也在写埃及。我认为这种象征性的类比或许总是出自潜意识。尽管我可能并未打算，让一个故事传达出读者从中看出的某种寓意，但这种寓意有可能是故事的合理组成部分。作家写作既是有意为之，也是下意识为之。

　　《巴黎评论》：最合乎你心意的主题是什么？你最喜欢写的主题？

马哈福兹：自由。摆脱殖民统治的自由，摆脱国王绝对统治的自由，以及社会和家庭背景下基本的人类自由。这些类型的自由总是一环扣一环。比如，在"三部曲"中，在革命带来政治自由后，阿卜杜勒·贾瓦德的家人要求从他那里获得更多的自由。

《巴黎评论》：在你这一生中，你不得不面对的最困难的局面是什么？

马哈福兹：肯定是做出献身于写作的决定，从而接受让自己和家人处于最低生活标准的现实。这尤其困难，因为赚钱的前景在我眼前晃来晃去……一九四七年前后，我得到了一个从事编剧工作的机会，可以与这一领域最优秀的编剧共事。我开始与萨拉赫·阿布·赛义夫［埃及电影导演］合作，但后来我放弃了。我拒绝继续下去。我没有再和他共事，直到战后，一切都变得昂贵为止。在那之前，我根本没有那种想法。我的家人接受了这些牺牲。

《巴黎评论》：许多著名作家，尤其是在西方，大家都知道他们颓废的私生活——酗酒、吸毒、不同寻常的性癖、自杀倾向……但你似乎是个完人！

马哈福兹：呃……

《巴黎评论》：这也许是你最大的缺点？

马哈福兹：这当然是一种缺陷。但你是在我年老昏聩的时候来评价我。在我年轻的时候，我做了所有这些事——我喝酒、追女人，等等。

《巴黎评论》：你是否对中东的未来持乐观态度，尤其是考虑到海湾战争和持久的暴力？

423

马哈福兹：在我这个年纪，悲观是不体面的。当你年轻的时候，你可以宣告人类没有希望，但当你老了，你学会了避免怂恿人们厌世。

《巴黎评论》：那英雄这个概念呢？英雄似乎并不存在于你的故事里，也不存在于任何当代埃及作家的故事里。

马哈福兹：的确，在我大多数的故事里没有英雄，只有人物。为什么？因为我用批判的眼光看待我们的社会，在我看到的人身上，没有发现什么与众不同的地方。我前面的那一代人，受一九一九年起义的影响，看到了英雄行为——工人能够克服不同寻常的困难，就是那种英雄。其他作家——陶菲克·哈基姆、穆罕默德·侯赛因·海卡尔、易卜拉欣·阿布德·阿勒卡迪尔·阿勒马兹尼——写的都是英雄人物。但总的来说，我们这一代人非常淡漠，英雄难得一见；除非是幻想小说，否则你不可能把英雄写进小说里。

《巴黎评论》：你会如何描绘一位英雄？

马哈福兹：古代阿拉伯文学中有许多英雄，他们全都是骑师、骑士。但对我来说，今天的英雄应该是那些坚持某种原则，并在遭到反对时坚守这些原则的人。他与腐败作斗争，不是投机主义者，而且有强大的道德基础。

《巴黎评论》：你认为自己是英雄吗？

马哈福兹：我？

《巴黎评论》：难道对于你的孩子和公众来说，你不是一个榜样人物，不是在面对逆境时坚持自己原则的人吗？

马哈福兹：当然是。但我不认为自己是英雄。

《巴黎评论》：那你如何描述自己？

马哈福兹：热爱文学的人。对自己的工作充满信心和真诚的人。爱工作胜过爱金钱和名誉的人。当然，如果金钱和名誉来了，也欢迎！但它们从来都不是我的目标。为什么？因为我爱写作胜过一切。这也许是不健康的，但我觉得，没有文学，我的生活将没有意义。我可能有好朋友、旅行、奢侈品，但没有文学，我的生活将是悲惨的。这是一件怪事，但其实并不奇怪，因为多数作家都是这样做的。这并不是说，我这辈子除了写作什么也没做。我结了婚，有了孩子。还有，从一九三五年起，我的眼睛变得敏感，让我不能在夏天读书或写作，所以这就让我的生活产生了一种平衡——一种真主赐予的平衡！每年，我必须以非作家的身份生活三个月。在那三个月里，我和朋友们见面，一直待到早上。

我没有生活过吗？

（原载《巴黎评论》第一百二十三期，一九九二年夏季号）

THE PARIS REVIEW

卡米洛·何塞·塞拉

1989年诺贝尔文学奖得主

获奖理由:"因其丰富而强有力的散文,它们以克制的同情心形成了一种针对人类脆弱性的极具挑战的构想"

《巴黎评论》访谈发表时间:1996年

卡米洛·何塞·塞拉

（Camilo José Cela）

1916—2002

西班牙小说家、诗人、散文家，1942 年出版第一部长篇小说《帕斯库亚尔·杜阿尔特一家》，被视为西班牙战后文学的先声，代表作有长篇小说《为亡灵弹奏玛祖卡》《蜂巢》等。1978 年获阿斯图里亚斯王子文学奖，1994 年获行星奖，1996 年受封为"伊里亚·福拉比亚侯爵"。

2002 年 1 月病逝于马德里。

卡米洛·何塞·塞拉

◎陈超慧/译

一九一六年,卡米洛·何塞·塞拉出生在伊里亚·福拉比亚,那是一个位于西班牙加利西亚大区拉科鲁尼亚的小村庄。他诞生在一个由意大利和英国移民组成的富裕家庭,一九二五年,他和家人移居马德里。一九三六年,西班牙内战爆发,二十岁的塞拉完成了他的第一部作品——诗歌集《踩着可疑的阳光走》。之后,因服役而受伤的他在休养期间曾短暂担任官方审查员。一九四二年,面对西班牙战后绝望和混乱的社会生活,他在布尔戈斯的一个车库里秘密出版了第一部长篇小说《帕斯库亚尔·杜阿尔特一家》。在当局没收之前,这部小说就已经售罄,而且得到了读者和评论家的一致好评。当时,这一事件非常轰动,以至于时至今日,人们仍把它视为西班牙战后文学史的开端。之后,塞拉出版了许多重要作品,包括《那些飘走的云》《那个加利西亚人和他的小队》《静心阁》《小癞子新传》,以及他的第一本游记《拉阿尔卡利亚之旅》,奠定了其作为小说家和作家的重要地位。同时,他也是一位多才多艺的艺术家,创作了一系列油画和绘画作品,也曾出演若干电影。

在那些年里,塞拉主要通过为报纸和杂志撰稿来维持生计。一九五一年是他文学生涯中关键的一年。那一年,他出版了著名作品《蜂巢》——这部作品是在阿根廷出版的,因为在西班牙被禁止出版。官方审查员对他们无法破坏塞拉那辉煌且有影响力的文学事业感到愤

卡米洛·何塞·塞拉《帕斯库亚尔·杜阿尔特一家》手稿

怒，将他从记者协会除名。这意味着，他的名字不能再出现在印刷媒体上。但是，塞拉坚定不移地继续创作，又写下了两部长篇小说：《考德威尔夫人对她儿子说》和《金发女人》。之后，也许是因为想起其他像费德里科·加西亚·洛尔迦那样顽固的西班牙作家的命运，他认为，最好是自我放逐，远离马德里激烈的气氛。于是，他离开了伊比利亚半岛，和家人——他的第一任妻子罗莎里奥和儿子卡米洛·何塞——一起搬到马略卡岛，而非像当时许多其他西班牙作家那样选择流亡海外，并创立了文学杂志《松阿尔马丹斯文学报》（阿尔马丹斯是塞拉居住的街区）。不管当时的争论有多么激烈，都无法阻止塞拉于一九五七年成为皇家语言学院的院士。他在马略卡岛上度过了充实的几年，创作了《玫瑰》《饥饿滑梯》《秘密字典》《圣卡米洛，1936》和《晨祷5》等作品。

　　一九七七年，他担任皇家参议员，为国王和国家服务。之后，塞拉决定充分利用自己与佛朗哥政权及其讨厌的审查员的战争中的胜果。他不希望改变自己那爱捣蛋的淘气小孩的形象——他自己也觉得这很有趣，便创作了一部充满讽刺的大胆作品，题为《阿奇多纳鸡巴非凡事件纪事》。之后，他又写了一本类似的书，以戏谑的方式重写经典名著《塞拉斯蒂娜》。在嘲弄完旧制度后，塞拉又变得严肃起来，并于一九八三年出版《为亡灵弹奏玛祖卡》。那是一部结构复杂的出色作品，一个关于爱和死亡的故事，背景为内战时期的加利西亚。凭借此作品，他于一九八四年获西班牙国家文学奖。一九八六年，他又重回拉阿尔卡利亚地区，写下了《拉阿尔卡利亚新旅》。但是，在这第二次旅行中，他并不是背包步行，而是坐在劳斯莱斯里，司机则是一个雕塑家的模特。

　　后来，塞拉获得了几乎所有的西班牙语文学奖项。一九八七年，他因其文学创作获得阿斯图里亚斯王子奖；一九九四年，凭新作《圣安德鲁的十字架》获行星文学奖；一九八九年，他被授予诺贝尔文学

431

奖。然而，直到一九九六年，塞拉才获得西班牙最负盛名的文学奖项——塞万提斯奖。部分原因是因为他喜欢激怒别人，而且不屈不挠地坚持做一个不屈服的、独一无二的塞拉。

——访谈者：瓦莱莉·迈尔斯[1]，一九九六年

《巴黎评论》：你说过，文学常常是一种"欺骗，是人类生活所遭受的一系列欺骗中的一种"。你努力想要"不带伪装"地写作，这就是你写下像《蜂巢》《帕斯库亚尔·杜阿尔特一家》那般犀利的小说的原因吗？

卡米洛·何塞·塞拉：我不知道这是不是原因，但我认为，一个作家无法接受任何的借口、诡计、伪装，或者面具。

《巴黎评论》：你获得了许多文学奖项，包括一九八五年的国家文学奖、一九八七年的阿斯图里亚斯王子奖、一九九四年的行星文学奖等。我想，一九八九年获得的诺贝尔文学奖应该是让你最满足的一个奖项了。

塞拉：事实上，我获的奖项并不多。我是获奖数量最少的西班牙作家之一，只是碰巧我获得的都是些重要的奖项罢了。但是，没错，获得诺贝尔文学奖当然是一份巨大的荣誉。

《巴黎评论》：你的诺贝尔文学奖获奖演说是致敬西班牙画家何塞·古提埃雷斯-索拉纳的文学作品的。他是一位很有名的画家，尽

---

[1] 瓦莱莉·迈尔斯（Valerie Miles，1963— ），美国出版人、作家、翻译家，《格兰塔》杂志西班牙语版联合创始人，曾将比拉-马塔斯等人的作品译介至英语世界。

管他的文学作品不那么有名,但你似乎找到了其中的重要价值。

塞拉:没错,我对他的绘画作品和文学作品都很欣赏。我总是说,索拉纳写下的每一页文字,都能在他的画中找到对应的体现,他的每一幅画也都能在他的文学中得到反映。如果你没法立马找到它们的对应关系,那你只要继续找,总会找到的。索拉纳是一个出色的作家,写了六本书——都是些很棒的作品。但不幸的是,西班牙是一个贫乏的国家,不是一个适合发展多种才能的地方。如果一个人是一个很棒的作家,那他的桥牌肯定玩得不怎么样,也不会是个好的高尔夫球选手。不,这是不可能的。显然,这完全不符合索拉纳的情况,因为他既是一个伟大的画家,也是一个伟大的作家。但没有人关注作为作家的他,这让人感到很遗憾,因为他的作品真的很出色。

《巴黎评论》:索尔·贝娄曾经说过,你对文学和小说创作的攻击把你自己置于一个自相矛盾的境地。你对此有什么看法呢?

塞拉:好吧,也许他是对的,我真的不知道。我相信,文学总是一种伪装。我的一个朋友,杜鲁门·卡波蒂,曾经为一份在丹吉尔出版的名为《西班牙》的周刊采访过我。他跟我说,他也曾经想写出像《考德威尔夫人对她儿子说》那样的作品。但对一个作家来说,别人怎么说他并不重要。贝娄可能是对的,但我真的不知道。

《巴黎评论》:很多评论家都说,在你的作品里找到了存在主义的背景:一个人最终要为自己的行为负责。但是,贝娄认为,在你的作品里,理论的东西并不多,他认为你并没有想要传达什么存在主义、性或政治信息。

塞拉:毫无疑问,他说得没错。

《巴黎评论》:那么,你会觉得作家对他的读者负有社会责任吗?

433

塞拉：不，作家只对自己和自己的良心负责。作家必须充分明白自己的良知，非常关注自己。

《巴黎评论》：贝娄说，你描述人类最残酷的一面时所表现出的直白和不拘小节，使得你的作品可以与让-保罗·萨特或阿尔贝托·莫拉维亚的作品相媲美。你是否同意他的观点呢？

塞拉：我不确定。是的，他们都是我的朋友，尤其是莫拉维亚。遗憾的是，莫拉维亚从未被授予诺贝尔奖，但他确实是应该得到这个奖项的。我想，我们作家之间的评论应该是一种我们希望是真实的，但也许并不完全准确的东西的延伸。另外，也存在着一种责任——就是我刚才提到的，对自己的良心的责任。没有什么能比一个为大人物服务的作家更悲哀的了。那真是太可怕了。因为在之后，作家没有别的选择，只能咽下自己的作品。看看那些在斯大林手下的艺术家的作品。不管是在斯大林手下还是在别的什么人手下，都是如此。有一天，有人让我留意《吉尼斯世界纪录》中的一条信息：全世界雕像数量最多的人是斯大林。他应该会发号施令：为我制作雕像！于是，他们就不得不继续这么做。后来才发现，这些雕像都掉到地上了！这完全就是无稽之谈！人们不应该允许这样的事情发生。

《巴黎评论》：因此，作家绝不应该被一个人为的视角或情况所左右，对吗？

塞拉：听着，没有比这更荒唐的了，比方说，我就不说名字了，但我们就说那些把自己标榜为"进步"作家的人吧，或是那些假装贫穷、实际上却比我们所有人都有钱的人。这就是一种装腔作势！一天，一位女士，一位非常优雅的法国女士，她跟我说："你的生活方式和品位和银行家很像。"我说，好吧，我不是银行家，我一个子儿也没有，但我也不需要。我有足够的钱，可以舒适地生活。为什么我必须表现得像个穷人一样?注意了,这么做不过是虚伪而已。而且,如果我把那个作家的名字告诉你,你会同意我的看法的。但他现在对我很不满意,所以我不会提他的名字。

《巴黎评论》:你将自己的文学目标定义为"用手指去触碰腐败"和"不带任何修辞地书写",这也是你"不带伪装的文学"这一理念的题中应有之义吗?

塞拉:嗯,这是我的愿望。但是否实现了呢?我不知道。但这肯定是我的其中一个意图。

《巴黎评论》:你觉得,你所收到的最好的赞美和最让你难过的批评分别是什么?

塞拉:各种各样的评论都有,有人说我是天才,也有人说我是弱智。这两项指控中至少有一项是错的!

《巴黎评论》:被称作"弱智"会让你感到困扰吗?

塞拉:不,不,人不能受制于这些东西,不然就没办法在公众面前露面了。作家——好吧,我说的是自己,不是其他作家——是根据他认为自己想说的东西来写作的。之后,他是对还是错,好吧,那就是另一个问题了。但你不能把读者或批评家的态度放在心上,不然你就会丢失自我。这是显而易见的。

《巴黎评论》:因此,在面对这些评论的时候,作家必须学会变得更加坚定吗?

塞拉:不,人本来就是这样的。我不认为这是一个让自己变得坚定的问题。这是一种态度。对我来说,更重要的是我对自己的想法。这是我最关心的。还是那话,有一种东西叫"良心"。如果我违背了它，我的良心就会觉得懊悔。但所有跟别人良心有关的事都是非常主观的。作家可能拥有很多读者，你总能找到各种各样的意见，以迎合不同的口味。读者会以不同的方式看待同一个事情，往往是出于好意，也经常会被周围的气氛所胁迫。但对于一个具体的主题，无论它多么微不足道，总会出现不同的态度。在写作的时候，作家可不能考虑这些。

《巴黎评论》：你觉得大众已经正确地理解了你的作品了吗？

塞拉：在西班牙也许是的，但在西班牙之外，我真的不知道。显然，翻译总是困难的，正如俗话所说，"翻译即背叛"。译者也有可能是叛徒，尽管他这么做往往是无意识的，并不是有意为之。我读过一些译本，完全就是狗屁不通。但要检查所有译本是不可能的。首先，我并不是熟悉所有外语，没有能力这么做，也没有人有能力这么做。第二，我没有时间这么做。第三，根本不值得这么做。在《帕斯库亚尔·杜阿尔特一家》的罗马尼亚译本的序言中，我甚至说，应该禁止所有翻译作品。我这么说是自相矛盾，但也是事实。不可能用一种语言去表达出你想用另一种语言表达的意思。比方说，西班牙语的"ventana"和法语的"fenêtre"或英语的"window"并不是完全对应的，它们是不同的东西。每种语言都有细微的区别。

《巴黎评论》：你的母语难道不是英语吗？

塞拉：好吧，我是先学会英语，再学会西班牙语的，但我现在都不说英语了。我的母亲是英国人，而我的外祖母——也就是我母亲的母亲——是生活在西班牙的意大利人。在我的外祖父去世之后，她们就倾向于说西班牙语，因为这对她们来说更简单。于是，在我家，英语就丧失了原来的地位，最后完全消失了。

《巴黎评论》：你读过自己作品的英文译本吗？

塞拉：是的，我读过其中一些，还过得去。北美的安东尼·凯瑞根翻译了一些非常好的译本。当然，那是我们在马略卡的帕尔马岛上一起完成的。我们一般是一周见一次，他会在遇到问题时把它们列在一个问题清单上，我们见面时就详细地讨论他的疑问。这样才能完成一个好的译本。否则，在译者对自己所翻译的语言不是十足熟悉的时候，他们就只能求助于词典。但词典太冰冷了，有很多细微的差别是无法在词典中找到的。基于词典的译本不是好的译本。一般来说，法语和英语的译本都是不错的，但德语译本就不一样了。我不会说德语，但我一些懂德语的西班牙朋友跟我说，德语译本很糟糕。那也是没办法的事。一天，我收到一本中文译本，但我甚至不知道那是哪本书。这让我有点迷惘。我想，寄书的人也许在跟我开玩笑，兴许那不是我的作品。我该怎么办呢？随后我看到自己的名字出现在内文的其中一页上。好吧，至少现在我知道那是我的作品了，但我还是没搞清楚那究竟是哪一部作品！

《巴黎评论》：你曾经说过，"如果一个人要写书，他只需要：想说的东西，以及把它说出来时要用到的一沓白纸和一支笔；其余的事情都是外在的，无非是想在交易当中增加一些戏剧性罢了"。

塞拉：完全正确。我认为，灵感是诗人的避难所。诗人一般都很懒，都是些游手好闲的人！柏拉图是对的，他想给他们头上系上彩色丝带，把他们驱逐出理想国。毕加索曾经说过："我不知道灵感是否存在，但要是它真的存在，那它找到我时，我一般都是在工作。"有一次，一名女士问波德莱尔，什么是灵感。他回答说："灵感就是每天命令我工作的东西。"[①] 陀思妥耶夫斯基说："天才不过是长期的持

[①] 波德莱尔的原话是"灵感来源于每天的工作"。——编者注

续的耐心。"我们要做的只是坐在一沓白纸前,这真是一件可怕的事。没有什么比面前放着一沓白纸,而我要从头到尾用字母把它们填满这件事更可怕的了。正因如此,我感觉自己想要说些什么,必须说些什么。当然,我们也要肯定,那种像是孩子在学校里写上一百遍"我在上课时不会说话"的文字并不是文学。

《巴黎评论》:你仍在手写稿子呢,还是已经使用机器来处理文字了?

塞拉:是的,我一直都手写。事实是我不会打字,而且我没有电脑。家里有一台电脑,但是我的妻子在用,我不用,因为我怕自己会全身麻痹。这是真的!在这些个机器面前——像电脑,甚至是汽车——我就像个来自遥远地方的人。我看它们的眼光中总是带着怀疑,碰都不敢碰,怕它们溅出火花。对我妻子来说,使用这些机器似乎很方便,我也为她感到高兴,但我还是更喜欢手写。无论是用钢笔、圆珠笔、铅笔还是马克笔,对我来说都是一样的。我在这方面并没有什么迷信或执着的想法。一位年轻的记者曾经问我:"你打算写到没有可写的为止吗?"我的回答是:"不,我会写到没有可以写字的东西为止!"

《巴黎评论》:如果说你专注于寻找西班牙身份,寻找西班牙作为一个因为辉煌过去的记忆而陷于某种颓废中的社会存在的本质,这个说法是正确的吗?

塞拉:是的,但我的兴趣并不是有意针对某个事物的。我的意思是,我没有特别去寻找它,但我却不可避免地倾向于去寻找它。你瞧,我有一半西班牙血统,四分之一意大利血统,四分之一英国血统,我的曾祖父母是比利时人。这都让我倾向于对西班牙有某种看法,我是作为一个说西班牙语的人而非西班牙人去看待它的。比方说，我喜欢那个连西班牙人自己都不喜欢的西班牙：那个苍蝇飞舞的西班牙，斗牛小镇，神父，带着三角帽的国民守卫军，桅杆……

《巴黎评论》：一个黑暗的西班牙。

塞拉：不，它其实并没有比其他国家更黑暗。

《巴黎评论》：或者说，一个贫瘠的西班牙？

塞拉：嗯，贫瘠的。但你看，意大利南部是干旱的，希腊和整个地中海地区都是干旱的。我们不要囿于刻板印象。我从来没有在那个干旱贫瘠的西班牙生活过。我生活在西班牙的北部，加利西亚地区，那是另一种颜色。我们加利西亚拥有跟比利时或者荷兰相似的颜色。因此，我们一定要带着雨伞出门。我刚参加完埃莱娜公主的婚礼，从塞维利亚回来，那儿阳光灿烂，温度很高。因此，那儿没什么雨水。但这又有什么办法呢？没有人会因此而感到吃惊，因为人们都知道，一直都是这样的。

《巴黎评论》：你想过写一下吉卜赛人的生活吗？或者也许你曾经想过要写一部可爱的、以英雄人物为主角的大团圆结局浪漫小说？

塞拉：好吧，并没有。在我写的一本由毕加索绘制插画的作品里，好像有一段这样的浪漫故事，但我记不清了。我想，里面应该也提到过一个吉卜赛人，我隐约有这个感觉——是的，应该没错。西班牙有吉卜赛人，人们无法忽略他们的存在，但吉卜赛人有一个很奇怪的问题。好吧，那其实并不是个"问题"，但帕约人[①]——我们是帕约人——是种族主义者，完全不接纳吉卜赛人。但要小心，吉卜赛人是更加强烈地拒绝我们的。他们是严格的种族主义者，认为自己不是我

---

① Payo，吉卜赛人对非自己族裔的人的称呼。

439

们生活的一部分。他们完全不参与我们的生活，而更像一个观众。我的一个朋友是吉卜赛人，他曾对我说，我们这些帕约人太悲惨了，因为我们必须为了生活而工作。他们不是的。只要偷一只母鸡，他们的一天就解决了，而明天肯定会有另一只母鸡从哪儿冒出来。吉卜赛人通常不服兵役，不管是在战时还是在和平时期，他们都不服兵役，因为他们不在人口普查之列。然而，在战争时期，就是那场我二十岁就参加了的西班牙内战，在我的团里有一个吉卜赛人。一天，在我们经历了一场特别激烈的战斗之后，他对我说："这是多么可怕的战争啊！你们帕约人真的把事情搞得一团糟！"他们没有杀他，但他们完全可以把他杀死。他对我说："这跟我又有什么关系呢？"他说的没错。他在那儿干什么呢？他们抓住了他，一个小时内就让他穿上制服，把他给送走了。

《巴黎评论》：皮奥·巴罗哈说："艺术不是一些规则，而是生活本身，是体现了人的精神的物体精神。"你同意他的观点吗？

塞拉：是的，当然，我自然是同意的。皮奥·巴罗哈先生总是对的，而这句话则是一语中的。是的，我想这是显而易见的。你不能受制于规则，否则，写作就变成了单纯的能力。在足球或其他运动里是有规则的，但最终，它们都只是证明了某种能力而已。伟大的艺术之所以与众不同，是因为它始终处于被创造的状态。任何一个教授都可以说，这本书不符合语法规则。但如果你是在创造新规则，那这又有什么关系呢？有一次，有人对乌纳穆诺说，他用的某个词不在字典里。他说："那不要紧，它迟早都会出现在字典里的。"明白吗？

《巴黎评论》：你从来没对自己的能力感到过不安或疑惑吗？

塞拉：从来没有。你瞧，我母亲家族那边是很维多利亚式的，我们接受了非常严格的教育。我们和外祖父母住在一起，他们对待男孩和女孩的方式有很大不同。男孩几乎是想做什么就做什么——除了少数事情以外，我们不能撒谎，也不能向兄弟或朋友告密，但无论我们做什么，都是可以接受的。我们住在加利西亚的乡下，我的家人永远不会接受的一件事就是我和另一个男孩打架，头被打破了，哭着回家。他们认为，如果这个家族的男孩要打架，那受伤的最好是对方。我的家人完全无法想象是自己家的孩子受伤。因此，我对自己有某种近亲繁殖似的安全感，通过相信自己，我能有种自我安全感。比方说，我被萨拉热窝的某所大学授予荣誉博士学位，我的妻子和当时的外交部长弗朗西斯科·费尔南德斯·奥多涅斯都说："你不能去那儿，那儿到处都是狙击手。"我却说："波斯尼亚人和塞尔维亚人在打仗，而我是加利西亚人，所以他们不会追杀我。""没错，但如果你去了，他们可能会打你。""不，他们不会打我，他们总是打对方。"我打过仗，我必须说，战争其实是很美丽的。抱歉，我的意思是，使用常规武器的战争。那就像一场稍微残酷一些的橄榄球比赛，很可爱。那是波斯尼亚人和塞尔维亚人之间的战争，而我是拉科鲁尼亚人。他们为什么要朝我开枪呢？

《巴黎评论》：我想，你说的应该有道理，但我也不想成为那个检验它真伪的人！但是，我想问的是，你觉得一个作家最重要的品质是什么呢？是他的艺术眼光、形式，还是作品的内容呢？

塞拉：好吧，内容和容器，本质和形式，这是一个历史悠久的问题了。我对此丝毫不感兴趣，因为本质和形式是同一回事。文学不过是文字，而思想就在这些文字当中。在世界上的所有语言里，没有一个词是没有意义的。因此，为什么要自寻烦恼呢？事情就是这么简单。不，本质和形式，内容和容器，本来就是同一个东西。这就像是否需要使用技巧的问题。甚至都不需要考虑这个问题！这类似于需要使用某种脚手架去建造哥特式大教堂。之后，脚手架会消失，要么是人们把它们拿走，要么是它们自己倒下。

《巴黎评论》：如果一个作家的作品整体来说是优秀的，那作品中某些方面的不足之处能否因此而得到原谅呢？

塞拉：不，他的水平不足是不可原谅的，因为如果他水平不足，他就应该投身其他行业。他可以做一些有用的事情，比如在火车站登记行李，或者和女游客跳舞，靠她们来谋生。另外，这也是个非常不错的行业。我没有以此维生，因为首先我已经过了做这种事情的年纪，另外，我也没有这样的条件。要是可以的话，我是很愿意做这一行的。靠与女人打情骂俏来维生应该是一个相当美妙的行当。

《巴黎评论》：所以，一个作家应该有饿死的觉悟，否则，他就应该选择另外的职业？

塞拉：对的。一个人不应该让自己被任何东西制约。绝对不能有任何东西影响你，更不能接受权力或金钱的恩惠。还要记住一点：作家可以从这世上赚钱，但绝不能把这作为自己的首要目标。如果目标是赚大钱，他就会把眼光放得太低，永远都陷于某种贫困而无法站起来。但是，如果一个人写下了自己想要的东西，发现有或多或少的读者感兴趣，那钱自然就随之而来。但这只有在不刻意寻找金钱的时候才会发生，否则，这件事就永远不可能发生。

《巴黎评论》：从根本上说，你是一位实验性作家。是什么让你在小说技巧方面进行如此多的试验呢？好奇心，艺术需要，还是对现在技巧的不满呢？

塞拉：好吧，没有什么比一个作家重复自己、成为另一个自己或者变成自己的死亡面具更加无聊的了。在《帕斯库亚尔·杜阿尔特一家》和描述我在西班牙游历经历的《西班牙蛮荒笔记》里，包含了我对西班牙或多或少的传统看法——你可以说是一个黑暗的西班牙——显然,按照这种风格来写作,我总能获得巨大的成功。但我根本无法坚持下去。不,我再说一遍,没有什么是比成为自己的死亡面具更加痛苦的了。过去,有一位非常重要的意大利画家,他发现自己的画卖不出去了。他明白,人们仍然在寻找他年轻时的画作。于是,他决定模仿自己年轻时的风格。这是多么痛苦,多么可怕呀!我想,那一定是一种可怕的感觉。因此,为了避免这种感觉,人们必须尝试不同的路径。如果这当中的某一条路可以为你之后的人所用,那就让他们继续沿着这条路走。毕竟,这些道路是属于所有人的;是对我们每个人都开放的,不是吗?所有的主题都是公平的游戏。一位自诩为作家的青年对福楼拜——我想应该是福楼拜——说:"大师,只要我有一个故事,我就能写出一部小说。""我给你一个故事,"福楼拜说,"一个男人和一个女人相爱了,就这样,故事结束。现在,你自己来发挥吧。只要有天赋,你就能写出《帕尔马修道院》。但你必须得有才华。"一天,一位年轻作家找到我,抱怨说自己没有合适的资源来写作。我跟他说,我给你一千张纸和一支钢笔作为礼物。如果你有天赋,你就能在纸的一面写出《堂吉诃德》,在另一面写出《神曲》。现在,去写吧,尽管你可能写不出这样的作品,但让我们看看你会写出些什么吧。这听上去很夸张,但也很真实。

《巴黎评论》:那么,你认为,天赋是上帝赐予的,换句话说,是基因决定的,对吗?

塞拉:我不是很确定,但显然,一个人要么有天赋,要么没有天赋。你可以把这个词用在任何你希望使用的地方。我不相信有什么绝对的天赋,但我相信对某件事情的特定的天赋——噢,我不知道这个词的形容词是什么。要么你有最低限度的天赋,要么你就什么都做不了。时间并不能代替天赋。比方说,委拉斯开兹需要多长时间来画

《宫娥》？也许一个月？但如果给我六年来画同样的作品，画出来的效果会一样吗？不！我们可能在画布前站六年也画不出那样的画。

《巴黎评论》：那你相信缪斯女神的存在吗？

塞拉：不，我绝对不信。我之前就聊过这个问题。这只不过是抒情诗人使用的一个伪装。只是这个说法太方便了，这就是个谎言。在写出好的作品的时候，或者写不出好的作品的时候，人们就用它作为借口。

《巴黎评论》：你在文学方面的试验结果之一就是打破了许多小说界的神话。这是你原本的意图吗？

塞拉：完全不是。当一个人试图对抗某件事情的时候，他做的事通常与他的意志是没有关系的。

《巴黎评论》：面对技巧和内容，你会先考虑哪一个方面呢？也就是说，你首先考虑的是想要尝试的技巧，还是你先有了故事的内容，而技巧是必要的解决方法呢？

塞拉：技巧并不是有意而为的。我曾经说过——我现在也这么想的——女人只要到了特定的年纪，同意做某些爱欲的事情，就可以生孩子了。之后，她生下了一个可爱的儿子或女儿，这个孩子有两只耳朵，有金色或棕色的头发，很聪明，是个名副其实的开心果。这个女人可能对妇科或产科一窍不通，但她根本不需要了解那方面的知识。她可能甚至是个文盲！但那完全不重要！她可能完全不了解遗传学理论，只是结合了年龄和环境的充分条件，就有了一个可爱的孩子。小说也正是这样写成的。

《巴黎评论》：然后你就坐下来，拿着笔，想到什么就写什么？

塞拉：是的，没错。我坐在一沓白纸前——那真是很可怕的经历——就开始写了。如果我什么都没想到，我就一直坐在写字台前，直到想到些什么为止。如果我在没有想法时站起来，走来走去，那我可能会花很长时间踱来踱去。要小心这样的事情！你必须让纪律来管束自己。人们常说，作家的运气很好，没有老板。但这不是真的。我有那么多的读者，他们就像成千上万个老板。注意了！因为一旦读者松手放开我，我可能就全身麻痹了。

《巴黎评论》：你每天花多长时间写作？

塞拉：现在的时间少了，但之前一般是八九个小时，有时甚至是十个小时。

《巴黎评论》：现在，你要处理的事情多了，一定很难有时间写作了。

塞拉：不是的，时间总是有的，最重要的是不要浪费时间。人们总是浪费时间。我说的不仅是西班牙人，而是所有人。我会为马德里的《ABC报》写每日专栏。从来没有人见过我拿着报纸跑来跑去，一副大惊小怪的样子。从来没有人见过我这样。马拉尼翁博士曾经告诉我——我非常感谢他——当人们问他如何能够满足对时间的诸多要求时，他说，他是一个时间拾荒者。他没有浪费一分钟。一分钟也不浪费！人们不应该用"给我打电话""我把电话号码给你"来折磨其他人。不！我只有一个电话，我甚至不接电话。我完全没有必要接电话。当我在家的时候，电话响了，即使我就在旁边，我也不会去接。

《巴黎评论》：那为什么还要有电话呢？

塞拉：这样，家里其他人就可以接电话了。

《巴黎评论》：你认为哪个作家对你影响最大？

塞拉：所有在我之前的西班牙作家，因为我们都互相影响。还有那些用我不懂的语言写作的人，或者那些我还没有机会读到他们作品的作家，那些我没有打算要读他们作品的作家，那些我甚至不知道他们存在的作家。有一种东西叫"范围影响"①。阿尔贝·加缪和我在很短时间内分别出版了《局外人》和《帕斯库亚尔·杜阿尔特一家》，那时候，他跟我分享了这一说法。有许多博士论文试图证明《帕斯库亚尔·杜阿尔特一家》受到了《局外人》的影响，也有许多博士论文想要证明后者受到前者的影响。他笑得肚子疼，对我说："当我们出版这些小说的时候，甚至没有人知道我们的名字！我们互相也不认识。那时还没有人认识我们！"当时，我们两个都是年轻作家，他比我稍微年长一些，但也只是一点点而已，我们两个完全是默默无闻的。但那些智者都纷纷发表自己的看法［模仿学者的声音］说："这种影响是明显的……"他们在说什么呢？真的太烦人了。但是，是的，所有在我之前的西班牙作家，所有语言的作家——即便我不明白他们的语言，他们都影响了我。文学就像一场带着火炬的比赛，每一代人都希望在自己希望的地方，或在自己能够做到的地方，进行见证，然后把火炬传给下一代。这样，他们的任务就结束了。仅此而已，其余的一切都只是戏剧性的夸张而已。

《巴黎评论》：我想，就像是加利西亚作家加西亚·萨贝尔所说的，你的灵魂里"有一个深刻的讽刺的部分，可能是因为体内加利西亚和英国血脉的融合"。也许，这就是你的幽默感的来源？

塞拉：嗯，加利西亚人和英国人的幽默不完全一样，却是很相似的。那不是一种刻意的幽默，不像安达卢西亚人的幽默，真正的安达

---

① 原文为"influence of scope"，是对"scope of influence"（影响范围）一词的移用。

卢西亚幽默是非常大众化的。加利西亚人的幽默并不像喜剧,而更多是讽刺,和英国人的幽默感非常相似。比方说,在加利西亚有——或曾经有——一群人被称为自由(Silveira)律师。"Silveira"一词指生长在加利西亚乡村路边的黑莓灌木。这些律师为集市上的买家和小贩之间就商品价格发生的纠纷充当仲裁者。一个自由律师的价格是五十生丁,在那个时代,相当于一比塞塔。这些律师会就争论的问题提出自己的意见,他们的决定是有效的。有一天,一个自由律师听到了集市上的人和一个小贩之间的争论,他说了一些只有加利西亚人才能听懂的话。他对小贩说,是的,你的价格很合理,但也只是一点点合理而已。加泰罗尼亚人或法国人是不会理解这种幽默的。这可以做萧伯纳作品里的一个典型轶事了。

《巴黎评论》:那巴斯克人呢?他们能理解这种幽默吗?

塞拉:他们更加不懂。巴斯克人的幽默感是非常直接的,甚至是幼稚的。巴斯克人是世界上最古老的种族之一,但在智力上,他们不比欧洲甚至西班牙其他种族更有创造力。毫无疑问,安达卢西亚人也是如此。

《巴黎评论》:在你的作品中,存在着某种形式上的双重性:作品内容可能很残酷,但作品风格却总是很轻盈,有一种美丽的抒情性。你会将这种双重性视为另一种塞拉式的讽刺吗?

塞拉:也许是吧,但我再重申一次,这并不是有意而为之的。

《巴黎评论》:这来自作者灵魂里属于讽刺的那个部分吗?

塞拉:这是作者道德、伦理和心理因素的共同结果。

《巴黎评论》:而就你的情况而言,这在某种程度上也是混血的结果？

塞拉：是的，即便没有混血，我也根本不相信有故意而为的文学作品。就凭这一点，我想我就可以回答你所有的问题。我的意思是，如果我坐在一沓纸前，特意想要写一部小说，那我永远写不出来。比如《帕斯库亚尔·杜阿尔特一家》，我先写了一个提纲。后来我把它弄丢了，这很可惜。但在我还没完成第一章的时候，主人公就去了别的地方。如果一个角色被塑造得很好，他就不会遵从作者的意愿，而是会逃离他。人物会做自己想做的事。然后作者就跟在他身后，写下这个人物所做的一切，永远不会提前知道这个人物接下来要做什么。这就像是在梦中发生的事情，梦里突然出现了状况，造成了巨大的变化。你根本不知道梦境会怎么发展。做梦的人也不知道接下来会发生什么。这就与人物的生活很相似。诀窍是巧妙地描述它们，然后你就有了小说了。

《巴黎评论》：弗朗西斯科·戈麦斯·德·克维多是一位讽刺大师。你说过，你是在你之前所有作家的成果，但你是否认为克维多对你的作品有特别的影响呢？

塞拉：在所有杰出的文学前辈里，克维多也许是和我最亲近的了，甚至比塞万提斯更亲近。我觉得，克维多是西班牙语文学里最重要的作家，很难有人能跟他比肩。他是不同寻常的，他的作品我百读不厌。

《巴黎评论》：在《蜂巢》里，你把一些人物设置在马德里一个名叫克维多的街区里。这与你对这位作家的钦佩有关吗？

塞拉：不。这个街区叫克维多，是因为那儿有一个小广场，广场上有一个克维多的雕像，和你说的没有任何联系。

《巴黎评论》：你说过，你认为自己是一八九八年以来最重要的小说家，而一想到如此轻易就达到这个位置，你就觉得心慌。你说："我必须请大家原谅，因为我无法避免这件事情的发生。"

塞拉：噢，我那是开玩笑的。我这么说是为了激怒一个《国家报》的记者，并没有别的意思。我那时候才三十多岁。

《巴黎评论》：但你似乎很喜欢去惹怒别人，你在这方面可是声名赫赫。

塞拉：惹怒别人？嗯，没有什么是比惹怒别人更有趣的了。

《巴黎评论》：所以你是故意那么做的！

塞拉：是的，是的，好吧，我过去经常这么做！现在我当然不会这么做了，因为我已经是人们常说的"老绅士"了。明年我就满八十一岁了！但以前，在歌舞厅或类似的地方，如果我看到一位非常严肃的绅士坐在桌前静静地抽着雪茄，我就会看着他，开始这么做[抬了抬上唇右侧]，整个晚上都这么做。最后，他会起身去卫生间照镜子，以为自己的嘴唇有什么问题！我真的会继续这么做，最终把这个可怜的男人逼疯。

《巴黎评论》：你曾经说过，你在写《蜂巢》的时候吃了很多苦头。

塞拉：是的，而且我现在还是很难受。事实上，对我来说，写作是一项很困难的工作。

《巴黎评论》：你的意思是，写作让你受苦？

塞拉：我有一个基金会，我所有的原始手稿都放在那儿。这是世界上唯一一个拥有一个作家全部原稿的基金会。如果有一天你去那

449

儿，你会发现，我的手稿上满是划痕和潦草的痕迹。在写作时，我是痛苦的，但我也以写作为乐。当我试图征服某个情况却还没有想到发展所需的方向时，我不会跳到它之前，或把它留到以后。不，在解决这个问题之前，我不会继续。所以，在我的一些手稿里，你会看到，我在空白处写下了日期，标明我写了不超过三行的日子。那些天写的行数不多，但不打紧，这样，我之后永远不用再想它们了。

《巴黎评论》：你的基金会在哪里？

塞拉：在拉科鲁尼亚，伊里亚·福拉比亚的帕顿。帕顿是市政厅的所在地，是个小城镇。而伊里亚·福拉比亚是一个小村庄，从帕顿沿着去往圣地亚哥的路走大概两公里，就能到那儿。

《巴黎评论》：在把手稿寄给编辑之前，为了润色作品，你会大声朗读，这是真的吗？

塞拉：不完全是。是这样的，当我写作的时候，我会大声地读出来。耳朵能够捕捉的许多错误和杂音，用书面文字是做不到的。因此，如果文字听上去很差劲，我就能捉住这个错误。有时候，我要花很长时间才能发现什么地方不对，缺一个词或多一个词，但我继续坚持寻找，最终就能发现错误——缺一个词或者一个逗号放错了位置，等等。这都是因为用耳朵去听。自然，一个人必须尽可能地写出自己能够写的东西。我允许别人说我作品的某一页里有一些地方做得不够好。那要怎么办呢？这是我所能做到的最好的了，因为我总是把我的注意力放在我的五种感官上。如果修改之后的结果并没有比之前更好，那对我来说，就是比之前更糟糕了。

《巴黎评论》：你会允许编辑对你的手稿进行修改吗？

塞拉：不！如果他这么做的话，下一秒钟他就会从二楼的窗户被扔出去！从不！注意这一点，从不！西班牙的编辑对这种事情一般会很尊重，欧洲的编辑一般都很尊重。但在美国就不那么尊重了。嗯，有很多不同类型的编辑。但我认为，是美国作家们允许他们这么做的。在西班牙、法国或者英国，这是不可想象的。编辑永远不敢对作家说些什么，因为他们知道，作家会把稿子收回来，转给另一个编辑。

《巴黎评论》：你的文学标志之一是"可怖主义"，它被定义为"肮脏现实主义"与乔伊斯、普鲁斯特和多斯·帕索斯技巧的混合物，当中似乎还有着与存在主义相关的东西。

塞拉：我来问你，这些东西重要吗？一点儿都不重要！评论家说，教授们说……让他们爱说什么就说去吧！听着，我们所有人都必须依靠某些东西来维生。他们拿起我的一本书然后发表评论，事情就是这么简单。让他们爱说什么就说什么吧！这又有什么要紧的呢？

《巴黎评论》：好吧，那我想问，在你看来，人类是否真的像你在书中描述的那样变态，世界是否真的那么残酷？我的意思是，难道生活中就没有什么值得称道的因素吗？

塞拉：好吧，我很抱歉，但我看到的就是我在书中所描绘的那样，因为我从来不会虚与委蛇，不会伪装。这确实是令人觉得恐怖的。

《巴黎评论》：你认为，社会是使人变态的原因，还是人本来就是变态的因子？

塞拉：我想这两者之间没有太大的区别，但总的来说，我想，社会才是变态的。清楚的是，我相信个人，不相信集团。我不相信团体，不相信宗教，也不相信政党。我相信的是个人。

《巴黎评论》：所以，像你之前所说的，作家必须对金钱和权力的青睐保持警惕，自己要始终处于任何集团或机构之外。

塞拉：是的，没错，始终要这样，我非常赞同这一点。

《巴黎评论》：虽然你写的是人类境况的堕落，但还是能看出你对你的人物有某种感情，并且同情他们的困境，甚至在当中还能感受到某种乐观主义。你至少会承认最后这一点，对吗？

塞拉：呃，我不确定。我不觉得那些注定要生活在这样一个时代的人类有太多的理由感到乐观。人类几乎已经失去理智了。但作为一个个人，作为人类的一分子，我是乐观的。我相信，我们最终会从困境中爬出来。我记得，我在战争中负伤了……我身体里还有子弹的碎片，我的妻子和一些疯狂的医生还想让我把弹片取出来。我拒绝！它在我的身体里已经五十多年了，我唯一要注意的就是不要走到卖磁铁的商店，不然我会被吸在橱窗上！但当我负伤在医院的时候，尽管那时我看不到也说不了话，但我可以听到一个医生对修女说，这个可怜的孩子，他剩下的时间不多了，请尽量把最好的给他吧。我当时想，我好得就像朵花儿一样！我这么想着，嘴里却说不出来。当时，我就只剩下半条命了，更确切地说是剩下四分之一条命了。好吧，那是五十多年前的事情了，而现在我还在这里！而且身体运行得还不错！

《巴黎评论》：而且你还在迎难而上……

塞拉：是的，正如我之前所说的，我明年就满八十一岁了。我对此感到非常自豪。你知道我比我的妻子大多少岁吗？

《巴黎评论》：不，不知道准确数字。我知道你的妻子很年轻。

塞拉：好吧，那你觉得是多少岁呢？

《巴黎评论》：我不确定，可能你大概年长个三十来岁？

塞拉：不，我比她大四十一岁。好吧，我暂时比她年长四十岁，因为她刚过完生日，但五月十一日之后，我又比她大四十一岁了。

《巴黎评论》：你保养得很好。你和妻子谁更有活力呢？

塞拉：她。她和我做爱，这样她就可以让自己累点儿了。

《巴黎评论》：你是否觉得拥有一个比自己年轻这么多的妻子能让你恢复青春呢？

塞拉：好吧，我不知道，我对现在的情况很满意，她让我非常努力地干活……

《巴黎评论》：你会说自己有一颗流浪汉的心吗？

塞拉：不，不，我不会这么说。不过，我想说的是，我对西班牙的看法与英国游客的看法类似。

《巴黎评论》：但在你的所有作品里，似乎西班牙本身才是真正的主角。

塞拉：也许你是对的，也许确实是这样。西班牙是一个广阔、多样、多变的国家。你必须亲自去体验。

《巴黎评论》：你认为，哪些是你最重要的作品？

塞拉：啊，好吧，我不知道。对我来说都是一样的。我一本都没读过，所以我真的不知道。不，我一本都没读过，也丝毫没有兴趣想要去读。我认为，我把它们写出来，这就够了。世界上没有什么比作家把自己变成自己的佛祖、只会低头看自己的肚脐眼过日子更愚蠢的事了。

《巴黎评论》：《蜂巢》在纽约出版的时候，你立刻就被记者协会除名了，你的名字被禁止出现在任何官方报纸上。从那时起，你就不得不与审查员的铁拳进行斗争了。

塞拉：是的。但他们没有审查《蜂巢》，这部作品在西班牙完全被禁了。

《巴黎评论》：知道自己受到审查的威胁，你有没有改变过你的作品或者进行自我审查？

塞拉：没有，我从来没有想过这个问题。我清楚地知道，自己最终会被审查员卡住，但对我来说，这是一样的，无论如何，我知道，从长远来看，我将会在这场战斗中取得胜利，而事实也正是如此。另外，在佛朗哥在位的那些年，他的政权从来没有成为过一个有实力的政权，而是一直是以武力为基础的政权。这完全是两回事。一个只依靠警察建立起来的政权是没有抵抗能力的，是无法站起来的，没有理论结构可以支撑它。佛朗哥政权正是如此。纳粹有自己的理论——法西斯主义，共产主义者、斯大林、希特勒和墨索里尼都有理论，但佛朗哥没有。他只是顺势而为，在四十年里成功地维持着政权。

《巴黎评论》：很多西班牙作家不得不流亡国外，或者宁愿流亡国外，而你从未像他们一样。但你却在马略卡岛待了很多年，以此与伊比利亚半岛保持距离。你是为了避免与佛朗哥政权直接对抗而有意这么做的吗？

塞拉：不，不完全是这样。我去马略卡岛是有别的原因的。我只是不想待在马德里而已。我在马略卡岛待了很多年，也许有三十年了，甚至更长时间。

《巴黎评论》：那些年间你的成果颇丰。

塞拉：是的，如果你一直工作，一段时间后，你就会发现，自己已经写下相当多的文字了。

《巴黎评论》：在佛朗哥去世后的那段困难时期，也就是过渡时期，你在公众面前表现得非常活跃，并于一九七七年被国王胡安·卡洛斯一世任命为宪法议会的参议员，参与了西班牙宪法的起草工作。能对西班牙的民主历史做出如此重要的贡献，你一定感到非常自豪。

塞拉：我的作用微不足道，但当然，帮助起草宪法是一次非常美好的经历。更重要的是，这是一部在西班牙实施的宪法。这真的很了不起，因为在西班牙，宪法总是只持续一段很短的时间，而这部宪法到现在仍然发挥着作用。一次，在开了八九个小时的会议之后，我开始有点儿打瞌睡了（我无聊得要发霉了，但我觉得我有责任在场，因为我已经接受了国王的任命，那就是一项义务了）。首相看见我，说："塞拉议员，您在睡觉（sleeping）。"当然，我醒过来，或者在半梦半醒中，说道："不，首相先生，我只是想睡觉（asleep）而已。"他说："不管是在睡觉还是想睡觉，都是一回事。"于是我回答说："不，首相先生，to be screwed 和 to be screwing[①] 完全不是一回事。"这是真的，这完全不一样，不是吗？

《巴黎评论》：我想，有人能如此机智地纠正他的语法，首相先生当时一定很高兴。

塞拉：那只是我当时想到的回答！如果换个日子，我也许根本不

[①] screw 有"陷害、性交"的意思，因此此处 to be screwed 可理解为"被某人干／陷害"，to be screwing 可理解为"干／陷害某人"。塞拉想借此指出 be sleeping 和 be asleep 的区别。

会想到什么。只是当时他轻易地就把这个答案给了我，简单到我什么都不用说，答案就昭然若揭了。

《巴黎评论》：你的作品似乎都是根据你游历西班牙的经验创作而成的，你把它们称作"西班牙蛮荒笔记"，是从"九八年一代"[①]的不安和乌纳穆诺对永恒的西班牙的探索中萌生的。

塞拉：是的，还有一种逃离城市的欲望。他们对此也很感兴趣。而我自己呢，是住在乡下的。

《巴黎评论》：和城市生活相比，你更喜欢乡村生活吗？

塞拉：绝对是的。现在，我住在乡下。在我的一生中，只要有机会选择，我就一直住在乡下。一位名叫沃尔特·斯塔基的爱尔兰绅士，是马德里的英国文化协会的主任，他背着一把小提琴走遍了西班牙。

《巴黎评论》：小提琴？

塞拉：是的，他拉过小提琴，和吉卜赛人相处了很长的时间。

《巴黎评论》：《拉阿尔卡利亚之旅》在这个系列的作品中脱颖而出。你的人物似乎对城市生活的复杂性和过度的学术化作出了反应。你认为那是一种积极的反智主义吗？

塞拉：不，不完全是。实际上，在西班牙和其他地区，游历都是一个很文学的事儿。

《巴黎评论》：而你已经回到拉阿尔卡利亚了，但这次是作为一个

[①] "1898年一代"的简称，西班牙文学史上的一个重要作家群，代表作家有米盖尔·德·乌纳穆诺、安东尼奥·马查多、皮奥·巴罗哈等。

优雅的流浪者回去的。

塞拉：是的，坐在劳斯莱斯里。但我现在已经没有劳斯莱斯了，现在我有一台宾利。我已经发现，只有阿拉伯酋长或得克萨斯的石油大亨才会开劳斯莱斯，而英国王室和我都开宾利。

《巴黎评论》：还有那个年轻迷人的黑白混血女司机。她还跟你在一起吗？

塞拉：不，她已经不在了。现在是我的妻子开车。当局把我的驾照拿走了。

《巴黎评论》：真的吗？为什么？

塞拉：嗯，我根本不同意交通法规。但既然是法律……什么必须系上安全带，在十字路口时必须停车之类的，都是些废话。他们说，在十字路口的时候，你必须停下来看看四周。不。我曾经对一个法官这么说，我很清楚，法律不能受制于理性，但我会敲着黑板向你证明：在十字路口停留的时间越短——你必须加速通过——发生碰撞的机会就越小。他们说我错了，好吧，既然他们不承认这些事实，我就烧了我的执照，就这样。这是我撞上一辆 Biscuter——西班牙过去产的一种双人座小汽车——之后的事。当时，车上有五个人，自然是全部都死了。

《巴黎评论》：五个人都死了？

塞拉：嗯，我为此感到很难过。那时，我开着一辆捷豹。我仅限于感叹这件事情，但他们五个真是蠢材。当时，他们喝得醉醺醺的，挤在一辆小车里，从一条小路转入高速公路主路。不，不，这真是太可怕了。在他们被撞死之后，嗯，你当然会感到难过，嗯，至少会有一点儿遗憾。也许比你想象的还要少一些！嘿，你在写这段内容的时候要小心些，不然他们会以为我是个野蛮人。

《巴黎评论》：别担心，塞拉先生，我会小心处理这段采访内容的。

塞拉：不，你就说车上只有四个人就好了……噢，我的天，这真的太可怕了，不是吗？真是骇人听闻。

《巴黎评论》：在你最新出版的小说《圣安德烈斯十字架》里，主人公和叙事者马蒂尔德·贝德杜带领我们经历了那"崩溃的历史"，某些人物一头栽进排斥、绝对贫困、精神错乱和社会堕落中。她在侯爵夫人牌卫生纸上写下了这段纪事。

塞拉：呃，她用了不同牌子的卫生纸，侯爵夫人牌是最好的牌子了……

《巴黎评论》：是的，但她为什么要写在卫生纸上呢？

塞拉：噢，没有什么原因。精神病医生应该可以写上个五百来页来好好分析其中的原因。

《巴黎评论》：那你这么做是出于对失业的精神病医生的一种声援？

塞拉：噢，是的，我们必须互相帮助，不是吗？

《巴黎评论》：你经常在你的作品中加入许多性和粪便的内容，很多人觉得这过头了。你对此有何看法？

塞拉：嗯，我认为没问题。听着，我不是想要批评那些评论家。让他们爱说什么就说什么吧，对我来说无所谓。

《巴黎评论》：你对当前西班牙文学的情况有什么感受？

塞拉：我既不是评论家，也不是文学教授。

《巴黎评论》：但似乎西班牙作家越来越受欢迎了，尤其是在法国和德国。

塞拉：也许他们正在变成一种时尚，但这都是文化部门宣传的结果。我对此一点儿都不感兴趣。这都是官僚主义。

《巴黎评论》：在你看来，有哪个作家是脱颖而出的吗？

塞拉：克维多，没错，克维多。

《巴黎评论》：好吧，克维多的作品确实不朽，而且仍然很有时代感。

塞拉：那是，克维多比现在很多讨厌的年轻人更有时代感。

《巴黎评论》：但有什么年轻作家特别吸引你的吗？

塞拉：克维多，克维多。

《巴黎评论》：有年轻作家来找你讨教吗？

塞拉：没有，没有，他们不敢。如果他们来了，我会把他们从窗户扔出去。

《巴黎评论》：但如果他们有这个胆量的话，你会给他们建议吗？

塞拉：不，我不会。我不会给别人建议，每个人都要犯一些错。

《巴黎评论》：你曾经把你一部作品的某个版本献给你的敌人。你有很多敌人吗？

459

塞拉：噢，是的，他们对我的事业帮助很大。你必须学会如何培养敌人。对一个作家来说，培养敌人是件好事。

《巴黎评论》：你的意思是，作家不仅应该有敌人，而且应该真正培养他们？

塞拉：是的，这样，敌人们才能帮助他向上爬。十九世纪，西班牙有位强大的将军，他是摄政王、是将军，也是政府首相。在他临终的时候，帮助他忏悔的神父问他："将军，您宽恕您的敌人吗？"他说："不，不，我没有敌人。"神父感叹道："但是，将军，您在得到如此权位之后却说您没有敌人，这是什么意思呢？"将军回答："不，我没有敌人，因为我已经把他们都带到行刑队面前了。"我也很想说出同样的话，但我还没有能力这么说。我只是一个可怜的普通人，不是吗？

《巴黎评论》：你最近手头有什么正在创作的作品吗？

塞拉：目前没有，但你要知道，作品并不是你可以计划的。在出版和到达读者手中之前，作品是不存在的。在那之前，它纯粹是一种幻觉。

《巴黎评论》：你的脑海里应该有成千上万的想法吧？

塞拉：想法？我脑中满是想法，一个接一个的，但它们在脑中是没用的。只有把它们一个一个写到纸上才有用。

（原载《巴黎评论》第一百三十九期，一九九六年夏季号）

巴黎评论

诺奖作家访谈 下

美国《巴黎评论》编辑部 编　　刘雅琼 等 译

人民文学出版社
PEOPLE'S LITERATURE PUBLISHING HOUSE

the PARIS REVIEW
INTERVIEWS

By the editors of *The Paris Review*

上述利息将被平均分成五等份,按照以下方式进行分配:[……]其中一份将被授予在文学领域某一理想方向创作出最杰出作品的人。

——引自阿尔弗雷德·诺贝尔遗嘱

THE PARIS REVIEW

奥克塔维奥·帕斯

1990年诺贝尔文学奖得主
获奖理由:"因其具有广阔视野、以感性智慧和人道正直为特征的充满激情的写作"

《巴黎评论》访谈发表时间:1991年

奥克塔维奥·帕斯

（Octavio Paz）

1914—1998

墨西哥诗人、外交官，生于墨西哥城，5岁开始接受法式和英式教育，1945年开始从事外交工作，曾先后在墨西哥驻法国、瑞士、日本、印度等国使馆任职。其主要作品有诗集《语言下的自由》、散文集《鹰或太阳?》和抒情长诗《太阳石》等。

1998年4月病逝于墨西哥城。

奥克塔维奥·帕斯

◎叶春/译

奥克塔维奥·帕斯身材不高，年过七十，但他锐利的眼睛使他看上去年轻很多。他的诗歌和散文作品既显渊博才识又具强烈的政治色彩，其主题往往涉及墨西哥历史——尤其是从印第安本土角度审视的历史——和人类深刻的孤独以及如何通过情爱克服这样的孤独。长期以来，帕斯，连同塞萨尔·巴列霍和巴勃罗·聂鲁达，被公认为二十世纪最伟大的南美诗人。这次采访于一九九〇年哥伦布日[①]进行，采访三天后，帕斯加入聂鲁达的行列，获得诺贝尔文学奖。

帕斯一九一四年生于墨西哥城，父亲是律师，祖父是小说家，两者对他青年时期的发展都很重要：他的父亲曾担任墨西哥革命家埃米利亚诺·萨帕塔的法律顾问，从父亲那里，帕斯学到了社会事业的价值；从祖父那里，他则接触到文学。孩提时起，帕斯就在祖父藏书巨量的书房里探索，阅读西班牙和拉美文学。在墨西哥大学就读时，他继续学习文学，尽管在获得学位前离校。

西班牙内战爆发后，帕斯当即支持共和国事业，并于一九三七年前往西班牙。回到墨西哥后，他参与创建文学杂志《工作室》和《神童》，两本杂志都对新一代墨西哥作家的诞生起了极大推助作用。一九四三年，帕斯获得古根海姆基金，到美国各地游学。一九四五

[①] 为纪念哥伦布1492年首次登上美洲大陆而设立的节日，在美国，时间为10月的第二个星期一。

奥克塔维奥·帕斯论诗歌的随笔《其他声音》中的两页手稿

年，他加入墨西哥外交部门。一九四六年到一九五一年间，帕斯在巴黎生活，并结识了包括萨特、布勒东、加缪在内的法国作家和思想家，他们的作品对帕斯都产生了深远影响。五十年代初，帕斯的外交职责将他带往日本和印度，在那里他第一次接触到佛教和道教经典。他曾说："尽管时隔两千多年，西方诗歌与佛教教义却有相符之处：自我是一种幻觉，是感觉、思想和欲望的总和。"一九六八年十月，帕斯辞去外交职务以抗议政府对墨西哥城学生示威游行的血腥镇压。

他的第一本诗集《野蛮的月亮》于一九三三年出版，当时帕斯年仅十九岁。他最受好评的作品包括对墨西哥民族性格的散文体研究《孤独的迷宫》（1950）和长诗集《太阳石》（1957）。《太阳石》被J.M. 科恩（J.M.Cohen）称为"西方世界最近出版的最重要诗之一"。长诗五百八十四行，代表金星五百八十四天的运行周期。帕斯的其他作品包括《鹰或太阳？》（1950）、《交流电》（1956）、《弓与琴》（1956）、《白》（1967）、《猴子语法家》（1971）、《阴影草稿》（1975）和《内部的树》（1957）。

帕斯和他的艺术家妻子玛丽·何塞住在墨西哥城。帕斯曾多次获得国际诗歌奖，包括国际诗歌大奖、耶路撒冷奖（1977）、纽斯塔特国际文学奖（1982）、塞万提斯奖（1981）和诺贝尔奖。

这次采访受到诗歌中心的支持，在纽约第九十二街希伯来青年会观众前现场进行。帕斯在访谈间尽显他和他的诗歌所特有的精力和神韵：就如他的诗歌能用一种性感的神秘力量将个人与社会沟通，帕斯看上去很欢迎这个与听众交流的机会。

——访谈者：阿尔弗雷德·麦克亚当[1]，一九九一年

---

[1] 阿尔弗雷德·麦克亚当（Alfred Mac Adam, 1941— ），美国学者、翻译家，哥伦比亚大学巴纳德学院西语系教授，曾翻译卡彭铁尔、多诺索、富恩特斯、略萨等人作品。

《巴黎评论》：奥克塔维奥，你出生于一九一四年，你可能还记得……

奥克塔维奥·帕斯：记不大得了！

《巴黎评论》：……在墨西哥革命期间和第一次世界大战前夕，你所经历的这个世纪几乎是一场永恒的战争。你对二十世纪有什么好话可说吗？

帕斯：我活下来了，我想这就够了。你知道，历史是一回事，而我们的生活又是另一回事。我们的世纪是可怕的——是世界历史上最悲惨的世纪之一——但是我们的生活则大同小异。私人生活不具历史性，在法国或美国革命期间，在波斯与希腊的征战期间——在任何重大的世界性事件中——历史不断变化，但人们继续生活、工作、恋爱、死亡、生病、交友、感到光明或感到悲伤，这些都与历史无关。或只有少许关系。

《巴黎评论》：那么我们既在历史之中又在历史之外？

帕斯：是的，历史是我们的风景或背景，我们生活在其中。但是真正的戏剧，真正的喜剧，在我们的内心。我想不管是生活在五世纪的人还是生活在未来世纪的人，都是这样。生命不是历史的，而更像自然。

《巴黎评论》：在《视觉的特权》，那本关于你与视觉艺术关系的书中，你说："我和我的任何朋友都从未见过提香、委拉斯开兹或塞尚的作品……然而，我们被许多艺术品包围着。"你在那里谈论你小时候住过的米斯科阿克区，以及二十世纪早期的墨西哥艺术。

帕斯：米斯科阿克区现在是墨西哥城一个相当丑陋的郊区，但当我还是个孩子的时候，它是个小村庄，一个非常古老的村庄，来自前哥伦布时代。米斯科阿克这个名字来自米斯科瓦特尔神，是纳瓦特尔人对银河系的称呼。它也有"云蛇"的意思，就好像银河系是一条云雾的蟒蛇。我们有一座小金字塔，非常小，但仍然是座金字塔。我们还有一座十七世纪的修道院。我住的社区叫圣胡安，教区的教堂建于十六世纪，是那个地区最古老的教堂之一。那里还有许多十八世纪和十九世纪的房屋，有些房子有很大的花园，因为在十九世纪末，米斯科阿克是墨西哥资产阶级的避暑胜地。我们家就在那里有所避暑别墅。因此，当革命来临时，我们不得不搬到那里，而这对我来说其实是件高兴的事。我们被这两段历史留下的小小记忆包围，前哥伦布时期和殖民时期，两段历史都仍然活着。

《巴黎评论》：你在《视觉的特权》里讲到米斯科阿克区的烟花。

帕斯：我非常喜欢烟花，它是我童年的一部分。镇上有个地方，那里的工匠都是烟火艺术大师，他们在墨西哥各地都很有名。为了庆祝瓜达卢佩圣母节或其他宗教节日或新年，他们为小镇制作烟花。我记得他们使教堂的墙看上去像个炽热的瀑布，真是壮观。米斯科阿克的生活方式在大城市已经不复存在了。

《巴黎评论》：你似乎很怀念米斯科阿克，但你又是住在墨西哥城中心的少数几位墨西哥作家之一。不久，墨西哥城将成为世界最大的城市之一，一个充满活力的城市，但就污染、拥挤和贫困而言，它则是噩梦。生活在那里是一种灵感还是一种阻碍？

帕斯：住在墨西哥城中心既不是灵感也不是障碍，而是挑战。应对挑战的唯一方法就是直面挑战。我曾在墨西哥的其他城镇生活过，但不管那些城镇多令人愉快，它们似乎都有些不真实。所以有一天，我和妻子决定搬进我们现在住的公寓。如果你住在墨西哥，你就得住在墨西哥城。

《巴黎评论》：你能给我们讲讲帕斯一家吗？

帕斯：我父亲是墨西哥人，母亲是西班牙人。一位姑母和我们住在一起——一位较古怪的姑母，因为姑母都是古怪的，但她同时也富有诗意，以她荒谬的方式。我的祖父是一名律师和作家，一位受欢迎的小说家。事实上，有一段时间，我们全家靠他的一本畅销书的收入为生。米斯科阿克的房子就是他的。

《巴黎评论》：书呢？我想到博尔赫斯曾声称他从未离开过他父亲的书房。

帕斯：这是一个有趣的类比。我的祖父有一个美丽的书房，它是那座米斯科阿克房子最大的优点。它大约有六七千藏书，我可以自由阅读。很小的时候，我就是个贪婪的读者，甚至读了"禁书"，因为没人注意我在读什么。我很小的时候就读过伏尔泰的作品，也许就是这段经历使我失去了宗教信仰。我也读过或多或少放荡不羁的小说，它们不是真正的色情，只是不雅。

《巴黎评论》：你读过儿童读物吗？

帕斯：当然。我读了很多萨尔加里（Salgari）的书，他是位深受墨西哥人欢迎的意大利作家。还有儒勒·凡尔纳。我心目中最伟大的英雄之一是个美国人，水牛比尔。我和我的朋友们从大仲马的《三个火枪手》过渡到牛仔，没感到丝毫后悔，也不觉得我们在歪曲历史。

《巴黎评论》：你曾经说过，当你第一次看到一幅超现实主义绘画时——一幅有着藤蔓环墙而绕的画——你把它当成了现实主义。

帕斯：是的。我们米斯科阿克的老房子在我们身边摇摇欲坠，我们不得不放弃一间又一间屋，因为屋顶和墙壁都在渐渐地倾塌。

《巴黎评论》：一九三〇年，你十六岁左右，进入了国立预科学校。你学的是什么，学校是什么样的？

帕斯：学校很漂亮，建于十七世纪末，是墨西哥巴洛克式建筑的鼎盛时期。学校很大，石头、柱子和走廊都具高贵气质，也有一种美感。二十年代间，政府邀请奥罗斯科（Orozco）和里维拉（Rivera）在校内制作壁画——里维拉的第一幅壁画就在我们学校。

《巴黎评论》：你对那些壁画家的作品感兴趣吗？

帕斯：是的，我们都对壁画家的表现主义风格感到一种契合，但是那些壁画与建筑存在着矛盾。后来我觉得那些壁画被画在不属于我们这个世纪的建筑里是个遗憾。

《巴黎评论》：课程安排怎么样？

帕斯：是法国传统与美国教育理论的混合。美国哲学家约翰·杜威是个重要影响，教育的"进步派"也有影响。

《巴黎评论》：你学的外语是法语？

帕斯：法语和英语。我父亲在革命期间是政治流亡者，他不得不离开墨西哥到美国避难。他先去，我们后来在加利福尼亚州洛杉矶与他会合，我们在那里待了近两年。开学的第一天，我就和我的美国同学打了一架。我一句英语也不会说，他们笑我，因为我在午餐时不会说"勺子"的英文。但是当我回到墨西哥时，我开学的第一天又打了一架，这次和我的墨西哥同学，因为同样的原因——我是个外国人！我发现我可以在两个国家都是外国人。

《巴黎评论》：你在国立预科学校曾受到某位老师的影响吗？

帕斯：当然。我有机会师从墨西哥诗人卡洛斯·佩利塞尔（Carlos

Pellicer）。通过他，我认识了他那一代的其他诗人。他们使我对现代诗歌有了崭新的认识。我应该提到，我祖父的藏书截至二十世纪初，所以直到我上了国立预科学校，才知道一九一〇年后还有书籍出版。普鲁斯特对我来说是个启示，我曾经以为左拉之后就再没有小说出版了。

《巴黎评论》：西班牙诗歌呢？

帕斯：我发现了"一九二七一代"西班牙诗人：加西亚·洛尔迦、拉法埃尔·阿尔维蒂[①]和豪尔赫·纪廉（Jorge Guillén）。我也读过安东尼奥·马查多（Antonio Machado）和胡安·拉蒙·希梅内斯的诗，希梅内斯是当时的诗歌元老。我还读了博尔赫斯的作品，那时他还不是个短篇小说家，在三十年代初，他是位诗人和散文家。当然，在我文学生涯的最初阶段，最大的启示是巴勃罗·聂鲁达的诗歌。

《巴黎评论》：你上了大学，但在一九三七年你做出了一个重大决定。

帕斯：我做出了几个。首先我去了尤卡坦半岛。我完成了大学学业，但在毕业前就离了校，因为我拒绝当律师。我的家庭，像当时所有墨西哥中产家庭一样，希望他们的儿子成为一名医生或律师。我只想成为一名诗人和革命者。我有了一个去尤卡坦的机会，在那里和一些朋友在一所工农子弟学校工作。那是一次丰富的经历——它让我意识到我是一个城市男孩，我的墨西哥经历只限于墨西哥中部高地。

《巴黎评论》：你发现了地理？

[①] 拉法埃尔·阿尔维蒂（Rafael Alberti，1902—1999），西班牙诗人，与洛尔迦、塞尔努达等人同为"一九二七一代"的代表人物。

帕斯：住在纽约或巴黎等城市的人通常对他们国家的其他地方有着褊狭的看法。我发现了尤卡坦半岛，它是墨西哥南部一个非常奇特的省，它虽然是墨西哥的一部分，但由于玛雅文化的影响，与别处大不相同。我发现除了墨西哥中部的传统以外，墨西哥还有另一个传统——玛雅传统。奇特的是，尤卡坦同时又是一个大都会，它与古巴和新奥尔良都有联系。事实上，在十九世纪，尤卡坦人去美国或欧洲旅行的次数比去墨西哥城要多。我开始意识到墨西哥有多么复杂。

《巴黎评论》：然后你回到墨西哥城，决定参加西班牙内战？

帕斯：我被邀请参加一个代表大会，而由于我是西班牙共和国的坚定支持者，我立即接受了邀请。我离开尤卡坦的学校去了西班牙，在那里待了几个月。我当时二十三岁，想加入西班牙共和派军队，但我不能，因为作为一名志愿者，我需要一个政党的推荐，我既不是共产党员也不是其他政党的党员，所以没人推荐我。我被拒绝了，但他们告诉我这没关系，因为我是个年轻的作家——代表大会里最年轻的——我应该回到墨西哥，为西班牙共和国写作。我就那样做了。

《巴黎评论》：这次西班牙之行除了政治和保卫西班牙共和国之外对你意味着什么？

帕斯：我发现了我的另一部分遗产。当然，我熟悉西班牙的文学传统，我一直认为西班牙文学是我的，但书籍是一回事，用自己的眼睛去看人、看纪念碑和风景又是另一回事。

《巴黎评论》：所以这又是一个地理上的发现？

帕斯：是的，但也有政治方面，或者更准确地说，道德方面的发现。我的政治和思想信仰是被兄弟友爱观念点燃的。我们在这方面有过很多交谈，比如，我们都读过安德烈·马尔罗的小说，它们描述通过革命行动寻求友爱。我的西班牙经历并没有加强我的政治信仰，但它确实给了我对友爱观念一个意想不到的启示。有一天，斯蒂芬·斯彭德和我在一起，他可能也还记得——我们去了位于马德里大学城的前线。那是个战场。有时在同一栋楼里，共和派和法西斯分子只隔一堵墙，我们可以听见墙那边士兵的交谈。那是种奇怪的感觉：那些我看不见但听得见声音的人是我的敌人，但他们也有着人类的声音，就像我一样。他们和我没什么区别。

《巴黎评论》：这是否影响了你憎恨敌人的能力？

帕斯：是的。我开始想，也许所有这些争斗都是荒谬的，但我当然不能对任何人这样说，他们会认为我是叛徒，尽管我不是。那时，也许是后来不久，当我认真思考那次令人不安的经历时，我明白了，真正的友爱意味着你必须接受这样一个事实：你的敌人也是人。我不是说你一定要成为敌人的朋友，分歧当然将继续存在，但你的敌人也是人，你突然明白你不能再接受暴力。对我来说，这是一次可怕的经历，它粉碎了我内心深处的许多信念。

《巴黎评论》：你是不是觉得那个情形恐怖的缘由之一是那些法西斯士兵和你说的是同样的语言？

帕斯：是的，墙那边的士兵们笑着说，给我一支烟，或诸如此类的话。我在心里想：他们和我们墙这边的人没什么两样。

《巴黎评论》：然而，你并没有直接回到墨西哥。

帕斯：当然没有。那是我第一次去欧洲旅行，我得去巴黎，巴黎是个博物馆，它是历史，是现在。瓦尔特·本雅明说巴黎是十九世纪的首都，他没错，但我认为巴黎也是二十世纪的首都，至少上半世纪。不是说它是政治、经济或哲学之都，它是艺术之都，不仅包括绘画和造型艺术，还有文学。这不是因为最好的艺术家和作家都住在巴黎，而是因为伟大的运动在那里产生，包括超现实主义。

《巴黎评论》：你看到了什么让你感动？

帕斯：我去了世界博览会，看到了毕加索的新作品《格尔尼卡》。我那时二十三岁，竟有机会在西班牙馆看到毕加索和米罗的作品。我在巴黎不认识什么人，一次纯属偶然的机会去了一个展览，看到了马克斯·恩斯特的《雨后的欧洲》，它给我留下了深刻的印象。

《巴黎评论》：对人的看法呢？

帕斯：我遇到了一位后来变得非常有名的古巴作家阿莱霍·卡彭铁尔。他邀请我去超现实主义诗人罗贝尔·德斯诺斯家参加派对。那里有一大群人，包括很多名人，但我谁也不认识，感到有些失落。我那时很年轻，我环顾四周看到房子里摆着一些奇怪的物件，我问漂亮的女主人它们是什么。她笑着告诉我它们是日本色情假阳具，每个人都笑我的天真。我意识到我有多么没见过世面。

《巴黎评论》：一九三八年你回到了墨西哥。安德烈·布勒东和托洛茨基也在那里；他们对你有什么影响吗？

帕斯：当然。政治上，我反对布勒东和托洛茨基。我认为我们最大的敌人是法西斯主义，斯大林是对的，我们必须团结起来反对法西斯主义。虽然布勒东和托洛茨基不是纳粹特工，但我反对他们。然而同时，我对托洛茨基很好奇，我偷偷读过他的书，所以内心深处我有异见。我也很欣赏布勒东，我读过《疯狂的爱》，这本书给我留下了深刻的印象。

《巴黎评论》：那么除了西班牙和拉美诗歌，你还投身于欧洲现代主义。

帕斯：是的，可以说在那段时间，有三本书给我留下了深刻的印象：第一本是艾略特的《荒原》。一九三一年我在墨西哥读到这本书，我那时十七岁左右，它让我困惑不解，我一个字也没懂。之后，我又读过它无数遍，仍然认为它是本世纪最伟大的诗歌之一。第二本书是圣-琼·佩斯的《阿纳巴斯》，第三本是布勒东的那本提倡自由恋爱、诗歌和反叛的书。

《巴黎评论》：你钦佩布勒东，但没有接近他？

帕斯：有一次，一位共同的朋友邀请我去见他，他说我对布勒东的政治观点有误解，我拒绝了。但许多年后，我遇见了他，我们成为了好朋友。那时，尽管受到许多朋友的批评，我还是满怀热情地阅读了布勒东和托洛茨基的《独立艺术革命宣言》，上面有迭戈·里维拉的签名。在宣言里，托洛茨基弃绝政治对文学的控制，声称革命国家对艺术家和作家应采取的唯一政策是给予他们完全的自由。

《巴黎评论》：你内心的矛盾似乎正在转变成一场危机。

帕斯：我反对社会主义现实主义，那是我与共产党人产生矛盾的开端。我不是共产党员，但我和他们很友好。我们最初争论的就是艺术问题。

《巴黎评论》：所以一九四〇年墨西哥城的超现实主义展对你来说是一个难题。

帕斯：我在《工作室》杂志做编辑。我的一个朋友在杂志上发表了一篇文章，说超现实主义者开辟了新的前景，但他们已经变成了自己革命的学院。这是一个错误，尤其在那些年里。但是我们发表了这篇文章。

《巴黎评论》：发表或灭亡。

帕斯：我们必须接受我们的错误。如果不这么做，我们就完了，你不觉得吗？这次采访在某种程度上也是一次公开表白——对此我很害怕。

《巴黎评论》：奥克塔维奥，尽管你是位诗人和散文家，但你似乎受到了小说的诱惑。我想起你一九三八年在《工作室》杂志发表的那篇《梦想家日记》和你一九七〇年的《猴子语法家》。

帕斯：我不认为那篇日记是小说体。它是一种冥想式的笔记。我可能是受到了里尔克和他的《马尔特·劳里兹·布里格手记》的诱惑。事实上，小说对我来说一直是个诱惑，但或许我不适合写。小说艺术把两种不同的东西结合在一起：它像史诗一样，是一个充满人物的世界，这些人物的行为是作品的本质；但与史诗不同的是，小说具有分析性，它既讲述人物事迹，又对这些人物进行评论。汤姆·琼斯、奥黛特·德·克雷西、伊万·卡拉马佐夫或堂吉诃德都是被批评吞噬的角色。你在荷马和维吉尔甚至但丁那里都不会看到这些。史诗颂扬或谴责；小说分析和批评。史诗的主角是一体的坚实的人物；小说中的人物是模棱两可的。这两个极端，批评和史诗，结合在小说中。

《巴黎评论》：那《猴子语法家》呢？

帕斯：我不认为那是本小说，它是小说的前沿，也可以说它是本反小说。每当我想写小说时，我就对自己说，诗人不是小说家。有些诗人，如歌德，写过小说——相当无聊的小说。我认为诗歌的天才是综合性的。诗人综合，小说家分析。

《巴黎评论》：如果我们能回到战争年代的墨西哥，我想问一下你和巴勃罗·聂鲁达的关系，他在一九四〇年被派往墨西哥担任智利总领事。

帕斯：像我之前说的，我在三十年代开始读现代诗歌时，聂鲁达的诗对我来说是一个启示。当我出版了第一本诗集后，我寄了一本给聂鲁达，他从未直接回复，但正是他邀请了我去西班牙参加代表大会。一九三七年我到达巴黎时，一个人也不认识，但就在我下火车的时候，一个高个男人朝我跑过来，嘴里喊着：奥克塔维奥·帕斯！奥克塔维奥·帕斯！他就是聂鲁达。然后他说：噢，你竟这么年轻！我们拥抱。他给我找了家旅馆，我们成了好朋友。他是第一个关注我的诗歌并同情地阅读它们的人。

《巴黎评论》：那么到底出了什么问题呢？

帕斯：他在墨西哥的时候，我经常见他，但是我们遇到了些困难。首先是个人问题，聂鲁达很慷慨，但也很霸道。也许我太反叛了，嫉妒自己的独立。他喜欢被一群热爱他的人所包围，仿佛一个宫廷——这些人有的很聪明，但通常都很平庸。第二个问题是政治，他变得越来越斯大林主义，而我对斯大林的迷恋则越来越少。最后，我们发生了争吵——几乎打起来——然后不再交往。他写了些关于我的难听的东西，包括一首刻薄的诗，我也写了些关于他的坏话。就是这样。

《巴黎评论》：和解了吗？

帕斯：我们有二十年没说话。有时我们会同时出现在一个地方，我知道他会叫我们共同的朋友不再理我，因为我是个"叛徒"。但后来，赫鲁晓夫关于斯大林恐怖时期的报告被公之于众，粉碎了他的信仰。我们碰巧在伦敦参加了同一个诗歌节，我那时刚再婚，巴勃罗也刚再婚。我和我的妻子玛丽·何塞在一起时,我们遇到了他的妻子玛蒂尔德·乌鲁希亚。她说如果我没弄错的话,你就是奥克塔维奥·帕斯。我回答说是,你就是玛蒂尔德。然后她说:你想见巴勃罗吗?他会很高兴再见到你的。我们去了巴勃罗的房间,他正在接受一位记者的采访。记者一离开,他就叫我"我的儿子",并拥抱我。这非常有智利特色——他叫我的时候很有感情,我非常感动,差点儿哭了。我们只做了简短的交谈,因为他正在回智利途中。他送了我一本书,我也送了他一本书。几年后,他去世了。我很难过,但那次重聚是发生在我身上的最好的事情之一——和一个我非常喜欢并钦佩的人再次成为朋友。

《巴黎评论》:四十年代早期显然是你的一个困难时期,但它似乎也迫使你定义自己的文化位置。

帕斯:对。我遇到了很多政治问题,与以前的不少朋友断绝了关系——聂鲁达就是其中之一。我也交了一些新朋友,比如维克多·谢尔盖(Victor Serge),一位法俄作家和老革命家。但我得出的结论是:我必须离开我的国家,流放自己。幸运的是我获得了古根海姆奖学金,得以来美国。那是我第二次来到美国,我先去了伯克利,然后去了纽约,我不认识任何人,也没钱,事实上一贫如洗,但我很开心。那是我一生中最美好的时光之一。

《巴黎评论》:为什么?

帕斯:我发现了美国人民,我很激动。那就像面对着广阔的空间自由地深呼吸——一种喜悦、轻松和自信的感觉。我每次来到你们国家都有同样的感受,但那次尤其强烈。在那些日子里,仅仅待在美国就让我充满活力,与此同时,我还可以远离政治,投身于诗歌。我在康拉德·艾肯的《现代美国诗歌选集》中发现了美国诗歌。我已经读过艾略特的作品，但我对威廉·卡洛斯·威廉斯、庞德和玛丽安·摩尔则一无所知。我对哈特·克兰的诗略知一二——他晚年生活在墨西哥，但与其说他是位诗人，倒不如说他是个传奇。当我在伯克利的时候，我遇到了穆里尔·鲁凯瑟（Muriel Rukeyser），她非常慷慨地翻译了我的一些诗歌，那对我来说是一个非凡的时刻。几年后，她把译诗投给斯彭德和西里尔·康诺利（Cyril Connolly）在伦敦编辑的《地平线》杂志，并在那里发表。对我来说，那是一个……

《巴黎评论》：小突破？

帕斯：小小的突破。在纽约我成为《党派评论》的忠实读者，之后我又去了巴黎，见到了几个在墨西哥结识的朋友，比如本雅曼·佩雷（Benjamin Péret）。通过他，我终于见到了布勒东。我们成为朋友。超现实主义正在衰落，但对法国文学生活来说，超现实主义是一种健康、鲜活而且反叛的东西。

《巴黎评论》：你的意思是？

帕斯：超现实主义代表着法国人已经忘却的一些东西：理性的另一面、爱、自由和诗歌。法国人有种过于理性主义的倾向，把一切都归结为理念，然后为之争论不休。当我到达巴黎时，让-保罗·萨特是个主要人物。

《巴黎评论》：但对你来说，存在主义早就过时了。

帕斯：是的。在马德里，西班牙哲学家奥特加·伊·加塞特——连同他后来在墨西哥城和布宜诺斯艾利斯的门徒们——已经出版了从胡塞尔到海德格尔的现象学和存在主义的主要文本，所以萨特所代表的与其说是一种创新，不如说是一种巧妙的变异。另外，我反对萨特的政治主张。在与法国存在主义有关联的人中只有阿尔贝·加缪是我的朋友，他对我也很慷慨。但我必须说，我更接近超现实主义诗人。

《巴黎评论》：到四十年代末，你已经出版了两本重要的诗集：《假释的自由》和《孤独的迷宫》。我一直对《假释的自由》（*Freedom on Parole*）这个书名很好奇，它和未来主义诗人马里内蒂（Marinetti）的"休假词"（words on leave）有关系吗？

帕斯：恐怕没有。马里内蒂想把词语从句法和语法的枷锁中解脱出来，那是一种审美虚无主义。而"假释的自由"与道德的关系大于与美学的关系，我只是想说，人类的自由是有条件的。在英语中，当你被放出监狱时，你"在假释中"（on parole），而"假释"这个词的原意是"言词"（speech）、"字词"（word）、"诺言"（word of honor）。但是一个人自由的先决条件是语言，是人类的意识。

《巴黎评论》：所以对你来说，言论自由不仅仅是表达自己想法的权利？

帕斯：绝对的。当我还是个少年的时候，我就对自由的奥秘着迷，因为它是个谜。自由取决于限制或否定它的东西——命运、上帝、生理或社会决定因素，等等。命运为了完成自己的使命，依赖于我们的自由，而要获得自由，我们必须克服命运。自由与命运的辩证法是希腊悲剧和莎士比亚的主题，尽管在莎士比亚作品中，命运表现为激情（爱、嫉妒、野心、嫉恨）和机遇。在西班牙剧院——尤其是卡尔德隆和蒂尔索·德·莫利纳剧院——自由的神秘以基督教神学的语言表达出来：神圣的天意和自由的意志。有条件的自由隐含着个人责任，我们每个人事实上要么创造、要么毁灭自己的自由，一个永远不稳定的自由。这便是那本书书名的诗学或美学意义：诗歌的自由凌驾于语言的秩序之上。

《巴黎评论》：你在一九三五至一九五七年间写《假释的自由》，花了二十多年……

帕斯：这本书我写了又写很多遍。

《巴黎评论》：它是自传体吗？

帕斯：是，也不是。它表达了从我青春到成熟期间的审美和个人经历。我二十一岁时写第一首诗，四十三岁时写最后一首。但这些诗歌的真正主角不是奥克塔维奥·帕斯，而是一个半真半幻的人物：诗人。尽管这位诗人与我同龄，说我的语言，生命指数和我的一样，但他是另一个人。他是一个人物，一个来自传统的形象。每个诗人都是这个人物的短暂化身。

《巴黎评论》：《孤独的迷宫》也有自传体的一面吧？

帕斯：它也一样，是，也不是。我是在巴黎写的《孤独的迷宫》。写这本书的想法则是在美国产生的，我试图解析生活在洛杉矶的墨西哥人的状况；他们如今被称作帕楚科人（pachuco）或奇卡诺人（Chicano）。可以说他们是我的一面镜子——这或许是你指的自传的一面。但是除了这一面，还有墨西哥与美国关系的一面。如果说世界上有两个不同的国家，那就是美国和墨西哥，但我们注定要永远生活在一起，所以我们应该试图了解彼此，也了解自己。《孤独的迷宫》就是这样开始的。

《巴黎评论》：这本书论述了诸如差异、怨恨、墨西哥人的封闭性本质等内容，但没有触及诗人的生活。

帕斯：是的。我试着在一篇名为《孤独之诗与交融之诗》的短文中探讨那个主题。这篇文章在某种程度上是《孤独的迷宫》的诗意对应篇，因为它表达了我对人类的看法。我的看法其实很简单：每个人都有两种处境。首先是我们出生时感受的孤独，我们的最初状态是孤儿状态，到后来我们才发现家庭的依恋。第二是我们如海德格尔所说的，被抛入这个世界，我们因此感到有必要找到佛教所指的"彼岸"，这其实是对集体的渴望。我认为哲学和宗教就是源于这样的原始处境或困境。每个国家和个人都试图以不同的方式解决这个问题。诗歌是孤独与交融间的桥梁，而即便对于圣十字约翰这样的神秘主义者来说，交融也不可能是绝对的。

《巴黎评论》：这就是神秘主义的语言如此性感的原因吗？

帕斯：是的，因为神秘主义者是情人，而情人是交融的最佳形象。但即使在情人间，孤独也不可能永远消除。反过来说，孤独也从来不是绝对的，我们总是和某个人在一起，即便那人只是我们的影子。我们从来不是一个人——我们永远是"我们"。这样的极端构成了人类生活的两极。

《巴黎评论》：你总共在国外度过了八年，先是在美国，然后在巴黎，最后在墨西哥的外交部门。在你的诗人生涯中，你如何看待那些岁月？

帕斯：其实我在国外待了九年。如果你把这每一年看作一个月，那么那九年就是我在时间的子宫里生活的九个月。我在旧金山、纽约和巴黎生活的那些年属于孕育期。我重生了，在一九五二年底回到墨西哥的那个人是一个不同的诗人，不同的作家。如果我留在墨西哥，我可能会被新闻、官僚主义或酒精淹没。我逃离了那个世界，或许也逃离了我自己。

《巴黎评论》：但当你回去时，人们并没把你当浪子那样来迎接……

帕斯：除了几个年轻人以外我根本没被接受。因为我打破了当时占主导地位的美学、道德和政治观念，所以我立刻遭到许多对自己的教条和偏见过于肯定的人的攻击。那是一场仍未结束的分歧的开始。它不仅仅是意识形态上的分歧，那些激烈不休的争吵无法解释某些人的恶意和褊狭及其多数人的沉默。我经历过绝望和愤怒，但我只能耸耸肩，继续活下去。现在我把那些争吵看作一件幸事：一个被接受的作家会被很快拒绝或遗忘。我并没有打算成为一个棘手的作家，但如果事实是那样，我完全不后悔。

《巴黎评论》：一九五九年你又离开了墨西哥。

帕斯：并且直到一九七一年才回来。十二年的缺席——又是一个象征性的数字。我回来是因为墨西哥一直是一块我无法抗拒的磁铁，一种真正的激情，像所有的激情一样，时而快乐，时而痛苦。

《巴黎评论》：给我讲讲那十二年。你先是回到巴黎，然后作为墨西哥大使去了印度，后来又去了英国和美国。

帕斯：当我完成《自由的假释》的最终版后，我觉得我将重新开始。我探索新的诗歌世界，了解其他国家，感受其他情感，产生其他想法。而最早也是最重要的一次新经历是在印度，印度是另一种地理，另一种人文和神祇——一个不同的文明。我在那里住了六年多。我游历了次大陆的很多地方，在锡兰和阿富汗生活过一段时间——这两个地方在地理和文化上也很极端。如果我必须用一个意象来表达我对印度的看法，我会说我看到了一片广阔的平原：在远方，白色破败的建筑，一条大河，一棵大树，在树荫下有一个形状（乞者，佛陀，一堆石头？），从树的枝杈间，一个女人出现了……我在印度恋爱，结了婚。

《巴黎评论》：你什么时候开始对亚洲思想产生了浓厚的兴趣？

帕斯：从一九五二年我的第一次东方之旅开始——我在印度和日

本待了将近一年——我对这些国家的哲学和艺术传统做了一些小小的探索。我参观了许多地方，读了一些印度思想的经典。对我来说，最重要的是中国和日本的诗人和哲学家。一九六二年至一九六八年，在我第二次访问印度期间，我阅读了许多伟大的哲学和宗教著作。佛教给我留下了深刻的印象。

《巴黎评论》：你想过皈依吗？

帕斯：没有，但学习佛教是一种心理和精神的锻炼，它帮助我怀疑自我这个概念和它的幻影。自我崇拜是现代人最大的偶像崇拜，佛教对我来说是对自我和现实的批判，一种激进的批判，其结果不是否定而是接受。印度所有伟大的佛教圣地（印度教圣地也一样，但也许因为它们相对晚期，也相对更加巴洛克和精致）都有非常性感的雕塑和浮雕，强大而平和的性感。我震惊地发现这个看轻世界、宣扬否定和空无的宗教和哲学传统竟然如此赞颂身体和自然力。这成为了我在那些年间写的一本小书《连接与分离》的中心主题。

《巴黎评论》：作为墨西哥驻印度大使，你有足够精力对印度进行探索吗？

帕斯：我的大使工作并不艰苦，我有时间，也可以旅行和写作。不仅仅关于印度，一九六八年的学生运动也使我着迷，在某种程度上，我感到自己年轻时的希望和抱负正在重生。我从未想过它会带来革命性的社会变革，但我意识到我正在见证一种新的感性，而这个感性在某种程度上与我以前的所感所想"押韵"。

《巴黎评论》：你觉得历史在重演？

帕斯：在某种程度上。例如，一九六八年学生的一些态度与超现实主义诗人的相似性是显而易见的。我认为威廉·布莱克也会对这些年轻人的言行表示同情。墨西哥的学生运动虽然比法国或美国的学生运动更意识形态化，但它同样具有正当的愿望。墨西哥的政治体制诞生于革命，幸存下来后却遭受了一种历史性的动脉硬化。一九六八年十月二日，墨西哥政府决定用暴力镇压学生运动，那是残忍的行为。我觉得我不能继续为政府服务，所以我离开了外交部。

《巴黎评论》：你先去了巴黎，又去了美国，然后在剑桥度过那一年剩余的时间。

帕斯：是的，在那几个月里，我反思了墨西哥的近代史。在一九一〇年革命开始的时候，这个国家有着巨大的民主抱负，但半个多世纪后，墨西哥被一个家长式的威权政党所控制。一九六九年，我为《孤独的迷宫》写了一篇附言，题为《金字塔批判》，我认为金字塔是墨西哥威权主义的象征形式。我说过，摆脱我们正在经历的政治和历史危机——即革命所造成的制度瘫痪——唯一办法是开始民主改革。

《巴黎评论》：但那未必是学生运动所追求的。

帕斯：不是，学生领袖和左翼政治团体支持暴力社会革命，他们受到古巴革命的影响——即使在今天，仍然有一些人捍卫菲德尔·卡斯特罗。我的观点则使我同时反对政府和左派。几乎所有的"进步"知识分子都猛烈攻击我，我也进行反击，或者说，"我们"也进行反击——有一小群年轻作家同意我的一些观点，我们都相信和平、渐进地走向民主。我们创办了《复数》杂志，这是一本集文学、艺术和政治批评于一体的杂志。但是出现了个危机，我们又创办了另一份新杂志《归来》，它仍然很强壮，拥有一批忠实、高要求的读者。墨西哥已经改变了，现在，我们的大多数宿敌都说他们是民主的。我们正在经历向民主的过渡，这一过渡将会遇到挫折，有些人也会感觉它进度太慢。

《巴黎评论》：你是否认为自己是拉丁美洲众多政治家兼作家中的一员，其中包括十九世纪阿根廷的萨米恩托[①]和二十世纪的聂鲁达？

帕斯：我不认为自己是一名政治家兼诗人，我也不能与萨米恩托或聂鲁达相提并论。萨米恩托不仅是一位伟大的作家，也是一位真正的政治家和伟大的政治人物。聂鲁达是一位诗人，一位伟大的诗人，他加入共产党是出于慷慨的半宗教的原因，那是一次真正的皈依，所以他的政治斗争不是知识分子的，而是信徒的。在党内，他似乎一直是一位政治实用主义者，他是一位信徒，而不是一位批判性的知识分子。至于我，我从来没有加入任何政党，也从来没有竞选过公职，我是一个政治和社会批评家，但始终是从一个独立作家的边缘角度进行批评。我不是一个参与者，尽管我有我的个人偏好。我与马里奥·巴尔加斯·略萨不同，他决定直接干预国家政治，巴尔加斯·略萨就像捷克斯洛伐克的哈维尔或"二战"后法国的马尔罗一样。

《巴黎评论》：但几乎不可能将政治与文学或文化的任何方面分开。

帕斯：自启蒙运动以来，文学、哲学和政治就不断地融合在一起。在英语世界里，弥尔顿就是这样的先驱，他同时也是十九世纪伟大的浪漫主义诗人。二十世纪有很多这样的例子，比如艾略特，他从未积极参与政治，但他的作品是对传统价值观的慷慨辩护，这些价值观具有政治层面。艾略特的信仰与我的完全不同，我提到他是因为他也是一位独立作家，没有参加任何党派。我认为自己是一个独立的

[①] 多明戈·福斯蒂诺·萨米恩托（Domingo Faustino Sarmiento，1811—1888），阿根廷社会活动家、作家、政治家，阿根廷共和国第七任总统。他出版于1845年的非虚构文学作品《法昆多》被誉为拉美文学的基石。

人,尽管我保留发表意见的权利,也保留就影响我的国家和同时代人的事务发表意见的权利。年轻的时候,我反对纳粹极权主义,后来又反对苏联的专制,对此我一点也不后悔。

《巴黎评论》:谈谈你在印度度过的时间和它对你诗歌的影响?

帕斯:如果我没有在印度生活过,我就不可能写出《白》或《东坡》的大部分诗歌。我在亚洲的时间是一个巨大的停顿,仿佛时间慢了下来,空间变大了。在一些罕见的瞬间,我体验到了我们与周围世界合而为一的状态,时间之门似乎打开了,哪怕只打开了一点。我们在童年时代都体会过那样的瞬间,但现代生活几乎不允许我们在成年后重新体验它们。至于我的诗歌,那段时期从《蝾螈》开始,在《东坡》达到高潮,在《猴子语法家》结束。

《巴黎评论》:你不是在一九七〇年剑桥大学时期写的《猴子语法家》吗?

帕斯:对,那是我对印度的告别。在英国的那一年也改变了我,尤其是因为我们有必要说到的英国人的"礼貌",其中包括怪癖的培养。英国不仅教会我尊重我的同胞,而且尊重树木、植物和鸟类。我也读过一些诗人的作品:多亏了查尔斯·汤姆林森(Charles Tomlinson),我发现了华兹华斯,《序曲》成了我最喜欢的书之一,《阴影草稿》中或许有它的回音。

《巴黎评论》:你有写作的时间表吗?

帕斯:我从没能保持一个固定的时间表。多年来,我在有空时写作,我以前挺穷,不得不打几份工维持生活。我是国家档案馆的一名小职员;我在银行工作;我是一名记者;我后来终于在外交部门找到了一份舒适但忙碌的工作,但这些工作都没有对我作为一名诗人产生任何真正的影响。

《巴黎评论》：你必须在某个特定的地方写作吗？

帕斯：小说家需要打字机，但你可以随时随地写诗。有时我坐在公交车上或走在街上会在心里写一首诗，走路的节奏帮助我固定诗句，回到家后我再把它抄下来。在我年轻的很长一段时间里，我只在晚上写作，那时更安静、安宁，但夜间写作也会加剧一个写作者的孤独感。现在我在上午晚些时候写作，一直写到下午，夜幕降临时完成一页是个乐趣。

《巴黎评论》：你的工作从没分散过你的写作吗？

帕斯：没有，但我给你举个例子，一次，我在国家银行委员会找到了一份非常糟糕的工作（怎么找到的我自己也不知道），工作内容是清点已经封好准备烧掉的几包旧钞票。我必须确保每个包裹里有三千比索，但几乎总会有或多或少一张钞票——它们都是五比索的钞票——所以我决定不再数它们，而是用那些时间在脑子中创作一系列十四行诗，押韵可以有助我记住诗句，但是没有纸和笔，这个任务还是很困难的。我一直敬佩弥尔顿能够为他的女儿们口授《失乐园》中的篇章，那些段落甚至不是押韵的！

《巴黎评论》：你写散文的时候也一样吗？

帕斯：散文是另一回事。你必须在一个安静、不受打扰的地方写，哪怕是厕所。但最重要的是，写作时手边得有一两本字典。电话是作家的恶魔，字典则是作家的守护天使。我过去常常打字，但现在我什么都用手写。如果是散文，我会写一遍、两遍或三遍，然后口述到录音机里，我的秘书把它打出来，我再做修改。诗歌，我则不断地写和重写。

《巴黎评论》：一首诗的灵感或出发点是什么？你能举个例子说说你写诗的过程吗？

帕斯：每首诗都是不同的。通常第一行是一份礼物，我不知道它是来自上帝还是来自一种叫作灵感的神秘力量。让我用《太阳石》为例：我写前三十行的时候，仿佛有人在默默地对我口述，这些十一音节行一行行地出现，它们的流畅让我惊讶，他们来自远方，来自身边，来自我的内心。然而突然，电流说停就停了。我于是读写下的东西，发现不需要改变一个字。但那只是一个开端，我不知道接下来该往哪里去。几天后，我试着重新开始，不用被动的方式，而是试着引导诗的走向。我又写了三四十行，然后停下来。几天后，我重新读起写下的东西，渐渐地我开始发现这首诗的主题及走向。

《巴黎评论》：地毯上开始出现一个人影？

帕斯：这是我对生活的一种回顾，我的经历、担忧、失败、痴迷的一种复活。我意识到我的青春已经走到了尽头，这首诗既是一个终点，也是一个新的开始。当我到达某一处时，语言的电流停止了，我所能做的只是重复开篇的几行。这就是这首诗循环形式的来源，它不是没来由的。《太阳石》是我的第一时期诗歌作品集《自由的假释》的结集之作。尽管我不知道之后我会写什么，但我确信我的生命和诗歌的一个时期已经结束，另一个时期正在开始。

《巴黎评论》：书名似乎暗指阿兹特克人对时间的周期性概念。

帕斯：当我写这首诗的时候，我在读一篇关于阿兹特克历法的考古学论文，并突然想到把这首诗叫作《太阳石》。我曾增加或删减——我不记得是哪个——三四行，好让这首诗与金星和太阳的五百八十四天合相所吻合。但这首诗的时间不是阿兹特克宇宙发展的仪式性时间，而是人的传记性时间，是线性的。

《巴黎评论》：但是你对五百八十四这个数字的象征意义足够在意，以至于将诗行限制在这个数字。

帕斯：我承认我一直喜欢数字组合，我的其他诗歌也是围绕着一定的数字比例而创作的，这不是一种怪癖，而是西方传统的一部分，但丁是最好的例子。然而，《白》与《太阳石》则完全不同。首先我有了写这首诗的"想法"，我做了笔记，甚至画了一些图表，或多或少受到了西藏曼陀罗的启示。我把它想象成一首空间诗，与罗盘上的四个点，四种原色等等相对应。这很困难，因为诗歌是一种时间的艺术，仿佛为了证明这一点，词语自己不来，我不得不呼唤它们，"恳求"它们，尽管这样说听上去有些夸张。有一天，我写了最初的几行，不出所料，它们是关于词语的，关于词语的出现和消失。十行后，这首诗开始相对流畅起来。当然，像往常一样，也有一些不孕的苦闷时期，之后跟随着新的流畅期。《白》的建筑比《太阳石》更清晰，也更复杂，更丰富。

《巴黎评论》：所以你无视埃德加·爱伦·坡对长诗的禁令？

帕斯：带着极大快感地无视。我还写过其他一些长诗，比如《影子草稿》和《信仰的信》。前者是记忆的独白和发明——记忆不断改变不断重现并重造过去，于此，它将过去变成了现在，变成了存在。《信仰的信》是一部不同声音交汇的大合唱，但是，就像《太阳石》一样，它仍然是一个线性构造。

《巴黎评论》：当你写一首长诗时，你认为自己是古典传统的一部分吗？

帕斯：现代的长诗与古代的大不相同。古代诗歌、史诗或寓言包含大量填料，那种文体允许甚至要求那样做。但现代长诗既不容许填塞，也不容许过渡。这是有原因的。首先，除了庞德的《诗章》以外，我们的长诗根本没有古人的那么长。第二，我们的长诗具有两种对立的性质：长诗的"拓展"和短诗的"强度"。这很难处理，事实上，它是一种新的文体。这也是我欣赏艾略特的原因：他的长诗有着短诗那样的强度和专注力。

《巴黎评论》：写作的过程是愉快的还是沮丧的？

帕斯：写作是一个痛苦的过程，需要付出巨大的努力和不眠之夜。除了写作障碍的威胁，还总有一种失败在所难免的感觉，因为我们写的任何东西都不是我们所希望写出的。写作是一种诅咒，其中最糟糕的部分是写作之前的痛苦——几个小时、几天或几个月，我们徒劳地寻找那个让龙头转动、水流起来的短语。一旦这第一个短语写出来了，一切就都不同了——这个过程是迷人的、重要的、充实的，不管最终结果是什么。写作是一种祝福！

《巴黎评论》：一个想法怎样抓住你？为什么会抓住你？你如何决定它将是散文还是诗歌？

帕斯：我对此没什么硬性规定。就散文而言，似乎先有个想法，然后有展开这个想法的欲望。当然，最初的想法往往会改变，但即使如此，基本的东西是保持不变的：散文是一种手段，一种工具。但就诗歌而言，诗人成了工具。谁的？这很难说，也许是语言的。我不是指自动写作，对我来说，一首诗是个事先有设想的行为，但是诗歌来自与语言相关的精神源泉，或者说，与一个民族的文化和记忆相关的精神源泉。这个古老、集体的源泉与语言节奏密切相关。

《巴黎评论》：但是散文不也有节奏吗？

帕斯：散文确实也有节奏，但这节奏不像诗歌那样是个建构的要素。我们别将韵律与节奏混淆：韵律或许是节奏的一种表现，但它不同，因为它已经变得机械化了。这就是为什么如艾略特所说，韵律必须得时不时回到口语、日常中，也就是说，回到每一种语言的原始节奏中。

《巴黎评论》：那么，诗歌和散文是独立的实体？

帕斯：节奏把诗歌与散文联系在一起：一个使另一个更充实。惠特曼之所以那么迷人，是因为他将散文与诗歌惊人地融合在一起，而这个融合正是因节奏产生的。散文诗是另一个例子，虽然它的力量是有限的。当然，诗歌散文化是个灾难，我们每天在"自由诗"中都能读到很多拙劣的诗。至于诗歌对散文的影响——只要想想夏多布里昂、奈瓦尔或普鲁斯特就知道了。在乔伊斯的作品中，散文和诗歌的界限有时完全消失。

《巴黎评论》：你能一直保持它们的界限清晰吗？

帕斯：我试着把它们分开，但并不总是奏效。一篇散文，不用我去想，可以变成一首诗。但一首诗还从未变成一篇散文或一个故事。在几本书中——《鹰或太阳？》和《猴子语法家》——我试着把散文和诗歌结合起来，但不知道是否成功。

《巴黎评论》：我们说到了设想和修改：灵感与它们有什么关系？

帕斯：灵感和设想是同一过程的两个阶段：设想需要灵感，反之亦然。这就像一条河：水只能在两岸之间流动，没有设想，灵感就会散去。但是设想的作用是有限的，即使散文这样的反思性文体也是如此。当你写作时，文本会变得自主起来，它会改变，会迫使你遵循它，文本总是将自己与作者分开。

《巴黎评论》：那为什么修改呢？

帕斯：缺乏安全感，这是毫无疑问的。还有对完美的没意义的渴望。我说过，所有文本都有自己的生命，独立于作者。一首诗不表达诗人的思想，它表达诗，这就是为什么修改和纠正一首诗是合理的。这同时也是对写这首诗的诗人的尊重，我指的是诗人，而不是那时的我。我是那个诗人，但也是另外一个人——我们之前谈到过的那个人。诗人为他的诗歌服务。

《巴黎评论》：但是你会做多少修改呢？你最终觉得一件作品是完成了，还是被遗弃了？

帕斯：我不停地修改。一些评论家说我修改得过分，他们或许没错。但是如果说修改有危险，那么不修改的危险则更大。我相信灵感，但我也相信我们必须帮助灵感，克制它，甚至反驳它。

《巴黎评论》：再说到灵感与修改间的关系，你有没有尝试过超现实主义者在首篇超现实主义宣言中推荐的那种自动写作？

帕斯：我做过"自动写作"的实验，它很难做到，事实上，它不可能被做到。没有人可以在脑子一片空白不去想写什么的状况下写作。只有上帝能写一首真正的自动诗，因为只有对上帝而言，说话、思考和行动都是一样的，如果上帝说："一匹马！"一匹马立刻出现。但诗人必须重新塑造他的马，也就是他的诗，他必须想到它，造出它。我在与超现实主义诗人们结交时所写的自动诗都是经过思想、有自觉地写出来的。我是睁着眼写那些诗的。

《巴黎评论》：你认为布勒东提倡自动写作是认真的吗？

帕斯：他或许是。我非常喜欢安德烈·布勒东，真的很钦佩他。

毫不夸张地说，他是一个太阳式的人物，因为他的友谊发出光和热。在我见到他不久后，他让我给一本超现实主义杂志投稿。我给了他一首散文诗，《马里波萨·德·奥布西黛安娜》——暗指一位前哥伦布时代的女神。他读了几遍，喜欢上了它并决定出版，但他指出其中一行似乎有些薄弱。我重读这首诗，发现他是对的，于是删除了那一行。他很高兴，但我感到困惑，所以我问他：自动写作呢？他抬起狮子般的头，不动声色地回答说：这一行是新闻报道……

《巴黎评论》：奥克塔维奥，张力似乎使你多次找到了属于自己的特有的位置——美国和墨西哥，帕楚科人和英美社会，孤独和交流，诗歌和散文。你有没有觉得散文和诗歌之间也存在着一种张力？

帕斯：当我写作时，我最喜欢写的东西，最喜欢创造的东西，是诗歌。我宁愿被人记作一部诗选中两三首短诗的作者，也不愿被记作一位散文家。然而，由于我是一个现代人，生活在一个相信理性和阐述的世纪，我发现我也继承了诗人以各种方式为诗歌辩护的传统。想想文艺复兴和浪漫主义诗人——雪莱，还有华兹华斯为《抒情歌谣》写的前言。而我，在我的职业生涯即将结束之际，我想做两件事：继续写诗和继续为诗歌辩护。

《巴黎评论》：这个辩护会怎么说？

帕斯：我刚写完一本书，《另一个声音》，有关二十世纪诗歌的现状。当我年轻的时候，我最崇拜的偶像是诗人而不是小说家——尽管我崇拜普鲁斯特或劳伦斯这样的小说家。艾略特是我的偶像之一，瓦雷里和阿波利奈尔也是。但今天的诗歌就像一个秘密的邪教，在社会边缘的地下墓穴里举行仪式，消费社会和商业出版社很少关注诗歌。我认为这是社会的弊病之一，我认为如果我们没有好的诗歌，我们就不会有一个好的社会，这点我敢肯定。

《巴黎评论》：人们批评电视毁灭了二十世纪生活，但你有一个独特的观点，那就是电视将有利于诗歌回归口头传统。

帕斯：诗歌先于写作存在。从本质上讲，它是一种语言艺术，不仅通过我们的眼睛和理解而且通过我们的耳朵进入我们。诗歌是说和听的东西，也是我们看到和写出的东西。在这一点上，我们看到了书法在东方和亚洲传统中的重要性，在西方现代，字体和排版也很重要——最佳的例子是马拉美。在电视中，诗歌的听觉特征可以与视觉及运动相结合——这是书本所没有的。让我解释：这还没怎么被探索过，我并不是说电视意味着诗歌将回归口头传统，而是说电视可能是一个将写作、声音和图像统一起来的传统的开端。诗歌总是利用一个时代所能提供的一切交流手段：乐器、印刷、广播、唱片。为什么不试试电视呢？我们得做这个尝试。

《巴黎评论》：诗人会是永远的持不同政见者吗？

帕斯：是的。我们所有人都赢得了一场伟大的战斗，而重要的是：他们是被自己打败的，而不是被西方打败的。但这还不够，我们需要更多的社会公正。自由市场社会所生产的是不公正而且相当愚蠢的社会。我不相信生产和消费物品是人类生活的意义，所有伟大的宗教和哲学都说人类不仅仅是生产者和消费者，我们不能把生活局限于经济。如果说一个缺乏社会公正的社会不是一个好社会，那么一个缺乏诗歌的社会则是一个没有梦想、没有文字、没有诗歌这座人与人之间的桥梁的社会。我们之所以不同于其他动物是因为我们会说话，而语言的最高形式是诗歌，如果社会废除诗歌，那就是精神自杀。

《巴黎评论》：你对十七世纪墨西哥修女胡安娜·伊内斯·德·拉克鲁斯（Juana Inés de la Cruz）的深度批判性研究是现在对过去的一

种投射吗?

帕斯：在某种程度上是的，但我也想找回这个我认为不仅对墨西哥也对整个美洲都至关重要的人物。起初，胡安娜被埋葬也被遗忘；然后，她被挖出并制成了木乃伊。我想把她带回到阳光里，把她从蜡像馆解救出来。她还活着，并有很多话对我们说。她是一位伟大的诗人，是拉丁美洲众多伟大女诗人中的第一位——别忘了智利的加夫列拉·米斯特拉尔是第一位获得诺贝尔文学奖的拉丁美洲作家。胡安娜还是位一流的知识分子（不像艾米莉·狄金森）和女权的捍卫者。她被捧上神坛，受到赞扬，然后又受到迫害和羞辱。我感到有必要写她。

《巴黎评论》：最后，奥克塔维奥·帕斯，从这里你将去向哪里？

帕斯：哪里？我在二十岁时就问自己这个问题，三十岁时又问，四十岁、五十岁时还在问……我从来没有答案。现在我知道这个：我必须坚持下去。这意味着生活、写作和面对，就像其他人一样，面对生活的另一面——未知。

（原载《巴黎评论》第一百十九期，一九九一年夏季号）

THE PARIS REVIEW

纳丁·戈迪默

1991年诺贝尔文学奖得主

获奖理由:"她通过其宏伟的史诗写作——用阿尔弗雷德·诺贝尔的话来说——为人类带来了极大的益处"

《巴黎评论》访谈发表时间:1983年

纳丁·戈迪默

(Nadine Gordimer)

1923—2014

南非作家、政治活动家，强烈反对种族隔离，作品多以描写种族隔离对南非人生活的毁灭性影响为主题，1974年凭长篇小说《保守的人》获布克奖。其主要作品另有长篇小说《伯格的女儿》《我儿子的故事》《七月的人民》《新生》等。

2014年7月病逝于南非约翰内斯堡。

纳丁·戈迪默

◎姬方盈　臧清/译

这篇对纳丁·戈迪默的访谈是分两次进行的，一次是在一九七九年秋天，她旅行至美国，为其最新小说《伯格的女儿》进行宣传时；另一次是在一九八〇年春天，彼时她来到美国参加儿子的大学毕业典礼。

我们初次见面是在她的出版商——维京出版社——为我们留出的一个房间里。那是一个会议室，里面放着很多书，营造了一种惬意的氛围，但由于没有窗户，又不免略引起幽闭恐惧之感。我们第二次会面则是在一个旅馆房间里，它多少更有助于展开友好的交谈，但戈迪默的谈话与她的散文一样赘言无多。这两次会面都是我一进门她就准备好了开始谈话，而她建议的结束时间一到，她就立刻结束。她头脑清晰、精神集中，在短时间内可以表达很多东西。

戈迪默是一个纤弱的、小鸟般的、说话轻柔的女人，她能设法将练达而清晰的思维与灵活温和的态度结合起来，就好像她四十余年的写作生涯已经训练了她，将激情——作为一名南非作家，她一定觉察到了来自四面八方的激情——提炼成或书面或口头的文字。同时，她也表达了对其写作主题的深切关怀。她所谈论的主题均是任何关注人类境况的作家都会自然关注的，不过对她来说，这些主题则须置于其南非生活的背景下来观察和探讨。她的态度仿佛在说："是的，我们的议题极为重要。现在，让我们加把劲儿赶快把它们讨论完，这样我

. 2.

you've escaped altogether. Because without the Kafka will-
power you can't reach out or be caught (the same thing, here)
in nothing and nowhere. I was going to call it a desert,
from old habit, but where's the sand, where's the camels,
where's the air? — I'm still mensch enough to crack a joke—
you see? Oh but I forgot—you didn't like my jokes, my
                              unfortunately you had no life in you,
fooling around with kids. My poor boy, in all those books
and diaries and letters (the ones you posted, to strangers,
                              it   before you put the words
to women) you said a hundred times ~~you were unfit for life~~
~~through my own sick thoughts~~ in my mouth, in your literary way,
                            ~~you had written to express my~~
in ~~this letter in imaginary~~ letter: you were 'unfit for life',
and so death was always, how would you say, naturally to you.
                          naturally   of vigour
It doesn't come so easily to a man like me I was, I can tell
you, and so here I am writing, talking— I don't know if there
                        when
is a word for this is anyway, it's Hermann Kafka; I outlived
you, ~~and I know more of the words.~~ you, there, the same as
here.

That is what you really accuse me of, you know, in
sixty or so pages—the length of that letter varies a bit
~~little~~ from language to language, of course it's been translated
into everything from — I don't know what—Hottentot and Iceland-
ic to Chinese, though you wrote it 'for me' in German.)
I outlived you, not for seven years, as an old sick man, after
you died, but while you were young and alive. It's so clear
as daylight, from the examples you give of being afraid of
me, from the time you were a little boy. You were not
afraid, you were envious. At first, when I took you swimming
and you say you felt yourself a.~~nothing,~~ puny and weak,
beside my big, strong naked body in the change-house, all
right, you say you were proud of such a father, a father
with a fine physique... And may I remind you that father

纳丁·戈迪默短篇小说的一页手稿

就可以结束访谈,回去把它们写出来了。"

——访谈者:贾妮卡·库尔维特,一九八三年

《巴黎评论》:南非有明显的季节不同吗?还是一年到头都很热?

纳丁·戈迪默:哦,不,我们有季节。赤道附近的季节差异的确很小,但南非在大陆的尽头,而在约翰内斯堡,我住的地方,海拔又有一千八百多米高,因此季节明显不同。冬天寒冷刺骨,但不下雪——就像你们的晚秋或早春——阳光明媚,空气清新,夜里却很冷。我们的雨季时间很固定,但是因为一年当中有半年都不下雨,你往往会忘了雨的存在。所以,当你某天醒来,闻到空气中雨的气味时,那真是一种美妙的感觉。许多老房子,像我们家的一样,都装着镀锌铁皮或锡皮的屋顶,下大雨的时候很吵,雨水就从屋顶上倾泻而下。我从小到大住的那所房子是有锡皮屋顶的,所以躺在床上,听着雨声,是我最早的记忆之一……有时下冰雹,砸在锡皮屋顶上,那简直震耳欲聋。

《巴黎评论》:你第一次离开南非出国是什么时候?

戈迪默:我第一次出国旅行,是去当时被称为罗得西亚——现在叫津巴布韦的地方。你可能感觉那儿跟南非差不多,其实不一样。津巴布韦地处中非,属于亚热带向热带过渡的地区。但我真正意义上的出国其实更晚,是在我三十岁,已经出版了两本书的时候。我先去了埃及,然后去了英国,最后到了美国。这次旅途或许对我是一次很好的转变。在伦敦,我觉得很自在,但这是一种不真实的感觉——到了那儿,我才意识到我对伦敦的印象完全来自书本,尤其是狄更斯和弗

吉尼亚·伍尔夫的书。而那些我以为让我对英式生活有深刻印象的作家，像奥威尔，在我真正身临其境的时候，反而并没有对我产生这样的感召力，因为他们不是有强烈地域感的作家，但狄更斯和伍尔夫显然是。所以当我在切尔西漫步的时候，我觉得这绝对是达洛维夫人的国家。我记得我住在维多利亚车站附近的一家旅馆。晚上，可以看见那些黑黢黢、灰蒙蒙的建筑物，某个人斜靠在潮乎乎的墙上——这些建筑看上去像是已经完全朽坏了……

《巴黎评论》：你是否像你的小说《贵客》中的丽贝卡一样，在第一次离开非洲大陆时毫无准备，并对你看到的一切惊叹不已？

戈迪默：不，我母亲已经让我做好了准备，虽然她自己已经二十年没回过英国了。她给我装备了羊毛内衣和其他一些东西，可是我到了那儿就把它们扔掉了。至于丽贝卡的瑞士之行……我认为当今作家们必须留意到飞机给人带来的印象。就像火车之于十九世纪中叶的文学……飞机对人们生活的改变巨大。它们给人们带来了……认知的突破，特别是时间感的突破。我可以想象当年，人们想到坐火车飞速掠过乡间时产生的感觉。那时候的文学作品中有那么多关于火车的描述。但我认为，今天的作家们必须小心，不要过度使用旅行来比喻巨大的内心变化。"旅程"现在都改为由飞机进行，想想有多少作家在用它。我自己的书中也用，用在了《保守的人》和《贵客》中。事实上，在写《伯格的女儿》这本书里罗莎·伯格的第一次南非之旅时，我不得不抵制描述这段旅程的诱惑——我只描述了飞机着陆，因为着陆时的景观对后文有用。

《巴黎评论》：这次的英国之行是不是有点儿"寻根探险"的意味？

戈迪默：没有，不过它让我了解了我是谁，而且帮助我摆脱了殖民主义的最后残余。我之前并不知道自己是殖民者，但后来我不能不意识到自己是。尽管我母亲年仅六岁就从英格兰来到了南非，可是她仍然会说起"人要回家"这种话。不过，在我第一次外出旅行后，我意识到，"家"，我明确的、唯一的家——是非洲，从来都不可能是其他任何地方。

《巴黎评论》：你父母因为什么去了南非？

戈迪默：他俩的情况都一样。他们是整个殖民扩张的一部分。我的外祖父是在十九世纪九十年代跟他几个兄弟一起出来的。那时候欧洲人觉得南非遍地是机会。他确实就是去金伯利找钻石的。我想他没找到太多值钱的，没准儿只找到了些小石头。那之后，他一辈子都在从事证券交易。他就是我们所说的"吃角子的人"。角子就是像十美分那样的小硬币——唉，现在已经没有了——相当于英国的三个便士。"角子"这个词很可爱，你不觉得吗？嗯，我外祖父在证券交易所是个"吃角子的人"，这意思是说，他整天坐在那里，把股票买进卖出，赚些快钱。

我父亲的经历可就没那么幸运了。他出生在立陶宛，你明白的，他经历了大屠杀给犹太民族带来的全部创伤。他几乎没上过什么学。他们村里都没有招收犹太孩子的高中。我祖父是一名货运公司职员，生了十二个孩子。我相信他们家一定很穷。我祖母是个裁缝。我父亲一到十二三岁，大家就认为他该走了，去个什么地方——要么美国、要么别的地儿。那是大扩张时期，你知道的，在二十世纪初的时候。所以他就像那种典型的在埃利斯岛上岸的移民——十三岁，一句英语也不会，待在轮船货舱里，只不过他一路去的是非洲而不是美国，这一点的确非同寻常。我父亲是个不愿冒险的人，个性不强，挺怯弱的。对我来说，他仍然是个谜。我猜，他是不是在最初那场巨大的冒险之旅中彻底耗尽了自己的心力，或者，也许他本来就不很强势，一旦他之后在某个地方找到了适合自己的窝，他就再没有勇气培养更多的个性了。我父亲身上某些东西被"遏制"了。

《巴黎评论》：他刚到非洲时都做些什么事？

戈迪默：像很多贫穷的犹太人一样，要么当个鞋匠，要么成为裁缝，要么做个钟表匠。他之前学过钟表制造，全部家当就是一个装着钟表工具的小袋子。他去了德兰士瓦，去了金矿。他拿着他的小手提箱在矿区走来走去，问问有没有矿工要修表。他会把手表带到某处的一个小房间里，坐在那里修理。后来，他买了辆自行车，就能绕着矿区兜兜转转了。到我出生的时候，他已经有了一家小珠宝店，自己不再动手修钟表了，因为他雇了一个钟表匠，事实上就是他的妹夫，是他从俄罗斯带出来的。直到现在，我父亲还俨然是他们家族的大亨。他从立陶宛带出了九个姐妹。可怜的男人，节衣缩食，带出来一个又一个。后来我才发现，他恨他们，恨他们所有的人，我们甚至从来都没举行过家族聚会。我也不知道他为什么这么恨他们。

《巴黎评论》：这家珠宝店的确切位置在哪儿？

戈迪默：在一个叫斯普林斯的小镇，离约翰内斯堡有五十公里。我是在一个有两万人口的金矿小镇上长大的。

《巴黎评论》：那里的学校怎么样？

戈迪默：嗯，我没怎么受过正规教育，真的。我的童年时代非常奇异。我们家姊妹两个，我有个姐姐，我是小的那个，被宠坏的，宝贝疙瘩。我那时候脾气暴躁，爱炫耀，是个可怕的孩子。但这可能与充沛的精力无处发泄有关。我想成为一名舞蹈演员，这是我四岁到十岁时的渴望。我真是非常喜欢跳舞。我现在还记得舞动身体带来的那种乐趣、那种解脱。我那时觉得，毫无疑问，我要成为一名舞蹈演员。可是十岁的时候,有一天,我突然昏倒了。我一直是那种瘦得皮包骨头却很健康的小孩,所以大家也不太在意。后来我又昏倒了。于是他们就带我去看家庭医生了。医生发现我心跳过快,我猜,大概因为我本来就一向兴奋好动,所以之前从没人注意到这一点。医生检查发现我有一边甲状腺肿大,导致心跳加快,引起亢奋。嗯,我后来知道了,这根本不算什么大病。很多人都会出现这种情况,一般发生在青春期。可是我妈却非常惊慌。这种心跳过速本应该被忽略的。但我妈很肯定地认为这说明我"心脏不好"。于是她立刻去了我上学的修道院,对修女们说:"这个孩子不能进行任何体育锻炼,她不能打网球,甚至不能游泳。"你知道,十岁的孩子,是不可能跟自己的母亲抗辩的,她说你生病了,你就信了。每次我要爬楼梯的时候,她就会说:"哎,慢点儿,留神你的心脏。"果然,我被悲惨地告知不能再跳舞了。所以跳舞就这么停了,对我来说真是一种可怕的剥夺。

只有在我人生过去的十年里,我才能真正面对这一切。我二十岁时,意识到我母亲曾做的一切,心里充满了怨恨。很多人都会在这个年岁对父母怀恨在心,但我是真有恨的理由。可我到了三十岁,我开始理解她为什么会那样,从而同情她。到一九七六年她去世的时候,我们已经和好了。不过那又是一个不一般的故事了。

简而言之,我母亲的婚姻不幸福。那是一场可怕的婚姻。我怀疑我母亲有时会爱上别的男人,但她自己绝不会梦想有外遇。因为婚姻不幸,她把注意力都集中在孩子身上。毫无疑问,她迷上了我们的家庭医生,他是最让她着迷的人。我敢肯定她没有意识到这一点,但实际上,如果有一个女儿"多病体弱",她就可以借机不断地给医生打电话——那时候,医生会上门访诊,可以来喝茶、吃饼干、长时间地聊天——这使她愿意让我一直这么"病"着。很有可能,我也接受了一些错误的治疗,有些药物应该停掉的却没停,病症也一直持续。当然,我由此开始以为自己非常重要。那时候,我正在读各种各样的书，这些书让我相信病痛令我显得卓尔不群。我伴随着这样的传说长大：我很娇弱，我的心脏有毛病。

我十一岁的时候——不知道我母亲是怎么做到的——她彻底不让我上学了。有一整年，我没有接受任何教育。但我读了很多书。我退缩回自己的内心，变得非常内省。我母亲整个改变了我的性格。后来，她安排我每天去上三个小时的家教。她早上十点把我带去，下午一点来接我。这给人以不可思议的孤独感，对一个孩子来说真是可怕。那儿只有我一个人，孤零零地做着功课。家教会给我一杯牛奶，她人倒是很好，但我完全接触不到其他小孩。我从十一岁到十六岁的全部时光，都在和比我年长、与我母亲同辈的人打交道。我母亲带我到各处参加茶会——我过着跟她同样的生活。她和我父亲晚上外出吃饭时，也会带上我……我几乎没机会和其他孩子说说话。我简直是个小老太婆。

《巴黎评论》：这段时间你和你姐姐的关系怎样？

戈迪默：我姐姐比我大四岁。她已经离家去上大学了，没怎么和我做伴。我到十五六岁的时候，就不再去上家教了。我接受过的正规教育就是这些。

到二十一二岁，我已经发表过作品了。那时，我想去上大学，再接受些正规教育。但由于我没有被正式录取，我只能偶尔在威特沃特斯兰德大学听一些课，威特沃特斯兰德就是南非荷兰语里"白水岭"的意思。那个学校有一种叫作"通识学习"的课程，有很多中断了教育的退伍军人在上——那会儿战争刚结束。对我来说这挺好的，我可以和同龄人混在一起。几年前，我还给那所大学的毕业生发表过演讲。

《巴黎评论》：那些大学总想给某些作家授予荣誉学位，你也被授予过吗？

戈迪默：在南非，我不会接受。我接受过一个，一九八一年，比利时鲁汶大学授予的。那真是一次非同寻常的经历，和我一起获得荣誉学位的人，奥斯卡·罗梅洛主教，两周后在萨尔瓦多被暗杀了。在比利时，他发表了最精彩的演说，非常引人注目，学生们为他起立，鼓掌欢呼了差不多八分钟。仅仅两周后，他就躺在一座教堂的地板上，逝去了。

《巴黎评论》：你上了多久的大学？

戈迪默：一年。这是我有生以来第一次和黑人混在一起，或多或少算是我政治意识觉醒的开始。也许和我父母在一起外出做客的好处是，他们坐在那儿玩金拉米纸牌游戏的时候，我可以在主人家闲逛，看看能找到什么书来读。我发现了许多作家，从亨利·米勒到厄普顿·辛克莱，我都探索过。是辛克莱的《屠场》这本书让我真正开始思考政治：我想，天呐，那些在肉类加工厂里被剥削的工人就像这里的黑人。我想，人们抵达美国，语言不通，不得不在血汗工厂苦苦挣扎……我没有把这和我自己的父亲联系起来，因为那时我父亲已经算是资产阶级……但我把它和黑人联系起来了。南非明明是黑人自己的国家，可是他们被雇用的时候，就好像那些到矿上打工的移民一样，这是多么矛盾的现象。我看到了其中的相似之处。我开始思考自己对于黑人的立场。但是，尽管我什么都不知道——我才十二三岁，过着我那种童年时期的古怪生活，活在书本里——但从小时候，我就已经开始思考这些事情了，已经准备着深入探索这些话题。当我上大学的时候，通过与其他作家或画家的交往，我才终于认识到黑人也是平等的人。以一种普遍的、包容的、非种族的方式，我遇到了生活在思想世界的人们，而那个世界，是我热切地想要了解的。

在我以前生活的镇上，根本没有这种精神食粮。我常常很惊讶地想着那些人是如何生活的，那必定是一种备受压抑的生活，因为思想的世界对人类而言不可或缺。人类心理的这个维度非常重要。在那里，这个维度的确也存在，但他们不知道如何表达它，谈话时说的都是些鸡零狗碎之事。女人们就是谈论家务事和孩子们的事。男人们则会谈高尔夫、谈生意、谈赛马或别的他们切实感兴趣的事儿。从来没有人谈论关于生命和死亡之类的大事，哪怕只是稍微接近一些的话题也没有。那些关于生命和人类存在的问题从没有得到讨论。而我，当然，是通过书本来接近它的，全凭我自己思考。这就好像父母的性生活一般秘不可宣，这是非常私密化的事，因为我感觉没人能和我讨论这些事情，就是没有人。不过，后来我进了大学，在大学里四处活动，我的生活当然就变了。存在主义从刚刚结束战争的欧洲传播了过来，而在南非国内，人们对左翼运动和黑人民族运动产生了极大的兴趣。当时，共产党和其他各种左翼运动都还没有遭禁。出现了各种各样讨论马克思主义的团体，这是一个我此前从未听人提到过的思想和信仰领域，我只在书上读到过它。当然，也有黑人参与其中。所以，正是通过那些从事写作、绘画或表演的人们，我开始和黑人来往。

《巴黎评论》：上完那一年大学后你做了什么？你开始了什么政治活动吗？

戈迪默：没有，你知道，我那时写了很多作品。我全神贯注于写作。我对政治并不真的感兴趣。我现在明白了，可以肯定，虽然与黑人共处，我当时过着的却是白人至上主义者、人文主义者、个人主义者的生活方式。我那时觉得，我只需在自己的行为处事中无视和反对肤色障碍就可以了。换句话说，我只要调整我个人对黑人的态度，从行动上说就已经足够了。直到很久以后，我才发现，这其实毫无意义。

《巴黎评论》：那时你是全靠自己生活吗？

戈迪默：不，我不是。其实，某种程度上，我是非常落后的，不过，你得看到，这是因为从十岁这个关键年龄起，我就被灌输了一种依赖别人的倾向。当其他孩子去参加所谓的"夏令营"之类的活动时——"纳丁不能去露营，她心脏不好！别人要去远足，她也不能去。她必须和妈妈待在一起。"一个受到此类对待的孩子渐渐就变得堕落了，变得像个专门取悦成年人的玩偶，尤其是在十五六岁的时候。成年人觉得你很迷人。你和别人的丈夫调情，而不是和你同龄的男孩调情。这是一种很不道德的事情。我那会儿很擅于讨好成人，滑稽模仿。我培养起留神听人谈话的习惯，也许就是从那个时候开始的吧？因为这样我就能模仿别人。大人们围坐在酒会上，气氛有点绷着，这时候纳丁就出来了，在周围神气活现地、不留情面地笑仿他们认识的人，以娱乐他们。他们没有想到，他们一转身，我也开始戏仿他们。

不管怎样，我上大学的时候还住在家里，通常乘火车去约翰内斯堡上学。后来我姐姐结婚了，在约翰内斯堡安了家，所以我不想回家的时候会去找她，对我来说这很好，等于在那儿也有了个落脚点。但是不知道为什么，我仍然没有勇气搬离家乡，搬离斯普林斯这个矿业小镇。而且你看，我写作也挣不到足够的钱，天知道，挣得都不够维持生活的。现在没有年轻人还像我那时一样了——我靠我父亲过活。不过话说回来，我的开销也不大。我从来没想过要有辆车——像现在的孩子们人人都有的老爷车——那不是我梦寐以求的事情。我只想买书。后来，我通过各种各样的写作挣到了足够的钱来买书，当然，我也充分地利用了图书馆，不过，现在人们似乎不大去图书馆了。我和某些年轻作者交谈时，我说："你读过这本或那本书吗？""哦，没读过，要知道书太贵了。"我说："啊，天呐！中央图书馆很棒啊。看在上帝的分上，用用它吧！如果你不读书，你就永远不会写作！"

《巴黎评论》：也许正是你童年时代的孤立状态让你成为作家，因为那样你就可以有很多时间一个人看书。当然，那肯定很孤单，很不好受。

戈迪默：对……不过也许我无论如何都会成为一名作家。我在"生病"之前就写过一些东西，我想当舞蹈演员的时候也想当记者。你知道是什么让我想成为记者吗？我十一岁的时候读了伊夫林·沃的《独家新闻》。读这本书足以让任何人想当记者！我绝对喜欢它。我那个时候确实已经读了很多书，不过我读的时候不加区分，什么都读。我会在图书馆里逛来逛去，从一本书奔向另一本。但我认为这是最好的找书读的方法。前几天，一位牛津大学的学生来约翰内斯堡探望我，他正在写关于我作品的论文。我做了件以前没做过的事。我告诉他："好吧，这里有我的几盒文件，你想怎么用就怎么用吧。"我非常喜欢他，他人很聪明，很有活力。我一般在吃午饭的时候和他会面，这会儿我们都能从各自的工作中抽身出来。突然，他拿出了一本孩子的练习簿——那是我十二岁时持续六个月的书单记录，上面记着我读过的书，我还写了一些简短的书评。有一篇关于《飘》的书评。你知道它下面是什么吗？是我对塞缪尔·佩皮斯的《佩皮斯日记》的所谓"书评"。那时我也还在看儿童书籍，一股脑儿地读，根本看不出童书和《飘》或佩皮斯的《日记》有什么区别。

《巴黎评论》：你出版第一本书之前，已经在《纽约客》上发表过短篇小说了吗？

戈迪默：没有。一九四九年我在南非出版了一本小说集。我确定我是到二十六岁的时候，才开始在《纽约客》上发表小说。我在《纽约客》上登出了一则短篇，在《弗吉尼亚评论季刊》和《耶鲁评论》等期刊上也有几篇，那都是五十年代的年轻作者们发表作品的传统阵地。那之后我才有一本书在国外首次出版——一本短篇小说集。

《巴黎评论》：是你自己向这些杂志投稿的吗？

戈迪默：不，不，那会儿我有经纪人。我在纽约有个经纪人。我自己从来没有把作品寄给那些杂志的冲动，因为我那时对美国的出版情况一点儿都不熟悉。我所了解的出版情况都是英国的。显然，那个时代的出版商们也经常看杂志。我的第一个出版商，西蒙与舒斯特公司，就是因为在《纽约客》上读到了我的第一个短篇小说，对我产生了兴趣。凯瑟琳·怀特是我在《纽约客》杂志社的编辑，也是我的朋友。几年后，她告诉我，我在国外出的第一本书中所有的故事，此前都曾被我的经纪人交给过《纽约客》。但它们被丢到了所谓出版界的"废稿堆"里，所以从未发表。她从来没有见过这些小说，她非常遗憾没有事先读到过它们。事情就是这样。我也不太清楚那篇小说是怎么能够得到发表的。

《巴黎评论》：你那时的经纪人是谁？

戈迪默：是一个非常了不起的人，名叫西德尼·赛特斯坦。他很富有，对作家们爱护有加。他没有孩子，我觉得他把作家们当作自己的孩子。他代理的作家不多，因为他主业不是经纪人。是一个认识他也了解我作品的人把我介绍给他的。那人说："太糟糕了，你应该在国外找个经纪人。"他真是个不可思议的人——有点儿约翰·奥哈拉的劲儿，甚至更粗犷，真的。平时有一半时间，他都飞去拉斯维加斯赌博，或者去佛罗里达打高尔夫球。他就像漫画里那种夸张的美国有钱人。嘴里总是叼着雪茄，身材魁梧，穿着最扎眼的衣服，格子裤之类。但他绝对是个可爱的人。当然，他误导了我对经纪人形象的印象。我见到他时，刚好三十岁，那时他六十五岁左右，尽管他实际上在我二十多岁时就开始当我的经纪人了。他像父亲般地对待我，非常慈爱。特别奇怪的是，他真的很喜欢我的作品，这让我很吃惊。没人想得到，我的作品，尤其是我的短篇小说，会让他这种人感兴趣。但他真的感兴趣。太令人惊异了。他知道我的生活境况。我刚离婚，带着个孩子——实际上是个婴儿，才十八个月大——也没什么钱。他真正为我而战。倘若只是有人买了我的作品——毕竟，那时候我寂寂无名——他就会坚持说我已经是个当红作家了。他让我赚够了生活费。西蒙与舒斯特公司买了我的第一本短篇故事集之后，想知道我是否也在写长篇小说，我确实在写。他又一次敦促他们给我一笔预付款，这笔钱，现在来看，不过是个小数目，只够让人写一点儿字的。可是那个年代，出版商不怎么慷慨，作家们也没那么难以满足。但至少他们给了我一笔可以赖以生存的钱。一旦这本书写得不错，他们也试读了一部分，赛特斯坦就会对他们说，你们再多付点给她，她手头拮据着呢，一无所有。于是，他们又给了我一笔预付款，全是靠他替我争取。他过去常常给我寄上几大瓶法国香水。他还在世的时候，我有两次来纽约，他为我在"21"俱乐部举办了那种供应鱼子酱和鲟鱼的派对……他心胸宽广，风度翩翩。

不幸的是，我刚开始取得成功，有了点儿名气的时候，他去世了，死于心脏病。他本该听到我的好消息，那肯定会让他激动万分。至少他还是曾有机会看到我第一部长篇小说取得的反响，并为此激动的。那本书虽不畅销——我的书也从未畅销过——在纽约评论界却算得上好评如潮……一个此前完全不知名的作家，获得了《纽约时报》头版的评论。

《巴黎评论》：你觉得南非的政治和它不断引发的冲突，对你作为一名作家的生涯发展起到了什么作用？

戈迪默：这个嘛，事实上它是起到了非常重要的作用。虽然无论如何，我都会成为一名作家；在政治影响到我的意识之前，我已经开始写作了。在我的书里，政治很少以说教的方式出现。你在《伯格的女儿》和我其他一些作品里读到的那种对话和锋芒毕露的论争，实际上在书中起到的作用并不大。当然，它们由于与各种故事情节相关，所以必须在书中存在。但政治对我写作的真正影响并不体现在这些争论上，而体现在政治对人的影响上。我相信，南非的极端政治环境改变了人们的生活，改变了每个人的性格。我的写作都与人相关；而这里的人都被政治塑造着、改变着。从这个角度来说，我的素材就深受政治影响。

《巴黎评论》：你认为这对作家是好事吗？

戈迪默：不算是。人生显然是没有固定形态的。可是一旦你开始沿着它的某一条路径深入挖掘下去……你知道歌德的格言吗？"把你的手探入生命深处，无论你在其中掏出什么，那就是你，那就是你的主题。"我想那就是作家们在做的事。

《巴黎评论》：如果成长在一个没有政治压迫的国家，你的作品会不会就写得不那么现实、更抽象一些了？

戈迪默：也许吧。以一位我非常钦佩的作家为例，有史以来最伟大的美国短篇小说作家尤多拉·韦尔蒂。从某种奇特的意义上来说，如果她生活在我住过的地方，她可能会把她那些不可思议的天赋变得更加突出，她可能会写得更多，她可能会涉及更广泛的主题。当然，这话并不绝对，因为她现有的作品无疑已经非常出色了。但是，她的作品太少，我觉得她作为小说家的天赋并没有得到充分的发展。她也没有为环境所迫去探索一些不太一样的写作主题。我不相信这只不过是因为性情不同，而认为这是环境使然，因为我早年写的东西和她有相似之处。我开始讨厌那个关于我作品的评价了——"敏感的"。我总是被比作凯瑟琳·曼斯菲尔德。但我并不是一个天生的政治动物，对政治没有什么敏锐的嗅觉，即使现在，政治里、政治人物身上也有太多我不喜欢的地方，尽管我非常钦佩那些在政治上很活跃的人，但他们总是对自己撒谎、自我欺骗。他们不得不这样，除非你对某些污点选择性失明，否则你无法成为一个好的政治斗士。

《巴黎评论》：那对于弗吉尼亚·伍尔夫的小说，你是不是会提出和对韦尔蒂类似的批评？

戈迪默：不，因为弗吉尼亚·伍尔夫朝着另一个方向发展了。我的意思是她真的全身心投入她为自己找到的那层透明的外壳，把精力都集中在这上面。写作的本质就是编织人生经验，这样做有两种方法。一种是尽力去理解生活。你一生都致力于体悟，最终在某些精微的领域中达到了感觉的极致，弗吉尼亚·伍尔夫在这一点上无可匹敌。同时，她所呈现的人际关系之复杂，她描绘笔下人物时的那种克制……简直惊人。但是你没法用弗吉尼亚·伍尔夫般的感性来写《伯格的女儿》。你必须找到另一种方式。你要一直寻求其他途径。我对两种写作方式都感兴趣。最开始，那个透明的外壳引起了我的兴趣，我开始尝试。

《巴黎评论》：你开始写作时，伍尔夫对你影响很大吗？

戈迪默：一开始影响不大，直到我写作的中期，我想是到我写了大约五年之后，她才开始影响我。对一个年轻作家来说，她的影响可能非常危险，很容易被她带走节奏。但主要的还不是这个。同样的影响也会来自其他类型完全不同的作家，像多斯·帕索斯或海明威这样的。你必须非常小心，尤其是如果你是一个像我一样的作家，一开始虽然拥有敏锐的情感，但叙述天赋却很糟糕，你就必须更加小心。我的叙事能力在我早期的小说中显得很弱，它们往往会落入漂亮的俗套。直到写那本一九六六年出版的《资产阶级世界的末日》，我才开始发展叙事能力。从那时起，我奋斗的方向变成了不失去敏锐的感受力——我的意思是，敏锐地捕捉到人们行为间的微妙之处（而不是描写中的微妙之处，因为这随着你逐渐成熟，自然能感受到），并成功地将其叙述出来。因为，我周围那些主题，那些吸引我的、激励我的主题，都需要用很强的叙述能力去表达。

《巴黎评论》：你觉得你所身处的政治形势——南非的政治形势，有没有特别激励你去写作？

戈迪默：不，比如，《伯格的女儿》这本书，从表面上看，你可以说它讲的是南非白人共产主义者。但对我来说，它却不是。这是一本关于承诺的书。承诺不仅仅是政治上的事情。它是生活中整个本体论问题的一部分。我有一部分感觉是，作家所做的就是努力探索生活的意义。我想这就是写作的本质，我想这就是绘画的本质。它从混乱中，从人生那种极度浪费、肆意挥霍的特质中，尝试着找出秩序和逻辑的线索。所有艺术家的工作都是努力探索生活的意义。所以你明白了吧，假如我是一个美国或英国作家，我也会找到我的主题。主题就在那里，只要你知道去哪里寻找……只要你的内心有促使你寻找的动力。

《巴黎评论》：有的小说出自政治压迫相对不那么强烈的国家，有的出自迫于政治形势需要一定政治觉悟的国家，两者相比，你觉得有什么不同？

戈迪默：对我来说，这完全是写作质量的问题。对我来说，这就是一切。我能欣赏非常主观和完全无关乎政治的作品。作为一个作家，你可以仅仅通过书写一只金丝雀的死亡，就表达出死亡的全部奥秘。这就是写作的挑战。但是，当然，在某种意义上，如果你有了个伟大的主题，你就是"幸运的"。我们可以这么说那些十九世纪的俄罗斯人。如果没有遭遇这样的挑战，他们还会成为出色的作家吗？他们那时也受到令人恼火的限制，和我们在南非经历的一样，审查制

515

度什么的。不过,尽管表面上,这些限制似乎会对写作带来积极的效果,但我认为要视情况而言。它完全可能产生有害的影响。在南非,年轻的黑人作者们——虽然他们难以承认,但他们知道——必须服从黑人意识中的绝对正统。一首诗、一篇故事或一部小说必须遵循一定的路径,某种具有党派特征的路径,即使不是政治上的党派,但它确实具有党同伐异的特征,体现了"党派"这个词的本质。例如,必须要表现出黑人的高尚品格。哪怕写一个具有人性的白人角色,都会被人指摘。这很容易理解,对于年轻的黑人来说,这是一种提高意识的方式,让他们感受到自己的身份,背诵那些简单地褒扬黑人种族和贬低其他一切的诗歌,并且褒扬时使用的往往是粗略的语言、粗糙的形象、各种陈词滥调。作为斗争中宣传的武器这是可以的,其实这就是这类作品的本质。但真正的作家却是这一点的受害者,因为一旦他们偏离了那一两条被明确定义好的故事主线,他们就会被视为……

《巴黎评论》:……叛徒。南非写书出书的黑人多吗?

戈迪默:很多,黑人作家和白人作家之间的关系也非常好。文学是仅剩的几个黑人和白人目的相同的领域之一。我们都在审查制度下挣扎,大多数白人作家都有强烈的责任感,去尽可能促进、捍卫和帮助黑人作家。

《巴黎评论》:《伯格的女儿》在出版三周后就被禁了,是吗?

戈迪默:是的,而且连续被禁了几个月。然后就解禁了。你可以想象,我有多么高兴。不仅是为了我自己,也是因为这替其他作家开了一个先例,因为那本书中有些内容公然违反了某些规定。在书里,我发表了一份真实的传单,是学生们在一九七六年索维托暴动中分发的,曾被政府明令禁止。我在书中把它原样呈现,甚至保留了原有的拼写错误和语法错误……完全原汁原味,这一点确实很重要,正如罗莎指出的，这些孩子闹事，是因为他们觉得没有能受到足够好的教育。当你读到那可怜的小册子里的文字时，你就会明白那些黑人少年的意思，因为在十六七岁，本来快该上大学的年纪，他们受的教育却只够他们写到这种程度。我确实明目张胆地越过了法律界限，这就是个例子。既然这本书能被解禁，那么对审查人员来说，禁止其他包含类似越界内容的书就不那么容易了。

《巴黎评论》：为什么这本书能被解禁？

戈迪默：要是我不是一个在国外知名的作家，要是这本书没有碰巧在国外受到高度关注——这显然让审查人员显得很蠢——它肯定不会被解禁。情况就是这样。

《巴黎评论》：一本书通常能很快被解禁吗？

戈迪默：嗯，不是很快。我之前的两本书，一本是《陌生人的世界》，被禁了十二年，另一本《资产阶级世界的末日》，被禁了十年；这么长时间的封禁实际上已经宣告了一本书的死亡。

《巴黎评论》：书是怎么被禁的？

戈迪默：首先，如果这本书是进口的，当局就禁止它入境。换言之，就像其他抵达码头的货物一样，它在海关被截留，然后海关官员把它寄给审查委员会。他们有黑名单。例如，我这样的南非作家就在名单上，你知道，因为他们清楚我会选什么样题材来写，而且，无论如何，我之前已经有三本书被禁。别的作家，比如詹姆斯·鲍德温，他的几本书也是这么被禁售的。还有另外一种情况，图书被截留可能是被明令禁售的结果。书正常出版了，有人，某个古板挑剔的母亲，某个爱管闲事的人，在书店里读到了它，心里反感，就把它连同投诉一起寄给审查委员会。就仅仅因为某一个人的意见，就会有个委员会来审阅这本书，看看它是否"令人反感"。但是，审查人员审阅这本书的同时，本书要被禁售，即使它已进入书店，书商也不能卖；他必须把书收起来，从书架上拿下来。有时，等审查完了，这本书立刻就会被解禁。我的小说《贵客》《保守的人》都遇到过这种情况。我印象中，《保守的人》被审查官查禁了十周。这很不公平，因为从销售的角度来看，书出版发行后的前十周至关重要。然后，审查委员会的主任宣布可以解禁了。审查委员会成员很多，通常由三个人组成一个分委会来审一本书，每人写一份独立的报告，如果他们一致认为这本书应该被禁止或应该发行，好，就这么定了。如果他们不能达成一致，那第四个人就会参与进来。一旦他们一致认为某本书可能有害，那它就被禁。书的作者毫不知情。禁书的决定在政府公报上发布，政府公报每周发表一次。这就是一本书的下场。

《巴黎评论》：那会出现什么情况？是不是像《尤利西斯》面世时的情形？人们疯狂地四处搜寻，想办法得到它，每当有警察经过，就赶紧把它藏起来。

戈迪默：是这样的，是这样的。被禁的书籍通常只不被允许出售和分发，但不能禁止人们拥有它。所以如果你已经买到了这本书，你可以保留它；但你不能把它借给我或别的什么路人，你也不能把它卖出去。

《巴黎评论》：借出去也不行吗？

戈迪默：不行。当然，这十分荒谬。人人都一直在出借违禁的书。但是，对类似于把这类书从国外买回来或者把它们寄出去这种事情，人们就不敢。他们吓坏了。他们不喜欢被迫走私偷运书的感觉。

《巴黎评论》：所以走私偷运的情况并不多？

戈迪默：有些人会偷运，有些人不喜欢。但我们当中的一些人始终把这么做看成是一种荣耀。

《巴黎评论》：走私？

戈迪默：是啊，当然。这可是一种合法的抗议形式啊。但不幸的是，要是某本书被禁了，就没几本能买到了。

《巴黎评论》：话说回来，我们刚刚谈到，受压迫的社会可能会产生更好的作家……

戈迪默：嗯，我不知道。我想到拉丁美洲的国家，他们确实似乎遭受了各种各样的压迫，经过了很长时间，才成为正常的国家。但是，请注意，那里的作家却写的都是同一件事……他们对主题的执着和非洲作家一样。拉美最杰出作家的主题都是关于腐败的独裁者。但是，不管怎样，即使主题都差不多，我还是认为，那些是当今世界上最激动人心的小说。

《巴黎评论》：你是指哪些拉美小说家？

戈迪默：当然是加西亚·马尔克斯，更不用说博尔赫斯啦。博尔赫斯可是弗朗茨·卡夫卡唯一在世的传人。阿莱霍·卡彭铁尔也非常棒。《人间王国》是一部小巧精致的小说，非常精彩。还有卡洛斯·富恩特斯，一位伟大的作家。马里奥·巴尔加斯·略萨，还有曼努埃尔·普伊格。这些都是我能脱口而出的，还有其他人。但他们都着迷于一个主题——腐败的独裁者。他们都在写这件事，他们被它迷住了。

《巴黎评论》：我认为，像南非那种的受压迫的文化，为英雄的存在创造了可能性，这就是为什么你的一些小说，如《贵客》和《伯格的女儿》,以英雄为原动力。

戈迪默:嗯,你知道吗,有一点儿令我惊讶……我来到美国,我也去过英国,去过法国……我发现这些地方的人们缺乏一种濒于险境之感。令他们忧惧的是患上癌症,失去爱人,丢掉工作,缺乏保障,也就是说,人们面对的要么是你反正无法控制的东西,比如死亡、原子弹,要么是你总归都能应付的东西,它们好歹不会带来世界末日;你将找到另一份工作,或者你靠接受国家救济什么的活下去。只有在我自己的国家,我才能见到那些自愿选择把个人生活中的一切都置于险境的人。我的意思是,比如,对我们大多数人来说,坠入爱河的整个过程是如此令人沉醉、无暇他顾。我也曾经那样。在我的生活中,有很多次我把我爱上的人远远放在工作之前。我会失去对其他一切的兴趣,甚至不在乎我的书是否能出版。我会忘记它是什么时候出版的,也不会担心它是否受欢迎,因为我为某个男人而痛苦不能自拔。然而,我认识的那些致力于政治事业的人,决不会允许自己被这种个人的感情或愿望所左右。

《巴黎评论》:那你觉得,在一个人们的激情全部投入政治的家庭中,浪漫的爱情会如何呈现呢,比如在你笔下的罗莎家中?

戈迪默:这正是我如此感兴趣的地方,这也是我在描述这个女孩和她的家人之间的关系时,试图呈现的一个方面。家人爱着她,也剥削着她,但同时又隐隐感觉,他们这样做不是因为彼此,而是因为那份"事业"的需要。

《巴黎评论》:在你笔下,对伯格和他妻子之间的恋情,我们只能略略一瞥。事实上,读者几乎看不到任何有关他们的关系或罗莎母亲的内容。

戈迪默:这正是让我对这些人物着迷的原因之一:你可以做到很

好地了解他们，但即使彼此关系亲密，他们每个人仍然会顽强地保守自己的一些秘密；这是你必须遵守的一项纪律。我有一个非常非常亲密的朋友——书中并没有哪个人物是以她为原型的，可能我以后会加进去——但是我知道或者说我凭直觉发现，我对这一类人物的描绘，多少都始于我对她的迷恋。她是我多年来最亲密的朋友，现在是个政治流亡者，我们曾经日日夜夜谈个没完。她是为数不多的我甘愿为之冒险的人之一，如果有需要的话。但是，她有太多的事情我都不了解，本来在像我们这么关系密切的人之间，这些秘密应当都会互相透露，但由于她所投身的政治事业，我不能问她，她也不会告诉我。我认为这种情况也会延伸到家庭关系。这是一项纪律，你知道的越多，你周围的人就越危险。如果你参与了地下运动，我对你的了解越少越好。

《巴黎评论》：刚刚我们谈到了你欣赏的南美作家。其他作家呢？

戈迪默：很多小说家说他们不读同时代别的小说家的作品。如果这是真的，那就太可惜了。想象一下，如果你生活在十九世纪，没有读过那些作家的作品——那些我们现在回顾过去那么钟爱的作家，或者假使你生活在二十世纪，却没有读过劳伦斯、海明威、弗吉尼亚·伍尔夫，等等。在我生命的不同时期，我都曾——说"喜爱"还不够准确——我都曾对不同的作家产生过心理依赖。他们中有些人仍然在影响着我的生活，有些已经不了，有些人我觉得已经被我遗忘了，为公平起见，就不提他们了吧。我刚开始写作时，写的都是短篇小说，当然我现在也还写短篇，我那时写了很多。我既爱写又爱读短篇。我深受美国南方短篇小说作家的影响。尤多拉·韦尔蒂对我影响很大。多年后，我见到尤多拉，我到杰克逊城拜访了她。即便到了那个时候，她生活的情形也和我的像极了：一个黑人正在给她修剪草坪！我们多少能相互理解。当然，这与我认定她是个优秀的短篇小说家这一点毫无关系。凯瑟琳·安·波特对我也有影响。还有福克纳。对。但是，话说回来，你知道，人们是会撒谎的，因为我敢肯定，当我们提笔练习短篇小说写作的时候，海明威一定像影响我一样影响了四十年代后期开始写作的每个人。普鲁斯特也一直影响着我，终生的影响，如此之深，以至于让我害怕……他不仅影响我的写作，而且影响我对生活的态度。接下来就是加缪，影响相当深，还有托马斯·曼，我越来越钦佩他。E.M. 福斯特，当我还是个年轻姑娘的时候、我二十多岁的时候，他对我很重要。我仍然认为，《印度之行》绝对是本精彩的书，不会因为是大学教材而被抹杀。

《巴黎评论》：海明威是怎么影响你的？

戈迪默：哦，通过他的短篇小说。他删繁就简的方式，你知道的，还有对话的应用。现在我认为，海明威短篇小说的一大失败之处就是他自己的声音无所不在。他书里的人物不是在用自己的思维模式为自己说话，而是像海明威本人那样说。我是指他作品里那些"他说""她说"的引语。我很久以前就把我的小说中的这些属性删掉了。有些人抱怨这使我的小说很难读。但我不在乎。我只是再受不了用"他说或她说"这种写法。如果我不能让读者通过语气腔调、惯用的词语来知道是哪个人物在说话，那么我就失败了。而且任何人对此也都无能为力。

《巴黎评论》：毫无疑问，这迫使读你小说的人集中注意力。

戈迪默：对。

《巴黎评论》：破折号很管用。

戈迪默：哦，那可是传统手法了。从斯特恩的《项狄传》就开始了的。

《巴黎评论》：你还用了什么别的这类技巧吗？

戈迪默：一种从不同视角来回切换的内心独白。在《保守的人》这本书里，有时是梅林自己内心的表达、观察，有时则完全是来自外部的冷静观点。

《巴黎评论》：相比《伯格的女儿》，这是一种更标准的叙述技巧。

戈迪默：嗯，不，其实不是的，你知道。在《保守的人》中，既有内心独白，也有一个真实的叙述者。并不总是梅林在说话。但是，他的叙述和别人的叙述之间的界限十分模糊，我的理论是，中心人格一直存在，无论从外部还是从内部观察，它都是同一个实体。

《巴黎评论》：你曾经提到过，在《伯格的女儿》的结构中，罗莎总向某个人说着什么，这个写作手法是来自于这样的想法：当一个人写东西的时候，脑海里总想象着有个倾听者。

戈迪默：哦，不，我说的不是在你写东西时，而是在你的生活中。我相信，在你独自一人时，你总是会对脑海里的某个人诉说。

《巴黎评论》：那你写作的时候就不这样了吗？

戈迪默：对，因为你写作时不再是你自己，你把自己投射到了别人身上。但我认为在你的生活中，有时甚至只是在你规划自己生活的想法中，你都在想象某个特定的人看到了你的行为。有一些时候，你会有意避开他人的注视。

《巴黎评论》：福克纳是如何影响你的？你有没有觉得，比如说，《伯格的女儿》和《我弥留之际》的结构有什么相似？

戈迪默：不，一点儿也没有，我认为那里不会有任何影响。我认为别的作家影响你最厉害的时候，是你还很年轻、刚开始写作的时候。之后，写着写着，你就把不需要的东西丢掉，经历一番痛苦，最终打造出自己的风格。

《巴黎评论》：你在《伯格的女儿》中采用的叙述方式，与福克纳的一些书中所描述的"真理"的相对性有相似之处。

戈迪默：对。当然，这种方法确实表现了真理的相对性。但我真正想说的是风格和视角之间的关系。从某种意义上说，风格就是视角，或者视角就是风格。

《巴黎评论》：对，这就是为什么你选择用这种方式来组织你的叙述。

戈迪默：普鲁斯特说，风格就是作家与他的处境产生认同时的产物。这是最理想的情况：作家使他的处境决定他的风格。

《巴黎评论》：所以你要用你选择的方式表达一种观点，关于南非的生活方式。

戈迪默：对。我想要表达出，对那个特定的人和她周围的人（我指在《伯格的女儿》中）而言，生活意味着什么，并且，从长远来看，我也想表达出一种更普遍的对生活的看法。

《巴黎评论》：在《纽约书评》上刊登的康纳·克鲁斯·奥布莱恩（Conor Cruise O'Brien）对《伯格的女儿》的评论中，他说你的小说是用一种"适当带有欺骗性的艺术技巧"构建的。他谈到了这本书的结构如何使它看起来像是一本没有发生任何事情的书，但是随后，事实上发生了一些灾难性的事情。我想知道你对此是否有回应。

戈迪默：还是那句话，对我来说，小说的构建只有极少一部分是带着目的构思而成的。它是有机的，本能的，潜意识的。我不能告诉你我是如何到达那里的。尽管在写每一本书时，我都经历了一个很长的困惑不安、迷茫失措的阶段，在这段时间里，我虽然知道我想要写出什么样的作品，但在真正动笔写作之前，却完全不知道该如何达成这个目标，并总是害怕我写不出我想要的效果。你看，比如《贵客》这本书，它是一本政治小说，在这样的书里，我必须展示一些确定的意图和目的，尤其是它们与书中角色的生活有关，并左右着他们的选择。所以，我写这本书的时候，使用的叙述手法就比较传统，这样当我需要写一个党代表大会这样的场景时，我就可以很自然地把它当成一场戏剧来写，没有任何困难。然后我就写了《保守的人》，在这本书里，我选择不向读者做任何解释。我已经下定了决心：如果读者跟不上，如果书中的典故对他来说太令人费解，那我当然很遗憾。但是，这本书的叙述必须紧紧跟随人物思想和身体的发展，被这类发展所带动。他们相信自己所做的事情是真的。所以，我就不管读者是不是跟得上，如果读者不时感到困惑，那我只能表示遗憾。换句话说，这部小说充满了人物之间的私人关联。当然，这样的叙事风格有巨大的风险，你成功的时候，我认为，是一个理想状态。如果你没成功，你就要冒激怒读者或者让他困惑的风险。就个人而言，作为一个读者，我不介意困惑。也许作者不知道他/她的书中隐含的后果，因为有多种解释可供选择。作为一个读者，我喜欢这样。对我来说，读一本书，因此而激动，产生一些自己的想法和解读，这是一项令人兴奋的工作。因此，作为一名作家，我有这样写作的自由。

《巴黎评论》：在你开始写小说之前，你也不曾有意识地创造出一个完整的结构？

戈迪默：是的。对于《伯格的女儿》来说，在写书之前，我可能写了四五页凌乱的大纲之类，但是，对我来说，那些半句话或是一小段对话是极其重要的，它们是某些东西的核心。我只需要看看它们，就知道下一个阶段我要写什么。

《巴黎评论》：这就是你通常写小说的方式吗？

戈迪默：对。对我来说，一旦我开始动笔，这就是一个非常自然的过程。一个有机的过程。

《巴黎评论》：在开始之前你准备了多长时间？

戈迪默：很难说，因为……比如，当我回顾《伯格的女儿》时，我知道很多年来，我其实一直被罗莎这种类型的人所吸引。就好像生命的秘密就在那里，我慢慢地在盘旋，越来越接近它。也许还有其他的主题呈现出来，但它们最终分崩离析，因此我没有被吸引过去。我想一个人在一生中不同的时间准备好了不同的事情。而且，在一个变化如此之大的国家，一个人周围的生活质量也在变化，所以也许我现在不会有动力去写我十年前写的那种书，反之亦然。

《巴黎评论》：所以你觉得你的写作是一种不可避免的自然过程，而不是一个有意识的选择。

戈迪默：我不认为任何作家能说出他为什么选择这个或那个，或者怎么表现某个主题。它可能已经存在了很长一段时间，直到你的生活到达了某一个阶段，你的想象力已经成熟，你就可以自然地写出来。

《巴黎评论》：我想问你关于《保守的人》这本书的问题，在这本书里，死亡是一个令人着迷的母题。在某些章节中，死亡的主题以一种祭祀化的方式不断出现：比如，那个在不同角色的思想中都出现过的、从坟墓里跳起来的男人，以及杀死山羊来弥补所罗门的伤害的祭祀……

戈迪默：在《保守的人》中有一个复活的主题，这也是一个政治主题。书的结尾有一个伪装的信息。那个最大的地下解放运动有个口号，被大家广泛采用，有点儿战斗口号的意思，它是一个非洲单词"mayibuye"，意思是"非洲，回来吧"。你可以看到，这其中蕴含着带有复活含义的一整套理念。如果你看一下《保守的人》的结局，你会发现这个想法虽然是用其他的说法表现的，但事实上，在那个无名的人被重新埋葬的场景里，人们说的话仍然在表达一种复活的观念：尽管他没有名字，也没有孩子，但他有身边其他人的所有孩子。换句话说，他身边有着未来。他周围有人，不是他的血亲兄弟姐妹，而是他们的代言人。他现在已经被适当的仪式安置在自己的地球上。他已经占有了它。这个场景暗示着某些东西已被种下，它们会重新生长。

《巴黎评论》：这个主题在你的一个短篇小说《六英尺的国土》中也重复出现。

戈迪默：对。但这种重复是相反的：《六英尺的国土》是在《保守的人》之前写的。奇怪的是，那篇早期的短篇小说是基于一个真实的事件。

《巴黎评论》：你对死亡有兴趣吗？

戈迪默：不是有意识的，但是……任何一个有思想的人，怎么可能对死亡没有兴趣呢？死亡真的是生命的奥秘，不是吗？如果你问："我们死后会发生什么？为什么我们会死？"你其实在问："我们为什么活着？"除非有宗教信仰。……如果没有宗教解释，人们只能像那些攀爬珠穆朗玛峰的登山者一样去解释人生："我攀登它是因为它在那里。我活着是因为有生命的礼物。"这不是一个答案，真的，这是一种逃避。或者，"我认为我活在这个世界上的目的是让生活变得更好"。"进步"就意味着使生活更加安全，更加愉快，而且……一般来说，更充实和丰富。但这种正当性，在你的死亡面前就失去了意义，不是吗？唯一能够超越死亡的原则是，你说自己是在寻求为后代改善人类命运。但我们仍然不能忽略这是一个生死瞬灭的大轮回的事实；轮到你离开世界了，然后就轮到我了，最终，生命被别人占据了。人类从不甘心于此。在我自己的生活中，我自己和其他人对待死亡的态度都曾使我感到困惑和不安。如果有人年纪轻轻就死去，那太可怕了，太悲剧了，浪费的感觉太强烈了；你会想起所有曾经的承诺。如果人们活到了老年，就会有衰败的恐惧，特别是某些人——这么说很糟糕——那些杰出的人，你看到他们的思想在前进，而他们的身体在崩溃，他们想要死亡，而你也希望他们死去，那也同样可怕。所以，也许我们仅仅是不能接受死亡这件事？我们说人们年纪轻轻就死去是可怕的，我们也认为人活得太久也是可怕的。

《巴黎评论》：你是宗教分子还是神秘主义者？

戈迪默：我是个无神论者。我甚至不会说自己是不可知论者。我是一个无神论者。但我认为我有一种基本的宗教气质，甚至可能是一种深刻的宗教气质。我三十二三岁的时候，经历了人生中的一个阶段，对西蒙娜·薇依的作品非常着迷。最终，是她的宗教哲学把我留在了原地。但是我仍然觉得，她那里有什么东西回应了我内心深处的一种需要，我"寻根的需要"，她对这个概念的论述非常精彩。我从别处找不到像她那样的解决方案。

《巴黎评论》：康纳·克鲁斯·奥布莱恩认为《伯格的女儿》具有基督教色彩，对此，你怎么看？

戈迪默：嗯，我想到了这个。我敢肯定，我的许多朋友，那些很了解我的人，都笑了，因为他们知道，正如我所说，我是一个无神论者。但他说中了我身上的某一点，某种倾向——比倾向更强烈，可以说是某种执念。也许，假如我在不同的环境中，以不同的方式成长，我可能会成为一个虔诚的人。

《巴黎评论》：后来你在《保守的人》中描写了黑人的复活。

戈迪默：但是，当然，复活的想法其实是从希腊人那里来的，是从埃及人那里来的。你可以开始认为无需宗教信仰，一种集体的无意识仍会存在。

《巴黎评论》：我注意到感官因素在你的写作中起着关键作用：气味、触感、性、生理机能。你不会写所谓的"丽人"——南非的有闲阶级，以及他们必须生活在其中的美好环境。事实上，我注意到，你的《短篇小说选》中描写的几乎所有的白人女性，无论在身体上还是精神上都没什么魅力，而且都是中产阶级。这是否反映了你对本国白人殖民者的看法？

戈迪默：我不会对人做出这样的判断。毕竟，我自己也是一个白人殖民者，是殖民者的后代。也许因为自身的缘故，我对我们太了解了。但是，如果一个人有些轻浮或肤浅，有残暴或自我怀疑的时候，我也不会把他们一笔勾销，因为我认为每个人都绝对具备所谓的人类缺点。我笔下的黑人人物也不是天使。角色扮演存在于许多社会，但在我们的社会，这种情况更明显，有时候，这种角色是强加给你的。你被迫陷入其中。这像是一种歌舞套路，你会发现自己，我的笔下的人物会发现自己，在表演这些设好的、现成的角色。但是，当然，在我出身的那个社群中，有一类人数众多的白人妇女……嗯，从最好的方面说，我们可以原谅她们，因为她们对自己被塑造成什么样的人这件事一无所知。在美国，我也看到过同样类型的女人。你走进这里的一家大商店，你可以看到这些穿着非常考究的女人，常常神色不满，甚至面容忧郁的中年妇女，有钱人，坐在那里试着穿十几双鞋；你可以看到她们一个上午都耗在那儿。选择起来真是太烦人了，不过，也许鞋跟应该再高一点儿，或者……我要买两双吗？可是，就在几个街区之外，可以看到其他人在纽约这个城市贫穷悲惨地生活着，这真是令人震惊。同样的女人，在美国为什么人们没有像在南非那样批评她？我的看法是，不同之处在于，富有的美国人代表着阶级的差异与不公，而在南非，不公既基于阶级的差异，也基于种族的偏见。

《巴黎评论》：你对南非的那些"丽人们"怎么看？

戈迪默：我在早年的一本书《陌生人的世界》中对他们有过非常突出描摹，之后我就不怎么写他们了，直到《保守的人》中的梅林这个角色。相信我，他们可不是南非最有意思的人……尽管他们可能以为自己是。

《巴黎评论》：在你的作品中，人物的身体细节经常不被着重表现，这是故意的吗？读者可以强烈感受到书中主要人物的思维方式，但通常很难知道他们的外表、样貌如何。

戈迪默：我认为对人物身体的描写应该减到最少。也有例外，比如艾萨克·巴什维斯·辛格。他经常从故事的开头就给你一个完整的身体描述。如果你仔细看他的描述，那当然非常好。他用一个扭歪的鼻子或一簇红胡子标记人物。我个人的偏好是，需要推进书中其他内容时作些零星的外貌描绘。举个例子，当一个角色直视另一个角色时，你可能会描写该角色的眼睛，这样比较自然……它是属于叙述中那个特定时刻的特征。例如，之后可能会有另一个场景，被你描绘了眼睛的角色正处于紧张状态，通过她轻轻叩脚或抠手指甲来展示，所以如果她的手有什么特别之处，那就在这个时候描绘一下。我现在这么跟你讲好像这些都是计划好了才写的，其实不是，是在适当的时候顺水推舟。

《巴黎评论》：在你《短篇小说选》的引言中，你说："对我而言，我的女性特质从未造成我任何特殊形式上的孤独。事实上，我在成长的过程中，正是通过自己的女性特征，与这个城市的社会生活产生了唯一的、真正的联系。至少我还是个青少年的时候，我和其他人一样感受到并遵循了性吸引力；这是我可以分享的交际方式。这种女性气质正像是长发公主①的头发：通过它，我可以释放自己，与他人一起，生活在身体的世界里，也可以独自生活——在内心的世界里。"你接着又说，你"质疑女性知识分子身上存在特定的孤独，如果她是作家。因为当涉及她们作为作家的基本能力时，所有的作家都是雌雄同体"。成为一个作家，成为一个雌雄同体的过程是怎样的？对女人来说这不是一场挣扎吗？

戈迪默：我不愿根据自己的经验来概括。把自己的经历说成适用于所有的女人，我会认为这是一种傲慢。我真的一点儿也没因为自己是个女人而受过什么苦。有一些不可思议的事情，例如，我对那些不把女人当人看的男人不会产生兴趣。从来没有产生过。我和那样的男人之间一定会产生战争。事实也的确如此，我生命中的男人都是平等对待我的人，我也多少有点儿想当然地认为，事情就应该如此。我从来没有为这个奋争过。我是一个过着女性生活的人。换句话说，我结过两次婚，抚养孩子，做过所有女人做的事情。我从来没有回避过，也没有逃跑过，人们以为我希望逃避，其实我不希望也从来没有希望逃避过。但是，正如我所说，我不能一概而论，因为我看到身边聪慧的、有天赋的女性，确实经历着这样的挣扎，而且她们更容易让我恼火。在我的孩子们还小的时候，我确实努力控制住了自己，但我想那样显得很无情。我认为作家、艺术家们都是非常无情的，因为他们不得不如此。这可能让其他人很不愉快，但我不知道我们还能怎么办。

---

① 德国格林童话中的主人公，被关在高塔上，但有一头金色的长发，可以当作梯子让巫婆和王子爬上来。

因为这个世界永远不会为你创造一个空间。我的家人已经开始理解并尊重这一点。真的，我孩子们很小的时候就知道，我工作的时间，他们必须让我一个人待着；他们放学回家，看到我的房门关着，他们就躲开，也不会把收音机声音开大。别人因此批评我。但我自己的孩子并不因为我这样而反对我。我仍然会花时间陪伴他们。我同时牺牲掉的，当然对我来说不算什么牺牲，是我的社交生活。随着年龄的增长，我对社交也越来越不感兴趣。年轻的时候，有好多年，我很喜欢参加聚会，整晚都待在外面。但到最后，第二天，那种失落感，那因为宿醉无法工作的事实，很快就淹没了之前的快乐；而且，随着时间推移，我越来越沉浸于自己的世界。因为一个作家不仅需要动笔写作的时间，他或她也必须有时间思考，需要时间让事情解决。对此而言，没有什么比社交更糟的了。他人的影响尽管可能令人愉快，但你需要磨合，而这对写作来说是最糟糕的伤害。

《巴黎评论》：你认为最有利于写作的条件是什么？

戈迪默：嗯，没有什么特别的地方，用不着宽大的、华丽的桌子和软木贴面的房间。上帝啊，我还有过这样的经历呢：我那时还年轻，离了婚，带着个小孩住在一个小公寓里，房间的墙壁很薄，别人家收音机的声音能把人逼疯。到现在那种声音仍然对我困扰极大，那种噪声。我并不在意人的声音。但如果米尤扎克背景音乐还有收音机里或电视机里的吱吱嘎嘎声不断地从门口传来……好吧，我现在住在郊区的一所房子里，在那里我有个小工作间。我有一扇能直接进入花园的门，这对我来说真是一种极大的奢侈，这样我就可以进进出出，没人打扰，也没人知道我在哪儿。开始工作之前，我会拔掉电话，直到需要时再接上。如果人们真的想找你，他们改天会找到你的。就这么简单，真的。

《巴黎评论》：你每天通常工作多长时间？或者你每天都工作吗？

戈迪默：我在着手写一本书的时候，每天都会工作。我每次连续写大约四个小时，然后就会很累，也就没有灵感了，接下来我会做些其他的事儿。有些作家认为自己不应该做生活琐事，我不理解他们，因为我觉得很有必要；人必须与日常生活保持联系。写作时的孤独感也很可怕。那有时非常接近疯狂，你想想，一个人一整天都不见人影，和外界失去了联系。一些日常的工作，比如把衣服送到干洗店或给蚜虫感染的植物喷洒药物，这都是很好的令人头脑清醒的活儿。可以这么说，它们把人带回现实世界，它们也把现实世界带回给人。写最近这两本书的时候，我养成了这样的习惯：晚上睡觉前，花半个小时阅读白天写的东西。然后，当然，夜里你会忍不住去修改它，对它思来想去。不过，我觉得这样很好。但如果我和朋友在一起或出门去了，我就不会这样做。事实上，我写作的时候，过着相当与世隔绝的生活。

《巴黎评论》：一天中有最好的写作时段吗？

戈迪默：我早上工作。这样我感觉最好。

《巴黎评论》：你写一本书通常要花多长时间？

戈迪默：这不一定。最短的大约十八个月。《伯格的女儿》花了我四年的时间。

《巴黎评论》：连续四年不停地写？

戈迪默：其间我还写了些别的，一两篇小东西。有时候我写长篇会遇到瓶颈，我就停下来写个短篇小说，这似乎能让我突破。有时候，我写书的时候，会有一些关于短篇故事的灵感，不过最终还是搁置起来了。但是，唉，随着年龄的增长，我对短篇小说的想法越来越少。我以前经常有很多。太遗憾了，因为我喜欢短篇小说。

《巴黎评论》：你怎么看作家遇到写作瓶颈的问题？那对你来说是个要紧的事儿吗？

戈迪默：目前不是困难。不过我说这话的时候，像你看到的，是犹豫的、怀着恐惧与战栗的，因为你总能感觉到那个恶魔等在你脑后伺机而动。

《巴黎评论》：你还是能写写让你放松的短篇喽？

戈迪默：对，偶尔我会写一些非虚构类的作品，通常是跟旅行有关的。对我来说，这是一种放松。写《伯格的女儿》的时候，我写了两篇这样的东西。

《巴黎评论》：你甚至都没有过轻微的拖延吗？像是没完没了地喝喝茶或什么的？

戈迪默：不，我有。虽然我确实有，但不是因为写作瓶颈……而是从一个阶段转移到另一个阶段的时候，特别是当我完成了某个作品并且写得的还不错的时候。例如，我写完了勃兰特·韦尔默朗那一章，你知道，就是《伯格的女儿》里的那个民族主义者，写得出人意料地顺利。我就是那么写着，一切都水到渠成。我之前一直很害怕，一直担心自己拿捏不准腔调什么的。然后，我知道要从哪里着手了，忽然之间，我进入了一种无法摆脱的状态，然后可能会有那么可怕的几天，当这种情况发生时，我停不下来也无暇他顾。我坐在纸前，迟迟不能动笔。然后，突然，我思如泉涌。

《巴黎评论》：你有没有什么具体的日程表？规定自己什么时间该离开卧室或客厅到书房去，迫使自己越过"动笔"与"不动笔"之间那条可怕的鸿沟？

戈迪默：没有，这就是能自由选择写作时间的好处。这就是早晨写作的好处。因为你一站起来,你的潜意识就会告诉你:我要去写作。无论做什么小事情,比如在早餐时和其他人交谈,可以说,都只需要你分一点儿神,只是敷衍敷衍。和我共同生活的人,我丈夫,长期以来对此非常理解。他知道,如果吃早餐时问我:"什么什么事情我们该怎么办?"或者:"你读不读这封信?"这会激怒我,让我恼火,他知道现在不是问的时候;那会儿我不想被要求去做任何事。那会儿我不想打电话给杂货商订货。我只想一个人静静地吃完早饭。最好的是,我还想在外面走走,当然,那得是你有个花园的时候。不过我经常觉得,这样也会造成拖延,因为你很容易看到杂草,忍不住停下来拔掉它,然后你还会看到蚂蚁和奇奇怪怪的东西,会想它们要去哪儿呢?所以最好的办法就是,进书房,关门,坐下。

《巴黎评论》:你会对作品一改再改吗?

戈迪默:随着时间的推移,我改得越来越少。我过去常常改来改去。我年轻的时候,写出来的内容是最后定稿的三倍。假如我写个短篇小说,能写出最后那个故事的长度的三倍。不过那是在我写作生涯的初期。短篇小说特别有助于防止写得过长。你得习惯于把无关的内容删掉。

《巴黎评论》:你觉得评论家们的意见有用吗?

戈迪默:当然。不过你得知道,他们总是在放马后炮,不是吗?因为他们批评的时候作品已经完成了。你会发现,他们跟你结论相同的时候,你才会同意他们的观点。换句话说,如果一个评论家反对书中的什么东西,而从我的角度看,我认为它是正确的、我在写它的时候下了很大功夫而且最终结果还不错的话,我不会因为有人不喜欢它而受到影响。但是,如果我对自己写的某个角色或某件事心怀疑虑,并且这些疑虑也得到了批评家的证实,那么我觉得我的怀疑得到了印证,我就很乐意尊重批评家们的反对意见。

《巴黎评论》:作家们经常说他们不看评论,因为十篇精彩的好评也抵不过一篇差评的毁灭性。

戈迪默:当然,这在很大程度上取决于评论者是谁。有那么一两个人,他们并不是专业评论家,但他们是我在意的读者,我会把我的书,甚至可能是手稿,交给他们看。他们读的时候,我简直提心吊胆。而且,还有一些我在意的特定的评论家,如果他们说,"哦,这篇文章太烂了",那会让我很伤心。

《巴黎评论》:但还没有出现过这种情况,对吧。

戈迪默:还没有。关于《伯格的女儿》的评论,大概五六十条中有两条是差评吧。

《巴黎评论》:你说作家都是雌雄同体的。那你承认男性写作和女性写作有差别吗?比如说,伍尔夫的和海明威的作品?

戈迪默:海明威是一个非常极端的例子,他的作品完全是男子气的标准范本,不是吗?亨利·詹姆斯可以很女性化。E.M. 福斯特也是。乔治·艾略特却可以很男性化。以前,我有点儿过分坚持认为大脑不分性别;现在我不那么坚持了,也许是因为现在女性对自我的态度普遍改变了,而我受此影响?我不认为有什么是女性作家所不知道的。但也许,生活中总有某些方面,只有女性才能处理得更好一点儿,正如我好奇的是,任何一个女作家,无论多么伟大,是否可以写出《战争与和平》中的精彩战争场景。总的来说,我认为一个作家是什么性别并不重要,只要他写出来的是真正的作家的作品。我认为确实存在"女性写作"这回事,例如有"女作家"和"女诗人"。也有像海明威这样的人,他们过度的"男子气概"贯穿所有作品。但是对于这么多我钦佩的男性作家,这不算很要紧。好像也没什么是他们不知道的。毕竟,看看莫莉·布鲁姆的独白。在我看来,理解异性而且能传达对方的内心活动,是一种能力,乔伊斯的这段描写就是这种能力的终极证明。还没有哪个女作家能把女人"写"得比这一段更好。乔伊斯怎么做到的?真是天知道,不过没关系。我年轻的时候,少女时代,写过一个男人的故事,他失去了一条腿,他不能接受这个事实,直到一天,他坐在花园里将养身体,看到有只蝗虫掉了一条腿。他看到蝗虫挣扎着,因为它觉得那条腿还在。我不知道我是怎么写出这个故事的,某种程度上,我还把自己代入其中。一位精神病医生曾经告诉我,这是阳具妒羡(penis envy)的典型例子。

《巴黎评论》:你希望将来在你的写作方式上取得什么新的成就?或者其他形式的调整?

戈迪默:我一直希望找到一个正确的方法来解决我正在处理的任何主题。对我来说,这是真正的困难,也是写作遇到的挑战。我没有已经驾轻就熟的感觉。我不能这样说,我已经设法在一本书中表达了我的思想,现在我对下一本书也胸有成竹了,因为下一本书应该满足不同的主题。在我知道如何写之前,我无法驾驭处理它。

《巴黎评论》:换句话说就是,在你得到答案之前,你并不知道问题是什么?

戈迪默:对。我想谈谈我对长篇或任何短篇小说的总体感觉。这引自卡夫卡。他说:"一本书应该是一把斧头,可以打破我们内心的冰海。"

(原载《巴黎评论》第八十八期,一九八三年夏季号)

THE PARIS REVIEW

德里克·沃尔科特

1992 年诺贝尔文学奖得主

获奖理由："因其由一种历史眼光所支撑、作为一种多元文化产物的光辉灿烂的诗歌作品"

《巴黎评论》访谈发表时间：1986 年

德里克·沃尔科特
（Derek Walcott）

1930—2017

圣卢西亚诗人、剧作家，现当代英语诗坛最为杰出的诗人之一，生于圣卢西亚港口城市卡斯特里，1953年毕业于西印度大学，后长期任教于英美高校，获英国埃塞克斯大学诗歌教授教席。代表作有长诗《另外一生》《奥麦罗斯》《提埃坡罗的猎犬》等。

2017年3月病逝于圣卢西亚格罗斯岛。

德里克·沃尔科特

◎杨铁军/译

一九八五年六月中旬，我去德里克·沃尔科特的家乡圣卢西亚岛访问他。圣卢西亚是加勒比海东部四个向风岛之一，岛上多山地，一面朝大西洋，另一面朝加勒比海。整整一周，我和沃尔科特住在亨特海滩度假屋两间挨着的平房里，距离他出生、成长的卡斯特里只有几英里。在那有点儿摇摇欲坠的大屋外，有几张石桌、几把石椅，用水泥灌浇在草地上，再过去是一排椰子树，然后几码[1]开外就是加勒比海，沃尔科特称之为"大海剧院"。在圣卢西亚，随时随地都能意识到大海那无可逃避的存在，这种感受深刻影响了沃尔科特作为岛民和一个新世界诗人的意识。

住在沃尔科特的隔壁，虽只有一个星期，也能见证他如此多产的原因。作为一个勤奋的多产作家，沃尔科特常常凌晨四点半就起来写作，一连写四五个小时才停下，这时其他人才刚起床。一台蓝色的便携打字机旁，竖了一个小画架，他刚在上面为妻子诺兰画了一幅铅笔肖像，还有几幅为《哑剧》电影版绘制的水彩故事板（他在给这部电影写脚本）。另外，他刚完成关于一个钢鼓乐队的剧本草稿、一篇美军入侵格林纳达的长文《黑暗之心的美好往昔》、一本诗集手稿《阿肯色证言》。在我访问期间，他还有两部电影杀青，基本剪辑完毕：

---

[1] 1码约合0.9米。

Brown   ,*goose-step*

The camps hold their distance—brown chestnuts and gray smoke
that coils like barbed wire. The profit in guilt continues.
Wild pigeons gurgle, squirrels pile up acorns like little shoes,
and moss, voiceless as smoke, hushes the peeled bodies
like abandoned kindling. In the clear pools, fat
trout rising to lures bubble in umlauts.
Forty years gone, in my island childhood, I felt that
the gift of poetry had made me one of the chosen,
that all experience was kindling to the fire of the Muse.
Now I see her in autumn on that pine bench where she sits,
their nut-brown ideal, in gold plaits and *lederhosen*,
the blood drops of poppies embroidered on her white bodice,
the spirit of autumn to every Hans and Fritz *when*
whose gaze raked the stubble fields where the smoky cries
of rooks were nearly human. They placed their cause in
her cornsilk crown, her cornflower iris,
winnower of chaff for whom the swastikas flash
in skeletal harvests. But had I known then *would*
that the fronds of my island were harrows, its sand the ash
of the distant camps, should I have broken my pen *being*
because this century's pastorals were written
by the chimneys of Dachau, Auschwitz, and Sachsenhausen?
                                  of   *of*

德里克·沃尔科特诗歌《仲夏,第 41 首》的一页校样,
上面有诗人的修改痕迹

一部是他去年在圣卢西亚上演的戏剧《海地之土》的电影版,一部是关于哈特·克兰的纪录片,将在公共电视台播出。有时你会感觉,虽然他以诗闻名于世,却忙于如此多的其他项目,写诗只能见缝插针似的。

对话进行了三天——下午或傍晚开始,天黑为止。我们坐在草屋外面的桌椅上,能听到风刮椰树、海浪拍岸的声音。沃尔科特五十多岁,身形结实,还是下午在海滩上的装扮:光脚,棕色的沙滩运动短裤,棉织薄衬衫。肩上常搭一条条纹浴巾,头上欢快地压着一顶白色的沙滩帽。他不是在抽烟中,就是在点烟中。

——访谈者:爱德华·赫施[①],一九八六年

《巴黎评论》:作为开始,我想请你谈谈你的家庭背景。在圣卢西亚,你很多方面都是非典型的。比如,岛上的主流是天主教,你却从小生长在一个卫理公会教派的家庭里。你的家庭似乎对艺术特别着迷,这也很不寻常。

德里克·沃尔科特:我的家庭背景,说来只有我母亲一人。她寡居了多年。我父亲早逝,死时应该是三十一岁。我有一个双胞胎哥哥,还有一个姐姐、两个姑姑。但我的直系亲属就只有我母亲、哥哥、姐姐和我。我妈妈是个老师,记得很小的时候她常会在家里高声朗诵。我看过父亲的画、他写的诗,客厅挂着他亲手画的水彩,还有他丰富的藏书:很多狄更斯、司各特的书,相当多的诗集。一台手摇留声机,一批古典唱片。所以,我的家庭一直对艺术有兴趣。我们作

[①] 爱德华·赫施(Edward Hirsch,1950—),美国诗人、文学评论家,2020年成为《巴黎评论》"作家访谈"栏目的第110位受访诗人。

为卫理公会少数派，却生活在法国天主教为主流的岛上，总是有一点儿被围攻的感觉。圣卢西亚的法国外省司铎所提倡的教义代表了一种非常死板、充满偏见，几乎有点儿迫害之嫌的中世纪式宗教。这种教义主张把所有新教徒划到地狱里去。所以我们对自己的立场有步步为营的感觉。事情从没坏到不可收拾，但我们确实有抱团取暖的需要。这对我来说不无好处，因为我作为新教徒，培养了质疑权威的能力。在那代人中，在我的年纪，没有人敢质疑教会包罗一切的绝对权威。即使到了六年级，我和学校的朋友还会经常争论宗教议题。这是件好事。我认为年轻作家应该是个异端。

《巴黎评论》：在一篇名为《离校》的文章里，你谈到父亲对诗歌和绘画的双重爱好虽然是业余的，却不可避免地影响了你对两者的使命感。你能谈一谈他的作品及其对你的影响吗？

沃尔科特：我母亲快九十岁了，还在不断地讲起我父亲。从小到大，我都能感受到父亲早逝给她带来的伤痛，父亲的行为给她带来的自豪感。父亲死的时候很年轻，死于乳突炎，也就是耳朵发炎。当时的圣卢西亚医疗条件很原始。我知道他当时不得不去巴巴多斯动手术。我对他的死没有记忆，但因为他的画，我一直能感到他的在场。他有一幅水彩自画像，镶在椭圆形的画框里，旁边挂着我母亲的油画肖像，对一个业余画家来说，那幅画相当不错。记得有一次我发现了他给一场演出画的月光布景，演出是一群办音乐会、朗诵会之类的活动的人搞的。所以，影响始终都在。不过我并没有因此变成一个郁郁寡欢的病态孩子。相反，在某种意义上，它施加给我一种刺激，一种延续感。我感觉我在延续他未竟的事业。

《巴黎评论》：你是什么时候发现他的诗的？

沃尔科特：我提到的那些诗并没有结集。我记得几首用南美方言写的幽默抒情诗，也许是他为某场演出写的。是些短小、诙谐，有点讽刺性的东西。我不记得他有性质比较严肃点儿的诗。我对他的艺术作品记忆尤深。我记得他用水彩临摹过米勒的《拾穗者》，非常逼真，挂在我家的客厅里。原作是一幅油画，直到现在，那幅临摹的精美还刻在我的脑海里。他对水彩有一种敏锐的捕捉。后来，我发现我的朋友，哈罗德·西蒙斯（Harold Simmons），是从我父亲那里获得灵感的，而他是个专业画家。所以，我和父亲的熟人以及以他为自豪的朋友的关系，构成了一种连续性。我母亲会给我们讲这些，我也是那么感觉的。

《巴黎评论》：你的自传体长诗《另外一生》表明，有两个画家对你的成长有关键性的作用，一个是你的导师哈罗德·西蒙斯，在诗中被称作哈里，还有你的朋友邓斯坦·圣欧米尔（Dunstan St. Omer），在诗中改称格莱歌利亚斯。你能谈谈他们对你为什么如此重要吗？

沃尔科特：哈里是我们的老师。他的画室里堆满颜料，放着音乐，听说他是我父亲的好朋友。他发现我们喜欢绘画，就邀请我们四五个人到他的画室，在游廊里坐下。给我们备了画具，告诉我们怎么画。如果在别处，在城里，这个似乎不算什么，但在像圣卢西亚这样的贫穷小国，这就非常罕见了。他鼓励我们周六下午来学画，他用自己大量的画作包围了我们，作为范例。在画室里，且不说别的，他的藏书，他的音乐，他的指导，还有他全身心的投入，所形成的那种气氛本身就是极好的引导了。他的影响并非完全是技术性的。当然，我也从他那里学到了一些技巧，比如怎样画好天空，怎样给纸张润水，怎样一圈圈晕染，怎样画效果好，怎样全神贯注，等等。最重要的是他作为职业画家的风范给我们的榜样作用。后来我们中间年龄较小的几个不画了，只有我和圣欧米尔坚持下去。我们经常一起出去写生。我俩在同一时间发现了绘画。

《巴黎评论》：你那时有没有一个最喜欢的画家？

沃尔科特：我真的感觉我可以从塞尚那里学些东西——类似圣卢西亚旱季的橙色、绿色和棕色。我以前常从屋顶看远处的维吉①——军营还在，能看到淡橙色的屋顶、砖墙、树屏、悬崖，还有那单调的蓝海，这些都让我想起塞尚。也许是因为立方体的硬朗和竖直线条吧。就好像他熟知圣卢西亚风景似的——从那里，你能看到他的画怎样脱胎而出。当然，也有其他画家，比如乔尔乔内，不过我画画的时候，想起塞尚使我平添了很大的力量。

《巴黎评论》：《另外一生》描述到你的经验的顿悟，似乎确定了你作为诗人的命运，并让你对所出生的岛屿建立了牢固的责任，对此你如何看待？

沃尔科特：有些话人们在访谈中不说，因为会显得傲慢、感伤，或者太神秘。我从来没有把写诗和祈祷分别开来。我越来越觉得它是一种天命，一种宗教天命。我在《另外一生》中描述的，关于在山上感受到的一种幻灭，是年轻作家常有的经验。我感到忧郁的甜蜜，一种生命有限之感，或者无限，一种感恩之情，因为你的所感是一种天赐，为此而感恩，也因为大地的美、把我们包裹起来的生活的美而感恩。当一个年轻作家有了这样强烈的感受，它能让你流泪。那是一种清澈的泪水，自然而然流淌下来，而不是从扭曲的脸上淌下的。感受到它的身体融化了，变成它所见到的东西。这个过程在诗人内部持续下去。也许会在某些方面被压抑，但我认为我们在生命中继续追求那种自我消融之感，那个"我"不再重要的感觉。那是一种狂喜。年岁渐长之后，那种感觉就不常有了。托马斯·特拉赫恩有一段话很好，

---

① 圣卢西亚首都卡斯特里的一个区域，18世纪法国人在维吉建了军事堡垒。

他把儿童比作蹦跳的珠宝,一旦他们学会了世界肮脏的手法,就不再是了。这并非那么神秘。最终,正如叶芝所说:"如此甜蜜流入胸膛,我们笑对一切,一切所见都有福了。"那种感觉从来都不曾泯灭。是一种祝福,一种传递。是一种感激,真的。一个诗人保留越多这种东西,他的性情就越真。我心中一直都有那种感激。以我的写作而言,我从来没觉得我做得到,但我也从来没觉得自己有须臾离弃。所以,在《另外一生》里,我不过是在记录一个特定的时刻而已。

《巴黎评论》:你如何写作?你把你的诗等同于祈祷,那么你的写作有什么仪式吗?

沃尔科特:我不知道有多少作家愿意坦言他们动笔之前私下的准备仪式。不过在我的想象中,所有的艺术家和作家在工作日或工作夜开始前,都有一个介于开始和准备之间的时段,哪怕很短,也都蕴含一种祈求和谦卑,因此显得仪式化。不同的作家或站或坐,面对一张白纸,有不同的姿态,甚至不同的身体态度,从某种意义上来说,他们都在胸前画十字,即使他们没有实际上那么做。我的意思是,这就好像天主教徒走入水中之前,在胸前画十字。任何严肃的对价值的追求都是有仪式的。我没留意自己的习惯是什么。不过我确实知道,如果你认为一首诗要来了,不管打字机的哒哒声、窗外的车声,或任何干扰,你都会退回到一种寂静之中,把你和外界隔离。你所从事的并非更新你自己的身份意识,而是更新你的无我状态,听任你面前的事物比你本人更重要。类似的,有时候,如果我觉得我写出好东西了,我会祈祷,我会说感谢,也许这样说有点儿太矫情了。当然,这并不经常。我并不是每天都这样做。我不是一个修士,但如果有时真发生什么,我会说感谢,因为我觉得那完全是运气的产物,转瞬即逝的恩典。在开始和结尾之间,写作进行当中,存在一种恍惚状态,你希望能够进入它,在那里你的智力的所有维度都同时投入到写作进程中了。但是你根本不可能营造那种恍惚状态。

最近，我发现自己起得早了，也许这是我中年晚期的表现吧。我有一点点担心。我猜这也是仪式的一部分吧：起来，煮一杯咖啡，把咖啡壶放上，点一支烟。现在，我不知道我起早是为了喝那杯咖啡还是为了写作。也许我起早是为了抽烟，而不是真的为了写作。

《巴黎评论》：几点？

沃尔科特：不一定。有时候早，三点半，你知道，这不太好。大部分时候是五点。取决于睡得好坏。不过在加勒比海地区，那个时段，一天之中的那一刻从头到尾都是美妙的。我喜欢清凉的黑暗，太阳升起时的欢乐、壮丽。特别是在我这里，日出和日出前的黑暗，起来喝一杯咖啡，不管你做什么，都是一种很有仪式感的事情。我甚至会进一步说，是一种宗教性的事情。有着它自己的法器和背景。你能感到自己的精神觉醒。

《巴黎评论》：最近，我听说你声称自己深受卫理公会的影响，怎么讲呢？

沃尔科特：私底下，我认为我在内心深处还是那么一个简单的、不曲里拐弯的卫理公会教徒。我对卫理公会的信仰怀有敬慕之心，因为它有一种安静、讲求实际的理性，是很实用的行为规范。我说的并不是狂热的原教旨主义。我觉得对它最好的形容就是"得体"这个词。得体和通情达理，是我作为一个卫理公会信徒所学到的东西。一个人无时无刻都在内心活动上为一个神负责，而不是为一大堆等级森严的天使和圣徒。我的一些早期诗歌从某种程度上讲，企图表达的就是这个。新教主义好像木匠活，讲究简单、实用。在我现今的工作和生活阶段，我把自己看作木匠，做的是木框，既简单又美好。我大量采用四行体，或者说，我一直是这样，我觉得这其中有一种非比寻常的平实，你知道，没有任何神秘之处。我在试着从最大程度上去掉神秘。我想要写的是非常直接、简约、上口的押韵的四行体，很有挑战性。别的都是装饰，是对诗歌那个关键性的立方体的表面修饰。所以，我们可以说手艺的仪式感就好像木匠放平了刨子，测量他的诗节，直截了当。在这期间，木框变得比木匠更重要了。

《巴黎评论》：《另外一生》说你最终放弃了把绘画作为职业，决定把诗作为主业。但是最近你似乎又开始画水彩了。发生了什么？

沃尔科特：我在《另外一生》中想说的是，绘画不是被理性支配的智力行为，而是被一笔一画的感性挥洒出来的。一直以来我都有这样的感觉，某种智性、某种前秩序、某种对未完成之物的批评，在妨碍我绘画的能力。我一直都在努力尝试。我觉得我画水彩更有心得了。比以前更干净了。我觉得我能画很像样的油画了。如果我去做，我也许会成为一个很好的画家。我能处理感性。我知道它意味着什么，但对我来说，这里面没有完成感。我满足于成为一个还算不错的水彩画家。但我不满足于成为一个还算不错的诗人。这是完全不同的两件事。

《巴黎评论》：你在十四岁的早熟之年发表了你的第一首诗《圣卢西亚之声》，是吗？据我阅读到的，这首诗在当地引起了很大的争议。

沃尔科特：我写的是一首关于从大自然通向上帝而不是从教会通向上帝的诗。那首诗有弥尔顿的风格，把大自然作为一种学习和认识的渠道。我把它交给本地的报纸发表了。当然，看到作品印成铅字对一个年轻作家来说是一种巨大的鼓舞。但是报纸随后发表了一封信，是一个教士写的回应（用诗体写的！），声称我的诗渎神，教会才是通向上帝的正确场所。对一个孩子来说，收到这样一封来自成人的回应，被指责为渎神，是一件大受震惊的事。对了，这个教士是英国人。更让人饱受折磨的是，回应是用诗体写的。他的意思是向我表明，他也能写诗。他的诗是双行体，我的是素体无韵诗。我可以想象，如果现在回头来看，我的那首还是更好。

《巴黎评论》：大部分英美读者把《在一个绿色夜晚》作为你的第一本书。但是，你在国外出书之前，已经在西印度地区自己掏钱印了三本小册子。你是怎样出版第一本书《诗二十五首》的？

沃尔科特：我以前每天都用一本练习册写，一开始写有了很高的原创性。用力很大，努力写到自己的感觉上限。我阅读奥登、艾略特还有所有人，我记得当时巨大的喜悦和解放感，类似上瘾的感觉。头一天写得好像斯彭德，第二天好像狄兰·托马斯。当我觉得有了足够多我自己喜欢的诗，就想印成铅字。圣卢西亚乃至整个加勒比群岛都没有出版社。当时有一套费伯出版社的丛书，收了诸如艾略特、奥登等诗人的诗集，我喜欢这套书的字体和品相。我也想出一本与之媲美的书。所以我就挑了二十五首，想着，它们看起来不错，因为好像来自国外，像一本印出来的书。我去找我妈妈说："我想出一本诗集，要两百块钱。"我妈妈不过是个裁缝和学校老师，我记得她当时非常烦恼，因为她想满足我的愿望。她不知怎么搞到了那笔钱——对一个靠工资养家的女人来说，那可是一大笔钱。她把钱交给我，我把钱寄到特立尼达，书出了。收到书后，我卖给朋友们。钱也收回了。要想出一本书，我唯一的办法只能是靠自己出版。

《巴黎评论》：弗兰克·考利摩尔（Frank Collymore）写了一篇文章，高度评价你早期的诗。对一个十九岁的年轻人来说，那种经验肯定是很让人兴奋的。毕竟，他是具有开创性的加勒比海地区杂志《比姆》的编辑，爱德华·布雷斯威特（Edward Braithwaite）称他为"西印度群岛最伟大的文学教父"之一。

沃尔科特：弗兰克·考利摩尔是一个绝对的圣徒。我是通过哈里·西蒙斯认识他的。我从来没有遇见过比他更仁慈、更温柔、更体贴、更无私的人了。我永远忘不了去巴巴多斯见他的情景。被一个年纪大很多的人那样对待，充满了关怀和爱，是件美妙的事。他对乔治·拉明[①]也是同样的态度。确实有那样的人，他们热爱他人，热爱别人的作品，不管那些作品是否值得。他根本不是一个居高临下的人。他对待你的方式，不像一个做出一番要为你好的姿态的学校校长。我很幸运，在年轻的时候被人、被年纪大很多的人那样对待，好像你在精神上能和他们对等一样。他是那些人里面最好的榜样。

《巴黎评论》：你十九岁的时候称自己为"一个兴奋不羁的疯狂爱上英语的诗人"，还说作为一个年轻作家，你把自己看作延续马洛和弥尔顿那条线的强力继承人。可以就这一层面谈谈你自己吗？

沃尔科特：我来自一个喜欢宏大的地方。我们那地方喜欢夸饰，它不是一个羞于表现的社会，是一个长于修辞的社会。它是一个展演、张扬身体的社会。它是一个讲究风格的社会。风格能达到的最高成就就是修辞，也就是演讲和表演的修辞。它不是一个崇尚节制的社会。加勒比海的表演家必须以适宜的夸饰来表演。一个卡利普索歌手和圈子里的斗牛士一样。他必须全力以赴地表现。他也许能写最机智的卡利普索，但他必须把它完全传达出来，他必须击中观众的心，不管用什么技巧。节制在加勒比的舞台上是不可能的——这是好事。要想表达自己，大姿态和夸饰比谨小慎微、踮着脚尖更好。即使是私人舞台，那也是个舞台。诗的声音确实会拔高。那是一种致辞，即便只是对自己的致辞。最伟大的致辞就在修辞之中。在我成长的地方，如果你学诗，你要大声喊出来。男孩子会大声嘶吼，用夸张的姿态把诗

[①] 乔治·拉明（George Lamming，1927—2022），巴巴多斯小说家、诗人，代表作为长篇小说《在我皮肤的城堡里》。

表现出来。如果你想无限接近那种雷鸣，或那种言辞的力量，那么对别人嘟囔点儿什么的那种节制的声音是不行的。我成长于那样一个喜欢大姿态的社会。文学与此类似，我指的是戏剧文学，不管是希腊的还是什么地方的。诗歌的朗诵元素是我希望自己永远不会丢失的东西，因为那是一个被要求表演的声音最关键的部分。而我们现在要是说什么诗人，就相当于是邀请他们，好吧，你来告诉我一首诗。一般来说，那意思不外乎是，悄声念一首诗给我。我不属于那种诗人。

《巴黎评论》：在你早期的作品中有一种自信、炽热的特殊感。你在最近一首诗《仲夏》里写道："四十年过去了，在我岛屿的童年里，我感到／诗歌的天分让我成了那个被选中的人，／所有的经验都在朝向缪斯的火焰燃烧。"

沃尔科特：我从来没有想过我的天赋是我自己独力获取的——我必须说"我的天赋"因为我相信它是一种天赋。我从孩提时候就感到我有一种功能，也就是用某种方式把在我周围的见闻，而不是我自己的经验说出来。从孩提时，我就知道这是美的。如果你在圣卢西亚任何地方登山，爬到山顶，你会感觉到一种新鲜，同时也会感到一种不受时间影响的亘古未变——也就是你的当下所在。那是一种原初的东西，从来如此。同时，我也明白我所画、所写的周围的穷苦人，作为有色人种，从一种罗曼蒂克的角度看，并不那么美丽。我在这里生活，我见过他们，我见过一些并不需要去远方才能看到的事情。我感觉那就是我要写的东西。那就是我的工作要处理的东西。其他作家也有过类似的说法，即使这听起来有点儿狂傲。叶芝说过，乔伊斯说过。令人惊叹的是，乔伊斯会说，他想为自己的民族，也就是爱尔兰写作。你觉得乔伊斯应该是更广阔、更大陆的那种头脑，但乔伊斯一直坚持自己的褊狭，却同时具有堪比莎士比亚的最世界性的思考。作为一个诚实的诗人，方圆二十英里就是他的写作的界限。

《巴黎评论》：你如何把新题材和你作品中的形式融为一体的？

沃尔科特：人们看待西印度群岛文学的一个角度是：我们被剥夺的事实，恰好成了我们的幸运。发明一个迄今为止没有被定义过的世界，是莫大的快乐。但是想象力企图探求自己的边界，并享受其为边界所限的快乐。它在对那些边界的定义中找到了自由。在某种意义上，你想给那些迄今没有定义过的人以同等的关怀。我这一代西印度群岛作家，有幸对这些地方和人民做了第一次抒写，感到了一种强有力的喜悦，同时留下这样的遗产，也就是，认识到好的写作也是能够被完成的——通过一个本地的笛福、狄更斯、理查逊。我们的世界让我们渴求某种结构，而不是反叛，因为我们没有包袱，头脑中没有过多的文学。所有的一切都是新的。

《巴黎评论》：那么，置身于英语文学的伟大传统中，你怎么看待你自己？

沃尔科特：我不在那个传统里。我最主要的，绝对还是一个加勒比作家。英语并不是谁的私有财产。它是想象力的财产，是语言本身的财产。我从来不羞于和最伟大的英语诗人为伍。而这引起了很多狭隘的批评——加勒比地区的批评家也许会说，你想成为英国人，英国批评家也许会说，欢迎加入精英俱乐部。两种观点同样狭隘，分属光谱的两个极端。这不是一件要不要成为英国人的事情。很明显，我是一个加勒比诗人。坦率地说，我巴不得置身于一群更好的加勒比诗人之间。但在加勒比诗歌中我没有看到我本来以为会出现的一个更强大的能量、更强大的训练、更强大的冲动。也许是因为加勒比更多属于一种音乐性，每种文化都有自己独特的重心，很明显，加勒比海的诗歌、天赋和天才体现在它的音乐中。话说回来，加勒比海诗歌是一个新事物。我把自己看作一个传统的开始，而不是结束。

《巴黎评论》：可以说你和英语诗歌的关系在这些年里有所变化吗？随着你的写作的发展，你似乎越来越把自己归于从惠特曼到圣-琼·佩斯，到埃梅·塞泽尔①，再到巴勃罗·聂鲁达这一条线的作家里。

沃尔科特：卡洛斯·富恩特斯在《巴黎评论》访谈中谈到中美洲的根本经验，包括加勒比海——那里已经是一片令人惊异的沃土。这里，新世界经验的整体被马尔克斯分享，被博尔赫斯分享，也仍旧被很多美洲作家分享。事实上，太多的美洲作家并没有承担整个美洲的重量。倒不是说我们得写史诗，而是说这是我们的地盘，需要我们的思考。在那些还没有被定义的地方，活力来自对如此现状的认识：这里还没有被描述，没有被绘入图景。意思是，我站在这里，就好像一个先锋。我是第一个观看这座山、企图描写它的人。我是第一个看到这道海湾、这片土地的人。在这里，我拿起画笔本身，已经是一个巨大的幸运。我这一代加勒比海作家，跟从 C.L.R. 詹姆斯②，全都感到一种发现新世界的狂喜。那种活力和我们所处的地方息息相关，这是一个整体阿美利加的概念。阿美利加的意思是，从阿拉斯加一直到库拉索。

《巴黎评论》：你如何回应 V.S. 奈保尔一再重复的从特罗洛普那里借来的说辞"英占西印度群岛什么都不产出"？

沃尔科特：也许这句话应该理解为"英国在西印度群岛不做任何产出"。也许这就是答案。英国人离开了，这个事实要求，到现在还

---

① 埃梅·塞泽尔（Aimé Césaire，1913—2008），法国诗人、政治家，代表作有长诗《重返故乡笔记》《关于殖民主义的话语》等。
② C.L.R. 詹姆斯（C.L.R.James，1901—1989），特立尼达历史学家、记者、作家，后殖民主义文学的开拓者，代表作有历史著作《世界革命》、长篇小说《薄荷巷》等。

在要求我们付出巨大的努力,修补他们的懒惰和冷漠所造成的心理创伤。加勒比海地区存在的贫穷、荒芜让人无比沮丧。观察它、从它提炼出任何有价值东西的唯一办法,就是对它深深的相信,不是对它的过去,而是对它最近的未来。不管什么时候回到这里,看到周围的荒凉和绝望,我知道我必须从信仰的库存里抽取信心。放弃那样的信仰就是背叛你的源头,就是对你的家、你的过去起了优越感。我没有那么做的能力。

《巴黎评论》:为什么鲁滨逊·克鲁索的形象对你来说那么重要?

沃尔科特:在我的生活中,在社会中,曾有一个阶段,西印度群岛艺术家的形象在我眼里就好像某个遭遇海难的人的境遇。他必须从这样一个翻船、流落岛屿的概念出发重新建设。我写过一首诗《被弃之人》。我跟妻子讲我周末要去特立尼达的什么地方一个人待两天。我妻子同意了。我独自住在一栋建在海滩上的房子里,写出了那首诗。我没说这就是我的克鲁索概念的源头。但有可能是。这里的海滩通常是一无所有的——只有你、大海、周围的植被,基本上你就独自一个人。我围绕克鲁索的主题写过一些诗,各不相同。关于这个克鲁索主题一个积极的方面是,每个被带到加勒比的族群都处在一种被奴役和被弃的境遇,我认为,这正是海难流落的象征。然后你往四周一看,你必须制作自己的工具。不管那工具是一支笔,还是一个锤头,你的制作是亚当意义上的制作。你的制作不光是因为生活必需,也是因为你认识到你将在这里停留很长时间,还有一种所有权宣示的意思。从一个很宽泛的意义上讲,这就是我对之感兴趣的地方。这里面还有别的反讽,比如星期五所处的位置,他是那个被文明同化的对象。事实上,这种同化从未发生。从城市和大陆来到加勒比地区的人才是经过了文明再教化过程的人。如果他们接受他们的所见所闻,那么他们在此所碰到的事情会教给他们很多东西。首要的,比如不同民族的和平共处，特别是在特立尼达和牙买加等地方。其次，在于历史这个概念被抹去了。对我来说，在加勒比地区，被抹除这个意象向来都是存在的——持续不断把沙子冲洗一新的海浪，不断飞速变幻的巨大云朵。在加勒比，有一种持续不断的连续运动——这种印象是由大海造成的，也是由这样的印象造成的：人们运行于海中，从来都不是静止不动的。在岛上，时光的天平更为浩大——和城市里大不一样。我们不太按照钟表生活。如果你必须置身于一个你必须发明自己的事件的地方，那么，我认为，你学会的是耐心、容忍，是如何让自己成为一个工匠，而不是艺术家。

《巴黎评论》：你最近的剧本《哑剧》探索的是鲁滨逊·克鲁索和"星期五"之间的种族关系和经济关系。剧中一个多巴哥的英国白人旅馆主为了取悦客人，提议和勤杂工合作写一部关于克鲁索的讽刺剧。这出剧是关于殖民主义的寓言吗？

沃尔科特：这部戏的意图很简单：有两种性格类型。一个典型的英国人在公众场合是不能表露悲伤的。他的上嘴唇始终紧绷着。情感和激情是一个纯种英国人极力去避免的。剧中的西印度群岛人物要做的是逐步攻破他的心防，让他承认他也是有能力表露如此感情的，并且，表露感情并没有什么错。某种形式的精神发泄是可能的。这就是这部剧的主要含义。把两种性格放在一个舞台上，看他们的冲突会导致什么。我从来没有把它看作一部关于种族冲突的戏。在美国演出的时候，因为那里的种族对立状况，所以它成了一部冲突激烈的戏。在这里演出就没有那么深的、蕴含了真实痛苦的历史寓意了。我的本意是写成一个有教谕意义的滑稽戏。其中的教谕意义在于，我们不能仅仅只是压抑痛苦，要相信眼泪的净化作用和更新作用。当然，剧中有一个冲突点，在其中两个人物必须面对这样的事实，亦即一个是白人一个是黑人。他们必须面对历史。但是，一旦那个高潮过去了，对立冲突的仪式过去了，戏才真正开始了。有人曾跟我说结尾平淡无奇，不过这样的批评一般都来自在美国演出的时候。某种形式的和解，或者双方必须在一起生活的互相适应，有时候会被人批评是一种太过轻易的解决办法。但我认为这是可能的。

《巴黎评论》：你如何区分你六十年代中晚期的作品《被弃之人》《海湾》和此前的作品？

沃尔科特：不管哪个诗人，在三十到四十岁之间，都会有一个关键的迷茫期，因为在此期间你或者沿着同一个方向继续前行，或者把你早期的作品看成是幼稚的，只是因为隔了一定距离才觉得还不错。你必须怀着这样一种心态来到四十岁，也就是重新创造混乱，并从中学到一些东西。但同时你总是担心此前的作品是平庸的、失败的、可预测的。你发现自己来到这样一个转折点，你会对自己说，呵，你成了以前害怕会成为的那种人：这个人，这个作家，享有一点儿名声，人们对你有所期待，你在对其迎合中陷入固定的模式。在这种情况下，我不认为它们还有什么罪的深刻性。它们的罪恶感应该更加深切才行。从某种程度上说，这些诗底下在沸腾，却在表面打磨得光滑。你知道，一个人总能在粗糙汹涌的表面覆一层装饰性的招贴。在虚无、混乱和不安之上保持柔滑的态度。在这些书中，很多的粗糙汹涌消失了，不过，这种失望将一直伴随着你。

《巴黎评论》：你能谈一谈你一九五九年创建、一九七六年离开的"特立尼达戏剧作坊"吗？你说过你想创造一个舞台，人们既可以在上面演出莎士比亚，也可以唱卡利普索，两者没有轻重、雅俗之别。你的想法实现了吗？

沃尔科特：是的，我认为我做到了。最好的西印度群岛演员是现象级的。大多西印度群岛演员都受过中学教育。他们所接受的古典

557

学训练和阅读非常广泛，非常优秀——大量的莎士比亚，还有其他的伟大英国作家。这样的教育一旦到位，人们的阅读范围就会拓宽很多，如果他们没有读过那些伟大诗人，事情就不一样了。所以，大多数西印度群岛演员对英国古典戏剧很熟悉。他们有口音，但不是装出来的口音，而是一种优雅的腔调。我听过的最好的莎士比亚就是由西印度群岛的演员念出来的。莎士比亚的声音当然不是我们现在听到的莎士比亚，那种雌雄不分、语调高昂的BBC风格，而是一种粗糙的东西——在粗俗和优雅之间拓展出了极其宽广的音域。在这里，我们有这些东西。我们有那种粗俗，我们也有腔调的优雅。新印度群岛的演员对语言的修辞性怀有极大的兴趣。在此之上，他还和西印度群岛作家一样，因为他们都是新人：他表达的东西就是被初次定义的东西。有一种先锋的感觉。对我来说，写戏比写诗更让人激动，因为它是一种集体的努力，人们聚在一起，共同发现。一九五八年我得了一个去美国的奖金，我当时想要一个跟"演员作坊"差不多的地方，在那里，西印度群岛演员不需要附属于任何一个公司就能参加，一起探索一些简单的事情，比如，如何像我们自己说话那样说出台词，不受外来影响，没有不协调的音调，如何以尊敬的态度对待方言，如同对待莎士比亚或契诃夫那样，以及作为个人，在人民之间，亦即人民的一部分，我们自己内里的心理学是什么样子，等等。开始的几年，很困难。没有什么人愿意来。我们不知道自己在干什么，我们就是临场发挥、探索、试验。我下定决心，除非有了合适的团队，绝不演出。我没有创建剧团的想法。那时候，我只想着能有演员来，大家一起工作。经过了很长的时间，最后我们终于上演了一出剧，我有了一个很棒的剧团，活跃了十七年。剧团也开始吸纳舞蹈家，还有一些非常棒的演员。我记得特里·寒芝（Terry Hands）来过一次（他现在是皇家莎士比亚剧团的副导演之一），出演《塞维利亚的小丑》，那是我当时的妻子玛格丽特建议演出的。剧场很小，好像斗牛场、或斗鸡场，我们还提供三明治、咖啡、橙子、等等，观众那时都已经熟悉剧中的插曲了，跟着演员一起唱。特里对我说："德里克，你做的事情跟布莱希特差不多。"我很高兴，因为我懂他的意思。布莱希特的想法是让观众参与进来，把拳击台当舞台，或者把舞台当作大剧场，就这样得到了实现。但是，经过了好几年的时好时坏、反反复复，它最终失去了魅力。虽然我还会单独使用剧团的演员，但我不再经营剧团了。不过，运营一个剧团十七年，也足够长了。

《巴黎评论》：你说过最初开始写剧本"是因为相信一个人可以不仅仅写剧本，而是创建一个剧场，不仅仅是创建一个剧场，而是创建它的环境"。但到了一九七〇年你写《猴山上的梦》的时候，那种骄傲感让位给疲倦，那种天真被绝望取代了。发生了什么？

沃尔科特：我现在在写一部戏剧，名字叫作《蓝色尼罗河的一条支流》，是关于一群演员，一个小剧团如何分崩离析的。我还不知道——我必须很快决定——结局是否很悲惨。最后的顿悟，整个结局，是一个没有答案的问题。

《巴黎评论》：这个问题是不是和国家是否应该扶持艺术有一点儿相关呢？

沃尔科特：我五十五岁了，战斗、写作了一辈子，一直都在或嘲弄或鼓励这样一种观念，就是国家对它的艺术家亏欠太多。年轻的时候这看起来像罗曼司，现在我年长了一些，我纳税，它是一个事实。不过，我想要的不仅仅是公路，我也想要快乐，我也想要艺术。而加勒比海地区这点做得太差。加勒比海地区的中产社会充满贪腐、自我中心、冷漠自私、自我满足、沾沾自喜，是个市侩和庸人的社会。对自己的作家和艺术家连很少的空口奉承话都欠奉。每个艺术家都对这种现状有所认识。关键是你是否要说出来，然后转身不理，一辈子都不和他们发生关联。我没有那么做，我不认为我有能力那么做。问题出在这里：大英帝国留下了一种遗产，也就是业余性。我们现在还享有的继承是这样的：艺术是一种业余活动。这种态度和布尔乔亚重商主义最糟糕的部分结合起来了，不管是法国人的、丹麦人的、英国人的还是西班牙人的布尔乔亚。我能想到的整个加勒比海地区对自己身边的事情都是这样一种顽固不化、愚顽不灵的冷漠态度。加勒比海地区存在的慈善可以忽略不计。钱很多——你看看那些房子、汽车，看看有些岛上人们的生活水平就知道了——但没人给出。如果他们捐助了，我不知道他们捐助了什么，锚铢必较就是那些小资商人、守财奴的典型行为。我不是心怀不满，不过可以这样说，所有我得到的，不管是挣来的还是以别的方式来的，都是来自美国而非加勒比。

《巴黎评论》：在加勒比海地区，什么构成了艺术生产？

沃尔科特：在世界的这一隅，艺术生产以五年为期。五年之后，人们就放弃了。我看到的是五年的人性、厌倦和徒劳。我不停地去看年轻的作家，我看到同样一种绝望，同样一种想说"去他的，我不干了"的无奈。政府资助也有问题。我们有一种机械的想法，即政府只需要关心住房、吃饭之类的事务。总是有更高的优先，比如下水道、电力。从十八九岁起，我就希望政府应该认识到，每个理智的人都需要的不仅仅是自来水，也需要手中有一本书、墙上挂一幅画。年满五十五岁，我看到有所增长的只有唯利是图、自私自利，比这更糟的是，它提供一种肤浅的艺术服务。我痛恨加勒比海地区的庸俗。看到这样的民族，他们唯一的力量在于其文化，却对其漠然以待，这让我非常痛苦。特立尼达是一个很好的例子，它出产了无数狂欢节工匠。现在，政府扶持狂欢节，但那只是季节性的。我谈的是某种更地方性的、更深植的、更有机的加勒比海的观念。因为我们曾是殖民地，我们继承了一切，但我们过去认为是帝国思维的东西，却被我们自己的顽固、愚蠢和盲目短视延续下去了。

《巴黎评论》：你在《猴山上的梦》的序言里抨击了政府赞助的民间艺术的粗俗化、商业化进程。你在诗和文章里谈到的一个主题，是旅游业对西印度群岛的负面影响。你可以就此谈谈吗？

沃尔科特：我以前把旅游业看作对一种文化的摧残。现在我不那么看了，也许是因为我来这里的次数太多吧，也许我自己就是一个美国来的旅游者。一种文化处于危险之中，其实是出于自我认知。每个人都有权利来这里过冬，沐浴阳光。无人有权侵犯别人，所以我不认为如果我是美国人你就有权对我说不要来这里因为这海滩是我们的之类的话。在我讨论的那个年代，当然，奴性是问题的关键所在——侍者必须笑，我们必须如此，等等。主子-奴隶的关系延伸到了旅游业中。我认为现在的情况有变。新的一代人自身强大了，脱出了那种关系。事实上，天平倾向了另一侧，发展到对客人有了敌意的程度。做得过火了。但是，话说回来，光是演演钢鼓乐，在旅馆里娱乐客人，在哪里办一场演出，给他们一种轻浮的、欢乐的、无所谓的印象，如果一个政府或一种文化是这么呈现自己的，那么确实就是自取其辱。但如果呈现的是那些植根更深的艺术家、作家、画家、表演家，如果有更多的骄傲洋溢其中，而不是那种你亲眼见到的、游手好闲的人在城里百无聊赖地闲逛，期待有什么好事发生，岂不更好。我不是那种说你必须只为自己做事的人，因为浸淫于加勒比剧场一辈子，十七年的创作室经验，确实会让我说——是的，站起来吧，只靠自己，停止依靠政府。但是，在某个时刻，你必须对政府说，你看，伙计，这太荒唐了。我是个公民。我没有博物馆。我没有好的图书馆。我没有一个表演的场所。我没有一个跳舞的地方。这是犯罪。我说过西印度群岛被城市小资心态所统治而萎靡不振，这也是那种状态的延续，采取一种克里奥尔式的理想生活，大致就是享受好时光，别的不用操心。

我的意思是，西印度群岛生活最糟糕的一面就是：享受时光，句号。

《巴黎评论》：你因何反对民俗学家和人类学家？有些人认为他们是一群在智识上值得尊重的人。

沃尔科特：我不信任他们。他们不是抹黑就是夸大。如果他们沉默，不招摇，那么他们做的是有意义的。但如果他们开始告诉别人他们是谁，是什么，那么这些人就是可怕的。我去参加过一些研讨会，听众里有民俗学家所讨论的对象，他们完全被那些理论搞懵了。

《巴黎评论》：你最有名的一首早期诗《来自非洲的不平之声》这样结尾："我怎能背向非洲而活着？"但是到了一九七〇年你却写出了"非洲的复兴在于逃到另一个尊严"，以及"当我们失去了变成白人的愿望，我们才能发展出变成黑人的欲望，两者也许不同，但都是一种生涯"。你还说成为非洲人不是一种继承，而是馈赠，是"一张账单，付给我们成为奴隶的事实"。你现在对西印度群岛作家和非洲的关系是什么看法？

沃尔科特：每个儿子身上都有一种独立成人的责任。儿子把自己从父亲身上切割出来。加勒比海地区往往拒绝切断那条脐带，直面自己的状况。所以，很多人运用的一种非洲的概念出于错误的骄傲和错误的英雄理想主义。我过去曾多次指出在历史感伤主义中蕴含着巨大的危险，我因此付出了代价，遭受了很多批评。我们最容易陷入这种感伤，因为我们受过苦，被蓄奴制所侵害。存在一种略过奴隶时代、直接回到伊甸园式的那种宏大叙事，比如猎狮，等等。而我想说的是，如果你有能力，那么你要把被奴役的史实考虑进来，心境平和而无怨恨，因为怨恨会导致致命的报复心。加勒比海地区人们的冷漠很多是因为这种历史抑郁症而来的。是因为这种心态的结果："看看你对我造成的伤害吧"。这种"看看你给我造成了多大的伤害"很孩子气，不是吗？而反过来，"看看我怎么报复你"也是错的。想一想加勒比海地区的文盲比例。几乎没有人能够清晰回溯他们的族谱。加勒比海地区的整个状况就是一个文盲的状况。如果我们接受了这样的认识，亦即从一开始就不应该因历史上的那些残暴而抱有愧疚感，那么我们才能成为人。但如果我们继续郁闷下去，并诉说着看看奴隶主是怎么对待我们诸如此类的话，那么我们永远都不会成熟。当我们坐在那里，写下阴郁的诗歌和小说的时候，时光却在流逝。我们沉浸在一种情绪中继续下去，这就是典型的加勒比写作：不断揉着过去的伤口。并不是说你应该忘却，而是相反，你接受它，就跟任何人接受伤口是他的身体一部分一样。但这并不意味着你一辈子就是为了培育它。

《巴黎评论》：《幸运的旅行者》充满了关于各个地方的诗。其同题诗详述了一个幸运的旅行者从一个欠发达国家到另一个国家及其间所发生的危机。在《北和南》中你写道："我接受我的职能／作为一个在帝国之末发家的人，／一个无家可归的、孤独环绕的卫星。"被弃之人变成了旅游者了吗？你是否还感到在家乡和国外这两极之间的牵扯之力？

沃尔科特：除了圣卢西亚，我从来没有觉得自己属于别的地方。这里有地理的和精神的落脚地。但是，这里也有现实。今天下午我还问自己，如果我有机会离开，我是否会在这里度过余生。我觉得答案肯定是否定的。我不知道我是否会为此而痛苦。感到这些贫穷黑暗狭小的房子、街上的人和你自己的区别，这是一种必然，因为你随时可以坐飞机抽身而走。本质上你是一个旅游者，一个访客。你的运气在于可以随时离开。很难切身体验你周围那些人因为贫穷或者什么羁绊没有能力离开的境遇。然而，我回来这里的次数越多，就越少感到我是一个挥霍者，或一个返家的被弃之人。也许随着年龄增长，你会越发地囿于你的生活现状、你的来历、你的误解、你应该却没做到的理解、你企图达到的重新理解之中。我还会不断地回来，看看我的写作是否还没有脱离那个公共汽车上我旁边乘客的真实经验的范围——不是居高临下地和那个人谈话，而是分享那个人的痛苦和力量，这些痛苦和力量是人们在那些残酷得令人悲哀的环境里，忍受殖民主义恶果的困境中必须具备的。

《巴黎评论》：你在《仲夏》里写道"诅咒你的家乡是终极之罪"，是什么导致了你这样说？

沃尔科特：我认为这话没错。我认为你所来自的土地就是你的母亲，如果你转过身来诅咒它，那么你就是在诅咒你的母亲。

《巴黎评论》：你写过好些关于纽约、波士顿、古老的新英格兰，还有美国南方的诗。特别是《幸运的旅行者》的第一部分，其中一首诗题目是《美国缪斯》，另外一首说"我爱上了美国"。你对美国生活是什么感觉？你认为你在某些方面美国化了吗？

沃尔科特：如果是的话，那么也是自愿的。我不认为我被洗脑了。我不认为那些奖金和荣誉能诱惑得了我。美国对我非常非常慷慨——不是严格意义上的慈善方式；我是通过努力获得了那慷慨。但这确实给了我很多的帮助。真正有意义的是那行诗中对美国的爱是否为真情实感。那种感情是我坐长途车从一地到另一地，在车上看沿途风景时产生的。如果你爱上一个地方的风景，那么接下来就是那地方的人民，不是吗？普通美国人不像罗马人、英国人。普通美国人不认为世界属于他或她；美国人的脑子里没有帝国主义的设计。我在他们身上看到的是温和、慷慨。他们有理想。我在美国走过很多地方，我在那里看到的东西，我依旧相信，我很喜欢。

《巴黎评论》：你对波士顿的感觉如何？你曾把它称为"我流亡的城市"。

沃尔科特：我总是告诉自己，停止使用"流亡"这个词。真正的流亡意味着家园完全失去了。约瑟夫·布罗茨基是一个流亡者；我不是一个真正的流亡者。我有家可归。如果压力太大，想念太甚，我总能选择攒够钱回家，在大海和天空之间恢复精神。开始的时候，我对波士顿的敌意很深，也许是因为我爱纽约。开个玩笑，我老是说波士顿应该是加拿大的首都。但它是一个你逐渐会爱上的城市。我住的地方也很舒适。离大学很近。我在那里工作很愉快，我喜欢教书。我不认为我有两个家；我是一家两地。

《巴黎评论》：罗伯特·洛威尔对你影响很大。我脑子里想的是你悼念他的诗作《RTSL》，还有你在《仲夏》里所说的"凯尔①庞大的体型出没于我的班级"。你可以谈谈和洛威尔的关系吗？

沃尔科特：洛威尔和伊丽莎白·哈德威克去巴西旅游，他们在特立尼达停了一站。我记得在皇后公园旅馆和他们会面，我太慌乱了，把伊丽莎白·哈德威克称作埃德娜·圣·文森特·米莱②。她说："我还没那么老呢。"我整个人都懵了。很快气氛就很友好了。我妻子玛格丽特和我带他们去了海滩。他们的女儿哈里特也在。我记得和洛威尔在一个海滩上的房子里，他女儿和妻子应该已经睡了。我们点着汽灯。《模仿集》刚出版，我记得他给我看对雨果和里尔克的模仿，问我觉得怎么样。我问他其中两节是否出自里尔克之手，他说："不是，是我写的。"这样一位声名卓著的人物征求我的意见，这让我受宠若惊，如沐春风。对很多人他都是这样交往的，非常诚恳、谦逊、直

---

① 凯尔（Cal）是洛威尔小时候的外号。
② 埃德娜·圣·文森特·米莱（Edna St. Vincent Millay，1892—1950），美国诗人、剧作家，她比洛威尔妻子、作家伊丽莎白·哈德威克年长二十多岁。

接。我非常珍视这些回忆。我们回到纽约后，凯尔和丽西①举办了一个很大的派对，去了很多人，我们的关系变得很亲密了。凯尔体型高大，却非常温柔、尖刻，是个很有趣的人。我觉得那些传记没有一部抓住了他平静时候的优雅、滑稽、温和的美。他保留了一张我儿子皮特，还有哈里特的照片，还会从钱包里抽出来给我看。他天性中有一种甜蜜的冲动。有一次我去看他，他说："我们给艾伦·金斯堡打个电话，让他过来。"太令人怀念了，我很难相信他已经不在了。从某种程度上说，我无法把我对洛威尔的爱和他对我的影响分开。我怀念他的品性和温柔，和他相识所意味的即时性。我欣赏他对接受他人影响的坦诚。他不是那种诗人，口称我是一个美国诗人，我很特殊，我有自己的声音，和任何其他人都不同。他是一个说我会吸收一切的那种诗人。他有一种多层次的想象；甚至到了中年，他也没有羞于承认受到威廉·卡洛斯·威廉斯、弗朗索瓦·维庸、鲍里斯·帕斯捷尔纳克的影响，所有这些影响都在同时进行。多好啊。

《巴黎评论》：具体的诗歌方面的影响呢？

沃尔科特：他对我说过一句话："你必须更多地把自己投入你的诗中去。"他还建议我去掉一行开头的大写字母，用小写。我那样做了，觉得很新鲜，这让我放松。很简单的建议，却是那种一个伟大诗人可以告诉你的非凡的东西中的一个——一个小小的开口。洛威尔对每个人的影响，我认为，是他那种到了冷酷程度的真诚，他企图把一种虚构的、此前并不存在的力量注入诗歌，好像你的生活是小说的一段——不是因为你是主角，而是因为有些以前不能入诗的东西，有些非常平庸的细节能够被照亮。洛威尔强调平庸之物。在某种程度上，让平庸的平庸，但仍旧呈现其中的诗意，这是一个巨大的成就。我认

---

① 丽西（Lizzie）是伊丽莎白的爱称。

为他的直接性,他对平常事物的对抗,是最伟大的事情之一。

《巴黎评论》:你可以谈谈第一次在美国朗诵诗歌的情景吗?听到洛威尔对你不吝赞美的介绍,肯定很有满足感。

沃尔科特:我没听见他说了什么,因为我在幕布的后面,那是在古根海姆美术馆。我住在切尔西旅馆,那天我觉得应该去剪个发,于是,我就蠢分兮地去了街角理发馆,坐下。理发师拿出电剃刀,给我剪了有史以来最糟糕的发型。我气死了,但是又没办法把头发变回去。我甚至想过戴帽子。不过我还是那样去了;顶着一头地狱级的乱发。我读到一半——我在读《来自非洲的不平之声》——突然听众席传来掌声。我以前在诗歌朗诵会上从来没有听过掌声。我没有举办过正式的朗诵会,不知怎么的我以为那掌声是在告诉我,结束了,他们以为读完了。于是我就走下舞台,处于一种震惊的状态。我走下舞台的时候觉得那掌声是他们委婉地让我下台、说"好了,谢谢,还不错"的特有方式。主持人让我回到台上继续把诗读完,我拒绝了。我当时肯定显得非常傲慢,但我觉得如果回到台上才会显得过于自负。我回到了特立尼达。因为当时没听到洛威尔对我的介绍,就跟一个政府机构的人要,他有"美国之音"的录音档案。我说我想听听洛威尔的磁带,那人说"已经销毁了"。多年之后我才听到凯尔说了什么,我感到非常荣幸。

《巴黎评论》:你是怎样和约瑟夫·布罗茨基成为朋友的?

沃尔科特:很讽刺的是,我和布罗茨基是在洛威尔的葬礼上遇见的。罗杰·斯特劳斯(Roger Straus)、苏珊·桑塔格和我去波士顿参加葬礼。我们在什么地方等布罗茨基,也许是在机场,不过他因为什么来迟了。在葬礼期间,我坐在长凳上,一个人坐到我身边。我不认识他。念悼文的时候,我站起来,瞥了他一眼,我想,如果这个人不哭那么我也不哭。我不停地瞥眼看他，看他有什么动静，但他始终保持严峻的表情。这帮了我的忙，我得以忍住泪水。当然了，他就是布罗茨基。后来，我们认识了。我们去伊丽莎白·毕肖普家，熟络了一些。后来我们的友谊发展很快，成了永久的朋友——具体的细节记不得了。我敬佩约瑟夫，因为他的勤奋，他的勇气，他的智慧。他是一个绝佳的例证：还有如此完全的诗人，把诗歌当作艰苦的事业，而不是别的，需要全身心的投入。洛威尔也很勤奋，不过你可以感到约瑟夫的生命里只有诗。在某种意义上讲，那是我们为之而生、希望为之而生的东西。约瑟夫的勤奋是一个我非常珍视的例证。

《巴黎评论》：你是什么时候成为谢默斯·希尼的朋友的？

沃尔科特：有一篇 A. 阿尔瓦莱斯（A.Alvarez）写希尼的书评，那是一篇往轻里说、也让人不安的书评，他把希尼描述为一个蓝眼男孩[①]。英语文学里总是有一种蓝眼男孩。那篇书评惹怒了我，我就通过编辑给希尼发了一个便条，里面骂了脏话，表示我的支持、鼓励。后来，我们在纽约某人家里喝酒。从那时起，友谊开始萌芽发展了。他来波士顿在哈佛的时候我常见他。我觉得有约瑟夫和谢默斯这样的朋友很幸运。我们三个人处于美国经验之外。谢默斯是爱尔兰人，约瑟夫是俄国人，我是西印度群岛人。我们不会卷入这样的争吵：谁是柔弱的诗人，谁是硬派诗人，谁是自由体诗人，谁不是诗人，等等。能够避开争吵，处于边缘是好事。我们是美国文学圈的外围。我们可以高兴地漂到这里，却不必局限于某个流派、某种激情或某种批评之流弊。

《巴黎评论》：这些年你的风格似乎趋向于更加简单直接，更少盘

[①] 蓝眼男孩（blue-eyed boy），指非常受人尊敬的人，特别是受权贵推崇的人。

结、更随意，在更安静的同时却更激烈了。这个评价是对你中年诗学风格的准确概括吗？我无法想象一本如《仲夏》的书出自年轻的德里克·沃尔科特。

沃尔科特：当然，风格是会变化的。写完了《另外一生》，我想写点短诗，更本质一些，一锤定音，写写以前没有深入的东西。它们构不成一本书的规模。好像钟摆有限度地摇来摆去。说到《仲夏》，那时候我觉得暂时不想再写诗了，虽然这听起来有点傲慢。我觉得也许我做得太过了。我要把注意力完全集中在绘画上。在绘画过程中，我会记下进入脑海的诗句。我会让它们自毁；我会说，好吧，我要把它们记下来……但用一种反诗的猛烈冲动。如果写得不好，忘掉就好了。后来一再发生的却是，那些诗行不管怎样还是出现了，也许恰好是因为那种焦躁，然后我把它们随机拼接，发现了某种松散的形式。当然，你不可避免地想把它们之间的空隙缝合起来。我发现我所做的不需要什么想象力，不是那种直线发展的、抒情的、平稳的、旋律强烈的话语——而是反旋律的。对一首诗来说，如果你赋予一首诗以个性，那是最让人激动的事——感到它变得有些反旋律。词汇变得更有挑战性了，韵律也更有趣了，不一而足。正因为你不想写，或想写一首不是诗的诗，才变得更多产、更矛盾、更复杂了。渐渐地，一本书浮现成型了。你肯定无法容忍零件和片段四下散落。我开始把所有东西焊接起来——保留一切我觉得有价值的东西。我想，好，不管这是否平常之物，它应该也有一点点更宏大的权利。这就是我认为我在《仲夏》里做到的。

《巴黎评论》：你的《诗全集》出版了，是什么感觉？

沃尔科特：你知道，你已经来到生命的某个阶段。你也明白你在某种程度上失败了，没有完全实现你的想象和雄心。这是一个非常困难的时期。我完完全全吓坏了。我不是说我学塞林格逃出大众的视野。而是不想回头看到自己那个样子。我根本不认为他就是我心目中的那个男孩——那个开始写诗的男孩——想要的，他想要的可不是赞誉，不是名声。但这令人非常烦恼。我记得狄兰·托马斯在哪里说过，他喜欢自己没出名的时候。所有我想说的归于一点：我手头确实有一本书差不多好了，希望它能弥补《诗全集》的缺陷，对《诗全集》来说它会是一个救赎。

（原载《巴黎评论》第一百零一期，一九八六年冬季号）

THE PARIS REVIEW

托妮·莫里森

1993 年诺贝尔文学奖得主

获奖理由:"因其以充满想象力和诗意的长篇小说为美国现实的一个重要方面赋予了生命"

《巴黎评论》访谈发表时间:1993 年

托妮·莫里森
(Toni Morrison)
1931—2019

美国小说家，1931年生于俄亥俄州，曾在兰登书屋担任高级编辑，后赴普林斯顿大学等校任教。代表作有《最蓝的眼睛》《所罗门之歌》《宠儿》《爵士乐》《爱》《恩惠》等。

2019年8月病逝于美国纽约。

托妮·莫里森

◎ 许志强 / 译

　　托妮·莫里森痛恨被人叫作"诗性作家"。她似乎认为，将注意力放在她作品的抒情性上是小看了她的才能，否认了她那些故事的力量和反响。作为一个作品既受欢迎又获好评的为数不多的小说家，她挑选可以接受的赞扬，这种奢侈她担负得起。然而，并不是所有的归类她都拒斥，事实上，她欣然接受"黑人女作家"这个称号。她那种将个体转变成势力、将个性转变成必然性的能力，使得一些批评家把她称为"黑人精神的 D. H. 劳伦斯"。她同样是一个社会小说的大师，审视种族和性别之间的关系以及文明和自然之间的斗争，同时又将神话和幻想与一种深刻的政治敏感性结合起来。

　　在一个夏日的星期天下午，在草木葱茏的普林斯顿大学的校园里，我们和莫里森交谈。访谈是在她的办公室里进行，那儿装饰着一帧海伦·弗兰肯塔勒的大幅画片，一个建筑师给她作品中出现的所有房子所作的钢笔画，一些照片，几幅装了框的书皮封套，还有一封海明威写给她的道歉信——故意用来开玩笑的一件伪造品。书桌上是一只蓝色玻璃茶杯，饰有秀兰·邓波儿画像，里面插着她用来写初稿的 2 号铅笔。窗台上摆放着景天树，还有几盆盆栽植物吊在上方。咖啡壶和咖啡杯随时可取用。虽说天花板高，书桌大，还有黑色高背摇椅，房间里却有那种厨房的温暖感，或许是因为，跟莫里森谈写作像是那种经常出现在厨房里的亲密交谈；或者说不定是这个缘故，我们

American; it could be Catholic, it could be Midwestern. I'm those things too, and they are all important.

INTERVIEWER

Why do you think people ask, "Why don't you write something that we can understand?" Do you threaten them by not writing in the typical western, linear, chronological way?

MORRISON

I don't think that they mean that. When they say, "Are you ever going to write a book about white people?" they think that that's a kind of a compliment. They're saying, "You write well enough, I would even let you write about me." I couldn't say that to anybody else. I mean, could I go up to Andre Gide and say, "Yes, but when are you going to get serious and start writing about black people?" I don't think he would know how to answer that question. Just as I don't. He would say, "What?" "I will if I want" or "Who are you?" What is behind that question is, there's the center, which is you, and then there are these regional blacks or Asians, sort of marginal people. That question can only be asked from the center. Bill Moyers asked me that when-are-you-going-to-write-about question on television. I just said, "Well, maybe one day ..." but I couldn't say to him, you know, you can only ask that question from the center. The center of the world! I mean he's a white male. He's asking a marginal person, "When are you going to get to the center? When are you going to write about white people?" But I can't say, "Leo Tolstoy, when are you gonna write about black people?" I can't say, "Bill, why are you asking me that question?" The point is that he's complimenting; he's saying, "You write

经托妮·莫里森本人修订的《巴黎评论》访谈稿中的一页

开始累得筋疲力尽时，她却神奇地端出几杯酸莓汁来。我们觉得，她允许我们进入一方圣殿，而她却巧妙地全盘控制着局面。

外头，阳光滤过橡树叶子高高的华盖，在她白色的办公室里洒下一簇簇淡黄光斑。莫里森坐在大书桌后面，尽管她抱歉说桌上"乱七八糟"，可是书桌却显得颇为归整。顶着墙壁摆放的一条油漆长凳上，摆放着一堆堆书和一摞摞文件。她比人们想象得要矮小一些，而她那头银灰色头发，编成薄薄的钢花辫子，长度刚好垂落到肩头。访谈期间，莫里森洪亮深沉的嗓音偶尔爆发出轰隆隆的笑声，为了强调某个声明，她偶尔用手掌平平地拍打桌面。她会从对美国暴力的愤怒即刻转换到对垃圾电视脱口秀主持人幸灾乐祸的讥刺，而她承认，傍晚她的工作结束时，她偶尔会浏览那些电视节目。

——访谈者：伊莉莎·沙佩尔，克劳迪娅·布罗茨基·拉寇[①]，一九九三年

《巴黎评论》：你说过，你在天亮之前开始写作。这种习惯的开始是出于实际原因，还是由于清晨是你特别多产的一段时间？

托妮·莫里森：天亮之前写作是始于一种必要性——我开始写作的时候有了小孩子，而在他们叫妈妈之前，我需要利用这段时间——而那总是在早晨五点左右的时候。多年以后，我不在兰登书屋工作以后，我就在家里待了几年。我发现以前从未想过的我自身的一些情况。首先，我不知道什么时候我想吃东西，因为我一向是在要吃午

---

① 伊莉莎·沙佩尔（Elissa Schappell），美国小说家、编辑，文学杂志《铁皮屋》创始主编。克劳迪娅·布罗茨基·拉寇（Claudia Brodsky Lacour），美国学者、作家，普林斯顿大学比较文学教授。

饭、晚饭或早饭的时候已经吃过饭了。工作和孩子驱使了我所有的习惯……我并不了解从周一到周五我自己屋子里的各种声音,这一切弄得我感觉有点儿晕。

我是在那个时候投入《宠儿》的写作的——这是在一九八三年,而我最终意识到,早晨我脑子更清楚,我更自信,一般说来是更聪明些。早起的习惯,是孩子还小的时候养成的,如今则成了我的选择。太阳落山之后,我不是很灵光,不是很有才,不是很有创造性。

最近我跟一个作家聊天,她描述不管什么时候她移到写字桌前所做的某件事。我记不清那是个什么手势——桌上有个东西,她在敲打键盘之前要摸一下——可我们开始谈起人们开始写作之前所经历的那些小小仪式。我起先觉得我并没有仪式,可随后我就想起来,我总是在起床后沏一杯咖啡,这个时候天还黑着呢——天必定是黑着的,接着我就喝咖啡,注视晨光浮现。然后她说,噢,这个就是仪式呀。而我意识到,对我来说这个仪式构成我的准备,进入那个我只能称之为非世俗的空间……作家全都要发明接近那个地方的途径,他们期望和那儿取得联系,他们在那儿变成导管,或者说他们在那儿加入这个神秘的过程。对我来说,光线是迁移的信号。它并非存在于光线之中,而是在它到来之前就在那儿。它给了我能力,某种意义上说。

我跟学生讲他们需要知道的最重要的一件事情是什么时候他们状态最好,最有创造力。他们需要问他们自己,什么才是看起来理想的房间呢?有音乐?有寂静?外面吵吵闹闹还是外面风平浪静?为了释放想象力我需要什么?

《巴黎评论》:你的写作惯例是怎么样的呢?

莫里森:我有一种从未体验过的理想惯例,那就是比如说,有九天不间断,而那个时候我不需要离开屋子或是接电话。并且拥有那个空间——在那儿我拥有大桌子的那种空间。到头来不管我在什么地方都是这么大的空间［她指着书桌上一小块方方正正的地方］，而我没法越雷池一步。我想起艾米莉·狄金森用来写作的那张小不点儿书桌，我心想，多可爱，她就在那儿，这个时候我就会暗自发笑。可那是我们任何人所拥有的全部：就这么小块空间，不管是什么样的归档系统，不管你如何经常清除它——生活、文件、信件、申请书、请柬、发票只是不断回到里边来。我做不到有规律地写作。这我从来都做不到——主要是因为我向来做朝九晚五的工作。我只好是要么在这些时辰中间写作，匆匆忙忙，要么是花去许多周末和黎明前的时间。

《巴黎评论》：下班后你能写作吗？

莫里森：这个很难。我用冲动代替纪律，努力克服空间上的缺乏秩序，这样一旦有某种迫切的东西，迫切地看到或理解了，或是隐喻足够强有力，那我就会把事情全都推到一边，一个时段接一个时段地写作。我跟你们讲的是初稿的写作。

《巴黎评论》：你得要一口气把它给做完吗？

莫里森：我是这么做的。我不觉得这是一种定则。

《巴黎评论》：你能像罗伯特·弗罗斯特那样坐火车时在鞋底写作吗？你能在飞机上面写作吗？

莫里森：有时候某种东西的落实让我碰到一些麻烦，比如说，词序的安排，在汽车里我就写在纸片上，在旅馆里就写在旅馆信笺上。如果它来了你就知道。如果你知道它真的来了，那你就不得不把它记下来。

《巴黎评论》：对你来说写作的物质行为是怎样的呢？

莫里森：我用铅笔写作。

《巴黎评论》：你会用文字处理器工作吗？

莫里森：哦，这个我也做的，但这要晚得多，到了一切都弄成整体的时候。我把它输入电脑，然后开始修改。可我第一遍写的任何东西都是用铅笔写的，要是我没有铅笔的话，也许就用圆珠笔。我不挑剔，可我偏爱的是法庭用的黄本子和一支漂亮的2号铅笔。

《巴黎评论》：迪克森·蒂孔德罗加公司的2号软铅笔？

莫里森：正是。我记得有一回试着用录音机，但是不成。

《巴黎评论》：你真的对那种机器口述故事？

莫里森：不是全部，只是一点点而已。例如，两三个句子看似要落实的时候，我就想到我要在车里带上一台录音机，特别是我在兰登书屋工作的时候，每天都来来回回。我想到我可以把它正好给录下来。这是个灾难。不是写下来的东西我信不过，虽说我在接下来的修改中工作得很起劲，把那种作家特色的东西从中去除掉，让它变成一种抒情语言、标准语言和口语语言的混合体。把这些东西都一起塞进某种我觉得更为生动和典型的东西里去。可是某种东西想到之后就说出来，而且立即被转移到纸面上，这我信不过。

《巴黎评论》：你创作的时候曾把你的作品大声朗读出来吗？

莫里森：发表了才朗读。我信不过表演。当它根本不成功的时候，我可能会得到一种反馈，让我觉得它是成功的。对我来说写作的困难——处在种种困难之中——是要写出那种能在纸上对什么都没听见的读者悄然发生作用的语言。如今为了这一点，人们得要非常仔细地处理字里行间的东西。没有说出的东西。那种节拍，那种韵律，等等。因此，你没有写出的东西才屡屡赋予你确实写出的东西以力量。

《巴黎评论》：一个段落你得要重写多少遍才能达到这个标准呢？

莫里森：嗯，那些需要重写的，只要做得到我就重写。我的意思是说我改了六遍，七遍，十三遍。但在改正和焦躁之间有一条界线，正好改到要死。重要的是知道什么时候为它焦躁；你为它焦躁是因为它不行，它需要被扔掉。

《巴黎评论》：你曾回头去看已经发表的东西并希望为某种东西多些焦躁吗？

莫里森：很多。一切。

《巴黎评论》：你曾重写已经发表的段落然后把它们念给读者听吗？

莫里森：我不为读者修改，但我知道它应该是什么样的和不是什么样的。过了二十多年后这个你能弄明白；这一点我现在比那个时候懂得更多。它不见得会有那么不一样或者甚至会更好；事情不过是，考虑到上下文关系，我试图达到什么样的效果，或者说我想要让它对读者产生什么样的结果，多年以后情况对我而言是更清楚了。

《巴黎评论》：做了二十年编辑，你觉得这对你作为一个作家有什么影响呢？

莫里森：我不知道。它减轻了我对出版业的敬畏。我理解了有时存在于作家和出版商之间的那种对抗关系，但我懂得编辑是多么重要，多么关键，而这一点我以前是不知道的。

《巴黎评论》：有那种在批评上有帮助的编辑吗？

莫里森：噢，有啊。好编辑让一切变得不一样。这就像是牧师或精神科医生，要是你找的人不对，那你还不如不找。但是存在着如此珍贵和如此重要的编辑，他们值得你去寻找。一旦你找到了一个，你总是知道的。

《巴黎评论》：你曾共事过的作用最大的编辑是谁？

莫里森：我有一个非常好的编辑，对我来说是最上乘的——鲍勃·戈特利布。让他变得对我有益的是许多东西——知道什么不要去碰；问所有那些要是有时间你或许会问你自己的问题。好编辑其实是第三只眼，冷静、不动情，他们并不爱你或你的作品；对我来说这就是可贵之处——不夸奖。有时令人毛骨悚然；编辑把他或她的手指恰恰放在作家知道是薄弱但当时就是没法做得更好的那个地方。或者说不定作家觉得它会成功的，但是并没有把握。好编辑认出那个地方，有时候提提建议。有些建议没有用，因为你试着要做的事情，并不是每一件都能向编辑解释的。我不可能把所有那些事情都对编辑做解释，因为我做的东西得要在那么多的层面上起作用。但这种关系里头要是有某种信任，某种倾听的意愿，那么不寻常的事情就会发生。我一直在读的那些书，我知道可能不是得益于文字编辑，而是得益于某个正好把它谈透的人。在某个特定时期找到一个了不起的编辑是重要的，因为要是你起初没有，那么后来就几乎不会再有了。如果没有编辑你干得很好，你的书在五年或十年里受到很好的接纳，然后你写另一本书——它获得成功但不是很好——那你为什么要听编辑的话呢？

《巴黎评论》：你跟学生讲过，他们应该把修改的过程看作是写作的一个主要乐趣。你是在初稿的写作中还是在作品的实际修改中得到更多快乐的呢？

莫里森：它们不一样。最初想出点子或是有了点子，让我深深激动……在开始写作之前。

《巴黎评论》：它是在瞬间到来的吗？

莫里森：不是的，它是我得要去摆弄的一种持续的东西。我总是以一个点子着手，即便是一个乏味的点子，它变成一个我没有任何答案的问题。具体地说，从我开始写《宠儿》三部曲以来，而它的最后一部我眼下正在写，我一直在想，为什么比我现在年轻二十岁、三十岁的女人没我这个年纪或是比我年纪更大的女人幸福。这究竟是怎么回事，当她们有如此更多的事情可以做，有如此更多的选择的时候？没错，这就是好东西多得没法选择了，可那又怎样。为什么人人都是那样不幸呢？

《巴黎评论》：你是在写作中正好搞清楚对一个题材的感觉的吗？

莫里森：不是的，我知道我的感觉方式。我的感情就像其他任何人的一样是偏见和信念的产物。但是我对观念的复杂性、脆弱性感兴趣。它并不是"这是我所相信的东西"，因为这就不是一本书，只是一本小册子了。一本书是"这也许是我所相信的东西，但假设我是错的……那它会怎么样？"或者，"我不知道这是什么，但我有兴趣发现它对我和对别人或许会意味着什么。"

《巴黎评论》：你小时候就知道你想要做作家吗？

莫里森：不是的。我想要做读者。我觉得要写的一切都已经被写了或是将要被写。我写第一本书只是因为我觉得它还没有，而我想要在它写完的时候读它。我是个相当不错的读者。我喜爱它。这是我做的东西，真的。因此，我要是能够读它的话，那就是我能想到的最高奖赏了。人们说，我为我自己写作，而这话听起来是那么的不舒服，那么的自恋，但是从某种意义上讲，如果你知道如何阅读你自己的作品——就是说，带着必要的批评距离——这就让你变成更好的作家和

581

编辑。我在教创作课时，我总是在讲你如何得要学习如何阅读你的作品；我并不是说因为你写了它就享受它吧，我是说，从它身边走开，然后就像你有生以来第一次见到它那样去读它。以那种方式去评论它。不要完全陷入你惊心动魄的句子和所有那些……

《巴黎评论》：你坐下来写作的时候心里有读者吗？

莫里森：只有我。要是我来到一个我没有把握的地方，我就让人物去搞定。到那个时候他们非常友好地告诉我我对他们生活的再现是否真实。但是有那么多的东西只有我才能讲述。毕竟，这是我的作品。做对和做错我一样得要负全责。做错并不糟糕，做错而觉得你是做对了才算糟糕。我记得花整个夏天写某种我觉得是很棒的东西，但是直到冬天我才能回过头去看。我回头去看很有信心，那五十页确实是第一流的，但是当我阅读它们时，这五十页的每一页都很糟糕。事情确实是想错了。我知道我可以重新写，但我就是想不通，当时我觉得它是那么的好。这让人惊慌，因为随后你心想这意味着你并不知道。

《巴黎评论》：为什么说它是那么糟糕呢？

莫里森：它浮夸并且索然无味。

《巴黎评论》：我读到的文章说你是离婚之后开始写作的，作为击退孤独的一种方式。那是真的吗？你现在是为了不同的原因写作吗？

莫里森：可以这么说吧。听起来比实际情况简单了些。我不知道我是为那种原因还是为某种其他原因——或是为那种我甚至都没有察觉的原因写作。我知道得很清楚，如果我不是有某种东西要写，我是不喜欢这儿的。

《巴黎评论》：这儿，是指哪儿？

莫里森：是指外面的世界。对我来说不可能不意识到那种难以置信的暴力，固执的无知，对别人痛苦的渴望。我始终对此有所觉察，虽说在某些情况下——晚宴上的好友、阅读其他书籍时——我较少意识到它。教书造成很大的影响，但那是不够的。教书会把我变成某个自满、没有意识的人，而不是参与解决问题。因此让我觉得我仿佛是属于外面这个世界的那种东西，不是老师，不是母亲，不是情人，而是我写作时心里出现的那些东西。于是我便属于这儿，于是一切迥异和不可调和的东西就可以变得有用了。我能够做那些传统的东西，作家总是说他们做的那些东西，而这就是从混沌中弄出秩序来。即便你是在重新制造混乱，你在那一点上也是主宰。在创作过程中挣扎是极其重要的——对我来说比出版作品更重要。

《巴黎评论》：如果你没有这么做，那么那种混乱将是——

莫里森：那么我就成为那种混乱的组成部分了。

《巴黎评论》：解决问题的办法不能是要么去宣讲那种混乱要么去参与政治吗？

莫里森：要是我有那种天赋的话。我能做的不过是读书、写书、编书和评书。我不觉得我能以政客的身份定期露面。我会失去兴趣的。我没有那种智谋，那种天赋。有些人能够将别人组织起来而我却做不到。我只会觉得无聊。

《巴黎评论》：什么时候你清楚地感觉到你的天赋是做一个作家？

莫里森：这是很晚的事情了。我老觉得我大概是有技巧的，因为人们向来是这么说的，可他们的标准也许不是我的标准。因此，我对他们说的不感兴趣。它毫无意义。是到了我写《所罗门之歌》，第三本书的时候,我才开始觉得这是我生活的中心部分。不是说别的女人始终没这么说过,但对一个女人来说,说我是一个作家,是困难的。

《巴黎评论》:为什么呢?

莫里森:嗯,事情不再是那么困难了,但对于我和我那一代或我那个阶层或我那个种族的女人来说当然是困难的。我并不知道所有那些东西都是包括在里面,但关键在于你是在让你自己脱离性别角色。你并不是在说,我是一个母亲,我是一个妻子。或者如果你是在劳动力市场,我是一个老师,我是一个编辑。但是当你说到作家的时候,那该是什么意思呢?那是一份工作吗?这是你谋生的途径吗?这是在介入你所不熟悉的领域——你在那儿没有来源。那个时候我本人当然是不知道任何别的成功的女作家;它看起来非常像是男性包揽的事物。因此你有点儿希望你成为一个身处边缘的小小的次要人物。事情几乎就像是你需要写作的许可似的。我在读女人的传记和自传、甚至是她们如何开始写作的叙述时,几乎她们当中的每一个人都有一桩小小的轶事,讲述那个时刻有人给她们行动的许可。母亲,丈夫,老师——某个人——说道,OK,干吧——这你能做的。这倒并不是说男人从来就不需要那种东西,在他们非常年轻的时候,屡屡有导师说,你不错,而他们就起步了。这权利是某种他们可以认为是理所当然的东西。我不可以。这一切都非常的古怪。因此,即便我懂得写作是我生活的中心,是我心灵之所在,是我最大的欢乐和最大的挑战,我也没法那么说。如果有人问我,你是干什么的?我不会说,噢,我是一个作家。我会说,我是一个编辑,或者,是一个老师。因为你和人见面去吃午餐时,如果他们说,你是干什么的?你说,我是一个作家,他们就不得不想一想这件事,然后他们问,你写过一些什么?然后他们就不得不要么是喜欢它,要么是不喜欢它。人们觉得有必要喜欢或不喜欢并且说出来。完全可以去恨我的作品。真是这样。我有很要好的朋友，他们的作品我就很讨厌。

《巴黎评论》：你觉得你是不得不在私下里写作吗？

莫里森：哦，是呀，我想要把它变成一桩私事。我想要自个儿拥有它。因为一旦你说到它，那么别人就要卷入。事实上，我在兰登书屋时我从来不说我是一个作家。

《巴黎评论》：为什么不说呢？

莫里森：哦，这会不舒服的。首先他们雇用我不是为了做这个的。他们雇用我不是为了让我成为他们当中的一员。其次，我觉得他们会把我解雇的。

《巴黎评论》：是吗？

莫里森：当然了。不存在写小说的内部编辑。埃德·多克托罗① 辞职了。没有其他人了——没有哪个真的是在做买卖和洽谈的编辑也在出版她自己的小说。

《巴黎评论》：你作为一个女人的事实与此相关吗？

莫里森：这我没有想得太多。我是那么忙。我只知道我再也不会把我的生活、我的未来托付给男人的随心所欲了，公司里的或是外面的任何男人。他们的判断跟我觉得我能做的事情再也不会相关了。离婚而有孩子是非常棒的解放。我向来不在乎失败，但觉得某个男人知道得更多我是在乎的。在那之前，所有我认识的男人确实是知道得更多，他们真的是那样。我的父亲和老师都是精明的人，他们知道得更多。然后我碰到了一个精明的人，他对我非常重要，而他并没有知道得更多。

---

① 即 E.L. 多克托罗。

《巴黎评论》：这个人是你丈夫吗？

莫里森：对。他对他的生活知道得更多，但不是对我的生活。我不得不打住说，让我重新开始吧，看一看做成年人是怎样一回事。我决定离家，随身带上我的孩子，去从事出版业，去看一看我能做什么。我也为不成功做了准备，但我想看一看做一个成年人会怎么样。

《巴黎评论》：能否谈谈在兰登书屋的那个时刻，当时他们突然意识到他们当中有一个作家？

莫里森：我出了一本书叫作《最蓝的眼睛》。我没跟他们说起它。他们直到读了《纽约时报》的评论才知道。是豪尔特出版这本书的。有人跟这个年轻人说我在写点儿什么，而他用非常随意的口气说，任何时候你写完了什么东西就交给我吧。于是我就那么做了。一九六八年，一九六九年，许多黑人在写作，而他买下了它，觉得人们对黑人写作的兴趣在增长，而我的这本书也会卖出去的。他错了。所出售的东西是：让我告诉你我是多么厉害，而你是多么糟糕透顶，或是那种说法。不管是出于什么原因，他冒了个很小的风险。他没有付给我多少钱，因此这本书有没有卖出去无关紧要。它在星期天的《纽约时报书评》栏目中收到了确实是很糟糕的书评，然后在每日书评栏目中收到了很好的书评。

《巴黎评论》：你说得到写作的许可。是谁给了你许可呢？

莫里森：没有人。我需要许可去做的事情就是做成它。书不写完我从不签合同，因为我不想把它变成家庭作业。一份合同意味着有人正等着要它，我不得不去做它，他们可以向我问起它。他们可以责问我，而我不喜欢那样。我写书不签合同，如果我想要让你看，我会让你看的。这跟自尊心有关。我相信多年来你们已经听说了建立自由幻觉的作家，一切都是为了拥有这种幻觉，这一切全是我的，只有我才能写。我记得在介绍尤多拉·韦尔蒂时说过，除了她没有人会写这些故事，意味着我有这样一种感觉，绝大多数作品在某一时刻反正有人会写的。但另一方面是有某些作家，没有他们某些故事就绝不会写出来。我指的并不是题材或叙述，而仅仅是他们创作它的那种方式——他们看待它的观点真的是独一无二的。

《巴黎评论》：他们中的某些人是谁呢？

莫里森：海明威是在那个范畴里，弗兰纳里·奥康纳，福克纳，菲茨杰拉德……

《巴黎评论》：你不是批评过这些作家描写黑人的那种方式吗？

莫里森：没有！我，批评？我揭示了白人作家是如何想象黑人的，他们有些人在这一点上做得很棒。福克纳在这一点上做得很棒。海明威在有些地方做得不好而在别的地方做得很棒。

《巴黎评论》：何以那样？

莫里森：在于没有使用黑人性格，而是使用作为无政府状态、作为性放纵、作为异常行为的那种黑人美学。在他最后一本书《伊甸园》中，海明威的女主人公变得越来越黑。那个发疯的女人告诉她丈夫，我想做你的非洲小皇后。小说就是那样变得起劲起来：她那白色的白色头发和她那黑色的黑色皮肤……几乎像是曼·雷伊的一幅摄影。马克·吐温是以我曾读到过的最强有力、最雄辩、最有启发的方式谈论种族意识形态的。埃德加·爱伦·坡没有。他热爱的是白人至上主义和种植园主阶级，他想做一个绅士，而他支持那一切。他没有对此提出质疑或批评。美国文学令人激动的是那种事情，在于作家是如何在他们那些故事的后面、底下和周围说出东西。想想《傻瓜威尔逊》①，还有所有那些有关种族的颠倒之论，想想何以有时候没有人能够讲述，或是想想那种发现的激动？福克纳在《押沙龙，押沙龙！》中花了整本书追踪种族，而你没法找到它。没有人能够看到它，甚至角色是黑人也没法看到它。我给学生讲这门花了我很长时间的课，它追踪所有那些隐瞒、不完全、故意给错信息的时刻，当种族的事实或线索有几分表露出来但没有完全表达的时候。我只是想给它列个图表。我列举每一页上的表现、伪装和掩饰——我是说每一个短语！每一样东西，而我把这种东西讲给我的学生听。他们全都睡着了！但我是那么的入迷，在技术上。隐瞒那种信息却每时每刻都在暗示、显示，你们知道这有多难？而且把它揭示出来是为了要说这无论如何都不是重点？从技术上讲这恰恰是令人惊诧的。作为读者你被迫去搜寻一滴黑人的血，它意味着什么都是和什么都不是。种族主义的精神错乱。因此结构就是论据。不是这个人或那个人说的东西……而是书的结构……你在那儿追踪这种哪儿都发现不了却造成重大结果的黑人的东西。和那样的事情非常相像的事情没有人曾做过。因此，当我批评的时候，我所说的就是，我并不关心福克纳是不是一个种族主义者；我个人并不关心，但我感到入迷的是这样写作的动机是什么。

《巴黎评论》：黑人作家怎么样……他们如何在一个被他们和白人文化的关系所主导和影响的世界里写作？

莫里森：通过尝试改变语言，只是让它自由起来，不是去压制它或限制它，而是把它给打开。逗弄它。摧毁它那件种族主义的紧身衣。我写了一篇名叫《宣叙》的故事，里面有两个孤儿院的小女孩，一个是白人，一个是黑人。但是读者不知道哪一个是白人哪一个是黑人。我使用的是阶级代码，而不是种族代码。

---

① 《傻瓜威尔逊》系马克·吐温作品。

《巴黎评论》：这么做是想要把读者搞糊涂吗？

莫里森：嗯，对呀。但为的是激发和启迪。我那么做很开心。作为一个作家，令人激动之处在于被迫不要懒惰，不要依赖于明显的代码。一说出"黑女人……"，我就能够依赖或激起可预知的反应，但如果我不那么做，那我就不得不以复杂的方式谈论她了——也就是说，把她作为一个人来谈论。

《巴黎评论》：为什么你不想说"那个黑女人从商店里出来"这样的话？

莫里森：这个，你可以说，但她是黑人这一点必须得是重要的。

《巴黎评论》：怎么看《奈特·特纳的忏悔》①？

莫里森：嗯，这儿我们碰到一个非常自觉的角色，他说的话就像是，我看着我的黑手。或者是，我醒来，我觉得黑。这在比尔·斯泰伦②的心里很重要。他觉得奈特·特纳的皮肤是极重要的……在这个他觉得是异国他乡的地方。因此我们就带着异国情调读它，就是那样。

《巴黎评论》：当时人们发出极大的抗议，觉得斯泰伦没有权利写奈特·特纳。

莫里森：他有权利写他想要写的一切。建议不要那么写是蛮横无理的。他们应该批评的是，他们当中有人这么做了，是斯泰伦暗示奈特·特纳憎恨黑人。在书中，特纳一次又一次地表达他的嫌恶……他是那样地远离黑人，那样地高高在上。因此根本问题在于为什么有人

---

① 《奈特·特纳的忏悔》是威廉·斯泰伦的长篇小说，其主人公奈特·特纳是个黑人奴隶。
② 即威廉·斯泰伦。比尔是威廉的昵称。

会跟随他？他的根本态度是种族主义的轻蔑，这让任何黑人读者读起来似乎不真实，这是个什么样的领导？任何白人领导都会对那些他要求去死的人具有某种兴趣和认同。当那些批评家说奈特·特纳说起话来像白人的时候，他们说的就是这个意思。在那本书中那种种族的距离是牢固而清楚的。

《巴黎评论》：为了写《宠儿》，你肯定读了很多记叙奴隶的文章。

莫里森：我不想为了信息去读它们，因为我知道它们不得不经过白人保护人的鉴定，它们没法说出它们想要说的一切，因为它们没法疏远它们的读者；它们不得不对某些事情闭口不谈。某种情况下它们会力所能及地透露一些信息，但它们绝不会说事情有多可怕。它们只会说，好吧，你知道，事情确实很糟糕，但是让我们废除奴隶制吧，这样生活就可以继续下去。它们的叙述不得不非常有节制。因此当我看这些文件，觉得熟悉了奴隶制并因此而觉得受不了时，我想要让它真被感觉到。我想把历史的东西转换成个人的东西。我花了很长时间试图弄明白奴隶制当中的什么东西使它如此令人厌恶，如此个人化，如此令人无动于衷，如此私密却又如此公开。

在读某些文件时，我注意到它们屡屡提及某种从未被确切描绘过的东西——嚼子。这东西被放进奴隶的嘴里惩罚他们，让他们闭嘴又不妨碍他们干活。我花了很长时间想要了解它的样子。我不断读到这样的陈述，我给詹尼上了嚼子，或者，像艾奎亚诺[①]说的，"我走进一间厨房"，看见一个女人站在炉灶旁，"她的嘴里"有一个闸（b-r-a-k-e，他拼写道），而我说，那是个什么东西？有人告诉我那是什么东西，然后我就说，我这一辈子从未见过这么可怕的东西呢。可我确实没法想象这东西——它看起来像是一个马嚼子还是什么的？

[①] 奥拉达·艾奎亚诺（Olaudah Equiano，1745—1797），非洲作家，废奴主义者，曾为黑奴，其自传作品《一个非洲黑奴的自传》被认为是"现代非洲文学的真正开端"。

最终我在这个国家的一本书里确实找到了某些草图，这本书记录的是一个男人折磨他的妻子。在南美、巴西那样的地方，他们保留着这类纪念物。但在我搜寻的时候，另外某种东西出现在我脑海里——也就是说，这个嚼子，这个物件，这种个人化的酷刑，是宗教裁判所直接传承下来的东西。而我意识到，你当然是没法购买这种东西的喽。你没法为了你的奴隶而大老远去邮购这种嚼子。西尔斯公司是不派送这些东西的。因此你不得不把它做出来。你不得不走到外面院子里，把一些原材料弄在一起，把它制造出来，然后把它固定在一个人身上。因此这整个过程对于把它做出来的人，对于把它戴起来的人来说，同样都具有非常个人化的性质。然后我意识到，对它的描写是一点儿用都没有的；读者没有必要像感觉到它是什么样的那样把它看得那么清楚。我意识到，重要的是要把这种嚼子想象为某种活跃的器具，而不仅仅是某种古董或历史事实。我想以这种方式给读者展示奴隶制是什么感觉，而不是它看起来如何。

有一个段落当中保罗·D对塞丝说："我从未对人说起过它，有时候我唱一唱它。"他试图跟她说戴上嚼子是怎么一回事，但到头来他却说起一只公鸡，他发誓说他戴着嚼子的时候它在朝他笑——他觉得掉价，觉得被贬低，觉得他根本不如阳光下坐在桶上的一只公鸡那么的值钱。我在其他地方提到那种吐口水、吮吸铁块等等之类的欲望；但在我看来，描写它看起来是什么样的会把读者的注意力从我想要让他或她去体验的那种东西上分散开去，而那种东西就是它感觉起来是怎么样的。你可以在历史的字里行间找到的那种信息。这有点儿像是脱离书本，或者说这是一瞥或是一种提及。它就在那种交叉之中，在体制变成个人的地方，在历史变成有名有姓的那些人的地方。

《巴黎评论》：当你创造一个人物的时候，它完全是从你的想象力中创造出来的吗？

莫里森：我从不使用我认识的人。在《最蓝的眼睛》中我想我是在某些地方用了我母亲的一些手势和对话，还有一点点地理。自从我对这一点确实变得非常谨慎之后，我就从来没有那么做过。它根本不是在任何人的基础上创造的。我不做许多作家做的事情。

《巴黎评论》：那是为什么呢？

莫里森：我感觉艺术家——以摄影师为多，比其他人多，还有作家——他们的行为就像是传说中跟熟睡的男子性交的妖精……这个过程是从某种活物那儿取来东西并用之于自身的目的。你可以用树木、蝴蝶或人类来做这件事。通过食用别人的生命而为自身制造一点儿生命是个大问题，而这确实是有道德和伦理上的影响。

在小说中，一旦我的人物完全是虚构出来的人，我就觉得最有才智，最自由，最刺激。那是激动人心的组成部分。如果他们是根据另外某个人创造的，这就是一种以滑稽的方式侵犯版权的行为了。那个人拥有他的生命，对此有一份专利权。它在小说中是不该得到的。

《巴黎评论》：你的人物正在脱离你，摆脱你的控制，这样的感觉你曾有过吗？

莫里森：我控制着他们。他们是被我非常周密地想象出来的。他们要让人知道的事情我觉得好像我全知道似的，甚至是我没有写到的那些事情——比如说他们的头发是怎样分发线的。他们就像是幽灵。除了他们自己，他们心里一无所有，除了对他们自己，他们对什么都不感兴趣。因此你不能让他们来替你写书。我读过我知道发生那种情况的书——那个时候小说家完全是被人物所接替。我想要说，你不能那么做。如果那些人可以写书就会去写的，但他们不会写。你会。因此，你得说，闭嘴。别来管我。我在做这件事呢。

《巴黎评论》：你曾不得不跟你的任何一个人物说闭嘴吗？

莫里森：对彼拉多①，我这样说。因此她就不多说了。她和那两个男孩进行这种长长的交谈，时不时地她会说点儿什么，但是她没有别人有的那种对话。我不得不那么做，否则她会让大家都受不了的。她简直是太有兴趣了；人物那么做只能偶尔为之。我不得不把它给收回。这是我的书，它不是叫作《彼拉多》。

《巴黎评论》：彼拉多是那么强的一个人物。在我看来，你书里面的女人几乎总是要比男人更强更勇敢。为什么是那样？

莫里森：那么说是不对的，但是我听得多了。我觉得我们对女人的期望值是非常低的。如果女人只要有三十天站直身子，那么人人都说，啊！多勇敢！事实上，是某个人写到塞丝，说她是这种强有力、雕塑般的女人，甚至不是人了。但在书的结尾，她几乎都没法转过头来。她疲惫至极，她甚至都没法给她自己喂食。这个坚强吗？

《巴黎评论》：也许人们那样读解，是因为他们觉得塞丝做了那么艰难的一种选择，把宠儿的喉咙割断。也许他们认为那个就是坚强。有些人会说那只是粗鲁而已。

莫里森：嗯，宠儿肯定不认为那么做全是坚强的。她认为这是精神错乱。或者，更重要的是，你怎么知道死亡对我来说是更好的呢？你根本就没有死过。你怎么能知道呢？但我觉得保罗·D、桑、斯坦普·佩德，甚至吉他，同样是做了困难的选择；他们是有原则的。我确实认为我们过分习惯于那些不顶嘴的女人，或者说习惯于那些使用软弱武器的女人。

---

① 彼拉多是《所罗门之歌》里的人物。

593

《巴黎评论》：什么是软弱的武器？

莫里森：唠叨。毒化。说长道短。溜来溜去而不是对抗。

《巴黎评论》：写女人跟别的女人有强烈友谊的小说是那么的少，你觉得是为什么呢？

莫里森：这是一种名誉扫地的关系。我在写《秀拉》时有这样的印象，对于很大一部分女性来说，女人的友谊被看作是一种次要的关系。男女关系是主要的。女人，你自己的朋友，一向是男人不在时的辅助关系。因为这样，才有了整个那一群不喜欢女人和偏爱男人的女人。我们必须被教育成彼此喜欢。女性杂志是建立在这样的前提下，我们确实得要停止彼此抱怨、彼此憎恨、争斗，停止和男人一起谴责我们自己——主导人们行为的一个典型例子。这是一种重大的教育。当大量的文学作品都是那么做的时候——当你读到女人在一起时（不是同性恋女人或那些建立了长久关系的女人，偷偷摸摸的同性恋女人，就像在弗吉尼亚·伍尔夫的作品里那样），那是一种看待女性在一起的公开的男性观点。她们通常是男性主宰的——就像亨利·詹姆斯的某些人物——或是女人在谈论男人，就像简·奥斯丁的那些女友……谈论谁结婚啦，怎样结婚的，还有你就要失去他了，而我认为她想要他等等之类。当《秀拉》在一九七一年出版时，让异性恋的女人做朋友，让她们彼此之间只谈她们自己，在我看来是一件非常激进的事情……可如今几乎不算是激进了。

《巴黎评论》：它变得可以接受了。

莫里森：是啊，而且是变乏味了。它会做得过火而且照例会是张牙舞爪。

《巴黎评论》：为什么作家写性是那么难呢？

莫里森：性是很难写的，因为那种描写恰恰不够性感。写它的唯一办法是不要写多。让读者把他自己的性感觉带入文本吧。我通常崇拜的一个作家用最让人讨厌的方式写了性。信息简直是太多了。如果你开始说"……的曲线"，你很快就听起来像是妇科医生了。这种事情只有乔伊斯才能幸免。他说所有那些不可以说的字眼。他说屄，而这是令人震惊的。不可以说的字眼能够挑逗人。但是过了一段时间它就变得单调而非激发人了。少一点儿总是更好。有些作家觉得如果他们用脏字就写得好了。它在短时期里能够起作用，对非常年轻的想象力能够起作用，但是过了一阵子它就没有表现力了。塞丝和保罗·D初次相见的时候，大概有半页之内他们避开性，这反正也没什么好的——它来得快而他们对它觉得尴尬，然后他们就躺在那里，试图装作他们没有躺在那张床上，装作他们没有遇见，然后他们就各想各的，他们的思绪开始融合起来，因此你也就分不清楚是谁在想什么了。那种融合对我来说是比我试图描绘肉体方面更为高明和性感。

《巴黎评论》：那么情节呢？你总是知道你正要往哪儿去吗？你会提前写出结尾吗？

莫里森：当我确实知道它是什么样的时候，我才能够写那个结尾的场景。《宠儿》大概写到四分之一的时候我写了结尾。《爵士乐》的结尾和《所罗门之歌》的结尾我写得很早。对于情节来讲我真正想要的东西是如何发生。某种程度上这就像是侦探故事。你知道谁死了，而你想要弄清楚是谁干的。因此，你把凸显的元素放在前面，而读者钻进圈套想要知道那是怎么发生的。是谁那么干的，为什么那么干？你被迫采取某种类型的语言，让读者不断提出那些问题。在《爵士乐》中，正如我以前在《最蓝的眼睛》中做的那样，我把整个情节放在第一页上。实际上，在第一版中情节是放在封面上，这样一来人们在书店里可以阅读封面，立刻知道这本书讲的是什么了，而且要是他们愿意的话，就可以把书扔下，去买另一本书了。对于《爵士乐》来说这似乎是一种恰当的技巧，因为我把那部小说，那个三人组合的情节，看作是乐曲的旋律，而跟着旋律走是很好的——去感觉那种听出旋律的快乐，每当叙述者回到它上面的时候。对我来说那就是这个企划的真正的艺术——一次又一次地撞上那个旋律，从另一个角度看见它，每一次都重新看见它，来回演奏它。

当凯斯·贾瑞特演奏《老友河》时，那种乐趣和快感倒并不在于旋律本身，而是在于当它浮现出来的时候，当它隐匿起来的时候，还有当它彻底消失的时候，是什么东西放在了它的位置上，都听得出来。与其说是在于原先那条线索，还不如说是在于所有的回响、阴影、转折以及贾瑞特的演奏所围绕的中枢。我试图拿《爵士乐》的情节做类似的事情。我想要让这个故事变成运载工具，把我们从第一页载往最后一页，但我希望那种乐趣能够被找到，在驶离故事和返回故事的过程中，去环视它，透视它，仿佛它是一个棱镜，不停地转动。

《爵士乐》这个嬉戏的方面很可能引起读者相当大的不满，他们只想要旋律，他们想要知道发生了什么事，是谁干的，为什么那么干。可对我来说这种类似于爵士乐的结构并不是次要的东西——它是这本书存在的缘由。叙事者通过那个试错的过程揭示情节，这对我来说是跟讲述这个故事一样重要，一样激动人心。

《巴黎评论》：在《宠儿》中你也是提早泄露情节的。

莫里森：在我看来重要的是《宠儿》中的那个行为——弑婴的那个事实——立刻让人知晓，但是要推迟，看不见。我想要把围绕那个行为的所有信息和结果都告诉读者，同时避免让我自己或读者被那种暴力所吞噬。我记得写到塞丝割断小孩喉咙的那个句子，在这本书的写作过程中是很晚很晚才出现的。我记得从桌子旁边站起来，到外面走了很久——绕着院子走，回来对它稍加修改，再到外面去然后再进来，一遍又一遍地重写这个句子……每一次我弄妥那个句子，弄得它正好对头了，或者说我觉得是正好对头了，但接下来我却没法坐在那儿，不得不走开然后回来。我觉得那个行为不仅必须是潜在的，而且必须是轻描淡写的，因为如果语言要和那种暴力去竞争的话，那它就会是猥亵或色情的。

《巴黎评论》：对你来说风格显然是非常重要的。这一点你能拿《爵士乐》来谈一谈吗？

莫里森：我想用《爵士乐》传达音乐家传达的那种感觉——他有更多的东西，但他不会把它交给你，这是在行使约束，一种克制——并不是因为它没有，或是因为人们已经耗尽了它，而是因为丰饶，因为它可以再来一遍。知道何时停止的那种感觉是一种习得的东西，而我并不总是拥有这种东西。大概是直到我写了《所罗门之歌》之后我才开始觉得有足够的把握去体验在形象和语言等方面想要有所节俭的那种做法。在写《爵士乐》时我非常自觉地想要把人为和人工的东西跟即兴创作结合起来。我觉得我自己就像是爵士乐手——某个不断练习以便能够发明，能够使他的艺术显得轻松而优雅的人。我总是意识到写作过程中的构造问题，意识到艺术显得自然和雅致仅仅是持续不断的练习和注意到其形式结构的结果。你必须大量练习以便达到那种挥霍的奢华——那种感觉是你有足够的东西挥霍，你是在克制——实际上是什么都没有挥霍。你不应该过于满足，你压根就不该餍足。我总是感觉到在一件艺术品结束时的那种奇特的饥饿感——渴望更多——实在是非常非常强大的。但同时有一种满足感，知道其实将来还会有更多，因为艺术家的创造力是无穷无尽的。

《巴黎评论》：有其他的……要素、结构实体吗？

莫里森：嗯，在我看来迁徙是这个国家的文化史上的一个主要事件。现在，我对所有这一切都颇费思量——我猜这就是我写小说的原因，但在我看来内战之后某种现代的和时新的东西发生了。当然，许多东西改变了，但时代最为清晰的标志是曾经的奴隶断绝关系和流离失所。这些曾经的奴隶有时被带到当地的劳动力市场，可他们常常试图通过迁往城市来摆脱他们的问题。想到城市对他们，这些第二和第三代曾经的奴隶，对住在自己人中间那个地方的乡下人必定是意味着什么，这让我感到入迷。城市必定是显得那么刺激和精彩，那么重要的地方。

我对城市如何起作用感兴趣。阶级、集团和民族如何在它们自己的地盘和领地中拥有很多和他们自己一样的人，但是知道有别的地盘和别的领地也感到兴奋，感到处在这一大群人中的那种真正的魅力和激动。我感兴趣的是这个国家的音乐是如何改变的。灵歌、福音音乐和布鲁斯代表着对奴隶制的一种反应——它们说出逃跑的渴望，实际上，用的是"地下铁道"的密码。

我还关注个人的生活。人们是如何彼此相爱的？他们觉得什么是自由？那个时候，那些曾经的奴隶迁入城市，从一次又一次地约束、戕害和剥夺他们的某种东西那儿逃走时，他们处在一种很有限制的环境里。但是一旦你聆听他们的音乐——爵士乐的开篇——你就意识到他们是在谈论某种别的东西。他们是在谈论爱，谈论失落。但在那些歌词中却有着那样一种华美，那样一种快感……他们根本不幸福——某人总是在离别，可他们并没有哭哭啼啼。仿佛选择某人、冒险去爱、冒险投入感情、冒险耽于声色，然后失去这一切的这整个悲剧没什么大不了的，既然这是他们的选择。在你爱谁方面行使选择是一种重要的、重要的东西。而音乐深化了那种爱的观念，把爱作为人们可以在那儿达成自由的某个空间。

显然，爵士乐被看作是——正如一切新音乐——魔鬼音乐：太性感，太挑逗，等等之类。但是对于某些黑人来说，爵士乐意味着对他们自己身体的承认。你可以想象对于那些人来说这会意味着什么，他们的身体被占有过，他们孩提时做过奴隶，或者他们的父母亲做过奴隶。爵士乐和布鲁斯代表着对于自身情感的所有权。因此，它当然是过分和过火的：爵士乐中的悲剧得到欣赏，几乎就像是大团圆的结尾会拿走它的某些魅力、某些天资似的。眼下广告商在电视上用爵士乐传达真诚性和现代性，说"相信我吧"和"跟上潮流吧"。

如今城市仍然保留着爵士乐时代所具有的那种刺激的特质——只是眼下我们才把那种刺激和一种不同类型的危险联系起来。我们吟唱，尖叫，装作是对无家可归感到惊慌；我们说想要让我们的街道回来，但正是由于我们对无家可归的那种意识，我们为此而采取的那些对策，我们才获得我们对城市的感觉。感觉好像我们拥有盔甲、盾牌、勇气、力量、坚韧，而要遭受的痛苦以及从遭遇意外之事、外来者、陌生人和暴力之中幸存下来便是所谓的城市生活的固有部分。当人们"抱怨"无家可归时，他们实际上是在夸耀它：纽约的无家可归者比旧金山多。不，不，不，旧金山的无家可归者更多。不，你没去过底特律呢。我们几乎是在较量我们的忍耐力，而这我觉得是我们何以那么容易接受无家可归的一个原因吧。

《巴黎评论》：这么说城市把曾经的奴隶从其历史中解脱了出来？

莫里森：部分说来，是这样的。城市对他们有诱惑力，因为它允诺遗忘。它提供自由的可能性——正如你所说的那样，摆脱历史的自由。但尽管历史不应该成为一件压迫人和束缚人的紧身衣，但它也不应该被遗忘。人们应该批评它，考察它，正视它，并且理解它，以便达到那种不仅仅是许可的自由，达到真实、成熟的力量。如果你深入城市的那种诱惑，那就有可能去正视你自身的历史——遗忘你应该遗忘的东西，利用那些有用的东西——这种真实的力量是有可能达到的。

《巴黎评论》：视觉形象是如何影响你作品的？

莫里森：《所罗门之歌》中的一个场景描写……写一个人从某些责任身边逃走，从他自己身边逃走时，我碰到一些困难。我几乎是逐字逐句用了爱德华·蒙克的一幅画。他在行走，而他这一边的街道没有人。人人都走在另一边。

《巴黎评论》：跟你其他一些作品，诸如棕黑色调的《宠儿》之类的作品相比，《所罗门之歌》是如此色彩鲜丽的一本书。

莫里森：这部分是跟我所意识到的那些视觉形象有关，从历史的角度讲，女人，通常说来黑人，受到色彩极为鲜亮的衣服的极大吸引。反正绝大部分人是害怕色彩的。

《巴黎评论》：为什么？

莫里森：他们就是那样。在这种文化中，安静的色彩被视为优雅。有教养的西方人不会去买血红色的床单或碟子。也许是有某种比我所讲的更多的东西在里边。但是那个奴隶群体甚至都弄不到有色彩的东西，因为他们穿的是奴隶服、旧衣服、用粗麻布和麻袋做的工作服。对他们来说一件彩色连衣裙就是奢侈了；布料好坏倒无关紧要……只要有一件红色或黄色的连衣裙。我剥除《宠儿》的色彩，这样就只有短暂的片刻，塞丝横冲直撞购买缎带和蝴蝶结，像小孩子享受那种色彩那样享受她自己。整个色彩的问题就是奴隶制何以能够持续那么长的时间。这并不是说好像你有一班犯人，他们能够把他们自己打扮得漂漂亮亮，能够让他们自己蒙混过去。不，这些是由于他们的皮肤，也是由于其他特征而打上了记号的人。因此色彩是一种表意符号。贝比·萨格斯梦见色彩，说道，"给我一点儿紫罗兰色"。这是一种奢侈。我们是如此充满了色彩和视觉效果。我只是想要把它拉回来，这样我们就可以感觉到那种饥饿和那种快乐。如果我把它做成《所罗门之歌》那样一本色彩鲜艳的书，我就做不成那样了。

《巴黎评论》：当你说需要找到一个支配性形象时，这就是你所指的那个意思吗？

莫里森：有时候，是这个意思。《所罗门之歌》中有三到四处，我知道我想要让它色彩鲜艳，我想要让开篇变成红、白、蓝。我同样知道某种意义上他不得不要"飞"。在《所罗门之歌》中，我第一次写了一个男人，他是叙述的中心，叙述的动力引擎；在他体内我能否觉得舒服，这我有点儿拿不准。我可以一直看着他，从外面来写，但这些只是认知而已。我得要不仅能够看着他，而且还要能感觉它实际上必定是如何感觉的。因此，在试图思考这一点时，我心里的那个形象是一列火车。前面所有的作品都是以女人为中心，而她们很多时候是在邻近一带，是在院子里；这次是要向外移动。因此，我便有了这种一列火车的感觉……可以说是发动起来，然后就像他所做的那样向外移动，最后可以说是速度很快；它越来越快，可它并不刹车，它只是速度很快，弄得你可以说是悬浮起来。因此对我来说那个形象控制了结构，虽说这并不是某种我要清楚地说出来的东西，甚至也不是我要提到的东西；重要的仅仅在于它对我来说是起作用了。其他的书看起来就像是螺旋形结构，像《秀拉》。

《巴黎评论》：你会如何描写《爵士乐》中的支配性形象呢？

莫里森：《爵士乐》非常复杂，因为我想要再现两种矛盾的东西——策略手段和即兴创作，在此你拥有一个计划好的、考虑清楚的艺术品，但同时却显得像是发明创造，就像爵士乐那样。我考虑的是一本书的形象。依照天然的法则是一本书，但同时它是在写它自己。想象它自己。谈论。意识到它在做什么。它看着它自己思考和想象。

在我看来这是策略手段和即兴创作的混合——你在此练习和计划以便发明创造。还有那种失败的意愿，犯错的意愿，因为爵士乐是表演。你在表演时犯错误，你并不具有作家所有的那种修改的特权；你得要从错误当中制造某种东西，而假如你做得足够好，它就会把你带到另一个如果你没有犯那种错误你就从来不会去的地方。因此，你在表演时得要能够冒险犯那种错误。舞蹈家和爵士乐手一样，一直都那么做。《爵士乐》预言其自身的故事。有时候它弄错了，由于有缺陷的视界。它只是没有很好地想象那些角色，承认它错了，而那些角色以爵士乐手的做法顶嘴。它不得不倾听它所创作的那些角色，然后从他们那里学到某些东西。这是我做过的最为错综复杂的事情，虽说我要讲述的是一个非常简单的故事，讲那些他们不知道生活在爵士时代的人，而且决不想使用这个词。

《巴黎评论》：在结构上达到这种效果的一种做法是在书的每个部分让好几种声音说话。你为什么这么做呢？

莫里森：重要的是不要有一个整体的观点。在美国文学中我们是那样的整体化——仿佛是只有一个版本似的。我们并不是一群毫无特征、行为总是一模一样的人。

《巴黎评论》：这就是你所说的整体化的那个意思？

莫里森：对呀。来自另外某个人的决定性或是独裁性的观点，或是某个人替我们言说。没有奇特怪异，没有丰富多样。我试图把某种可信性赋予各种各样的声音，而每一种声音都是非常不一样。因为非洲裔美国人的文化给我的印象是它的多样性。在那么多的当代音乐中，每个人听起来都是一样的。但是当你想到黑人音乐时，你就会想到艾灵顿公爵和西德尼·贝彻或"书包嘴"或迈尔斯·戴维斯之间的那种区别。他们听起来没有任何相像之处，但你知道他们全都是黑人表演家，因为不管是什么样的个性，它都让你认识到，噢，是的，这是某种叫作非洲裔美国音乐传统的组成部分。没有哪个黑人流行女歌手、爵士乐女歌手、布鲁斯女歌手听起来跟别人是一样的。比莉·哈乐黛听起来不像艾瑞莎，不像尼娜，不像萨拉，不像她们当中的任何一个人。她们确实是大为不同的。如果她们听起来像别人，她们就会告诉你说，她们可能不会去唱歌了。如果来了某个人听起来就像是艾拉·菲茨杰拉德，她们就会说，噢，这样的人我们有……这些女人何以拥有如此清晰、不会弄错的形象，我觉得这一点很有意思。我想要那样写作。我想要写的小说确凿无疑是我的，但首先仍然是适合于那些非洲裔美国传统，其次是适合于这个被叫作是文学的整体的东西。

《巴黎评论》：非洲裔美国为先？
莫里森：对呀。

《巴黎评论》：……而不是整个文学？
莫里森：噢，对呀。

《巴黎评论》：为什么？
莫里森：它更为丰富。它有着更为复杂的来源。它来自某种更加靠近边缘的东西，它更为现代。它有着一个人性的未来。

《巴黎评论》：你不是宁愿被看作是一个伟大的文学倡导者而不是那种非裔美国作家吗？
莫里森：我的创作是非裔美国人的创作，这对我来说非常重要；要是它融入一个不同或更大的群体，那样就更好了。但我不应该被要求那么做。乔伊斯没有被要求那么做。托尔斯泰没有。我的意思是说，他们可以完全是俄国人、法国人、爱尔兰人或天主教徒，他们是从哪里来的，他们的写作就出自那个地方，而我的写作也是。我的那个空间是非洲裔美国人的空间，事情不过是那样发生的而已；它可以是天主教的，可以是中西部的。我同样也是那些东西，而它们全都是重要的。

《巴黎评论》：为什么你觉得人们要问，你为什么不写些我们能够理解的东西？你不采用西方典型的、线性的、编年体的方式写作，是为了吓唬他们吗？

莫里森：我不觉得他们是那种意思。我觉得他们的意思是说，你有过打算写一本关于白人的书吗？对他们而言，说不定这是一种夸奖哩。他们说，你写得很好，我甚至想要让你来写一写我呢。他们不会对其他任何人那么说的。我的意思是说，我会走到安德烈·纪德跟前说，是啊，但什么时候你打算变得严肃起来，开始写一写黑人？我觉得这样的问题他就不知道如何回答。正如我不知道如何回答一样。他会说，什么？要是我想写我会写的，或者是，你是谁呀？这个问题背后的意思是说，存在着那个中心，它是白人，然后存在着这些地区性的黑人或亚洲人，或任何种类的边缘人。那个问题只能从中心提出来。比尔·莫耶斯问我说，你打算什么时候写一写电视的问题。我只是说，嗯，也许哪一天……但我不能对他说，你知道，你只能从中心提那个问题。世界的中心！我的意思是说，他是个白人男性。他是在问一个边缘人，什么时候你打算到中心去，什么时候你打算写一写白人。我不能说，比尔，你为什么要问我那个问题？或者，只要那个问题看起来是合理的我就不愿写、不能写。问题在于他摆出恩赐的态度；他说，你写得很好，你愿意的话你就可以到中心里来。你没有必要留在边缘那个地方。而我说，嗯，好吧，我打算留在边缘的这个地方，让中心来找我吧。

也许这么说是虚假的，但也不完全是。对于如今我们认为是巨人的那些人来说，我相信情况就是这样。乔伊斯是个好例子。他到处搬来搬去，可他不管是在什么地方，他写的都是爱尔兰，并不在意他是在哪儿。我相信人们对他说，为什么……？也许法国人问，什么时候你打算写一写巴黎呢？

《巴黎评论》：你最欣赏乔伊斯的是什么？

莫里森：令人惊异的是某类反讽和幽默是如何传达的。有时候乔伊斯令人捧腹。研究生毕业后我读《芬尼根守灵夜》，在没有任何帮助的情况下读这本书，我的运气好极了。我不知道我读得对不对，但是它令人捧腹！我大笑不止！我不知道整段整段的意思是什么，但这无关紧要，因为我并不是要靠它来拿分数。我觉得大家仍然从莎士比亚那儿得到那么多乐趣的原因，是因为他没有文学批评家。他就那么做；除了人们把东西扔上舞台之外，没有任何评论。他可以就那么做。

《巴黎评论》：你觉得他要是被人评论的话，他的作品就会减少？

莫里森：噢，如果他在乎评论的话，他就会变得非常自觉了。装作不在乎，装作不阅读，要维持这样一种态度是难的。

《巴黎评论》：你读那些写你的评论吗？

莫里森：我什么都读。

《巴黎评论》：真的？你看起来可一点儿都没开玩笑啊。

莫里森：我见到的所有写我的东西我都读。

《巴黎评论》：为什么那么做呢？

莫里森：我得要知道是怎么一回事！

《巴黎评论》：你想要知道你是怎么被理解的？

莫里森：不，不。不是关于我或我的作品，是关于怎么一回事。我得要了解一下，尤其是女性作品或非洲裔美国人作品、当代作品所发生的情况。我在教一门文学课。因此我读对我教学会有帮助的任何信息。

《巴黎评论》：他们拿你跟加布里埃尔·加西亚·马尔克斯这样的魔幻现实主义作家进行比较，你真的会觉得惊讶吗？

莫里森：是的，我以前是这样觉得。这对我来说并不意味着什么。只有我在教文学时，流派对我来说才是重要的。当我坐在这儿面对一大叠空白的黄色稿纸时，这对我来说并不意味着什么……我说什么呢？我是一个魔幻现实主义作家？每一种题材都要有其自身的形式，你知道。

《巴黎评论》：为什么你教本科生呢？

莫里森：这儿在普林斯顿，他们确实重视本科生，这么做是好的，因为很多大学只重视研究生院或专业研究学院。我喜欢普林斯顿的理念。为了我自己的孩子我会很喜欢那种理念。我不喜欢一二年级被当作是集结地或游乐场对待，或是被当作研究生学习教学的场所。他们需要最好的指导。我总是觉得公立学校需要学习最好的文学。我总是对他们过去叫作辅导班或智力发展落后班的各种班级讲授《俄狄浦斯王》。那些孩子上那些班级的原因是他们无聊得要死；因此你不可以给他们讲无聊的东西。你得要跟他们讲最好的东西以便引起他们的兴趣。

《巴黎评论》：你的一个儿子是音乐家。你曾喜欢过音乐，你曾弹过钢琴吗？

莫里森：没有，但我来自一个技巧很高的音乐家之家。技巧很高，意思是说他们当中绝大多数人不能够读谱，但是他们能够把他们听到的一切都演奏出来……立刻。他们把我们，我姐姐和我，送去上音乐课。他们把我送去学习做某种他们自然而然能够做的事情。我觉得我是有缺陷的，是迟钝的。他们并没有解释说，学习如何读谱或许是更重要的……这是一件好事，不是一件坏事。我觉得我们有几分像是跛脚的人去学习如何行走，而你知道，他们全都只是站着，自然而然地做这件事。

《巴黎评论》：你觉得存在着一种让人成为作家的教育吗？也许是阅读？

莫里森：那个只有有限的价值。

《巴黎评论》：环游世界？去上社会学课、历史课？

莫里森：或是待在家里吧……我不认为他们非得要到处走才行。

《巴黎评论》：有些人说，哦，我只有等到活过这一辈子，只有等到我有了经验才能写一本书。

莫里森：或许是那样——或许他们只有那样才行。但是看看那些人，他们根本哪儿都不去，只是把它给想象出来。托马斯·曼。我猜他做过几次小小的旅行……我觉得你要么是有这种想象力要么是你学到这种想象力。有时候你确实是需要一种刺激。但是我本人不曾为了刺激而到处走来走去。我哪儿都不想去。如果我能够只待在一个地方，我就很快乐了。说我得要去做点儿什么之后我才能写作，这样的人我信不过。你看，我的写作不具有自传性。首先，把真实生活中的人当作小说题材——包括我本人，这我不感兴趣。如果我要写某个像玛格丽特·加纳那样的历史人物，那么她的情况我确实是什么都不知道。我的所知是来自于阅读她的两篇访谈。他们说，这不是很了不起吗？这是一个从奴隶制的恐怖逃到辛辛那提并且没有发疯的女人。虽说她杀掉了她的孩子，但并没有满腔怒火。她非常平静；她说，我会再这么干的。这就足够用来点燃我的想象了。

《巴黎评论》：她多少是一个著名的案例吧？

莫里森：是的。她真实的生活比在小说里表现得要可怕得多，但是如果我知道了有关她的一切，我就不会去写了。那样就会结束了；那儿就不会有我的位置了。这就像是一份已经烹调过的食谱。你瞧。你已经是这个人了。为什么我要从你身上窃取呢？我不喜欢这么做。我真正喜欢的是那个创造发明的过程。让角色从蜷曲之物一直发展到羽翼丰满的人，这才有意思。

《巴黎评论》：你会出于愤怒或其他情感写作吗？

莫里森：不会。愤怒是一种非常激烈却很微小的情感，你知道。它没有持续性。它不生产任何东西。它没有创造性……至少对我来说是没有。我的意思是说这些书至少是花三年时间！

《巴黎评论》：那个时间用来愤怒是太长了。

莫里森：是啊。反正那种东西我是信不过的。我不喜欢那些小小的快速的情感，诸如，我孤独，哦哦哦，上帝……我不喜欢把那些情感当作燃料。我的意思是说，那些东西我有，但是——

《巴黎评论》：它们不是好缪斯？

莫里森：是的，如果不是你的头脑在冷静思考，而你是可以把它裹在任何一种情绪之中的，那么它就什么都不是。它不得不是一种冷静的、冷静的思考。我的意思是说冷静，或者至少是镇静。你的头脑。好好动脑筋就是了。

（原载《巴黎评论》第一百二十八期，一九九三年秋季号）

THE PARIS REVIEW

大江健三郎

1994年诺贝尔文学奖得主

获奖理由:"他以诗意的力量创造了一个想象中的世界,在那里,生活和神话凝结成一幅令人不安的关于当今人类困境的图画"

《巴黎评论》访谈发表时间:2007年

大江健三郎

(Kenzaburō Ōe)

1935—2023

日本作家，当代日本文学的代表人物。1957年以小说《死者的奢华》登上文坛，翌年凭《饲育》获第三十九届芥川文学奖，《性的人》《个人的体验》获新潮文学奖，长篇三部曲《燃烧的绿树》获意大利蒙特罗文学奖。其他重要作品有长篇小说《万延元年的 Football》《水死》《空翻》，散文集《冲绳札记》《在自己的树下》《致新人》等。

2023年3月因病去世。

大江健三郎

◎许志强 / 译

    大江健三郎把他的生活用来认真对待某几个主题——广岛原子弹的受害人，冲绳人民的挣扎，残疾人的难题，学者生活的纪律（尽管好像一点儿都没把他自己当回事）。在日本，作为该国最著名的作家之一，虽然同样是以一位讨人厌的活动家而知名，可大江本人却多半是一个快乐的滑稽角色。他身穿运动衫，一贯的谦虚和轻快，极为坐立不安，微笑从容安详（亨利·基辛格——他代表的大部分东西是大江所反对的——曾经谈到那种"魔鬼似的微笑"）。大江的家像他本人一样令人舒适和谦恭，他在家中起居室的一把椅子里度过绝大多数时光，椅子旁边放着手稿、书籍和过多的爵士乐和古典音乐CD唱片。这座西式房屋是他妻子由佳里设计的，在东京郊区黑泽明和三船敏郎曾经住过的地方。它与街道拉开距离，隐匿在一座繁茂富丽的花园里，满是百合花、枫树和一百种以上不同种类的玫瑰。他们最小的儿子和女儿以他们自己的方式成长和生活，而大江和由佳里则和他们四十四岁有精神残疾的儿子大江光住在这座房子里。

    "作家的工作是小丑的工作，"大江说过，"那种也谈论哀伤的小丑。"他把他的绝大部分作品描述为两部小说中探讨的那些主题的推衍：《个人的体验》（1964）描述一位父亲试图无奈接受他残疾儿子的出生；《万延元年的Football》（1967），描写村落生活与现代文化在战后日本的冲突。第一种类型包括像《空中的怪物阿归》（1964）、《教

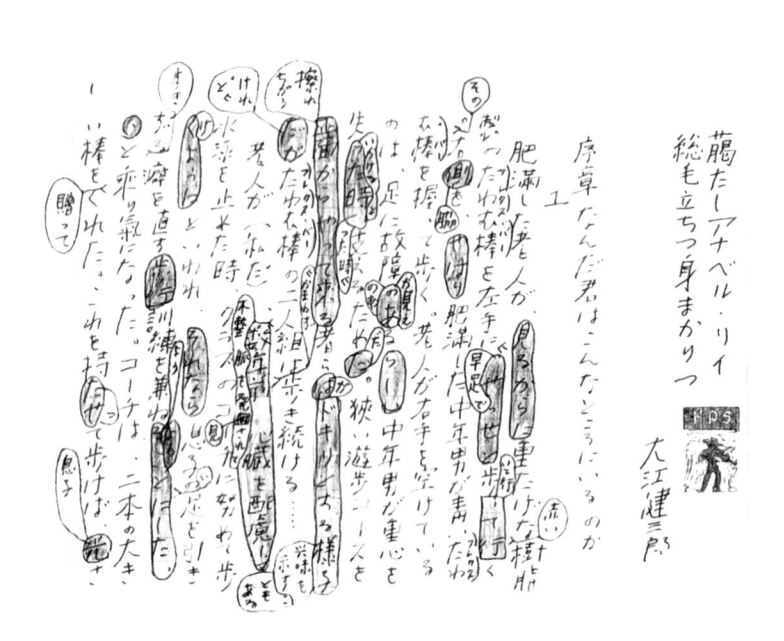

大江健三郎的手稿

会我们摆脱疯狂》(1969)、《摆脱危机者的调查书》(1976)、《新人啊，醒来吧！》(1986)和《静静的生活》(1990)这类中短篇小说，它们根植于光的出生给大江带来的亲身体验（叙事人通常是作家，而儿子的名字是森、义幺或光），但叙事人却经常做出与大江及其妻子非常不同的决定。第二种类型包括《饲育》(1958)、《掐去病芽，勒死坏种》(1958)和《空翻》(1999)，加上《万延元年的Football》。这些作品探讨大江从他母亲和祖母那里听来的民间传说和神话，而作品的典型特色是叙事人被迫对自我欺骗进行审查，那种为了共同体生活而制造的自我欺骗。

大江于一九三六年出生在四国岛一个小村庄，所受的教育让他相信天皇是神。他说他经常把天皇想象为一只白色鸟，而他感到震惊的是，一九四五年他从电台里听到天皇宣布日本投降时，发现他只是一个嗓音真实的普通人。一九九四年大江领取诺贝尔文学奖，随后却拒绝了日本最高艺术荣誉"文化勋章"，因为它与他国家过去的天皇崇拜相联系。这个决定让他成为举国极有争议的人物，这是他在写作生活中时常占据的一个位置。早期短篇小说《十七岁》(1961)大致上是基于一九六〇年社会党领导人被右翼学生刺杀（那位刺客随后自杀）的事件。大江既受到右翼极端分子的威胁——他们觉得小说贬低了帝国政府的遗产，也受到左翼知识分子和艺术家的批评，他们觉得该篇声援了恐怖分子。从那以后他一直处在政治关注的中心，而且把他的积极行动看作是和文学一样的终身工作。今年八月我采访他超过了四天时间，大江抱歉地提出要求，说是否稍微早一点儿结束，这样他可以会见一个忧心忡忡的市民团体的组织者。

光的出生是在大江结婚后三年，一九六三年，那时大江已经发表了长篇小说和几个著名的短篇小说——包括《死者的奢华》(1957)和《饲育》，这两篇作品让他赢得令人垂涎的芥川奖。评论界将他誉为三岛由纪夫以来最重要的作家。但是批评家立花隆却说"没有大江光就不会有大江的文学"。大江光出生时被诊断为脑疝。经过漫长而危险的手术之后，医生告诉大江一家说孩子会落下严重残疾。大江知道他的孩子会受到排挤——即便是把残疾儿带到外面公共场所也会被认为是见不得人的事情，但是他和他的妻子却拥抱了新的生活。

光在小时候几乎不说话，而且家人试着跟他沟通时，他好像听不懂。大江一家经常在他那张有栏杆的卧床旁边播放有鸟叫和莫扎特、肖邦的录音带，让他安静下来，助他入眠。接下来到他六岁时，光说出了一个完整的句子。有一次全家度假期间和大江走在一起，这个男孩听到鸟叫便正确地说出"这是一只秧鸡"。很快他就对古典音乐有反应了，到了他岁数不小的时候，大江一家便给他报名参加钢琴课。今天，大江光成了日本最著名的博学多识的作曲家。他能够听出和记住所听到过的任何乐曲，然后根据记忆把它们记录下来。他还能够识别莫扎特的任何作品，只要听上几个拍子，就能在克歇尔编号中找到正确的匹配。他的第一张CD唱片《大江光的音乐》打破了古典音乐界的销售纪录。他和大江在起居室里度过大部分时光。父亲写作和阅读；儿子听音乐和作曲。

大江的谈话在日语、英语（他精通这门语言）之间切换自如，有时还说法语。但为这次访谈他请来了一名译者，而我要感谢河野至恩，他以非凡的灵活性和准确度完成了此项任务。大江自身对语言的投入，尤其是对书面语的投入，渗透了他生活的各个方面。有一次在访谈中为了回答我的一个问题，他参考了一本有关他的传记。我问他这么做是不是因为某些时刻他记不清楚，这时他流露出惊讶的神色："不是的，"他说道，"这是一种对我自己的研究。大江健三郎需要发现大江健三郎。我是通过这本书界定我自己。"

——访谈者：萨拉·费伊[①]，二〇〇七年

[①] 萨拉·费伊（Sarah Fay），美国学者、作家，现执教于美国西北大学英文系，同时担任《巴黎评论》特约编辑。

《巴黎评论》：在你职业生涯早期，你采访了许多人。你是一个很好的采访者吗？

大江健三郎：不，不，不。好的采访是把以前从未谈到过的某种主题揭示出来。我没有能力成为好的采访者，因为我根本不能提炼某种新的东西。

一九六〇年，我作为入选的五位日本作家代表团成员去访问毛主席。我们是作为抗议日美安全保障条约运动的成员去那儿的。我在五个人当中年纪最小。我们见到他时很晚——凌晨一点钟了。他们把我们带到外面一个漆黑的花园里。黑得都看不见附近有茉莉花，可我们能闻到。我们开玩笑说，只要我们循着茉莉花的香味，就会走到毛那儿了。他是个令人难忘的人物——个头非常大，尤其是以亚洲的标准看。他不准我们提问，不直接跟我们谈话，而是跟周恩来总理说。他从他的著作中引用他本人说过的话——逐字逐句——从头到尾都是这样。让人觉得很乏味。他有很大一罐香烟，烟抽得很凶。他们说话时，周不断把罐子从毛主席那里慢慢挪开去——开玩笑地，可毛不断伸手把它慢慢挪回来。

次年我采访了萨特。这是我第一次去巴黎。我在圣日耳曼酒店要了个小房间，而我最初听到的声音是那些游行者在外面高喊：“阿尔及利亚和平！”萨特是我生活中的主要人物。像毛一样，他基本上是在重复他已经发表过的那些话——《存在主义是人道主义》和《境况种种》当中的话，因此我就停下来不做笔记了。我只是把那些书的题目写下来。他还说人们应该反对核战争，但是他支持中国拥有核武器。我强烈反对任何人拥有核武器，但是我没法让萨特对这一点产生兴趣。他说的全都是，下一个问题。

《巴黎评论》：你没有为日本电视台采访库尔特·冯内古特吗？

大江：没有，当时他来日本参加一九八四年笔会，可会上更多是交谈①——两个作家的对话。冯内古特是个严肃的思想家,以冯内古特式的幽默精神表达深奥的想法。从他那里我也没有能力去提炼某种重要的东西。

通过和作家通信获得实实在在的见解,这个方面我做得更成功些。诺姆·乔姆斯基告诉我说,小时候他在夏令营,当时宣布说美国扔下了原子弹,盟军就要取得胜利了。他们点燃篝火庆祝,而乔姆斯基跑到了树林里去,一个人坐在那里,直到夜幕降临。我一向尊敬乔姆斯基,而他告诉我这件事情之后,我就更加尊敬他了。

《巴黎评论》:年轻时,你给自己贴的标签是无政府主义者。你觉得自己还是那种人吗?

大江:原则上讲,我是个无政府主义者。库尔特·冯内古特曾经说他是一个尊敬耶稣基督的不可知论者。我是一个热爱民主的无政府主义者。

《巴黎评论》:你在政治上的积极行动给你招来过麻烦吗?

大江:眼下我正为《冲绳札记》而遭到诽谤起诉呢。我对"二战"最重要的记忆便是使用原子弹和一九四五年冲绳的大规模自杀。前者我写了《广岛札记》,后者我写了《冲绳札记》。冲绳战役期间,日本军方下令冲绳沿岸两个小岛上的人自杀。他们告诉岛民美国人极其残忍,会强奸妇女,把男人杀掉。他们说在美国人登陆之前自杀更好。每户人家发给两枚手榴弹。在美国人登陆那一天,五百多人自杀身亡。祖父杀死儿孙,丈夫杀死妻子。

我的观点是,驻岛部队的领导要为这些死亡负责。《冲绳札记》差不多是四十年前出版的,但是大约十年前,一场国家主义运动开始

---

① 原文为法语。

了，这场运动企图修改历史教科书，要将书中提到的二十世纪早期日本在亚洲犯下的任何暴行都抹去，诸如南京大屠杀和冲绳自杀这类事件。写日本人冲绳罪行的书出版了不少，但我的那本是为数极少仍在印刷的书之一。保守派想要一个靶子，而我就成了那个靶子。相比我的书出版的七十年代那个时候，目前的右翼对我的攻击显然具有更强烈的国家主义色彩，具有复活的天皇崇拜的成分。他们宣称，岛上那些人是死于一种效忠天皇的美丽纯洁的爱国主义情感。

《巴黎评论》：你认为一九九四年拒绝文化勋章是对天皇崇拜的有效抗议吗？

大江：就这一点来说它是有效的，让我意识到我的敌人——就敌人这个词基本的意义而言——是在何处，并意识到他们在日本社会和文化当中采取了何种形式。不过，要为将来其他受奖者拒绝领奖而开辟道路，据此而言它是无效的。

《巴黎评论》：大约在同一个时间你发表了《广岛札记》和小说《个人的体验》，哪部作品对你更重要呢？

大江：我想《广岛札记》涉及的问题比《个人的体验》更重要。正如题目所示，《个人的体验》涉及的问题对于我是重要的——虽说这是虚构作品。这是我职业生涯的起点：写作《广岛札记》和《个人的体验》。人们说从那以后我翻来覆去写的都是相同的东西——我的儿子光与广岛。我是个乏味的人。我读了很多文学，我想内容是有很多的，但其根基都在光与广岛。

关于广岛，我有亲身经验，一九四五年在四国我还是小孩子时便听说了这件事，然后又通过采访原子弹幸存者了解了一些情况。

《巴黎评论》：你试图在你的小说中传达政治信念吗？

大江：在我的小说中，我没有想要训诫或是说教。但在我那些关于民主的随笔文章中，我确实想要教导。我写作时的身份是有小写字母"d"的民主主义者（democrat）。我在作品中一直想要理解过去：那场战争、民主。对我来说，核武器的问题过去和现在都是一个基本问题。反核的行动主义，简言之，是反对一切现存的核武器装备。在这一点上，事情丝毫都没有改变过——而我作为这场运动的参与者也丝毫没有改变。换句话说，这是一场毫无希望的运动。

我的想法从六十年代以来确实没有改变过。我父辈那一代把我描述为赞成民主政治的傻瓜，我的同时代人批评我消极无为——因为安然自得于民主政治。而今天的年轻一代其实并不了解民主政治或战后民主时期——战后的二十五年。他们必定赞同T.S.艾略特所写的，"别让我听从老年人的智慧"。艾略特是个沉静的人，但我不是——或者至少我不希望是。

《巴黎评论》：有关写作技艺，你有什么智慧可以传授吗？

大江：我是那类不断重复写作的作家。每样东西我都极想去改正。要是你看一下我的手稿，你就可以看到我改动很多。因此我的一个主要的文学方法就是"有差异的重复"。我开始一个新的作品，是首先对已经写过的作品尝试新的手法——我试图跟同一个对手不止一次地搏斗。然后我拿着随之而来的草稿，继续对它进行阐释，而这样做的时候，旧作的痕迹便消失了。我把我的创作看作重复中的差异所形成的整体。

我说过，这种阐释是小说家所要学习的最重要的东西。爱德华·萨义德写了一本很好的书，叫作《音乐的极境》，他在书中思考阐释在音乐中的意义，像大作曲家巴赫、贝多芬和勃拉姆斯的音乐。这些作曲家是通过阐释创造了新的视角。

《巴黎评论》：那么当你阐释过度时，你如何得知？

大江：这是一个问题。我年复一年阐释又阐释，我的读者越来越少。我的风格已经变得非常艰涩，非常曲折、复杂。为了提高我的创作，创造新的视角对我来说就是必要的，但是十五年前，我对阐释是否成了小说家的正道经历了深深的怀疑。

好作家基本上都有其自身的风格意识。存在着某个自然、深沉的声音，而这个声音从手稿的第一稿中呈现出来。他或她对初稿进行阐释时，这种阐释使那个自然、深沉的声音继续得到强化和简化。一九九六年和一九九七年，我在美国普林斯顿教书，我得以见到马克·吐温《哈克贝利·费恩历险记》原稿的一个抄本。我读了一百页左右，逐渐意识到吐温从一开始就有了某种确定的风格。即便是他在写蹩脚英语时，它也具有某种音乐性。这让问题变得更清楚了。那种阐释的方法对于好作家是来得自然而然的。好作家一般不会想要去摧毁他的声音，但我总是想要摧毁我的声音。

《巴黎评论》：你怎么会想到要摧毁你的声音呢？

大江：我想要在日语中创造一种新的风格。在始于一百二十年前的现代日本文学史中，风格往往不倾向于阐释。你只要看一下像谷崎润一郎和川端康成这样的作家，他们追随的是日本古典文学的典范。他们的风格是日本散文的精美典范，与日本文学的黄金时代那种短诗的传统——短歌和俳句保持同步。我尊重这个传统，但我想写某种不同的东西。

我写第一部小说的时候二十二岁，是读法国文学的学生。虽说我是用日语写作，却热衷于法语和英语的小说和诗歌：加斯卡尔和萨特，奥登和艾略特。我不停地拿日本文学和英法文学做比较。我会用法语或英语读上八个小时，然后用日语写上两个小时。我会想，法国作家怎么会这样表达呢？英国作家怎么会这样表达呢？通过用外语阅读然后用日语写作,我想要建起一座桥梁。但我的写作只是变得越来越困难。

到了六十岁我开始想,我的方法可能是错的。我有关创造的概念可能是错的。我仍在阐释,直到在纸上找不到什么空白,可现在有了第二个阶段:我拿已经写下的东西再写一个朴素、清澈的版本。我尊重那些两种风格都能写的作家——就像塞利纳,他拥有一种复杂的风格和一种清澈的风格。

在我的"假配偶"三部曲《被偷换的孩子》《愁容童子》和《别了,我的书》中,我探索这种新风格。我用《新人啊,醒来吧!》中那种清澈的风格写,可那却是一个老得多的短篇小说集。在那本书中,我想要倾听我那个真实自我的声音。但评论家仍在抨击我,说我句子艰涩,结构复杂。

《巴黎评论》:为什么叫作"假配偶"三部曲?

大江:丈夫和妻子是真配偶,可我描写的是假配偶。甚至在我职业生涯的开端,在我的第一部长篇小说《掐去病芽,勒死坏种》中,叙事人和他弟弟也是假配偶。几乎在我所有作品中,我觉得我刻画了人物这些新奇配对的那种结合和排斥。

《巴黎评论》:你有一些小说采用了一种知识分子构想——通常是有个诗人,他的作品你读得入迷,然后融入书中。《新人啊,醒来吧!》中是布莱克,《空翻》中是R.S.托马斯,还有《天堂的回声》中是金芝河。这是做什么用的呢?

大江:我小说中的思想和我当时在读的诗人和哲学家的思想是联结的。这种方法也可以让我告诉人们那些是我觉得重要的作家。

我二十来岁的时候,我的导师渡边一夫告诉我说,因为我不打算去做教师或文学教授,我就需要自学。我有两种循环:以某一个作家或思想家为中心，五年一轮；以某一个主题为中心，三年一轮。二十五岁之后我一直那么做。我已经拥有一打以上的三年周期了。在研究某一个主题的时候，我经常是从早到晚都读书。我读那个作家写下的所有东西，还有和那个作家作品有关的一切学术著作。

假如我读的是用另一种语言写成的作品，比如说艾略特的《四个四重奏》，我就用最初的三个月读一个片段，诸如《东科克》之类，用英文版一遍一遍读，直到我背得下来。然后我找一个好的日语译本，把它背下来。然后我在这两者——英文原文和日文译文之间反复来回，直到我觉得我处在由英文文本、日文文本和我自己的文本组成的螺旋结构中。艾略特就从那儿浮现出来。

《巴黎评论》：这很有意思，你把学院的学术研究和文学理论纳入你的阅读循环当中。在美国，文学批评和文学创作多半是互相排斥的。

大江：我最尊重的是学者。虽说他们是在狭窄的空间里奋斗，但他们真的是找到阅读某些作家的创造性方式。对于思考宽泛的小说家来说，这类洞察给作家作品的理解提供更为敏锐的方式。

我阅读跟布莱克、叶芝或者但丁相关的学术著作时，我全都读遍，关注学者之间的分歧所形成的堆积。那是我学得最多的地方。隔几年就有新的学者推出有关但丁的书，而每个学者都有他（她）自己的路子和方法。我跟一个学者用那种方法学上一年。然后跟另一个学者学上一年，等等。

《巴黎评论》：你怎么挑选研究对象呢？

大江：有时候这是我阅读的东西带来的自然结果。例如，布莱克引导我去读叶芝，而叶芝引导我读但丁。其他时候纯属巧合。我在英国参加一个推广活动时，在威尔士停留下来。我在那儿待了三天，把要读的书读完了。我去当地一家书店，让工作人员推荐一些英文书。他拿出那个地区一个诗人的集子，并且警告我说这书卖得不太好。那个诗人是R.S.托马斯，而我把他们店里有的全都买下了。读他的时候，我意识到他是我人生那个阶段可以读到的最重要的诗人。我觉得他和瓦尔特·本雅明有许多共同之处，虽说他们看起来很不同。这两个人都涉足世俗和玄秘之间的那道门槛。然后我把自己看作和托马斯、本雅明的那种三角关系中的存在。

《巴黎评论》：听起来这像是在说，你外出旅行时，绝大部分时间都是在旅馆房间里用来读书了。

大江：是的，没错。我参加一些观光活动，但是对好菜好饭没有兴趣。我喜欢喝酒，可我不喜欢去酒吧，因为要跟人打架。

《巴黎评论》：你为什么要跟人打架呢？

大江：至少在日本，不管什么时候碰上那种有天皇崇拜倾向的知识分子，我都要发怒。对这个人的回应势必让我开始惹恼他，然后就开始打架了。自然喽，只是在我喝得太多之后才打起来的。

《巴黎评论》：你喜欢在日本之外旅行吗？

大江：到作家写成作品的那个地方去是再好不过的阅读体验了。在圣彼得堡读陀思妥耶夫斯基。在都柏林读贝克特和乔伊斯。尤其是贝克特的《无名的人》需要在都柏林读。当然，贝克特是在国外写作的，在爱尔兰之外。这段日子无论什么时候去旅行，我都带上贝克特以《无名的人》告终的三部曲。这套作品我从来都读不厌。

《巴黎评论》：你这会儿在研究什么呢？

大江：眼下我在读叶芝的后期诗作，一九二九年至一九三九年之间写的。叶芝去世时七十三岁，而我一直想要弄清楚他在我七十二岁这个年龄时是怎么样的。我最喜欢的一首诗是他七十一岁时写的《一英亩草》。我一直是读了又读，试着将它扩展。我下一部小说是要写一群发狂的老人，包括一个小说家和一个政客，他们想的是疯狂的念头。

叶芝有个句子尤其打动我："我的诱惑是宁静的。"我的生活中并没有很多狂野的诱惑，但我具有叶芝所说的"老人的狂暴"。叶芝不是那种行事反常的人，可在他生命的晚期他却开始重读尼采。尼采援引柏拉图的话说，古希腊一切有趣的事情都来自发疯和狂暴。

所以明天我会花两小时读尼采，为这个老年人狂暴的想法寻找另一个视角，但是我会在读尼采的同时想到叶芝。这让我以不同的方式读尼采，体会一下读尼采时有叶芝伴随。

《巴黎评论》：你的这种描述好像是在说，你是透过作家的棱镜看世界的。你的读者是透过你的棱镜看世界的吗？

大江：当我为叶芝、奥登或 R.S. 托马斯感到激动时，我是透过他们看世界的，但我并不认为你可以透过小说家的棱镜看世界。小说家是平凡的。这是一种更为世俗的存在。世俗性是重要的。威廉·布莱克和叶芝——他们是特别的。

《巴黎评论》：你觉得和村上春树、吉本芭娜娜这些作家有竞争吗？

大江：村上是用一种清澈、朴实的日本风格写作的。他的作品被译成外语，受到广泛阅读，尤其是在美国、英国和中国。他以三岛由纪夫和我本人做不到的某种方式在国际文坛为他自己创造了一个位置。日本文学中这样的情况确实是第一次发生。我的作品被人阅读，但是回过头去看，我是否获得了稳定的读者群，这我是没有把握的，即便是在日本。这不是竞争,但是我想看到我更多的作品被翻译成英文、法文和德文,在那些国家获得读者。我并没有想要为大量读者写作,但是我想和人们接触。我想告诉人们那种深深影响了我的文学和思想。作为毕生阅读文学的那种人,我希望去传播那些我认为是重要的作家。我的第一选择会是爱德华·萨义德,尤其是他那些晚期著作。如果我看起来总像是没有在倾听,那我是在考虑萨义德。他那些思想一直是我创作的重要组成部分。它们帮助我在日语中创造新的表达方式,在日本人中创造新的思想。我也喜欢他这个人。

《巴黎评论》:你和三岛由纪夫的关系让人发愁。

大江:他恨我。我的《十七岁》发表时,三岛给我写了封信,说他非常喜欢它。因为这个故事想象一位右翼学生的生活,三岛大概觉得我会被神道教、国家主义和天皇崇拜拉过去。我从未想要赞颂恐怖主义。我想要努力理解一个年轻人的行为,他逃离了家庭和社会,加入一个恐怖分子集团。这个问题我仍在考虑。

但在另一封信里三岛写道,我是那样的丑陋真让他吃惊,这封信发表在他的书信选中。人们通常是不会发表这样一封侮辱人的信的。例如,在纳博科夫的书信中,那些明显侮辱人的信件并没有在双方都在世的时候发表出来。可三岛是出版社的上帝,他无论想出版什么都会得到允许。

《巴黎评论》:你曾在一次宴会上把三岛的妻子叫作傻X,这是真的吗?

大江:那是编出来的。约翰·内森在《教会我们摆脱疯狂》的导言中写了这个。他想把我塑造成一个臭名昭著的青年作家形象。三岛和我在出版宴会上见过两次,但是有女招待伺候喝酒,一个作家是绝不会把妻子带到那种宴会上去的。那个时候三岛是头牌作家,不会有这种事。按照约翰·内森的说法，那个字眼我是从诺曼·梅勒那里学来的。可我已经知道那个字眼了——我是在美国大兵周围长大的，这是他们扔给日本女孩的一个词。作为一个有自尊心的人，我是绝不会使用这样一个字眼的。再说，如果我恨什么人的话，那也绝不会去冒犯他的妻子。我会直接去冒犯那个人。为了这件事情，我没有原谅过约翰·内森，虽说他对那本书的翻译我是喜欢的。

《巴黎评论》：内森译了你好几本书。作家的风格能够被翻译吗？

大江：迄今为止每一种翻译我都喜欢。每一位译者都有一个不同的声音，可我发现他们对我作品的读解非常出色。我喜欢内森的译文，可我作品的法文译本是最好的。

《巴黎评论》：作为读者，你对这些语言的理解有多好呢？

大江：我是作为外国人来阅读法语和英语的。用意大利语阅读要花去我很长时间，但我阅读意大利语的时候，感觉我是领悟文本里的那个声音的。我去意大利访问时，做了个电台访谈，那位采访者问起我对但丁的看法。我相信但丁的《神曲》仍然能够拯救这个世界。那位采访者宣称，日语根本没法捕捉他那种语言的音乐性。我说，的确，不能完全理解，可我能够理解但丁声音的某些方面。采访者狠狠起来，说这是不可能的。他要求我背诵但丁。我背诵了《炼狱》开篇大概十五行句子。他把录音停掉，然后说，这个不是意大利语——但我相信你认为这是意大利语。

《巴黎评论》：许多作家着迷于在清静的地方工作，可你书中的叙事者——他们是作家——是躺在起居室沙发上写作和阅读。你是在家人中间工作的吗？

大江：我不需要在清静的地方工作。我写小说和读书的时候，不需要把自己和家人隔离开来或是从他们身边走开。通常我在起居室工作时，光在听音乐。有光和我妻子在场我能够工作，因为我要修改很多遍。小说总是完成不了，而我知道我会对它彻底加以修改。写初稿的时候我没有必要独自写作。修改时我已经和文本有了关系，因此没有必要独自一人。

我在二楼有个书房，可我很少在那儿工作。我仅有的要在那儿工作的时候，就是当我结束一部小说并需要全神贯注的时候——这对于别人来说是讨嫌的。

《巴黎评论》：你在一篇随笔中写道，只有跟三类人交谈是有趣的：对许多事情所知甚多的人；到过一个新世界的人；或是体验过某种奇怪或恐怖事情的人。你是哪一种？

大江：我有一个密友——一位杰出的批评家——声称和我没有过对话。他说，大江不听别人说话；他只讲他脑子里的想法。我不认为事情真是那样，我不觉得我是那种听起来有趣的人。我没见过很多大事情。我没到过新世界。我没体验过很多古怪的东西。我经历过很多小事情。我写那些小小的经验，然后对它们做出修改，通过修改重新体验它们。

《巴黎评论》：你的绝大多数小说都是基于你的个人生活。你认为你的小说是日本私小说传统的组成部分吗？

大江：私小说的传统中是有一些大作品的。岩野泡鸣，他在十九世纪晚期和二十世纪早期写作，是我最喜爱的作家之一。他用过一个短语——"无可救药的兽性勇气"。但私小说是讲述作者的日常生活被某种不寻常的或特别的事件——海啸、地震、母亲之死、丈夫之死——打断时所发生的事情。它从未揭示个体在社会中的角色这样的问题。我的作品发端于我的个人生活，但我试图揭示社会问题。

狄更斯和巴尔扎克是客观地描述这个世界。他们用心灵的广博写作。而由于我是通过自己描写这个世界，最重要的问题就成了如何叙述一个故事，如何找到一个声音，然后才出现人物。

《巴黎评论》：你所有的作品都是透过你的个人体验折射出来的吗？

大江：我不是用某种预设的想法开始写一部小说的，要让人物带有什么倾向或是如何创造某种人物。对我来说，这全都是那种阐释行为所要做的事情。在修改和阐释的过程中，产生新的人物和情境。这是和实际生活非常不同的一个层面。在这个层面上，那些人物显现出来而故事自行生长。

可我所有的小说都是以某种方式讲述我自己，我作为年轻人、有个残疾儿的中年人和老年人的所思所想。相对于第三人称，我养成了那种第一人称的风格。这是一个问题。真正好的小说家是能够用第三人称写作的，但我用第三人称从来都写不好。从这个意义上讲，我是个业余小说家。虽说过去我用第三人称写过，人物却不知怎的总是像我本人。原因在于，只有通过第一人称我才能够确定我内在的真实情况。

例如，在《空中的怪物阿归》中，我写了一个跟我处境相像的人，光出生时我的那种处境，但那个人做的决定跟我的不同。阿归的父亲不选择帮助他的残疾儿活下去。在《个人的体验》中，我写了另一个主人公——鸟——他选择和那个孩子共同生活。那些大约是在同一时间里写成的。但如此一来，它实际上是倒退。写了阿归的父亲和鸟这两个人的行为之后，我把我的生活导向于鸟的行为。我并没有打算那么做，但后来我意识到我就是那么做的。

《巴黎评论》：光经常作为人物出现在你的小说里。

大江：我和他生活了四十四年了，写他已经成为我文学表达的支柱之一。我写他是为了表明，残疾人是如何意识到他自己的，那样做是有多么困难。在他很小的时候，他就开始通过音乐表达他自己——他的人性。通过音乐他能够在某种程度上表达悲哀这样的概念。他进入一个自我实现的过程。他在那条路上一直走了下来。

《巴黎评论》：你曾说你把他的话逐字逐句写了下来，但是用不同的次序表达出来。

大江：我把光说的话严格按照它们说出来的次序抄下来。我添加的是前后关系和情境，还有别人是怎样回答他的。这样一来光说的话变得更易于理解了。我绝不会为了让它们可以理解而重新编排次序。

《巴黎评论》：你在小说中写了那么多有关光的事情，你其他孩子对此是怎么想的呢？

大江：我也写了我儿子小大和女儿菜采子的事情。只有菜采子才会读我写的光的故事。我得非常小心才行，否则她会跟我说，光并没有说那种话哩。

《巴黎评论》：你为什么决定用他们的真名——尤其是光的真名呢？

大江：原先我并没有用他们的真名。我在小说里叫他"乂幺"，但在真实生活中叫他"噗（Pooh）"[①]。

《巴黎评论》：为什么？

大江：《小熊维尼》是我和妻子结婚的缘由。就在战争快要结束

[①] 即《小熊维尼》(*Winnie-the-Pooh*) 的主人公。

前,《小熊维尼》的译本由岩波书店出版,一家高格调出版社。只有几千册。我在高中时认识我妻子的哥哥伊丹十三,他们的母亲要求我帮她找一本《小熊维尼的房子》。战争期间她读过这本书但是找不到了。我是东京二手书店的专家,可以找到《小熊维尼》和《小熊维尼的房子》。我找到一本,给他们家送去,然后就开始和她女儿通信。事情便是那样开始的。

但是我跟作为人物的噗实际上没有密切联系。我更多是义幺那个类型。

《巴黎评论》:你获诺贝尔奖时,你家里是怎么反应的?

大江:我家里对我的评价没有变。我坐在这里读书。光在那儿听音乐。我儿子,他是东京大学生物化学专业的学生,还有我女儿,她是索菲亚大学的学生,他们在饭厅里。他们并不希望我获奖。晚上九点左右来了个电话。光接的电话——这是他的一个嗜好,接电话。他可以用法语、德语、俄语、汉语和韩语准确地说"喂,哪位?",于是他接了电话,然后用英语说,不,接着又说,不。然后光把话筒递给我。是瑞典学院诺贝尔评委会的号码。他问我说,您是健三郎吗?我问他是不是光代表我拒绝诺贝尔奖了,然后我说,抱歉了——我接受。我把电话放下,回到这张椅子上,坐下来,对我家里宣布,我获得了这个奖。我的妻子说,没弄错吧?

《巴黎评论》:她就说了这个?

大江:是的,而我的两个孩子什么都没说。他们只是悄悄走到他们房间里去。光继续听音乐。我从来没有对他说起过诺贝尔奖的事情。

《巴黎评论》:他们的反应让你失望了吧?

629

大江：我走回去读我的书，但我忍不住想要知道，是否绝大多数家庭都是这样反应的。然后电话铃开始响起来。五个小时里没有停过。我认识的人。我不认识的人。我的儿女只是想让那些记者回家去。我拉上窗帘，给我们一点隐私。

《巴黎评论》：获这个奖有什么不利方面吗？

大江：获这个奖没什么特别负面的东西——但是获这个奖也没什么特别正面的东西。到我获奖那个时候，记者在我家门外集合三年了。日本媒体往往是过高估计诺贝尔奖候选人的价值。即便是那些并不欣赏我文学作品的人，或是反对我政治立场的人，听说我有可能获奖时，也都对我感兴趣了。

诺贝尔奖对你的文学作品几乎是没有意义的，但是它提高你的形象，你作为社会人物的地位。你获得某种货币，可以在更加广阔的领域里使用。但是对作家而言，什么都没有变。我对我自己的看法没有变。只有几位作家在获得诺贝尔奖之后继续写出好作品。托马斯·曼是一个。福克纳也是。

《巴黎评论》：光出生时，你已经是著名的小说家了。你和你的妻子被看作很风光的一对。你有没有担心过和光一起生活会剥夺你的职业生涯？

大江：那时我二十八岁。是我获得颇有名望的芥川奖之后的五年。但是生下一个残疾儿我并不觉得害怕，也不觉得丢脸。我的小说《个人的体验》中的鸟这个人物觉得和残疾儿生活在一起不舒服——对于故事情节来说这是必要的，但我从来没有为此感到焦虑。我想要我的命运，就像哈克贝利·费恩。

《巴黎评论》：在光刚刚出生之后，你对他会活下来是没有把握的。

大江：医生告诉我说，他存活的概率是很小的。我觉得他会很快死掉。光出生几周之后，我去广岛旅行。我看到很多原子弹幸存者把某个死去之人的名字写在灯笼上，让它在河里漂流。他们注视着灯笼流向河对岸——死者的灵魂进入黑暗之中。我想要加入。我把光的名字写在灯笼上，心想，因为他是一个很快就要死去的人了。那个时刻，我都不想活了。

稍后我把我做的事情告诉了一个朋友，一个新闻记者，他女儿是在广岛原子弹期间死去的。他说，你不该做那种多愁善感的事情。你得不停地工作。后来，我承认我做的事情是最为糟糕的那种多愁善感。从那以后我改变了态度。

《巴黎评论》：你说的多愁善感是什么意思？

大江：最佳定义来自弗兰纳里·奥康纳。她说，多愁善感是一种不直面现实的态度。为残疾人感到难过，她说，这类似于要把他们给隐藏起来。她把这种有害的多愁善感跟"二战"期间纳粹消灭残疾人的行为联系起来。

《巴黎评论》：在《新人啊，醒来吧！》当中有一个故事的片段，写一个右翼学生绑架叙事人的残疾儿，然后把他丢弃在火车站。那样的事情有没有发生过？

大江：当时的青年学生批评我不写日本年轻人的痛苦，只想着自己的残疾儿。他们说我对自己的孩子过分热心，而对社会的热心不足。他们威胁说要绑架他，但他们丝毫没那么做。那篇小说中的片段在某种意义上是真实的：有一次，光在东京火车站失踪，我找他找了五个小时。

《巴黎评论》：光作为一个性的存在，写起来是否有困难？在《新人啊，醒来吧！》和《静静的生活》中，叙事人发现要将他自己的性关注或性念头跟他残疾儿的那些想法协调起来是有困难的。

大江：光丝毫没有性兴趣。电视上即便是出现半裸女人，他也要把眼睛闭上。前几天电视上出现一个光头钢琴家——对光来说裸体和光头必定是有某种联系的，而他不想看。他对性欲的反应就是那样。你会说，他对这种事情是敏感的，只是和绝大多数人想的方式不一样。〔对光说〕小噗，你记得那个光头钢琴家吗？

大江光：克里斯托弗·艾森巴赫。

大江：一位著名的钢琴家和指挥家。他的唱片封套上，他长着一头浓发。但他最近访问日本，看起来他这会儿是全秃了。我们在电视上看他，而光不愿看他光裸的脑袋。我只好把电视屏幕上艾森巴赫的脑袋用 CD 封套盖住，这样光就可以收看了。

《巴黎评论》：为什么你不把光作为主要人物写进小说里去了呢？

大江：大约十年前，我就不以直截了当的方式写光了，但他一直是露面的。他变成为最重要的小角色。正因为光一直是我生活的组成部分，所以我喜欢让残疾人一直出现在我小说中。但小说是一个实验的场所——正如陀思妥耶夫斯基用拉斯科利尼科夫这个人物做实验。小说家穷尽不同的剧情——这个人物在这种情境中会如何反应？我再也不拿光做这种实验了。由于我要和他继续生活在一起，他是作为我生活的支柱——不是作为一种实验起作用的，这一点很重要。我总是在想，他将如何接受和拥抱这个我正在变老的事实。

大约是五六年前，我的抑郁症发作了一回。每隔两三年我都要发作一回——通常是由于担心核武器，或是冲绳，或是我这一代当中有什么人过世了，或是我的小说看来是否不再有必要了。我通过每天听同一张 CD 唱片克服它。去年，我想要努力在小说中描述这种体验。我能够记得的是贝多芬的钢琴奏鸣曲第 23 号，可我记不得是谁演奏的。我们有那么多 CD 唱片。当时我问光，我听的那个演奏家是谁，他记得：弗里德里希·古尔达。我问，一九六七年？而光说道，五八年。

总而言之，大概我人生的三分之一是致力于阅读，三分之一是致力于写小说，而三分之一是致力于和光一起生活。

《巴黎评论》：你遵守哪一类写作时间表？

大江：一旦我开始写小说，我每天都写，直到结束为止。通常我早晨七点醒来，工作到大约十一点钟。我不吃早饭。我只喝一杯水。我觉得那样对写作是最好的。

《巴黎评论》：你认为写作是艰苦的工作吗？

大江：在法语中，"工作"这个词是 travail。这个词的意思既包含以极大的努力和痛苦做出挣扎，也包含那种努力的结果。对普鲁斯特来说，写《追忆似水年华》的挣扎和那种努力的结果是一回事。我并不觉得写作是一种挣扎。写初稿是一个非常愉悦的过程，但我对初稿彻底加以修改。那样做是艰苦的，但完成作品也是一种愉悦。

《巴黎评论》：你说过，对你来说写小说就是回到你成长的那个森林村庄的一种途径。

大江：两者是重叠的——我虚构的森林和我儿时的家园。我的童年时代我已经写过很多次了。真实的和想象的全都混杂了起来。

有一度我在森林里画那些树木的速写，想要学习它们的名字。我患了感冒。我躺在床上，看起来我好像活不长了。我会死吗？我问道。我母亲说，即便你死了，我也会把你再生出来的。我问，那会不会是另一个孩子呢？而她说道，我会把你知道的所有事情，你读过的所有书都教给那个孩子的。

《巴黎评论》：那你父亲呢？

大江：他的情况我只记得一点点。他会独自一人思考——在孤立之中。他是神秘的人。他从不跟我们小孩子说话。他做纺织工作，读书。他不和其他村民来往。

我们住在四国的大山之中。到邻县去要走上一天。我听说父亲过去常去拜访一个老师，一位中国文学专家，他住在大山的另一边。我母亲说，父亲每年都要去拜访他两次。

《巴黎评论》：你母亲和祖母在你们村里没有供过一个神道教的神龛吗？

大江：那个神龛是道教的神龛——它几乎是民俗性的，比神道教更加实际。另一个方面，我父亲倒是一个非常深刻的神道教思想家。日本被认作是一个神道国家，但这仍然是和天皇联结在一起的。我六岁上小学，而"二战"结束时我十岁。这些年当中我受到的是非常国家主义的教育——与神道教、天皇崇拜和军国主义相联系的国家主义。他们教育我们说，天皇是神，我们要为天皇而死。直到战争结束为止我都信奉这种思想。

日本文化的根基，仍然是神道教。神道教是一种与日常生活相联系的朴实信仰。没有教义问答书，没有神学。那些想要放弃它的人追求佛教或基督教。或者他们寻求独立的思想——像知识分子那样。我是追求独立思想的一个人，追求宗教之外的某种思想。

《巴黎评论》：你的睡眠不正常，这是真的吗？

大江：我的睡眠一直有麻烦。因为这个缘故，我上大学的时候就开始写小说了。我有两年依赖安眠药，但是每天晚上我服用夜酒，通过这个办法让自己恢复正常。我走进厨房,喝下大约四杯威士忌——有时候增加一倍——以及两到四罐啤酒。我喝完威士忌,喝完啤酒,然后就非常容易地睡着了。问题在于我要完成的阅读量大大增加了。

《巴黎评论》:在《新人啊,醒来吧!》中,叙事人说,我们的人生其实只是为死亡之前快乐的半天作准备的。你人生最后那个圆满的半天会是怎样的呢?

大江:我不知道我最后那个圆满的半天是怎样的,但我希望它绝大部分时间里是完全有意识的。过去的七十多年里我经历了很多事情。我想要记住几首诗。这会儿候选的作品是《东科克》。

《巴黎评论》:只有一首候选作品吗?

大江:暂时是。

《巴黎评论》:回顾你的人生,你觉得你选择的是一条正确的道路吗?

大江:我在家里度过我的生活,吃我妻子煮的食物,听音乐,和光在一起。我觉得我是选择了一个好职业——一个有趣的职业。每天早晨,我醒过来意识到,我要读的书根本就读不完。这是我的生活。

我想要在完成一部作品之后死去——这个时候我已经写完了,刚好可以读了。小说家夏目漱石的职业生涯非常短,是从一九〇五年到一九一六年。有关他的著名故事是,就在他临死之前他说,我这会儿死掉的话就成问题了。他根本就不打算死。在日本,如果作家死了,留下未完成的手稿,有人就会将它出版。我想在临死之前烧掉所有未完成的手稿和所有笔记本。我要把我想重印的书以及其他一切我不想重印的书都挑选出来。

《巴黎评论》：绝大多数作家不都是这样说说而已的吗？

大江：对于真正伟大的作家而言，未完成的手稿中会有重大的发现。但是以我而论，即便是出版的作品也都是没有完成的。我的写作过程经过几稿之后都没有结束。它得要经历一个漫长的修改过程。不经过修改，那些就不是我的作品。

《巴黎评论》：你觉得你最成功的作品是哪一部？

大江：《万延元年的Football》。这是我青春时代的作品，缺陷是明显的。但我觉得它是最成功的，连缺陷都是。

《巴黎评论》：你小说中的叙事人领悟到超凡的存在，但接下来那种东西似乎就让他们难以理解了。

大江：我对超凡存在的感受向来都是一种次要的感受。通过那些越过了我们所知维度的人——像诗人叶芝和布莱克，我感觉并领悟它。我最终没有抵达那个超出我们现世的不同维度，但是通过文学我能够品尝它，而这对我来说便是存在的一个理由。

《巴黎评论》：你觉得对一个作家来说拥有信仰是一种负担吗？

大江：日语中，负担这个词有"重"这个字在里头。我并不认为宗教——信仰——是一种"重"负，而我觉得有亲缘关系的那些作家和思想家，他们和我分享我那种和信仰有关的思想和情感。我把向他们学习弄成了一种习惯。其他有些作家我觉得不亲近，因为我没有和他们分享与信仰有关的思想和情感。例如，托尔斯泰就不是一个我觉得亲近的作家。

我并没有信仰，我也不觉得将来我会有，但我不是一个无神论者。我的信仰是一个俗世之人的信仰。你可以把它叫作"道义"。一生中我获得了某些智慧，可一向只是通过理性、思考和经验。我是一个理性的人，我只是通过我自己的经验工作。我的生活方式是一个俗世之人的生活方式，而我就是那样来了解人类的。如果有一个区域，通过它我遭遇那种超凡的存在，那就是过去四十四年里我和光的共同生活。通过我和光的那种关系，通过我对他音乐的理解，我瞥见了那种超凡的存在。

我不祈祷，但是有两件事情我每天都要做。一是阅读我信任的思想家和作家的作品——这件事情我每天早晨至少做两小时。二是关心光。每天晚上，我都会把光叫醒到洗澡间去。他回来睡觉的时候，出于某些原因没法把毯子盖在身上，于是我用毯子把他给盖上。把光带到洗澡间去是一种仪式，而对我来说是具有一种宗教的调子。然后我服下夜酒，上床去睡觉。

（原载《巴黎评论》第一百八十三期，二〇〇七年冬季号）

THE PARIS REVIEW

谢默斯·希尼

1995 年诺贝尔文学奖得主

获奖理由:"因其兼具抒情美感和伦理深度的作品赞颂了日常的奇迹和鲜活的过去"

《巴黎评论》访谈发表时间:1997 年

谢默斯·希尼

（Seamus Heaney）

1939—2013

爱尔兰诗人、剧作家和翻译家，1966年出版首部诗集《一个博物学家的死亡》，此后陆续出版了多部诗集、评论和译著。诗集《水平仪》和译作《贝奥武甫》两度获得英国惠特布莱德文学奖。2008年出版《踏脚石：希尼访谈录》。2010年出版了生前最后一部诗集《人之链》。

2013年8月病逝于都柏林。

谢默斯·希尼

◎罗池/译

谢默斯·希尼一九三九年生于北爱尔兰的德里郡，是一个天主教家庭九个子女中的长男。一九六一年从女王大学英文系毕业后，希尼做过中学教师，数年后成为自由作家。一九七五年，他受聘都柏林一家教育学院英文系，在那里教授师范课程至一九八一年。一九七九年，哈佛大学邀请他短期访学，不久达成兼职协议，让希尼在每年春季学期任教，然后回爱尔兰与家人团聚。一九八四年，他被遴选为哈佛大学修辞学与讲演术波尔斯顿讲席教授，同时，一九八九年至一九九四年，他还担任牛津大学诗歌教授。一九九五年荣获诺贝尔文学奖之后，希尼辞去波尔斯顿讲席，但仍作为访问驻校诗人与哈佛大学保持关系。他和妻子玛丽亚现居都柏林，他们育有三个孩子。

希尼已出版十二部诗集，包括：《一个博物学家的死亡》(1966)、《通往黑暗的门》(1969)、《越冬》(1972)、《北方》(1975)、《田野作业》(1979)、《迷途的斯威尼》(1984)、《苦路岛》(1985)、《山楂灯笼》(1987)、《灵视》(1991)、《水平仪》(1996)等。他的散文收录在三本集子里：《全神贯注》(1980)、《舌头的管辖》(1989)、《诗歌的纠正》(1995)。他的作品还包括：根据索福克勒斯《菲洛克提忒斯》编译的《特洛伊的疗救》(1990)，以及与斯坦尼斯拉夫·巴兰恩恰克(Stanislaw Barańczak)合译的扬·科哈诺夫斯基(Jan Kochanowski)诗集《哀歌》(1995)。

THE HAW LANTERN

Fires were taboo all over Ireland
when the high king in Tara saw the blaze
of the Easter fire Patrick lit at Slane.
Next came their confrontation of the hill,
the king's conversion and our heritage
dwindling down to poor hindsights like this:
the illumination we'd be fitter for
burns out of season in a wintry haw,
crab of the thorn, a small light for small people,
asking no more from them but that they keep
the wick of self-respect from dying out,
not dazzling them with rewards or terrors.

And another story, where the old Greek roams
with his lantern, seeking for one just man —
I would end up in my own version of that one
being scrutinized from behind the haw
he holds up at eye level on its twig,
flinching before its bonded flesh and stone,
its pecked-at ripeness and tested staying power
I love possessively and am dismissed by.

诗集《山楂灯笼》中同名诗歌的一页手稿

以下访谈发生于一九九四年五月中旬哈佛大学亚当斯宿舍楼希尼房间的三个上午（在希尼荣获诺贝尔文学奖后略作了补充）。一棵野苹果树在他的起居室窗外花开得正旺。当月末，希尼就要返回爱尔兰。在我们整个谈话期间，大学生的欢声笑语从走廊外飘进来。电话铃响个不停，直到把电话线拔掉为止。红茶佐以"非凡农庄"曲奇饼。一张咖啡桌和两张橡木大书案上都堆满了一摞摞的书信、手稿、文件、文学杂志、书籍，等等。希尼坐在灯光笼罩的沙发上。一种整洁和凌乱的舒适混合体让我们的谈话变得轻松。一束紫丁香在近旁的花瓶里低垂。壁炉架上摆着家庭快照：他的两个儿子在威克洛的农庄，三个孩子和母亲一起在都柏林，他的好友伯纳德·麦卡比（Bernard McCabe）在意大利的空气中欢喜雀跃。此外，还有一个绘着丁登寺图案的斯波德瓷盘，一幅题为《第欧根尼大桶》的挂画，都是珍贵的生日礼物——希尼刚满五十五岁。还有一张亨利·卢梭画作《缪斯和诗人》的明信片。每次见面，希尼都穿着套装、熨过的白衬衫，系着领带。他的马丁鞋擦得锃亮。他的白发尽管剪得很标致，却是乱蓬蓬的。他最近几周都在四处旅行，尽管眼袋深重，但他的头脑灵敏而且淘气。每次谈完话，我们会喝一杯杰克丹尼威士忌。

——访谈者：亨利·科尔[①]，一九九七年

《巴黎评论》：你在哈佛大学已经满十二年了，对美国学生都有什么印象？

谢默斯·希尼：第一次来这里的时候我就特别注意到，他们都很

[①] 亨利·科尔（Henri Cole, 1956— ），美国诗人，2014 年成为《巴黎评论》"作家访谈"栏目第 98 位受访诗人，2017 年当选为美国艺术文学院院士。

热切地要和教授进行接触。在爱尔兰老家，我们却有一种回避的习惯，一种对权威人士的反讽态度。在这里，学生是随时准备冲上来，迫切地大肆占有教授所提供的一切。这让我刚开始有点儿心慌，但现在我很欣赏了。还有，美国学生的自我评价会更高。他们是带着对自身能力的积极肯定来上大学的，不管是谁。

《巴黎评论》：你觉得当了这么多年老师对你的写作有影响吗？

希尼：嗯，这肯定对我的精力有影响啊！我记得罗伯特·菲兹杰拉德①在这一点上警告过我，或至少是担心我。但有好有坏——我现在觉得坏，但原先我是觉得好的——我相信诗歌的到来有如神恩，也会在它需要的时候把自己硬逼出来。我的世界观，我对生命中已被安排好的事情的看法，总是包括要找份工作。这其实就跟我的出身、我的成长、我的背景有关——我是从农村出来吃奖学金的读书郎。事实上，我生命中最为出乎意料、最不可思议的事情就是诗歌的降临——有如天命和简拔。一九六二年我开始在贝尔法斯特当中学老师。我在圣托马斯初级中学教了一年。我有女王大学英文系的优等文凭，而且感觉自己有些文学潜力，但我并没有真正的信心。然后在一九六二年十一月我才开始进行认真的、有点儿满怀希望的写作。读大学的时候我曾在文学协会的杂志上登过诗作。我参加过一个社团，同仁中有谢默斯·迪恩②，他是全班的明星，还有乔治·麦沃尔特（George McWhirter），现为温哥华不列颠哥伦比亚大学驻校诗人。还包括女王大学周边的其他一些有文学抱负的人——比如斯图尔特·帕克（Stewart Parker），他后来成了剧作家——我也是其中之一。但我并没

---

① 罗伯特·菲兹杰拉德（Robert Fitzgerald，1910—1985），美国诗人、翻译家、古典学者、哈佛大学教授，希尼接任他的教职。
② 谢默斯·迪恩（Seamus Deane，1940—2021），爱尔兰诗人、小说家、都柏林学院大学教授，希尼的中学和大学同学。

有任何上进心或者决心或抱负的意识。我在女王大学的杂志上发表作品时的笔名是"Incertus"——拉丁文的"不确定"之意——我不过是在罚球区胡乱踢,没有费劲射门的意思。到了一九六二年这种心思才开始活泛起来。我记得当时在贝尔法斯特公共图书馆的架子上拿到了特德·休斯的诗集《卢帕卡》,翻开它读到《一头猪的观点》,然后马上就动笔写了几首,基本上就是在模仿休斯。第一首叫《拖拉机》;我记得有一行写道"他们忧伤地漱喉"——当时让我感到非常满意。于是我把它寄给《贝尔法斯特电讯报》——不是世界著名的文学报刊,但不管怎样,他们发表了那首诗。这件事无比重大,因为我不认识这家报社的任何人,这意味着那首诗是因为它本身的优点而被接纳的,尽管不怎么样。

《巴黎评论》:你出身于一个不善言辞的家庭,而你又说过你最初是从你的母亲那里欣喜地获得了韵律的概念。你能不能说一点儿你小时候在家里的情况?

希尼:我的父亲是那种来自古老世界的生命,真的。他最适合待在一个盖尔人的土堡里。他那一脉的亲戚,与我有关的他那一脉家族,都处于一个传统的农业爱尔兰社会。而且,到现在,我越来越认识到他就是那种过早失去父母关爱的人。在他还非常小的时候,他的父亲就突然去世了。他的母亲死于乳腺癌,然后他和兄弟姊妹都由叔叔婶婶们收养和抚育。我的父亲跟三个单身汉叔叔一起长大,他们用一种相当实在的方式做贩牛生意,在英格兰北部的各个市场走来走去,他跟着他们学会了贩牛。所以在他的人格形成阶段,家庭就是一个没有女人的地方,一个风格内敛和克制的处所。所有影响了他的东西,当然,也因他的存在、他的个性而影响到我们。

《巴黎评论》:那你的母亲呢?

645

希尼：嗯，我的母亲更像一个现代社会的生命。她家人住在道森堡村，那边可以说是个工业村。那边很多人都在克拉克亚麻厂上班。她有一个叔叔是厂里的司炉，有一个兄弟也在那儿上班，还有一个是开面包车的——曾经是贝尔法斯特一家烘焙厂在道森堡地区的总代理。她有一个姐妹上了护士学校，另一个去了英格兰，那是战争时期，后来嫁给一个诺森伯兰来的矿工。我猜你会说，我父亲的世界是托马斯·哈代，而我母亲的是 D.H. 劳伦斯。道森堡是那种有排屋的村子，新崭崭的工人阶级。那里还有麦凯恩家族的讲究的繁文缛节——就是我母亲的家族；他们很注重着装规矩、餐桌礼仪之类的东西。他们喜欢你把皮鞋擦锃亮、头发梳整齐。他们在后院有分配的小花园和装了绞干机的洗衣房。我想我应该把麦凯恩家称为民主派。他们对正义和民权有强烈的意识，他们都是了不起的辩论家。他们对自己在争吵和吹毛求疵方面的天赋有着名副其实又自知之明的嗜好。

《巴黎评论》：希尼家呢？他们也是民主派？

希尼：希尼家是贵族派，因为他们遵从的行为规范是多做事少说话。辩论、说服以及言谈本身，看在上帝分上，对他们根本就是多余和无益的。你要么加入要么就不属于他们。对于他们的农村背景，那种不宣之于口但仍遗留至今的盖尔人传统，必须要这样做。

《巴黎评论》：他们说盖尔语吗？

希尼：不，根本不会。爱尔兰语在北爱尔兰地区已经一两个世纪没有人讲了。但它对我来说经常就像是班恩河谷①的基因库，几千年来从未被人扰乱。

---

① 班恩河源自希尼家乡一带，从内伊湖北流入海。

《巴黎评论》：家里有什么书吗？

希尼：不多。读书的环境是在我莎拉姨妈家。她在二十年代读过师范然后还自己弄了个小图书室。比如，她有全套的哈代小说，还有早期的叶芝三卷本全集——戏剧、故事和诗歌。

《巴黎评论》：你的玛丽姑妈呢？

希尼：玛丽是我父亲的姐妹，她跟我们一起住在家里。因为我是长子，我很得她的宠爱。她是一个情感丰富同时又非常老练、冷眼看世界的女人。希尼家的女人都怀有这种根深蒂固的现实主义，只能靠她们的仁慈来加以平衡。她们无可指责，而且——并非被动地——非常警醒。她们身上有一种鲜活的东西，尽管她们同时也具有一种毁灭性的轻蔑，一种极端的、不屑一顾的轻蔑。不过，在两者之间，就是宽容和傲慢。玛丽对我们所有人都影响很深，但就我而言，我是受宠的，因为我是长子。

《巴黎评论》：你在家里肯定很快就成为第四个大人。

希尼：确实如此。才十来岁我就获得了某种代表资格，代表家人去参加一些守灵和葬礼之类。下地干活的时候我会被算作一个成人劳动力——比如夏天收干草。但我记得这种代表资格是在我弟弟克里斯托弗将要正式下葬的那个早晨加到我身上的。他才四岁就死于交通事故。我那时应该有十三四岁。总之，我从学校赶回家参加葬礼，其他弟弟妹妹都在。我进到卧室想要哭的时候，我的父亲对我说："坚强点，如果你哭了，他们全都要哭。"

《巴黎评论》：你的诗作《期中短假》就是纪念这件事。

希尼：是啊。

647

《巴黎评论》：这些年你在大西洋两岸奔波，是什么样的感受？这对你作为一个丈夫和父亲是不是一种压力？

希尼：其实一九七九年玛丽亚和孩子们是跟我一起在美国的——坎布里奇四个月，然后长岛一个月——其实我们在坎布里奇的时候都是跟早在爱尔兰就认识的朋友们在一块儿，比如海伦·文德勒[①]，还有艾尔弗雷德·奥尔康（Alfred Alcorn）和他的妻子莎莉，这在我对是否接受聘书而犹豫不决的时候起了重要作用。当爸的不能突然跑到人生地不熟的地方去。这里的很多人不光认识我还认识玛丽亚和孩子们。问题在于四个月的分离是否值得换来另外八个月的在家团聚。在做出决定的那天晚上我做了一个梦，真的。我梦见自己在沙漠里，天很黑。我要找地方歇下来，找个庇护所，然后就来到一个用木杆斜搭在某种墙壁或悬崖边上的窝棚。木杆上盖着兽皮之类的遮盖物。我爬进底下去睡了一夜然后在梦里转到了大白天，阳光灿烂，悬崖消失了，窝棚也不见了，我站在一片空地上。先前我当成了土墙的东西实际上是停泊在苏伊士运河岸边的一艘客轮，晚上的时候客轮已经开走了。后来我觉得这个梦意味着万物变易，我也应该随之而变——尽管我知道也有别的方式去解释它。

《巴黎评论》：也可以把哈佛大学视为客轮，对吗？

希尼：啊，那确实！不久，大概就在那段时间，我们见了瑞典诗人托马斯·特朗斯特罗姆和他的妻子莫妮卡，他们对我们说："嘿，没事的，只要你们每隔六个星期能见上一面……可别超过六个星期呀。"于是我就签了合同。玛丽亚有个姐妹当时住在都柏林，她可以说是孩子们最心爱的姨妈，她承诺每个春季都照顾孩子一两个星期，这样玛丽亚就可以到坎布里奇这边来陪我。

[①] 海伦·文德勒（Helen Vendler，1933— ），美国诗歌理论家、哈佛大学教授。

《巴黎评论》：你的房间，虽然很明显你已尽力把它布置成你的小窝，但还是能看得出来你的生活是在很遥远的别处。

希尼：是的，没错。我觉得，比如我去另找一套灯塔山的公寓，然后按自己的喜好来装修布置，把我的书柜、宝贝还有图画都搬进去，构筑一个舒舒服服的异乡，那会严重影响到我跟家里的关系。所以说罗伯特·凯利（Robert Kiely）提供的这套亚当斯楼公寓真是棒极了，他从那时到现在都是主管。关键在于这个公寓不是一种替代性的生活。它就像墙梁上的一个鸟窝，实际上，是候鸟借住在别人的房子。我是凯利夫妇的客人，差不多吧。我住在这里不管怎么说都不是对我在都柏林的生活的一个替代。它就是个临时安置所。这对于我以及对于家庭都有非常重要的心理意义。我想也可以这么说，我每年独自来赴约任教的这段时期是工作时间而不是创作时间。我要做的是上课、朗诵，是忙碌、上班，不能太操心要写什么。每年的另外三分之二在家里就是写作时间，做白日梦的时间。事实证明，夏天最适合我写作。当我回到家，那里的实际植被和夏季气候经常能创造奇迹。有一种因离家而生的绝对需求增长。还有一种因回家而生的满足。就是这样的节奏。

《巴黎评论》：其实从你离开北爱尔兰以自由写作谋生到现在也不算太长时间。你刚过完五十五岁生日，已经写出那么大量的作品，又被聘为哈佛大学波尔斯顿讲席教授以及最近的牛津大学诗歌教授。我想知道你对这样两种相反的经历有什么感受，还有对你来说现在坐下来写一首诗和之前有没有什么不同呢？

希尼：二十年前的经历嘛，当时我离开北爱尔兰去威克洛全职写作，但显然不可能重来了。那时真是情势所迫。当我冒险迈出第一步的时候不能不这样。一九七二年我辞去女王大学的工作就有点儿故意在考验自己的能力。很幸运我那段时期出了两本书,还有第三本也即将完成。我还很幸运地得到了艺术家和诗人朋友们的支持。当时有两个人对我非常重要,就是特德·休斯,还有画家巴利·库克(Barrie Cooke),他正巧也是特德的朋友,钓鱼协会成员。总之,他们都对我这一行动大有帮助。然后,必须说的,就是玛丽亚,即便是遇到举家迁往荒野这样的情况,仍然在非常简朴的条件下操持整个家。我们要节衣缩食吗?我有没有本事写出东西来证明辞职是对的?那几年就是这样急迫,真的。后来当我决定告别自由作家生涯重新回到都柏林教书的时候又面临一个完全不同的决断。我在威克洛的农舍待了四年,从一九七二年到一九七六年。头三年我在自由写作。第四年我开始在卡利斯堡的师范学院教书。当然,我那时很不情愿这样。我知道我远离中心才找到了自己的写作状态,但我又有一种强烈的、相反的渴望,要做一个父亲该做的事。我并不厌恶又回头去教书,但我非常明白我是在放弃某些东西。不过,我知道我在做什么,所以让我略有安慰。不管怎么说,在三年后出版了我的下一本书,那是我的挚爱之一。它也可说是一本变化之书;它让我从《北方》的激烈转入某种更有分寸的东西,既在形式上也在情感上。

《巴黎评论》:你是说《田野作业》?

希尼:对。《田野作业》告诉我,转入职场也是行得通的。它也许不会带来《北方》那种硬邦邦的写法,但《北方》是一个不可重来的时期的产物,那时我埋着头像猎狗一样嗅着兔子洞,寻找最新鲜刺激的东西,扒拉着泥土。这种事情不会再次发生了。《北方》是一本"在中途"[①]。但即便《田野作业》少了些强迫症,多了些形式上的宽松,有很多公共性的挽歌、个人的爱情诗以及格兰莫十四行诗系

[①] 原文 *Nel mezzo del cammin*,出自但丁《神曲》第一行"在人生之旅的中途",原指35岁。

列，它仍旧证明在新的境遇下我也能够写出诗来。三年后我跟哈佛大学签约，情况就更加好了：八个月做我自己的事情，四个月教书。跟我在卡利斯堡全职教书的时候也是同样的，我想方设法才生下了《苦路岛》。也许我的回顾把这一切说得太过头了，一年跟另一年是完全不同的呀。我已开始把人生设想为从最初的中心扩展开去的一圈圈涟漪。在一定程度上，不管这圆圈扩得多宽，不管你从起点向外荡漾多远，你生命中那最初的搏动仍会在你身体里穿梭，所以尽管你还是可以说起你人生的这个阶段那个阶段，但你最初的自我和最后的自我并没有截然不同。

《巴黎评论》：不过，你说的好像是有明确的阶段和划分。你有没有对离开北爱尔兰感到内疚？在《暴露》一诗中你承认，"我不是囚徒也不是奸细；/一个内心的流亡者，头发长/心思重……"让人看到你在内疚。但如果你不曾离开的话能不能写出诗集《北方》里边的那些作品呢？

希尼：我想不会。我那时是鼓足了勇气才离开的。我有一种强烈的挫败感。也许该说脱离，而非分开。一个切实的决定。就是说，迁居威克洛并不是什么突然转变。我们一九七一年从加利福尼亚回来就有点打算要离开贝尔法斯特，到北爱尔兰之外的地方当个自由作家。但即便如此，离开北方并不让我伤心。独处有益健康。毕竟，焦虑和坚决是可以共存的。比如在《暴露》一诗中焦虑的就是因为这次迁居而产生的创作还过不过得去。诗中自问，这边的东西是否足以抵御那边正在发生的残暴之事？而诗人说，当情势需要彗星的时候，我在做的是不是仅仅擦出几颗小火花？[1]

---

[1] 参见《暴露》一诗：桦树林承继着最后的阳光……一枚彗星的逝去应在日落时显而易见……吹燃火花以求微渺的暖，却已错过一生一次的异兆，彗星那搏动的玫瑰。

《巴黎评论》：是什么导致了《北方》中的戏剧性改变？

希尼：我想，挫败感的必然结果就是有点紧张兮兮。写这些诗的同时，我也在对自我和情感施加压力，正如《暴露》所暴露的那样。《北方》中的诗要联系到一个特定地点，那座农舍的阁楼①，我在那里一支接一支抽烟，赶稿子，看看窗外的阳光又继续埋头，焦虑不安。我觉得，焦虑就体现在四行诗的压缩之中。

《巴黎评论》：读罗伯特·洛威尔、W.C.威廉斯、罗伯特·克里利对你有影响吗？或者是不是翻译《迷途的斯威尼》才导致你开始写更为凝练的诗。

希尼：那些轻盈的小四行诗始于我在伯克利的时候，它们在诗集《越冬》中出场。比如《西行记》《安阿霍利什》等诗。但同一类型的翱翔的四行诗节更早就有，比如《沼原》以及诗集《通往黑暗的门》后半部的一些诗。我曾对威廉斯充满了真挚的好奇心，在加利福尼亚的时候我就相当系统地读他。怀着深情同时也带着迷惑去读他。我想我在不知不觉中就一直希望诗行能有回声，能在它结束的地方之外还继续低声吟唱，但威廉斯带来的似乎是一种正好在诗行结束之处就戛然而止的音乐。没有反响，没有回声，没有悦耳音符。我不断寻找和追问，这就完了吗？然后我认识到答案就是，没错，这就完了。不过我觉得所有的诗歌当中都蕴涵着诗行短促的强力和诗行绵长的魅力之间的一种对话或平衡。确实，在诗集《北方》之后，我非常有意识地开始写一些更加讲究韵律和句法的诗。十四行诗。五音步韵诗。还有从中提取的一些东西。歌的元素。在诗集《田野作业》中有一首诗叫《歌手的家》，它实际上是讲诗人以及诗歌的歌唱权，哪怕他们周遭的世界无歌无曲。歌手叫大卫·哈蒙德（David

---

① 希尼在威克洛郡格兰莫小镇的住所。

Hammond），他是我的好友也是我们早年在贝尔法斯特那时候的捣蛋大王。动乱时期造成的问题之一，当然，就是让所有的狂欢痛饮和自由放荡都悄无声息了。晚上没有人出门。然后，因为陈旧的政治残渣在每个人的体内被翻腾起来了，一些小小的冷漠、隔阂和疏远也就开始在人们中间增长。所以心情晦暗。然后过了十年，我突然来到哈蒙德在多尼戈尔海滨的夏季别墅，我们度过了一个兴高采烈的傍晚。唱歌，喝酒，整个儿"快乐伙伴"①的情调。这让我牢牢记住了我们在抽象的"歌"一词中所指的是一个至关重要的范畴，应当义无反顾地去追求。《歌手的家》就从中诞生了。事实上，《田野作业》中很多诗的形式冲动正说明我身上同时存在的这种骑士党信条和圆颅党②相对抗。我是说，谁不想写出莫扎特式的诗呢？

《巴黎评论》：莫扎特式的诗是怎样的？

希尼：它会容纳所有的日常生活。但它会有强大的形式加速度。我最近在读克里斯托弗·马洛的《赫洛和勒安得耳》，它在神话资源中天马行空的方式让我感受到这惊人的提升力。它呈演了一种恣意蹦跳的、迷人、精妙又自省的音乐。诗文中有名副其实的甜美和富丽，但在那招展的一派喜乐欢闹之下，是饱经风霜的认知。对伤害、仇恨和暴力的真切体认。还有狡诈。我想一个年轻人③写出这样的诗已是至臻成熟。这首诗既有一个悉知所有刑罚的普罗斯帕罗，但还有一个让它甜美可爱的爱丽儿。

《巴黎评论》：你不认为你写的作品里边有莫扎特式的吗？

---

① "快乐伙伴"（Jocund company），出自华兹华斯诗《水仙咏》：有这样的快乐伙伴，诗人怎能不满心欢喜。
② 骑士党（保王派）和圆颅党（议会派）是17世纪英国内战时期的两大对立派系。
③ 早夭的英国戏剧家、诗人马洛写《赫洛和勒安得耳》时才二十多岁。

希尼：没有，真的。

《巴黎评论》：写作的时间久了会不会有新的危险，就是太像自己，太多重复自己？

希尼：我觉得人总不可避免会陷入习惯性的表达。但实际上当你投入写一首诗的亢奋状态，就不再有三十五岁或五十五岁的差别了。先热身然后完全沉迷于写作，就是它本身的回报。

《巴黎评论》：那现在还一样难写吗？

希尼：当然了。可能更难。刚开始写作，我想每个人都是奔着结尾的高潮。那是一种追求完整的心理；你急切需要一个回报，即时的满足。但我现在最享受的是实际过程。当我有了一个构思，我就想让它尽可能地保持发展。刚开始写作，如果我想到一个意象那我就简直要扑上去，一头冲进它的意蕴之中，通常用六或八个四行诗节就展开了。但现在，一个个初起的意象会引出另一个意象，诗歌也许会间接进入状态然后用一种更曲折的、积增的方式发展下去。我更中意那种开场的瞬间，把事情分段处理。

《巴黎评论》：你有没有觉得自己是一个自传诗人，或社会诗人、田园诗人、政治诗人等等？

希尼：如果是某个对诗歌一无所知而且毫无兴趣的人来问我，"你写的是哪一类诗歌"，在那种令人抓狂的情形下我会倾向于回答："啊，大概是自传体的，基于回忆。"但我还想坚持说，自传性内容在本质上不是写作的要点。重要的是造型冲动，亦即一种要塑造整体的亢奋感的勃发和汇聚。我不认为我是一个具有政治主旋律和特定的政治世界观的政治诗人，以某个方式，贝托尔特·布莱希特是政治诗人，以另外的方式，阿德里安娜·里奇（Adrienne Rich）或者艾伦·金斯堡也是。

《巴黎评论》：叶芝是政治诗人吗？

希尼：叶芝是公共诗人。或者以索福克勒斯是政治戏剧家那样的方式，他是一个政治诗人。两者都对城邦感兴趣。叶芝不是一个宗派性的政治诗人，即便他确实代表了爱尔兰社会文化的某个特殊部分，他的想象被马克思主义者斥为反动的、贵族气的偏见，但那种想象的整个努力方向是包容性。预想一种未来。所以说，他当然是一个具有重大政治意义的诗人，但我认为他是幻想而非政治。我会说巴勃罗·聂鲁达是政治的。

《巴黎评论》：W.H. 奥登呢？

希尼：若我说奥登是一个公民诗人而不是政治诗人会不会太圆滑了？

《巴黎评论》：我记得你在一篇文章中说，奥登给他那个时代的英语写作引入了一种对当代事务的关注，从前那是被忽视的。

希尼：有些诗人就像抓住读者的手按到现实的裸线上电击那样来激活事物。这通常是节奏和措辞上的问题。但奥登有一度确实非常有意识地把自己设定为一个政治诗人。直到四十年代初为止。然后他成为，你可以说，一个内省的诗人。有点儿像华兹华斯。先是一个具有革命气质的政治诗人，然后又产生第二种想法。但就像约瑟夫·布罗茨基从前对我说的，强烈不是万能的。我相信布罗茨基想到的是奥登，晚期奥登。早期的奥登确实强烈，有一种热病状的断断续续喷涌的东西，在词语之间、韵律之中有着极度的亢奋，有某种压力在推进。但它们后来消失了。在五十年代和六十年代，你可以看出事情正受到来自上面的审查。我想转变就发生在三十年代末他写那些十四行组诗的时候，比如《战争时期》《探索》这样绝妙、清醒的组诗，充满活力、洞察和知性的闪光。有一种得到来自极高处的审视和提炼的体验感，但在中期仍旧存在的是语言的底层能量。到最后就消失了，然后开始有一种词汇的湍鸣取而代之。

《巴黎评论》：你会怎样描述你自己的声音？

希尼：我在《田野作业》中非常有意识地尝试着从一种忧思忡忡的、在语音上自我陶醉的写作转向某种更接近我自己说话的声音。我想，从《田野作业》之后我一直循着这个方向。跟《一个博物学家的死亡》《越冬》《北方》相比，这是一种完全不同的语言理想。之前那几部诗集是追求有质感，全是辅音、元音和发声法，它们追求词语的纯物质性。刚开始，我想尽量写得具体，鼓励我这样做的是菲利普·霍布斯鲍姆[①]，他喜欢我在六十年代中期他组织的工坊上朗诵的诗。工坊叫作"小组"（Group）。

《巴黎评论》：我听说你的新作——组诗《画方格》——是一个回归纯真的诗歌动作，不是华兹华斯式的，而是回到一个前语言、前民族、前天主教的地方。在一切被编码成文化之前。是这样吗？

希尼：嗯，《画方格》里面有一个明确的急切和明确的欲望就是要写出一种不会立刻就陷入所谓"文化辩论"的诗。这种辩论对爱尔兰的诗人来说已成为一种束缚同时又是一种奖赏。他们的每一首诗要么被拉入阵营，要么就被揭露有其秘密政治关联。

《巴黎评论》：出于这个原因，《画方格》就去除了地点的指涉，是吗？

[①] 菲利普·霍布斯鲍姆（Philip Hobsbaum，1932—2005），英国诗人、批评家，1963年至1966年在贝尔法斯特主持每周讨论组，他离开后曾由希尼接办。

希尼：但我认为它有强烈的、亲切的地方性。

《巴黎评论》：不过没有地名啊。
希尼：确实如此。

《巴黎评论》：比如，有关打弹子的章节，发生在德里郡或密尔沃基都是可能的；似乎诗中的行动或经历是诉诸普适性，而非地方性。
希尼：我很高兴你这样看。我对这些诗的钟爱之处是对一种精神的古老认识。十二行的格式不过是在开头碰巧撞上的，但后来就成了刻意为之。我有一年时间没上课，全力去追寻那份精神冲动。这些诗在一定程度上是对着时钟来写的。两小时，一小时，甚至更短；过后我再回头修改一下。有点儿鬼才在乎的感觉，放任自流，一蹴而就。我很享受这种方式，因为此前的组诗《苦路岛》是完全不同的另一种写法。某种缓慢增长的东西。

《巴黎评论》：那是长诗的另一个范例。
希尼：但也是一部慢诗。有些章节放进来了，有些章节被拿掉了。它的写法，可以说，是负责任的。诗中的叙述者跟它背后的写作者言行一致。有一种当众忏悔的意味。

《巴黎评论》：但其中有好些人物和声音。
希尼：确实如此。它带有某种生命之重。我说过，它不同于《画方格》那种鬼才在乎的轻率。指针一直在我的两个极端之间摇摆。一边是主题的重大，有点儿像猎犬满地乱嗅，简直是非诗的，另一边是词语本身的振奋和嬉戏。我喜欢诗歌不太把自己想象成诗歌的样子。

《巴黎评论》：你是不是指它的主题性质？

希尼：对，但我也喜欢语言中有一分粗糙和便捷。词语中有些东西能让你再一次认识到路易斯·麦克尼斯[①]为什么会说，"世界比我们想象的还要急促"。

《巴黎评论》：在《画方格》中，很多要素被剥离了，你是不是感觉你已经用尽了讽喻和神话，在早期诗集中频繁出现的那些？

希尼：我并没有打算避开讽喻和神话。那些样式是永远有用的，而且我讨厌把自己跟它们切割开来。《画方格》更是一个"天赐之音"[②]，一个不期而遇。第一章得来纯属意外，但感觉它似乎是早已预制好的。那时我刚完成一项牵挂已久的任务，给《菲尔戴版爱尔兰文学作品选》编的叶芝诗选加一个长篇导论。我在都柏林的国立图书馆忙了几个星期，然后我完工那天，就在图书馆，《灿烂》第一章的第一组词降临了，仿佛它们早已刻在我的舌头上："辉光变幻。时有冬阳/照进门道，而门前石阶上/一个乞丐瑟瑟于剪影。//故可作出特殊审判……"我兴高采烈。这些句子跟我以前写的都不一样。于是我就跟着它往下走。让我亢奋的是一种声调，让我感觉自己能够像老鹰那样直扑而下，并把那些在记忆之中的但从没想到要写出来的东西都串联起来，就像打开了历史宝库。比如，有一章写到跨越旧金山海湾大桥。以前我从旧金山机场过来——我那时在伯克利大学教书，一九七〇年、一九七一年——会有一两个年轻士兵坐在巴士后面，他们要去对面的金银岛军事基地，然后开赴越南。我记得当时的感觉就像坐死囚车一样。但不知怎的我并不觉得这属于我的主题范围，它牵涉的是美国人的危机。不过它一直留在我的脑子里，然后在我写那些

[①] 路易斯·麦克尼斯（Louis MacNeice，1907—1963），爱尔兰裔英国诗人。这句引文出自麦克尼斯的《雪》(1935)。
[②] Given note，参见希尼同名早期诗，收入诗集《通往黑暗的门》(1969)。

十二行诗的时候我就抓住了这张闪光照片。这个时候我已经能够翱翔在整个地域，各种各样的融合、掠览或瞥视都得心应手。我还允许自己，俗话说的，随波逐流。十二行形式的恣意独断，它的冲动和敏锐让我一时间感觉到自己身上的不同。但我并没有任何要超越神话或讽喻的计划。

《巴黎评论》：你是否认为失去双亲影响了你的创作？在《画方格》中，可以说，有一种往昔岁月的抹消感，那常是父母去世带来的。

希尼：他们去世的时候我都在身边，跟弟妹们一起守在屋里。功德圆满。他们都安然辞世——"走得顺"，就像他们自己说的。没有太多折磨或痛苦。我的父亲死于癌症；当然，有个恶化阶段，但到最后那真正以小时计的衰竭是相对可预知的、相对平静的。我的母亲死于中风，快很多，不到三天。我们家人又有时间聚在一起。有一种将近正式圆满的认识。但同时也承认，没有什么东西可以学到，面对死亡就是面对某种绝对简单、绝对神秘的东西。就我而言，这段经历让我恢复了使用"灵魂"和"精神"等词的权利，我曾对它们感到过分的羞怯，一种文学上的羞怯，我想，源于对禁用抽象词语的盲目服从，另外这种羞怯也源自我与自己的天主教过往的复杂关系。在很多方面我热爱它，从未远离它，但在其他方面又怀疑它提供给我的使用补偿性超自然语汇的捷径。但父母辞世的经历却恢复了这些语汇的某种真理性。我发现这些词并不含混。它们和我们内在的生命之灵密切关联。

《巴黎评论》：在《界标》一诗中你描述了一种标志着你看待世界的方式的居间状态。也许有人会认为居间状态对于作家、诗人来说是必需的。你有没有感觉到你在政治公共舞台上的居间状态让你遭受了

一些同胞的敌意?

希尼：我想，敌意是来自那些认为我还不够充分居间的人。比如有些北方联合派的人会把我看作一个对于联合派在北方的多数地位缺乏充分体认的典型爱尔兰民族主义者。居间状态在关系到爱尔兰的民族派和共和派传统的场合就更加成问题了。我这个人的政治观当然是爱尔兰中心的。我更希望我们的认识、我们的文化、我们的语言、我们的信念以爱尔兰为中心，而不是英国中心或美国中心。爱尔兰政治的两大派系由此发源。一是立宪民族主义；也就是说，他们所践行的民族派政治就是选举爱尔兰议员，十九世纪在威斯敏斯特[①]，一九二一年之后在北方的斯多蒙特[②]和共和国的多伊尔[③]，最近三十年最惹人注目的践行者是约翰·休谟[④]。另一系则是共和分离主义，一个更不屈不挠追求民族独立的路线，最有名的代表是格里·亚当斯[⑤]和新芬党，最残暴的代表是爱尔兰共和军。现在有些怀着共和派坚定理念的人可能会认为我没有充分地投身他们的事业和政策，没有充分地发声反对他们眼中的大英帝国在北爱尔兰的所作所为。比如一九七九年，在火车上，我遇见的一个新芬党官员就在这一点上斥责和质疑我：为什么我不为那些正在梅兹监狱进行所谓"污秽示威"[⑥]的共和派囚犯写些什么？这些人在奋力争取获得政治犯待遇的权利。撒切尔则坚持把他们当作她所谓的"一般罪犯"。保王派企图将共和军定义为根本没有任何政治地位的杀人犯，企图剥夺他们的行动中的政治动机或解放的光环。监狱正在发生很大、很大的骚乱。囚犯们的生存状况惨不忍睹。忍耐是为了坚持原则和尊严。我可以理解这一切并且承认他论据有

[①] 英国议会所在地。
[②] 北爱尔兰议会所在地。
[③] 爱尔兰共和国议会。
[④] 约翰·休谟（John Hume，1937—2020），北爱尔兰社会民主工党领袖。
[⑤] 格里·亚当斯（Gerry Adams，1948—　），北爱尔兰新芬党领袖。
[⑥] "污秽示威"（the dirty protest），拒绝离开囚室，阻止清洁，随地便溺等，主动恶化监狱卫生状况。

力。"有力"一词名副其实，因为我被要求做的事情是向共和军宣传活动出借我的名字。我对那家伙说，如果我要写什么我只会为我自己写。他后来在某个地方用这话来抨击我，说我曾拒绝为反抗暴政去写作或发声。对北爱尔兰作家来说，一旦共和军临时派开始向人民施加他们那种暴力，那一切就都改变了。早在一九六八年至一九七〇年的时候，我也曾经是一个宣传家，但那是我自己的宣传，这么说吧，在《新政治家》《倾听者》等刊物上表达一个少数派的观点。

《巴黎评论》：你说的少数派，是指在北方吗？

希尼：对。天主教徒。首先，天主教徒就有这种站在道德高地的感觉，很自命不凡。体制已经被人操纵来限制我们，当民权大游行①开始的时候，官方要反对的是作为少数派的少数派。国家机器就是那样运转的，而新运动的关键是改变它。你会觉得充当这一历史转折的发言人是光荣的，而且，的确义不容辞。然而一旦共和军开始用炸弹为你说话，所有的确实性就变得复杂了。但应该说，我从没想过我的受众仅仅由北方天主教徒组成。一切创作所指向的读者，曼德尔施塔姆称他为"后世读者"（the reader in posterity），对我来说他是一个北方新教徒也没什么区别。但请注意我说的！新教徒、天主教徒——关键是要在那些雷达网之下或之外飞行。在理论上，我们的创作都指向某个公正的、无利害关系的接收点。一个公正场所，某种监听站和终审法院。我关注我从北爱尔兰天主教少数派背景中知道的而且必须讲述的很多东西，但我并不关注是什么形势在决定我的受众或我的立场。

《巴黎评论》：你是否觉得诗人在政治艰难时期会有一种义务？

---

① 1968年民权运动继而引发派系骚乱，是当代北爱问题的开端。

希尼：我想一个诗人若在政治艰难时期没感觉到压力的话那不是蠢货就是麻木不仁了。我非常赞赏罗伯特·平斯基（Robert Pinsky）一篇关于诗人职责的文章中的表述。他把"职责"（responsibility）一词追溯到它的词根"回应"（response）以及它的盎格鲁-撒克逊语同义词"回答"（answer）。平斯基说，只要你感到有回答的必要那你就在负责任，因为在回答的基础上就建立了诗人的职责。当然，你实际上怎样发表这个回答则是另一回事。有个人气质的因素。还有艺术能力的决定性因素，你在艺术上是否适合去承担那个通常很棘手的主题。

《巴黎评论》：但你是否认为诗歌可以影响政治？

希尼：是的，我认为可以影响。在这方面已经有太多拐弯抹角的话。奥登的名句"诗歌不能让任何事情发生"老是被人用来取消问题。但我相信诗歌有政治影响，比如罗伯特·洛威尔。不是因为他的作品的主题，而是他树立了一个作为诗人的姿态和权威。

《巴黎评论》：你是说引人瞩目？

希尼：引人瞩目，是的，但只有引人瞩目还不够。别的诗人也引人瞩目。洛威尔体现了一种尊严。他的敌人也许会说他是自命不凡，但这毫不相干。让人感觉他在支持某种东西。当他介入公共事务，比如，当他决定婉拒白宫的邀请，那就有了政治影响。而当他参加五角大楼游行，那就有了意义，因为他作为诗人和名士受到关注。想起来，菲利普·拉金也有他确实的政治影响力。他强化了某种执拗的英国做派。他的假面助长了英国生活中的一种仇外情绪和一种庸人习气。我倒不是说他的曲调里有什么平庸的东西，而是他对艺术和生活的说辞中毫无可取之处，那些声明就像是在说："噢，我不知道。我只爱玛格丽特·撒切尔。我不看翻译的诗，我也从不希望出国。"这类庸俗至极的玩意儿，他还在《巴黎评论》访谈中大肆炫耀，这类东西事实上已经进入了文化。拉金的反英雄风格和他对一切有想象或有勇气之物的避而远之都有其影响。我想说休·麦克迪尔米德①对苏格兰也有一种完全不同的影响。诺曼·麦凯格（Norman MacCaig）说过，苏格兰民族应该在每年麦克迪尔米德祭日那天闹腾两分钟来纪念。在爱尔兰，当然，我们每年办两周暑期班来怀念叶芝。理当如此。

《巴黎评论》：你在一篇文章②中以耶稣在沙地上写字为例，主张诗歌有制止暴力的权能，对吧？你提出，重要的不是耶稣在沙地上写了什么，而是他不顾要砸死妓女的石刑，只管在沙地上写字，这种出人意料的姿态才阻拦或制止了石刑。

希尼：对。辩论不会真正改变事情。它只会让你陷得更深。如果你能有什么新东西，有什么不同的角度，再去提出或重谈话题，那样才会有些希望。比如在北爱尔兰，要有一个关于我们所面临的道路的新隐喻，一种新语言会创造新的可能性。我坚信这个。所以我援用耶稣在沙地上写字的典故，就是要例证这类能叫人转念的创新。他所做的不过是对那一时的强迫症掉头不顾。有点像驱魔舞。

《巴黎评论》：这是对写作的绝妙比喻。

希尼：人会突然盯着别的东西然后停下一会儿。在这注视和停顿的时间里，他们会像镜子那样照出他们自身的知识和／或无知的总和。诗歌能为你做这个事情，它可以让你有片刻出神入迷，让你超越你自身的意识和你自身的可能性的小池塘。

---

① 休·麦克迪尔米德（Hugh MacDiarmid, 1892—1978），苏格兰诗人、记者、政治家，苏格兰民族党创始人，被视为彭斯之后最重要的苏格兰诗人，代表作有长诗《醉汉看蓟》等。
② 希尼讲演稿《舌头的管辖》（1986）。

《巴黎评论》：你是否把你那些所谓的"沼地诗"看作这一类转念和出神的例子？

希尼：我把沼地诗看作一个"回答"，如平斯基所言。它们是一种拦阻行动。它们确实有点儿像画在沙地上的线条。不是和正在发生的事情完全对等，而是企图让当代与古代和鸣。例如《图伦男子》，它是我写的第一首沼地诗。本质上，它是一个祈祷，为那些在现代爱尔兰，在二十世纪第一个十年、在二十年代以及刚过去的年代里被各种各样的战斗和暴行杀害的人，祈祷他们能得到某种回报，某种新的和平或决议。当理解了他在铁器时代的同辈，图伦男子被献祭的遗体便在春天里萌发，于是诗中希望在当下的暴力中也开出类似的花朵。当然它承认这很可能不会发生，但诗歌的中间部分仍旧是一个祈祷在期待它的发生。沼地诗是在抵御时代的侵蚀，我想。但其中也一直有真实的个人牵涉——比如《惩治》一诗。

《巴黎评论》：在哪些方面？

希尼：这首诗写道，当共和军在阿尔斯特[①]对那些姑娘浇柏油、粘羽毛的时候人们袖手旁观。但它同时也写道，当英国人在贝尔法斯特的军营和审讯所拷打犯人的时候人们袖手旁观。写道人们站在这两种凌辱形式中间。所以有自责的因素，这使得诗歌具有一种非常敏感的个人性。它的关注点是眼下和当代，但出于某些原因我却不能把军营或警局或博赛区[②]的街头生活写进这首诗的语言和地形图之中。我发现，写沼地古尸和铁器时代刑罚景象反而更有说服力。如果我把焦点从那些形象上挪开，写作的压力似乎就耗尽了。

《巴黎评论》：你的诗中经常写到被剥夺者（如《仆役》）或受害

[①] 阿尔斯特（Ulster），爱尔兰古代省份之一，泛指北爱尔兰。
[②] 博赛区（Bogside），北爱尔兰德里市的天主教居民区，1969年爆发骚乱。

者（如《惩治》）——作为一个来自充满坦克、哨卡以及种种堕落的国家的爱尔兰天主教徒，你有没有感觉自己是他们中的一员？

希尼：我没有故意那样想。我讨厌把诗歌设想成一场受害者冠名大游行。有很多当代作品让我厌烦的就是在显摆苦难。威尔弗里德·欧文[①]是对我最重要的诗人之一，现在我相信我还一直低估了他的影响。这种影响不完全在风格的层次上，更多是理解一个诗人应该做什么。我想说的是，欧文抨击那种叫人流血的正义，还有他的诗中与底层人民同呼吸的全面抗争，我想这一切影响了我对诗歌在世界上应处于什么位置的认识。总之，在七十年代初我就认同了天主教少数派身份。比如《恐惧部》一诗便是对少数派问题的细心处理，试图囊括民权现实的因素。它是用素体诗写的，没有太多文字游戏。

《巴黎评论》：你是否认为对爱尔兰身份的探索是爱尔兰诗人的一个共同主线？是否有一种爱尔兰性的真正载体？是农民、中产阶级还是名门望族？

希尼：我不认为会有某种单一的爱尔兰性的真正载体。会有各种版本、各种叙述，也就是说，你生下来就拥有其中一种。也许名正言顺地成为，比如叶芝那样的盎格鲁–爱尔兰人，所谓"不是小人物"[②]，或者是我这样的"大嗓门的杂佣"[③]。但你当然还要培养一种对他者的认识，并努力找到一个对总体的想象方式。这是一大挑战，要开放界定，要在爱尔兰建立爱尔兰性的领地——我讨厌"多元主义"这个词，它太一本正经、理所当然了——要让它开放和可用，现在我认为

[①] 威尔弗里德·欧文（Wilfred Owen，1893—1918），英国诗人，1915年应征入伍，"一战"结束前夕战死于法国前线。生前写下大量反战诗歌，如《给送死青年的挽歌》等。
[②] 出自叶芝1925年6月11日在爱尔兰参议院的发言，其中谈到他的新教出身，大意：我们不是小人物，我们是伯克的族裔，我们是斯威夫特的家人，我们是艾米特的家人，我们创造了本世纪的大部分现代文学，我们创造了它最杰出的政治智慧。
[③] 出自希尼诗《在贝格湖滩》，收入诗集《田野作业》（1979）。

它有点儿像那么回事了。问题在于有些人最憎恨的就是被归入爱尔兰的范畴。北爱尔兰新教徒保王派，出身联合派背景的人——他们根本上排斥被称为爱尔兰的概念，毫不理会爱尔兰国家统一愿景的召唤，无论是强制还是立宪。所以你需要尊重他们的选择权，因为那也是有切实的历史和民族基础的。但与此同时，五十年来，这种选择权的另一面是他们对民族主义少数派的霸凌态度，其实就是说："因为我们不想做爱尔兰人，所以你们也不能做爱尔兰人。我们拒绝这种身份认同。在我们北方六郡，你们就是英国人，没得选择，你要么接受，要么就滚。"所以虽然我相信新教徒必须拥有种种文化权、人身权和人权来界定他们自己，但他们无权否决政治未来（几十年来就是如此，通过威斯敏斯特跟联合派的意识形态联合）；他们无权把新的北爱尔兰民族精神仅仅建立在他们的保王派效忠上。

《巴黎评论》：在《泥淖幻象》一诗中你描述了一个泥水玫瑰窗的幻境。那个幻象是什么，你相信吗？

希尼：它叠印了两件事。首先是在五十年代的时候传说圣母向蒂龙郡的一个女人显现。这件事轰动全国。我还记得那一时间扑面而来的振奋、关注、期待和怀疑之情。人潮汹涌在一个小小的地方，内伊湖畔的阿波村，那里实际上也是我妻子的家乡。虽然我并不相信圣母会站在那里一个花园尽头的山楂树丛上，我仍然被那种振奋感染。一个在幻象四周围聚着、期盼着、活跃着的社群，诗歌的背后就是这段记忆。但在现实中泥淖幻象的概念来自英国艺术家理查德·朗（Richard Long）的一个作品，那是墙上的一个巨大花盘，全部由泥浆手印组成。开始是一组六或八个泥浆花瓣，然后绕着圆心不断往外扩展，形成一个巨大的脏兮兮的玫瑰窗。所以你问的这首诗，它的作者早年曾熟悉阿波村的亢奋，后来他又在都柏林健力士啤酒纪念馆的墙上欣赏了这个东西。我想写的是当代爱尔兰，爱尔兰共和国，一个具有宗教潜意识但被世俗宿命注定的国家——它正处在从一个虔信宗教的共同社群向一个现代性和主观性的孤立状态进行转变的关键点。在诗中,社群已失去了它原有的宿命感以及所有形而上的感召力。它要面临在一个更世俗化的世界生存下去的挑战。诗中有一种失落感,一种错失了机会的感觉。

《巴黎评论》:回到你的天主教根源,我想知道,你相信有撒旦吗?

希尼:这是个好问题。我已有很多年没想到他了,但他的名字还是非常惊人。这的确让我又找回了感觉。

《巴黎评论》:但你没说你信不信呢。

希尼:我不知道。如果我想起用于弥撒结束时吟唱的古老祷文,说撒旦漫游世界寻找毁灭灵魂的时机,那他仍旧是活生生的。

《巴黎评论》:说到漫游世界,你爱收藏吗?

希尼:不系统,但我也有点儿恋物癖,所以我身边堆满了东西。石头、木棍、桦树皮、明信片、纸箱、绘画,多年收集的大量绘画,当然还有书。比如,我有来自新英格兰的两块桦木。一块是浑然天成的拾得物,有点儿像一个后倾的人体身躯,一段中空的桦木块,一个桦树皮的阿波罗。是我多年前去鹰湖拜访唐纳德·霍尔和珍妮·肯庸[①]的时候在地上捡到的。还有另外一块是我最近跟威廉·科贝特(William Corbett)夫妇一起前往新罕布什尔州顿巴敦祭扫罗伯特·洛威尔墓地时得到的。我在墓园旁边捡了一根桦树枝,然后就一直握着

[①] 唐纳德·霍尔(Donald Hall, 1928—2018),美国诗人,曾任《巴黎评论》诗歌编辑,他的妻子珍妮·肯庸(Jane Kenyon, 1947—1995)也是诗人。鹰湖农庄是霍尔家的住所和祖产。

它。就那么回事。我还有比尼悬崖①的石头，乔伊斯碉楼的花岗岩碎片，叶芝塔楼的海绿色板岩。一块德尔斐的石头。一个丁登寺瓷盘。俄耳甫斯画瓶。还有俄耳甫斯碟子和铜牌。

《巴黎评论》：你是在农村长大的，我想知道你在家养过宠物或动物吗？

希尼：啊，在德里郡，我们对猫猫狗狗的态度，主要是一种亲切的忽视。宠爱，但又不露出宠爱的痕迹。狗和猫是生活的一部分，宝贝得很，但它们不是真正的宠物。它们不许进屋，基本上。但在都柏林我们养了一条狗叫卡洛（Carlow），它就整天待在屋里。没有农场给它去浪呀。它是一条牧羊犬，同时也是一条跟绵羊一样乖的狗。我们家人还在争论它到底是土老帽还是雅痞。

《巴黎评论》：什么叫土老帽？

希尼：噢，就是一个进城讨生活的外粗内细的乡下人。我们家有人认为它是 Carlo，没有结尾的 w，大概就像一个有志于成为歌剧演唱家的雅痞阶级；但对我来说它保留了 w，就像爱尔兰的郡名，一个踢盖尔式足球兴许还玩玩爱尔兰曲棍球的 Carlow。

《巴黎评论》：如果你能变成一只动物你想成为什么？

希尼：我愿意成为一只信天翁，可以整天翱翔，随着气流上升千百里一路发梦。还能像一种磨难一般挂在某人的颈脖上。②

《巴黎评论》：那建筑呢？如果你能变成建筑，你想做什么？

---

① 英国西南海滨的一处风景地，托马斯·哈代有同名诗。
② 参见柯勒律治诗《古舟子咏》。

希尼：万神殿。真的。保罗·马尔登[1]曾用各种奶酪来比喻每个诗人的特点，分给我的是"宏伟的埃门塔尔干酪"。当然，在罗马的时候我去过圣伯多禄广场，感觉非常震撼，既因为建筑的恢宏气势，也因为我曾在图片上见过它无数次，还因为我知道如果我的父亲和母亲还活着，他们一想起我去了那里就会欣喜若狂。那里对他们来说有一种真正的宗教维度……我想我只能尽量解释为什么我进入那里会泪流满面。一次猛然的涤荡。但我恐怕自己最后还是会一次次重返万神殿。[2]

《巴黎评论》：你对意大利有一份特殊感情？

希尼：确实如此。这个地方让我感觉我可以安居于斯——尤其是托斯卡纳。还有，那里所有的基督教形象还和早年的情境密切关联着。在北欧和北美，它们已经全都从现实环境剥离开了：教堂、雕塑、十字架、圣母像和神圣家庭画，等等——哪怕在爱尔兰，这些东西也都已经丧失了地志学意义。跟它们一起消散的是大一统的梦想。但在意大利，这些形象以及使之产生的人道主义/基督教文化似乎还在说着，梦想仍有可能变成现实。并非意大利人就更加虔诚，而是这些形象仍旧在那里显示、在那里承诺；它们并未感到从环境上或建筑上被淘汰，它们仍旧在宣扬着意义的可能性——至少对我这样的四十年代农村天主教家庭出身的孩子来说。也许只是在意大利受到了太多的审美熏陶吧。

《巴黎评论》：你是否曾感觉自己被禁锢在那些不尽真实的个人神话中？比如，在公众看来，一个德里郡农村出身的半野人，投奔了南

---

[1] 保罗·马尔登（Paul Muldoon，1951— ），北爱尔兰诗人。后文指他的诗《小天使奶酪》（1984）。
[2] 相对圣伯多禄广场（梵蒂冈）而言，万神殿是异教的所在。

方，混得不错，最后当上哈佛大学的波尔斯顿讲席教授？

希尼：啊，我想先回到那个一圈圈涟漪的意象。它们不停地扩展而自己却一无所知。只有在岸上观察池塘的人才能看到这个图案的成型过程。公众的看法便是这样，你根本无法参与进去，不管你想不想参与。而你对自己的看法又总是完全不同的。假设你是一只牡蛎。公众会把你看作一个颠扑不破的硬核，一个海难庇护所，你却感到自己不过是珠母蚌一样的内向和脆弱。至于你说的波尔斯顿讲席教授还有"混得不错"之类的问题。我这辈子大多是在体制内上班谋生。我没觉得有什么错。当然，如果你是一个诗人那会有点儿风险。当你拿着一份薪水和一份"稳定生活"，当然就在安逸中失去了冒险打拼的新鲜刺激。但最好接受这一点，继续上班，而不是明明生活安逸却还要四处去假装你有什么自由的波希米亚精神。一些学院作家就有这种"我们作家怎样怎样"的心态，他们领着丰厚的津贴还有各种捐赠、差旅补助和古根海姆基金，却偏要摆出某种"勉为其难"，不肯承认他们依附学院是他们自愿的事，其实就是，却反而到处去嘲弄他们选择的这个沉闷场所。这样的心理防卫机制是可以理解的，但我很厌烦。这标志着他们已经在自己的创造力神话中不能自拔。对于你所说的公众看法的问题，他们会极度焦虑——因为那种神话需要的是亭子间而不是古根海姆基金。

《巴黎评论》：你知道，特德·休斯的一首诗中说，一切承袭着一切。[①] 也许有人会认为谢默斯·希尼的诗歌有三条文学血缘：一是杰拉德·曼利·霍普金斯、D.H. 劳伦斯、狄兰·托马斯、特德·休斯的脉络，一种激情喷涌的诗；一是机敏的知性化路线，来自奥登、拉金和洛威尔；最后一条是农田和农村生活的某种记录风格，如托马

---

① 出自特德·休斯诗《女孩日记》（1966）。

斯·哈代和帕特里克·卡瓦纳[①]。我知道这样问你有点儿戏了,而且贬低了一个完整意义上的作家,但是如果我再重复一遍刚才的名字,你能不能用一两句话说说他们有什么地方吸引你,比如霍普金斯?

希尼:霍普金斯让英语的输电线在韵律诗行之下震颤。像高压电。

《巴黎评论》:狄兰·托马斯?

希尼:当然是狂想曲。我不记得我是不是在看到托马斯的诗集之前就听过他的朗诵。《十月的诗》对我大有影响。还有《蕨山》《约翰爵士山上》《白垩巨人的大腿》《我看见夏季的男孩》。

《巴黎评论》:劳伦斯?

希尼:劳伦斯也曾经对我大有影响,但是跟托马斯和霍普金斯的原因不一样。我喜欢直白。我想说的是他的诗集《三色堇》。他加强了我的排斥。"我没有的感觉,我不会说有。你说你有的感觉,你并没有。如果你真想有点感觉,我们最好把要有感觉的观念统统丢掉。"[②] 就是这类东西,你懂吧?劳伦斯通过《儿子与情人》达到了作为散文家的最高峰。真是颠覆性的。但在二十岁出头的时候我响应了他的反浪漫主义号召,他的那些诗就是说:"我们清理这片感情沼泽吧。让我们把所有的滥情都扫干净。"

《巴黎评论》:特德·休斯?

希尼:他是一个接通了霍普金斯的电源插座然后大放鲜活能量的诗人。

[①] 帕特里克·卡瓦纳(Patrick Kavanagh,1904—1967),爱尔兰诗人、小说家,代表作有长篇小说《塔里·弗林》和长诗《大饥荒》等。
[②] 出自 D.H. 劳伦斯的诗《致女人,在我看来》,有改动。

《巴黎评论》：奥登？

希尼：我大概用了二十年时间断断续续地读奥登，到现在我才对他有高度评价。他对我青年时代没有什么影响。但是当我年纪渐增，经历了爱尔兰在我三四十岁那些年发生的一切，奥登所受的艺术以及伦理上的惩罚让我非常感兴趣。还有他那套二元论。他把每个诗人分成爱丽儿和普洛斯彼罗①的成分配方，把他们分成欢乐歌手、音乐家和智慧导师三种。还有他为什么封杀自己的《西班牙》一诗、这样做对不对的一系列问题。他还封杀了《一九三九年九月一日》。也许一个人要年长以后才能认识到他做出这些决定的戏剧性变化以及他所关切的严重性。实际上，从奥登对自己的文本认真重视来看，他并不真正相信"诗歌不能让任何事情发生"。他极度关切诗歌的真理性言说，关切一个词语或一件作品公之于众的效果。他会同意切斯瓦夫·米沃什所说的，作为诗人，你当尽力保证你写作的时候是善精灵而不是恶精灵在支配着你。

《巴黎评论》：那么拉金呢？

希尼：作为读者来看我觉得他丰富多彩。但作为一个诗人我不确定能有什么收获。当年我们贝尔法斯特的一帮青年诗人，迈克·朗利（Michael Longley）和他的妻子艾德娜就一直在推动拉金和威尔伯（Richard Wilbur）的路线。而我则站在洛威尔和休斯那一边。部分是因为我诗歌中的声音更接近休斯的盎格鲁-撒克逊式粗放以及洛威尔直率的、没那么美妙的音调。在另一面，朗利还有德里克·马洪（Derek Mahon）是完美音律的推崇者。不过，这样说就让我的态度显得比以往要偏激太多了。拉金是少数几个能在呼吸中闭气的诗人。

---

① 莎剧《暴风雨》中的人物。爱丽尔（Ariel）是精灵，普洛斯彼罗（Prospero）是主角米兰公爵。

《巴黎评论》：洛威尔？

希尼：我念大学的时候洛威尔就是经典了。我在《企鹅版美国当代诗选》中读到洛威尔的《贵格会墓园》，可以说是瞪着眼睛、竖起耳朵那样读的。后来又看了休·斯特普斯（Hugh Staples）关于他的研究著作，书中将《贵格会墓园》和弥尔顿的《利西达斯》相比较。所以你可以想象我见到他时的敬仰。还有我与他为友时的喜悦。那是在七十年代初。当时，他的诗集《笔记簿》《历史》《致丽西和哈莉特》和《海豚》接连问世。奇怪的是，洛威尔对我写作的最大影响是这些素体十四行诗中的钝器式的率直。我内心的那个文学评论者会说，《生活研究》棒极了，还有《致联邦烈士》和《毗邻海洋》，我们时代的杰出公共诗篇；我称其为骑士洛威尔，以时代为背景的洛威尔的高贵侧影。这些诗成就非凡，但在诗集《生活研究》及其后续作品中他对自己的雄辩风格进行了报复，我在他的刚愎和斗胆中看到一种豪气。

《巴黎评论》：说来，在你给洛威尔的挽歌中[①]，他在结尾处为什么要说，"我会为你祈祷的"？

希尼：其实那句话的出现没什么理由……他的确这样对我说过，就在一九七五年我和他在基尔肯尼艺术节共度一周之后。我们来到我家在威克洛的小房子，确实很局促；二室一厅加一个厨房。卡尔进来的时候孩子们正到处乱跑，我记得他对我说，"瞧你这群孩子"，因为他家住在肯特郡米尔盖特的大宅子，保姆带着谢里登住在西厢，卡尔和卡洛琳各有独立工作室，晚上吃饭才聚到一起。[②]

[①] 希尼诗《挽歌》，收入诗集《田野作业》(1979)。
[②] 卡尔是罗伯特·洛威尔的昵称，卡洛琳（Caroline Blackwood, 1931—1996）是他的第三任妻子、文艺名流。谢里登是他们的儿子。

《巴黎评论》：他见了你的小孩才说"我会为你祈祷的"？

希尼：那是他辞行的时候说的。他没提及小孩，但话语中是有慈爱的。我觉得他的话有几分是说，"我也曾是天主教徒"。还有就是说，他明白我隐居于农舍是要让自己经受成为一个作家的考验。或许他能从冒险中看出某种孤立和脆弱。但又说回来，他的话里或许是有着最细微的反讽意味，戏仿天主教徒的老调子，我不知道。但确实是有慈爱，我明白，也许他能预知他的告别辞会被记住。不管怎样，我把这话当成一个正面的、刻意反讽的美言。

《巴黎评论》：哈代如何？

希尼：自从我读到《牛群》那一刻，读到《还乡》开头部分那一刻，我就对他一见如故——那种萦绕不散的谣曲之美，那种从词语背后和内部流露的亲昵和老成，那种探察、迷惑和孤冷。他就像我学童时代的精神伙伴。我记得十一二岁的时候在英国广播电台听过《气候》一诗的朗诵，从此无法忘怀。《牛群》我大概也是在那段时间用心学习的。我爱它的英语里的古怪和早熟。"山坳那头的孤零村舍"——至今仍叫我感到忧伤且安心，如同带着本地口音的"深深林中的号角"。①

《巴黎评论》：卡瓦纳？

希尼：我算是卡瓦纳的门下弟子。我一九六二年才读到他，那时我已经从女王大学毕业在圣托马斯中学教书了，我的校长是短篇小说家迈克·麦拉维提（Michael McLaverty）。他借了卡瓦纳的诗集《灵魂待售》给我，里面有《大饥荒》一诗，于是求知的帷幔拉开了：它

---

① 原文为法文，出自法国诗人阿尔弗雷德·德·维尼的诗《号角》(1825)。

给我带来重大突破，从英语文学进入家乡主场。

《巴黎评论》：你有没有注意到爱尔兰和美国诗歌之间有大量的互相助长？你是否认为还存在一个盎格鲁-美利坚母体？

希尼：确实如此。但这不是新东西。五十年代的爱尔兰诗人已非常有意识地开始对美国诗歌进行吸收和适应。约翰·蒙塔古①在伯克利大学读过研究生；他认识并接受影响的美国诗人包括斯奈德、克里利和W.C.威廉斯等。那是真正的互相助长，因为蒙塔古明白这些作家有助于建立爱尔兰诗歌的新生态，更性感，更奥尔森化②，一个"全球性的乡土主义"，如他所言。早在保罗·马尔登奔向那个领地之前，就有了西进运动。比如托马斯·金塞拉③原是受奥登的支配，但后来非常有意识地转向庞德。这在根本上是一种审美转向，一种更老练处理个人素材和神话素材的选择方案，但其中也有爱尔兰式的反文化成分，一种对英国标准的嗤之以鼻。

《巴黎评论》：多看几所美国大学就会发现，里边有保罗·马尔登、德里克·马洪、埃蒙·格伦南（Eamon Grennan）、伊文·博兰（Eavan Boland）以及谢默斯·希尼等等爱尔兰诗人。

希尼：还有约翰·蒙塔古在奥尔巴尼那儿呢。也许爱尔兰诗歌以及爱尔兰社会的状况在关系到英国和英语以及整个盎格鲁传承的决定性力量和示范作用时，仍旧有些心神不安、自疑自省。爱尔兰有一种短暂易变的东西，尤其在年轻人身上——他们的心灵感应，可以这么说，连接

---

① 约翰·蒙塔古（John Montague，1929—2016），爱尔兰诗人，生于美国，在爱尔兰长大，1998年被任命为爱尔兰首任国家诗歌教授（即爱尔兰桂冠诗人）。
② 奥尔森化（Olsonian），指美国诗人查尔斯·奥尔森（Charles Olson，1910—1970）的风格。
③ 托马斯·金塞拉（Thomas Kinsella，1928—2021），爱尔兰诗人、翻译家、出版人，代表作有诗集《夜行者》等。

着"噢我的美利坚,我的新大陆"①这样的诗句。保罗·马尔登是这方面的典型。他的走马幻灯始终关注着两个美国:一是亲历的美国经验,另一个是洛杉矶-好莱坞-雷蒙德·钱德勒式的戏剧场景。还有从美国传到妇女运动中来的澎湃巨浪。西尔维娅·普拉斯和阿德里安娜·里奇在激励和赞许伊文·博兰。埃蒙·格伦南是一个真正的双重国籍公民,他在纽约的瓦萨学院跟在克立郡的温特里海滨一样保持爱尔兰性。而德里克·马洪在七十年代就已经来到了洛威尔的家乡,那时他在坎布里奇四处游荡,然后紧跟着洛威尔的诗集《毗邻海洋》写出了自己的马维尔式②八音节诗。

《巴黎评论》:你的评论家如何?你有没有发现哪一位独具慧眼?

希尼:啊,读海伦·文德勒绝对错不了。她像信号接收站那样监测每一首诗,从词语电波里解读出东西,把它弄懂,把它搞清楚。她能够猜透一首诗的第六感。她有惊人的本领,能全频捕捉一首诗在内心发出的传呼讯号,敏感于词语的私密和隐含以及你使用它们的方式,同时她还能创造一个声学环境让你从中听到一首诗的最佳状态,能将它设入历史文脉之中并找出它的文学坐标。然后还有一种永不黯淡的狂热之情。海伦既是评论家也是我的朋友,这份友谊叫人鼓舞奋进,因为所有的批评热情都源于她那社会自我以及强振人心的才智。海伦的卓越之处不仅在于她的文学禀赋,还有她的坦诚、正直和真实。我深感这些优点形成了她可贵的为人品质,当然,这些也是她身为评论家的信念的组成部分。

《巴黎评论》:你的《雨的声音》一诗,给友人理查德·埃尔曼

---

① 出自约翰·邓恩的诗《哀歌》。
② 马维尔式(Marvellian),指英国诗人安德鲁·马维尔(Andrew Marvell,1621—1678)的风格。

（Richard Ellmann）的挽歌，你写道自己"沉湎于幸运中"，身体健康、爱情甜蜜、事业成功。你是否已不再感到"沉湎于幸运中"了？

希尼：不。我仍旧享受着过分的幸运。首先，我把自己能找到一条走进诗歌写作的门径视为幸运。然后是我的早期作品赢得了赞赏，还有我人生的方向和身份随之而来的稳固，与爱情谐调发展——我把它视为真正的赐福。当然，这一切还有友谊、家庭美满和心爱者的信任。

《巴黎评论》：你是怎么认识你妻子的？

希尼：我在贝尔法斯特女王大学与她相识。在一个驻校神父的欢送会上，她是别人带过来的。我跟她隔着餐桌说话，餐后又被安排跟她一对。我送她走回她的公寓，半路上经过我的住所时就顺便进去拿了我要借给她的一本书，我说这书我下周四要用。于是那个星期四我们又见面了，我们去参加了一个派对，主人是个绝妙的人物，叫肖恩·阿姆斯特朗（肖恩在动乱时期刚开始不久就被枪杀了，诗集《田野作业》有一首诗写到他，写到在他家的那个晚上，诗名叫《寄自北安特里姆的明信片》）。反正，我们在派对上玩了很久，然后我又在她的公寓里耗得还要久，到凌晨的时候我们就差不多要互相求婚了。

《巴黎评论》：你们结婚多少年了？

希尼：二十九年。

《巴黎评论》：你写过很多关于妻子的诗，但相较而言写孩子的非常少。你是不是发现为人父的经验不适于赋诗？

希尼：有一种约定俗成的习惯是把女人当成爱情对象，当成抒情诗的中心。人人都会重弹那老调，不假思索。但对孩子我想我是怕打

677

扰了他们。我最近看过一篇迈克·叶芝①的访谈，他已经七十多了，他说一个诗人在他的孩子读书毕业之前不应该去写他们。做父母的会占据某种情感优势。并不是说孩子们不是我的心头肉。

《巴黎评论》：你的孩子有人在写作吗？

希尼：迈克在都柏林当自由记者，报道流行文化的各个领域，乐队评论和访谈，演唱会和电影的专栏。干得很带劲，但根本不算创造性写作。

《巴黎评论》：你有个儿子在摇滚乐队是不是写歌？

希尼：没有，他是近年在都柏林蓬勃发展的乐队潮流中的一员。他是鼓手，而且很不错。而凯瑟琳还在上大学。谁知道凯瑟琳会干吗呢？

《巴黎评论》：你写诗是怎样开头的？写的时候，你是把所有的开头全都写完吗？

希尼：我几乎把它全都写完。但我不是总能达到那种恰如其分地完成，并满足心中长久的渴望。跟大家一样，我也不明白恰如其分感最初来自哪里。诗人生来就为着那种特定的喜悦，那种言出法随、词即是道的感觉，就好比你是神谕的主使，能颁布律令那样。我是汤姆·波林（Tom Paulin）曾说过的暴食作家。我典型的创作高潮会持续三四个月。不是每天坚持写一些，而是一整段连贯密集的自给自足的行动，只要我产生那种旧癖发作的畅快感。就像风筝高飞，真的，在一个只有诗歌才能带来的高空。

《巴黎评论》：你写作的时候，比如开始写一首诗，你心中会想到

---

① 迈克·叶芝（Michael Yeats，1921—2007），爱尔兰律师和政治家，诗人 W.B. 叶芝的儿子。

多少形式和诗律?

希尼：这个难说得清。形式和诗律不是经常挂在人的头脑里的，直到写出一两行之后才产生。在开头的那些语词里面会有一种传召；它们就像音叉，如果写得对那一整首诗的调子就在开篇的走步或乐章中得以建立和强固。实在说，通常我只听我的耳朵。如果我在写五音步诗，我就用手指把诗行的节奏敲出来——玛丽亚经常见我边开车边拍方向盘就会提醒我：看路。但早期我更着重我声音里的曲度和音色，不太注意重音的一致或格律正确。实际上，我倾向于有点不那么合辙的东西，有时还会避免这一类的正确。如果说多年过后现在发生了什么事情，那就是我变得更加重视规范了。我更加关注一拍拍二拍拍的玩意。我不确定这是好事还是坏事。霍普金斯是我的初恋嘛，毕竟。

《巴黎评论》：反讽是你在诗歌中重视的东西吗？

希尼：我对它没有偏爱。这个词最糟糕的时候可以暗示一种令我厌烦的万事通腔调。我喜欢的反讽是悲剧性-历史性的而不是心理防卫。比如兹比格涅夫·赫贝特。或者尖刻到近乎残忍的，如乔伊斯或弗兰·奥布莱恩（Flann O'Brien）或米沃什的诗，比如《欧洲之子》。

《巴黎评论》：你认为你能对爱尔兰诗歌做些概括吗？它富于音乐性或韵律性，是有意如此的吗？或者它缺乏实验性？它没有自己的阿什贝利或金斯堡？情感表达被抑制？或者它在探寻一种爱尔兰意识？它是乡村的而非都市的？

希尼：我不认为这些东西有哪一样还能继续理直气壮地坚持。比如，梅芙·麦古奇安①的诗就代表了实验性。在我看来她似乎达到了

---

① 梅芙·麦古奇安（Medbh McGuckian, 1950—　），北爱尔兰诗人，代表作有诗集《天使之书》等。

一种可称之为克里斯蒂娃式①式的语言，可与阿什贝利比肩。但不是受阿什贝利的影响。梅芙自成一派。还有保罗·杜尔坎②，他在爱尔兰共和国，保罗把这种解放派的破坏性的超现实的讽刺元素加以施展。这不是众所周知的爱尔兰性。当然也不是乡村的。它既面无表情又感情热烈，它仿佛在说，"戏讽令人自由"。它以它的方式尽力锻造全新的民族意识，但它非常清楚，这锻造也始终是一个难题在纠缠着新意识。当然也可以这样去谈另一个保罗的作品——我曾经叫他保罗·马儿铛。马尔登是依恋和游离的复合体，他的才华很大程度上就跟乔伊斯一样。他是斯蒂芬·代达勒斯身上那种尖刻之物的继承人，但他也畅游在《芬尼根守灵夜》之后的英语熔浆。他同时也畅游在爱尔兰语的觉醒之中，身为码字人，找到文学技艺的那份非感伤、非悲悯的骄傲。他是严格的专业意义上的吟游诗人范儿。他在"嬉闹"（ludic）一词中找到了爱尔兰太阳神鲁（Lugh），这还只是开头。然而一切都是基于他对回答（answer）的需要。但如果他听到我这样说，他大概会想起"anser"是拉丁文"母鹅"的意思然后就嘎嘎大笑。他用轻快的方式处理沉重的东西。很多人学他——比如夏兰·卡森③，他很文青又很无赖，串联起贝尔法斯特的地方场景。我之所以谈到这些年轻作者是因为他们让爱尔兰诗歌的图景复杂起来。使用爱尔兰语的诗歌作者也是如此。翻译打开了大门。诺拉·尼洪奈尔④已经借英语赢得大量读者，吊诡的是这又使得爱尔兰语成为一种世界语言。我想说，诺拉的作品中就没有一点情感抑制。

---

① 克里斯蒂娃式（Kristevan），指法国文学理论家克里斯蒂娃（Julia Kristeva，1941— ）的风格。
② 保罗·杜尔坎（Paul Durcan，1944— ），爱尔兰诗人，2004年成为爱尔兰第三任国家诗歌教授。
③ 夏兰·卡森（Ciaran Carson，1948—2019），北爱尔兰诗人，代表作有诗集《第一语言》等。
④ 诺拉·尼洪奈尔（Nuala Ní Dhomhnaill，1952— ），爱尔兰诗人，以爱尔兰语写作，2001年成为爱尔兰第二任国家诗歌教授。

《巴黎评论》：我听说你最近被爱尔兰女性主义作者批评了。你有什么话说？

希尼：这是基于正常冲动的批评。它强调重审各种比喻——例如把爱尔兰比喻为消极受苦的女性，比喻为被摧残的少女，等等……所有爱尔兰诗歌中的传统意象都要接受审查。被这类东西传染了的美学趣味也要接受质疑。它发源于解放运动，这种颠覆性能量正在全国风起云涌。我写过的一些诗难免要遭遇意识形态的棍棒。还有你先前提到一个知名作家的瞩目。我想我是被当作一个不仅显而易见而且彰明较著的众矢之的，所以我的身上若能开几个窟窿就可以算是为一种新照明方案作出贡献了。

但更宽泛地说，比如伊文·博兰所批评的靶子是一个源自男性虚构传统的诗学权威。她想揭露它不过是一种虚假意识，一种从浪漫派、从某些特定的爱尔兰习轨发展而来的构造，一直阻挠和淆乱着女诗人，并扭曲了她们可能获得自我认知和蜕变的机会。博兰在这条阵线上集结了大量的对抗思维，并成为在诗歌中和通过诗歌的女性复兴的象征，我想男性诗人也已经认识到这在全国的智识生活中是一个大要素。它参与构成了爱尔兰意识的新气象。比如，它是前几年女性主义者攻击《菲尔戴版爱尔兰文学作品选》时的后盾。如果你考虑到菲尔戴剧团出版社的编委会成员——我也是其中之一——都是男人，所有的编辑都是，那么她们的愤怒和控诉当然就可想而知了。令人发指，确实。整套文选没有一个章节关注到近三十年来层出不穷的爱尔兰女性主义话语的全新群体。所以这是女性主义者的奇耻大辱。

奇怪的是，这套文选还是对爱尔兰局势的一个非常后殖民主义的解读，它本该敏锐地感知到女性以及女性写作曾遭受的噤声抑制，但我想对每个编辑来说他们视野中的压迫是来自北爱尔兰政治而不是性别政治。菲尔戴文选的透镜之所以扭曲，在根本上是编委们的北爱尔兰背景造成的。但另一个事实是,这套文选曾是且仍是一个辉煌的三卷本总览性大作,它批判性重审了十五个世纪以来用拉丁文、诺曼底法语、爱尔兰语和英语创作的爱尔兰文学,从圣帕特里克时期直迄二十世纪九十年代。它依旧是主编谢默斯·迪恩的才华的丰碑。若因遗漏一个章节而毁灭了全书四千多页所呈现的其余一切,那就是一件憾事。我认为,完全由女性来编辑的第四卷正在筹备中,这就是一个最好的结果。但这几年观看那些抵制行动也颇有教益。有些已经入选的女作家说的话就好像她们被排除在外一样。有些人则好像她们更希望被排除在外一样。它就是一个替主人受罚的苦孩子。一个真正的"她"。

《巴黎评论》:接下来的年度休假你有什么计划?

希尼:我计划尽量一动不动以便养成在威克洛农舍生活的习惯——我们一九八八年终于把它买下来了。我想要读一大堆书然后碰到什么事情再做吧。上一次年度休假我就决定不要设置太多写作目标。我基本说服自己啥事都不用做。这很有效。最后我得到了《灵视》中的那些十二行诗。所以我现在还是同样的方针:看书,发呆,也许写日记,信赖诗歌。

[在这篇访谈准备发表的时候,谢默斯·希尼获得了诺贝尔文学奖。以下的简要更新应该是很有必要的。]

《巴黎评论》:在你的新诗集《水平仪》中,你感觉你的创作把你带到了新方向吗……比如《卡桑德拉》一诗?

希尼:《卡桑德拉》写得很快。当我的钻探进入《迈锡尼瞭望哨》之下的《俄瑞斯忒亚三部曲》①岩床,它就像一道熔流从探点冒出来

---

① 古希腊作家埃斯库罗斯作品,包括《阿伽门农》《奠酒人》《复仇女神》。

了。一九九四年我从哈佛回到家的时候，就是我们五月访谈之后不久，有一个重大转折——无论对个人还是对社会都非常重大——就是共和军宣布八月份停火。这真是圣母往见之喜啊，百灵欢歌，霞光万丈。万物都变得美好了一些，然而我却不能享受到事态好转的惬意，我发现自己反而越来越愤怒，因为在此之前白白枉死的那些生命、友谊和希望。都一九九四年了，我们在政治上并没有比一九七四年走得更远。不过是倒退回去，真的。然后我就老在想做一个《俄瑞斯忒亚》的编译版能不能成为一条彻底走出旧体系的途径，以及，一条开启二十世纪末版本《感恩赞》的途径。埃斯库罗斯这三部曲也许能作为某种仪式去拟想一个大转折的可能性，从复仇文化转为相信未来建基于某种更大公无私的东西。反正，我就开始读埃斯库罗斯了，但读着读着我又开始对全盘计划灰心丧气了。它开始显得陈腐不堪——艺术是要跟生活握手的。在观念上，我需要的是安德鲁·马维尔写克伦威尔从爱尔兰回国的那一类诗歌，我要着手的是琼生式①的假面剧。至少我开始是这样感觉的。后来，《阿伽门农》第一场开头的那个瞭望官形象开始萦绕不散，他那种居间状态、他的职责和内心冲突、他的沉默以及他的见识，这一切不断累积着直到我非常刻意地开始用一种押韵对句来写他的独白，就像风钻一样尽力一啃一颤地向着未知掘进。经过了第一步骤之后，效果良好，其余部分就顺顺当当了，从不同的角度和范围写了出来。对我而言，那些素材跟沼地古尸一样富有力量和隐秘生活。

《巴黎评论》：你是怎么确定你的诺贝尔演讲词的呢？

希尼：有两件事帮我开始写讲稿。首先，我读了一九九四年大江健三郎在瑞典学院发表的演讲，他那种直率的、私人的气质推动我也

---

① 琼生式（Jonsonian），指英国戏剧家和诗人本·琼生的风格。

采用类似路线。还有就是有一天晚上在都柏林,跟德里克·马洪聊天的过程中,我们戏谈了要不要在演讲词中提及叶芝的问题。不提的话有点太自以为是,但提他的话可能有点难以承受。不过,我们决定他是不能不提的。我就是这样开了头。但应该说,演讲词是在狂乱舞步中写完的。从新闻公布到你必须递交演说稿以供翻译的截止日期只有六周时间,那大概是我一生中最忙乱最涣散的时期。我就像一块跳跳石掠过世界的表面。什么都顾不上了,只管一头冲向领奖台。

《巴黎评论》:获得诺贝尔奖之后你是什么反应?

希尼:有点儿像遭遇了一场大体温和的雪崩。人都完全吓傻了,当然啊,只要一想到在你之前获奖的作家。然后再想到那些没获奖的作家也一样吓傻。仅就爱尔兰而言,叶芝、萧伯纳、贝克特属于前者,詹姆斯·乔伊斯是后者。你马上就会明白你最好别去想太多了。你没有什么事先备好的对策。宙斯要打雷,世界只能眨眼,你再次迈开腿,继续往前走。

(原载《巴黎评论》第一百四十四期,一九九七年秋季号)

THE PARIS REVIEW

若泽·萨拉马戈

1998年诺贝尔文学奖得主

获奖理由:"他以充满想象力、同情心和反讽的寓言,持续地使我们一再领悟到一种难以捉摸的现实"

《巴黎评论》访谈发表时间:1998年

若泽·萨拉马戈

(José Saramago)

1922—2010

葡萄牙作家,高中时因家境贫困而辍学,先后从事技工、文员、记者、编辑等多种职业。1979 年开始投入文学创作,1982 年出版的《修道院纪事》为他赢得国际声誉。另创作有《里斯本围城史》《失明症漫记》《复明症漫记》等多部影响深远的小说。哈罗德·布鲁姆赞誉其为"当今世界最具天赋的小说家",称其作品为"西方正典的永久组成部分"。

2010 年 6 月病逝于西班牙兰萨罗特岛。

若泽·萨拉马戈

◎王渊/译

一九九八年十月八日,在连续几年出现在非官方的热门候选名单后,若泽·萨拉马戈获得了诺贝尔文学奖,成为第一位获此殊荣的葡萄牙人。在被问及获奖感言时,他说:"我并不认为诺奖获得者的义务等同于选美大赛的冠军,要出现在各处闪光灯下。我并不期望获得那种宝座,当然,我也不能如此。"

若泽·萨拉马戈一九二二年出生于葡萄牙中部里巴特茹区一户贫苦农民家庭。两岁时全家搬到里斯本,父亲当警察为生。少年时期的经济拮据使得萨拉马戈不得不从一所普通高中转入技校,之后辗转从事各类行当,还当过技师,之后才全职写作。

一九四七年,时年二十四岁的萨拉马戈出版了他的第一本小说《罪恶之地》。此书原名《寡妇》,出版商将其改为现名,希望惊悚的标题能增加销量。萨拉马戈后来表示,在那个年纪他对寡妇和罪恶都一无所知。接下来的十九年他并未发表任何作品。一九六六年他的首本诗集《可能的诗》面世;接着一九七七年发表了第二本小说《书画手册》。六七十年代萨拉马戈还活跃在新闻界,短暂担任过《消息日报》的助理主编。日子尤其难过时,他还以法语翻译为生。一九六九年他加入葡萄牙共产党,此后一直是坚定不移的党员,他的写作也一直与社会评论和政治紧密相关。

一九七四年康乃馨革命后,随着一九八〇年《平地而起》的出

Cadernos de Lanzarote

delinearam manobras de protecção, mas os vagares da História e as rudimentares técnicas de comunicação no passado retardaram e alongaram os processos de envolvimento, absorção e substituição, o que nos permitia, sem maiores inquietações, considerar que tudo isto era da ordem do natural e do lógico, como se na torre de Babel tivesse ficado decidido o destino de cada língua: vida, paixão e morte, triunfo e derrota, ressurreição nunca.

«Ora, as línguas, hoje, batem-se. Não há declarações de guerra, mas a luta é sem quartel. A História, que antes não fazia mais do que andar, voa agora, e os actuais meios de comunicação de massa excedem, na sua manifestação mais simples, toda a capacidade imaginativa daqueles que, como o autor destas linhas, fazem da imaginação, precisamente, instrumento de trabalho. Claro que desta guerra de falantes e escreventes não se esperam, apesar de tudo, resultados definitivos em curto prazo. A inércia das línguas é um factor, também ele, de retardamento, mas as consequências derradeiras, verificáveis não sei quando, mas previsíveis, mostrarão, então demasiado tarde, que o emurchecimento prematuro da mais alta folha daquela árvore prenunciava já a extinção de toda a floresta.

«Línguas que hoje ainda apenas se apresentam como hegemónicas em superfície, tendem a penetrar nos tecidos profundos das línguas subalternizadas, sobretudo se estas não souberam encontrar em si mesmas uma energia vital e cultural que lhes permitisse oporem-se ao desbarato a que se vêem sujeitas, agora que as comunicações no nosso planeta são o que são. Hoje, uma língua que não se defende, morre. Não de morte súbita, já o sabemos, mas irá caindo aos poucos num estado de consumpção que poderá levar séculos a consumar-se, dando em cada momento a ilusão de que continua vivaz, e por esta maneira afagando a indolência ou mas-

197

《兰萨罗特日记》的一页校样

版，萨拉马戈终于确立了自己小说家的身份。这个关于葡萄牙阿连特茹区三代农民的故事不仅获得了广泛关注，而且还赢得了里斯本市奖。一九八二年的《修道院纪事》则让他的声名在国际上一飞冲天，这本书于一九八七年成为他首本进入美国的小说。他的下一部长篇《里卡多·雷耶斯离世之年》获得了葡萄牙笔会奖和竞争激烈的不列颠独立外国文学奖。《石筏》延续了他的成功，这本书用奇幻的方式对欧洲竭力证明自己的欧洲性进行了批评，书中伊比利亚半岛从欧洲断裂开来，沿着大西洋航行搜索自己的拉美和非洲之根。一九八九年《里斯本围城史》出版，萨拉马戈在最近的一篇文章中指出，本书的主角莱蒙多·席尔瓦有很多他本人的影子。莱蒙多是一位离群索居的中年校对员，他喜欢上了自己的上司，那位年轻迷人的主编让他摆脱了情感上的平庸。和接下来的所有书一样，这本小说献给了他的妻子西班牙记者皮拉尔·德尔·里奥，他俩于一九八八年结婚。

一九九一年萨拉马戈出版了《耶稣基督福音》，获得葡萄牙作家协会奖，并取得欧盟文学大赛阿里奥斯托奖的提名。然而，葡国政府屈服于自身的保守元素以及来自天主教会的压力，禁止该书参加比赛。"这完全没有道理，"萨拉马戈抱怨道，"这种事情竟然会出现在已经完全民主的葡萄牙。难道有哪个政府可以证明这样野蛮的行为是合法的吗？这让我非常痛苦。"

这次争议过后不久，萨拉马戈和妻子就离开了自己居住了大半生的里斯本，搬去西班牙加纳利群岛的兰萨罗特岛，他们的三条狗——一只猎犬和两只中型狮子狗——依然陪伴在他们身边。他们在妻妹的房子旁边自己盖房子居住。搬家至今萨拉马戈出版了两本小说：《失明症漫记》，一本关于现代人的愚蠢及伤害人类同胞能力的阴森寓言，以及《所有的名字》。他还发表了五卷《兰萨罗特日记》。

本次采访时间是一九九七年三月一个明媚的下午，地点在他兰萨罗特的家中。他正在等待成为这座岛屿的养子[①]。他的夫人皮拉尔领着我快速参观了房屋，包括他的书房：一个整洁的方形房间，摆满了书，桌子正中摆放着他的电脑，用他的话说那是"一部卓越的机器"。二层正在建一间更大的办公室，透过落地窗能欣赏到卡门港，临近的富埃特文图拉岛，还有兰萨罗特的海滩和金属般的蓝天。谈话偶尔会被装修声和狗吠打断，皮带套着的狗儿拖着皮拉尔到处跑。令我印象最深的是萨拉马戈犀利的幽默感，还有他会努力让客人感到放松。"我亲爱的"，我们谈话时他经常这么说让我安心。

——访谈者：东泽莉娜·巴罗佐，一九九八年

《巴黎评论》：您想念里斯本吗？

若泽·萨拉马戈：这并不完全是想不想念的问题。如果想念真的如诗人所说是一种情感，让人脊背发冷，那么事实就是我并不会脊背发冷。

我也会思考这个问题。我们在那儿有很多朋友，时不时也会到那儿去，但是现在我在里斯本的感觉就是我再也不知道该去哪儿了。我不知道该怎么在里斯本生存。在那儿待几天或者一两周的话，显然我会拾起过去的老习惯，但是我总是想着尽快回这里来。我喜欢这个地方，喜欢这里的人，我在这里过得很好，我不认为我有一天会离开。唔，我会离开，说到底我们有一天都得离开，不过我绝不会自愿离开。

[①] 兰萨罗特"收养"萨拉马戈的仪式于1997年12月22日进行。萨拉马戈在仪式中表示："能有另一个父亲和母亲总是件好事，而现在兰萨罗特就是我的另一个父亲和母亲。"

《巴黎评论》：当您搬到兰萨罗特，远离您生活和写作了那么多年的环境后，您是立即适应了这里还是想念过原先的工作环境？

萨拉马戈：我很快就适应了。我觉得自己不是那种折腾的人。无论在我身上发生的事情是好是坏，我一向不会大悲大喜。我只是经历那些瞬间。当然，如果我感到悲伤，我会悲伤，但是我不会……这么说吧，我不会找法子刻意变得有趣。

我正在写一本书。向你讲述我忍受的折磨，塑造角色的困难以及如何进行细微的复杂叙述应该会更有趣些。我想说的是，我尽量自然地做自己要做的事。对我来说，写作是一项工作。我不会把文章和写作行为分开，好像它们是两件毫不相关的事。我一个接一个地安放词语，或者把一个放在另一个之前，讲述一个故事，说我觉得重要或者有用的事情，至少是对我重要或者有用。就是如此。我认为这是我的工作。

《巴黎评论》：您的工作方式是怎样的？您每天写作吗？

萨拉马戈：当我写作的东西需要连贯性，比如一部小说，我就会天天写。当然，家庭和旅行有种种方式打断这一过程，我自然受限于此，不过除此之外还是很规律的。我自律很强。我不会强迫自己每天工作多少小时，但我会要求每天完成一定量的写作，一般来说是两页。今天早上我的新小说写了两页，明天我会再写两页。你也许会认为一天两页并不太多，但是我还有别的事情要做：写别的文章、回信，等等。另一方面，每天两页积累起来一年就有将近八百页了。

说到底我是个挺正常的人。我没什么怪癖，也不搞戏剧化。说到底我不把写作过程浪漫化。我不会说自己在创作过程中受了多少苦难。我也不会怕白纸，怕灵感枯竭，这些我们总是听闻作家有的毛病，我一个都没有。但我会遇到做其他任何工作的人都有的困难。有时候写出的东西不对我的胃口，又或者根本就写不出来。要是出来的东西不像我期望的那样，我只能委屈自己接受现状。

《巴黎评论》：您在电脑上直接写作吗？

萨拉马戈：是的。我最后一本用老式打字机写的书是《里斯本围城史》。事实是，在适应键盘方面我没有任何困难。与通常人们所说电脑会改变人的风格相反，我并不认为它改变了任何事情，尤其是像我这样使用的话，就当它是打字机。要是我还有打字机，我在电脑上做的事会和在打字机上做的一样，唯一的区别就是现在更整洁、更舒适也更快。一切都更好了。电脑对我的写作没有负面影响。这就像是说从手写转到用打字机写作也会影响风格，而我并不这么认为。如果有自己的风格、自己的词汇，在电脑上工作怎么会改变这些东西呢？

不过，我依然与纸张和打印纸保持密切的联系，自然我也应该这么做。我完成一页后总会打印出来。要是没有打印出来的纸张我就会觉得……

《巴黎评论》：您需要可触碰的证据。

萨拉马戈：对，就是这样。

《巴黎评论》：您每天写完两页后会紧接着改动吗？

萨拉马戈：完成一篇文字后我会整篇重读，通常这时会有一些改动，比如有关具体细节或风格的小改动，或是把文稿改得更加精确，但是从没有大改动。我写出的第一稿中大概有九成会保留不变。不像有些作家，我不会先写一个二十页的摘要，然后变成八十页，再变成两百五十页。我不会那么做。我的书从开始就是书，以此为基础发展。现在我的新小说写了一百三十二页，我不会试图把它变成一百八十页，它们该怎么样就是怎么样。这些页中也许会有改动，不过不是那种大变动，像是把第一稿中的东西最终变成另一种形式，无论是长度上还是内容上。我所做的修改只是为了让书变得更好，没有别的了。

《巴黎评论》：所以您开始写作时就有明确的想法。

萨拉马戈：是的，我很明确自己想写什么，还有为了达到这个目的需要怎么写。不过这从来不是一个严格的计划。到最后，我想说的都是我想说的话，不过在这个目的下会有弹性。我通常用这个比方来解释我是什么意思：我知道我想要从里斯本到波尔图，不过我不知道是不是要直走过去。我甚至可以经过白堡，这看上去很荒谬，因为白堡地处内陆，差不多到了西班牙边界，而里斯本和波尔图都在大西洋海岸。

我想说的是，我从一点到另一点的路线总是曲折的，因为它必须伴随叙事的发展，不知哪儿就会需要一些原先不需要的东西。叙事一定要符合特定时刻的需求，这是说没有什么是预定的。如果故事是预定的——就算有可能预先设定到最后一个细节，那么写出来的东西一定一塌糊涂，因为这本书被迫在它存在前就得存在。一本书是逐渐形成的。如果我要强迫一本书在他形成前就存在，那我就会与所述故事本身的发展规律背道而驰。

《巴黎评论》：您一直是这样写作的吗？

萨拉马戈：一直是的。我从没有另一种写作方式。我认为这种写作方式允许我创作出具有坚实结构的著作，但我不确定别人会怎么看。在我的书中，每一个时刻都考虑到之前发生了什么。就像建筑工得平衡各种原料以防整体倒塌，书也是这样发展的，不断搜寻自己的逻辑，而不是寻找预先给它设计的结构。

《巴黎评论》：那您笔下的角色呢？您的角色会让您惊讶吗？

萨拉马戈：有人认为有些角色有自己的生命，作者只是追随他们，但我并不相信。作者必须小心不强迫角色做违反各自性格的事情，但是角色并没有自主权。角色受困于作者，受困在我笔下，不过他受困时并不知道他是受困的。角色是线控的，但那些线很松；角色享受着自由独立的幻觉，但是他们无法去我不让他们去的地方。要是到了那个时候，作者必须拉紧线，然后对他们说：我才是老大。

故事与其中出现的角色密不可分。角色是为作者想要创作的结构服务的。当我引入一个人物，我知道我需要这个人物，明确我为什么需要他；但这个人物还没有发展好——他正在发展。是我在发展这个人物，但是感觉是他在自我发展，而我则在一旁陪伴。这么说吧，我无法让角色以违背自身的方式发展。我必须尊重这个角色，否则他就会开始做力所不能及的事。比方说，如果不符合角色的逻辑，我就无法让他犯罪。为了向读者解释行为，动机是必要的，没有的话就说不通了。

我给你举个例子吧。《修道院纪事》是一个爱情故事。事实上，如果让我说，这是一个美丽的爱情故事。但是直到书尾，我才意识到自己写了一个没有情话的爱情故事。巴尔塔萨尔和布里蒙达都没有对对方说过我们通常意义上的情话。读者或许会觉得这是设计好的，不过事实并不是这样。我是第一个吃惊的人。我当时想，这怎么可能？我居然写了一篇爱情故事，却在对话中没有用任何一个含情脉脉的词。

现在让我们想象，将来某一天这本书再版，我突发奇想要改变两人的对话，在这里或那里加几个词——这会让两个角色显得很假。我认为，读者就算不知道原版的形式，也会发现这种安排有点不对。这两个角色从第一页就在一起，怎么会突然在第二百五十页说"我爱你"？

这就是我说的要尊重角色的完整性，不让他超出自己的个性、自己的内在逻辑,而是要留意他自己本身是怎样的人。因为小说中的人物就是另一个人:《战争与和平》中的娜塔莎是另一个人,《罪与罚》中的拉斯柯尼科夫是另一个人,《红与黑》中的于连也是另一个人。文学增加了世界人口。我们不能把这三个人物当成不存在,纯粹当成我们称作书本的东西里一系列纸张中纯粹的文字建构。我们想到他们时会把他们当成真人。我猜这是所有小说家的梦想,那就是笔下会有一个角色变成这样的"经典人物"。

《巴黎评论》:您希望您的哪一个角色会变成这样的"经典人物"?

萨拉马戈:我这么说大概犯了妄断的罪孽,不过说实话,我觉得我所有的角色,从《书画手册》中的画家 H 到《所有的名字》中的若泽先生,都是经典人物。我猜想这是因为,我笔下的角色没有任何一个纯粹是对现实中某个人的复制或模仿。每个角色都让这个世界增添了一个人,他们"活"在里面。这些虚拟人物只不过缺少一个实体。我就是这么看的,不过我们也知道,作者总被怀疑有偏见……

《巴黎评论》:对我来说,《失明症漫记》中医生的妻子是一个特别具体的人物。她在我心中有一个明确的视觉形象,其实《失明症漫记》中的所有人物都有,只不过别人没有细节描述。

萨拉马戈:我很高兴你对她有一个非常精确的视觉印象,这绝对不是因为对她外表的描写,因为小说中根本没有。我不认为需要解释一个角色的鼻子或下巴长得如何。我觉着,读者更喜欢一点点建构他们自己的角色——作者把这部分活计交给读者就行了。

《巴黎评论》:《失明症漫记》的创作灵感是怎么来的?

萨拉马戈:和我的所有小说一样,《失明症漫记》来源于一个突然出现在我脑海的想法。(我不知道这是不是最准确的方式,不过我找不到更好的了)我当时在餐馆等着吃午餐,突然间没有任何预兆,我就想到:如果我们都失明了会怎么样?好像是在自问自答,我接着想:但是我们其实就是盲的。这就是这部小说的胚胎,之后我只需要构思出最初的情形,让后果自然诞生。这些后果很恐怖,但自有牢不可破的逻辑。《失明症漫记》中并没有太多的想象,只不过是对因果关系的一次系统运用罢了。

《巴黎评论》:我特别喜欢《失明症漫记》,但是读着可并不轻松。这是一本艰深的书,但是翻译得很好。

萨拉马戈:你知道吗,我长久以来的英语翻译乔万尼·波尔提耶罗去世了。

《巴黎评论》:什么时候的事?

萨拉马戈:二月份。他死于艾滋病。他死的时候刚翻好《失明症漫记》。到了最后,由于医生开的药的影响,他自己也开始失明了。他必须选择,是吃药延长一点儿生命,还是不吃药,这会带来其他风险。这么说吧,他选择的是保留自己的视力,而他自己正在翻译一部有关失明的小说。这真是个灾难。

《巴黎评论》:那《里斯本围城史》的创作想法呢?

萨拉马戈:有个想法从一九七二年就伴随着我,关于围攻,比方说被围困的城市,不过不清楚是谁在外面围攻。之后它发展成为具体的围城,我起初想到了卡斯蒂利亚人一三八四年对里斯本的围攻。在这个想法之上,我又加入了另一场发生在十二世纪的围城。到最后,围城成为了这两场史实围攻的结合——我想象出一场旷日持久的围城,受围者和围困者都经历了数代。这是荒唐的围攻。它的意思是,城市被围，人们围城，但这些都没有一点儿意义。

到了最后，所有这些结合组成了这本书，一次对历史真实概念的反思，至少我希望是这样。历史是真实吗？我们通常所说的历史讲的故事完整吗？历史实际上是虚构的——这不是因为它由虚构的事实构成，事实本身是真实的，但是在如何组织这些事实上有很多虚构。历史是精选出的特定事实拼凑而成的，让故事有连贯性和线性。为了创作这条线，很多事情都要被忽略。永远有事实没有进入历史，因为不这样做历史就会有另一种含义。历史不应被当作一堂确定的课。没有人能说：我说它怎样事实就是怎样。

《里斯本围城史》并不仅仅是一次历史写作的尝试。它是一次反思，反思历史是真实的，还是假定的（这是一种可能），但是历史并不是谎言，哪怕历史经常会误导。我们有必要对官方历史说**不**，这要求我们寻找另一个**是**。这与我们自身的生命有关，和虚构文学的生命有关，与思想体系也有关。比方说，革命是一次说**不**，但或快或慢，这个**不**转换成**是**，这时候另一个**不**就必须出现。我有时会想，**不**是我们这个时代最需要的字。就算那个**不**是一个错误，它带来的好处也大于坏处。一个例子就是对今天这个世界说的**不**。

至于这本书就远没有那么雄心勃勃了——它是一个小小的**不**，不过仍然有能力改变一个人的生活。官方历史说十字军在一一四七年帮助葡萄牙国王光复里斯本，而通过在这句话里加入一个**没有**，莱蒙多不仅开始写另一部历史，而且他打开了改变自己生活的道路。对那个句子的否定也是对他原先生活方式的否定。那个否定让他的存在上了一个台阶，让他从日常生活，从每天的阴暗和忧伤中解脱出来。不仅他自身上了一个台阶，与玛利亚·萨拉的关系也是如此。

《巴黎评论》：在《里斯本围城史》全书中，莱蒙多和玛利亚·萨拉都被描述成陌生人，是他们自己城市中的外乡人。他们甚至互称对方为摩尔人。

萨拉马戈：对的，是这样，就是这样。到了最后，我相信我们大家都是这样。

《巴黎评论》：您说"我们"指的是葡萄牙人吗？

萨拉马戈：是的，但不仅仅是葡萄牙人。我们所有人都生活在城市里——我的意思是城市是一种集体生活的方式，但是同时，我们应该成为那座城市中的外乡人，摩尔人——摩尔人的意思是，摩尔人生理上属于城市，但同时仍然是城市的外人。这是因为他是一位可以引起变化的外乡人。摩尔人，听着，陌生人，陌客，这样说吧，这些人虽然身在城墙内但是依然在城外，他们才是能够改变城市的人，当然呢，我们希望是朝好的方面改变。

《巴黎评论》：过去您曾经直言不讳对葡萄牙的担忧。您对葡萄牙的现状及融入欧盟的计划有什么看法吗？

萨拉马戈：给你举个例子吧。一次采访中，一名葡萄牙记者问我们派驻欧盟的负责人若昂·德乌斯·德·皮内罗，您难道不觉得葡萄牙有丧失过多国家主权的危险吗？他的回答是，您说国家主权是想说什么？十九世纪的时候，只是因为停泊在特茹河的英国舰队将领不允许，葡萄牙政府就无法就职。说完他就笑了。难道一个国家派驻欧盟的负责人可以觉得这件历史事件很好笑吗？难道因为他相信我们从没有过主权，葡萄牙就不应该担心主权丧失吗？

如果欧盟能够继续推进，那么我们的政治家和外国的政治家一样，责任都会减小。他们将会变成本质上他们已经是的东西——只不过是代理人，因为我们这个时代一个最大的谬论就是民主论调。这个世界上民主并不起作用。起作用的是国际金融的力量，参与这些活动的人事实上统治着全球。政治家只是傀儡，事实上所谓的政治力量和金融力量狼狈为奸，这与真正的民主背道而驰。

人们也许会问，那你能提出什么替代方案？我什么也不提出。我只不过是个小说家，我仅仅写我所见的世界，改变它并不是我的工作。我不能一个人改变世界，何况我根本就不知道该怎么做。因此我限制自己，只是说我相信世界该是什么样子的。

现在，问题是如果我必须提出点儿东西，那会是什么。我会提出我有时称作"反向发展"的概念。看上去这是一个悖论，因为一个人只能向前发展。简单说，"反向发展"意味着：我们已经达到的水平已经足够我们舒适地生活了，这不是在说富人，而是那些身处中产上层的人。"反向发展"就是说，我们就停在这里，回过头关心数十亿被甩在后面的人。当然这一切都是乌托邦。我住在兰萨罗特，这是一个拥有五万居民的小岛，世界上其他地方该发生什么就发生什么。我并不渴望成为救世主，但是我的信念很简单，我相信世界会更好，而且很容易就会让它变得更好。

这个信念引导我说，我不喜欢现在我生活的这个世界。我构想的全球革命——原谅我乌托邦式的幻想——会出于善意。如果我们中间有两个人早上起来说：今天，我不会伤害任何人，接着第二天又说了一遍，并且真正按照这些话做了，那么世界会在短时间内改变。当然这都是胡言乱语，永远不会实现。

这些都让我怀疑这个世界中理性的使用。这就是为什么我写了《失明症漫记》。这也是为什么我会写作与这些主题相关的文学作品。

《巴黎评论》：您说过《失明症漫记》是您写过的最困难的小说。这是不是因为，尽管在白色失明瘟疫情况下人和人之间表现出公然的残酷，还有在写作此类行为时您感受到不适，但从根本上您是一位乐观主义者？

萨拉马戈：我是悲观主义者，但是没有悲观到会饮弹自尽的程度。你所说的残酷其实每天都在世界各地发生，并不只存在于小说中。就在此时此刻白色失明瘟疫也包围着我们。《失明症漫记》是对人类理性失明的譬喻。这种失明让我们能够毫不愧疚地送航天器去火星检验那个行星上的岩石构成，而与此同时千百万的人类还在这个星球上挨饿。我们不是盲了就是疯了。

《巴黎评论》：《石筏》也论述的是社会问题。

萨拉马戈：唔，并不完全一样，不过人们更喜欢这样看。人物喜欢把它看作是伊比利亚半岛从欧洲分裂。当然，这是故事的一部分，的确故事也是这么发生的：伊比利亚半岛与欧洲断裂，开始在大西洋航行。不过我想表达的并不是从欧洲分裂，那完全说不通。我当时想说的，我现在依然要说，那就是我相信一个事实：葡萄牙和西班牙的根源并不是纯欧洲的。我是在对读者说，听着，我们一直是欧洲人，我们现在是，将来也会是欧洲人，除此之外没有另一种可能。但是我们有其他的责任，有关历史、文化和语言的责任。所以，我们不应该与世界其他地方分离，让我们不要与南美分裂，让我们不要与非洲分裂。这并没有反映任何新殖民主义的野心，而是正如《石筏》中发生的那样，伊比利亚半岛最后停在南美和非洲之间，这样的发展是有原因的。这是因为我们一辈子都在说南方，南方，南方，还有南方如何一直受剥削，甚至在那个南方其实位于北方我们也这么说。

《巴黎评论》：在您的《兰萨罗特日记》中您写上一次到访纽约，其中说到那个城市中的南方是在北曼哈顿。

萨拉马戈：是的，那个南方就位于北方。

《巴黎评论》：我必须告诉您，我特别欣赏您在《兰萨罗特日记》中对切尔西酒店[①]的描述！

萨拉马戈：哦，那真是很糟糕。出版社让我待在那儿，但我并不确切知道那是谁的主意。他们觉得我说过我想要住在那儿，但是我从没这么说过。我从外面看过那家酒店，我觉得很迷人，但我从没有说：请把我安排住进切尔西酒店。我猜他们把我安排到那里是因为它有悠久的历史，不过如果让我在不舒适但历史悠久的酒店和没有历史但舒适的酒店中选择……我对自己说了好多遍，这是什么东西，我从没有见过这样的地方。

《巴黎评论》：您在欧洲和拉美有很多读者，但在美国读者很少。

萨拉马戈：本质太严肃的东西不讨美国读者喜欢。但是有趣的是，我在美国获得的评论都非常高。

《巴黎评论》：批评家的意见对您来说重要吗？

萨拉马戈：对我来说重要的是，根据我对于好工作的标准，我的工作干得不错。我的标准就是一本书按照我希望的方式写成。离开我的手后，它就和生活中的其他事物没有区别了。母亲怀胎生子，希望孩子好，但那是孩子的生命，它不属于母亲。孩子会过自己的人生，或者别人会造就他的人生，基本上可以肯定不会是母亲期望的那种生活。我怎么梦想我的书会获得再多人再好的评论也没用，因为读者会照他们自己的想法看待我的书。

我不会说我的书应当让读者满意，因为这样说就意味着一本书的价值取决于读者的数量。我们知道这是不对的。

[①] 切尔西酒店位于美国纽约第23街，1884年建成，曾在此居住写作过的著名作家包括马克·吐温、纳博科夫、狄兰·托马斯、杰克·凯鲁亚克等。

《巴黎评论》：那次到访美国您还去了麻省的福尔里弗，那儿有很多葡萄牙人社区。

萨拉马戈：是的，我接触了一些移民，他们出于各种理由对我的作品感兴趣。让人吃惊的是，我在那儿到哪里都有很多听众，甚至是在我最近越来越不喜欢谈文学的情况下。我猜这是一个悖论，因为我写作，如果我写书，我难道该谈别的什么吗？唔，我是在写作，不过在成为作家前我也活着，所以我和生活在世界上的所有人一样都有各种想法。

最近我去了葡萄牙的布拉加参加一个有关我文学作品的会议，但是我们谈到了很多其他的东西，比如葡萄牙的现状还有该怎么做。我告诉大家，人类的历史看上去很复杂，但实际上非常简单。我们知道我们生活在一个充满暴力的世界。暴力对我们种族的存活必不可少，为了食物，我们必须杀死动物，或者有人需要替我们杀。我们采集浆果，我们甚至还摘花装饰我们的房屋，这些都是施加于其他生命的暴力。动物也这么干：蜘蛛吃苍蝇，苍蝇吃苍蝇该吃的不管什么东西。然而有一个巨大的区别：动物并不残酷。蜘蛛网住苍蝇只不过是把明天的午餐放进冰箱，但人类发明了残忍。动物不会互相折磨，但是我们会。我们是这个星球上唯一残忍的物种。

这些观察让我想到接下来的问题，我相信这个问题很正当：如果我们是残酷的，我们怎么还能继续说我们是理性的物种？是因为我们能说话？能思考？能创作？尽管我们能做所有这些事，它们还是不能够阻止我们，我们还是会去做所有那些我们参与的负面残忍的事情。我觉得我们必须讨论这个伦理问题，也正是因为这个我越来越不愿意讨论文学。

有时候我自己想，我希望我们永远不能离开这座星球，因为如果有一天能朝宇宙扩张，在别的地方我们表现得并不太会和在这里不同。虽然我不相信我们会有这种能力，但如果我们真的能在宇宙定居，我们也会让它感染。我们大概就像一种病毒，幸运的是都集中在这个星球。但是我最近读到一颗爆炸的超新星，这让我得到了安慰。爆炸的光在经历了十六万六千年后才于三四年前到达地球。我想，这样呀，那就没危险了，我们永远到不了那么远。

（原载《巴黎评论》第一百四十九期，一九九八年冬季号）

THE PARIS REVIEW

君特·格拉斯

1999年诺贝尔文学奖得主

获奖理由:"其嬉闹的黑色寓言描绘了历史被遗忘的面容"

《巴黎评论》访谈发表时间:1991年

君特·格拉斯

(Günter Grass)

1927—2015

德国作家、雕塑家、画家，1927年出生于但泽市。他的创作活动从诗歌开始，自1956年起发表诗集《风信鸡之优点》《三角轨道》等，同时创作了荒诞剧《洪水》(1957)、《叔叔、叔叔》(1958)、《恶厨师》(1961)等。其代表作为长篇小说"但泽三部曲"《铁皮鼓》(1959)、《猫与鼠》(1961)和《狗年月》(1963)。

2015年4月病逝于德国吕贝克。

君特·格拉斯

◎吴筠/译

君特·格拉斯在当代艺术和文学中的成就十分罕见,在每一种他涉猎的艺术领域和艺术媒介中,他都赢得了批评界的尊重和商业上的成功。他是一位小说家、诗人、散文家、剧作家、雕塑家和画家。君特·格拉斯在国际文坛崭露头角是由于他于一九五八年出版的畅销小说《铁皮鼓》。这部畅销书和他之后的系列作品——中篇小说《猫与鼠》(1961)和长篇小说《狗年月》(1963)并称为"但泽三部曲"。他所著的其他书籍还包括《蜗牛日记》(1972)、《比目鱼》(1977)、《相聚在特尔格特》(1979)、《头位分娩或德国人正在灭绝》(1980)、《母鼠》(1986)以及《亮出你的舌头》(1989)。君特·格拉斯总是自己设计书的封面,他的书里也经常有作者自己画的插图。他获奖无数,其中包括一九六五年的格奥尔格·毕希纳奖以及一九七七年的卡尔·冯·奥西埃茨基奖章,他还是美国艺术与科学院的外籍荣誉院士。

君特·格拉斯一九二七年出生在波罗的海沿岸的但泽市市郊,现称为格但斯克,属波兰。他的父母是杂货店老板。在第二次世界大战期间他应征入伍,成为了一名坦克射击手,一九四五年在战争中负伤并被美军俘虏。被释放后,君特·格拉斯先在一家稀土矿工作,后来又去杜塞尔多夫和柏林学习艺术。一九五四年他和他的第一任妻子——瑞士芭蕾舞演员安娜·施瓦茨结婚。一九五五年至一九六七年

Günter Grass: DIE WOLKE ALS FAUST ÜBERM WALD
- Ein Nachruf -

Vom Sommer achtundachtzig bis in den Winter neunundachtzig hinein zeichnete ich, unterbrochen nur von ~~~~ Tatsachenbehauptungen des Zeitgeschehens, totes Holz. Ein Jahrzehnt ging zu Ende, ~~~~~~~~ an dessen Anfang ich mit "Kopfgeburten - oder die Deutschen sterben aus" mein Menetekel gesetzt hatte; doch was nun, Bilanz ziehend, unterm Strich stand, war keine Kopfgeburt mehr: anschaulich lagen Buchen, Kiefern, denen das Strammstehen vergangen war, Birken, um ihr Ansehen gebracht, vordatiert die Hinfälligkeit der Eichen. Und bemüht, diesen ~~~~~~~ Ausdruck von Forstarbeit zu steigern, traten zu Beginn des neuen Jahrzehnts kurz nacheinander Orkane auf, ~~~~~~~~ fünf an der Zahl, ...
Es war wie Leichenfleddern. Hinsehen und festhalten. Oft fotografiert und farbig oder schwarzweiß zur Ansicht gebracht blieb dennoch unglaubhaft, was Statistiken und amtliche Waldzustandsberichte bebildern sollte. Fotos kann jeder machen. Wer traut schon Fotos!
Also zeichnete ich vor Ort: in einem dänischen Mischwald, im Oberharz, im Erzgebirge, gleich hinterm Haus, wo Wald dicht ansteht und das Nadelholz aufgegeben hat. Anfangs wollte ich mich mit Skizzen begnügen und den feingesiebten ~~~~~~~ Rest, was man nicht sieht, was in Ausschüssen vertagt, in Gutachten und Gegengutachten zerredet oder im allgemeinen Gequassel beschwiegen wird, aufschreiben, wie ich anderes , zuletzt den Alltag in Calcutta aufgeschrieben hatte. Aber über den Wald, wie er stirbt, steht ~~~~ alles geschrieben. Über ~~~ Ursachen und Verursacher. Woran und wie schnell oder langsam er auf Kammlagen oder

君特·格拉斯《当浮士德越过森林时的云朵》第二遍草稿中的一页手稿

他积极参与"四七社"的活动，这是一个非官方但是影响很大的德国作家与文艺批评家协会，因其在一九四七年九月首次聚会而得名。该协会的会员包括了海因里希·伯尔、乌维·约翰逊、伊尔泽·艾辛格，还有格拉斯。他们团结在一起创造并使用了一种新的文学语言，激烈地反对繁复且词藻华丽的纳粹时期宣传文学的文体，该协会的最后一次聚会是在一九六七年。

靠着鲁赫特汉德出版社的微薄资助，格拉斯和他一家从一九五六年至一九五九年在巴黎生活，就是在这里，他写成了《铁皮鼓》。一九五八年，书稿尚未完成就获得了"四七社"的年度大奖。这本小说震惊了德国文学批评界和读者，小说直接犀利地描绘了二次大战期间德国中产阶级的生活。君特·格拉斯一九七九年的作品《相聚在特尔格特》虚构了德国诗人在三十年战争即将结束的一六四七年举行的一场聚会，这次虚构的聚会和书中的角色一样，都以战后的"四七社"为蓝本。

在德国，格拉斯具有争议性的政治观点和他的小说一样出名。他担任威利·勃朗特的演讲稿撰写人长达十年时间，他长期以来还是社会民主党的支持者。他还是极少数公开质疑两德快速统一进程的知识分子之一。仅在一九九〇年，他就出版了两本有关该问题的演讲集和辩论集。

旅行之外，他把他的时间如此分配：他会去位于石勒苏益格-荷尔斯泰因的住所和自己的第二任妻子乌特·格鲁内特团聚，或者前往他位于柏林勋纳贝格区的住宅，他的四个孩子住在这里，他的助手埃娃·居内什在此打理他的事务。

本次采访分为两阶段，第一阶段是在曼哈顿第九十二街的希伯来青年会当着观众的面进行的，另一次则是在去年秋天在尼德大街的黄房子里进行的，那时格拉斯正好在短暂停留途中找到了几个小时的时间。

709

他在一间有老虎窗的书房里接受了采访,书房铺着木质地板,墙壁粉刷成白色,装满书和手稿的盒子在屋角堆得高高的。格拉斯穿着斜纹软呢的休闲服和衬衫。原来他答应用英语接受采访,这样就可以绕过后面复杂的翻译过程,但是当我们提醒他时,他斜着眼睛笑着说:"我太累了,我们还是说德语吧。"尽管旅途疲劳未消,但是他说起话来还是中气十足,谈起他的作品来充满热情,时常发出大笑。后来他的双胞胎儿子拉乌尔和弗兰茨来接他们的父亲去共进晚餐,庆祝他们的生日,采访就此结束。

——访谈者:伊丽莎白·加夫尼[1],一九九一年

《巴黎评论》:你是如何成为一名作家的?

君特·格拉斯:我想这和我成长的社会环境有点儿关系。我们家是一个中下阶层的家庭,我们有一套两间房的小公寓,我和我姐姐没有自己的房间,连个属于自己的角落也没有。在起居室的两扇窗之上,有一个小小的角落,刚好可以放我的书和其他杂物——我的水彩颜料等。那时我经常幻想拥有我想要的东西。很早我就学会了在嘈杂的环境中阅读。所以我很小就开始写作和绘画。另一个结果是我现在热衷于买房子。在四个不同的地方我都有自己的书房,我真的很害怕回到我小时候的那种状况:只能在一间小房子里拥有一个小角落。

《巴黎评论》:在这种情况下,究竟是什么让你转向阅读和写作,而不是,比如说体育或者其他事务的?

---

[1] 伊丽莎白·加夫尼(Elizabeth Gaffney, 1966—),美国小说家、编辑,曾任《巴黎评论》编辑达十六年,并译有多部德语文学作品。

格拉斯：还是个孩子的时候，我就是个大话王。幸运的是，我母亲还挺喜欢我撒的谎，我向她许诺，说得天花乱坠。我十岁的时候，她就叫我"培尔·金特"，她说，你就告诉我些美妙的故事吧，比如说我们将要去那不勒斯的情况之类。因此我很小就开始把自己的谎话写下来，我还坚持下来了！十二岁的时候，我就开始试着写本小说，小说是关于卡舒比人的，很多年后他们出现在了《铁皮鼓》里，主人公奥斯卡的祖母安娜，就像我自己的祖母一样都是卡舒比人。

但是我的第一本小说犯了个错误，在第一章结束的时候我所有的角色都已经死完了，我就写不下去了！这就是写作中的第一个教训：小心处理角色的命运。

《巴黎评论》：哪些谎言曾给你带来最大的快乐？

格拉斯：那些不会伤害别人的谎言，和那些用来保护自己并伤害别人的谎言是不一样的。不会伤害人的谎言不是我的工作。事实往往是很乏味的，你得给它添加一点儿谎言。这样做无伤大雅，我知道我那些糟糕的谎言对于事实往往都毫无影响。比如数年前我写了文章，预测当下的德国的政治变迁，人们就说了：说的什么大话！

《巴黎评论》：你在第一部小说失败后，第二次进行的是怎样的尝试？

格拉斯：我的第一本书是诗集和插画集。永恒不变的是，我写的诗的头一稿有插画也有诗行，有时候是从一幅画上截取下来的，有时候则取自名人名言。我二十五岁的时候，买得起打字机了，我情愿用自己的两根手指来打。《铁皮鼓》的第一稿就是用这台打字机打出来的。我年纪大了，听说我的很多同行现在都用电脑写作，可我又回到了手写初稿的状态！《母鼠》的初稿就是写在印刷厂给我的一本不划线的大开本书上的。每次我的书要出版前，我都会要一本空白的书用来写下次的手稿。因此，现在第一稿往往是手写的，带插图，然后第二稿和第三稿都是用打字机打出来的。我从来没有一本书没有经过三稿，很多时候甚至有四稿，修正的地方很多。

《巴黎评论》：每一稿都是从头写到尾吗？

格拉斯：不是，第一稿写得很快，要是有漏洞的话，我就让它去。第二稿往往比较长，细节更具体，并且很完整。这时候就没有漏洞了，但是有点儿干巴巴的。第三稿我尝试着去保留第一稿的随性，并保持第二稿的精髓，这很困难。

《巴黎评论》：当你写作的时候，你每天的时间是怎么安排的？

格拉斯：当我写第一稿的时候，我每天写五到七页；等写到第三稿，我每天写三页，速度很慢。

《巴黎评论》：你是早上写，还是下午或者晚上写？

格拉斯：不，绝不晚上写。我觉得晚上写作不太可靠，因为写起来太轻巧。早上读的时候，我就会觉得写得不好。我需要日光才能写作。早上九点到十点之前我会吃早餐、阅读，还有听音乐。吃过早餐后开始工作，下午还有一个咖啡时刻，然后再开始，晚上七点前结束。

《巴黎评论》：你怎么知道什么时候一本书算是完了呢？

格拉斯：当我写一本史诗长度的小说时，写作的过程会非常长，要看完所有的稿子需要四到五年的时间，等到我筋疲力尽的时候，书也就写好了。

《巴黎评论》：布莱希特一直感到他应该重写他的作品，甚至在它们出版之后,他从来不觉得它们已经完成了。

格拉斯:我觉得我做不到。我只能在我生命的某一特定时期写一本像《铁皮鼓》或者《蜗牛日记》这样的书,因为所写的是我当时的感受和想法。我能肯定如果我坐下来重写《铁皮鼓》《狗年月》或者《蜗牛日记》的话,我情愿毁了这本书。

《巴黎评论》:你如何区分你的纪实作品和虚构文学创作?

格拉斯:这个虚构文学对纪实文学的命题毫无意义。对于书商来说,区分书的门类也许有意义,但是我不喜欢我的书被这样区分。我总是想象有些什么书商委员会开会讨论,什么书算是虚构文学,什么书算是纪实文学,我觉得书商们的这种行为才是虚构的!

《巴黎评论》:那么当你写散文或者演讲稿的时候,你所采用的技巧是不是和你讲故事说大话时候的技巧有所不同?

格拉斯:是的,不同是因为我会遇到我无法更改的事实。我并不常写日记,但是在准备写《蜗牛日记》的时候我留了本日记。我当时感觉一九六九年会是不同寻常的一年,这一年会发生真正的政治变革,比单单产生新一届政府要深刻得多。因此当我在一九六九年三月到九月为选举拉票时,我坚持写日记,这时间确实不短。同样的事情也发生在加尔各答,那本日记后来被我用来创作小说《亮出你的舌头》。

《巴黎评论》:你如何调和你的政治活动与你的视觉艺术和写作之间的关系?

格拉斯:作家并不仅仅关注他们内心的精神生活,他们与日常生活同样息息相关。对于我来说,写作、绘画和政治活动是三个不同的诉求:每一项都有自己的专注点。我恰好又是特别愿意关注并参与我所处社会的事务的人。我的写作和绘画都与政治发生着不同的联系，无论我是否主观上想要这么做。事实上，我并没有制定一个什么计划，把政治带入我写的东西之中。更接近事实的情况是，在我打草稿的四分之三的时间中，我发现了一些被历史遗忘的细节。我既不会去特意写一个简单的关于政治现实的故事，也觉得没有必要去回避政治话题，政治本身就对我们的生活有着巨大的决定性影响，它以不同方式渗透进了我们生活的方方面面。

《巴黎评论》：你把那么多种不同的艺术形式融入了你的创作中——历史、美食菜谱、歌词……

格拉斯：还有绘画、诗歌、对话、引述、演讲、书信等。你看，当我写史诗式的作品时，我觉得有必要使用语言可能的每一面以及语言沟通的不同形式。但是记住，有些我的作品在形式上是非常纯正的，如中篇小说《猫与鼠》和《相聚在特尔格特》。

《巴黎评论》：你将语言与绘画交织在一起，这种关联性是独一无二的。

格拉斯：绘画和写作是我的作品的基本组成部分，但不是唯一的。我有时间的话也会雕刻。对于我来说，艺术和写作之间存在一种非常明确的给予和接受的关系，这种联系，有时候强烈些，有时候微弱些。过去几年里，这种关系变得很强烈。《亮出你的舌头》就是一个例子，这本书的故事发生在加尔各答。我绝对不会在没有插图的情况下去写这本书。加尔各答地区难以置信的贫困经常使得来访者陷入语屈词穷的境地——你找不到语言来形容，绘画就帮助我重新找到了语言的感觉。

《巴黎评论》：在这本书里，诗歌里的文字不仅出现在印刷体里，还以手写的形式印到了插画上，这些文字可以被认为是绘画元素，是插图的一部分吗？

格拉斯：诗中的一些元素是由插图中来的，或者说是插图所暗示的。等到灵感一来，我就把这些文字写在我的插画上——文字和图叠加在一起。如果你能读懂图画上的文字，那很好。它们就是为了被人阅读才放在那里的。不过插画往往包含着最初的构思，那些在我正式坐在打字机前最初手写下来的内容。写这本书可不容易，我也不知道为什么。也许是因为主题，加尔各答。我到过那里两次，第一次是在我写《亮出你的舌头》前十一年，那也是我第一次到印度。我只在加尔各答待了短短几天，我被震惊了。从最开始，我就有愿望想要回去，想要待得长一点儿，想要看得更多，想要写些东西。我继续着我的旅程——在亚洲、非洲——但是无论我看到香港、马尼拉还是雅加达的贫民窟，我都会想到加尔各答的情况。没有任何其他我所知的地方能把第一世界和第三世界的问题如此开放地融合在一起，就这么赤裸裸地暴露在日光下。

因此，我又去了加尔各答。我失去了驾驭语言的能力，我一个字也写不出来。在这个时候，绘画就变得无比重要。这是另一种试图描绘加尔各答的现实的方法。在插画的帮助下，我终于又可以写散文诗了——这就是书的第一部分，算是一种散文吧。之后我开始着手写第三部分，一首长达十二个部分的长诗。它是一首城市叙事诗，关于加尔各答。如果你仔细看散文诗、插画和长诗，你就会发现它们写的都是加尔各答，但是是不同方面的。这就形成了这三种形式的对话，尽管这三者的结构是非常不同的。

《巴黎评论》：是不是其中有一种形式的结构比其他的重要一些？

格拉斯：我可以这么说，对我来说，诗是最重要的部分。一部小说的诞生，是从一首诗开始的。我并不是说它就永远那么重要，但是我离不开它。我需要诗作为一个起始点。

《巴黎评论》：也许是因为，比起其他的而言，诗是一种更优雅的艺术形式？

格拉斯：哦，不不不。散文诗、诗歌和绘画在我的作品中以一种非常民主的形式共存着。

《巴黎评论》：在绘画的过程中，有没有什么实际的或者感觉上的东西是写作所不具备的？

格拉斯：是的。写作本身就是一种艰苦的抽象思维过程。写作很有趣，但是这种愉悦与绘画的快乐完全不同。绘画的时候，我非常敏锐地感觉到在张纸上创作着什么。这是一种感受，你无法用来形容写作。事实上，我经常转而去绘画，以从写作的疲惫中恢复过来。

《巴黎评论》：写作就那么让人不愉快和痛苦吗？

格拉斯：这跟雕塑有点儿像。雕塑的时候，你必须从各个方向加以雕琢，如果你在这里改动了些什么，那么你就必须在那里再改。你突然改变了一个平面，雕塑作品就变成了另一样东西！这有点像音乐。同样的事情也可以发生在写作身上。我花时间写了第一稿、第二稿甚至第三稿，或者花很多时间写了一个长句，或者只是一个句点。正如你所知的，我喜欢句点。我写啊写啊，感觉都对。所有东西都在那儿了，但是语言感觉有点沉重。然后我改了几个地方，自己都不觉得那些地方很重要，居然就成了！这就是我理解的幸福，像幸福一样。这幸福持续了两三秒，接着我看下一个句点，这种感觉就消失了。

《巴黎评论》：回到诗歌的话题。你所写的作为小说的一部分的诗，和一般的独立的诗有没有什么不同？

格拉斯： 曾经有一段时间，我在写诗这件事情上很老派。我觉得你有足够多的好诗，你就应该出去找个出版商，画点儿插画，随后出版。然后你就会有一本美妙的诗集，挺孤立的，只是写给喜欢诗的人看的。从《蜗牛日记》开始，我开始把诗和散文放在一起写，诗就有了一种不同的韵味。我没觉得有什么理由去把诗和散文分隔开，特别是德国文学传统中就喜欢把这两种形式融合在一起。于是，我开始热衷于把诗放在篇章之间，用诗来定义散文的结构。而且，认为"诗对我来说太沉重"的散文读者也有可能发现，有时候诗歌比散文简单易懂得多。

《巴黎评论》： 说英语的读者在阅读你的作品英文版时，会因为翻译的关系错失多少内容？

格拉斯： 这我很难回答——我不是一个英语读者。不过我的确在翻译过程中出过力。当我和德国出版商商讨《比目鱼》的手稿时，我要求获得一份新合同，其中规定一旦我完成手稿之后，书的译者也研究过之后，我的出版商组织我们两人见面，付给我们两人一笔钱。我们是从《比目鱼》开始这么做的，然后是《相聚在特尔格特》和《母鼠》。我觉得这很有帮助。译者熟读我的作品，问出些很棒的问题，他们对于书的熟悉程度甚至超过了我。这有时候让我觉得不太开心，因为他们也发现了书中的纰漏并告诉了我。在见面时，法语、意大利语和西班牙语的译者互相比较笔记发现，他们的合作有利于他们的翻译工作。我当然更喜欢读那些感觉上我没有在读翻译作品的翻译。在德国文学圈中，我们很幸运地可以读到很好的俄语翻译作品。托尔斯泰和陀思妥耶夫斯基的翻译作品完美无瑕——它们几乎成为了德语文学的一部分。莎士比亚的翻译和其他浪漫主义作家的作品则充斥着错误，但是看起来也很棒。这些作品的新译版本，错误是少了，甚至可以说没有错误，但是不能和弗里德里希·冯·施莱格尔、路德维希·蒂克的翻译相提并论。一部文学作品，无论是诗集还是小说，需要一名能够用他自己的语言重塑这部作品的译者。我试着鼓励我的译者去这么做。

《巴黎评论》：你是否认为你的小说《母鼠》就在英语翻译中吃了亏，因为标题翻译成英语就成了"老鼠"，没有反映出这是只母的？"女老鼠"在美国人听来会觉得不太对劲，"老鼠夫人"则根本不对。特指一只母老鼠听起来不错，然而无性别的英语单词"老鼠"会让人想起那些侵蚀地铁系统的丑陋野兽的形象。

格拉斯：德语里其实也没有这个词，是我生造出来的，我总是鼓励我的译者创造一些新词。如果一个词在你的语言中不存在，那就造一个。实际上，对我来说，"女老鼠"听起来就不错。

《巴黎评论》：为什么这本书中的老鼠是只母的？这是为了情色的目的，还是女权主义，还是政治目的？

君特·格拉斯：在《比目鱼》里就是只公老鼠。不过当我变老了，我发现自己的确一直在写女性，我不打算改变这一点。无论是一个女人还是一只母老鼠，这无关紧要。我得到了灵感，它让我又跳又蹦，然后我找到合适的语言和故事，开始撒我的谎。撒谎还是很重要的。我不会对一个男人撒谎——和一个男人坐在一起编造故事没什么意义，但是和一个女人在一起就不一样了！

《巴黎评论》：你的那么多作品，像《母鼠》《比目鱼》《蜗牛日记》和《狗年月》，主角都是动物，有什么特别的原因吗？

格拉斯：也许吧。我总觉得关于人类我们谈论得太多了。这个世界人很多，但是也有很多动物，鸟啊鱼啊还有昆虫。它们在我们存在之前就已经存在，等到人类灭亡那天它们依然会继续存在。我们之间有一个关键的区别：我们的博物馆里有恐龙的骨头，无数存在于数百万年前的动物的骨头。当它们死去的时候，它们死得很环保，没留下任何毒素，骨头都很干净，我们可以发现这一点。人类可不是这样。我们死的时候会散布一种可怕的毒素。我们必须了解，我们在地球上并不孤单。《圣经》传授了糟糕的一课，说人类凌驾于鱼、禽类、牛和一切爬行动物之上。我们试图征服地球，结果却很糟糕。

《巴黎评论》：你有没有从批评中学到些什么？

格拉斯：尽管我想把自己想成一个好学生，但批评家往往不是好老师。但还是有过一个时期，我还挺怀念的，我从批评中学到了东西。那是"四七社"时期，我们朗读手稿，讨论手稿。我从中学习探讨文本，并用理性观点支持我的意见，而不只是说"我喜欢这样"。批评不请自来。作者会讨论技法，怎么写一本书，等等。而批评家，他们对于作者如何写书有着自己的期待。批评家与作者两种身份合二为一，这对于我来说是个不错的经历，也是重要的一课。实际上，这一时期对于战后德国文学很重要。战后有那么多的迷茫，特别是文学圈内，因为在战争中长大的一代——也就是我这代人——要么没读过书，要么被教育坏了。语言被污染了，重要的作家都移居海外了，没有人期待德国文学，"四七"社的年会给我们提供了一个背景，使德国文学重新整合。很多与我同时代的德国作家都打上了"四七社"的印记，尽管有些人并不承认。

《巴黎评论》：那些出版的批评文章呢，在杂志、报纸或者书中发表的文章，它们对你有没有影响？

格拉斯：没有。我倒是从其他作家那里学到了东西。阿尔弗雷德·德布林就对我造成了影响，我特意写了篇关于他的文章，叫《我的老师德布林》。你能从德布林这里学到东西而不用冒险去模仿他。对我来说,他比托马斯·曼要重要得多。德布林的小说并不对称协调,不像托马斯·曼的经典结构,他写这些的风险也要大得多。他的书内容丰富,开放性大,灵感勃发。我很遗憾,在美国和德国,他都只因为《柏林亚历山大广场》而为人所知。我还在学习中,有很多其他作家给我上过课。

《巴黎评论》:那美国的作家呢?

格拉斯:麦尔维尔一直是我的最爱。我也很喜欢读威廉·福克纳、托马斯·沃尔夫,还有约翰·多斯·帕索斯。现在美国没人像多斯·帕索斯那么去写作了——他对于群体的描绘简直棒极了。我很怀念一度存在于美国文学中的史诗传统,现在太知识分子化了。

《巴黎评论》:你觉得电影版的《铁皮鼓》怎么样?

格拉斯:施隆多夫导了一部好电影,即使他没有完全按照小说的文学形式来操作。也许这是必须的,因为如果从奥斯卡的视点出发——奥斯卡作为主角讲述故事,总是从一个时期跳跃到另一个时期,那么电影就会变得很复杂。施隆多夫用了一种简单的方式——他按照时间顺序来讲这个故事,当然书中的有些部分,施隆多夫在电影中完全没有采用。我觉得有些可惜,电影里也有些场景我不喜欢。在天主教堂的那一段效果不好,因为施隆多夫完全不理解天主教。他是个德国新教徒,导致影片中的天主教堂看起来像个有忏悔室的新教教堂。但这只是个小细节,从总体上来说,特别是在扮演奥斯卡的那个小演员的帮助下,我认为这是部好电影。

《巴黎评论》:你对于奇异的事物有种特别的兴趣——我对于《铁皮鼓》中那个鳗鱼蠕动着爬出马头的场景记忆犹新,这是从哪儿来的灵感？

格拉斯：这是我自己想出来的。我从来就不理解，为什么这一段，一共六页长，那么地让读者困惑。这是一段幻想的现实，我用与描绘其他细节一样的方式写了出来。但是由这幅画面所引发的死亡和性的联想，让人们感到无比的恶心。

《巴黎评论》：德国的统一对于德国人的文化生活造成了什么重大影响？

格拉斯：没人听那些反对两德统一的艺术家和作家的话。不幸的是，主流知识分子没有介入这场讨论，我不知道是出于懒惰还是漠不关心。早先，前德国总理威利·勃兰特就宣称，通往德国统一的列车已经驶离站台，没有任何人能够阻止它。一股盲目的群体热情推动事情向前发展。愚蠢的比喻被当成了事实，以确保没有人思考统一会给东部德国的文化带来多大的毁坏，更不用提经济了。不，我可不想乘上这么一列火车，完全无法驾驭且对于警示信号毫无反应；我情愿留在站台上。

《巴黎评论》：德国媒体尖锐地批评了你对于统一的观点，你对此有何回应？

格拉斯：哦，我都已经习惯了。这并不影响我的观点。两德统一的进程以一种违背我们基本法则的方式在进行。应该在两德统一之前就制定新的宪法——一部适合统一后的德国的宪法。结果是，我们没有制定一部新的宪法，取而代之的是所有东德联邦州归附于西德，这一切都做得漏洞百出。宪法中的一章允许个别东德联邦州成为西德的一部分，宪法中也规定东德人，比如从东德叛逃到西德去的人可以获得西德公民权。这是一个现实的问题，因为并不是关于东德的所有事情都是不好的，只不过是政府腐败而已。而现在所有东德的一切——

包括他们的学校、他们的艺术、他们的文化都被贬得一文不值，受到压制。这已经被打上深深的烙印，全部的东德文化都会消失。

《巴黎评论》：两德统一是你在书中经常会提到的历史事件。你在描写这一史实的时候，会不会去还原历史的真实？虚构的历史，比如你的著作，是如何对我们在课本和报纸上读到的历史进行补充的呢？

格拉斯：历史比新闻要丰富得多。我在两本书中对于历史的进程尤其关注：《相聚在特尔格特》和《比目鱼》。在《比目鱼》中，讲的是关于人类营养史的发展过程，关于这一题目的素材并不多——我们通常只管那些与战争、和平、政治镇压和党派政策相关的内容叫历史。营养和人类进食的历史是一个重要问题，尤其是现在，饥饿和人口爆炸在第三世界横行。无论如何，我必须为这一历史创造出文献记录，因此我决定用一种童话的方式来作为引导。童话基本上说的都是事实，装入我们的生活经历、梦想、欲望和我们迷失于这个世界上的核心内容。因此，它们比很多事实都要更真实。

《巴黎评论》：那你书中的角色呢？

格拉斯：文学形象是很多不同的人、不同的意见、不同的经历全部捆绑在一块儿的组合，尤其是那些书中的主角。作为散文作者，你要去创造发明角色——有一些你喜欢，另一些则不喜欢。只有当你能进入这些角色，你才能成功。如果我无法从内心理解我自己创造出的角色，他们就会是纸片人，仅此而已。

《巴黎评论》：他们有时会在几本不同的书中重复出现，我想起了图拉、伊萨贝尔、奥斯卡和他的祖母安娜。在我的印象中，他们都是一个虚构世界中的成员，当你刚开始写作的时候，你有没有想过把他们分别作为一个独立的存在？

格拉斯：当我开始写一本书的时候，我绘制出几个不同角色的草稿。随着写书进度的深入，这些虚构的人物就开始活出他们自己的生命。比如在《母鼠》中，我从来就没有准备让马兹拉特先生以一个六十多岁老头的身份再登场，但是他不断地毛遂自荐，坚持要被包括在情节发展中，表示"我还在这儿呢，这也是我的故事"。他想要在书中出现。我在这些年里总是发现，那些被创造出的角色开始提要求了，和我顶撞，甚至拒绝登场。我建议应该偶尔注意一下这些角色，当然，人得听自个儿的。这会变成一种自我对话，有时候非常激烈，那就成了合作。

《巴黎评论》：为什么图拉·波克利夫卡成为了你那么多小说的主角？

格拉斯：她性格不佳且充满矛盾，在写这些书的时候我很受感动。我无法解读她。如果我真的那么做的话，我就得写一整个解释，我最恨解释了！请你自己解读。在德国，高中生们来到学校，想要的就是读一个精彩故事，或者一本写到某个红发人的书，但是这不被允许，他们转而被指导着去分析每一首诗、每一页文字，去探究诗人到底在说什么。这和艺术就完全无关了，你可以做技术性的解释，阐释它的功用，但是一幅图画、一首诗，或者是一个故事、一本小说实在有太多可能性了。每一个读者都在重新创造一首诗。这就是我为什么痛恨阐释和解释的原因，不过我仍然很高兴你还记得图拉·波克利夫卡。

《巴黎评论》：你的书经常从很多角度讲故事。在《铁皮鼓》里，奥斯卡从第一人称讲到了第三人称。在《狗年月》里，叙事角度从第二人称变到了第三人称。还有其他的例子。这种技巧是如何帮助你表达你对于世界的观点的？

格拉斯：人得找出新鲜的角度。比如说奥斯卡·马兹拉特，一个侏儒——一个成年后依然是孩童的人，他的体形和他的被动使他成为了许多不同角度的完美载体。他有自觉伟大的幻想，这就是为什么他有时用第三人称的原因，就像孩子有时候那么做一样。这是他给自己脸上贴金，就像皇室用语"我们"，还有戴高乐的说话方式，"我，戴高乐……"这些都是保持一定距离的叙事姿态。在《狗年月》中，有三种叙事角度，依照狗的角色的不同而各有不同，狗就是一个折射点。

《巴黎评论》：在你的职业生涯里，你的兴趣是如何改变的，你的风格是如何形成的？

格拉斯：我的三本重要小说，《铁皮鼓》《狗年月》和中篇小说《猫与鼠》代表着一个重要时期——六十年代。德国人关于第二次世界大战的经验，是这三本书的核心内容，它们构成了"但泽三部曲"。那时候我特别觉得有必要在写作中写纳粹时期的历史，探究它的原因和分支。几年之后，我写了《蜗牛日记》，也和战争历史相关，却偏离了我的散文风格和形式。情节发生在三个不同的时期：过去式（二次大战），现在式（一九六九年的德国，也是我当时写书的时间），还有将来式（由我的孩子来代表）。在我脑海里，在书里也是，所有这些时期都混杂在一起。我发现在语法学校所教的动词时态——过去式、现在式和将来式——在现实生活中并没有那么简单。每一次我想到将来的时候，我关于过去和现在的知识都在那里，影响着我所谓的"将来"。昨天说的那些句子并不一定是过去，也不一定和过去相关——它们也许会有一个将来。思想上，我们并不受限于时间顺序，我们同时可以意识到许多不同的时间点，就好像它们只是一个一样。作为一名作家，我必须要接受这种时间和时态的交叉，并能够把它们表现出来。这种时间的主题在我的作品中变得越来越重要。《头位分娩或德国人正在灭绝》是以一种全新的方式来讲述的，我发明的，叫过去现在将来式（Vergegenkunft）。这是用"过去""现在"和"将来"这三个词拼起来的，在德语里，你可以把词组合在一起。Ver- 代表"过去"（Vergangenheit），-gegen- 代表"现在"（Gegenwart），-kunft 代表"将来"（Zukunft）。这个新的组合时态在《比目鱼》中也很重要。在这本书里，叙事者在时间里不断变形，他不同的形态也提供了不同的视角，每一个角度都在现在式。用那么多不同时期的角度来写一本书，从现在回望，和未来保持联系。我觉得我需要一个新形式。但是这本小说是一种开放形式，我发现我可以在书里从诗歌跳跃到散文形式。

《巴黎评论》：在《蜗牛日记》里，你将当代政治与一个虚构的"二战"期间降临到但泽市犹太社区的事件融合在了一起，你是否意识到你在一九六九年为威利·勃兰特所做的撰写演讲稿和参与助选会的事成为了一本小说的素材？

格拉斯：我没有选择，只能继续竞选计划，无论是不是会写书。我生于一九二七年的德国，我十二岁的时候"二战"爆发了，十七岁的时候"二战"结束了。我身上充满了德国过去的回忆。不是我一个人，还有其他作家有同样的感受。如果我是一名瑞典或者瑞士作家的话，我也许会更戏谑一点，说点关于"二战"的笑话之类。然而这不可能，我的背景让我没有其他选择。在五六十年代，阿登纳执政时期，政治家们不喜欢谈论过去，要么他们说了也是把它描绘成是一个我们历史上的魔鬼时期，恶魔们背叛了可怜的无助的德国人民。他们撒着弥天大谎。告诉年轻一代，究竟发生了些什么，在朗朗乾坤下发生了什么，可以说得慢点儿但是要系统，这一点是非常重要的。在那时，每一个人都可能看到了究竟在发生些什么事，如今，德意志联邦共和国成立五十年了，最好的一点就是我们可以谈论纳粹时期了。战后文学在促成这一点上扮演了重要角色。

《巴黎评论》：《蜗牛日记》一开始是这样的——"亲爱的孩子们"，这是对于整个在战后成长起来的一代的呼吁，也是对你自己的孩子说的吧？

格拉斯：我想要解释种族灭绝的罪行是如何犯下的。我的孩子们出生在战后，他们有一个出去参与助选集会，在周一早上发表演讲，直到第二周周六才回家的父亲。他们问道："你为什么这么做？你为什么总不在我们身边？"我想要跟他们解释，不仅仅是口头的解释，也通过我的作品。当时的执行总理库尔特·格奥尔格·基辛格在战争中变成了一个纳粹。所以我不仅仅在为了一个新的德国总理而助选，我也为了反对纳粹的过去。在我的书里，我不想只限于抽象的数字——"有那么多那么多的犹太人被屠杀了"，六百万是一个无法理喻的数字，我想要一种更为实际的震撼。

因此我选择从但泽市犹太教堂的历史引出我的故事，这座犹太教堂矗立在市中心几百年了，直到"二战"中被纳粹德军给摧毁。我想要记录下那里发生过的史实。在这本书的最后一幅场景里，我把这些史实和现实联系在一起，写了关于我准备纪念阿尔布莱希特·丢勒三百年诞辰的演讲。这一章节是对于丢勒的雕刻作品《悲喜剧》的改编，把悲喜剧的效果投射到了人类历史上。我觉得一种文化悲喜剧的形式会是德国人对待屠杀犹太人的正确态度。悔恨而又悲痛，它会提供关于屠杀犹太人原因的洞见，这会延续到我们的时代，成为我们重要的一课。

《巴黎评论》：这是你许多作品中非常典型的一点，关注当今世界的某些悲惨方面，以及那些在不远处的恐怖。你的用意是不是去教育、警示或者去引导你的读者去做些什么？

格拉斯：简单来说，我不想欺骗他们。我想要展示他们所在的环境，或者他们想要的世界的样子。人们郁郁不乐，不是因为所有事情都很糟糕，而是因为我们作为人类有能力去改变事情，却没有那么做。我们的问题是由我们自身引起的，由我们所决定，也应由我们来解决。

《巴黎评论》：你的行动主义延伸到环境和政治话题，你还将此融入你的小说。

格拉斯：在过去的几年里，我旅行四方，在德国以及其他地方。我看了很多，也画了很多正在死亡的受污染的世界。我出版了一本画册叫《树木之死》，关于在联邦德国和曾经的民主德国之间的地带。那里，远在政治整合之前，德国的统一就以森林死亡的形式开始了。这也适用于西德与捷克斯洛伐克之间的山岭地带。看起来就像是发生了一场屠杀。我把我在那里看到的都画了下来。图画都有简短而寓意深刻的标题，评论多于描述，还有结语。从主观角度来说，绘画与写作的比重相同，甚至比写作更重要。

《巴黎评论》：你是否认为，文学有足够的力量来描绘一个时代的政治现实？你进入政治圈，是否因为作为一名公民，你能够比一名作家做更多的事？

格拉斯：我并不认为政治应由政党去决定；那样会很危险。有很多关于"文学能否改变世界"的讨论会和研讨会，而我认为文学有改变世界的威力，艺术也是。感谢现代艺术，我们已经改变了我们视觉的习惯，我们自己都几乎没有意识到，就好比立体主义的发明给了我们新的视觉力量。乔伊斯在《尤利西斯》中的内心独白影响了我们理解存在的复杂性。问题是，文学所造成的改变是无法测量的。在一本书和读者之间的互动是和谐的，也是匿名的。

书籍究竟在何种程度上改变了人类？我们对此了解不多。我只能说，书籍对于我来说是至关重要的。我年轻的时候，战后有一本对我很重要的书，印数很少，是加缪的《西西弗的神话》。著名的神话英雄被罚将石头滚上山顶，石头又会再滚下来——传统上是个悲剧形象，但在加缪的阐释中，却变成了他在宿命中享受幸福感。持续不断的看似徒劳的重复滚石上山，实际上就是他的审判的执行。如果有人把石头拿走了，他可能还会不高兴。这一阐释对我产生了巨大影响。我不相信什么终极目标；我不认为石头会停留在山顶上。我们可以把这一神话变成一个对人的生活状况的积极阐释，即使它站在每一个理想主义和意识形态的对立面，也包括德国的理想主义。每一种西方的意识形态都对终极目标做出了承诺——一个幸福的公正的或者和谐的社会。我不相信这个，我们是流动的事物。也许石头将永远从我们身边滚离，又必须滚回来，但这是我们必须要做的事，石头属于我们。

《巴黎评论》：你如何看人类的未来？

格拉斯：只要我们还被需要，人类就有未来。我不能用一句话来告诉你，我也不想对这个问题只用一个词来回答，我写过一本书《母鼠》，你还指望什么呢？这是对于你的问题的一个长长的回答。

（原载《巴黎评论》第一一九期，一九九一年夏季号）

THE PARIS REVIEW

V.S.奈保尔

2001年诺贝尔文学奖得主

获奖理由:"因其将富于洞察力的叙事与毫不动摇的道德审视结合在自己的作品中,迫使我们看到了被压抑历史的存在"

《巴黎评论》访谈发表时间:1998年

V.S.奈保尔
（V. S. Naipaul）

1932—2018

英国作家，1932年生于特立尼达岛一个印度移民家庭，1950年进入牛津大学攻读英国文学，毕业后迁居伦敦。1950年代开始写作，主要作品有《米格尔街》《毕司沃斯先生的房子》《自由国度》《河湾》、"印度三部曲"、《非洲的假面剧》等。

2018年8月病逝于伦敦。

V.S. 奈保尔

◎陶泽慧 / 译

一九三二年八月十七日，维迪亚达尔·苏雷吉普拉萨德·奈保尔爵士降生于特立尼达的查瓜纳斯，他的祖先（外祖父）在世纪之交的时候，作为一名契约佣工从印度迁居至此。

在收于《寻找中心》的《自传前言》中，奈保尔写道："一位作家的半生工作……就是发现他的主题。而我的问题在于我的一生有太多变迁，充满了动荡和迁徙。从外祖母位于印度乡间的宅邸，那里的仪式与社会生活仍然接近印度乡村；到黑人的西班牙港和它的街道生活，还有与前两者形成强烈反差的殖民地英文学校（女王皇家学院）的有序生活；再到牛津、伦敦和BBC的自由撰稿人写作室。若要谈及我试图踏上作家征程的努力，我不知道该把目光投向何处。"

两度尝试写作小说都惨遭失败，离他二十三岁的生日也只有三个月了，可就在此时，奈保尔在他西班牙港邻居的孩提记忆中找到了他的出发点。当时的他正在BBC做兼职，负责编辑并播报"加勒比之声"的一档文学节目，而这段记忆为他的《米格尔大街》铺好了第一句，于是他就在一九五五年间，在BBC于朗廷酒店为他准备的自由撰稿人写作室里，花六个月写好了这本小说集。直到《神秘的按摩师》（1957）荣膺约翰·卢埃林里斯纪念奖而获得成功，以及《埃尔维拉的选举权》（1958）荣膺萨默塞特·毛姆奖，《米格尔大街》才终于在一九五九年付梓出版。《毕司沃斯先生的房子》出版于一九六一

THE ISLAND was small, 1800 square miles, half a million people, but the population was very mixed and there were many separate worlds. When my father got a job on the local paper, we went to live in the city. It was only twelve miles away, but it was like going to another country.

Our little rural Indian world, the disintegrating world of a remembered India, was left behind. I never returned to it; lost touch with the language; never saw another Ramlila. In the city we were in a kind of limbo. Though the tropical houses were open to breeze and every kind of noise, and no one could be said to be private in his yard, we continued to live in our enclosed, self-sufficient way. We remained separate from the more colonial, more racially mixed life around us.

To go out to school, to arrive after two or three years at Mr Worm's exhibition class, cramming hard all the way, learning everything by heart, living with abstractions, having a grasp of very little, was like entering a cinema some time after the film had started and getting only scattered pointers to the story. It was like that for the twelve years I was to stay in the city before going to England. I saw people of other groups only from the outside; school friendships were left behind at school or in the street; it was the way people of our background had always lived. I never ceased to feel a stranger. I never fully understood where I was, I really never had the time to find out: all but nineteen months of those twelve years were spent in a blind, driven kind of colonial studying.

And I got to know very soon that there was a further world outside, of which our colonial world was only a shadow. This outer world — England principally, but also the United States and Canada — ruled us in every way. It sent us governors and everything else we lived by: the special foods the island had needed since the slave days (smoked herrings, salted cod, condensed milk, New Brunswick sardines in oil); the special medicines (Dodd's Kidney Pills, Dr Sloan's Liniment, the tonic called Six Sixty-Six). It sent us the coins of England, from the halfpenny to the half-crown, to which we automatically gave values in our dollars and cents, one cent to a halfpenny. It sent us text books and examination question papers for the various school certificates (and even during the war students' scripts were sent back to England to be marked). It sent us films, and Life and Time. It sent folded packets of The Illustrated London News to Mr Worm's office. It sent us everything.

V.S. 奈保尔未发表随笔《阅读与写作》的一页手稿

年，而在一九七一年，奈保尔因为《自由国度》获得了布克奖。之后他又出版了四本小说：《游击队员》(1975)、《河湾》(1979)、《抵达之谜》(1987) 和《世间之路》。一九九〇年，英国皇室就奈保尔对文学的贡献授予他爵士爵位。

在二十世纪六十年代早期，奈保尔开始写他的旅行。他写了四本关于印度的书：《中途航道》(1962)、《幽暗国度》(1964)、《印度：受伤的文明》(1977) 和《印度：百万叛变的今天》(1990)。《伊娃·庇隆归来》和《特立尼达的屠杀》(两本书于一九八〇年集结成册出版) 记录了他在阿根廷、特立尼达和刚果的经历。《信徒的国度》(1981) 则以印度尼西亚、伊朗、巴基斯坦和马来西亚为主题。他于一九九五年又回到这几个国家，而同年出版的《何以置信》则记录了这几段旅程。

在与奈保尔的对话中，所有的问题和观念都会变得非常微妙和复杂（除非你只用单一视角看待事物，不然他就会自始至终都让你体验到这种感受），而他的语言却能避免含混和黑话。奈保尔确实不易相处。他出身卑微、长年奋斗，光是他艺术生涯发端时的遭遇就已然促成了他严重的神经官能症——即便他已年高六十六岁，他的神经回路依然十分活跃。除开他的锋芒毕露，和这种锋芒毕露给他的言谈中带来的出人意表的气质，奈保尔仍然是一位采访人乐意采访的对象。

这篇访谈精选自发生在纽约和印度的一系列对谈。其中一部分访谈由乔纳森·罗森主持，地点是卡莱尔酒店，时间是一九九四年五月十六日。那一天奈保尔花了好几分钟去调整酒店套间的家具，试图调整座椅以让他疼痛的后背能够好受一些。他在回答问题前会习惯性地取下眼镜，尽管这只会令他审视的表情更加凝重，令他思维的戒备更加警觉。这篇采访趁的是《世间之路》出版的契机，可是尽管一开始我们希望"专注谈论这本书"，奈保尔却放松地进入了一场更为广阔的对话，持续了好几个小时，谈及了他生活和职业的方方面面。

——访谈者：乔纳森·罗森，塔伦·泰杰帕尔[1]，一九九八年

V.S. 奈保尔：请告诉我你这篇采访想要涵盖的范围，以及你的提问方式。我想知道这一谈话会达到什么样的程度。我们会把话题局限于书本吗？

《巴黎评论》：你希望局限于书本吗？

奈保尔：我的写作生涯很长。写过的书也很多。如果想谈出点儿有趣的内容，最好能具体专注些。这也更能启发我的思绪。

《巴黎评论》：《世间之路》难写吗？

奈保尔：你指哪些方面？

《巴黎评论》：书中有很多互不相同的片段，却能相互融合，成为一个整体。

奈保尔：这本书从第一页到末尾，都是作为一个整体写就的。许多作家都倾向于在他们的生涯尽头写些总结性的书。

《巴黎评论》：你是有意识地试图进行总结吗？

奈保尔：是的。无论是写了"二战"三部曲的伊夫林·沃，还是安东尼·鲍威尔，他们所做的都是虚构一个类似他们自己的角色，由此可以为角色绑缚上这些经过重新解读的冒险故事。鲍威尔笔下有一

---

[1] 乔纳森·罗森（Jonathan Rosen），美国作家、编辑。塔伦·泰杰帕尔（Tarun Tejpal），印度记者、出版人、作家。他的长篇小说处女作《欲望炼金术》(2006) 受到奈保尔激赏。

个角色贯穿了他许多小说,这个人像他,却又不是他,因为这个角色并没有起到决定故事走向的作用。我认为这是形式强加给人的一种失真,而这么多年来我都在思考该如何克服它。

《巴黎评论》:如何克服……

奈保尔:你没听明白我的意思吗?

《巴黎评论》:我猜你所指的,是马塞尔·普鲁斯特和《追忆似水年华》的叙述者马塞尔之间的距离。

奈保尔:不是的,我想的是——好吧,用你的表述去说。我想的是,战争对于沃来说是一个重大的经历,他必须创造出一个沃的角色,才能够去书写战争。而每当我写虚构小说时,我也总是必须要创造一个角色,他有着和我基本相同的背景。我思索了几十年,该如何应对这个问题。答案是勇敢地直面——不要去捏造虚假的角色,而是把创作的故事当成真实的戏码,纳入到自身成长的过程中去。

《巴黎评论》:你的自传与西方宏大的历史进程有着很多吻合之处,这令我十分讶异。在你书写自己的时候,你感到过自己是在书写那个更为广阔的世界吗?你是否刻意去达成这种联系,抑或这在你不过是一种自然的成长?

奈保尔:它会自然而然地成长起来,因为这是一种学习,不是吗?你无法否认你已然习得的事物,你无法否认你的旅途,你无法否认你生命的本质。我在一个小地方长大,年纪轻轻就离开了那里,进入到那个更为广阔的世界中。你必然要把这些囊括进你的写作中去。你明白我的意思吗?

《巴黎评论》:我明白,但我想的与它稍有区别。

奈保尔：那你再试试。换个措辞。把话说得简单具体，方便我们更好地相互理解。

《巴黎评论》：在我的想象中，你人生伊始的地方是一个你热切地想要离开的地方，可是随着你愈发深入的研究和愈发频繁的回归，它实则成为了问题的核心，对西方有着非常重大的意义。你把特立尼达唤作一个小地方，但从你的写作中可以看出，哥伦布渴求它，雷利①也渴求它……你是什么时候开始意识到，特立尼达已然成为西方欲望的聚焦，已然成为一个宏大的主题？

奈保尔：我已经写作了很长时间。而在其中绝大部分时间里，人们对我的作品并不感兴趣，所以我的发现都倾向于私人化。如果你所说的情况确实发生了，那么它只是一个巧合，而我当时并没有意识到这一点。此外有个非常重要的点需要注意，我的作品不以政治为主题，也不意图与他人论战。这样的作品如若诞生在二十世纪五十年代，现在只怕已然寿终，无人问津。人必须去发现一种情况的真相，正是这种真相使得事物具有普适性。

《巴黎评论》：你提及你的读者群很晚才到来，你觉得世界现在正在赶上你的步伐吗？是读者变了还是世界变了？

奈保尔：是世界变了。在我开始写作的那个年代，人们认为世上有很多地区根本就不值得书写。你读过我的《黄金国的没落》吗？里面囊括了所有对雷利和米兰达②的研究。当它出版的时候，伦敦一家大报社的文学编辑跟我说，我写篇短文就足够了，这个主题根本就不

---

① 沃尔特·雷利（Walter Raleigh，约1554—1618），英国航海家，1595年率领探险队前往新大陆寻找黄金，后发现了今南美洲圭亚那地区。
② 弗朗西斯科·德·米兰达（Francisco de Miranda，1750—1816），拉丁美洲独立运动先驱，委内瑞拉第一共和国的领袖。

值得小题大做。他自然是个蠢货。但这让你察觉到这个世界发生了多大的变化。

《巴黎评论》：你认为现在的世界，能够更好地理解你一直在谈论的心理移位吗？

奈保尔：如今它已经是一个广泛的处境了。可人们仍然持有单一文化的观念，即便它从未存在过。所有文化已然永恒地混杂在一起。比方说罗马，那里曾是古国伊特鲁利亚，而罗马的周边也曾有过其他城邦。再比方说东印度群岛，印度的人民走出了自己的国土，又再度发现了新印度，而那里也受过穆斯林的影响……人们总是来来往往，世界始终处于运动之中。

《巴黎评论》：你认为自己是这个混杂世界的典范吗？

奈保尔：我不这么认为。我考虑的始终是书。写作是为了写就一本书：为了满足需求，为了谋生，为自己留下光辉的一笔，为了填补你眼中的缺憾，使其完整。我不为任何人代言。我也不认为会有任何人希望我来为其代言。

《巴黎评论》：《世间之路》里的三个探险者不顾风险地要回到特立尼达。而从你的早期作品中，我感到你似乎害怕自己会沉溺于返途——这个你出身的地方有其毁灭性的一面，而这一次它就有可能吞噬掉你。

奈保尔：你怎么能这么说。这很吓人。我觉得我已经完成了我的返途，我再也不会回去了。

《巴黎评论》：但是特立尼达仍然以想象的方式吸引着你。

奈保尔：没有，即便是在想象上我都已然摆脱了特立尼达。你也知道，作家得努力还原他童年材料的本来面貌。那段童年经历的本质难以理解——它自有开端，一个非常遥远昏暗的背景，然后在作者成为一名男人时抵达了终点。这一早期材料之所以如此重要，是因为只有当作者理解了它，他才能使这段经历具有完整性。童年的经历自成一体，它是完整的。童年之后便麻烦不断。你不得不倚仗你的智力和内在力量。是的，后期的成就都出自这一份内在力量。

《巴黎评论》：你的书名《世间之路》也令我印象深刻。让我想起了《失乐园》的结尾——被驱逐后的四处游荡。这个世界是你离开家园后进入的那个世界吗？

奈保尔：我认为这取决于你的居住地的本质。我不确定这是不是一个公正的问题，或者我是否应该回答它。换种措辞方式。

《巴黎评论》：我猜我想问的是，你所谓的《世间之路》的"世"是什么意思。

奈保尔：人们可以过非常简单的人生，不是吗？大吃大喝，不思不想。我认为当你开始思考，接受教育，开始提问时，你就进入了"世"，因为你既可以处于一个无边的世界之中，又同时偏居一隅。

《巴黎评论》：在你的成长过程中，你对于世界的观念（即"世"所表达的那个观念）会比旁人更广大吗？

奈保尔：我一直都知道外面还有个世界。我没法接受我所成长的农业殖民社会的世界观念。简直没有比它更压抑或限制人的了。

《巴黎评论》：你于一九五〇年离开特立尼达，前往牛津深造，远渡重洋来到异国他乡实现抱负。你想要追求些什么呢？

奈保尔：我想要成名。我也想成为一名作家——通过写作成名。

而这一抱负的荒谬之处在于，彼时我对于自己将要写些什么几乎毫无头绪。抱负在写作材料之前便来到了。电影人山亚姆·班尼戈尔曾对我说，他在六岁的时候就明白他想要拍电影了。我没他那么早熟，但我在十岁的时候就想当一名作家了。

我依靠一份殖民政府的奖学金去牛津求学，它保证我完成任何我想读的专业。我本可以成为一名医生或者工程师，但我依然想要在牛津修习英语，这无论是跟牛津还是英语本身都没有关系，而只是因为它远离特立尼达。当时的我认为，在远离故土的这三四年间，我便能够了解我自己。我认为我将会找到自己的写作材料，然后奇迹般地变成一名作家。我没有学习任何专业技能，我选择了英语这一庸常的专业，这个学位简直一点儿价值都没有。

可是我想逃离特立尼达。殖民地生活的琐碎和激烈的家庭争端（人们以道德为准绳相互评判、谴责，这与我印度的家庭背景关系更紧密）令我感到压抑。无论是印度世界还是殖民地世界，都不是宽容的社会。我预感到，在更广阔的世界中，人们会因为他们自身而得到欣赏，人们自身就足以引起他人的兴趣。

《巴黎评论》：而与他们出身的家庭无关？

奈保尔：是的。我想象着以后人们不必总是受制于那种道德评判。人们会对你的言论感兴趣，或者他们会对你不感兴趣。这确实是英国的实际情况，我确实找到了一种更加宽容地看待人们的方式。而我现在更是觉得它宽容了。

《巴黎评论》：你享受在牛津的时光吗？

奈保尔：事实上，我讨厌牛津。我讨厌那些学位，我讨厌所有关于大学的观念。我的准备过于充分了。我比我们学院和我们课程中的绝大多数人都聪明得多。我可没在吹牛，你很清楚，时间已经证明了所有这些事情。某种程度上,我为这个外部世界所做的准备充分得过头了;牛津给我带来了某种孤独与绝望。我不希望任何人去经历这种东西。

《巴黎评论》:你是否曾经想过,如果你留在了特立尼达,你的人生将会是什么样子?

奈保尔:我可能会自杀吧。我的一个朋友就这么做了,我想大概是出于焦虑吧。这个男孩是个混血儿。他非常可爱,非常聪明。太可惜了。

《巴黎评论》:这个男孩是你在《毕司沃斯先生的房子》的引言中提及的那位吗?

奈保尔:是的,当时我想的正是这个男孩。我们对彼此都非常欣赏。他的死太恐怖了。

《巴黎评论》:你现在还能感受到早年生活的伤口吗?

奈保尔:想到我得以逃离那种生活,我就感到非常幸运。我会思及那段岁月是多么糟糕和压抑。站在现在的角度我更能看清它的实质:那是一个种植园,也许是新世界①的一部分,但却完全自治。毫无疑问我已经治愈了这些伤口,因为我对其思考良多。我想到,我没有被彻底摧毁是有多么幸运。从那时起,便是勤勉工作的一生。

《巴黎评论》:你生活的核心需求为什么总是写作呢?为什么它是走出一切事物的路径?

奈保尔:写作如同抱负被赋予我。或者说,我遵循着父亲的榜

---

① "新世界"指西半球或南、北美洲及其附近岛屿。

样;他虽然是一名记者,却是一名作家,因为他还会写故事。这对我来说非常重要。我的父亲在他的故事中探究了我们的印度背景。他发现这是个非常残酷的背景,而我通过他的故事也发现了这是个非常残酷的世界。所以我在成长过程中明白了这样一个道理,内省非常重要,且不应该总是去确立外在的敌人。我们必须探究自身,探究我们自身的弱点。我到现在仍然如此相信着。

《巴黎评论》:你曾经说过,你把写作看作是唯一真正高尚的职业。

奈保尔:是的,对我来说它就是唯一高尚的职业。它之所以高尚,是因为它关涉真理。你必须寻找不同的方法来处理你的经验。你必须理解它,你也必须去理解世界。写作常常是追寻深刻理解的斗争。这非常高尚。

《巴黎评论》:你什么时候开始写作?

奈保尔:我在一九四九年开始写小说。那是个非常滑稽、非常有趣的主题:一个特立尼达的黑人男子给自己取了非洲国王的名字。这是我当时试图探索的主题。整个写作过程艰难地持续了两年,因为当时的我太过年轻,不知道它需要花去多少时间。它始于我离家前不久,最终在牛津一次长假期间得以结束。我很高兴我能够完成它,因为至少它给予我完成一部长篇小说的经验。当然它最后什么声响也没有。

之后我离开了牛津,陷入了前所未有的困境,我开始写作一些非常严肃的作品。我试图找寻自己的声音,自己的口吻——真正属于我的笔触,不用借用任何人,也不用去装腔作势。这个严肃的声音将我引入了抑郁的浅滩,纠缠了我一段时间,直到我给某人寄去了手稿,他让我放弃这种声音,我才从抑郁中走了出来。他告诉我那完全是垃圾；我真想杀了他，但内心深处我知道他绝对是正确的。我有好几个礼拜都郁郁寡欢，因为五年已经过去了，我还一事无成。你也看到了，我身上有着旺盛的写作欲望。我已然决定这将是我谋生的职业——我已然把一生都奉献给它。然后好事就突然发生了：我突然跳出了那片阴郁，突然撞见了自己的声音。我找到了那属于我的声音的材料，它受到两个文学源头的启发：我父亲写下的故事和一部西班牙流浪汉小说，那是在一五五四年出版的第一部流浪汉小说，《托尔梅斯河边的小癞子》。这本小书讲述的是一名在西班牙帝国长大的可怜男孩，而我则非常喜爱这部小说的语调。我把这两个源头结合在一起，发现它非常契合我的人格：正是这两个截然不同的源头哺育出了我的作品，最终发展成真正属于我的原创风格。

《巴黎评论》：这正是你开始写作《米格尔大街》的时候？

奈保尔：是的。想要在任何写作题材上做第一人都异常困难。之后的模仿总是相对容易。所以我写的书混杂了观察、民间传说、新闻剪报，以及个人回忆，很多人都可以写得出这样的东西，但在当时它是那部呼之欲出的作品。

想象一下在一九五五年写本像《米格尔大街》那样的书。今天的人们会对来自印度和其他前殖民地的作品感兴趣，可在一九五五年人们可不认为这算得上是作品。这本书我揣了四年才最终得以出版，这真是一段难过的经历。它真的很令我沮丧，它带来的巨大阴影留存至今。

《巴黎评论》：一九五五年时，你已经写完了两本书，分别是《神秘的按摩师》和《米格尔大街》，前面那本书直到一九五七年才得以出版，而后面那本故事集则要等到一九五九年。

奈保尔：我的人生非常艰辛。当你年纪轻轻、一身赤贫，当你想让世界知道你的存在时,两年是一段漫长的等待。我被迫承受这种痛苦。当《神秘的按摩师》最终付梓出版,我就职的那家报纸(当时我在《新政治家》工作)就发表了负面的评论,文章的作者是一名后来非常出名的牛津教授,他把我的小说评作是来自一座殖民岛屿的一道稍有风味的小吃。一道稍有风味的小吃,也就是说花不了多少力气。

现在再回头看看那些当时书评人眼里真正的书籍,就变得饶有趣味了。当然你不必跟我说,尽管它们已经出版了四十多年,依然在重印。但当时的我却遭到了毁灭性打击。我被忽视伤害了。现在的人们能更容易地接受它,这也是他们抱怨的原因。我从不曾抱怨;我只能继续前行。

《巴黎评论》:想必你曾依赖自我信念维系生活吧?

奈保尔:是的。我从未怀疑过。从孩提时代起,我就感到自己带有特殊的标记。

《巴黎评论》:当你的第一部小说出版时,你开始写作《毕司沃斯先生的房子》。

奈保尔:是的。当时的我正绝望地四处寻找主题。当时的绝望情绪如此之盛,我都开始用铅笔写作了,因为我感受不到充分的安全感。我的构思囊括一个类似我父亲的人,他走到生命的末尾,会开始考虑他周身的事物,并考虑它们是如何进入自己的生活。我胸无灵感地辛勤写作了许久,大约有九个月的时间。

《巴黎评论》:你当时每天都写作吗?

奈保尔:严格来说不会每天都写,因为一旦你缺乏灵感,你所做的事情就难以维系。不过同时我还试着当一名书评人。某人把我推介给《新政治家》,他们给我派了一本又一本书,可是我用心过度,没能成功。然后他们给我派了本牙买加的书，我终于把握到了自己书评的口吻。所以当时我取得了一些成就，学会了如何写简短有趣的书评，使得一本书在读者眼前栩栩如生。后来我的小说终于灵感爆发，然后一切都非常顺利。我每个月都会花三周来写作。我很快就明白，这会是部伟大的作品。我很高兴，尽管我才这么年轻，我就开始从事一部伟大作品的写作，而我的起点并不高，你要知道只有当你接受了足够的训练，你才能尝试去写出伟大的作品。如果当时有人在街上把我拦住，告诉我说他可以给我一百万英镑，而条件只有一个，那就是不要完成这部小说，我会让他滚开。我明白我必须完成这部作品。

《巴黎评论》：这本书反响如何？

奈保尔：从出版商开始读手稿起，这本书的反响就非常好。我想说这本书一经出版就大卖，可实际情况当然没有。我也想说这本书一经出版就令世界瞩目，可这个世界并未青眼有加。这本书走过的路和前几本同样坎坷，过了好一段时间才收获它应有的褒奖。

《巴黎评论》：从《毕司沃斯先生的房子》开始，你告别了前三部社会喜剧，你从轻松、轻浮的戏剧转向了更为冷酷严肃的口吻。

奈保尔：实际上我的口吻并没有变得冷酷。那本书里仍然到处都是喜剧。可能那种喜剧并没有溢于言表，也没有那么滑稽，但我向你肯定，那本书仍然从头到尾都包含着喜剧。我可以随便拿本我的书读一页给你听，无论你觉得它多么阴暗，你都会发笑。笑话只不过变得更为隐蔽，而喜剧也变得更为深刻。因为一旦失去了幽默感，你就没法前行。你不能总是向读者传达阴暗、悲剧的视角，它必须靠背后的喜剧来支撑。

《巴黎评论》：我想给你读读《世间之路》里的一个句子："正是

那种荒谬的观念从来不曾远离我们,才保护了我们,是愤怒的另一面和群情激奋让人群焚烧了那个黑人警察……"这让我想起了你早期作品中关于特立尼达的幽默,以及后来作品中所展现出来的幽默的另一面,即歇斯底里。

奈保尔:这很奇怪,不是么,那个把警察活活烧死的人,竟然会边跳边唱,把它当作一个趣闻讲给人听。

《巴黎评论》:我尤其注意到,你使用了"我们"这个词,也就是说你把自己囊括进那个处境之中。

奈保尔:那个故事发生在西班牙港。所以主语肯定是我们,因为我正是在那个环境中长大的。这是我们对于荒谬的观念,它源自卡利普索民歌,这一荒谬的观念来自非洲。我在后来的人生中开始理解这种歇斯底里和荒谬感。

《巴黎评论》:也就更懂得品味它?

奈保尔:实际上我更感到害怕。因为我明白了人们可以如此荒谬,他们可以写下这些风趣的歌曲,也有潜力去焚烧一名警察。我害怕残忍。

《巴黎评论》:我注意到《世间之路》的结局和《抵达之谜》一样,是一场葬礼。

奈保尔:这真的只是巧合。也许在你告诉我之前,我都没想过这个问题。而我在写作中意识到的,是对尸体和葬礼的强调。一开始是一位为尸体着装的人,接着到了我所工作的红房子里的尸体,然后雷利的故事里也有很多尸体。

《巴黎评论》:是你愈发感受到人的速朽,还是说这是一种世间之路的感觉?

奈保尔:大抵人越是年长,越会勇敢地面对它。当人年轻的时候,会有更多的办法应对它。真的,这是死亡的肉体的一面,我不知道是什么推动了它。要让读者来评判,作者不能越俎代庖。

《巴黎评论》:你会有意识地改编早期小说的元素吗?

奈保尔:会的。你得把握到正确的视角:获取了材料,换一种方式写作,然后就产生了新的材料。

《巴黎评论》:你的后期小说采取了更为温和的视角,你认同这种观点吗?在我看来,你现在的创作手法更兼容并包。

奈保尔:说话要具体。我在哪里强硬了?你从哪些文字读出了我严厉的意味?举出个例子吧。

《巴黎评论》:比如说《自由国度》。

奈保尔:我在巨大的痛苦中和个人压力下写出了那本书。我在写作时十分谨慎,仿佛组装一只手表或是一件工程制品。而这本书的写作也确实十分精到。在一九七九年的时候,我第一次被邀请在纽约朗读我的作品,就在朗读的那一瞬,我意识到这部作品出奇地暴力,而直到彼时之前我都对此一无所知,所以其中的暴力并不是我有意的。那份暴力令我感到震惊。当我把笑话抖出来时,人们笑了;可是紧接的内容直接止住了他们的笑声。这是一段非常令人不安的经历。也许这反映了它的写作过程,出于和我人生相关的个人痛苦,我个人的苦痛。

《巴黎评论》:你能形容下你的写作方式吗?

奈保尔:我写得很慢。

《巴黎评论》：总是很慢？

奈保尔：我年轻时曾写得很快，当我状态好的时候大约每天可以写一千个词。我现在做不到了。现在即便是状态好，我每天也只能写三百个词，真的很少。

《巴黎评论》：你有写不出的时候吗？

奈保尔：常常有。大部分日子里我都写不出。

《巴黎评论》：海明威把他写不出文字的日子称作离死亡更近的一天。

奈保尔：我不像他那么浪漫。我只会觉得很恼怒。但我的年龄没有虚长，我已经足够明智，足够有经验，知道一切都会过去。如果我脑海中已经形成了那部小说，那么它总归会出来。问题不过是寻找正确的途径。

《巴黎评论》：约翰·厄普代克认为语言只应传达，而不应翩翩起舞、令人炫目，你会这么认为吗？

奈保尔：如果人们有什么想做的事情，他们就必须去做。我也希望我的行文能通俗易懂，我可不想读者在我的文字上犯难；我希望读者能通过我描述的内容，读懂我想要说的意思。我可不想他说：噢，天哪，这文章文笔倒是不错。这样的文章就写糟了。

《巴黎评论》：所以即便构思复杂，行文也必须简洁。

奈保尔：是的，要简单。我绝不用术语。生活中处处都是术语，无论是报纸上，还是朋友之间的对话中，而当你作为一名作者时，你有可能会变得非常懒惰。你可能会开始在用词方面犯懒。我不想看到这样的事情发生。词语都非常珍贵。我想用一种珍贵的方式使用它们。

《巴黎评论》：你对英语文学感到绝望吗？

奈保尔：我并不对其感到绝望。因为如今它并不存在，一部分原因是因为如今再要完成曾经有过的一切无比困难。至少在英国它的状况非常糟糕。英语文学不再存在了，但是它的过去如此丰富，也许如今也没必要为其扼腕。

《巴黎评论》：那些印度作家呢？你是否对他们也有同样的感受？

奈保尔：我还没考察过印度文学，但我认为印度将会出很多作品。印度曾有几个世纪都完全没有知识生活。那曾是个仪式化的社会，并不需要写作。可是当社会走出原先纯粹的仪式化生活，开始在工业、经济、教育方面进行扩张时，人们就开始产生了理解现状的需求。人们转向作家，而作家则需要引导人们、鼓舞人们。我认为今天的印度会出很多作品。印度的发展会证明这一切。

《巴黎评论》：回到暴力的问题，我想读一段《世间之路》里的话："在我的成长过程中，残忍一直都显现在整个背景之中。街巷的语言中有着一种古老，或者不那么古老的残忍：人与人之间、父母与孩子之间习以为常的要挟，扬言要对你进行惩罚或让你丢脸，简直让人回到了种植园的年代。"

奈保尔：是的。人们总是用平静的语气，说出那些主人对奴隶才会说的话：我会揍你揍到尿失禁；我要扒你背上一层皮。这些话太难听了，你说呢？

《巴黎评论》：而你也一直抵制把愤怒简单化，把它归罪于殖民主义，归罪于黑奴隶的白人主人。你的眼里没有这么简单的反派。

奈保尔：简单的反派当然不存在。这是我们可以放心断言的事情。这种形象无法提供任何助益。它们不能为任何论点和讨论添砖加瓦。它们不过是一种口号。归罪于殖民主义是非常令人放心的口号。这些人在殖民时代一言不发；他们已经准备好一生都对人卑躬屈膝。现在殖民主义不复存在，他们开始无所畏惧地言说，可其他人的无所畏惧要来得更早。

《巴黎评论》：有人批评你说，你投向了压迫者的怀抱。

奈保尔：这些人都是谁？

《巴黎评论》：举个例子的话，德里克·沃尔科特。

奈保尔：我对此不知情。我不读这些东西。你不该问我，你该问他。你得自己判断这些事情。我没法一一照顾到所有事情。我的写作生涯也非常漫长。

《巴黎评论》：可是我想问……

奈保尔：至少你不该问我这个是不是投向了英国和奴隶主的问题……我的作品中有表现出这一点吗？

《巴黎评论》：我不会这么认为。

奈保尔：那你为什么还要问？

《巴黎评论》：即便你始终抵制简单化，但你周围的评论家们却没能抵制它。

奈保尔：那就是他们的问题了。你读过我的《中途航道》吗？那本书告诉黑人他们成不了白人，这造成了莫大的冒犯。在一九六二年的时候，黑人们认为独立的时刻即将到来，而他们也离白人越来越近了。

《巴黎评论》：《中途航道》是你第一次尝试非虚构类作品。

奈保尔：我们不能仅仅因为每个人所能够处理的材料有限，就把他当作一个虚构作家。作家必须去观察、去感受，随时随地都要保持敏感。而严肃作家就不能做之前做过的事情，必须继续前行。我感到自己得继续前行。我感到自己不能再困在已然做过的事情上，我不该只是待在家中，假装在写小说。我应该出门旅行，探索我的世界，再让形式自然而然地呈现。然后我遇到了一件令我高兴的事情：一个种族歧视的政府，认为他们应该在面子上假装不搞种族歧视，他们要求我回来，在当地区域旅行。这就是我旅行开始的缘由，以及我写作《中途航道》的契机。

《巴黎评论》：你常常去印度旅行。你在三十五年前首度拜访，并为了写作和度假经常回去。你对印度持续地着迷，它的源头是什么？

奈保尔：毕竟那是我的故土，我天生就对过去有所知觉，此外我过去曾经和我的外祖父母生活在一起。我没法超越他们的认知，超出的那部分都不过是绝对的空白。我真的是在探索那片我所说的黑暗区域。

《巴黎评论》：你认为知晓你的故乡，以及塑造你的一切，对你作为一名作家所起的功能和所用的材料是否至关重要？

奈保尔：如果你跟我一样，并不了解你出生地的历史，也没人告诉你这段实际上并不存在，或者只存在于档案中的历史，当你这样来到世界上，你就必须了解你的故乡。这要花去很多时间。你也没法直接去书写世界，仿佛一切都浑然天成，一切都已然给予你。如果你是一位法国作家或者英国作家，你会对你的故乡和文化都了如指掌。可要是你像我一样，来自一片偏远的农业殖民地，你就什么都得学习。写作对我来说也是一个探究和学习的过程。

《巴黎评论》：在过去的三十五年间，你写了三本关于印度的书：

《幽暗国度》《印度：受伤的文明》和《印度：百万叛变的今天》。而你在每本书中都对这个国家做出不同的回应。

奈保尔：实际上，那三本书相辅相成。你要明白我不希望其中任何一本去替代其他书。它们相辅相成，是因为我认为它们都是真事。写作它们的方式各不相同：一本是自传式的，一本是分析式的，而最后一本则是对这个国度人民经验的讲述。写作它们的时间当然也各不相同，就像印度一样，人们在各个时间存在着。所以你可以说《幽暗国度》依然存在，那是对入侵和溃败的分析，而那道心理的伤口依然存在。而在《印度：百万叛变的今天》中，人们发现了一些微弱的声音，得以表达他们的个性，诉说他们的需求，这仍然是真的。这些书必须作为一个整体去把握，它们依然存在、依然相关、依然重要。

而你首先必须铭记我是一名作家，一个写作段落、章节和书籍的人。这是一门技艺。我不只是一个发表言论的人。所以这些书代表了我这门技艺的不同阶段。《幽暗国度》是一件出色的艺术品，出色地混合了旅行、记忆和阅读。《印度：百万叛变的今天》代表发现国家中人民的重要性。这本书的写作形式非常繁重，体现在我实际旅程中发生的种种事情，当你遇见不同的人时总会发生很多事情。如果你不知道该怎么与他们交谈，不知道该怎么让他们跟你聊上天，你就写不出这本书。你的鉴别力要派上用场。我时而看看这个人，时而又看看那个人，看看他都是怎么说自己的……他的经历会不断地把你引向别的思绪。这本书产生于实际的旅途中，尽管写作本身也总要花去时间。所以不同的书是不同的艺术品，你要始终记得我是一名工匠，不断地改变艺术品；我始终都在尝试新的东西。

《巴黎评论》：你为了非虚构作品做采访时会使用录音机吗？

奈保尔：我从来不用录音机。它能够节省劳力，使得整个采访更为准确，可它也会控制我。我要写的内容只需做一个半小时的采访就足够了,尽管很多人觉得这难以置信。

《巴黎评论》:你会在遇见一个人后马上开始采访吗?

奈保尔:首先我会和你相遇,聊会儿天;然后我会征求你的意见来拜访你。在九十分钟的采访中,我能获取两千到三千单词的文字。你会看到我用笔记下你的话语,你也会配合着放慢语速,用自己的本性去言说。而你的话语仍然会有访谈的要素。

《巴黎评论》:《幽暗国度》中暗含了许多愤怒,而你关于印度的许多报刊文章也是如此。对于作者来说,你会觉得愤怒比理解更好用吗?

奈保尔:我不愿把那些文章当作报刊文章,报刊文章就是新闻,讲述的是今天发生的大事。而我那类的写作则试图寻找源泉,寻找社会和文化(尤其是印度)的动机。这种写作可不是报刊文章。我要纠正的是这种文章不是人人可写的。它需要作者具备一种深刻的天赋。我可不打算和新闻作者抢饭碗。

《巴黎评论》:可是你会觉得愤怒比理解更好用吗?

奈保尔:严格说来,我认为那不只是愤怒。那是一种深层的情感。没有它,写作就无以为继,你就只能写出报刊文章了。当你受到深层的触动,你会明白你无法直接表达这一赤裸裸的原初情感,你必须对其进行某种处理。你会把这一情感的精炼称作理解,正是它使得写作成为可能。愤怒和理解并不相互矛盾,因为理解正是来自于你所谓的愤怒。而我会把它叫作情感。它是写作所必需的。

《巴黎评论》:通过对《幽暗国度》的阅读,我有一个问题想要问你。你写到了一个印度观念,认为世界即是幻觉,它无比强烈地吸引着你，却又让你感到害怕。我想知道我的这种解读是否正确？

奈保尔：我认为你的解读非常敏锐。它既摄人心魂又令人心生恐惧。当一切都特别糟糕，而你自己的处境又是一团混乱时，人们会把它用作不作为的借口，一想到世界不过是个幻觉，可以躲到这个思绪的小屋中去，人们心中就会觉得宽慰。我发现人们很容易进入这种思维模式。在我写作《河湾》前的几个礼拜，我就一直沉溺于这种思维模式之中。我分明地感受到世界不过是个幻觉，我目睹着它在空间中旋转，仿佛一切都是我的想象。

《巴黎评论》：你去过很多地方，印度、伊朗、西非、美国的南方腹地。旅行至今还吸引着你吗？

奈保尔：旅行现在对我来说变得越来越困难。问题是，我不能去了一个地方，却不就它写点什么。我会觉得我错失了那一份经历。有一次我去巴西待了十天，却什么也没写。不过我倒是写了阿根廷和福克兰群岛，尽管我并不拥有其中的经验。我并没有去研究它，它只不过是从我身上淌过。这是对我生命的浪费。我不是个享受度假的人。

《巴黎评论》：瓦莱里不是说过，世界的存在是要被写入书中？你同意吗？

奈保尔：或者世界的存在是要被思考，是要进入人们的沉思。然后你就会享受这个过程，它就具有某种意义。否则你就活得像只小狗：汪汪汪，我现在要吃东西，汪汪汪。

《巴黎评论》：你的新书《何以置信》回到了伊斯兰教的主题，而这个主题你在《信徒的国度》里就审视过。你有预料到这本书的出版，会让那些敏感的伊斯兰护教人士来找你麻烦吗？

奈保尔：人们可能会批评我，但我总是非常小心，从来不去批评信仰和信条。我所谈论的不过是它的历史和社会效应。当然，一个人的所有书都会受到批评，这也是它们应有的待遇。但这本书不是要表达特定的观点。它要回到我更早先的意图，即一个人的所有作品相辅相成：在我写过的所有探索之书里面，我始终都试图达到一种形式，不让旅行者的重要性盖过原住民。我书写那些我遇到的人，我书写他们的经历，我用他们的经历来定义文明。这种书关涉个人经历，所以它很难造成你所说的问题，因为你没法说它诽谤了任何东西。我关注个人经历并塑造了一种模式。你也可以说这就是本故事书。它确实就是本故事书。

《巴黎评论》：与《南方的转折》和《印度：百万叛变的今天》如出一辙？

奈保尔：当然如出一辙。但这本书是一项不同的挑战，因为我很注意不要重复同一个模式，这本书里有三十个故事，而我试图做到不同，让每一个故事都不同，这样读者就不会觉得自己受到了侵犯。我不想让不同的故事读出同样的感觉。

《巴黎评论》：你在写完一本书时会觉得筋疲力尽吗？

奈保尔：是的，会筋疲力尽。写作生涯如此缓慢，在我图书写作过程的末尾，我会如此疲惫。我的眼睛不太好，我觉得我都快瞎了。我的手指也很酸痛，得用胶布包起来。身体会在处处体现出这一劳动的艰辛。然后便要经历虚无的、绝对的空虚。实际上在过去的九个月里我就一直很空虚。

《巴黎评论》：有什么东西会触动你，让你回到写作中去？

奈保尔：实际上我现在就觉得受触动了。我想要回到工作中去。

《巴黎评论》：你想出了什么新方案没有？

奈保尔：我的写作生涯非常漫长，我在这一点上与众不同。大部分来自受限的背景的人都只能写一本书。而我是个散文作家。一本散文集可以容纳数千情感、观察和思绪，这需要很多的劳作。大部分人的模式是写点儿他们自己的生活。但我的模式却是书写他人。我发现了越来越多的题材。如果我有那个精力，我可能会写得更多；因为可以一写的题材始终都有。可是我真的没有那个精力和体力。你知道，身体状况糟糕的话会浪费掉你很多时日。我老得很厉害。这么多年来，我为我的写作生涯付出了太多。我也花了很多时间，试着让自己过得舒适些。光是生活、写作和思考就能够让人疲惫不堪。

你的采访做足了吗？

《巴黎评论》：做足了。

奈保尔：你会觉得，我跟你聊天这会儿，又浪费了一点儿我自己吗？

《巴黎评论》：我当然不会这么想。

奈保尔：你会珍惜它？

《巴黎评论》：看来你不喜欢接受采访。

奈保尔：我是不喜欢，因为思绪太过宝贵，很可能会在谈话中流失。你可能会失去它们。

（原载《巴黎评论》第一百四十八期，一九九八年秋季号）

THE PARIS REVIEW

凯尔泰斯·伊姆莱

2002 年诺贝尔文学奖得主

获奖理由："因其对个体在反抗历史的野蛮任意性时的脆弱体验给予支撑的写作"

《巴黎评论》访谈发表时间：2013 年

凯尔泰斯·伊姆莱

(Imre Kertész)

1929—2016

匈牙利犹太作家,生于布达佩斯。1944年被纳粹投入奥斯维辛集中营,后又转到布痕瓦尔德集中营,1945年获救。1951年后,先后当过工人、编外记者、自由撰稿人和文学翻译,翻译了尼采、维特根斯坦、弗洛依德、霍夫曼斯塔尔等哲学家的大量德语作品,并在翻译中深受影响。1975年,发表处女作《无命运的人生》,另创作有小说《侦探故事》《惨败》《给未出生孩子做安息祈祷》《清算》,日记体文集《船夫日记》《另一个人》,随笔集《作为文化的大屠杀》《行刑队再次上膛前的瞬间静默》等。

2016年3月病逝于布达佩斯。

凯尔泰斯·伊姆莱

◎舒荪乐／译

在采访的第一阶段，凯尔泰斯·伊姆莱告诉我他搬到柏林"不是因为这儿的建筑，而是因为生活"——为了文化和自由的气息。但凯尔泰斯再也无法体会这种生活，因为他已深受帕金森病的折磨。采访内容是以清晰的传真形式发给他的。尽管凯尔泰斯说一口流利的德语，但他依然倚赖他的好友坎·陶基将我的问题翻译成匈牙利语，再将他的回答传递给我。有时候，这是凯尔泰斯追随他思想列车的全部方式。我们的对话时而被他的疲惫或是调整他在座椅上位置的需求打断。

一九二九年，凯尔泰斯生于布达佩斯的一个犹太家庭。一九四四年，他被送往奥斯维辛，随后转往布痕瓦尔德。大屠杀及其余波是他最著名的小说——《无命运的人生》(1975)、《惨败》(1988)、《给未出生的孩子做安息祈祷》(1990)、《清算》(2003)——以及他的回忆录（比如《档案K》(2006)）的中心主题。二〇〇二年，凯尔泰斯被授予诺贝尔文学奖时，评选委员会称赞他的作品支撑起了"历史野蛮暴行之下的脆弱个人体验"。然而，对凯尔泰斯来说，大屠杀并非一场个人体验。相反，它代表着文明的碎裂，他所探索的意义远超他的个人经验。"奥斯维辛，"就像他说的，"到处都是。"

尽管凯尔泰斯承受着身体的疼痛，但在我们的采访中，他依然保持着一丝狡黠与儒雅的幽默感，讲述着读者们熟悉的清晰、坚定的信念。他的妻子玛格达是一位体贴的女主人，当我们三人在凯尔泰斯家优雅、敞亮的客厅一角，围坐在一台录音机边进行采访时，她为我们准备了白葡萄酒和鹅肝酱三明治。我要向她，尤其是凯尔泰斯先生表达感激之情，因为他们在如此艰难的条件下依然热情地接待了我们。

——访谈者：路易莎·齐林斯基，二〇一三年

《巴黎评论》：您最初是如何接触到文学的？您的家族中有人写作吗？

凯尔泰斯·伊姆莱：我家里没有人写作，也没有真正意义上的文学入门。我想某种程度上可以说我是六七岁时误入其中。那时有人问我想要什么礼物，不知为什么，我回答说我想要一本日记。那是一本非常漂亮的日记——漂亮得我不舍得让它沾上一点点污渍。随着时间流逝，我尝试写作并停止憎恨一切我已付诸纸面的内容。所以，我是在尝试改善早已存在的东西。我想，这是一个男人在用编辑个人文本的方式成为一个作家。突然我就意识到了，实际上，我已经成了一个作家。

《巴黎评论》：那是什么时候？

凯尔泰斯：那是我二十四岁的时候。我写过很多次——那个直击我灵魂的时刻，就发生在大街上。

《巴黎评论》：是在写《英国旗》的时候吗？

凯尔泰斯：是的，也出现在写《惨败》的时候。但是说真的，开始写作对我来说并没有什么意义。我的经济条件无法支撑我做一个作

家。我身无分文。

《巴黎评论》：那么当情况好转后，又是什么让您走上了写作道路？

凯尔泰斯：我可以用一辈子的时间谈论这个问题，写无数本关于这个话题的书。但我们会迷失在这些故事中。说实话，我们作家不应该讲任何故事。我们应该在私底下秘密地从事自己的职业。

因为我们作家有独特的感知方式……写作改变了我的生活，它具有一种存在主义的维度，这对每一个作家来说都是一样的。每一个艺术家都拥有觉醒的瞬间，都有灵光一现抓住人心的时刻，无论你是画家还是作家。这对于我人生的改变不是专业上的——而是一种意涵深远的觉醒。

我在奥斯维辛被关了一年。我没带回任何东西，除了几则笑话，那让我充满了愧疚。而且，我也不知道该拿那些鲜活的经历怎么办。那些经历并不是文学上的觉醒，我没有机会做职业或艺术上的反省。我不知道自己究竟想要什么，要搞清楚这些的确要经过一番挣扎。但即使在那时，写作都没有成为我的职业。我花了很长时间才学会写作的基本技巧。

《巴黎评论》：您用了十三年才完成第一部小说《无命运的人生》。

凯尔泰斯：是的，没错。但那并不意味着我每天都在创作我的小说……不过，我当然是在这么干！那段时间我的妻子非常艰难。在那几年压抑的时光里，我只能把想表达的隐藏起来。所以小说的开头写了很久，我花了很长时间才知道自己想要什么。

但我从一开始就知道我想写一部小说。我知道我想要创作句子。更让我感兴趣的是我生活在其中的极权系统，它的现实极难用文字表达出来。

《巴黎评论》：您的《无命运的人生》创作于二十世纪六十和七十年代，但它讲述的却是大屠杀的故事。究竟哪个历史阶段对小说的创作产生了更大的影响？

凯尔泰斯：嗯，整个苏联时期我都在创作这部小说。我对自己想说什么没有概念，但我的第一个挑战就是创造一种语言、一种模式，最终成为一个题材。

我想检验的是这种特殊的存在，也就是在极权系统中的生活体验。对我来说，我完全不清楚该选择哪种文体。我必须从不断的试验中锻造一种语言，它足够有力和精准。我不仅想添加有关该主题的所有白噪声。无论如何，我已经感觉到，经历过极权时代的任何人都很难成为一名成功、高薪的作家。

《巴黎评论》：那些年您是以什么为生呢？

凯尔泰斯：有一个朋友建议我写轻歌剧，我就干了那个。他是个非常成功的百老汇编剧——但是我一点儿都不想追随他的脚步！有一天，这位朋友来找我，要知道我和妻子住在二十八平方米的公寓里。这位朋友见到我们的生活，就问我是否真的想饿死。我当然不想。于是他建议我也去写轻歌剧。我一点儿都不知道怎么写，但我会写对话，所以我们就一起构思情节，接着在他的指导下由我来写对话，因为我对自己干的工作根本没有任何概念。我很幸运可以灵活地运用文体，所以我能够很轻松地完成接到的任务。他却非常不幸地受制于自己的激情。

《巴黎评论》：您是如何将这份工作与创作《无命运的人生》结合起来的呢？

凯尔泰斯：夜里我都是在这位朋友家度过的，与他讨论轻歌剧以及其他一切话题，但我会突然开始思考我的小说。一句话突然闪现在我的脑海中时，我不会谈论它而只是坐在那儿——没有人能谈论它。"我更喜欢白萝卜，而不是胡萝卜。"都是此类普通的陈述句——我没法准确地重新回忆起这些句子，但在某一瞬间我明白了，这将是我这部小说的创作方式。这样的叙述可能并不引人注目，但它奠定了小说的基本原则——我必须创造一种新的语言。这其实非常有趣，一个句子需要将我所有的创作思路变成现实。

主要考虑到三点——语言、形式和情节。这强迫我保持专注。我很清楚自己将要创作的是一部很容易就成为催泪小说的作品，尤其是小说的主人公是一个小男孩。但我塑造这个男孩的原因恰恰是因为在极权统治下，每个人都处于像孩子般无知和无助的状态中。为此，我不但要创造一种特殊的文体和形式，也必须紧密地关注俗世问题。

当我创作《无命运的人生》时，豪尔赫·森普伦[①]的《漫长的旅途》刚在布达佩斯出版。这本书备受赞誉，但森普伦却选择了错误的创作技巧，他的叙述只选择了最重要的事件，也破坏了过程中的时间性。这是一种宏大的技巧，却并不真实。鉴于你讲述的是一个孩子的故事，你只能构思一种恰当的世俗背景，对一个孩子来说他的生活中没有秘密机关，他只能承受一切。

所以当森普伦的书收获如此多赞誉的时候，更让我看清了如果我想要诚实地讲述故事，就需要从头至尾地描述主人公身处的境地——也就是任何境地，而不是选择性地描述宏大事件。比如奥斯维辛营地犹太人从火车上下车的著名的二十分钟。他只展现了这个事件的时间长度，而在这二十分钟里，发生了许多事情。

《巴黎评论》：在诺贝尔文学奖获奖演说辞中，您说："每天早晨

[①] 豪尔赫·森普伦（Jorge Semprún，1923—2011），西班牙作家，西班牙内战后流亡法国，主要以法语写作，"二战"期间曾因参加抵抗运动而被逮捕送入布痕瓦尔德集中营。《漫长的旅途》是森普伦的小说处女作，首次出版于1963年。

我醒来时感受到的恶心和沮丧使我立即进入了我想要描述的世界。"写作减轻了这种感受吗?

凯尔泰斯:我被困在了这个我感到陌生的世界中,我不得不每天绝望地重新返回。这是斯大林时期匈牙利的真实情况,但在纳粹的民族社会主义时期则更甚,后者更强烈地激发了这种感觉。在斯大林时期,你只消简单地保持前进即可,但纳粹政权却以如此残酷的速度运作着,而"继续"则意味着单纯的"存活"。纳粹系统吞没了一切。这部机器高效地运转着,以至于大多数人根本没有机会理解他们经历的各种事件。

就我而言,对文学的感知大致经历了三个阶段。第一阶段是大屠杀之前。那是一段艰辛的时代,但你依然得以生存。第二阶段,就像作家普里莫·莱维描述的那样,发生在媒体的叙述中,媒体内部发出的声音透露着目睹此类事件时的震惊与惊恐。这些作家倾向于把事情描述成能把任何人逼疯的样子——至少是那些继续坚守着旧有价值观的人。然而,发生的事总是会超越目击者的适应能力。他们尝试尽可能地坚守自己的价值观,但这些事件总能在他们的余生留下印记。第三阶段关涉文学作品,它与民族社会主义存在于同一时期,检验的是一种旧有价值体系。像吉恩·阿梅里[①]和塔杜施·博罗夫斯基[②]这样的作家是为那些早已熟悉历史的人们创作的,这些人对旧有价值的失落了然于胸。关键问题是,新价值的创造来自无边的痛苦,但大多数此类作家都在这种尝试中木然了。尽管如此,他们留下的遗产却是文学中的激进传统。

[①] 吉恩·阿梅里(Jean Ámery,1912—1978),奥地利作家,代表作为讲述其在奥斯维辛集中营经历的作品《心灵的极限》。
[②] 塔杜施·博罗夫斯基(Tadeusz Borowski,1922—1951),波兰作家,曾创作大量诗歌和短篇小说展现其在奥斯维辛集中营的经历。

《巴黎评论》：您是否认为您的作品也属于激进传统的一部分呢？

凯尔泰斯：对，我认为是这样的，但我不太确定如今消耗我生命的究竟是我的作品还是疾病。是啊，至少我尽力向前了。所以，显然我还没有死在与历史妥协的尝试中，而它确实看起来就像我会死于布尔乔亚病症一样——我将死于非常布尔乔亚式的帕金森病。

《巴黎评论》：写作是生存的方式吗？

凯尔泰斯：我得以用我的一生来研究一个人如何能在这种特别残酷的极权主义下生存。我不想自杀，但我也不想成为一名作家——至少最初并不想。在很长的一段时间里，我一直拒绝这个念头，但后来我意识到我必须写作，把目击者的震惊和惊恐写下来——那就是你要对我们做的事吗？我们如何能在这样的环境中生存下来，并理解它？

看，我不想否认我是奥斯维辛的犯人，我也因此获得了诺贝尔奖。我应该如何处理这段经历？我应该如何看待我的幸存，并继续生活下去？至少我觉得我获得了一段极为特殊的经历，因为我不仅从那些恐怖中生存了下来，同时也尝试着用一种可以忍受、接受的方式描述它们，并仍然成为激进传统的一部分。我们中那些勇于凝视深渊的人——比如博罗夫斯基、沙拉莫夫①和阿梅里——不太多。对这些作家来说，写作永远是自杀的前奏。吉恩·阿梅里的枪一直在场，不管是在他的文章或是生活中，永远伴其左右。

我是一个所有这一切的幸存者，在看到戈耳工的头颅后依然保持着足够的坚定，以人性化的语言完成并向大众展示一部作品。文学的目的就是为了教育大众、娱乐大众，所以我们不能要求大众接受如此可怕的视角。我创作了这样一部代表大屠杀的作品，而不是一部丑陋的恐怖文学作品。

---

① 瓦尔拉姆·沙拉莫夫（Varlam Shalamov，1907—1982），苏联作家，曾因政治问题经历十五年劳改生涯，代表作为讲述其劳改见闻的短篇集《科雷马故事集》。

也许我很无礼，但我觉得我的作品拥有一种罕见的品质——我试图描绘历史中人类的面孔，我想写一本人们真正愿意读的书。

《巴黎评论》：写作本身是否可能拥有救赎的力量？

凯尔泰斯：不是对每个人都有的。

《巴黎评论》：对您呢？

凯尔泰斯：一九五四年，我惊讶地意识到我生活在一个非常糟糕的世界中。这是一个你不应该能够生存下来的世界。这里什么都没有留下——一些奇闻逸事、有趣的故事，都只是笑话。当我意识到我手上有一些富有想象力的素材，并应该开始工作时，我非常沮丧。我必须决定是否接纳那个在极权统治和集中营中接受了道德教育的自己，还是说我应该隔绝掉生命中的这些片段？如果我没有抓住这个袒露心声的瞬间，我将忘记这些故事。我将只能说我成长在一个资产阶级的家庭中，我不幸被运往奥斯维辛。在那里有些人帮助了我，而另一些人则没有。我将会与那些细微的、注定被扔进垃圾筐的片段一起被遗忘。但它们不是垃圾，所以我只能将我的人生写进这些故事中。我也只是不想与它们一起消失。我的人生经历就是我进入文坛的代价。我想以某种方法争取真理，讲述那些不能被讲述的故事。

《巴黎评论》：那时您更像一位读者吗？

凯尔泰斯：实际上我全心关注着世界文学。嗯，我应该在上学的时候读一些古典作品，但很明显，那时很难得到那些书。但后来，匈牙利政府希望通过出版此类作品来获得统治的合法性，以每本三福林①的价格甩卖。不幸的是，那些书目并不包含现代主义小说，所以

---

① 福林（forint），匈牙利货币单位。

如何塑造我的世界观完全取决于我个人，取决于我的文学观。我花了许多年创作第一部小说的片段，说不清楚。谁都没法说清。

《巴黎评论》：是的，没法说清——我读完感觉这本书似乎无法用其他任何方法写出来。

凯尔泰斯：我很高兴。我还记得《无命运的人生》在德国出版时的情景。我收到读者的来信，满满几大包。其中有一些令人记忆深刻的评论——比如，我用文字记录下了大屠杀。有一位读者告诉我，我打开了一扇窗。我拨开了一些读者的眼睛，在他们的父母保持沉默的时候。他们拒绝诉说，因为他们不知如何直面历史。说实话，这是一项艰巨的任务，但必须有人去做。

《巴黎评论》：在您的小屋子里，是什么为您带来了快乐，或者说分散了您的注意力？

凯尔泰斯：是那些非常私人的、我不愿意诉说的故事。我没做什么，只是写了些轻歌剧。

《巴黎评论》：这让您愉悦？

凯尔泰斯：不是的。

《巴黎评论》：您是否做了什么？

凯尔泰斯：就是写作本身。你知道，这是一个好问题——是什么给我带来了愉悦。如果我的回答是"写作本身"，那么当然，这一定不是在我真正写作时的感受。无论我何时坐下来写作，都像在经历一场悲惨的命运。快乐只存在于回忆中。有一次在斯图加特，我在阅读后与一位女士共进晚餐，她说她为我所经历的一切感到遗憾。在那一刻，在斯图加特——也就是在完成我的第一部小说三十年之后——我意识到，实际上那时我非常幸福。

《巴黎评论》：是写您的小说的时候吗？

凯尔泰斯：当然。我在糟糕的环境下尽力完成一部作品，而最后，一位斯图加特的女士被一种意韵深远的遗憾所打动。她的话是我成功的勋章。我觉得我成功地创作了一部代表作。正是这一刻我理解了，那是无比幸福的时光。

《巴黎评论》：您认为《无命运的人生》《惨败》《给未出生的孩子做安息祈祷》《清算》这个四部曲是您的代表作吗？

凯尔泰斯：不，四部曲是某个冒着傻气的匈牙利记者为这四部作品想出的标签。当我只发表了《无命运的人生》《惨败》和《给未出生的孩子做安息祈祷》时，他说我完成了一个三部曲。他真的完全不理解我的创作。

《巴黎评论》：您说在《档案K》中，您的位置不在历史中，只在书桌边。

凯尔泰斯：我很少在书桌边写作！我们还是别谈这些私人话题了。

《巴黎评论》：但这本身并不是个私人话题。

凯尔泰斯：好吧，我的书桌是黄色的。

《巴黎评论》：最近您是如何写作的？

凯尔泰斯：这很难说，因为我不能再用电脑了。我也不能用手写字了。但我手上搜集的这些贯穿我一生的材料——我的日记、报道，都需要整理。等做完了这些，我也就不再需要写任何新的东西了。我已经完成了我的工作。

《巴黎评论》：我们来谈一谈您最新的这部小说《清算》吧。是什么给了您最初的创作灵感？

凯尔泰斯：原本我只打算写一部剧本。我不想再写小说了。但我想要描绘一九九〇年社会制度剧变时的样子，那是我觉得具有戏剧价值的时刻。随后，让我惊讶的是我错了——我不是一个剧作家，也不是特别热衷于舞台。舞台，对我来说是一个阻碍，是内在的劣势。于是我撕毁了剧本手稿，意识到这是一个以小体量创作一部伟大小说的问题。

我感兴趣的是不同的人是如何适应体制转变的。我见了许多人，看了他们的传记，聆听了他们的故事，但大都充满了谎言。那是一个告密者的社会。但将它与奥斯维辛的遗产结合起来——这就是让我投身于其中的力量。我试着找到一个关键人物。这个人并没有在集中营里生活过，但他的生活却被集中营的阴霾所笼罩。就是这样，我确定了两个角色，事业惨败的编辑尤迪特和自杀的作家 B。

《巴黎评论》：弗朗西斯·福山说的"历史的终结"也许已经成为陈词滥调，但我想知道当您在创作《清算》时，脑海中是否曾经想起过它？

凯尔泰斯：我从来没想过。你对这部小说有什么看法？

《巴黎评论》：对我来说，您的小说有些类似于历史的终结。虽然它的时间背景设定在二十一世纪初最好的几年，但它仍然捕捉到了一九九〇年剧变时的瞬间。那时各种趋势相互融合碰撞，形成了一个具体化的点，或许这就是对整个二十世纪历史的一种清算。

凯尔泰斯：其实你说得完全正确。正是如此。小说里有一个出生在奥斯维辛的男人，尤迪特通过这个男人经历了奥斯维辛，她想为自己的历史找到一个结论。但后来她逃离了那个世界，并嫁给了一个从未受到极权政府折磨的男人。她决定生孩子，于是便向生活敞开了胸怀。这就是一个秘密，一种姿态——怀孩子就是一种创造继续生活可能性的姿态。面对生死之间的抉择时，她选择了生活。

好了，够了。这是我最后一次访谈。

《巴黎评论》：今天吗？

凯尔泰斯：再也不做了。结束了。

（原载《巴黎评论》第二百零五期，二〇一三年夏季号）

THE PARIS REVIEW

哈罗德·品特

2005年诺贝尔文学奖得主

获奖理由:"在其剧作中,他揭示了日常闲谈之下的悬崖,并强行闯入了压迫所在的被锁闭的房间"

《巴黎评论》访谈发表时间:1966年

哈罗德·品特

(Harold Pinter)

1930—2008

英国剧作家、编剧、导演和演员,当代英国最具影响力的剧作家之一,创作生涯超过五十年。其代表性剧作有《生日聚会》(1957)、《送菜升降机》(1957)、《回家》(1964)、《背叛》(1978)、《尘归尘,土归土》(1996)等。

2008年12月病逝于伦敦。

哈罗德·品特

◎李亦男/译

哈罗德·品特最近搬进了一幢新古典主义建筑大师约翰·纳什一八二〇年设计的五层楼房，正对着伦敦的摄政公园。他把办公室设在顶层。从顶楼往外看，面前是一片鸭池，一片狭长的树木成荫的绿地。他的书桌就面朝着这片风景。这是一九六六年十月的下旬。在我对他进行访谈的时候，黄色的树叶、雾蒙蒙的伦敦的太阳总是让他分神。他思考着，当他开始回答的时候，用了一种经过剧院训练的深沉嗓音，让人十分惊讶。这是他身上最让人注意的地方。说话的时候，他对什么都过度地强调，仿佛完全不可能对一件东西做一个最终的定义。人们会留下这样的印象——他就像他剧中的人物一样——这是一个沉陷在自己思绪中的人，因而将之粗暴地付诸言语是痛苦的必然。

访谈发生的时候，他并没在写什么作品。我问他为什么闲着（很多问题是不经意提到这一点的），这问题让他非常不舒服。他自己的作品或许是他神秘的惊诧、欢喜、愤怒的来源。回顾他自己的作品时，他经常发现自己没有注意到的，或者已经忘记的种种可能性和模糊性。他给人的感觉是：他要是拔了电话线，再把宽大的窗户用黑窗帘遮上，就会高兴得多。虽然他坚持说："人总是觉得自己非常无聊。"这和环境、和人必须干的事情没有关系。

他写第一个剧本是在一九五七年。当时他无家可归，做着演员的工作，不停地巡回演出，在一家剧团演保留剧目。他出演各种各

2.

```
                                    I'll chop your spine off
           F. - I'll knock your nut off, sonny Jim. My word of honour.
                I'll have you for catsmeat. / you talk to me like that, son.
                Talking to your filthy lousy father like that.
           3. - You know what, youre getting demented.
                              p.            for
                What do you think of Second Wind in the fourth race ?
           F. - Second Wind ? What race ?
           3. - The fourth.
           F. - Dont stand a chance.
           3. - Sure he does.
           F. - Not a chance.
           3. - Thats all you know.
                                    p
           F. - He talks to me about horses.
                                    p.
           3. - I'll tell you one thing, its about time you learned to cook.
           F. - Yes ?
           3. - Thisxxhxtxifxxmying I want to ask you something. That
                dinner we had before, whats the name of it ? Wjat do you
                call it ?
                             p.
                Why dont you buy a dog ? Youre a dog cook. Honest. You
                think youre cooking for a lot of dogs.
           F. - If you dont like it get out.
           3. - I am going out. I'm going out to buy myself a proper
                dinner.
  Chok   F. - Go Go. Leave me alone.
Suffocate 3. - Yes, but I'm not going until I decide the exact moment I
                want to go, you see. You dont tell me to do anything, Dad.
                I go when I like, I come back when I like. You wouldnt be
                here only because of me. Whose money keeps you here ?
                If it wasnt for me sad Joey youxxbuxixxxxxxxxkxxxxxxxxx
                you know where youd be ? Who gives you the monet to do the
                cooking ! Get it ?  you dont even come into it.
           F. - Its my house. you state
           3. - Dont make me laugh. You're dead if I say so.
           F. - Yesxxxxyesxxxxdontxxyouxxxxxxixxxxdontxxxyou ...
           3. - Lookxxxyouxxdontxxthinkxxxx.  F. Get burnt. Burn.  Burn
                                    gets up.
                Here, Daddy, you going to use your stick on me ? Dont use
                your stick on me, Daddy. I havent done nothing wrong.
                Dont clout me with that stick Dad.
F- I know what you do every night.  silence. 3. wraps his paper, puts it in
I know all about stinking           his pocket. Door. Joey comes in. Uncle Sam.
filthy tykes                        xxxxxxxxxxxxxxxxxxxxxxxxxxxxx
I know all about                    Eh, Dad, I forgot. One thing. Been meaning to ask you.
 tykes                              That night ... that night you ... got me ... with mum ...
                                    what was it like ? When I was just a glint in your naughty
                                    old eye. Ayou had me in mind, did you ?  y t tykes
           F. - Cut yourself to pieces. Stuff your face into glass xxxix
                Into broken glass.
F- Drown in your own                        Shove it into a plate
  bastard blood                              of glass.

        Is that a fact that you had me in mind
           or is it a fact that I was the last thing
                                    you had in mind
```

哈罗德·品特剧作《回家》手稿中的一页

样的角色，经常会跑到偏远的海边度假胜地和一些外省城市。他的妻子——女演员薇薇恩·莫坚特和他一起巡演。一九五八年，她怀孕了，于是他们必须安定下来。他们在伦敦破旧的诺丁山门区找了一间地下室。品特先生做了这幢房屋的管理员，为的是用工作抵房租。儿子出生了。他们借了足够的钱，搬到不那么破败的一个区，在基斯威克区，但是两个人都必须重新做全职演员才行。品特的第一个全长剧本《生日晚会》一九五八年上演，全线失败。一九六〇年，《看门人》上演了。品特挣了足够的钱，搬到了中产阶级街区邱园。这之后，他觉得以写作为生是可能的事。品特举家搬到了南海岸的海滨小镇沃辛一幢曲面别墅。如果去伦敦要开车两小时。他得经常去伦敦，所以又搬家了，在肯辛顿区租了一个单元房。后来品特写电影剧本，赚钱不少，买下了一所摄政公园地区的房子。房子没装修完，但是宽敞舒适，很有吸引力。品特的办公室也是一样，有一间分开的房间在附近，给秘书住，还有一个小酒吧间，也在附近，他成天喝啤酒和烈酒，不管工作还是不工作。书架排满了房间的一半，一张紫色躺椅，朝着一个小花园。墙上挂着一系列菲利克斯·托波尔斯基画的伦敦剧场情景的组画，一张蒙得维的亚演出《看门人》的招贴画；一张他的《生日晚会》第一次在西区演出的小财务表：上演一星期，惨败，只挣了两百六十镑。一幅毕加索的画；他去年春天被授予不列颠帝国勋章时的演讲稿。"甲壳虫乐队之后的那年。"他强调说。

——访谈者：劳伦斯·M.本斯基，一九六六年

《巴黎评论》：你是什么时候开始写剧本的？为什么要开始写剧本？

哈罗德·品特：我的第一个剧本是《房间》，是我二十七岁那年写的。我一个叫亨利·沃尔夫的朋友是布里斯托大学戏剧系的学生。在那个时候，这是全国唯一的一个戏剧系。他找到了一个机会，要导演一出戏。他是我交情最深的老朋友，知道我在写作，知道我有一个戏的构思，虽然我还什么都没写。那时候，我在一家保留剧目轮演剧团当演员，他跟我说：剧本他必须下周就拿到，才能赶上时间。我说这太荒谬了；也许他半年后才能拿到剧本。然后呢，我四天就写完了。

《巴黎评论》：写作对你来说总是很容易吗？

品特：这个嘛，我写作很多年了，写了几百首诗、短篇小说和短散文。差不多有十几篇东西发表在小杂志上。我也写了一部长篇小说；写得不太好，出版不了，真的，一直都写不好。我写了《房间》，还没上演几个星期，我就马上开始写《生日晚会》了。

《巴黎评论》：为什么这么快呢？

品特：让我开动起来的正是剧本写作的过程。那之后，我去看了《房间》。那是一次很特别的经历。因为我以前从来没有写过剧本，当然也没有看自己写的任何一个戏上演过，观众席上从来没有一个观众。看过我写的东西的，只有我的几个朋友和我的妻子。坐在观众堆里，我一直都非常想撒尿，戏结束的时候我冲了出去，在自行车棚里尿了。

《巴黎评论》：和观众接触对你来说还产生了什么效果？

品特：大学观众的回应给了我很大的鼓励，不管他们的回应是什么样的。我那时也写了《生日晚会》，我是知道的。虽然我已经看了好几个戏，但我看了戏最初上演的那几晚，觉得都没有这次好。那是一次震撼神经的经历。不是这个戏好坏的问题。也不是观众反应的问题,而是**我**的反应。我对观众有相当的敌意——我不太在乎观众来了多少。谁都知道:观众是很不一样的;要是太关注观众,那就错了。应该关心的,只是演出是否传达了我一开始写这个戏时想要表达的东西。而那次演出有时候是做到了这一点的。

《巴黎评论》:你觉得,如果没有布里斯托的朋友给你的鼓动,你也会开始写剧本吗?

品特:会的,我觉得我那时正打算写《房间》。而因为有那个情况,我不过是把这个剧本早一些写出来罢了。我那个朋友只是起了触发作用。《生日晚会》在我脑海里已经构思很久了。是我以前一次巡演中很特别的经历从沟壑深处给了我灵感。实际上,有一天,一个朋友把我一九五几年给他写的一封信还给了我。克里斯知道这信是什么时候写的。信里是这么说的:"我有一条肮脏的、疯狂的深壑,一个女人凸起的大骨头,她的乳房在肚子上滚动,一个淫秽的家,猫、狗、肮脏、滤茶器、乱七八糟,哦,还有阉牛、谈话、瞎胡扯、划痕、大粪、毒药、幼稚、凸形花纹有缺陷的秩序,操他妈的滚来滚去。"这就是《生日晚会》里那些东西——我就在那沟壑里,这个女人就是剧中的麦格,还有一个家伙待在伊斯特本,在海滩上。整个这些东西都在我脑海里,三年之后,我写了这个戏。

《巴黎评论》:为什么剧本里没有人代表你自己呢?

品特:关于自己,我那时没什么可说的,现在也没有什么可说的,没什么可直接说的。我不知道从什么地方说起。特别是因为我经常看着镜子里的自己说:"这他妈到底是谁啊?"

《巴黎评论》:那你不觉得在舞台上有个人代表你,或许能帮助你

777

找到答案吗？

品特：不会。

《巴黎评论》：你的剧本不会有些是从你自己经历的情境中来的吗？《看门人》，比方说。

品特：我曾经遇到过几个——好几个流浪汉——你知道，只是在事件发生的正常过程里，我觉得有特别的一个……我不太熟悉他。我见他时总是他在说话。我几次撞见他，之后大约一年，他触发了这个戏的写作。

《巴黎评论》：你曾经想过在《房间》里扮演一个角色吗？

品特：没有，没有——表演根本就是另一种完全不同的行为。虽然一九五七年我写了《房间》《生日晚会》《送菜升降机》，也一直在一个剧团里做演员，什么都干，从伯恩茅斯、托基、伯明翰到处旅行。我在一次什么笑剧巡演的过程中写完了《生日晚会》，我记不得那个笑剧的名字了。

《巴黎评论》：作为演员，你对你剧中的角色应该怎么演有什么强烈的意见吗？

品特：我经常有很强的意识，觉得一个角色应该怎么演。可是往往——同样经常——证明我自己是错的。

《巴黎评论》：你在笔下的每一个角色中，都能看得到自己的影子吗？你自己的表演经历对你写剧本有帮助吗？

品特：我写作的时候，总是大声给自己朗读出来。但我不会自己进入每个角色——大部分角色我自己都是不能扮演的。我的表演经历也并不因为这些局限而妨碍我的写作。比如，我经常会这么想——我想写一个完全关于女人的戏。

《巴黎评论》：你夫人薇薇安·莫陈特经常在你的戏里出现。你会专门为她创作角色吗？

品特：没有。我从没有为任何一个演员写过角色，为我的妻子也没有。我只觉得她是一个很好的演员，也是合作起来很有意思的一个演员，我想在排戏的时候用她。

《巴黎评论》：你开始写剧本时，表演是你的职业吗？

品特：哦，对，这是我那时唯一的工作。我没上过大学。我十六岁就离开学校了——我受够了学校，很躁动不安。学校里，我唯一感兴趣的东西是英语文学，但是我没念过拉丁文，所以不能上大学。我上过几个戏剧学校，也没有用功读书；我那时候总是谈恋爱，牵扯了很多精力。

《巴黎评论》：戏剧学校对你做剧作家有用吗？

品特：根本没有。这只是生计问题。

《巴黎评论》：你小时候去看过戏吗？

品特：没有，很少。我唯一喜欢看的一个人是多纳德·沃尔菲特，他那时是一家莎士比亚剧团的演员。我非常崇拜他；迄今为止，他演的李尔都是我看过的最好的。然后我就自己看书，看了好几年，很多现代文学，大多是小说。

《巴黎评论》：没有看过剧作家吗——布莱希特、皮兰德娄……？

品特：哦，当然没有，很多年都没有看过。我很早就开始读海明威、陀思妥耶夫斯基、乔伊斯和亨利·米勒，还有卡夫卡。我也读过贝克特的小说，但是我从来没听说过尤奈斯库，直到我写最初那几个戏的时候才听说了他。

《巴黎评论》：你觉得这些作家对你写作有影响吗？

品特：我读过的每个作家对我的个人都有影响——我一直都在看书，但是，没有一个作家对我的写作有特别的影响。贝克特和卡夫卡给我留下了最长时间的印象——我觉得，贝克特是还健在的最好的散文体作家。我的世界仍旧和其他作家联系在一起——他们是我的世界中最好的东西。

《巴黎评论》：你觉得音乐对你写作有影响吗？

品特：我不知道音乐是怎么影响我的写作的；但是，音乐对我一直都很重要，爵士乐、古典音乐。我写作时，一直感到一种乐感，这和受到音乐影响还是不一样的。布莱兹和韦伯恩[①]是现在我听得很多的作曲家。

《巴黎评论》：为剧场写作的局限会让你觉得不耐烦吗？

品特：没有。这很不一样；对我来说，为剧场写作是最为困难的，是最赤裸裸的，你完全给限制住了。我也写过电影作品，但是不知为什么，我觉得写电影剧本只要有个新颖的想法就很容易自我满足。我给电视写的《茶会》，本来是个电影，电影剧本，我就是这么写的。电视和电影比戏剧要容易——如果你对一个场景不满意，你就删掉它，接下来另写一个场景就是了（我夸大其词了，当然）。舞台是很不一样的，就是说你老是在那儿，陷在那里——你的角色就在舞

[①] 皮埃尔·布莱兹（Pierre Boulez，1925—2016），法国作曲家，指挥家；安东·韦伯恩（Anton Webern，1883—1945），奥地利作曲家、指挥家。

台上，你必须跟他们一起生活，学会对付他们。我不是一个很有创新性的作家。其他剧作家会运用一些技法——你看看布莱希特！我不能像他一样运用舞台，我就是缺乏那种想象力，所以我觉得自己就陷在这些角色之中，他们或坐或立，他们要么正要走出门，要么正走进门，这差不多就是他们能做的一切。

《巴黎评论》：还可以说话。

品特：或者保持沉默。

《巴黎评论》：在《房间》之后，几个戏的排演对你的写作有什么影响？

品特：《生日晚会》在伦敦利瑞克·汉默史密斯剧院上演。这个戏先是在牛津和剑桥有个小型巡演，很成功。演到伦敦的时候，却完全被批评界给屠杀了——完全地宰杀。我一直不知道为什么，我也不太有兴趣知道为什么。这个戏演了一个星期。我把票房收入做了个框挂起来了：二百六十镑，包括第一个晚上的一百四十镑，星期四白天演出的二镑九先令——只去了六个人。我那时候刚开始为专业的剧场写作，就碰到了这种事，对我来说非常震惊。但是，我继续写作——BBC帮了我很大忙。我拿着他们给的定金，写了《微痛》。一九六〇年写了《送菜升降机》，上演了，然后是《看门人》。我唯一真正糟糕的经历是《生日晚会》；我磕得头破血流——不是说我现在就满怀希望，充满信心，但还是比较……不管怎么说，类似舞台设计这样的东西我都不知道怎么处理，我也不知道怎么跟导演打交道。

《巴黎评论》：这些挫折对你有什么影响？这和批评你的表演不好——以前你当然也受过这样的批评——有什么区别？

品特：这对我是个很大的打击。我整整四十八小时都灰心丧气。

其实，后来是我妻子对我这么说的，"你以前也遇到过比这个还要糟糕的情况"，等等。毫无疑问，是她的常识、她实际的帮助让我摆脱了沮丧。我那之后再也没感到过类似的情绪。

《巴黎评论》：你导演过自己的几个戏。你还会这么做吗？

品特：不会，我觉得这是个错误。我写作，也打工，工作换来换去，看看下面会怎么样。人总是想获取……没错。但是很少得到。我觉得，作为一个作者深深卷入一个戏，我是更有用的；作为一个导演，我觉得我会倾向于禁止演员做这做那，因为不管我多么客观地看待文本，试着不去坚持说这是我的意思，我还是觉得这是太重的责任，演员承担不了的。

《巴黎评论》：有没有过这样的情况：因为你是一个演员，你剧中的演员就走过来要你改词，或者改他们角色的什么方面？

品特：有时候有，很少。我们在一起工作时会改词的。我根本不相信所谓创作型演员的无政府主义剧场——我的演员可以在别人的戏里这么做。但是，这根本不能影响他们在我戏里的表演能力。

《巴黎评论》：你的哪个戏是你第一次做的导演？

品特：我和彼得·霍尔一起导演了《收集证据》。然后我导演了《情人》和《侏儒》在艺术剧院一起上演。《情人》希望不大，因为它是我的决定，每个人都后悔——除了我——排演《侏儒》，这显然是最难对付，最不可能的一部作品。显然一百个人里有九十九个都觉得这是浪费时间，观众特别不喜欢。

《巴黎评论》：它似乎是你写得最密的一个戏，所谓"密"的意思是：话语很多，动作很少。这代表了你的一种实验吗？

品特：不是。事实是，《侏儒》是我一部没有出版的小说改的，是很久以前写的。我从里面取了很大一部分内容，特别是角色的精神状态。

《巴黎评论》：所以这种写作方式你不会再重复了？

品特：不会。我应该加一句，即使它像你说的：很密，它也是很有价值的，我对它是很有兴趣的。从我的视角看，剧中大量的胡言乱语、意识状态、反应、关系——虽然特别稀少——对我而言都非常清楚。所有没说出的东西我都很清楚。包括角色实际上的互看方式，他们的互看所意味的东西。这是一个关于出卖、关于不信任的戏。表面上是显得让人糊涂，显然不可能成功上演。但是，对于我而言，是干了件好事。

《巴黎评论》：导演你的戏可以通过不同的方法达到成功吗？

品特：哦，是的，但是总需要围绕着这个戏的中心真理——如果这个中心思想被扭曲，那就不好。阐释的主要区别是来自演员的。当然导演也是可以为一次灾难性的排演负责的——德国第一次演《看门人》的时候，风格很沉重，拿腔拿调的。任何戏都没有蓝本，有几个我根本没参与排演的版本做得成功极了。

《巴黎评论》：你在排一个戏的时候，作者和导演之间保持良好关系的关键是什么？

品特：绝对关键的是避免作者和导演之间互相设防。需要相互信任，需要坦诚。如果没有这个，就只能是浪费时间。

《巴黎评论》：彼得·霍尔导演过你的很多戏，他说他们对精确的言语形式和节奏很是依赖，你写了"停顿"，意思就是和"沉默"不一样，省略号和完全的停止也不同。他这种对写作的敏感是否保证了你们二位之间合作的成功？

品特：是的，一点儿没错。我对你说的这些确实非常关注。在排演《回家》时，霍尔有一次确实为演员做了一次句点和停顿的排练。虽然这听上去确实傲慢透了，但是显然是非常有价值的。

《**巴黎评论**》：你开始写一个戏之前会写大纲吗？

品特：根本不写。我根本不知道我的戏会有什么样的角色，直到他们……嗯，直到他们存在。直到他们向我暗示他们自己是什么。我不在方法上作任何概念化。我一旦找到线索，就跟随线索——这就是我的工作，真的，就是跟着线索走。

《**巴黎评论**》：你说"线索"是什么意思？你记得你自己的一个戏是怎么在你头脑中发展出来的吗？——还是说这是一种一行一行往下进展的方式？

品特：当然我不很确切记得一个特定的戏是怎么在我头脑中发展出来的。我觉得我是以一种非常亢奋也非常沮丧的状态写作的。我跟从着自己在面前的纸上所看到的东西——一句跟着一句。这并不是说我没有一点模糊的、也可能是很笼统的想法——一开始的形象并不只是导致马上跟着发生的东西，而是造就了总体事件的可能性，它引导着我，自始至终。我能想到什么是可能发生的——有时候，我绝对是对的，但是很多情况下，我都被事实上发生的事情证明是错的。有时，我发现自己写了"C进来了"，可我本来并不知道他会不会进来；但是他必得在这个时刻进来，就是这样。

《**巴黎评论**》：在《回家》中，山姆很长一段时间没有什么举动，却突然喊了出来，在全剧结束之前几分钟彻底垮掉了。这是你说的情况的一个例证吗？这确实显得很突兀。

品特：这对我来讲突然显得是对的。这突然就降临了。我知道他这部分必须有一次得说点什么，这就是发生的东西，这就是他说的东西。

《**巴黎评论**》：那角色有没有可能超越了你对他们的掌控——即使只是一个模糊的想法——超越了剧本所关乎的东西？

品特：我基本上一直抓着绳子，所以他们不会走得太远。

《**巴黎评论**》：你会感觉什么时候该拉下大幕吗？还是说你有意识地写到一个你已经决定了的时刻？

品特：这完全是直觉。节奏显得正确的时候，大幕就降下来了——当动作对结局提出呼唤的时候。我非常喜欢落幕前的台词，并恰当地处理它们。

《**巴黎评论**》：你感觉这样的话你的戏在结构上就会成功吗？觉得你能够把这种节奏直觉传达到剧本吗？

品特：不，并不能，怎样让结构对头正是我的主要担忧。我总是写出三版草稿，但是，必须最终离开结构。总会到达这样一点：你说，就是它了，我再也多做不了什么了。我唯一一个远远接近了我所满意的结构整体的剧本是《回家》。《生日晚会》和《看门人》都写得太多了。我想删砍，去掉一些东西。有时候，词句太多让我不高兴，但是我禁不住写，它们就冒出来了——从这个家伙的嘴里。我不太检查自己的作品，但是我意识到，在我写的东西里面，某些家伙经常会在某些点说得太多。

《**巴黎评论**》：大家往往会这么看：你剧本中的力量恰恰在于这样

785

的语言以及你能从这种语言中得出的角色模式和力量。你是从别人那里听到这些词句的吗？你偷听别人谈话吗？

品特： 我从不在这个意义上的听花时间。偶尔我听到什么东西，我们都这样，四处走的时候。但是词句是在我写作角色时来临的，不是以前就有的。

《巴黎评论》： 你觉得为什么你的剧本中的对话这么有效呢？

品特： 我不知道。我觉得可能是因为人依赖一切他们可以用语词触碰的东西，以避免了解和被了解的危险。

《巴黎评论》： 写作剧本的什么领域你感觉最困难？

品特： 所有领域都不可分开地缠绕在一起，我没法判别。

《巴黎评论》： 几年以前，《文汇》杂志有规模很大的一系列报道，让艺术人士对英国是否应该参加欧共体发表看法。你的说法是所有人里面最短的："我对此事不感兴趣，也不关心发生了什么。"这概括了你对政治、时事的感觉吗？

品特： 不是的。尽管这正是我对欧共体的感觉——我根本就不关心欧共体。但是要说我对时事根本不关心，这是不太正确的。普遍而言，我经常感到非常迷惑——不确定、恼怒、义愤，一个接一个，有时候，我也是漠不关心的。普遍来讲，我试图做到我所能做到的，然后就不管了。我不认为自己有任何有价值的社会作用，政治上来讲，我不可能卷入，因为事件一点都不简单——作为一个政治人物，你必须有能力展示出一个简单的图景，即使你不这么看待事情。

《巴黎评论》： 你有时候也会想用你剧中的人物表达政治观点吗？

品特： 不会。最终来讲，我对政治很厌烦，虽然我认识到政治对很多苦难负有责任。我不信任任何种类的意识形态表述。

《巴黎评论》：但是你不觉得你在舞台上展现的个人受到威胁的图景在更大意义上、在政治意义上来讲是有麻烦的吗？还是这跟这个没关系？

品特：我不觉得自己受到任何来自政体或政治活动的威胁。我喜欢住在英格兰。我不在乎任何政治结构——它们并不对我示以警告，但它们造成了成百万人大量的苦难。

我来告诉你我对政治人物的真正想法。有一天夜里，我在电视上看一些政治人物讨论越南问题。我很想用一把喷火器破荧屏而入，把他们的眼睛烧掉，把他们的蛋烧掉，然后问问他们：他们是怎么用政治观点决定这一行动的。

《巴黎评论》：你会在什么政治倾向的剧本里用上你的这种愤怒吗？

品特：我偶尔出于激怒，想用讽刺角度写一个剧本。实际上，我以前做过一个没人知道的戏。一个长戏，写在《看门人》后面。我把这鬼东西写了三稿。这个戏叫《暖房》，是关于一个病人住的疗养院：全是用一种等级制度表现的，管理这个机构的人；没人知道病人会怎么样，没人知道他们为什么在这里，没人知道他们是谁。这个剧本是非常具有讽刺性的，是非常没有用的。我从来没有开始喜欢任何一个角色；他们没有真正活起来。所以我马上把这个戏扔掉了。人物只是纯粹的纸板。我故意——我想是唯一一次——试图说点什么，说出明确的观点，说这是一些恶心的人，我反对他们。所以他们没有开始活起来。而在我其他剧作里的每个角色，即使是像《生日晚会》里格尔德伯格那样的恶棍，我也是在乎他们的。

《巴黎评论》：你经常把你笔下的角色说成是活的。他们是在你写完一个戏之后活起来的吗？还是在你写作的过程中？

品特：两者都是。

《巴黎评论》：他们像你所认识的人一样真实吗？

品特：不，但是不一样。写完《看门人》之后，我做了一个可怕的梦，是关于两兄弟的。在梦里，我的房子烧毁了，我试图找出是谁干的。我被牵引着穿过各种各样的小巷、咖啡馆，最后，到了一个什么地方里面的房间，里面有剧中的两兄弟。我说，那么是你们俩烧了我的房子。他们说，你别太当回事了。我说，我的东西都在房子里面，所有的东西，你们不知道自己干了什么，他们说，没关系的，我们赔偿你，我们照顾你，没事的——是弟弟在说话——然后我给他们写了一张五十块的支票……我给了他们五十块的支票！

《巴黎评论》：你对心理学有特别的兴趣吗？

品特：没有。

《巴黎评论》：根本没有吗？你头脑里有没有这样的想法：在《看门人》第二幕结尾的地方写段台词，让哥哥描述自己在精神病院里遇到的麻烦？

品特：这个，我的目的是在这个意义上阿斯东突然开口了。我的目的是让他继续说话直到他完蛋，然后……就落幕。那里我不是别有用心的。大家忽略的一点是没必要下那结论：阿斯东说他自己在精神病院经历的每句话都是真的。

《巴黎评论》：在你大多数剧本里都有一种恐怖感和暴力威胁。你把世界看作一个本质上是暴力的场所吗？

品特：世界是一个充满暴力的场所，就这么简单，所以戏里的任何暴力都是很自然地出来的。这对我来说是一个很本质的、不可避免的因素。

我觉得你说的这种风格是从《送菜升降机》开始的，从我的观点看，这是相对简单的一部作品。暴力真的只是统治与服从的表现形式，这可能是我的戏里反复出现的一个主题。我很久以前写过一篇短篇小说，叫《考验》，我关于暴力的想法从这里就开始了。很清楚，这篇小说讲的是两个人在一个房间里，为了什么不确定的事而争吵，他们争论的问题是：谁在什么时候是统治者，怎么才能统治，他们用什么工具达到统治，怎样才能破坏其他人的统治地位。一种威胁自始至终存在：关于最高地位这个问题，或者是谋求最高地位。这是吸引我写了电影剧本《仆人》的原因，是个别人的故事，你知道。我不想把这种暴力叫作什么为地位而战；这本是很平常、很普通的事情。

《巴黎评论》：这些日常的战争，或日常暴力的想法是来自你自己的经历吗？

品特：每个人都会遇到过某种方式的暴力。是这样的：战后，我通过一种极端的形式接触到了暴力。在东区，法西斯在英格兰卷土重来了。我在那里卷入了好几场争斗。如果你远远看去像个犹太人的话，你就可能有麻烦。而且，我去了一个犹太人俱乐部，在一个旧铁路隧洞边上，有很多人经常拿着破牛奶瓶在一条我们过去常常必经的林荫道边等着。有一两个摆脱那个地方的办法——当然了，一种是纯粹身体性的办法，但你完全不能对付牛奶瓶——我们没拿牛奶瓶。最好的办法就是跟他们讲话，你知道，像什么"你都好吗？""嗯，我都好。""那，那就好，是不是？"然后一直都往主路有光的地方走。

另一件事：我们经常被当成共产主义者。如果你走过，或者碰巧路过一条法西斯集会的街道，看起来多少有点儿敌对情绪——这是在瑞德里路集贸市场，在多斯顿集汇站附近——他们就会将你特别的面貌，尤其是，如果你胳膊底下夹着书，解释成是共产党的证据。那里发生过很多暴力事件，在那些日子里。

《巴黎评论》：这促使你走向某种形式的和平主义吗？

品特：战争结束时，我十五岁。三年之后，我被征兵。我决不可能去参军：我根本不知道这意义何在。我拒绝参军。所以，我被一辆警车带去做医疗检查。然后我两次上特别法庭，两次审判。本来我可能入狱的——我把牙刷都带到审判法庭上去了。但是地方法官有点儿同情我，我就被罚了款，总共三十镑。可能下次战争，我还会被征兵的，但是我不会去的。

《巴黎评论》：罗伯特·布鲁斯汀说到现代戏剧时说："反叛的剧作家变成了一个新教徒，为他的信仰布道。"你觉得自己扮演了这个角色吗？

品特：我不知道他在说什么。我不知道我能为什么信仰布道。

《巴黎评论》：戏剧界的竞争是很激烈的。你作为一个作家，意识得到自己和其他剧作家的竞争吗？

品特：写得好的就会让我特别兴奋，让我觉得值得活下去。我从来不知道存在任何竞争。

《巴黎评论》：你读那些写你的东西吗？

品特：读。大多时候，我都不知道他们在说什么；我不是真的全篇都看。或者我看了又忘了——如果你问我里面说了什么，我不是很清楚。但是有例外，只要是非职业剧评人写的。

《巴黎评论》：你写作的时候对观众有多少意识？

品特：不是很多。但是我知道写作是一种公众媒介。我不想让观众觉得厌烦，我想吸引他们关注发生的东西。所以我试图尽量精确地写作。反正我尽量如此，不管有没有观众。

《巴黎评论》：有个故事——布鲁斯汀在《叛逆剧场》里提到的——尤奈斯库曾经在热内的《黑人》上演时退场，因为他感到自己受到了攻击，可演员们却还很得意。你想让你的观众有类似反应吗？你自己会做同样反应吗？

品特：我有过这样的反应——最近有一次发生在伦敦这里，我去看《US》，皇家莎士比亚剧团一个反越战的演出。有一种攻击——我不喜欢被归为宣传，我讨厌临时演讲台。我想要在我自己的戏里清楚地展现什么，有时候这确实让一个观众很不舒服，但是不应该为了触犯而触犯。

《巴黎评论》：你因此觉得这个戏没有达到目的——挑起反战情绪吗？

品特：当然了。《US》在舞台上展现的画面和越南战争的现实之间的裂痕如此之大，简直都荒唐。如果这时要让观众受教育，受到震惊，我觉得就太夸大其词了。当电视和新闻界把一切都说得这么清楚的时候，是不可能为这么一件事情做一种主要的剧场陈述的。

《巴黎评论》：你有意让危机情境充满幽默吗？经常看你戏的观众会觉得他们的笑声是指向自己的，当他们意识到戏里的情境实际是什么的时候。

品特：是的，这是很对的，是的。我很少有意写得幽默，但是有时候我看到自己在对我来说突然显得很可笑的某个特定的点会发笑。

我同意对话通常只是显得很可笑——而说的这个人实际上是在为自己的生命而战。

《巴黎评论》：在很多这种危机情境中有暗含的性含义，是不是？你如何看待今天剧场中性的应用？

品特：我的确反对和性有关的一点——很多"思想解放"的人正在进行的方案：让淫秽语言向大众商业敞开。这本应该是地下世界黑暗的秘密语言。这些词很少——你不应该过度使用，这样就把它们杀死了。我在自己的戏里用过一两次这样的词，但是我不能让它们登堂入室。它们好极了，是精彩的词，但是必须用得非常稀少。语言自由、纯粹的公开性让我感到疲惫，因为这是一种展示，而不是说出的什么东西。

《巴黎评论》：你认为自己有一些模仿者吗？你在一部电影或剧场作品里看到过你觉得是品特式的东西吗？

品特：这个词！这个该死的词，尤其是"品特式"这个词——我不知道他们他妈的在说些什么！我觉得这是太沉重的负担，我承担不了，其他作家也承担不了。哦，很偶然我也想听听什么东西，喂，这挺耳熟的。但是就止于此。我真的觉得作家是写……就是写作，我觉得很难相信我对其他作家有什么影响。我很少看到这种事情的证据，不管怎么说；其他人似乎比我看到的证据更多。

《巴黎评论》：批评家吗？

品特：关注他们是个极大的错误。我觉得，你看，这就是一个过分的广告、太强调判断的时代。我是个能写的作家的好例子，但是我不像人们说的那些么好。我只是一个写作者；我觉得我被夸大得太厉害了，因为真正精妙的写作太稀少了，人们太夸大其词了。你所能做到的只是尽可能好地写作。

《巴黎评论》：从今往后五十年，你认为自己的戏还会演吗？普适性是你有意争取的一个特质吗？

品特：我不知道我的戏五十年后会不会上演，这对我来说根本不重要。如果我的戏在南美洲或者南斯拉夫也有意义，我会很高兴——这很让人高兴。但是我当然不争取普适性——我写一个该死的戏就有足够的要去争取了！

《巴黎评论》：你认为你获得的成功改变了你的写作吗？

品特：没有，但是的确是越来越难了。我觉得我已经跨越了什么东西。我一九五七年写头三个戏的时候，就是从写它们的角度写的；上演剧目的整个世界都太遥远了——我知道这些戏在我工作的保留剧目轮演剧团永远不会上演，西区和伦敦在月亮的另一边。所以我写这些戏都完全是没有自我意识的。毫无疑问，很多年来，越来越难防止这种对写作很重要的自由了，但是当我写东西的时候，它就在那儿了。曾经一度，避免聚光灯这样的事情变得越来越困难。我写一个舞台剧本花了五年：《回家》，在《看门人》之后。那个时段，我做了很多事情，但是写一个舞台剧本，这才是我真正想做的事情，可我却不能做到。然后我写了《回家》，不管好坏，我觉得感觉好多了。但是现在，我又回到同一艘船里来了——我想写一部戏，它一直在我脑子里盘旋着，可是我却不能动笔。人没有认识到的东西，是自己跟自己的那种巨大的无聊感，就看着这些词句又落在纸上，我觉得：哦天哪，我做的一切确实显得都是可预期的，不让人满意，毫无希望。这让我清醒。分神不再是什么大事了——要是我有什么可写我就写。别问我到底为什么要一直写剧本！

《巴黎评论》：你觉得你永远不会用更自由的技法重新写作吗？

品特：在他人的戏里，我可以欣赏到这种技法——我觉得《马拉/萨德》那次演出太棒了，其他很不一样的戏，比如《高加索灰阑记》我也很爱看。但是我自己不会使用这样的舞台技巧。

《巴黎评论》：这让你觉得落后于时代吗？

品特：我是非常传统的剧作者——比如我坚持在我所有的戏里都有一个大幕。因为这个原因我要写上几行落幕台词！即使像彼得·霍尔或者巴黎的克洛德·雷奇这样的导演想去掉它们，我也坚持保留。对我来说，什么都和形状、结构、整个的统一有关。所有这些即兴表演、八小时电影大聚会对那些相关的人来说是很有意思的，肯定的。

《巴黎评论》：他们不应该觉得它们有意思吗？

品特：他们要是都觉得有意思，我就觉得很欣慰，但是完全不要把我算在其中。我不会待上五分钟以上的。麻烦在于：我觉得这些东西太吵了，我喜欢安静的东西。在那么多现代艺术中似乎有很多吵吵闹闹、乱七八糟的东西，大量的东西都不及它们的典范：比如说，乔伊斯囊括了这么多巴勒斯实验性的技法，虽然巴勒斯本身是一个很好的作家。这不是说我不把自己看作一个当代作家：我的意思是：我就在**此地**。

（原载《巴黎评论》第三十九期，一九六六年秋季号）

THE PARIS REVIEW

奥尔罕·帕慕克

2006 年诺贝尔文学奖得主

获奖理由:"他在寻找其家乡城市的忧郁灵魂时,发现了文化冲突和交错的新符号"

《巴黎评论》访谈发表时间:2005 年

奥尔罕·帕慕克

（Orhan Pamuk）

1952—

土耳其小说家、剧作家、学者，生于伊斯坦布尔，1970年代走上写作道路，代表作有长篇小说《白色城堡》(1985)、《我的名字叫红》(1998)、《雪》(2002)、《纯真博物馆》(2008)，文学评论集《天真的和感伤的小说家》(2010)等。

奥尔罕·帕慕克

◎方柏林/译

奥尔罕·帕慕克一九五二年出生于伊斯坦布尔，至今仍在伊斯坦布尔生活。在土耳其共和国初期，帕慕克家人从事铁路建筑业致富。帕慕克在伊斯坦布尔富家子弟所上的罗伯特学院上学，接受了世俗的西式教育。帕慕克从小喜欢视觉艺术，上大学时报读建筑专业，但不久改变想法，希望从事写作。如今，他是土耳其读者最多的一位作家。

帕慕克的处女作为《杰夫代特先生》，出版于一九八二年。其后他又创作了《寂静的房子》（1983）、《白色城堡》（1985原著出版/1991年英译本出版）、《黑书》（1990/1994）、《新人生》（1994/1997）。二〇〇三年帕慕克获得国际IMPAC都柏林文学奖，获奖作品为《我的名字叫红》（1998/2001）。这是一部谋杀悬疑小说，故事背景为十六世纪的伊斯坦布尔，小说中有多重第一人称叙述，探索了他后来小说中常见的一些核心主题：在一个横跨东西方的国度身份的错综复杂性、兄弟之争、双重性的存在、美和原创的价值、文化影响的焦虑。《雪》（2002/2004）侧重宗教和政治极端主义，是他第一部质疑现代土耳其政治极端主义的著作，在土耳其国内颇多争议，但此书进一步奠定了他的国际地位。帕慕克近著为《伊斯坦布尔：一座城市的记忆》（2003/2005），此书记载了作者青少年时期的成长，也追忆了他成长的这个城市。

奥尔罕·帕慕克的一页手稿

本访谈是在伦敦与奥尔罕·帕慕克的两次直接面谈，外加通信联系写成的。我们第一次谈话是二〇〇四年四月，帕慕克的《雪》在英国出版之后。为这次访谈我们专门在酒店地下层订了一间企业会议室，里面亮着日光灯，空调声很吵闹。帕慕克来的时候，身穿黑色灯芯绒夹克、淡蓝色衬衫、黑色休闲裤。他看了看，说了声："我们死在这里都不会有人发现。"我们退到酒店大堂一个比较舒适、安静的角落，聊了三个小时，其间只有喝咖啡吃鸡肉三明治的时候有所中断。

二〇〇五年四月，帕慕克因《伊斯坦布尔》的出版而重回伦敦。我们又到了同一酒店同一角落，又聊了两个小时。一开始他似乎很憔悴，这不难理解。两个月前，他在接受瑞士报纸《每日导报》采访时说："土耳其有三万库尔德人和上百万亚美尼亚人被杀害，但是只有我敢讨论。"此言一出，土耳其民族主义报刊发起了一场针对帕慕克的严厉批判。毕竟，土耳其政府坚决否认一九一五年针对在土耳其的亚美尼亚人的种族灭绝屠杀，还立法禁止讨论库尔德人现有的冲突。帕慕克拒绝当众讨论此次争议的内容，希望争议就此平息。但是八月份，由于在瑞士媒体上发表的言论，他吃了一场官司。根据《土耳其刑法》第三百零一条第一款的规定，他被指控"公开诋毁"土耳其，如罪名成立，最高刑罚为三年监禁。这场官司引起了一场轩然大波，被国际媒体广泛报道，欧洲议会和国际笔会也向土耳其政府提出了强烈抗议，但当本期《巴黎评论》十一月付印时，针对帕慕克的指控依旧生效，他须于二〇〇五年十二月十六日出庭受审[①]。

——访谈者：安赫尔·葛利亚-昆塔纳，二〇〇五年

[①] 二〇〇六年一月二十二日，土耳其司法部拒绝批准此指控，故指控撤销。

《巴黎评论》：你喜欢接受采访吗？

奥尔罕·帕慕克：我有时觉得紧张，因为有些问题很无聊，我的回答也同样会愚蠢，不管是用土耳其文还是英文。我的土耳其语说得很糟，句式很蠢。在土耳其，批评我访谈的人多过批评我作品的人。土耳其的那些政论家和专栏作家反正也不看小说。

《巴黎评论》：你的著作在欧美反响不错，在土耳其评论界遭遇如何？

帕慕克：好日子已经过去了。我刚出头的那些年，老一辈作家正退出视线，我是新人，所以颇受欢迎。

《巴黎评论》：说起上一代作家的时候，你想到的是哪些人呢？

帕慕克：那些肩负社会责任感的人，那些认为文学担负着道德和政治责任的作者。他们是彻头彻尾的现实主义者，不玩实验。和大部分穷国作家一样，他们的才智浪费在为国家服务上了。我不希望和他们一样，因为在我年轻的时候，就喜欢福克纳、弗吉尼亚·伍尔夫、普鲁斯特。我从不想走斯坦贝克和高尔基这种现实主义的路子。六七十年代的写作过时了，我则是初出茅庐，作为新一代作家很受欢迎。

九十年代中期后，我的书的销量在土耳其已经超出了任何人的梦想。此后，我与土耳其媒体和知识分子的蜜月期就结束了。从此之后，评论界主要关注的是话题和销量，而不是我这些书的内容。很不幸，现在我因一些政治言论而臭名在外，这些言论本来都是在国外的访谈，但是被土耳其民族主义记者刻意扭曲，夸大了我的极端性和我在政治上的愚蠢。

《巴黎评论》：所以说你的受欢迎惹动了一些人的敌意？

帕慕克：我个人坚决认为这是对我销量和政治评论的一种报复。不过这话我不想多说，因为听起来像是在自卫。或许我对全局有所误解。

《巴黎评论》：你在什么地方写作？

帕慕克：我一直认为睡觉以及和家人在一起的空间，得和写作的地方分开。家庭的琐事和细节有时候会伤害想象力，会干掉我骨子里坏的一面。家庭琐事和日常生活，会让人对其他世界的向往（这正是想象力所系）渐渐消逝。因此多年来，我一直都在家之外另置一间办公室用来写作。

不过有一回，我在美国度过半个学期，那时候我的前妻在哥伦比亚大学读博士。我们住在一个给已婚学生住的公寓，我的空间没有了，睡觉、写作都在这一个地方。家庭生活的提示到处都是。我很苦恼。每天早晨，我都跟妻子告别，仿佛去上班一样，离开家门，走上几个街区，然后再回来，就仿佛到办公室上班一样。

十年前，我在博斯普鲁斯找到了一处公寓，这里可俯瞰老城区。这里的风景在伊斯坦布尔或许是首屈一指的。从我住的地方去这里步行需要二十分钟。我在这里堆满了书，我的书桌就对着这片风景。我平均每天在那里待上十个小时。

《巴黎评论》：一天十小时？

帕慕克：是的，我很勤奋。我喜欢这样。人们说我心太野，或许没错。但是我喜欢我做的事情。我喜欢坐在桌子前，就如同孩子在玩玩具一样。我是在做事，可这也是玩，也是在游戏。

《巴黎评论》：《雪》中与你同名的奥尔罕形容自己是个每天在同一时间坐下来办事的小职员，你是不是一样也带着严格的纪律从事写作呢？

帕慕克：我强调小说家、小职员的特性。他们与诗人不一样，土耳其诗人地位高，做诗人很流行，也受人尊重。奥斯曼时代大多数苏丹和政治家是诗人，但这和我们今日理解的诗人不同。数百年来，写诗是成为知识分子的一种方式。这些人大都将自己的诗稿整理成集，这种诗集叫"集子"。事实上，奥斯曼时代的宫廷诗歌又称集子诗。奥斯曼帝国的政客有一半都有自己的集子。这种写作要遵循各种传统和仪式，这是一种很复杂很有学问的写作方式。很传统，也很有重复性。西方观念进入土耳其后，人们心目中的诗人是那种对真理有着火热追求的人，这是一个浪漫而又现代的理念，和土耳其原来的传统合流了，更是给诗人的声望锦上添花。而小说家则是借耐力来打拼，基本上是靠着耐心，慢慢地，像蚂蚁一般地前行。小说家令人印象深刻，凭的不是那种疯魔而浪漫的眼光，而是他的耐心。

《巴黎评论》：你写过诗？

帕慕克：经常有人这么问。我十八岁时，在土耳其发表过一些诗歌，但后来我放弃了。我的解释是，我认识到，诗人是神的代言人，对诗歌得有一种如同被附体的感觉。我试着写过诗，但过了一段时间，我意识到神没有在跟我说话。我为此感到难过，我也试图想象，如果神通过我说话，会让我说什么。我开始写，写得很较真、很慢，我想把这个问题弄清楚。这就是散文式写作、小说写作。因此，我就像一个职员。别的作家或许会觉得这么说有点侮辱性。但我能接受，我就像一名职员一样工作。

《巴黎评论》：可不可以这么说，随着时间的推移，散文体写起来会越来越顺手？

帕慕克：可惜不是。有时我觉得我笔下的人物应该进入一个房间了,可是我还是不知道如何让他进入。我可能更自信了一些,可是这也未必是好事,因为这样你就不去实验了,而是想到什么写什么。过去三十年来我一直在写小说,所以我想也应该有了些长进。可是有时候,还会意外遇到思维的死胡同。人物进入不了房间,我也不知道该怎么办。还是这样!都三十年了!

对于我这种思维方式来说,将书分章节很关键。小说创作中,如果我提前知道情节——大部分时候我知道,我会将其分章节,然后再想出细节来。我不一定会从第一章开始动笔,然后按部就班一章一章写下去。如果在哪里受阻写不下去了(这对我来说也不是多严重的事),我就随兴之所至换个地方接着往下写。有时候我从第一章写到第五章,如果我写得不开心了,我就跳到第十五章接着写。

《巴黎评论》:你是不是每次都提前把整本书给筹划好?

帕慕克:全都筹划好。例如,《我的名字叫红》里面有很多人物,每个人物我都分配好章节。写的时候,有时候会想继续"做"其中的人物之一。所以等我写完了谢库瑞,或许是第七章,我会跳到第十一章,因为第十一章写的还是她。我喜欢扮演谢库瑞。从一个人物跳到另外一个人物,或许会让人郁闷。

但是最后的一章我总是最后写。这是肯定的。我想逗自己一把,问自己结尾该是什么样子。结尾我只能来一次。快到结尾,停笔之前,我会回去修改前面的章节。

《巴黎评论》:你写的时候,有没有个读者为你看?

帕慕克:我的作品,总是读给与我生活相交的人听,如果那人说,再给我看一点儿,把你今天写的给我看看,那我会很感谢。这是必要的压力,同时也像是父母在拍你的后背,说,干得不错。偶尔,对方会说,这个对不起,不敢苟同。这也好。我喜欢这套路。

我总是想起我的榜样之一——托马斯·曼。他有时候会让全家人聚到一起——他的六个孩子和妻子,他会给聚在一起的一家人念他的作品。我喜欢这样,老爸给你们讲故事这种。

《巴黎评论》:你年轻的时候想做画家,那你是什么时候想到弃画从文的?

帕慕克:是二十二岁的时候。自从七岁那年我就想成为一名画家,我的家人也都接受了这一点,他们都认为我将成为一位著名画家。但后来我脑海里起了变化,就仿佛一颗螺丝松了一般。我停住不画了,且马上开始写小说。

《巴黎评论》:螺丝松了?

帕慕克:我不能说我是出于什么原因这样做的。我最近出版了一本书,叫《伊斯坦布尔》。它一半是我到那个时刻为止的一个自传;另一半是关于伊斯坦布尔的文章,更确切地说,是通过一个孩子的视角看伊斯坦布尔,结合了一些关于伊斯坦布尔的图像、景观、风格的思考,和孩子眼中的这个城市,以及这个孩子的传记。在书的最后一句,我说:"我不想成为艺术家,我要当作家。"这里我也没有做什么解释。不过,把整本书看完,或许可以得到一些解答。

《巴黎评论》:你的家人对这一决定是否感到高兴?

帕慕克:母亲挺不高兴的。我父亲更能理解一些,因为他年轻的时候,曾想当诗人,将瓦莱里的作品翻译成土耳其语。但他所属的上流社会嘲笑他,于是他放弃了。

《巴黎评论》:你家人把你当画家而不是小说家看?

帕慕克:是的,因为他们认为我不会专职当画家。我们家的传统是做土木工程。我祖父是位土木工程师，通过修铁路赚了不少钱。我叔叔和父亲把钱都花掉了，但他们都上了同一所工程学院——伊斯坦布尔技术大学。家人也指望我去那里，好吧，那我就去那里吧。因为我是家人心目中的艺术家，大家觉得我应该顺理成章当建筑师。这似乎是一个人人满意的解决方案。于是我上了这所大学，但在学校学建筑期间，我突然放弃绘画，从事写作了。

《巴黎评论》：放弃绘画的时候，你是不是已经在酝酿第一部小说了呢？

帕慕克：我记得我还不知道要写什么，但我就想成为一名小说家。事实上，我开始写作时，开头两三次很不成功。我还有这些笔记本，可是过了大约六个月后，我开始写一部大部头，后来以《杰夫代特先生》的名字出版。

《巴黎评论》：此书还没有翻译成英文。

帕慕克：它实际上是一个家世传奇小说，就如同《福尔赛世家》或托马斯·曼的《布登勃洛克一家》。写完不久，我就开始后悔写了部这么过时、这么十九世纪的小说。之所以后悔，是因为到了二十五六岁的时候，我就认准了要做一个现代作家。小说最终出版的时候，我三十岁了，写作手法也开始有更多的实验色彩。

《巴黎评论》：当你说你想成为更现代、更有实验色彩的作家时，在你心中是否有一个榜样？

帕慕克：当时，我心目中最伟大的作家不是托尔斯泰、陀斯妥耶夫斯基、司汤达或托马斯·曼，我心目中的英雄是弗吉尼亚·伍尔夫和福克纳。现在我想把普鲁斯特和纳博科夫加入这一名单。

《巴黎评论》：《新生活》的开场白是"有一天，我读了一本书，从此我的生活完全改变"，什么书对你有这样的效果？

帕慕克：我二十一二岁的时候，《喧哗与骚动》对我很重要。我买了企鹅出版社出的版本。文字很难理解，况且我的英文不好。但是此书有个土耳其译本很好，所以我把土耳其版和英文版一起放在桌子上，用一种语言读半段，然后换另外一种语言。这本书对我影响很大。读罢此书的一个残留效果，是它帮我发展出了叙述的声音。不久，我就用单数第一人称来写作了。大部分时候，我用第一人称扮演他人的写作要胜过我用第三人称的写作。

《巴黎评论》：你说是经过了多年，第一部小说才出版？

帕慕克：在我二十多岁时候，我在文学界一个人都不认识。我没有加入伊斯坦布尔任何文学团体。我出版作品的唯一机会，是参加土耳其未出版书稿的文学竞赛活动。我参加了，而且获了奖，奖品是让一家优秀出版社出版我的作品。那时候，土耳其经济不景气。他们说，是的，我们会签合同的，可是小说的出版拖了好久。

《巴黎评论》：你的第二部小说的出版是不是顺利些？

帕慕克：第二本是政治作品。但不是宣传。我在等着第一部出版的时候，就在动笔写这一本了。这书我花了差不多两年半时间。突然一个晚上，土耳其发生军事政变了。那是一九八〇年。次日，原本要出版我第一本书《杰夫代特先生》的出版商说不出了，尽管我们已经签过合同。那时候我意识到，即使我第二部书当时写完了，五六年内也无法出版，军方是不会允许它出版的。所以，我的想法可归纳如下：我二十二岁时就说自己要写小说，写了七年，希望能在土耳其出版点儿什么作品……结果一无所获。现在我快三十了，也没有可能再发生什么了，手头还有那部没写完的二百五十页的政治小说放在抽屉里。

军事政变之后,我不想消沉下去,便开始写第三部书,就是你提到的《寂静的房子》。那是一九八二年我第一本书出版的时候我在写的书。《杰夫代特先生》的反馈很好,这意味着我可以将我当时在写的书出版,因此,我的第三本书成了我第二部出版作品。

《巴黎评论》:在军事政权统治下,到底是什么原因使得你的作品出版不了?

帕慕克:小说中的人物是上层的马克思主义者,他们的父母亲常去避暑胜地,他们拥有很大很宽敞很豪华的住宅;他们也为自己马克思主义者的身份沾沾自喜。但他们打斗、内讧,还阴谋炸死总理。

《巴黎评论》:养尊处优的革命小圈子?

帕慕克:上流社会的年轻人,还带着富人的习惯,故作极端状。不过我不想做什么道德评判。我只不过是要将自己的青春浪漫化而已。向总理投掷炸弹这个想法,就足以让此书被禁。

所以我并没有完成此书。写书的时候,人自己也会改变,总不能扮演同样的角色。你不能像以前一样继续。每个作者写的每一本书,都代表着他自己发展的某个阶段。一个人的小说,可以看作他精神发展史上的一块里程碑,过了就回不去了。一旦小说的弹性终结了,你也就无法再动它了。

《巴黎评论》:你在尝试各种思想观念的时候,如何在小说的形式上下功夫呢?是从一个意象,还是从第一句话开始的?

帕慕克:没有固定的公式。但是我尽量不去同时写两部小说。我想全部重来。因此,很多读者告诉我说,我特别喜欢你这部小说,真可惜,你没沿这个路子接着写;还有人说,以前我看你的小说都不喜欢,直到你写出某某小说为止。很多人是这么议论《黑书》的。事实上,我很讨厌听人这么说。在形式上、风格上、语言上、情绪上、形象上开展不同试验,用不同思维对待不同的书,这样才好玩,才有挑战性。

我通过不同渠道给书选材。《我的名字叫红》中,我想写我当画家的野心。我的头开得不大好。刚一开始,我写的是一部论文式作品,关注对象只是一个画家。接着我将这个画家,变成同一个画室里协作的多个画家。视角变了,因为现在有别的画家在说话了。一开始,我想的是写一个现代画家,但是接着我又想,这个土耳其画家或许太平庸、太受西方影响了,因此我在时间上开始回溯,写起细密画家来。就是这样,我找到了写作的题材。

有些题材要求你有正式的创新,或是故事叙述策略。例如有时候,你只是看到了什么,或者说读到了什么,或者说看了一部电影,或是看了一篇报纸文章,然后你就想,我来让土豆说话,或者让狗、树木来说话。一旦你有了这个想法,你就开始构思小说里的对称性和延续性。你会感觉这很妙,毕竟没有人这么干过。

最后,有些事情我已经想了多年。或许我会将有些想法告诉给亲密的朋友。为了自己要写的小说,我写了很多笔记。有时候一开始我并没有写这些小说的念头,可是一打开笔记本,开始做笔记的时候,我就有可能写这小说。所以我在完成一部小说的时候,我的心思或许已经跑到其他小说上去了。完成第一部小说两个月后,我就动笔写下一部了。

《巴黎评论》:许多小说家不会讨论正在创作的作品,你是不是也对这些小说保密?

帕慕克:我从来不讨论情节。在正式场合,如果有人问我写什么,我总是用同一句话来对付:发生在当代土耳其的一部小说。我很少向人透底，除非是我特别熟悉的、我知道不会伤害我的人。我说的都是些噱头，比如我说我会让云来叙述。我很想看大家对此的反应。这有点孩子气。我写《伊斯坦布尔》的时候就常这么干。这种思维很像向爸爸卖弄聪明的小顽童。

《巴黎评论》： 噱头这个词有负面含义。

帕慕克： 你是用噱头开始的，但是最后你如果相信作品在文学上、道德上的严肃性，它就会变成一种严肃的文学创造；它会成为一种文学声明。

《巴黎评论》： 评论界常把你的作品归入后现代小说；可是在我看来，你的叙事手法主要来自传统，例如，你在作品中引用《一千零一夜》之类的东方经典。

帕慕克： 这是从《黑书》开始的。不过早先我读过博尔赫斯和卡尔维诺的作品。我和妻子一九八五年访问过美国，在那里我接触到了极为出色、极为丰富的美国文化。作为一个来自中东的土耳其人、一个写作地位还没有奠定的作家，这些让我有一种高山仰止的感觉。因此，我退回到我自己的"根"。我意识到我们这一代人必须发明出一种现代的土耳其文学。

博尔赫斯和卡尔维诺解放了我。传统伊斯兰文学是很政治的，且被一些保守派用一种老旧、愚蠢的方式在用，我从来不觉得我会去使用这些素材。可是到了美国后，我意识到我可以带着博尔赫斯和卡尔维诺式的心态，回到这些素材上。我得在伊斯兰文学的宗教和文学内涵之间作一明确区分，这样我才可以容易、合理地使用其中丰富的游戏、噱头和寓言。土耳其的装饰文学高度发达，这方面的传统源远流长。可是那些带着社会功用目的的作家，将这个传统中比较创新的内容给倒空掉了。

在中国、印度、波斯等国的口述文学传统里，一些寓言总是重复出现。我决定将它们放入当代伊斯坦布尔的语境下。这有实验性，是将一切拼凑起来，如同一幅达达主义的拼图。《黑书》就有这个特征。有时候所有这些来源会混到一起，出现新的东西。所以我将所有重述伊斯坦布尔的故事放在一起，加上一个侦探的情节，结果就有了《黑书》。不过该小说的源头，是强劲的美国文化，以及我想成为一个实验派严肃作家的愿望。我没法写关于土耳其问题的社会评论式作品，这些问题让我感到惶恐。所以我得写些别的东西。

《巴黎评论》：你有没有通过文学来开展社会评论这方面的兴趣？

帕慕克：不，我的写作是对老一辈小说家，尤其是八十年代那些作家的一种反拨。当然我是带着恭敬说这些的，可是他们作品的主题实在狭隘、偏颇。

《巴黎评论》：让我们回到《黑书》之前。是什么原因促使你写《白色城堡》的？在这本书里，你第一次使用在后来其他小说里一再重复的主题——扮演他人。为什么成为他人这个主题，会一再出现在你的小说中？

帕慕克：这是一个很私人的事情。我有一个很要强的哥哥，比我只大十八个月。从某种程度上看，他是我父亲，我的所谓弗洛伊德式的父亲。他成了我的另一个自我，权威的代表者。另一方面，我们也有竞争，也有手足情谊。这关系非常复杂。我在《伊斯坦布尔》中写了很多这方面内容。我是个典型的土耳其男孩，热衷于足球、各种游戏和比赛。哥哥在学校里很成功，比我出色。我嫉妒他，他也嫉妒我。他是个很讲道理很负责的人，在上级和长辈面前说得上话的那一种。比赛的时候我关注游戏，他注重规则。我们一直在竞争。我想象我是他，诸如此类。这样就成了一种模式。羡慕、嫉妒，这些都是我喜欢的主题。我始终担心，哥哥的力量和成功，会在多大程度上影响我。这种担忧，是我思想的一个重要组成部分。我知道这一点，所以我在我自己和这些感情之间添加距离。我知道这些不好，所以和其他文明人一样，我与之抗衡。我不是说我是嫉妒的牺牲品。可是我一直要对付的就是这错综复杂的情绪。当然，到了后来，这就成了我所有小说的题材。在《白色城堡》里，两个人物之间那种施虐受虐的关系，就是在我和哥哥的关系基础之上加工的。

另外，关于扮演他人的主题，也体现在土耳其面对西方文化时感到的脆弱上。写完《白色城堡》后，我意识到这种嫉妒——这种被他人影响的焦虑，就像土耳其面对西方时的那种处境。你知道，土耳其试图西化，可是又有人说它西化得不真实。它想得到欧洲的精髓，又为自己的模仿感到内疚。这种情绪的起伏，也很像兄弟之间的比拼。

《巴黎评论》：在你看来，土耳其东方化和西方化之间的冲突，能否得到和平解决？

帕慕克：我是一个乐观主义者。土耳其不应该担心有两个精神、属于两种不同的文化、有两个灵魂，精神分裂症会让你更聪明。或许你会脱离现实——我是写小说的，所以这反倒不是坏事，但是你不要担心你的精神分裂症。如果你总担心你的一个组成部分伤害另一个部分，你最后只剩下唯一一种精神，那倒还不如精神分裂。这是我的理论。我试图在土耳其政治中宣扬它，在追求土耳其灵魂一体化的政客中宣扬这一点，因为有些政客说土耳其要么东方化，要么西方化，要么民族主义化，而我反对这种铁板一块的思维。

《巴黎评论》：你这宣传在土耳其是否被人接受呢？

帕慕克：民主、自由的土耳其这一理念越是牢固，我的思想就越是能被人接受。土耳其也只有带着这种理念，才能进入欧盟。这是抗争民族主义，抗争"我们归我们，他们归他们"这种思维的一个方法。

《巴黎评论》：可是在《伊斯坦布尔》中，你将土耳其浪漫化，似乎是在缅怀一个已经不复存在的奥斯曼帝国。

帕慕克：我不是哀悼奥斯曼帝国的消失。我是一个西化派。我对西化进程感到高兴。我只是在有限的范围内批评统治精英——包括政治官僚和新富人阶层——对西化的理解方式。他们缺乏必要的自信，没法建设出一个本国文化、一个富有自己的象征和仪式的文化。他们不去追求建设一个伊斯坦布尔文化，将东西方有机地结合，而只是将东方和西方的东西像大杂烩一样掺和在一起。当然，这里有很强势的奥斯曼帝国文化，但是它也在慢慢消逝。他们应该不遗余力地去创造强势的本土文化，这种文化可以将东方的历史和西方的现实相结合，而不只是对二者的模仿。我力图在我的书里做同样的事。或许新一代更有可能在这方面成功。加入欧盟不会毁掉土耳其的定位，反倒会使得土耳其更加繁荣，让我们有更多自由、更大自信，让我们来创造一个土耳其新文化。奴隶一般模仿西方，或是奴隶一般模仿已经逝去的奥斯曼帝国文化，都不是好的解决方案。你得将这些拿来做成些事情，而不是只为自己属于这个或者那个感到焦虑。

《巴黎评论》：在《伊斯坦布尔》一书当中，你似乎对外国的、西方的目光有认同感，并用这样的目光观看自己的城市。

帕慕克：但我也解释了为什么一个西化的土耳其知识分子能够认同西方的目光的缘由。伊斯坦布尔的形成，就是对西方的一个认同过程。这里总有这种区分，也不难认同东方的愤怒。这里的人有时候是西方人，有时候是东方人，事实上常常是二者合一。我喜欢爱德华·赛义德的东方主义观念，可是土耳其从来没有被殖民过，将土耳其浪漫化对土耳其人来说从来都不是难事。西方人从来没有像羞辱阿拉伯人和印度人那样羞辱过土耳其人。伊斯坦布尔只被人入侵过两年时间，敌人的船只怎么来还是怎么走的，没有在民族精神上留下伤痕。留下伤痕的，是奥斯曼帝国的灭亡。所以我没有这种焦虑，没有这种被西方人瞧不起的感觉。不过自从共和国成立后，有了一种害怕，因为土耳其人想西化，但是又走不了多远，所以就有了一种文化上的自卑，这是必须对付的。我自己偶尔也会有这感觉。

可是另外一方面，我们这种伤痕，和那些被人统治或者殖民过两百年的国家没法比。土耳其人从来没有被西方大国压迫过。土耳其人受的压迫都是自找的。我们出于实用的目的，抹杀自己的历史。这种压迫中有一种脆弱。可是这种自己开展的西化，也同样带来了孤立。印度人曾经和压迫者面对面打交道。土耳其人很奇怪，是和自己所模仿的西方世界割裂开的。在二十世纪五十甚至六十年代，如果有外国人入住伊斯坦布尔的希尔顿酒店，都会被所有报纸报道。

《巴黎评论》：你是否相信有个正典的存在，或者说是否应该有个正典？我们听说过西方正典一说，那么非西方正典呢？

帕慕克：是的，还有另外一个正典。应该去探索、开发、共享、批评，然后加以接受。现在的所谓东方经典是一片废墟。那些皇皇巨著四处都有，但是没有人将它们整理出来。从波斯经典，到印度、中国、日本的经典，都必须带着批评的眼光来评估。目前，这些正典把握在西方学者手里，西方是传播和沟通的中心。

《巴黎评论》：小说是一个非常西方的文化形式，在东方传统里有没有它的地位？

帕慕克：现代小说，除了史诗的形式之外，本质上是个非东方的东西。小说家是个不属于特定社区的人，并无社区的那些本能，他带着和自己所经历的文化不同的一种文化，来思考、来评判。一旦他的意识和他所处的社区不同，他就成了局外人、孤独者。他文字的丰富性是来自局外人那种偷窥的视角。

一旦养成这种观察世界的方式，你就会用这种方式去写作，就有那种脱离社区的欲望，这就是我在《雪》里的思维模式。

《巴黎评论》：《雪》是你所发表的最有政治色彩的书。你是如何看待此书的？

帕慕克：二十世纪九十年代中期，我在土耳其开始成名的时候，针对库尔德游击队的战争还正打得很激烈，老一代的左翼作者和新一代的现代自由派都想拉我入伙，如签请愿书之类，他们开始让我做一些和我的书不相干的事情。

不久，统治阶层开始用污蔑名声的方式来反击，他们开始骂我，我很生气。过了一段时间我就想，不如我写一部政治小说，探究我自己在精神上的两难处境——一个来自中上阶层家庭的人，却对没有政治代言人的群体负有责任感。我相信小说艺术的作用。写小说把我变成了一个局外人，这是件奇怪的事情。我那时候就跟自己说，不如我写一部政治小说吧。完成《我的名字叫红》之后，我就开始动笔写。

《巴黎评论》：你为什么将故事发生地放在卡尔斯小城？

帕慕克：卡尔斯是土耳其以寒冷著称的小城，也是最贫穷的地方之一。在八十年代早期，我们有份主要报纸曾经用了头版一整版，专门报道该城的贫穷。有人计算过，用一百万，就可以把整个小城全部购买下来。我想去那里的时候，政治氛围不是很有利。小城周边大部分是库尔德人，但是小城中心住着库尔德人、阿塞拜疆人、土耳其人和其他各种类型的人。过去还有俄罗斯人和德国人。这里还有宗教上的差异，什叶派和逊尼派都有。政府反库尔德游击队的战斗打得很激烈，我们无法作为一个游客去那里。我知道我不能作为一个小说家过去，所以就去找一个和我有些联系的报纸编辑帮忙，让他给我发一张报社的通行证前往该地区。此人本事很大，直接就给那个小城的市长和警察局长打电话，说我要来。

到达之后，我立刻去找市长和警察局长，和他们握手，免得日后走在街上被他们给抓住。事实上，一些不知道我在这里的警察还真的在街上拦过我，将我带走过，或许是要虐待我。我马上给出了一些人的名字——我认识市长，也认识警察局长……但我是一可疑人物。土耳其理论上是一自由国家，可是直到一九九九年之前，任何外国人都可能遭到怀疑。但愿现在的情况好一些了。

书中的很多人物是根据真人改编，很多地方也真实存在。例如，发行量二十五万二千份的本地报纸就是真的。我带着照相机和摄像机到了卡尔斯，见什么拍什么，后来回到伊斯坦布尔，就拿出照片来给朋友看，大家都觉得我有点儿疯狂。另外还发生了一些事，就像我描述的卡和小报编辑的谈话，编辑把卡前日所为都告诉给他，卡问他是怎么知道的，编辑说他是听警察的对讲机听来的。这是真的，他们也一直在跟踪我。

当地电视台主持人让我上了电视，说，我们这位著名作家要给我们的全国大报写篇文章，这可是一件大事。当时镇上的选举很快就要来了，所以卡尔斯都对我开放门户。他们都想向全国性大报说点儿什么，想让政府了解他们的贫困。他们不知道我会把他们写进小说里。他们以为我会把他们写到文章里。我得承认，这么做我是有点儿见利忘义、有点儿残酷了，不过我确实也想过写篇文章的。

四年里我往返多次，那里有个小咖啡店，我偶尔光顾，在里面写作、记笔记。我还带了一个摄影师朋友一起到卡尔斯来，因为那里下雪的时候很漂亮。在我写笔记的时候，这位摄影师朋友听到人们在议论说，他到底写的是什么文章啊？都三年了，写本小说都够了——他

815

们把我给琢磨出来了。

《巴黎评论》：这本书的反应怎样？

帕慕克：在土耳其，无论保守派（或政治伊斯兰教徒）和世俗派都感到不满。倒不至于禁止这本书，或是伤害我本人。但他们感到失望，他们在全国性日报里写评论。世俗派感到失望，因为我写道，在土耳其做世俗的激进者，代价是你会忘记做民主派的使命。土耳其世俗派的势力来自军方，这一势力破坏了土耳其的民主，破坏了宽容文化。一旦军队介入到政治文化当中，人们就开始失去自信，依靠军队来解决所有问题。大家通常会说，这个国家及其经济一团糟，我们找军队来收拾一下吧。可是他们在收拾的时候，也破坏了宽容的文化。很多嫌疑人被折磨，十万人被抓进了监狱，这就给新的军事政变铺平了道路。这新的政变十年一个轮回。我为此批评世俗派。他们也不喜欢我把伊斯兰教徒当成普通人来描写。

政治伊斯兰教徒也感到失望，因为我写到了伊斯兰教徒的婚前性行为。就是这些简单的事情惹火他们的。伊斯兰教徒总是怀疑我，因为我不是来自他们的文化，另外我的语言、态度甚至手势，都像一个更西化、更有特权者。他们也有自己的代表问题。他们会问，他怎么可能这么写我们？他根本不了解。这个我也写进了小说。

但我不想夸大。我活得好好的。他们都看这部小说。他们可能会愤怒，但是他们原原本本地接受了我，也接受了我的书，这说明人们的心态越来越自由化。卡尔斯人的反应也千差万别。有的人说，是的，就是这样子。其他人，通常是土耳其民族主义分子，在我提到亚美尼亚的时候比较紧张。例如那位电视主持人，将我的书装在一个象征性的黑色袋子里邮寄给我，并在一次新闻发布会上说我是为亚美尼亚人宣传。当然，这个指控很荒谬。我们的文化实在有点太狭隘、太民族主义了。

《巴黎评论》：这本书有没有闹得沸沸扬扬，就如同拉什迪的遭遇那样？

帕慕克：没有，根本没有。

《巴黎评论》：这是一本叫人感到郁闷的、很悲观的书。这个小说中，唯一能听取各方说法的人，卡，最后却被所有人瞧不起。

帕慕克：或许是我将自己在土耳其当小说家的处境戏剧化了。卡知道自己在土耳其被人鄙视，但还是喜欢和所有人谈话。他还有很强的生存本能。卡被人瞧不起，是因为大家认为他是一个西方间谍。也常有人这么说我的。

关于小说的郁闷性，这个我认同。不过出路是幽默。每当有人说这小说让人郁闷的时候，我就问他们，小说写得好玩不好玩？我想，小说中有不少幽默的成分，至少这是我的初衷。

《巴黎评论》：你写小说写出了麻烦，这麻烦日后没准还有。写小说也切断了你的一些感情链，这个代价可不小。

帕慕克：是的，但这是一件美妙的事情。如果我出去旅行，而不是坐在自己桌子前的时候，过一段时间我就会感到沮丧。独自一人在一个房间里创作的时候，我就感到开心。我是忠于艺术、忠于技艺的，可是还不止这些，我喜欢在一个房间里独处。我继续保持这个仪式，我相信我写的总有一天会发表，让我的白日梦不白做。我得长时间一个人待在桌子前面，有好的纸张和钢笔，这就像病人必须有药吃一样。我对这些仪式很在乎。

《巴黎评论》：你是为谁而写呢？

帕慕克：人生总是越来越短，这个问题你也会越发经常地问你自

817

己。我写了七部小说。我希望在有生之年再写七部。不过还是那句话,人生苦短。要不要多享受一点呢?有时候我写得也很费劲,得逼自己写。为什么要这么做呢?这一切有什么意义呢?首先,如我刚才说的,独处一室是一种本能。再者,我还有那种少年式的争强好胜,总想着再出一本好书。我越来越不相信作家能够不朽。两百年前写的书今日还被人读的已经很少。如今世界变化太快,如今的书,或许过个一百年就被人忘了。很少有几本书还会有人去读。再过两百年,或许今日所写的书还有五本能存在于世。我的书会不会在这五本之列,我说不准。可是这是不是写作的意义之所在?我为什么要去操心两百年后有没有人看我的书呢?我要不要操心如何长寿一点儿呢?要是知道日后还有人看我的书,我会不会有所安慰呢?这些问题我都在考虑,但还是继续在写。我也不知道,不过我就是不肯放弃。想到以后还有人看自己的书,就是人生的一大安慰、一大快事。

《巴黎评论》:你在土耳其是畅销作家,不过你的作品在土耳其的销量反倒不及国外。你的作品已被翻译成四十种文字。你如今在写作的时候,有没有考虑到更广泛的全球读者群?你现在是不是在为一个不同的读者群写作呢?

帕慕克:我知道我的受众已经不限于国内。可是即便是在刚走上写作之路的时候,我可能就已经考虑更广泛的读者群了。我的父亲过去常在背后说他认识的一些土耳其作家"只是写给土耳其读者看的"。

对自己的读者群有所意识是个问题,不管这读者群是国内还是国际的。这个问题我现在回避不了了。我最后两本书在全世界的读者平均有五十万,我无法否认他们的存在。可是另外一方面,我从来不觉得我应该去取悦他们。我也相信,如果我试图取悦读者,他们也会感受到。从一开始,我就下了决心,要是我感觉到读者在期待什么,那我就一定要绕开。即便句子结构上我都这样——我给出一些铺垫,最后却让读者吃惊。或许正因为这个原因，我喜欢写长句子。

《巴黎评论》：对于大多数非土耳其读者来说，你写作的独创性在很大程度上是和土耳其的背景有关。你在土耳其，是如何让你的作品脱颖而出的？

帕慕克：这里有哈罗德·布鲁姆所说的"影响的焦虑"问题。和所有作家一样，我年轻的时候有过这种焦虑。三十出头的时候，我经常在想，我或许受托尔斯泰和托马斯·曼影响太大了。我希望在我的第一部小说里，呈现出这种温和的贵族式文风。可是我最终意识到，我在技巧上平庸了些。但我毕竟是在世界上的这个地方写作，离欧洲很遥远——至少当时看来，在这种不同的文化和历史氛围里，吸引不同读者，我想这个事实本身，就能让我有独创性，哪怕这种独创性是通过一种廉价方式得来的。可是这么做也不容易，因为这些技巧不大容易翻译，也不大容易传播。

独创的公式很简单，就是将原本无关的两件事物摆到一起。如《伊斯坦布尔》，这是一篇散文，写的是这个城市和一些外国作家——福楼拜、奈瓦尔、戈蒂埃对这个城市的看法，其看法又是如何影响土耳其的一个作家群体。将这个再造伊斯坦布尔浪漫风情的文章，和自传结合起来，这是他人没有做过的。冒点儿险，你会有新发现的。在《伊斯坦布尔》一书上我有这一尝试，使之具有独创性，我也不知道这会不会成功。《黑书》也是像这样将一个怀旧的、普鲁斯特式的世界和伊斯兰的语言、故事、机巧结合起来，然后一起放在伊斯坦布尔的背景下，看会有什么结果。

《巴黎评论》：《伊斯坦布尔》一书让人感觉你像是一名孤独者。在如今的现代土耳其，你作为一个作家确实是孤独的。在你的成长过程中和如今的生活里，你似乎一直游离在自己所处的世界之外。

帕慕克：我成长在一个大家庭，而且我的教育让我重视社区，可是后来我有了一种脱离社区的冲动。我有自我毁灭的一面，有时候我会大发雷霆，做出些不当的事情，以至于和社区割裂开，无法与其和谐相处。在早年，我就意识到社区会扼杀我的想象力。我需要孤独的痛苦来激发想象力，此后我才会快乐。作为一个土耳其人，过了一阵子之后，我会需要社区的那种安慰和温和，而我或许已经破坏了这些。《伊斯坦布尔》破坏了我和母亲之间的关系——我们现在都不见面了。当然我也很少见到我哥哥。由于我最近的一些评论，我和土耳其大众的关系也很紧张。

《巴黎评论》：你觉得自己是不是很土耳其化呢？

帕慕克：首先，我生来就是土耳其人，我为此感到高兴。在国际上，人们比我自己更认同我的土耳其身份。我是以一个土耳其作家的身份为世人所知的。普鲁斯特写爱的时候，人们认为他写的是博爱。我写爱的时候，尤其是一开始，人们总以为我写的是土耳其式的爱。我的作品开始译成其他文字的时候，土耳其人为此感到自豪。他们把我当成自己的作家，我对他们来说更是一个土耳其人。等到开始享有国际知名度的时候，你这土耳其属性也就更被国际上强调了，接着这土耳其属性就更被土耳其人自己强调，土耳其人等于重新认同你了。你的民族属性意识就开始被人利用、被人冒犯。现在他们关心的是我在国际上如何代表土耳其，而非我的艺术。这在我的国家引发了越来越多的问题。很多人没有看过我的书，只是通过大众媒体看到一些东西，却在开始担心我会如何跟外界讲述土耳其。文学总是有好有坏，有魔鬼也有天使，大家现在越来越担心我作品里的魔鬼了。

（原载《巴黎评论》第一七五期，二〇〇五年秋/冬季号）

THE PARIS REVIEW

多丽丝·莱辛

2007 年诺贝尔文学奖得主

获奖理由:"这位女性经验的史诗作家,以怀疑主义、热情和远见的力量使一个分裂的文明受到审视"

《巴黎评论》访谈发表时间:1988 年

多丽丝·莱辛

(Doris Lessing)

1919—2013

英国作家,1919年生于波斯(现伊朗),6岁随父母迁居南非罗得西亚(现津巴布韦)。家境困窘,16岁开始工作谋生,做过电话接线员、保姆、速记员等工作。1949年回到英国,翌年以处女作《野草在歌唱》步入文坛,一举成名。其代表作有五部曲系列小说《暴力的女儿们》(1952—1969)、长篇小说《金色笔记》(1962)、《天黑前的夏天》(1973)、《幸存者回忆录》(1974)等。

2013年11月病逝于伦敦。

多丽丝·莱辛

◎邓中良　华菁/译

多丽丝·莱辛在位于曼哈顿东四十街的罗伯特·戈特利布家里接受了采访。戈特利布先生在克诺夫出版社工作时曾担任她的编辑多年，而当时他是《纽约客》杂志的主编。其时，莱辛为了参加菲利普·格拉斯以她的小说《八号行星代表的产生》而改编的歌剧的试镜，在城里作短暂的停留。她还为歌剧写了歌词。歌剧演出的计划总是在不停地改变，因而是在收发了一阵子的明信片后——莱辛女士一般是通过明信片和别人交流的，而且一般都使用大英博物馆的明信片——才最后确定下这次采访的。

在准备录音设备的时候，她说："这个地方够吵的，尤其是当你想到我们所在的这个花园是在一排房子后面时。"她指了指对面凯瑟琳·赫本住的公寓房，聊了会儿这个城市。她在伦敦住了近四十年，可还觉得"城市里的一切都是那么的特别！"。她在别的时候还说过更为让人吃惊的话，她说："如果事实证明那些高楼的庞大体积在以令人意想不到的方式影响我们，我一点儿都不会觉得惊讶。"她谈到了自己在五岁之前曾在英国待了半年，她说："我认为孩子们应该多出去走走。带着孩子出游非常好，对孩子们很有帮助。当然对于父母来说可能就很麻烦了。"

采访是在花园天井里进行的。她头发花白，中分往后梳了个小发髻，身着一条短裙，穿着长筒袜，一件宽松的衬衣外面罩了一件夹克，和她

everything they said. Words in their mouths, now in June's, had a labouring effortful quality, dreadful because of the fluencies so easily available, but to others.

They went off at last, June lingering behind. From her look around the room, I could see she did not want to go. She was regretting not the act, but the consequences of it, which might sever her from her beloved Emily.

"What was that about?" I asked.

Emily's bossiness dropped from her, and she slumped, a worried and tired child, near Hugo. He licked her cheek.

"Well, they fancied some of your things, that's all."

"Yes, but ..." My feeling was, But I'm a friend and they shouldn't have picked on me! Emily caught this, and with her dry little smile she said, "June had been here, she knew the lay-out, so when the kids were wondering what place to do next, she suggested yours."

"Makes sense, I suppose."

"Yes," she insisted, raising serious eyes to me, so that I shouldn't make light of her emphasis. "Yes, it does make sense."

"You mean, I shouldn't think there was anything personal in it?"

Again the smile, pathetic because of its knowingness, its precocity, but what an old-fashioned word that was, depending for its force on certain standards.

"Oh, no, it was personal ... a compliment, if you like!"

She put down her face into Hugo's yellow fur and laughed. I knew

多丽丝·莱辛长篇小说《幸存者回忆录》的一页手稿

书籍封面上照片很像。由于最近不停地奔波,她看起来有点儿疲惫。她的声音很有力,也很有乐感,她的语言既幽默风趣,又辛辣尖酸。

——访谈者:托马斯·弗里克,一九八八年

《巴黎评论》:你出生在波斯,现在的伊朗,你的父母是怎么到那里的?

多丽丝·莱辛:当时我的爸爸参加了第一次世界大战,后来他就不能再忍受英格兰了。他发现那里出奇地狭窄。那些士兵在战壕里经历了太多了,他们不想回家也待在像战壕一样的地方。于是他要求他的银行把他派到别的地方去。他们就把他派到了波斯。在那里,我们有了一个很大的房子,还有供骑乘的马。那里充满了乡野气息,非常漂亮。不久前有人告诉我,那个城市已经变成了一堆瓦砾。这是这个时代的特征,因为那里曾是一个有着美丽建筑的古老市场。没有人注意这一点,那么多的东西都被毁掉了,我们没有什么可想的了。他被派到了德黑兰,那是个非常丑陋的城市,但我妈妈非常高兴,因为在那里她变成了使团机构的成员,她非常珍视在那里度过的每一分每一秒。那里每天都有晚宴,我的爸爸很讨厌这些。他又随机构回去了。于是一九二四年我们回到英格兰,去参加了一个很有影响的帝国展览会(这个展览会在文学作品中经常被提及)。南罗得西亚①的展台堆了好多的玉米棒子和玉米穗子,横幅上写着"五年内你就能致富"之类的废话。于是我那富有浪漫主义想法的父亲就回家收拾了行李。他因为在战争中腿部受伤了,所以有一笔抚恤金——不是太多,大概五千

---

① 津巴布韦的旧称。

英镑的样子,他就带着这些钱和家人一起去了那个陌生的国家当农民去了。他小时候是在科尔切斯特长大的,那时候那个地方还只是个很小的镇,因而他过过农民孩子的生活。这也是为什么他会选择去南罗得西亚。他的故事在当时来说并不新奇。倒是我花了好长时间才适应的。但是在写《什卡斯塔》的时候,我才发现有好多受过伤的退役兵在那里生活,英国的、德国的都有,这一发现着实让我很吃惊。他们都受过伤,而他们又都和自己的另一半一样,很幸运没有死在战场上。

《巴黎评论》:可能我们的越南老兵也和他们差不多,回来后不能适应社会。

莱辛:人们在经历了那么多之后是很难再适应这个社会的。那对他们来说要求太高了。

《巴黎评论》:你最近在《格兰塔》杂志发表了一篇回忆录。从题目来看,是关于你妈妈的,可是从某些方面来看更多的是关于你父亲的。

莱辛:嗯,你怎么能把他们分开来呢?她的一生,他们经常这么说的,完全奉献给了他。

《巴黎评论》:读到关于他的黄金预测、他的远大抱负、他的冒险部分的时候,真让人觉得很吃惊。

莱辛:嗯,我的父亲,他是个很了不起的家伙。他是一个非常不实际的人,一定程度上是因为战争。他只是远离社会,疲于应付。我妈妈是所有事务的组织者,而且把事情打理得井井有条。

《巴黎评论》:我觉得他的黄金预测还是挺有科学性和创新性的。

莱辛:他认为,只要你知道方法,预测哪里有黄金或其他的金属是完全有可能的。现在看来,这个想法还是有一定的道理的。所以他就一直做实验。我在一个叫作《黄金国》(*Eldorado*)的故事里写到了他,故事是以一种演讲的形式写的。我们生活在一个黄金的国家,小金矿俯拾皆是。

《巴黎评论》:所以那还是很正常的一件事。

莱辛:是的,农场主们总是在车里放一个锤子或平底锅,以防不时之需。他们回来的时候经常带回一些金矿石,当然这些矿石上也就那么一点点金子。

《巴黎评论》:你小的时候身边有很多讲故事的人吗?

莱辛:没有……非洲人讲故事,但是我们不被允许和他们在一起。这是非洲生活中最不好的地方。我的意思是,我本来可以拥有丰富多彩的童年生活。但作为一个白人女孩,我只能对这样的生活望洋兴叹。现在,我参加了英国一个被称为"讲故事学院"的组织。大概三年以前有一些人想复兴"讲故事"这个艺术形式。他们做得相当好。但问题在于——我只是一个赞助者,参加过几次活动——人们一想到讲故事就会联想到笑话。所以他们有点儿心灰意冷。还有一些人把讲故事集会看成是一种交心的心理治疗小组,总有一些人想讲他们的个人经历,你知道的。但是大量的真正的讲故事的人被吸引过来了。他们来自世界各地,有些来自非洲。他们是传统的故事讲述者,或是力图抢救正在消亡的故事的人们。就这样,这个组织还一直持续着。讲故事这一形式还活在人世,是很好的(遗产)。每当伦敦或其他什么地方有故事集会的时候,观众总是非常多的。人们没有去观看《达拉斯》[①],而是来听故事,那的确是让人感到惊奇的。

---

① 《达拉斯》(*Dallas*),20世纪80年代美国热播剧集,又名《朱门恩怨》。

《巴黎评论》：回到伦敦时的感觉怎么样？我记得 J.G. 巴拉德① 第一次从上海回来的时候，觉得非常不舒服；他觉得所有的东西都非常小气而落后。

莱辛：噢，是的！我感到非常受拘束，灰蒙蒙的而且很潮湿，所有的东西都显得很封闭和保守。现在我还是这样认为的。我觉得到处都很漂亮，但是过于做作。我想象不到有哪一寸的英格兰风景没有被刻意安排处理过。我想不到哪里还有什么野草。

《巴黎评论》：你有没有要回到非洲神秘大地的强烈冲动？

莱辛：嗯，我不会在那样的地方生活的，我为什么要呢？那里不可能还像我过去在的时候那样。三年前我回到津巴布韦——她在两年前刚刚获得独立。如果我回去，我一定只能回到过去，那是非常肯定的。我在当下唯一的一项功能就是作为一个象征物。这是不可避免的！因为我是"改造好了的本地女孩"。在白人的殖民政权里我是一个坏人。人们对我没有一句好话。你不知道他们把我想象得多么坏。不过现在我"好了"。

《巴黎评论》：是不是因为你对黑人的态度而被认为是坏人？

莱辛：我反对白人政权。那里有颜色隔离政策。"颜色隔离"这个短语现在已经完全过时了。我和黑人接触的唯一机会就是和仆人在一起的时候。因为晚上九点的宵禁令，你很难和黑人保持一种正常的关系，而且他们生活在赤贫之中，而你则不是。

《巴黎评论》：在《格兰塔》杂志上的那篇回忆录中有你儿时的形

---

① J.G. 巴拉德（J.G. Ballard，1930—2009），英国科幻小说作家，生于上海租界，直到1946年才首次返回英国。

象,拖着枪到处乱转,打猎什么的……

莱辛:嗯,那个时候那里有很多猎物。但是现在却很少了,一个原因就是白人把它们猎杀光了。

《巴黎评论》:在这些早期的日子里你有成为一个作家的渴望吗?你提到过经常把你的写作藏起来不让妈妈发现,因为她总是对那大惊小怪的。

莱辛:我妈妈是个受了很多挫折的人。她多才多艺,这些能力大部分传给了我和我的弟弟。她一直希望我们有所成就。在很长一段时间里,她希望我成为一个音乐家,因为她本人曾是一个非常好的音乐家。我对音乐没有什么天分。但是那个时候的所有人都要上音乐课。她总是强迫我们。当然,一定程度上,这是很好的,因为小孩子需要一些强迫的。但是她希望我们学会任何当时流行的东西。所以(作为孩子)要进行自我保护。不过,我觉得所有的孩子应该找出一种能够拥有自己作品的方式。

《巴黎评论》:我只是想知道,你是否在很早的时候就想成为一个作家。

莱辛:相对于其他的可能而言,我的确还有可能成为一个医生。我也可能成为一个很好的农场主等等。我之所以成为一个作家是因为生活中的挫折。就像许多其他作家一样。

《巴黎评论》:人们是否会觉得被欺骗了呢?因为你不是总在某一个营地上耕耘,你尝试了太多的小说模式了。我想到了那些"科幻小说"迷们,他们非常的小心眼,排斥那些不固守在"科幻小说"这个小圈子里的作者。

莱辛:嗯,这是有点儿狭隘,的确是有点儿。事实上,那些自认为是这个团体代表的人希望这种封闭的情况能够有所改善。我之后将作为特邀嘉宾参加在布莱顿举行的世界科幻小说大会。他们也邀请了两位苏联的科幻小说作者。以前总是有很多麻烦，现在他们希望"公开化"①使作家能亲自来参加。事实上，在写作这些晚近的书时，科幻小说之类的想法从来没有在我的头脑里驻足过。直到有人把我的小说当作科幻小说来评论的时候，我才意识到我涉足了这个神秘的领域。确定无疑地，我事实上并不是写真正的科幻小说。我刚读了《索拉里斯星》作者斯坦尼斯拉夫·莱姆写的一本书，现在这本小说已经成了科幻小说中真正的经典之作……充满了科学的思想。当然，有一半的内容对我来说是浪费，因为我根本不懂它们的意思。但就我能读懂的那部分而言，它们的确奇妙。我曾经遇到过很多年轻人——有些已经不是特别年轻了。说到这个问题的时候，他们会说："对不起，我没有时间读现实主义的作品。"于是我说："上帝！但是看看你们为此失去了什么！这是一种偏见。"但是他们并不想知道。我也经常遇到一些中年朋友，他们说："对不起，我读不懂你的非现实主义的东西。"我觉得非常遗憾，这就是为什么我愿意去做那次会议的嘉宾的原因：它真实地展示了一种分裂。

《巴黎评论》：我最喜欢《什卡斯塔》的原因，是它把科幻小说中所有的隐藏起来的或压抑下去的关于精神的话题都拉了出来，并且把它们放在醒目的位置。

莱辛：我在创作它的时候完全没有把它当成是科幻小说，完全没有。我不知道，那真的不能算是一本书的开头，像"一八八三年，汤姆斯科，下午三点整……"这样的开头是完全不合常规的，但这种是我第二喜欢的开头方式。

---

① 原文为俄语"glasnost"，意为"公开"，常与"改革"（perestroika）并提，二者均为戈尔巴乔夫上台后提出的施政口号。

《巴黎评论》：你为苏菲故事和散文写了很多介绍性的文章，你对苏菲主义有多大的兴趣，或者受到了它多少影响呢？

莱辛：嗯，你知道，我讨厌谈论这个问题。因为虽然你说得好听，但是你所说的却是陈词滥调。我真的想说的是：我想寻找一些这类的理论来指导自己。所有人都觉得我们需要一个老师。我一直在四处寻找，但是没有一个能令我满意，因为他们都只是这个或者那个方面的导师。后来我就听说了沙哈这个人，他是一个苏菲派教徒，他真的令我印象深刻。因此从六十年代早期我就开始写这些东西。很难对这些作一个总结，因为它们都是你的体验。我想强调的是，很多人到处宣扬"我是个苏菲教徒"，可能是因为他们读了一些相关的书，然后觉得非常吸引人。这样的做法和任何真正的苏菲教徒的言行都是悖逆的。一些伟大的苏菲教徒会说："我从来不会说自己是一个苏菲，因为这个名字太大了。"但是我时常收到这样的信："你好，多丽丝，我听说你也是一个苏菲教徒！"我真的不知道说什么好。我倾向于不理他们。

《巴黎评论》：我想人们是想把你当成一个导师，政治上的或是哲学上的。

莱辛：我想人们一直在寻找导师。成为导师是世界上最容易的事情。那很可怕。我有一次在这里——纽约，看到一些奇妙的事情。那应该是在七十年代的早期，那个导师的时代。有一个人总是穿着一件金黄色的袍子坐在中央公园。他从来不张嘴说话，只是呆坐着。他在午餐的时间出现。显然他看起来像一个圣者，从四面八方来的人也恭恭敬敬地静坐在他身边。这样一直持续了几个月。最后他感到厌烦了，所以就离开了。是的，（做导师）就是这么容易。

《巴黎评论》：让我再来问您一个这一类的问题。你是否觉得"转世再生"是个可行的概念？

莱辛：嗯，我觉得这是个很吸引人的概念。我自己对此并不相信。我更倾向于认为我们在自己漫长的旅途中对这个世界进行了一次浅尝辄止的探索。

《巴黎评论》：也就是说这个星球只是其中一站？

莱辛：我们并没有被鼓励花费很多的时间去冥思苦想——我说的是跟沙哈学习的人。因为还有更紧迫的事情等待我们去做。当然，对这些事情的冥想是非常有意思的一件事，我甚至希望写一些与此有关的书。但是就目前我的情况来看，在《什卡斯塔》里，"转世再生"的素材只是一个隐喻，或者是一个文学观点，虽然我知道有些人把这本书当成了某种教科书。

《巴黎评论》：预言类的书？

莱辛：这是讲故事的一种方式——我们那些伟大的宗教里都有着相呼应的观点。在《什卡斯塔》的前言里我曾写道，如果你读过《旧约》《新约》《次经》和《古兰经》，你会发现一个连贯的故事。这些宗教中有些相似的观点，其中一点就是关于最后的大战或者天启或者其他什么的。所以我就想来发展这个观点。我把它称为"太空小说"（space fiction），因为没有更合适的名字。

《巴黎评论》：我有一种感觉，你是一个极度感性的小说家，所以你在写作的时候不作具体的计划什么的，而是一点点地感觉和发现。是这样么，或者不是？

莱辛：嗯，我有个大概的计划，是的。但是这并不是说这里就没有多余的空间，在我写作的过程中，很可能会有一两个古怪的家伙突然冒出来。在《好恐怖分子》这本书的写作过程中，我很清楚我下一步要写什么。哈罗德商场的爆炸是这个故事的起点。我想如果写一个无所事事的团伙参与爆炸行动将会是非常有意思的，他们没有什么能耐，只有业余水平。我有一个中心人物，我知道一些和艾丽丝类似的人。她有母性般的爱心，为鲸鱼、海豹和环境问题而担心，但是却又在同时说着这样的话："你不可能不打破鸡蛋而得到煎蛋。"她也还可能想着毫不犹豫地杀死一大群人。我想得越多，故事就越有意思。于是就有了她。我知道她那个男朋友，我脑子里有一个我所需要人物的粗线条的形象。我想要各种各样的角色，于是就产生了这对同性恋姊妹花。但是接下来真正让我感兴趣的是那些不在计划之中的角色，比如费伊。后来他也变成了这帮被毁掉的人之中的一员，这是非常令我惊奇的。那个小坏蛋菲利浦是这样产生的：当时我听说有一个非常脆弱的年轻人，二十一岁或二十二岁的样子，他失业了，但是总有人给他一些活做，当然，只是一些体力活，比如从卡车上搬大卷的纸。你也许会觉得他们是神经病！所以他就总是在最后三天里被骗而得不到钱。我觉得这是一本很有意思的书。

《巴黎评论》：真的吗？

莱辛：是的，从一定程度上讲，很可笑。我们总是谈论那些按照常理我们觉得应该会发生的事，而且所有的事都很有功效。事实上，我们所经历的事情都是一片混乱，我是说所有的一切！所以为什么要让这个（小说）例外呢？所以我不相信那些效率特别高的恐怖分子。

《巴黎评论》：阴谋，等等？

莱辛：还会继续这样地混乱和混沌下去。

《巴黎评论》：你会同时编几个故事吗？

莱辛：不会的。我确实有的时候会把之前写的稿子收起来放到一边去，然后做一些其他的事情。但是总的来说我喜欢做完一件事情再做另一件。

《巴黎评论》：我可以想象你从头至尾地专注于一件事，而不是把一些事混起来做……

莱辛：是的，我是这样。我从来不用别的方式做事。如果你断断续续地写，你就会损害文章形式上的连续性，而这是非常重要的。那是一种内在的连续性。只有当你想重塑它们的时候才能感受到它们的存在。

《巴黎评论》：你是否有这样的感觉，你在写作时会渗入到你使用的各种文体内部？比如说，《好恐怖分子》，甚至像《简·萨默斯日记》此类书中的现实主义视角要比你早期的现实主义更为超脱。

莱辛：可能是因为我年纪大的缘故吧。我们的确会变得越来越超脱。我把每本书当成是必须要解决的一个问题。这个问题框定了你的形式。并不像你所说的："我想写一个科幻小说。"你是从另一端开始的，你想说的框定了你要选择的形式。

《巴黎评论》：你是一直不间断地写作？还是会在写完一部作品之后稍作休息呢？

莱辛：是的，我并不是一个劲儿地写，有时会有很长时间的间隔。但是你总是会有一些事情要做，你要写文章，不管你愿意不愿意。现在我就在写一些短篇小说。这很有意思，因为都很短。一次很偶然的机会我的编辑鲍勃·戈特利布[①]说，很少有人寄给他短篇小说，

[①] 即罗伯特·戈特利布。鲍勃是罗伯特的昵称。

但是他发现它们很有意思。我想："哦，上帝，我已经有年头儿没写短篇了。"所以我就写了一些一千五百字左右的小故事，这其实是很好的训练。我很喜欢这样。我已经写了不少。我想我会把它们命名为"伦敦写生"，因为它们都是关于伦敦的。

《巴黎评论》：所以它们不是寓言式的，也不是异国情调的？

莱辛：是的，完全不是。它们是完完全全的现实主义作品。我经常去伦敦的大街小巷闲逛，对伦敦了解不少。所有的城市都是一个大的剧院，不是吗？

《巴黎评论》：你的工作有规律吗？

莱辛：这并不重要，因为这只是习惯的问题。我带孩子的时候学会了如何在非常短的时间来集中做很多工作，捕捉灵感。如果给我一个周末或者一周的时间，我可以完成的工作你难以置信。现在这已经成了我根深蒂固的习惯。其实如果我写得慢一点儿，我可以写得更好一点儿。但是习惯是不好改变的。我注意到有很多女性作家是这样做的，而格雷厄姆·格林每天只写两百字。人家是这样对我说的。事实上，我觉得我自己在文思喷涌的状态下写得更好。你开始写一个东西的时候可能有点生涩，但是当你抓住了某个点，一切突然豁然开朗。每当这时，我觉得自己写得很好。坐在那儿，为了一个单独的短语而绞尽脑汁，我反而写不好。

《巴黎评论》：你最近都读哪些书呢？你看当代小说吗？

莱辛：我读得很多。感谢上帝，我读得很快，否则我不知道怎么对付这么多的作品。作家们会从他们的出版社得到非常多的书。我每周会从出版商那里得到八九本，甚至十本书。这其实是一个负担，因为我一直是一个尽职尽守的人。只看前面一两章就能知道这是一本什么样的书了。如果我喜欢，我就继续往下读。这不公平，因为也许你当时心情坏极了，或者一直想着自己的工作。但对于那些我一直敬仰的作家，他们最新的作品我是一定会读的。而且，当然还有很多别人推荐的书，所以我一直在读。

《巴黎评论》：你能跟我们再多谈一点儿你是怎样用"简·萨默斯骗局"[①]愚弄了评论家的吗？我觉得你用假名为两部长篇小说署名的做法很有雅量，你让世人了解了年轻小说家们的遭遇。

莱辛：首先要说的是原先并没有打算要写两部的！原打算只写一部的。情况是这样的，我写好了第一部，然后告诉我的经纪人说，我想把这当作是一位伦敦女记者写的第一本书来卖。我想找一个和我类似的身份，不能太不一样。我的经纪人了解了我的意思，便把书发给了出版社。我的两个英国出版商都拒绝了。我看了看阅读报告，内容非常傲慢。真的是很傲慢！第三位出版商迈克·约瑟夫出版社（我的第一本书的出版商）当时的经理是一位非常聪明的女人，她叫菲丽帕·哈里森，她看了我的书后对我的经纪人说："这让我想起了早期的多丽丝·莱辛。"我们当时有点儿惊慌失措了，因为我们不想她到处这么说！于是我们请她一起吃午饭，我对她说："这就是我的，你相信吗？"刚开始她还挺失落的样子，但接着她真的变得很喜欢那本书了。当时在美国克诺夫出版社任我的编辑的鲍勃·戈特利布也猜到了这是我写的。这样就有三个人知道了。然后法国的出版商打电话过来说："我刚买了本一位英国作家写的书，但是我想你是不是对她进行了指导！"于是我又告诉了他。这样总共就四五个人知道。我们都

[①] 1982 年，莱辛化名"简·萨默斯"写成长篇小说《好邻居日记》并向其英国出版商投稿，投稿遭拒，该书随后由另一英国出版商出版。次年，她如法炮制，写出续作《岁月无情》。1984 年，莱辛将两部小说合为《简·萨默斯日记》一书出版，此时方恢复真实署名。

836

希望书面世时，每个人都在猜想谁是作者。在正式出版前研究我作品的专家们每人都收到了一本这样的书，但没有一个人猜出那是我写的。所有的作家都很讨厌被这些专家给框住——成了他们的财产。所以，结果非常棒！这是天下最好的事了！欧洲的四位购买此书的出版商都不知道这本书是我写的，这也非常好。然后书出版了，我像第一次发表小说时一样受到了评论家们的评论，但都只是些小报的，主要是女记者们写的，她们觉得我和她们是一样的。然后"简·萨默斯"收到了很多的读者来信，大都是非文学界的，而且一般是由于照顾老人而要发疯的人。还有很多社会工作者写来的信，有的同意书中的观点，有的不同意，但都非常高兴我写了这本书。于是我就想，好的，我应该再写一本。到了那个时候我已经对简·萨默斯很着迷了。当你用第一人称写作时，我不能离那个人的本真生活太远。简·萨默斯是一位中产阶级，英国人，家庭背景很一般。没有比英国中产阶级更狭隘的事了。她没有上过大学。她很早就开始工作了，而且直接就进了办公室。她的生活就是在办公室的。她的婚姻形同虚设。她没有孩子。她不怎么喜欢出国。当她和丈夫一起去国外，或出公差的时候，回到家的时候总是最高兴的。所以在写作过程中，我得砍掉所有涌到笔端的其他各种东西。删！删！她是一位非常普通的女性。她的是非观也是很清晰的，什么是对的，什么是错的，一目了然。

《巴黎评论》：她的穿着呢？

莱辛：随便什么都可以！我有一位朋友非常在意自己的穿着。她为了让自己在穿着上完美而绞尽脑汁，苦不堪言，我可不想让我的人物受那样的罪！简·萨默斯是各种各样的人的集合。另一个这样的人是我母亲。我想她要是现在很年轻，而且也在伦敦的话，会是什么样的。第三个这样的人经常说："我有一个非常完美的童年。我非常喜欢我的父母。我喜欢我的弟弟。我们有很多钱。我喜欢上学。我很早就结婚了,我非常喜欢我的丈夫。"——她会这样没完没了地说下去的。可是突然有一天她的丈夫去世了。然后她从一位很可爱的"女孩宝贝"变成了一个"人"。我把这些人都集中成一个人物。以第一人称写一个和你很不一样的人物时,你会有很惊奇的发现的。

《巴黎评论》:你最初写《简·萨默斯日记》时只是想看看文学界的反应,是吗?

莱辛:是的。我对文学界这架机器已经了解了很多年。我知道什么是好的,什么是不好的。我不是要看出版商的反应,也不是要看评论家和批评家们的反应,因为我知道他们的反应会是什么样的。我知道将要发生在这本书上的所有的事!就在公开此事之前我还接受了加拿大电视台的采访。他们问我:"你觉得将会发生什么呢?"我回答说:"英国的评论家们会说这本书不怎么样。"他们真那么说了!我看到了那些酸不拉叽的、令人讨厌的小评论。而与此同时,这本书在其他国家颇受好评。

《巴黎评论》:你在《什卡斯塔》的序言里写道,现在这个时代图书触手可及,但人们却看不到这种好处。你是否觉得我们正在远离书本文化?你觉得这一形势有多严峻呢?

莱辛:嗯,不要忘了,我记得"二战"的时候,那时市面上只有很少的几本书,纸张也很紧张。对于我来说走进一家商店或拿着一张列表看看上面有没有我要的东西,或是任何其他东西,这都是像奇迹一样的不可能发生的事。在艰辛的年代,谁知道我们还会不会再享受到那样的奢侈呢?

《巴黎评论》:除了讲述一则好故事外,你在提出这些预言的时候有没有一种责任感在里面呢?

莱辛：我知道人们经常会说："我更多的是把你当作一名预言家。"但是我所说的那些话在像《新科学家》这样的杂志上都出现过了。没有什么是没有说过的！所以我为什么被称作预言家，而他们却没有呢？

《巴黎评论》：你写得要比他们好。

莱辛：好吧，我正打算说我以更为有趣的方式把它们说了出来。我也确实觉得自己有的时候在预言事件的时候，会突然冒出些想法，其实很多作家都有这样的经历。但是我觉得这种情况并不多见。我觉得一位作家的工作就是要提出问题。我非常乐意看到读者看了我的某本书之后仿佛经历了一场——我不知道是什么——文学上的甘霖。他们会开始以一种不同的方式去思考。这就是我所认为的作家的职责。这也正是我们的功用所在。我们所有的时间都花在了考虑世界是怎样运行、为什么这样运行等问题上，这就意味着我们对于这个世界更加地敏感。

《巴黎评论》：你在六十年代的时候有没有尝试过像迷幻剂这样的东西呢？

莱辛：我倒是吃过一次麦司卡林。我很高兴我尝过了，但没有再吃过。当时的情形非常糟糕。给我搞到麦司卡林的那两个人有点儿负责过头了！他们从头到尾都坐在那里，也就是说我只发现了自己性格中"主持人"的一面，因为我从头到尾就在不停地做一件事：就是向他们展示自己的那种经历！部分的原因是我在保护着自己真正的感受。他们本应该做的是让我一个人待着。我想他们可能是担心我会从窗户上跳下去。我可不是那样的人！然后我就不停地哭。这一点没有什么，但是他们倒是因此而觉得很沮丧，这反过来让我觉得很烦。所以整件事原本可以有更好一点儿的结果的。我不会再做一次的。主要是因为我知道有些人会有很不好的反应。我有一个朋友有一次也吃了麦司卡林，然后整个过程就像一场噩梦一样，而且这场噩梦持续出现了好几个月——人们的头脑仿佛从肩膀上滚落下来。太恐怖了！我可不想那样。

《巴黎评论》：你是不是经常要外出旅行呢？

莱辛：太多了。我是说我都不想出去了。

《巴黎评论》：主要是公事吗？

莱辛：就是工作，你知道的，推销新书之类的。人们觉得作家就是要卖书的！这是一个非常让人震惊的发展！我跟你说说我今年都去了些什么地方吧，都是为我的出版商去的。我去了西班牙……巴塞罗那和马德里，当然这些都是很舒服的地方。然后我去了巴西，在那里我发现——我之前不知道此事——我的书在那里卖得不错。尤其是太空小说。他们对太空小说非常着迷。然后我去了旧金山市。他们说道："你在这里的时候，你不妨去……"——就是这个表述，"你不妨去"——"沿着海岸到波特兰遛一下。"你去过那儿吗？

《巴黎评论》：没有，从来没有。

莱辛：你可真得去一次！在旧金山，他们都是享乐主义者、愤世嫉俗的人，很和善可亲，非常随和，而且穿着体面，当然也很随意。半小时的飞行后你就到了一个非常正式拘谨的城市，没有一点儿休闲随意的感觉。太不可思议了，它们就在同一条海岸线上。美国就是这样的一个国度。然后我就第二次去了芬兰。他们有着世界上最好的书店！非常棒的书店！他们说那是因为这里的夜晚特别的长！现在我又到了这里。接下来我要去布莱顿，去参加那个科幻小说大会。我还在意大利赢得了一个叫蒙德罗奖的奖项，将在西西里颁发。我问："为什么在西西里呢?"他们面无表情地回答说:"你知道的,西西里因为黑手党所以城市形象不好……"于是我要去西西里,然后整个冬天我都要工作。

《巴黎评论》:我听说你在和菲利普·格拉斯合作写一部"太空歌剧"。

莱辛:书的遭遇实在让我太吃惊了!谁会想到《八号行星代表的产生》会被改编成歌剧呢?我是说这很让人吃惊!

《巴黎评论》:这是怎么一回事呢?

莱辛:呃,菲利普·格拉斯写信给我说他想写一部歌剧,于是我们就碰头了。

《巴黎评论》:你以前听过他的音乐吗?

莱辛:没有!他寄了一些他的音乐作品过来。我花了好长时间才让自己习惯它们。我的耳朵总是在期盼什么其他事情发生。你知道我是什么意思吗?然后我们碰头讨论了一下,结果很顺利,这也很让人吃惊,因为我们之间的差别实在是太大了。我们相处得很愉快。我们从来都没有遇到过什么交流上的问题。他说那本书吸引了他,我觉得他说对了,因为那本书确实和他的音乐很配。我们见面了,一般是短期的,一天在这里,一天在那里,决定好了我们该干什么,不该干什么。我负责写歌词。

《巴黎评论》:你以前写过类似的东西吗?

莱辛:没有,从来没有写过和音乐相关的东西。

《巴黎评论》:你在写的时候有音乐参考吗?

莱辛：没有，我们从歌词开始的。到目前为止我们已经写了六个版本了，因为这是一个故事，和他所做的不太一样。一旦某些地方定下来了，他就谱写那部分的曲子，然后会说这里还少六行或那里还缺三行什么的。这是个很大的挑战。

《巴黎评论》：你能再谈谈你的下一个计划吗？

莱辛：好的，我的下一部书是一本很小的书。一部扩展了的短篇小说。说句笑话，在英国短篇小说非常受欢迎。但在美国倒不是那么红火。美国人喜欢大书。那样的书才觉得物有所值。小说讲的是一家非常普通的家庭里出生了一个小精灵。这是现实主义的。我的灵感有两个来源。一个是这位名叫劳伦·埃斯利（Loren Eiseley）的非常棒的作家。他写了一篇文章——我记不得是关于什么的了，文中说他在晨曦中的海边散步，在一条乡村的路上遇到了一位姑娘，他说是一位尼安德特姑娘：一个农村女孩在一条乡村的路上，没有什么可问的，只注意到她身材短小、头脑笨拙。那篇文章很感人也很忧伤。我一直想着它，我问道："如果是尼安德特人，为什么不是克罗马农人，为什么不是侏儒或小精灵呢？因为所有的文化都在讨论这些人。"还有一个来源是发表在杂志上的一篇最为忧伤的文章，是一位女人投稿的，同时还附了封信说："我只是想把这些写下来，不然的话我就会疯掉了。"她曾有三个孩子。她最后一个孩子，现在七八岁的样子，是一个天生的魔鬼。她就是这么说的。她说这个孩子除了憎恨周围的每一个人外什么也没有做。她从来没有做过什么正常的事，从来没有笑过或高兴过。她毁了这个家，他们没法忍受她。母亲说："我晚上走进她的房间看着这个孩子睡觉的样子。我只有在她睡的时候才亲吻她，因为她醒的时候不敢那样做。"所有的这些都编进了小说中。关于这个小精灵的主要一点是，他自己是完全可以生存下去的。他是一个正常的小精灵。但是我们就是没有办法和他相处。

《巴黎评论》：那个太空系列还有下文吗？

莱辛：有的。我没有忘记它。如果你读了最后一本，即《多愁善感的特务们》——这是一本讽刺小说，而不是科幻小说——你就会发现其结尾暗示了下一本书。在下一本书里，我把这个过于幼稚的特务送到了……我的那个坏行星叫什么来着？

《巴黎评论》：莎玛特？

莱辛：是的，送到了莎玛特上，为的是改良所有的一切。写莎玛特可能会有点困难，因为我不想把它写得太像地球！那样的话就太简单了！我想好了情节，但是我需要找一个基调。你明白我的意思吗？

《巴黎评论》：你有没有为公众读过你的作品？

莱辛：没怎么读过。我只是在被要求的情况下才会读的。他们在芬兰没有让我那么做。我想不起来最近的一次是什么时候了。对了，是去年在德国，天哪！那次旅行实在是太糟糕了。那是在德国的一个学术机构里。我对他们说："我将同在其他地方一样。我先读故事，然后回答问题。"他们说，就是学院派的人经常说的："哦，你可不能指望我们的学生问你什么问题的。"我说："你们就让我自己来处理吧。我知道怎么做。"不管怎么说接下来发生的事情在德国是颇为典型的。我们四点就见面，等着讨论晚上八点才发生的事。他们不能容忍任何模棱两可的事或混乱发生——不行！不能容忍的。我说："你们不用管那么多的。"礼堂非常大，我用英语读了一篇小说，一切都进展得很顺利，非常好。我说："我接下来回答问题。"然后四个该死的教授就开始回答观众提出的问题，还相互讨论争辩，他们讨论的问题实在是太学术化、太无聊了，最后观众们开始起身离席了。一个年轻的小伙子，是个学生，他四肢伸开躺在出口处——当时一位教

843

授刚发表完自己的长篇大论——大声嚷道:"无聊,无聊,无聊,无聊,无聊,无聊。"于是我也不管教授们的感受了,我说:"我将回答观众们用英语提出的问题。"于是他们又都回来坐下了,接下来很顺利……非常有意思的问题!教授们非常生气。那就是德国。德国的学术界是最烂的。

《巴黎评论》:最近你开始写一些非虚构类的作品。

莱辛:我刚写完一本书,一本很短的书,是关于阿富汗情况的。我去参观了那里的贫民营。在那里男人经常去找报纸,而根据伊斯兰的教义男人不能和女人说话。所以我们把焦点投向了女人。这本书的名字叫《风把我们的话吹走了》。这是他们的一个士兵说的,他说:"我们大声呼喊向你们寻求帮助,但是风把我们的话吹走了。"

《巴黎评论》:你作为旁观者在那里逗留了很短的时间,(以这么少的经历)来写这么大的一本书,你是否觉得缺少权威性呢?

莱辛:那么记者在访问很短的时间之后是否考虑过他们所带来的信息的权威性呢?我的旅途很短,但是相对于很多记者,我在去那里之前对这些问题进行过几年的研究,所以我了解阿富汗和巴基斯坦(这我在书里讲得很清楚)。我还认识一些懂波斯语的人。而这最后一点是很多记者所不具备的条件。

《巴黎评论》:一些美国的记者把你在这本书中的报道方式当成了靶子来批评,他们认为你的这次阿富汗之行是在一个亲阿富汗的组织赞助下完成的。你对此作何回应?

莱辛:这是左翼批评的沉瀣一气,你不能指望这帮人有什么严肃的言论。因为我在书中写得很清楚,我们的旅行不是任何一个政治机构组织的。我参加了一个叫作"拯救阿富汗"的组织,它是由我的一些朋友建立起来的，我帮助一些人去访问巴基斯坦，但不给他们经济上的帮助。我是自费去的，我的同伴们也不例外。这个组织和阿富汗人有紧密的联系，包括流亡在外的和在国内作斗争的，还有在伦敦作顾问的，等等。他们是我的私人朋友，而不是"政治性"的。目前为止："拯救阿富汗"没有在管理上花一个便士，所有的集资工作，无论是在这里的还是在巴基斯坦的，都是自愿完成的。明白说吧："除了阿富汗人，没有人从'拯救阿富汗'组织里得到什么东西。"

《巴黎评论》：在《简·萨默斯日记》中你经常用像"假如年轻人知道/假如年纪大的人可以……"这样的话。有什么往事是你希望改变的，或者你可以给出什么建议之类的吗？

莱辛：我没有什么建议。问题的关键在于，你一定不相信我所知道的这一切都只是陈词滥调，所有的话都被人说过了，但你就是不相信你正在变老。人们也不知道他们衰老的速度是多么的快。时间真的过得很快。

（原载《巴黎评论》第一百〇六期，一九八八年春季号）

THE PARIS REVIEW

赫塔·米勒

2009年诺贝尔文学奖得主
获奖理由:"她以诗歌的凝练和散文的率真,
描绘了那些被剥夺者的境遇"

《巴黎评论》访谈发表时间:2014年

赫塔·米勒

（Herta Müller）

1953—

罗马尼亚裔德国作家，生于罗马尼亚蒂米什县一个农民家庭，村庄以德语为通用语言。她以德语写作，1982年凭处女作短篇小说集《低地》步入文坛。代表作有长篇小说《独腿旅行者》(1989)、《心兽》(1994)、《呼吸秋千》(2009)，散文集《国王鞠躬，国王杀人》(2003)等。

赫塔·米勒

◎杨振同/译

二〇〇九年，瑞典学院授予赫塔·米勒诺贝尔文学奖时，赞扬这位作家"以诗歌的凝练和散文的率真，描写了那些被剥夺者的境遇"。

这是一个她至今都还十分熟悉的场景。米勒于一九五三年出生于罗马尼亚巴纳特地区一个讲德语的小村子尼茨基多夫村。第一次世界大战结束，奥匈帝国土崩瓦解之后，罗马尼亚王国扩大疆土，该地区并入罗马尼亚。一九四〇年，扬·安东内斯库[①]法西斯政府和德意志第三帝国形成正式联盟，许多少数民族的德意志人——包括米勒的父亲——都报名参加了德国军队。到了一九四四年年中，苏联红军挺进罗马尼亚腹地：安东内斯库政府被推翻，新政权倒向了苏联的怀抱。一九四五年一月，所有年龄在十七至四十五岁、居住在罗马尼亚的德意志人，都被驱逐到了苏联的劳改集中营。米勒的母亲就在这批被驱逐者之列。

在苏联治下，罗马尼亚的农场都集体化了，土地和企业都划归国有。七十年代末，当局找到米勒，但是米勒拒绝合作当告密者。

作为对这一事件的反应，米勒转向了写作。她的第一部作品《低地》是一部短篇小说集，于一九八二年以审查本的形式问世；第一个完整版于两年后在柏林出版。一九八七年，她终于获准和母亲离开罗

[①] 扬·安东内斯库（Ion Antonescu，1882—1946），罗马尼亚军事法西斯独裁者，1940至1944年任罗马尼亚首相。

马尼亚，最终定居柏林。接下来她出版了其他作品，主要有：《心兽》（1994）、《今天我不愿面对自己》（1997）和《呼吸秋千》（2009）——被翻译成英文出版时，作品名分别为《青李之地》（1996）、《约会》（2001）和《饥饿天使》（2012）。

作为《饥饿天使》这本书推广活动的一部分，米勒来到美国，进行了一系列的作品朗读活动。她读德文原文，我则读我的英文译文。这次访谈就在纽约、芝加哥、波士顿和华盛顿这几次朗读的间隙用德语进行。

文如其人，米勒就像是释放高压电能那样放出巨大的精力，在她登台朗读前聚精会神时精力达到了顶峰。她一根接一根地抽烟，这与其说是镇定自己的习惯，倒不如说是一种必要的管道，吸收额外电能的管道。尽管她的作品多年来在德国和其他欧洲国家频频获奖，但是诺贝尔文学奖给她带来了名人的地位，这种地位放大了她代表某些事业的声音，然而对于这种地位，她根本就感觉不到舒服自在。

——访谈者：菲利普·勃姆[1]，二〇一四年

《巴黎评论》：您的家庭在尼茨基多大村是个农民家庭吗？

赫塔·米勒：我祖父当时是很富有的。他有很多土地，还开了个杂货铺。他是个粮商，每个月都到维也纳出差。

《巴黎评论》：他做粮食生意主要是卖小麦吗？

赫塔·米勒：主要是小麦和玉米。我长大的那座房子房顶上有个

---

[1] 菲利普·勃姆（Philip Boehm，1958—   ），美国剧作家、戏剧导演、翻译家，赫塔·米勒作品的英译者之一。

很大的拉粮食的升降机，有四层楼那么高。可是后来，一九四五年之后，所有的东西都被弄走了，我家什么东西都没有了。此后，只有那架升降机还竖在那儿，空荡荡的。

　　《巴黎评论》：那他的杂货铺呢？

　　赫塔·米勒：杂货铺里有各种各样的东西。我母亲在那儿工作过，我祖母也在那儿工作过，一直到那些人把所有东西都弄走为止。接着他们就搬到了一个集体农庄。不仅如此，他们还把他送到一个集中营，时间倒是不长，而且那个集中营是在罗马尼亚，不是在苏联，可那还是集中营呀。我祖父在第一次世界大战中服过兵役，在奥地利军队。他的马匹也服过役。那时候，他们不仅抓壮丁，还征用马匹。祖父甚至还收到过马匹的阵亡通知书，表格填得仔仔细细的。他们甚至把马匹在哪儿阵亡都列了出来。听到这件事的时候，我说那是胡说八道。

　　《巴黎评论》：在家里每个人都讲德语吗？

　　赫塔·米勒：在德意志人住的村子里人们讲德语，在匈牙利人住的村子里人们讲匈牙利语，在塞尔维亚人住的村子里人们讲塞尔维亚语。人们是不混在一起的——每个民族都有自己的语言、自己的宗教、自己的节日、自己的服装。甚至在德意志人之间，一个村子和一个村子的口音都不一样。

　　《巴黎评论》：你们家的人是不是标准德语和方言都讲呢？

　　赫塔·米勒：我祖父由于要做生意，标准德语和方言都讲。但我祖母只讲方言。他们也会讲完美的匈牙利语。在他们长大的时候，那个村子是奥匈帝国的一部分，因此在这个地区，匈牙利人就迫使人们同化。所以，我祖父母上的是一所匈牙利语学校。这样一来，不管死记硬背地学什么东西——比如说代数——他们都只能用匈牙利语学。

可是，到了社会主义者掌权的时候，我祖父母都已经六十岁了，所以他们压根就没有学过罗马尼亚语。

《巴黎评论》：您上学的情况如何？

赫塔·米勒：刚开始的时候，我的日子非常难过，因为方言和他们正在教的标准德语很不一样。我们从来都不会真的搞准确我们的一些方言词语不应该溜进来的时候是不是偷偷地溜了进来。不过与此同时，它们的发音听起来毫无二致。比方说，"面包"这个词在两种情况下都是一个单词——布罗特（Brot）。可是在我听来却是不对劲的。它在标准德语里面发音肯定应该是不一样的，于是我就说成类似于"布拉特"，仅仅是因为我以为那样听起来更像是标准德语应该发音的样子。于是结果就是这种一直都有的不安全感。我从来都不完全相信任何一种语言真正是我自己的。我的印象是，它们都属于别的人，是我暂时借来一用的东西。而且这种感觉在每一个转折点都得到了强化。

《巴黎评论》：因而更加痛苦。

赫塔·米勒：当时他们已经不再是经营着他们自己的土地的农民，而是集体农庄的劳动者。我母亲被派往曾经属于她家的地里干活。晚上回到家，我祖父就问她，她去哪块地干活了，她就说这块地或者是那块地，常常就是他之前的一块地。接着他就问她，那块地种的是什么庄稼。这时候我母亲就叫他别问问题了，那块地已经不属于我们了。

《巴黎评论》：那个村子里的人都信天主教吗？

赫塔·米勒：跟大多数德意志人和匈牙利族人的村子差不多。但是我父母一点儿都不信教。人们也不怎么把神父太当成回事儿，当然了，对村子里的神父们来说，这种情形一定是很艰难的。他们过着孤独的生活。首先是由于不娶妻。他们没有任何家人——往往只有一个厨师，否则他们就独自生活。他们从别的什么地方来，所以他们在村子里就是外乡人。他们大多数人都喝酒，很多人都酗酒成性，所以，当一个神父为了摘菩提树的花而从梯子上摔下来的时候，并不一定会提高他的声誉。不过，我们还是去上教义问答课，多是由于这是国家所禁止的。

《巴黎评论》：做礼拜仪式是用德文还是拉丁文？

赫塔·米勒：德文。他们常说上帝无所不在，上帝在所有的事物之中，类似这样的话。所以这就意味着，他也在一扇门里面，在一张桌子里面，或者是在植物里面。我就觉得所有这些东西都在看我。他甚至有可能就在我体内，因为我也是物质呀，所以他有可能也从体内看着我。这是十分怪异的。十分吓人。当你是个孩子的时候，你要是很认真地对待那些东西的话，那是十分吓人的。那玩意儿感觉就像是一种威胁。所以不管我在干什么——比如说在削土豆皮——我总是觉得上帝就在看着我。我总是在想，他喜欢吗？我削土豆皮的方法正确吗？我在做家务活的时候——每个周末我都要把整个房子打扫一遍，把地板拖两遍，第一遍湿拖，然后是干拖。可是，既然我母亲在干活，我祖父母在花园里某个地方，没有一个人能看见我，我本来轻而易举就能略过角落，只拖一遍就行了。可是我总是害怕上帝会看见我。他是无所不知的。他会对我做出一些事，不知怎么就让我母亲知道了。谁知道会发生什么事呢。

他们在教堂里说的另一件事就是，死人是在天堂里的。于是我就抬起头，我所看到的也就是死人了。我看着那片片白云，心想，我看见了一个男人或者一个女人，他/她原来就住在附近，我看见他们在跑过来跑过去，上帝在这样子或那样子移动着他们。或者在教堂里，在圣餐仪式期间，神父们讲到圣血和圣体，然后就喝红葡萄酒——我就觉得那完全是在发疯。因为我每一个星期都要杀鸡，杀一回或者两回，我见的血已经够多的了，所以在我看来，神父正在喝的根本就不是酒。我不时会走到教堂里面去，祭坛上会有一座巨大的圣母马利亚的石膏塑像，她身穿一件浅蓝色披风，心是在外面的，在她的裙子上头。有一次，我和我祖母在那儿，我对她说，马利亚的心是个切开的大西瓜，因为那一滴滴血都是黑的，黑得就像是西瓜籽。

《巴黎评论》：她怎么说？

赫塔·米勒：她说，你或许说得对，但是这话你对谁都不能说。

《巴黎评论》：那倒是很聪明呵。

赫塔·米勒：可是不知怎么回事，她很害怕。我也吓得要命。我总是以为，我就要让自己丢人现眼了。还有，那时候神父总是跟我们讲不允许我们做的事。比方说，我们不能化妆。那一切都是那么迂腐守旧。神父会对我们讲，口红是用虱子的血做的。对孩子们来说，那是很吓人的。所以我就有这种感觉，一切都是被禁止的。那一点，再加上上帝一直在看着这种感觉。当然了，不管怎么说，在村子里，每个人都对别的每个人的一切都了如指掌。所以呢，那就是我的第一个极权主义世界——村子和教堂。

《巴黎评论》：除此以外，还有忏悔。

赫塔·米勒：我觉得那是很荒唐的。你去忏悔，你就得把你所有的罪孽列出来，你所有的谎话。任何不贞洁的事情——那始终都是大事情——你所想到的、读到的、看到的、听到的。可是我们有狗就在那大街上交配呢，在农庄，母鸡不断地和公鸡交配。你看那玩意儿是因为，那毕竟是很吸引人的。可是，不管是什么人，怎么能事事都记得住？我的意思是说，自从上一次忏悔过以后，在过去的那几个月里谁知道你都做了多少事呢？所以当神父问有多少次的时候，你就编一个数字了事。而就在那里，你看到人们是如何开始培养一种得过且过的感觉，一种机会主义的思维方式。孩子们相互之间做交易。比方说，我告诉他二十次，而你告诉他二十五次。因为你不想有太多次被报告上去，但也不想报告的次数太少。所以，事后我没有感到一种解脱，而是感觉更加糟糕，因为我撒了弥天大谎——而且是因为我别无选择。我对神父撒谎了，而他就是上帝的代表，于是我实际上就是对上帝撒谎了，而不仅仅是对我母亲，对我祖母或是邻居撒谎——我的天哪，现在会发生什么事？如果你对宗教很较真的话，那么你一定会遇到问题。它是一种抽象的压迫制度，抽象的方面就在于那种感觉，那种你不会以任何易于觉察的方式受到惩罚的感觉——上帝是从来都不说任何话的，他从来都不冲我喊叫，但不知怎么的，他始终在那儿。你总是有这种感觉，那就是，或早或晚有些事肯定会发生。正是出于这个原因，我发现信仰很吓人、很压抑，是和每一种个人自由相对立的。

《巴黎评论》：等您年龄大些以后呢？

赫塔·米勒：等我搬到了城里，我想，上帝应该不在这儿了。但后来，我有那么多的恐惧，我一直在遭受那么多骚扰，我害怕他们会杀了我。所以，上帝在哪儿呢？他在哪儿就让他在哪儿待着吧，我不再需要他了，我是要自己照顾自己了。他爱干什么干什么，我也是爱干什么就干什么。就这样，问题解决了。

《巴黎评论》：您父母对您要求很严格吗？

赫塔·米勒：他们要求是很严格，不过那都是正常的。作为一个孩子，我必须一直干活，在家里，在外面的田地里，什么活都得帮着干。我必须把那群母牛赶到山谷里去,赶到河边,整整一天都孤零零地和那几头母牛在一起。

《巴黎评论》:有几头牛?

赫塔·米勒:通常是五六头。

《巴黎评论》:你那样子孤零零一个人的时候唱歌不唱歌?

赫塔·米勒:都是我们在幼儿园里学的那些小歌,像《一个人站在森林里》。不过我也自己跟自己说很多话,跟植物说很多话。我相信,我跟什么东西都能说话。

《巴黎评论》:您和上帝说话吗?

赫塔·米勒:我那时候本来是不敢的。即使是那个时候,我也不想更多地跟他打交道。他看到的已经足够多了,我想。我只是看那几头牛,就把两只手都占着了。我必须确保它们不跑到田地里去,因为那些田地都是国家的。有时候如果牛没有吃草,它们就会发疯,开始到处乱跑。罗马尼亚的牛可不都是像人们在电视上看到的那样子。

《巴黎评论》:您在诺贝尔文学奖颁奖仪式上讲见证文学,您曾写到等火车通过的情节。

赫塔·米勒:我那时候没有手表啊,所以我就要等到第四列火车经过山谷,才能领着母牛回家。到那时候就八点钟了——我一整天就在山谷里度过。我需要看管那些牛,可是那些牛却根本不需要我。它们有它们的日常生活,啃着草,对我一点儿也不感兴趣。它们确切地知道它们是谁——可是我呢?我常常看我的手和脚,搞不明白我究竟是什么。我是用什么材料做成的?很显然是和牛以及植物不同的东西。而不同本身对我来说就是很艰难的。我常常看着那些植物和动物,暗自思忖,它们过的生活很好,它们懂得如何生活。于是我设法靠得更近一些。我和植物说话,我尝植物,于是就知道每一种植物是什么味道,我能发现的每一种草我都吃。我想,一旦尝了那种草,我就能靠它更近一点儿,我就会变成别的什么东西了。我就会把我的肌肉、皮肤变成某种更像那种植物的东西,这样它就会接纳我。当然了,那实在只是我的孤独而已,和我照看那几头牛所有的重重忧虑混合在一起。于是我就研究那些植物,我摘一些花,把它们配对,这样它们就能够结婚了。我以为人能做什么,植物就也能做什么。我坚信植物是有眼睛的,它们夜里会到处游荡。我知道我们家附近的那棵菩提树会去看村子里的那棵菩提树。

《巴黎评论》:您还写到过给植物起新名字的事。比如奶蓟草不叫奶蓟草,叫荆棘肋,或者叫针脖子。

赫塔·米勒:我感觉那种植物听不到奶蓟草这个名字,所以我就设法起别的名字了。

植物名称是个复杂的东西。最美丽的名字都是俗称,农民用的那些名字,人们给那些植物起那个名字是因为这些植物长什么模样,或者这些植物能干什么。学名好像十分遥远。这是很悲哀的,不过我去过柏林的一些花店,他们连最简单的植物的名字都叫不上来。他们在外面挂一个招牌,写着"Herbarium coloricum"或者是别的什么东西,但都没有什么意思,可是我从乡下所了解到的花名是"草夹竹桃"或者"蛤蟆嘴"这一类名字。

《巴黎评论》:我们也管它叫"草夹竹桃"。另外那一种在英语里叫"金鱼草",不过我看到,在您的方言里它被叫作"蛤蟆嘴"。

赫塔·米勒:在德语里叫"Löwenmäulchen"。

《巴黎评论》："狮子嘴"，或者其实是"小狮子嘴"。不过当您取了您自己的名字——

赫塔·米勒：当我取了我自己的名字后，那就是另外一种想要更加靠近那种植物的企图，因为它们知道如何生活，而我不知道。可那也是我难以逾越的一个鸿沟。对风景也是一样。我从来都没有真正欣赏过风景，我只是观察过风景而已。我总是有一种印象，风景太广阔了——会使我感到迷失的。我认为有两种体验风景的基本方式。有的人觉得自己很安全，觉得自己受到了保护。有些人站在山顶之上，那表现仿佛那座山就是属于他们的。可是我不能站在一座山的山顶，朝下面看那一条条山谷，然后对自己说这座山有多么雄伟壮观。我总是感到害怕，感到凄凉。我觉得那风景就要把我吞噬了。它使我感到自己非常渺小，仿佛我什么都不是，只不过是一只蚂蚁而已。我知道，那些树都很老了，那些石头将永世长存，水会永不停歇地流淌。我认识到，我身体内部能有的时间非常之短，短得可怕，而我的身体只是暂时借用过来的。我知道，和我们周围的一切相比，我们的生命仅仅是一瞬间而已。就是这种人生苦短、转瞬即逝的感觉。小的时候，我对此没有任何语言可以表达，但即便是那个时候，我都感觉得到它的存在，而它使我感到害怕。那一片片玉米地不断伸展，一望无边。在社会主义制度下，在一切东西都划归集体的时候，那一块块的田地都很大很大——一旦走进那地块，你就觉得再也走不出来了。我总是以为，等到我走到地的那一头，我就成了个老太太，老得不得了了。

《巴黎评论》：《饥饿天使》里有一章，莱奥被派到一个集体农庄去干一天活，他不得不在那片大草原上走了一条又一条路，长路漫漫。"风推着我，整个大草原如溪流一般流进我的身体，催促着我垮下来，因为我是那么单薄，而大草原是那么贪婪。"

赫塔·米勒：对我来说，这些广阔的风景始终都是很吓人的。

《巴黎评论》：您在城里会感觉舒服些吗？还是城市的风景带来了一种不同的压抑感？

赫塔·米勒：城市有不同的恐惧。那里也有植物，我经常说某些植物跟那些大权在握的人都串通好了——它们已经叛变，倒向了国家那一方。像金钟柏、冷杉树以及所有的常青植物，就是种在政府机构周围的常青树，所谓的活篱笆墙。还有社会主义的花。

《巴黎评论》：我住在波兰的时候，我们从来不买红色康乃馨，因为这种花总是被用于重大集会。

赫塔·米勒：我到现在看到它们还是受不了。还有剑兰。每当举行葬礼或者某个高级领导人的埋葬仪式时，他们总是用同样的花，因为那些花开放的时间最长。但我一直喜欢很快就会凋谢的花，比如像三色紫罗兰或者是山谷里的百合花，或者大丽花、草夹竹桃花。这些花不会让自己用错了地方。人也是一样——让自己用错地方的人，他们的性格适合那一点。没有那种性格的人一开始是不会那样子被用错地方的。正像是假如康乃馨和剑兰凋谢得更快一些的话，那它们就不会落得个被塞到刚刚去世的人的花圈里的下场。然而，小花园里的花，那些只开放很短时间的花——那些都是无权无势者的植物。

《巴黎评论》：什么东西都开始有了注解。

赫塔·米勒：我觉得这在有关压迫的作品里是一个共同的主题。比方说在豪尔赫·森普伦的作品中，处境最糟的人搞不明白，他们周遭的环境怎么会一直都是这个样子，人们怎么对人类所有的苦难都如此漠不关心。如果压迫就在外面的光天化日之下发生，那么整个景色似乎就都成了同谋者。

《巴黎评论》：这跟您小时候的那种感觉是联系在一起的，在那个地方，一切都是有生命的，您觉得各种物体到了夜里就到处乱飞。可是您没有想象植物和植物结婚的事，您现在的倾向是给周围的环境安上了更加黑暗的动机。

赫塔·米勒：每一个东西都变得充满含义。然而这些含义会随着观察者的经历变化而变化。

《巴黎评论》：而且很少有这种时候啊，自然界的一部分提供安慰。比如说像《饥饿天使》里送给莱奥的冷杉树树枝。

赫塔·米勒：有一次我跟奥斯卡·帕斯蒂奥尔在奥地利的蒂罗尔州，我开始对所有的冷杉树大发牢骚，说这些树什么都做不了，说它们乏味、孤傲，人们究竟干吗要在圣诞节这天把这种树带到家里。然而他看看我说，你不能说冷杉树的任何坏话。接着他就给我讲，他当年在集中营里，实际上都要饿死了，绝望到了极点。他用电线头和绿色的毛线拼凑成一棵圣诞树，而那棵树就成了他跟文明世界的最后一点联系。你不一定要相信圣诞节，他说，但是你依然能相信冷杉树。实际上你一定要相信。

《巴黎评论》：这件事在《饥饿天使》里也发生了。不过，刚开始，他偶然碰到一棵真正的冷杉树，就设法偷偷把那些树枝弄到集中营里去。只是卫兵们没收了树枝，用那些树枝做了一把扫帚，莱奥把这一切都看在了眼里。您用他的声音写道："三天以后就是圣诞节了——一个在房间里摆放青青的冷杉树的词语。"这是一个迷人的句子，因为您有实物——冷杉树树枝——还有"圣诞节"这个词语，然后用电线和纱线重新做一棵圣诞树，这棵树营造出一个完全属于它自己的现实。而这恰恰就是您在您好几部作品中的写作手法。从某个角度讲，它是您小时候就有的那种感觉，那时候您编造词语并把它们安到您正在经历的世界。不过即使是您编造的词语，也不总是能安得上去。

赫塔·米勒：这就使得我和事物之间的鸿沟更加清晰了。

《巴黎评论》：还有语言以及语言想要描写的事物之间的鸿沟。

赫塔·米勒：词语有其自身的真理，而这种真理来自词语的发音。然而词语和事物本身是不一样的，从来都没有一个完美无缺的搭配。

《巴黎评论》：您也写到过语言的不恰当性。您写道，我们并不总是以词语思考，语言并不能涵盖我们内心最隐秘的世界。所以，也许这样说更准确：您寻找种种方法描写潜藏在后面的东西，描写字里行间的东西，而且这常常仅是沉默而已。《饥饿天使》里还有一个场景，莱奥的祖父盯着一头牛犊在看，用他的眼睛吞噬着这头牛犊，书里有这个词：Augenhunger——"眼饥饿"。是不是还有"词语饥饿"这样一个东西呢？

赫塔·米勒：饥饿的是词语。我对词语并不感到饥饿，但是词语有着其自身的饥饿。它们想消耗掉我所经历的事情，而我必须确保词语能做到这一点。

《巴黎评论》：您在把句子写下来之前，是不是在脑子里听到那些句子了？

赫塔·米勒：我脑子里什么句子都听不到，不过在我写作的时候，我已经写出来的一切东西我都要看见。我看见这句子。我就听见它了。我还要把它大声朗读出来。

《巴黎评论》：一切都要朗读出来吗？

赫塔·米勒：一切。为的是节奏——因为这句子如果听起来不对劲，那么这句子就不起作用。那就意味着有地方不对了。我总是必须听到这种节奏，这是检查这些词语是否正确的唯一方法。不可思议的事情是，一篇作品越是超现实的，它对现实的反映就越要紧密。否则，它就不起作用。那样的文章到头来总是糟糕透顶——就是粗制滥造的东西。很多人总是要折腾很久才相信这一点，但是，超现实的场景必须以毫米的精确度和现实进行对照检查，否则这些场景就丝毫发挥不了作用，这篇文章就完全不能用。超现实的东西只有变成了现实才会起作用，所以它必须经得起和现实的核对，并根据现实结构建立起来。

《巴黎评论》：您一旦开始写那些句子，您是不是让那些句子牵着您走？

赫塔·米勒：它们自己知道一定会发生什么事情。语言知道打哪儿起，打哪儿落。我知道我想要的是什么，但那些句子知道我怎么样才能到达那里。即便如此，还一定要牢牢抓紧语言的缰绳。我创作总是很慢。我需要很多时间，因为我要用很多方法。每本书我都写二十遍的样子。刚开始，我需要所有这些拐杖，我写出很多多余的东西。之后，我走得足够远了——在我内心，我依然在探寻——我会把我已经写出来的东西删掉大约三分之一，因为我不再需要它了。不过，然后我就会回到第一稿，因为很显然，那是最真实的一稿，而别的一切都证明是不令人满意的。我常常觉得我无法把它拉开。语言和生活是那么的不同。我怎么就必须把一个安到另一个身上去？我怎么能把它们拉到一块儿呢？是没有一一对应这样的事情的。首先，我得把一切东西都拆开。我一开始就照现实写，但我必须把这个现实完全打碎。然后我用语言创造出某个全然不同的东西。如果我运气不错的话，它就会一起回来，而新的语言就又和现实走得很近了。但话又说回来，这完全是一个人造的过程。

《巴黎评论》：就像莱奥的圣诞树。还有您在斯德哥尔摩说过的话，就是说，在写作的过程中，它不是一个信赖的问题，而是一个对诚实欺骗的过程——一个充满着巨大能量的过程。

赫塔·米勒：没错，而且那能使你像着了魔一样。当人们谈到某篇文章之美的时候，它的美就是从那儿来的——事实就是，语言把我拽了进去，这样我就想写出它来。但是，这样做也痛，所以我就很害怕写作。而且我常常搞不清楚我是否胜任这项任务。不过，它也是你以前提到的——其中的一半是沉默。说出来的是一回事，但没有说出来的也必须在那儿，它必须游离于你正在写的东西之中。你也必须感受到这一点。

《巴黎评论》：而这种沉默不仅存在于人物的内心，也存在于人物之间，存在于作品本身。在《青李之地》中，您写道："我们嘴里的话跟我们的脚踩到草上一样，有着同样的毁灭性。而我们的沉默也一样具有毁灭性。"

赫塔·米勒：沉默也是一种讲话的方式。它们是很相像的。它是语言的一个基本成分。我们总是在选择什么话我们说，什么话我们不说。我们为什么说一件事而不说另一件事？而且我们这么做凭的是直觉，因为不管我们在说什么，没有说的总是比说的多。这也并不总是要隐藏东西——它只是我们说话当中凭直觉选择的一部分。这种选择因人而异，因此，同样的东西不管有多少人描写过，描写总是不一样的，视角不同嘛。即使有着相似的视角，说什么，不说什么，人们也会做出不同的选择。我从村子里来，这一点我就很清楚。因为那里的人说话，从来不会超出他们绝对需要说的量。我十五岁进城的时候，很惊讶于人们的话那么多，而那些话有那么多都毫无意义。还有就是人们谈自己谈得那么多——那之于我完全是陌生的。

在我看来，沉默一直都是另外一种交流方式。你只是看着一个人，就能看出那么多东西。在家里，我们哪怕不是一直谈论自己，彼此之间也非常了解。在别的地方我也遇到过很多的沉默。有那种自己给自己造成的沉默，因为你真正想的东西你永远也不能说。

《巴黎评论》：您的意思是说在乡村的家里吗？

赫塔·米勒：在村子里有一些那种情形，但我真正的意思是泛指的。你始终要非常仔细地考虑你要说多少，你要跟他们讲什么。你得保持一个平衡。一方面，你不想说太多，你不想让他们以为有些事情你知道而他们不知道，你可不想引发一个他们本来不会问到的问题。而另一方面，你必须说些事情，所以，最好的办法就是回答一点点，这样一来他们就不得不重复同样的问题。它总是这种小心翼翼的算计，每一方等着另一方，审讯人员在琢磨被审讯的人，设法看穿你，而你呢，也在设法看穿他，发现他想要什么，他的话头要往哪里走，他为什么想知道那件事。在所有这种过程中保持沉默，这里面学问大着呢。

《巴黎评论》：在您塑造的一些人物中，有另外一种类型的沉默。比如说《饥饿天使》里的卡蒂·森特丽。她脑子有毛病，而且表达的手段非常有限。

赫塔·米勒：可是她比别人说的都多。我总是喜欢短对话。某些语法结构我很不喜欢，比如说现在分词和过去完成时，所有这些复杂的德语形式，那叠床架屋的动词、间接引语的虚拟语气以及诸如此类的东西。它们都是那么笨重，那么冷冰冰的，这些形式把一切都从感情那儿推走了。我总是设法坚持使用现在时，至多使用一般过去时。其他的一切在我看来似乎都是僵死的重量。我想那也是来自我成长过程中使用的农民语言。

《巴黎评论》：简洁。

赫塔·米勒：而且总是很直接。对话总是要有锋芒。那有可能也是来自我的背景。人们很长时间都没有说话，然后到了他们终于要说些什么的时候了，情况就非常急迫了。那些话就绝对需要说出来，就没有时间浪费到语言结构上了。大多数时候是说话都已经太晚了——要说的东西本来早就应该说的，却没有说。

《巴黎评论》：即使已经很晚了——

赫塔·米勒：那样的话，急迫感就更强。

《巴黎评论》：您还把您的标点符号使用量降到最低限度。比如说没有问号。

赫塔·米勒：那些句子没有必要用问号。从写这些句子的方式就可以很清楚地看出哪些句子是问句。你从句法结构里就能看得出来。所以我不需要问号，也不需要感叹号。我发现这些东西完全是没有必要的。它们造成混乱，在那儿根本就不起作用。还有引号。如果整篇文章密密麻麻爬满了这些符号，那是很可怕的。毕竟有对话的时候你是看得出来的。

《巴黎评论》：如果有时候我们弄不准一句话是大声说出来的，还是在内心说的，就会增加文本张力。

赫塔·米勒：所有这一切都和我们过去在家里说话的方式有关，跟我们用的方言有关。后来我到城里上学，有了这些朋友的时候，他们来自不同的村子，说不同的方言。但我们一致认为，我们将只说标准的德语。他们都是作家，那时候在罗马尼亚，德语对我们来说是一种私人语言，我们必须注意我们讲德语要讲得正确。所以在这个团体内部，我们坚持不讲方言。再者说了，已经有一种用方言写的文学，这种文学是极度反动的。不像是比方说在奥地利,有一些作家以新的方式使用方言,把当地的传统和更为当下的思想结合起来。对我来说,这种文学有着很坏的联系——恰恰就是我在《低地》这部短篇小说集里写到的东西——民族中心主义的焦点,对纳粹的支持,和"祖国"这一概念捆绑在一起的一般来说是反动的态度。我不想跟这些个东西有任何瓜葛,我们团体里的任何人也都不想。没有关于"精神家园"的书,没有"热血和故土"[①]文学。回头看看,我觉得对我们来说,没有所有那些个保守的重负,那就容易得多,不像别的人那样,要背负着这些重负,走到哪儿,背到哪儿,这种重负就是各式各样的期望。人们对我们一点点儿期望都没有。罗马尼亚的特兰西瓦尼亚地区的德意志人有一种可追溯到八百年前的知识传统——他们总是更加保守。然而我们这个来自巴纳特的团体则是刚刚开始读书,什么东西都不懂。然后我们就走向前去,我们做什么就写什么,而这样一来,别的人都给鼓动起来。可是,我们对这些事倒是没有反复考虑过。所以,没有来自一个很大的传统,没有来自一个家庭,让你吃的都是有可能你后来连喜欢都不喜欢的东西——都是你后来为了成长不得不扔掉的东西——我真的感觉那是非常无拘无束的。我不必扔掉任何东西,因为我从一开始就什么东西都没有。

《巴黎评论》:您家里没有书吗?

赫塔·米勒:连童话故事都没有。年终他们给最佳学生颁发奖品的时候,我偶尔会从学校得到本什么书。但那都是现实主义作品,我喜欢的什么东西都没有。除此以外,只有我们从神父那儿得到的东西。

不过那倒是好事,我觉得。人们经常问我家里都有什么书,我发现这个问题很奇怪。就好像你要是不在一个有书房的家里长大,或者

[①] "精神家园"(Heimat)、"热血和故土"(Blut und Boden)都是纳粹文学的概念。

父母有高等教育的学位，你就不能写作似的。但实际上，从某个年龄起，我们的成长就靠的是我们每一个人，我们都是靠自己的。父母有可能提供高度有文化的环境，并不意味着孩子们就会利用它。有时候那还会有相反的作用。我多次见过这种情况：来自很高文化背景家庭的孩子一点儿都不想和任何知识分子的生活发生联系。或者是父母在家里给他们的孩子提供了太多的文学作品，结果是孩子再也不想和书籍有任何关系。对我来说，情况正好反过来。这个东西没有一样是熟悉的，于是我就很饥饿。但首先我得发现它。我一度意识到文学即是我儿时所做过的事情的继续——用我的想象力。我那时候还没有意识到，但实际上我脑子里已经在把一切都变成了文学，而我对文学是什么却浑然不知。

《巴黎评论》：因为您别的什么东西都没有啊。

赫塔·米勒：那是一种内心的需求，这样我就会有某种安全感，不知怎么的就会坚持自己的权利，在我的周遭环境中，在我的孤独寂寞之中，发现了我在这个世界上的位置。它就像写作——我只身一人，不让任何人知道我在想什么，因为如果他们知道了，他们就会以为我不正常，我可不想让他们对我说，我发疯了，然后把我送到医生那儿，然后让他告诉我，我得了某种精神病或是鬼知道什么病。它一直都只是我的秘密，我从来不跟任何人说这件事，跟任何人都不说。然而自始至终我都在脑子里创作一种文学。后来突然之间，我意识到，这同样的东西是存在的，就在纸上印着呢——而这恰恰就是文学。但是，我得靠自己编造出来。

《巴黎评论》：您那些"巴纳特行动组"[①]的朋友们也是一样的情

---

① 该组织成立于1972年，其成员是一群在罗马尼亚巴纳特施瓦本地区的德裔青年，宗旨是追求言论自由。

况吗？

赫塔·米勒：他们的父母也是农民。我们经常谈论这个问题，谈论我们是怎么从一无所有起家的。我想这就是为什么我们想创作出非常不合常规而又现代的文学的原因。当然了，后来，在我隔开了一段距离之后，我意识到，方言也有其好的一面——非常美妙的词语，高度隐喻的形象，大量的迷信以及非常富有诗意的东西——我从中汲取了许多东西，尤其是词语，那些个词语常常是兴之所至，信手拈来。像"Arschkappelmuster"（装腔作势者）这个单词，它实实在在就是个骂人的词，却是一个非常可爱的词。

《巴黎评论》：您还跟什么人讲方言吗？

赫塔·米勒：跟我母亲讲。有时候跟村子里来的人讲，但那些人我见的并不多。准确地说，他们大多数人并不喜欢我。因为《低地》那本书，他们都吐我唾沫，所以我是不可能回到那儿去的。甚至我母亲都受到了骚扰，还有我祖父，因为我写了那个村子的事情，他们都被得罪了。他们骂我弄脏了我自己的窝巢，就像德意志人喜欢说的那样。在他们眼里，我就是那个魔鬼，我并不想跟他们发生任何瓜葛。所以在罗马尼亚政权和这些做此反应的德意志人之间，我哪一方也不属于，所以你能何处安身呢？我最大的交际范围也就是一个五六个人的圈子。至少在那里，你依然知道你是在朋友中间的，这就够了。这也就不那么不正常了。事情最后恰恰也是如此。每当人们开始谈论身份问题的时候——身份，那是多么乏味的一个词啊——我就不知道这个词应该有何含义。它也许对开会是一个好词，但对我却绝对毫无帮助。其时我根本就不知道我是谁，也不知道我何以想在这个世界上活着。我只知道我不想要的东西。我想让自己和所有那些东西拉开距离。因此，到头来我变成这样子，结果真的是我并不想成为的那种人。可是我当时还是不知道我想要什么。

《巴黎评论》：您现在知道了吗？

赫塔·米勒：恰恰相反。人们以为你一定准确地知道你是谁，你想要什么，知道你有某一个至关重要、一心一意要实现的人生目的。我发现那是很荒谬的。就好像我们每一个人都是由外部强加给我的思想组装起来似的。那是我最不想要的东西。不管怎么说，我是做不到这一点的，因为要使那一点起作用的话，你就不得不相信那种东西，可是那种东西我听听都受不了。

《巴黎评论》：那种没有归属的感觉在您搬回城里，发现自己到了一个不同的语言世界的时候，是不是更加强烈了？突然之间，什么东西都要用罗马尼亚语？

赫塔·米勒：我们上学的时候学过一点点——罗马尼亚语毕竟是官方的国家语言嘛——不过呢，我们上罗马尼亚语课每周不过一两个小时而已，老师都是德意志族人，他们的罗马尼亚语就讲得比较差。所以，搬到城里以后，我几乎说不了罗马尼亚语，我就觉得很不安全。有一年半时间我所做的事情就是听。可是我喜欢这种语言的声音，我喜欢所有那些习语，我喜欢它是那么有旋律感，我喜欢日常讲话中冒出来的所有富有诗意的形象。事实上，最有意思的是罗马尼亚的日常语言——它很感性，能够做到骂人而不带脏字。这一点在德语里是不存在的，在德语里，语言立马就变得丑陋、粗鲁了。但在罗马尼亚语里是很不同的，骂人是一种艺术，一种魔法。真正的骂人话总是具有魔力的，因为那些话总是随性而说的，而且会根据说话人的情绪而有所不同，这些骂人话说出来正好适合当下的情形。我觉得那是很棒的。

不管怎么说，我并没有有组织地学习罗马尼亚语，我只是通过日常使用而习得它——这通常是学习一门语言最简单的方法。所以，过了一年半，我的罗马尼亚语突然之间就在那儿了。从那时起，我就不断把它和德语比较——一个东西，为什么在一种语言中叫这个，而在那一种语言中叫那个？比方说植物的名字——我们叫作"Maiglöckchen"（铃兰）的，他们却叫"小泪珠"。名词有不同的性——在德语里，太阳是阴性，月亮是阳性，但在罗马尼亚语当中，正好反过来。而这把一切都改变了。迷信的东西不同，童话故事不同，整个的关系都不一样。玫瑰花在罗马尼亚语中是阳性，在德语里是阴性，那就会造成很大的不同，事关这种花究竟是女士还是先生。我把所有这一切都心领神会了，看到每一种语言都有自己的眼睛，想到两种语言有可能以如此不同的观点演化到如今，简直是太不可思议了。我发现这一点美丽得令人难以置信，我看得越多，就越想学习说和阅读罗马尼亚语。我喜欢这种语言的味道，我有一种印象：我在吃这种语言。这大概就是为什么我学得比较快的缘故。

《巴黎评论》：您在写作的时候，这种罗马尼亚语的观点和德语是不是同时出现？

赫塔·米勒：一直是这样。我毕竟是在罗马尼亚长大的。我说不清楚我脑子里一个特定的形象是从这种语言里冒出来的呢，还是从另一种语言里冒出来的，或者脑子里想到一个物体或者一种情形时，我弄不清楚我在使用哪一种语言。大概有时候是这样子，有时候是那样子，或者是两者混在一起，不过，罗马尼亚语是自然而然地和德语同时出现在写作过程中的。我不用罗马尼亚语写作是因为那样子写作感觉太不安全，然而它会在我脑子里生长，所以我搞不清楚每个思想是从哪儿冒出来的。

《巴黎评论》：不是所有的思想都是以语言的方式冒出来的，您写过这样的话。

赫塔·米勒：很多思想都是没有语言的，甚至语言也无法到达我们思想的最深处。但是我确实知道，我若不是生活在罗马尼亚，一切都会很不相同，三十四年不管在哪儿住，都是很长一段时间。有一种不同的文化，一种全然不同的人生态度，而语言就会把这一点反映出来。

《巴黎评论》：好的方面和坏的方面，两方面都会反映出来。

赫塔·米勒：是的，很奇怪吧。一方面，罗马尼亚语有这种巨大的感性和魔力。因为你有那种不可预测性，这种浮夸的倾向，机会主义，那巨大的机会主义。我总是相信这些是同一枚硬币的两面。罗马尼亚人有一句谚语——玉米粥是不会爆炸的。罗马尼亚人会说这样的话，因为他们认识到了自己的这一点——他们非常有忍耐力，非常容易堕落。我经常有这种印象：其他的东欧国家就不一样。我想到了波兰，想到了捷克斯洛伐克。甚至是俄罗斯。然而我对此始终心存疑虑。你有这种华美的语言，然后又有彻底的无知和残忍。所谓彻底的无知，就是一种默认倾向，一种预先的立场。然而恰恰是这种无知，这种对政治事务的兴趣缺乏，才是问题之所在。因为缺乏兴趣的人对艰难的时代毫无准备，所以他们很快就屈服，很快就顺从，然后他们很快就会对他人采取残忍的行动，为的是不让自己处于危险的境地。这就是我们过去一直在思考的问题。我们想理解它，但我不知道是不是有人理解了它，它总是如此假设。我认为我还没有把这个问题想通——你越是思考它，它就变得越令人困惑不解，也就越难被完全领会了。

《巴黎评论》：我们可以在罗马尼亚历史中发现这种同样的顺从性，到了战争尾声，罗马尼亚突然改变了自己的效忠对象。

赫塔·米勒：是的。问题是，哪怕在一个特定的灾难时期结束后，罗马尼亚人也从不承认刚开始灾难有那么严重，也从不承认他们——至少是某些人——在这场灾难中起到了一定的作用,因而要负一些责任。

《巴黎评论》:在文学作品中也不调查?

赫塔·米勒:也许有一些学术著作会探讨某些特定的主题,但是没有更广泛地和过去角力。可是到了现在,事情过去这么长时间了,人们是能够处理、也需要处理这个问题的。现在罗马尼亚之所以几乎没有什么动静,是因为无论对于哪一个独裁统治,人们都还没有解决。什么东西都还没有澄清,而且大家谁也不想对此有任何了解。

《巴黎评论》:还没能正确对待历史。

赫塔·米勒:于是事情就重复自身。比如,就在现在,在罗马尼亚,反犹太主义甚嚣尘上。有一种民族主义咄咄逼人到了令人难以置信的地步,而这一点也跟没有人谈论过这些事情这一事实有关。

《巴黎评论》:几年前您为斯德哥尔摩的一个论坛写过一篇文章,主题是"文学能作为证据吗?"。在那篇文章中,您提到,尽管您的书常常是被作为证词阅读的,但是您本人认为您写这些书的时候,并不是在提供证词。

赫塔·米勒:我一开始从来都没有要写文学作品。我开始写作的时候,那时候是在工厂——

《巴黎评论》:您是被迫离开了您的办公室——

赫塔·米勒:你说得没错。我那时候在工厂写作,是不得已而为之,实际上是作为一种自我安慰,因为所有的门都关上了。我不知道要转向何处,不知道事情会如何发展,我父亲去世了,我不可能回到村子里去了,我丝毫没有任何前途,还经常担惊受怕。那是一个很荒谬的处境——他们已经把我从办公室里踢了出去，但我还是不得不上班。我不能离开工厂，不能给他们以开除我的口实。于是我就开始写作了，突然之间就有了这个后视镜，我在村子里的生活，一切都开始回来了。我并不是在试图写文学作品，我只是把它在纸上写下来，为的是获得一个落脚点，抓住我的生活，如此而已。

（原载《巴黎评论》第二百一十期，二〇一四年秋季号）

THE PARIS REVIEW

马里奥·巴尔加斯·略萨

2010 年诺贝尔文学奖得主

获奖理由:"因其对权力结构的制图学式描绘,以及他对个体之抵制、反抗和失败的清晰描摹"

《巴黎评论》访谈发表时间:1990 年

马里奥·巴尔加斯·略萨

(Mario Vargas Llosa)

1936—

秘鲁小说家、散文家、文学批评家,生于秘鲁阿雷基帕。1959 年以短篇小说集《首领们》步入文坛,1963 年出版代表作长篇小说《城市与狗》。另著有《绿房子》《胡利娅姨妈和作家》《公羊的节日》《酒吧长谈》等多部长篇小说,《塔克纳小姐》《阳台上的疯子》等戏剧作品,以及《水中鱼》《给青年小说家的信》等散文作品。

2021 年当选为法兰西学院院士。

马里奥·巴尔加斯·略萨

◎ 魏然 / 译

    这次采访里，马里奥·巴尔加斯·略萨提到，他原本坚持每天早晨在书房写作，一周七天都是如此，绝不中辍。然而，一九八八年秋天，他决意暂时放下自己长期严格坚守的日程，作为自由党候选人，参加秘鲁总统竞选。对于秘鲁政治，巴尔加斯·略萨一贯直抒己见，他有多部小说以秘鲁政治为主题。不过，直到近期几轮大选，他总是拒绝在政府供职。竞选活动期间，他说到，竞选政治的语言总是充溢着虚情作态和空洞辞藻，对此他实难接受。多党选举之后，一九九〇年六月十日，他败给了阿尔韦托·藤森。

    马里奥·巴尔加斯·略萨，一九三六年生于秘鲁的阿雷基帕，一座南方小城。巴尔加斯·略萨尚在襁褓时，其父母离异，他随外公一家，迁居玻利维亚的科恰班巴。一九四五年他返回秘鲁，入莱昂西奥·普拉多军校，其后就读于利马大学，修法律课程。十九岁那年，他娶了比自己年长十四岁的姨妈胡利娅·乌尔吉蒂·伊利亚内斯。这是他的第一次婚姻，这件事后来成了小说《胡利娅姨妈与作家》(1982)的主要情节。结束利马的学业后，巴尔加斯·略萨选择离开秘鲁，去国外流亡。在长达十七年的流亡生涯里，他当过记者和讲师。也正是在流亡期间，他开始写小说。巴尔加斯·略萨的第一部小说《城市与狗》，一九六三年在西班牙面世，小说是基于他的军校经历写成的。巴尔加斯·略萨的小说还有《绿房子》(1963)、《酒吧

略萨最新长篇小说《继母颂》的一页手稿

长谈》(1969)及《世界末日之战》(1981)等。

巴尔加斯·略萨还是一位剧作家、散文家，曾参与拍摄秘鲁电视台的一档访谈节目，每周一期。他已荣膺多项国际文学奖项，一九七六年至一九七九年间，曾担任国际笔会会长。他育有三个子女，与第二任妻子帕特丽西娅住在利马，从他们的公寓里可以俯瞰太平洋。

——访谈者：苏珊娜·亨内维尔[①]、
里卡尔多·奥古斯托·塞蒂，一九九〇年

《巴黎评论》：你是一位著名作家，你的读者对你的作品是很熟悉的。那么，能否谈谈你自己都读些什么书？

马里奥·巴尔加斯·略萨：过去这几年，我的阅读经验比较奇特。我注意到，同代人作品读得越来越少，反而越来越关注以前的作家。我读过的十九世纪作品远远多于二十世纪的作品。最近，相较于文学，我的时间更多花在阅读随笔和历史上。至于为什么读这些书，我倒没有仔细想过……有时是因为写作这个行当。我的写作计划联系着十九世纪：我要写一篇关于雨果的《悲惨世界》的文章，还计划根据弗洛拉·特里斯坦的生平写一部小说。特里斯坦是个法裔秘鲁人、社会改革家，还是一位后世所说的"女性主义者"。不过可能另有原因：十来岁的时候，你觉得享受这世界的时间都在前头，无休无止，可年过五十，你就发现日子屈指可数，必须精挑细选。可能就是这个缘故，我不大读当代作家的东西。

《巴黎评论》：不过，在你读过的当代作家之中，有没有让你特别

[①] 苏珊娜·亨内维尔（Susannah Hunnewell，1966—2019），美国编辑，《巴黎评论》第7任出版人。

崇敬的？

略萨：我年轻时，曾经是萨特的热忱读者，还读了不少美国小说家的作品，特别是"迷惘的一代"——福克纳、海明威、菲茨杰拉德、多斯·帕索斯，尤其是福克纳。年轻时读过的作家里，有少数几位至今我仍旧看重，他算其中一位。重读他的作品，从来没让我失望过，重读其他作家，间或也有这种感觉，比如海明威。现在我不会再读萨特了。跟此后我的阅读相比，他的小说过时了，失去了主要价值。至于他的论文，我觉得大部分都没那么重要了，只有一篇例外，那就是《圣热内：喜剧家或殉道者》，我至今还喜欢。萨特的文字充满着矛盾、模糊、言不及义和旁逸斜出，而福克纳的作品永远不会出现这些情况。福克纳是头一位迫使我阅读时手握纸笔的作家，因为他的写作技术让我震惊。他也是头一个我有意识地重构他作品的小说家，比如我会追踪时间组织方式，辨识时空如何交错、怎样打破叙事，以及他从不同视角讲故事，创造暧昧含混效果，赋予故事深度的能力。作为一个拉美人，我觉得读福克纳，对我而言非常有用，因为他的书蕴藏了一个描述技巧的宝库，可供我拣选，而我所要描述的世界，从某种意义上讲，跟福克纳笔下的世界，差别并不那么大。当然此后，我也带着强烈的激情阅读十九世纪的小说家：福楼拜、巴尔扎克、陀思妥耶夫斯基、托尔斯泰、司汤达、霍桑、狄更斯、麦尔维尔。我到现在还是十九世纪作家们如饥似渴的读者。

说到拉美文学，很奇特，直到在欧洲生活之后，我才真正发现了她，才开始怀着巨大的热情阅读拉美文学。我要在伦敦的大学里教这门课，这个经验很宝贵，因为它迫使我将拉美文学作为一个整体来考察。从那时起，我研读博尔赫斯——我对这位作家还算比较熟悉，研读卡彭铁尔、科塔萨尔、吉马朗埃斯·罗萨[1]、莱萨马·利

---

[1] 若昂·吉马朗埃斯·罗萨（João Guimarães Rosa，1908—1967），巴西小说家，巴西文学院院士，其创作以短篇小说为主，著有长篇小说《广阔的腹地：条条小路》和四部短篇小说集。

马[1]，整整一代作家我都进行了研读，除了加西亚·马尔克斯。我是后来才发现加西亚·马尔克斯的，甚至还写了一部关于他的著作，那就是《加西亚·马尔克斯：弑神者的历史》。我还阅读十九世纪的拉美文学，这也是因为授课需要。我意识到，我们拉美有一些极为有趣的作家——这方面，小说家们或许还比不上散文家和诗人。譬如萨米恩托，他一部小说也没写过，但依我之见，他是拉美这片土地上诞生的最了不起的说书人之一，他的《法昆多》是一部杰作。但假如我只能举出一个名字，那么我不得不选博尔赫斯，他创造的世界，对我来说是绝对称得上独具匠心。除了原创性，他还与生俱来地拥有出色的想象力和独一无二的文化修养。当然，他还创造了一种博尔赫斯式的语言，某种意义上，这种语言突破了我们的传统，开启了另一番气象。西班牙语这门语言，有一种繁复、盈溢、丰沛的个性。使用这门语言的大作家们往往喋喋不休，从塞万提斯到奥尔特加·伊·加塞特、巴列-因克兰[2]，再到阿方索·雷耶斯。博尔赫斯跟他们不一样，简洁、凝练、准确。西语作家中，博尔赫斯是唯一一位想法和语词的数量近乎相等的作家。我们这个时代堪称伟大的作家当中，博尔赫斯算是一个。

《巴黎评论》：你和博尔赫斯关系如何？

略萨：我第一次见他是在巴黎，六十年代初我在巴黎生活。他在那儿的研讨班上讲授幻想文学和高乔文学。后来，我为供职的法国广播电视局采访过他。至今回想起来，我还很有感触。那次访谈之后，我们又见过几次，在全世界不同地方，有一次是在利马，我请他吃晚

---

[1] 何塞·莱萨马·利马（José Lezama Lima，1910—1976），古巴诗人、小说家、拉美文学代表人物，创作有长篇小说《天堂》等。
[2] 拉蒙·德尔·巴列-因克兰（Ramón del Valle-Inclán，1866—1936），西班牙诗人、小说家和剧作家，代表作有四部曲小说《四季奏鸣曲》和戏剧《波希米亚之光》。

餐。用过晚餐,他让我带他去洗手间。小便的时候他突然问,你觉得那些天主教徒,他们是认真的吗?可能不是。

我最后一次见他,是在布宜诺斯艾利斯,他自己的寓所;那时我在制作秘鲁的一档电视节目,为此我去采访他。我有种印象,似乎我提出的一些问题叫他有些愠怒。更奇怪的是,他后来竟发火了,就因为我采访之后的一句话。当然,采访过程中我极为专注,不仅因为我敬佩其人,而且我对他这样一个有魅力而又纤弱的人,心里怀有一份亲近之情。当时见他家里墙皮剥落,房顶有裂缝,我就说没想到他的寓所这么朴素。显然,这话深深冒犯了他。此后,我又见过他一次,他刻意疏远我。奥克塔维奥·帕斯告诉我,我对他寓所的评价,让博尔赫斯很不痛快。可能伤害过他的事,只有刚才讲的这一件,除此之外,我对博尔赫斯只有颂扬。我不认为他读过我的书。按他自己的说法,四十岁过后,他再没读过任何一位在世作家的书,只是不断重读以前的同一批书目……可他却是我非常崇敬的作家,虽然不止他一位。巴勃罗·聂鲁达是一位卓越的诗人。还有奥克塔维奥·帕斯,他不仅是一位伟大的诗人,还是了不起的散文家,在政治、艺术和文学各方面都有自己的见解。他的兴趣爱好包罗万象。阅读帕斯的作品,至今还是我巨大的享受,而且他的政治理念跟我很接近。

《巴黎评论》:在你所欣赏的作家当中,你说到了聂鲁达,他是你的朋友。他是个什么样的人?

略萨:聂鲁达热爱生活。他对所有事物都怀有狂热的兴趣——绘画、几乎所有艺术门类、书籍、古籍善本、佳肴美酒。就餐饮酒,对他来说,几乎能带来神秘体验。聂鲁达是个了不起的受人爱戴的角色,而且充满生命力——当然啦,只要你忽略不计他还写过赞美斯大林的诗。他生活的世界,几乎可以说还处在领主的时代,一切都让他欢心畅快,他的生活甜蜜殷实、活力盎然。我曾有幸在黑岛过了一个周末，那感受真是好极了！一套社交装置围绕着他运转：一群仆从烹饪洒扫，嘉宾络绎不绝。聂鲁达的社交圈子有趣极了，特别有烟火气，没有一丝知识分子的清高孤傲。聂鲁达恰好是博尔赫斯的反例，博尔赫斯似乎从不喝酒、抽烟、享受美食，有人甚至觉得他从来没做过爱。对他来说，那些完全是次要的，即便他做过，也是出于客套，因为观念、读书、冥想和创造才是他的生活，他过着纯粹的思想生活。而聂鲁达属于若热·亚马多和拉法埃尔·阿尔维蒂那个谱系，他们相信文学源于生活的感官经验。我还记得在伦敦给聂鲁达祝寿的那一天。他打算在泰晤士河的一艘游船上办生日宴会，很幸运，他的一位崇拜者，英国诗人阿拉斯泰尔·里德就住在泰晤士河的一艘船上，所以我们就给他举办了一场宴会。气氛热烈时，他站起来说要调一杯鸡尾酒。那可是全世界最昂贵的酒，我不知道他用了多少瓶唐培里侬、多少种果汁，上帝才知道还有别的什么配料。当然，调出来的酒棒极了，但喝一杯你就要醉倒。所以那天我们在场的人都醉了，无一例外。但即便这样，我还记得他当时告诫我的一番话；许多年之后，这番话被证明确是真知灼见。那时候有一篇文章——具体关于什么我记不清了——让我情绪很低落、很愤怒，因为它不仅侮辱我，还造我的谣。我拿给聂鲁达看。宴会当中，他预言说，你要成名了。我告诉你后面什么情况在等着你：你越是有名，这样的攻击就越多；一句赞扬，紧跟着就是两三次羞辱。我有个盒子，里面塞满了一个人能禁得起的所有的侮辱、歹毒和污蔑，哪一种恶名我都逃不掉：小偷、性倒错、叛徒、恶棍、戴绿帽子的……一样都不少！要是你成名了，你也必须遭受这一切。聂鲁达说的是实话，那些预言后来全都验证了。我不止装满了一个盒子，那些竭尽羞辱之能事的批评文章，塞满了我的好几个行李箱。

《巴黎评论》：那么，加西亚·马尔克斯呢？

略萨：我们原本是朋友。有两年在巴塞罗那我们做过邻居，住在同一条街上。后来，因为个人原因和政治原因，我们疏远了。不过最开始的分歧来自个人原因，和他的意识形态信仰没关系——当然我也并不认同他的政治信仰。我认为，他的写作才能和政治智慧不在一个档次。可以说，作为一个作家，我十分佩服他的作品。刚才说过，我写了一本六百页的书研究他的作品。但是其人我并不佩服，也不赞同他的政治信仰。我以为那些不过是投机的、用来博取关注的言辞。

《巴黎评论》：据传闻，你们俩在墨西哥一家电影院门口打过架，你刚才提到的个人问题与此有关吗？

略萨：在墨西哥，我们确实起过冲突。但这个话题我不屑多谈；这事引起了不少猜测，我不想再给拨弄是非者添加素材了。假如有一天我写回忆录，或许可以把真相讲出来。

《巴黎评论》：是作者挑选作品主题，还是主题挑选作者？

略萨：就我所知，我相信是主题挑选作者。我总有一种感觉，某些故事会降临到我身上；你无法忽略它们，因为这些故事以某种隐秘的方式，联系着你最根本的人生经验——这不容易解释。举个例子，我还是少年时在利马的莱昂西奥·普拉多军事学校待过一段时间，那段经历带给我一种写作的真正需求和着魔似的欲望。从许多方面说，那都是一段极端伤痛的经历，标志着我少年时代的结束——再一次发现我的国家里，社会暴力肆虐，到处都是苦难，构成社会的是决然对立的社会、文化和种族派别，它们时不时爆发凶险的恶斗。我猜这段经历对我产生了影响；非常肯定的是，它赋予了我创作和发明的需求。

直到现在，我的所有作品大体都是这样。我从没觉得我可以理智、平和地下决心写一个故事。相反，某些人或某些事会骤然降临到我身上,要求我特别关注,有时候这种体验来自梦境或阅读。这就是为什么我经常讲到在文学创作过程中,那些纯粹非理性因素具有重大的意义。我相信,这种非理性也能传递给读者。我希望,别人读我的小说,也会有我阅读那些我所钟爱的作品时的感受。让我心仪的小说,不是通过智慧或理性触动我,而是让我心驰神往。有些故事可以完全击垮我的批评能力,让我沉浸在悬念之中。我爱读这类小说,也爱写这类小说。我认为融合到行动和故事里的思想因素非常重要,在小说中也必不可少,但故事不能靠观念吸引读者,靠的是色彩,靠的是它激起的情感,靠的是它能产生的悬念和神秘。在我看来,小说的基本技巧就在于如何创造这种效果,换句话说就是尽可能缩短,甚至消弭故事和读者之间的距离。在这个意义上,我是个十九世纪的作家。小说对我而言,依旧是冒险小说。读这种小说,就需要我刚刚描述过的那种特定方式。

《巴黎评论》:你小说里曾经具有的那种幽默感似乎消失了?最近几部小说似乎和《胡利娅姨妈与作家》中的幽默风趣相差很远。今天写出那样的幽默文字是不是很困难?

略萨:我从来不会琢磨,今天是要写一本有趣的书呢,还是一本严肃的书。只是近些年我写作的主题好像不大容易往幽默上靠。我不认为《世界末日之战》《狂人玛伊塔》或是我写的剧本,它们的主题可以被处理得诙谐风趣。不过《继母颂》呢?那本书还是有不少幽默的,是不是?我从前对幽默"过敏",因为那时十分天真,相信严肃的文学不苟言笑;假如想在小说里讨论严肃的社会、政治或文化问题,幽默可能是非常危险的。那时候,我以为幽默会让我的故事显得肤浅,给我的读者留下这些不过是游戏之作的印象。就因为这个缘故,我一度排斥幽默,这极有可能是受了萨特的影响。萨特一贯敌视幽默,至少他写作时如此。可有一天我发现,为了在文学中呈现特定的生活经验，幽默可以是一种相当有力的工具。写《潘达雷昂上尉与劳军女郎》的时候，我领悟到这一点。从此我就明白，幽默是一笔巨大的财富，是生活的一种基本要素，因此对文学也特别关键。假如有一天，幽默再度成了我小说的重要角色，那我绝不刻意排斥。其实，已经有了这样的作品。我的剧本也一样，尤其是《凯西与河马》。

《巴黎评论》：能跟我们介绍一下你的工作习惯吗？你如何写作？一部小说是怎么酝酿出来的？

略萨：首先得做一场白日梦，只在头脑中反复思量某个人或某个情景。然后开始记笔记，简要写出叙事线索：某人进入场景，然后离开，他做了什么事。等动笔写小说时，我会列出故事大纲——这份大纲不需要严格遵守，等进入写作进程后再做总体调整，但有了这份大纲我才能动笔。而后我把故事连缀起来，全不费心去思考风格的问题，只是不断地写、重写一样的场景，构想出全然矛盾的情境……

基本素材对我有帮助，帮我定下心来。但创作过程里，写这部分最难。在这个阶段，我非常慎重，往往不知道将出现什么样的结果。初稿是在焦虑状态下写出来的。一旦完成初稿，可能一切都变化了——初稿耗时长久，《世界末日之战》的初稿写了近两年。那时候，我就知道故事已经在那儿了，就埋没在被我称为"我的熔岩"的初稿底下。那真是一片混沌，但小说就在里面，埋没在一堆死气沉沉的要素、可能会去掉的冗余场景，还有那些从不同视角、通过不同角色重复多次的场景里。初稿乱作一团，只有我自己读得懂。可故事正在深处孕育着。你得把它和多余的东西剥离开，洗涤干净，这部分工作最叫人高兴。从那时起，每次写作的时间可能越拖越长，写初稿时的那种焦虑和紧张消失了。我想，可能我喜爱的不是写故事本身，而是重写、编辑、修正……我觉得那才是写作中最有创造性的部分。我从不知道一个故事什么时候才能写完。原以为花几个月就能写出的短篇，结果可能消耗我几年的时间。当我开始感到再不赶快煞尾，小说就会反过来控制我，这时候小说就要写完了。当我达到饱和，当我竭尽全力，当我即将承受不住时，故事就算完成了。

《巴黎评论》：你是用笔写，还是用打字机，或者交替进行？

略萨：工作起头时，我用笔写。我一般在上午工作，一天里最初几个小时，我一般在用笔写作。早晨几个小时是最有创造力的。但我从来没法这样工作两个小时以上——手会写酸。然后我把手写的东西打出来，边录入边修改；可能这就是重写的第一阶段。但我总是留下手写的几行，第二天就能从前一天结束的地方开始打字。启动打字机能制造一种特殊的动感——就像热身练习。

《巴黎评论》：海明威也用同样的办法，总是留下写了一半的句子，重新提笔时可以接上前一天的思路……

略萨：没错，他认为永远不要把头脑里的全部写下来，这样第二天开头更容易。对我来说，最难的部分总是开头。早晨你得重新搭上思路，为此难免焦虑……可如果先做点机械性的事，工作就已经开始了，机器也就转起来了。但不论如何，我会保持严格的工作日程。每天清晨到下午两点，我都待在书房里。这几个小时对我而言是神圣的。但我也不是一直奋笔疾书；有时我在修改，或做笔记，但总是在有条不紊地工作着。当然，有些日子创作顺手，有些日子很糟糕。但我每天都要工作，即使没有任何新想法，我也会花时间修改、做笔记，等等……有时我会重写已经完成的片段，哪怕只是改改标点。

周一到周六，我集中写手头的小说，星期天上午写杂志文章，短文随笔。我尽量把这类工作限定在星期天这段时间，好让它不影响一周其他时间内的小说创作。有时候，我边听古典音乐边做笔记，只要里面没有唱词。自从我的住所喧闹起来，我就开始了这种安排。早晨我一个人工作，谁也不进我的书房。甚至电话我也不接。要是不这么办，生活即刻沦为人间地狱。你无法想象我要接到多少电话会多少客。大家都认识这栋房子。我的住所已经很不幸地变成了公共空间。

《巴黎评论》：这种斯巴达式的作息安排从不间断吗？

略萨：似乎没间断过，我不知道自己能否用别的方式工作。假如坐等灵感降临，那我一本书也写不出来。对我而言，灵感来自有规律的劳作。这套按时计日的作息安排，不管是不是令人欢欣快乐，至少让我能投入工作。

《巴黎评论》：记得维克多·雨果，还有其他不少作家，都相信灵感的神奇力量。加西亚·马尔克斯说他和《百年孤独》搏斗了很多年，后来有一次他坐车去阿卡普尔科，在路上这部小说一下子从脑子里跳了出来。你提到对你来说，灵感是遵守纪律的结果，那你有没有听说过著名的"灵光一现"这种说法？

略萨：我没遇到过这种情况。我的写作过程要慢得多。起初相对模糊，处在惴惴不安的状态，谨慎而好奇。在迷惑和模糊的状态下，有种东西引起了我的兴趣、好奇心和精神，而后它就转变成了工作、读书卡片和故事大纲。再后来，等手边有了提纲，我开始理出思路，那种发散、模糊的东西仍旧存在。所谓"灵光一现"只出现在写作当中。任何时候，唯有辛勤劳作才能释放……这种敏锐的洞察力与兴奋感，这种兴奋感能带来启示、答案和灵光。等我专注于某个故事已有一段日子，终于触碰到它的核心了，那时候就会真切地发生变化。故事不再是冰冷的、与我不相干的，相反，它变得那么有生命力、那么重要，仿佛我所有的经历都和手头的创作有关。这个时候，我的见闻、阅读，似乎都以这样或那样的方式帮助我写作。我仿佛成了吞噬现实的贪食者。可为了达到这一步，必须首先经历工作对我的洗礼。

长久以来，我都过着双重生活，手边的事情无数，但心里始终惦念着写作。当然，有时会着魔太深，显得有些神经质。这时候就得看场电影，放松一下。紧张工作一天之后，往往内心激荡不已，这时候看电影对我很有助益。

《巴黎评论》：回忆录作家佩德罗·纳瓦[①]甚至会画出他笔下的人物——他们的面孔、发式、服装。你会不会也这么做？

略萨：不，我不会这么做，但有时我会列出人物传记表。这取决于我感知角色的方式。虽然有些时候，角色确实活生生地呈现在我眼前，但我还是会通过他们表达自我的方式，或者角色与周遭事物之间的关系来确定他们。有时，人物的确是通过身体特征而得到定义的，你不得不把它写在纸上。但尽管你可以为一部小说做各种附注，可我认为到最后记忆选择了什么，那才算数。能被记住的，才是最重要的。这就是为什么考察旅行中我从不带照相机。

《巴黎评论》：那也就是说，在某一段时间内，你笔下的人物相互没有关联？每个人物都有他或她自己的个人史？

略萨：一开始，一切都冰冷、造作、死气沉沉，而后一点点地鲜活起来，人物之间相互连缀，建立了关系。这部分工作妙不可言，让人着迷：你开始发现，磁力线天然的就隐藏在故事当中。但在达到这一点之前，只有工作、工作、再工作。日常生活中，某些特定的人或事，似乎能填补空白、满足需求。猛然间，你清楚认识到，为了完成手头的作品，你到底需要知道些什么。但作品中表现出来的东西绝不总是忠实于原型人物，它们往往改头换面、似是而非。不过，这种"碰头"的情况要等到故事到达一定境界时才发生，那时，一切条件

[①] 佩德罗·纳瓦（Pedro Nava, 1903—1984），巴西作家、内科医生、巴西文学史上最重要的回忆录作家。

已经把故事滋养得差不多了。有时，这是一种指认：噢，这就是我要找的那副面孔，这就是那种腔调，这就是那种讲话的方式……可有些时候，你的人物会失去控制，这事儿经常发生在我身上，因为我写的人物从来都不是从纯粹理性思考中诞生的，他们都是创作时更强大的本能力量的表达。这就是为什么有些人物即刻变得重要起来，或者似乎在自我发展，而另外一些人物则下降到陪衬的角色，虽然我一开始并不是这么打算的。写作过程里这部分最有趣：你意识到某些人物在呼吁，要求更显著的位置；故事在遵循自身规律铺展，这些规律你决不能践踏。很明显，作者没法随心所欲地团捏他的人物，人物享有相当程度的自治地位呢。这个时刻也最叫人兴奋，你在自己的创造物中发现了生命，你必须对生命怀有敬意。

《巴黎评论》：你的不少作品都是旅居国外的时候完成的，这或许可以被称为自愿放逐。你曾说过，维克多·雨果也是在流亡国外时写出了《悲惨世界》，这种经历对写作助益良多。远离"现实的晕眩"或许能给重塑现实带来帮助。你会不会觉得现实让人茫然晕眩呢？

略萨：确实如此，在这个意义上，我从来没写过紧贴着我的东西。贴得太紧，就意味着无法从心所欲地写作。写作时要享有充分的自由，让你能够改造现实，变换人物，让他们以不同的方式行动，将个人要素引入叙事，引入纯粹的自出心裁的东西——这些很重要，绝对必不可少。这就是所谓创造。假如现实就摊在眼前，对我来说，反倒成了约束。我总是需要保持一点距离，时间上的距离，或者更好的是，时空都保持距离。在这个意义上，流亡是有益的，也由于流亡，我发现了写作的纪律。我发现写作是一项工作，而且通常，可以说是你的责任。距离总是有用的，乡愁对于作家有重大的意义。一般来说，写作对象不在场，反而丰富了记忆。例如，《绿房子》中的秘鲁不是单纯对现实的记述，而是一个被迫离开故乡、怀着对故乡痛苦渴望的人的乡愁思恋的对象。同时，我以为，距离能创造一种有用的视角。现实把事情变得复杂，让我们晕眩，而距离可以捋清现实。要搞清什么重要、什么次要，从中做出选择是很难的。唯有距离才能帮我们做判断，它廓清了本质与短暂事物之间必不可少的等级。

《巴黎评论》：几年前你发表过一篇散文，你说文学是一种激情，这种激情是排他性的，要求毫无保留地牺牲一切。"第一等的任务不是生存，而是写作。"这让我想起葡萄牙诗人费尔南多·佩索阿的句子，他曾说道："航海是一种必需，生活却未必如此。"

略萨：你可以说写作是一种必需，而生活未必如此……或许应该讲讲我自己的一些事，好让大家更理解我。文学对我一直很重要，从小时候起就是这样。但即便求学时读了不少书，也写了挺多东西，我也从没想过有一天会完全投身文学，因为那时候，专事写作对一个拉美人来说是很奢侈的事，对一个秘鲁人尤甚。那时我还有其他目标：想从事法律工作，或者当个教授、记者。虽然写作对个人是根本性的事，但我接受把它放在不重要的位置上。等读完大学，我拿着奖学金到了欧洲之后，我认识到假如今后还这么定位，那我就永远也成不了作家；唯一的办法，就是下定决心，不止把文学当成嗜好，而是当成自己的主业。直到这个时候，我才决定完全献身文学。由于那时候没法靠文学养活自己，我决定去找份工作，但条件是让我有余裕的时间来写作，而不会占用我的全部精力。换句话说，我是根据作家这个定位来谋职的。我觉得，这一次下定决心，标志着我一生的转折，从那时起，我就有了写作的力量。那是一种精神层面的转变。这就是为什么说，文学对我而言是激情而非职业。当然，它也是一份工作，因为我以此为生。可即使写作不能糊口，我也会继续写下去。文学不只是稻粱之谋。我相信，如果某一个作家决心把一切献给这份职业，那就要倾其所有为文学服务，而不是以文学服务于其他，这一点是至为关键的。有些人志不在此，只把文学当补充或点缀，甚至是一种博取声名和权力的手段。倘若是这种情况，他们在创作中将碰到阻碍，文学会反身报复，这样的人也无法自由、大胆、原创地写作。这就是为什么我要强调，投身文学必须毫无保留。我的情况是个奇特的例证，下决心从事文学时，我本以为我选择了一条艰难的生活道路，从没想过凭着文学可以养活自己，更别说过上富足的日子。这似乎是个奇迹，至今我也不能全然释怀。为了写作，我原本并没抛下什么根本性的东西。还记得，去欧洲之前，在秘鲁时，因为不能写作，我那时多么懊丧、多么不愉快。我结婚很早，所以不得不碰上什么工作就干什么。我曾经同时兼着七份工！实际上，我当然没法写什么东西。只有星期天、节假日能写上几笔，但大部分时间都花在跟文学无关的乏味的工作上，这让我特别沮丧。现今，每天清晨睁开眼，想到竟然能把一辈子的精力都花在给自己带来最大快乐的事情上，还可以靠它生活，而且活得还不错，我就感到惊喜不已。

《巴黎评论》：文学有没有让你成为有钱人？

略萨：没有，我不是个有钱人。假如你拿作家的收入和企业总裁的收入作比较，或者跟别的行业里那些声名显赫的人，譬如秘鲁的斗牛士或顶级运动员的收入作比较，你就会发现，文学还是个薪酬菲薄的行当。

《巴黎评论》：有一次你提到，海明威每完成一本书，他就会感到空虚落寞、悲喜交集。你写完一本书的时候是什么感受？

略萨：完全同感。我写完一本书时，会觉得空虚、难捱，因为这部小说早就成了我的一部分。一天接一天，我发现自己与小说之间已经剥离开了，仿佛是一个酒鬼被迫滴酒不沾。一部小说不只是一件附着物，它仿佛是生活本身，被突然从我身上撕扯下来。只有一种办法可以治愈，那就是立即投身到其他工作里，由于我早就列出了成百上千的计划，所以这也不难。我总是立马转向新的工作，毫无间歇，我从不听凭上一本书和下一本书之间的空白点肆意深化。

《巴黎评论》：我们刚才提到了一些你崇敬的作家和作品。现在来聊聊你自己的著作吧。好几次，你说到《世界末日之战》是你最得意的作品，现在是不是还这么想？

略萨：我在这部小说上，倾注的心血最多，自我投入也最多。这本书我花了四年时间才写成。我为此做了大量研究，读了很多书，克服了巨大的困难，因为这是我生平第一次描述我祖国以外的不同的国家，时代也不同于我所处的时代，书里人物的谈吐也不是书本上能找到的。不过，从没有任何一个故事能让我这样激动不已。写作过程中的一切都让我着迷，从我阅读的书目，到穿越巴西东北部的旅行。这就是为什么我对这本书有一种独特的柔情。这个主题也促使我去写一部自己一直都想写的小说，那就是历险小说，其中，冒险应该是根本性的——不是单纯的幻想中的冒险，而是跟历史、社会的问题意识有深刻联系的冒险。这或许就是我把《世界末日之战》当作自己最看重的小说的原因。当然啦，这类判断往往是十分主观的，因为作家没有能力客观地看待自己的作品，来给作品排序。这部小说成了我想要超越的可怕的挑战。一开始，我非常焦虑不安。资料庞杂，让我头晕目眩。初稿很长，篇幅是最终小说的两倍。我自问，我怎样才能协调这样一大堆的场景和上千个小故事呢。这当中有两年，我总是感到焦虑。随后我出发旅行，穿越整个巴西东北部地区，走遍了内陆腹地，这次旅行成了转折点。在此之前，我已经写出了一份大纲。事先我就安排好，掌握一定研究材料作为基础，想象这个故事，然后出门旅行。结果旅行证实了许多事，也给其他部分带来了灵感。我还得到许多人出手相助。最开始，我并不打算把这个主题写成一部小说，而是想给鲁伊·古雷拉①的电影写剧本。那时，我认识的一个熟人，是派拉蒙公司在巴黎的主管。他有一天给我打电话，问我想不想给派拉蒙即将投拍的一部古雷拉导演的影片写剧本。他的电影我看过一部，叫《温柔猎手》②，我非常喜欢，于是，我就到巴黎跟古雷拉见面。他向我解释说，他头脑里想讲的那个故事，以某种方式和卡努多斯战争③有关。我们不可能拍一部关于卡努多斯战争的影片，这个主题太宽泛了，但我们想拍的电影，以某种方式联系着这场战争。那时候，我对卡努杜斯战争一无所知，甚至都没听说过。我开始研究它，读相关材料，而我最初阅读的一批葡萄牙语资料当中，就包括欧克里德斯·达·库尼亚④的《腹地》。在我的阅读生涯里，读这本书是一次重大启示，就如同小时候读《三个火枪手》，成年以后读《战争与和平》《包法利夫人》和《白鲸》一样。《腹地》是一本真正伟大的书，它带给我一种根本性的经验。我完全被它震憾了，它是拉丁美洲贡献出来的最伟大的作品之一。说它伟大有许多原因，最重要的是，它是一本"拉丁美洲精神"手册——在这本书里，你将第一次发现拉丁美洲不是什么。拉丁美洲不是舶来品的集合；她不是欧洲，不是非洲，不是前西班牙征服时代的美洲，也不是土著社会——但同时，她是所有这些的混合物，这些元素通过一种严酷、有时甚至是暴烈的方式共生在一起。几乎没有别的作品能以《腹地》那样的思想和文学高度，捕捉到所有这些要素构成的世界。换句话说，我能写出《世界末日之战》，真正应该感谢的人是欧克里德斯·达·库尼亚。

我觉得，实际上，我读了截至当时所有关于卡努多斯战争的出版

---

① 鲁伊·古雷拉（Ruy Guerra，1931— ），在巴西工作的葡萄牙电影导演。
② 《温柔猎手》(*Ternos Caçadores*)，古雷拉在1969年执导的一部影片。
③ 巴西巴伊亚州农民争取土地的武装起义。1893年自称"上帝使者"的神父马西埃尔（1828—1897）以废债抗税为口号，借宗教信仰，在卡努多斯村（Canudos）建立村社，实行土地公有制，吸引农民数千人。1896年11月起义，多次击败政府军。次年10月被镇压。
④ 欧克里德斯·达·库尼亚（Euclides da Cunha，1866—1909），巴西记者、作家，记述卡努杜斯战争的非虚构著作《腹地》是其代表作。

物。我先是写了一个电影脚本，但这部电影没拍成，原因是碰到了许多电影行业内部的问题。计划已经很有进展，制作都已经开始了，可有一天派拉蒙突然决定不投拍这部影片了，于是影片就没能面世。鲁伊·古雷拉很失望，但我却可以继续关注这个长久吸引我的题目，原来的目标本来就不足道——一个电影脚本终究太单薄了。于是我继续阅读，继续研究，很少有哪次写作经历能带给我这种巅峰一般的兴奋感。有一段时间，我曾经每天持续投入十到十二小时在这部书稿的写作上。但我仍旧担忧巴西人会怎么看这本书，我担心有人觉得这是在干预巴西人自己的事⋯⋯尤其是一位经典巴西作家已经写过这个题材。这本书确实遭到一些负面评价，但总体而言，评论者对它很宽容，反响热烈——读者中间也是如此。这些反应让我很受感动，觉得努力没有白费。

《巴黎评论》：你怎样看待针对卡努多斯的各式各样的误解呢？共和派人士觉得在起义中，可以发现君主制拥护者和英帝国主义扶持的反叛势力，而叛乱者自己却相信，他们是在跟魔鬼作战。可不可以说这是某种意识形态的隐喻？

略萨：也许卡努多斯对拉美人的意义就在这里，因为对现实的狂热解读造成了我们相互之间的闭目塞听，这种盲目也在妨碍我们看清现实和理论设想之间的冲突。拉丁美洲的悲剧就在于，在历史的许多节点上，我们的国家陷入分裂和内战，发生了大规模的镇压和屠杀，例如卡努多斯战争就是其中之一，而其根本原因就是这种相互之间的盲视。这也许就是我对卡努多斯战争着迷的一个重要原因，它提供了一个我能够放到实验台上、观察事情本末的具体而微的现象。但显然，这是个普遍现象：狂热和不宽容，沉重影响了我们的历史。不管是弥赛亚式的叛乱、社会主义和乌托邦式的起义，还是保守党和自由党之间的斗争，狂热和不宽容比比皆是。假如不是英国佬暗中作梗，就是美帝国主义者、共济会在捣鬼，甚至是魔鬼作乱。我们没有能力接纳不同的意见，这种不宽容给我们的历史留下了烙印。

《巴黎评论》：你曾经这样写过，你的其他作品从没像这本书那样，达到了小说离经叛道的理想状态。这样说是什么意思？

略萨：我认为小说是一种倾向于过度的文体。它会不断增长，情节就像癌变一样扩散。倘若作家沿着小说给出的每一条线索往前走，小说就会变成一座丛林。讲述完整的故事，是这种文体本就具备的野心。虽然我相信你必须在某个时刻终结你的故事，以免它无尽地蔓延，但我还是认为，讲故事是在尝试企及一种"全景小说"的理想。毫无疑问，在我的所有小说中，在这方面走得最远的一部，就是《世界末日之战》。

《巴黎评论》：在《狂人玛伊塔》和《世界末日之战》中，你说过，你要在充分洞悉真相的情况下撒谎。能解释一下这句话吗？

略萨：为了编织小说，我往往不得不从一个具体的现实开始。不知道是不是所有小说家都是这样，但对我而言，现实的蹦床必不可少。这就是为什么我要做调研，还跑到事件的发生地去观察，但这么做不是为了简单地还原真相。我知道还原真相是不可能的。即使真的试图还原，也不会有好结果，写出来的东西肯定会变得迥乎不同。

《巴黎评论》：在《狂人玛伊塔》的结尾，叙事者说，如今，小说的主人公在经营一家酒吧，那些对叙事者至关重要的事件，主人公的记忆已模糊不清了。这是真事吗？是不是真有这样一个人物？

略萨：是的，他真实存在，尽管他和书中角色不完全一样。我对这个人物做了不少修改和增添，但这个人物大部分和原型是一致的——原型是一个激进的托派分子，曾经多次被捕入狱。当我对他做访谈时，我惊讶地发现,我所认为的他生命中的关键时刻,此刻对他来说已无关紧要了——那不过是他复杂一生中多次冒险里的一次;就是在那次交谈里,我获得了写作最后一章的灵感。在谈话中,我意识到自己比他更了解这件事,这真让我惊异不已。某些事他已经忘了,还有些事他从来就不知情。我认为最后一章很关键,它改变了全书的意义。

《巴黎评论》:跟我们讲讲《胡利娅姨妈与作家》里的彼得罗·卡玛乔吧,那个给电台写广播连续剧、后来把自己的故事情节混淆起来的作家。

略萨:彼得罗·卡玛乔从来没存在过。五十年代初,我为一家电台工作时,认识了一位在利马的中央广播台写广播连续剧的人。他真是个厉害角色,能像一台剧本机器那样运转:无数个情节段落,他驾轻就熟,一挥而就,几乎用不着花时间重读写成的稿子。我对他特别着迷,或许因为,他是我认识的第一位职业作家。但真正叫我迷醉的是,从他那里,广阔的世界就像呼出一口气似的奔逸而出。当他开始做彼得罗·卡玛乔在书中所从事的工作时,我完全被他吸引住了。但某一天,他写的故事开始互相重叠纠缠,同时,广播电台收到一些听众来信,提醒他们,广播剧里冒出了一些不该发生的情况,比如某个人物从一个故事窜到了另一个故事。这些事,让我动了创作《胡利娅姨妈与作家》的念头。但很明显,小说中的人物经过了多重变形;他和原型人物已没多大关系了,那位编剧作家实际上没疯。我想,他只是离开电台,放假休养去了……结果不像小说里那么有戏剧性。

《巴黎评论》:以你自己为原型的人物——小巴尔加斯,他也经历着某种荒诞的生活,就像卡玛乔笔下的连续剧人物;在这个意义上,可不可以说,小说里出现了一种元语言?

略萨:可以这么说。动笔写《胡利娅姨妈与作家》时,我原本只打算写彼得罗·卡玛乔的故事。可等我深刻投入这部小说时，我才意识到故事已经发展成了一个思维游戏，而且不太可信。然而，就像我此前说的，我对现实主义抱有一种狂热。所以，为了寻找彼得罗·卡玛乔故事里荒诞性的对应物，我决定创作另一段更加现实主义的情节，把小说锚定在现实当中。而且，由于当时我本人就生活在某种肥皂剧似的环境里——也就是我的第一次婚姻，我就把这个更加私人化的故事跟原来的故事勾连起来，在幻想世界和一个几乎是纪实性的世界之间创造一组对立。在努力实现这个目标的过程里，我才意识到，写作虚构作品，想要完全纪实是不可能的，某种非现实的暗示，常常违背作者本人的意愿，偷偷掺进来。个人故事也开始像另一个故事，变得颠倒混乱。语言自身有改造现实的能力。因此，小巴尔加斯故事里的自传元素，仿佛遭到传染似的，发生了深刻的变形。

《巴黎评论》：在近年写的几篇文章里，你提出了不少相当消极的论断。比如一九八二年，你曾写道："文学比政治重要。只有在反对险恶的政治诡计，不让政治诡计干预文学创作这个意义上，作家才应该介入政治。"这种政治之于社会进步的看法，不算是悲观论断吗？

略萨：并不是这样。我的意思是，针对那些更长久的事物，文学所能做的胜于政治。作家不能把文学和政治等量齐观，否则，他就成不了作家，可能也成不了政治家。我们必须记住，政治行为是暂时的，而文学却要长久存活下去。你不能为了当下写作，假如希望一部著作对未来产生影响，就必须考虑到时间的功效，而这些情况从不或绝少出现在政治行为当中。不过，尽管我这么说，我却一直都在发表对政治环境的判断，或是通过文章和行为，使自己卷入政治当中。我相信，作家们无法隔绝于政治，尤其像在我的国家——秘鲁这类国家里。这类国家的问题非常严峻，经济形势和社会形势总是显出波谲云诡的面貌。作家以这样或那样的方式，提出批评意见，阐述自己的观点,用想象力帮助解决难题,这是非常重要的。我想,作家应该让人们看到——因为在这一点上,他们跟所有艺术家一样,比普通人更敏感——自由,对社会和个人有多么重要。我们都渴求公正,但公正永远不该脱离于自由。而且,我们永远不该接受这样的观念,认为在某些时刻,可以假借社会正义和国家安全之名而牺牲自由——极左的极权主义者和极右的反动势力,都想劝服我们接受这种观点。作家们知道自由的价值,因为他们每天都能感知,创作和生活本身必需何种程度的自由。因此,作家们应该像捍卫合理报酬、捍卫工作权那样,捍卫他们必不可少的自由。

《巴黎评论》:不过,我前面引用的话,是你对政治用途的消极看法。作家应不应该或能不能够让自己仅限于提出反对意见?

略萨:我认为,作家参与、评价和介入,这些是很重要的,但同等重要的是,作家不能让政治侵入、破坏文学领域和作家创作的领域。一旦出现这种情况,就会扼杀作家,使他沦为一个纯粹的宣传鼓动家。所以,作家要给自己的政治活动定出一条界线,同时又不放弃、不甘被剥夺表达观点的责任,这一点是很重要的。

《巴黎评论》:那么,一位经常表现出对政治持怀疑态度的作家,怎么会成为一九九〇年秘鲁总统大选的候选人呢?

略萨:国家有时会进入紧急状态,比如战争,这种情况下,你别无选择。秘鲁今天的境况是灾难性的。经济崩溃,通货膨胀率突破纪录。在一九八九年前十个月,大众失去了一半的购买力。政治暴力达到极致。悖谬的是,在极大的危机当中,也出现了朝向民主和经济自由、实现巨大转变的可能性。我们可以借机反思自一九六八年以来,秘鲁所奉行的集体主义、社会主义模式。为了重塑我们这些年为之努力斗争的东西,我们不该错失良机:那就是,实行自由主义改革和创造真正的市场经济。更不必说更新秘鲁的政治文化这项任务了；旧有的政治文化是引发这场席卷全国的危机的罪魁祸首。这些原因迫使我克服了此前独善其身的立场，让自己卷入政治纷争——归根结底，还是相当不成熟的幻想。

《巴黎评论》：作为一个作家，你认为自己最大的优点是什么？最大的缺陷又是什么？

略萨：我认为自己最大的优点是持之以恒：我能够极其勤奋地工作，取得原先以为自己无法企及的成果。至于最大的缺陷，我想是缺乏自信吧，这件事把我折磨得苦不堪言。我需要用三到四年时间，才能写出一部小说——而其中大部分时间，都消磨在自我怀疑当中。时光过去了，但情况并没有改善；相反，我觉得自己越发自我批判、缺少信心。或许这就是我没变得自负起来的原因：愧疚之心太强了。但我知道，我会一直写下去，直到死亡降临那一天。写作是我的天性。我的工作是我生活的基准。假如我不写作，那么毫无疑问，我肯定会举枪打爆自己的脑袋。我想写出更多、更好的作品。我想尝试胜过以往的更有趣、更精彩的冒险。我决不承认最好的岁月可能已经逝去了，我决不承认，哪怕证据摆在眼前。

《巴黎评论》：你为什么写作？

略萨：我写作，因为我不快乐。我写作，因为它是一种对抗不快乐的方法。

（原载《巴黎评论》第一百一十六期，一九九〇年秋季号。本访谈由苏珊娜·亨内维尔从西班牙语翻译为英语。）

THE PARIS REVIEW

艾丽丝·门罗

2013 年诺贝尔文学奖得主
获奖理由："当代短篇小说大师"

《巴黎评论》访谈发表时间：1994 年

# 艾丽丝·门罗

(Alice Munro)

1931—

加拿大作家,毕生专注于中短篇小说创作。1968年以短篇集《快乐影子之舞》步入文坛,另创作有《逃离》《我年轻时的朋友》《爱的进程》《公开的秘密》《一个善良女子的爱》《岩石堡风景》等十多部短篇小说集。

艾丽丝·门罗

◎梁彦/译

从纽约到加拿大安大略省的克林顿镇没有直达航班。克林顿是个只有三千居民的小镇,艾丽丝·门罗一年中大部分时间住在那里。六月的一天,我们一早从纽约的拉瓜迪亚机场起飞,到了多伦多,租了辆车,开了三个小时——公路变得越来越窄,而乡村的景色则越来越鲜明。黄昏将至的时候,我们停在了门罗家门口,门罗和她的第二任丈夫格里·弗雷姆林就住在这里。后院很深,有个种满奇花异草的花园。门罗解释说,她丈夫格里就出生在这栋房子里。艾丽丝·门罗在厨房里做了一顿简单的晚餐,飘散着当地调料的香味。饭厅里从地板到天花板都放满了书;而在其中一侧,放着一张小书桌,上面是一台旧式打字机。这就是门罗写作的地方。

晚饭后不久,门罗带我们到了哥德里奇镇——一个大一点儿的镇子,是郡政府的所在地。她安排我们住进了伯德福德旅馆,就在法院广场的对面。旅馆是一座十九世纪的建筑,房间很舒服(双人床、没有空调),看上去像是艾丽丝·门罗某部小说里的图书管理员或早期抵达当地的某位教师曾经住过的地方。接下来的三天,我们在她家里聊天,不过,却从未把谈话录下来。正式采访是在我们旅馆的小房间里进行的,因为门罗希望"这类公事不要在家里进行"。门罗和她丈夫两人各自出生长大的地方离他们现在住的房子方圆不过三十来公里;他们熟知我们经过的、赞美过的,甚至是在里面吃过饭的每一栋

and suchlike dreary stuff. And thank the Lord, one of them was a divinity
student. A different kind of young man went into the church in those days
if you remember.Good-looking and ambitious, rather the type who might go
into politics now. This one was set to be a success. He wasn't so far out
of the family influence as to speak up first,at his father's table, but
once I spoke to him, he started to talk. He could even step in and answer
for the others when they could not. For at least a couple of them absolutely
could not. She's helping at home, he'd say. or, He's in the second form.
    We had a chat about Toronto,where he was going to Knox College.
The number of motor-cars there, a trip to ~~Toronto Island, the mummy~~ in the
~~Museum~~.He seemed to want to let me know that the divinity regulations were
not too stringent. He went ~~skating in the winter~~. He had been to see a
play. We could have talked on, but were defeated by the silence around
us, or rather the speechlessness, for there was clinking and chewing and
swallowing. Conversation could seem affected here, pure clatter and self-
display. It seemed as if all the social rules I had been brought up with
were turned on their heads.I even began to wonder if they suffered as I
had thought, if they didn't have an altogether different idea than I had,
of what this dinner should be. A ceremony. Where everything was done
right. Where everything had taken a lot of work and was done right. I could
see that conversation might seem bewildering, unnecessary. Even ~~disrespxxft~~
disrespectful. I could see myself as a giddy sort of foreigner,embarrassing
them, and I could see that the divinity student was embarrassing them,in a
way, by being willing to keep me company. So I dried up, and he did.
Everybody managed to eat a lot. Especially the two ~~oisters~~, I thought.
They munched along in a kind of eating trance

    I went out to the kitchen afterwards offering to help with the
dishes,thinking that was what you did on the farm, but of course they were
not having any of me. They wouldn't let your uncle's wife do anything

艾丽丝·门罗短篇小说《荒野小站》的一页修改稿

房子的历史。我们问附近有什么样的文学社区,他们告诉我们,尽管哥德里奇镇有个图书馆,不过,最近的一家像样点儿的书店在斯坦斯福德镇,离这里还有约五十公里。我们又问,镇上有没有其他的作家。她开车带我们经过一幢年久失修的房子,有个男人坐在屋后的走廊上,光着上身,伏在一台打字机上,周围游荡着几只猫。"不管是下雨还是晴天,他每天都坐在那儿,"门罗说,"我不认识他,不过,我真是好奇死了,他究竟在写些什么。"

在加拿大的最后一天上午,我们按照门罗提供的路线,开着车寻找她出生长大的房子。她父亲建造了那所房子,还在那里养貂。在几次拐进死胡同之后,我们终于找到了它。那是一座漂亮的砖房,在一条乡间小路的尽头。它面朝一片开阔地,上头还停着一架飞机,看上去像只是短暂停靠一下。从我们的位置看上去,很容易想象出迷人的天空,飞行员带着乡村妻子一起离开的情景,如她在《白色垃圾》(*White Dump*,1968)里面描述的那样;或者是那篇《我是怎样认识我丈夫的》(*How I Met My Husband*,1974),年轻的特技飞行员就在这样的一片田野里降落。

正像这幢房子,也像安大略的景色(它很像美国中西部地区),门罗并不庄重严肃,她很亲切,带着一种安静的幽默。她是七部短篇小说集的作者,包括正要出版的《公开的秘密》(*Open Secrets*,1995),她还发表过一部小说《女孩和女人们的生活》(*Lives of Girls and Women*,1971)。她得到过加拿大总督文学奖(那是加拿大最负盛名的文学奖项),她的作品也是《美国最佳短篇小说选》里的常客(理查德·福特在他最近编辑的那一辑中收入了门罗的两个短篇[1]),还曾多次获得欧·亨利短篇小说奖;同时,她也时常在《纽约客》杂志发表小说。尽管获得了这些可观的成功,门罗在谈到小说创作的时

---

[1] 《美国最佳短篇小说选》每年出版一辑,理查德·福特曾任1990年度《美国最佳短篇小说选》的特约编辑。

候,还是流露出某种敬畏和不安全感——那是你在刚开始写小说的人身上才会看到的。她全然没有某些著名作家的炫耀或者自夸,很容易让你忘掉她其实也是他们中的一员。在谈到自己的作品时,她倒不完全是说自己的写作非常容易,而是说要写得好是有可能的,好像任何人只要足够努力,就能做得到。离开的时候,我们也受了感染,觉得自己有了写得好的可能性。她的风格看似简单,但那是一种完美的简单,是需要花上好几年时间反复打磨才能够掌握的。正如辛西娅·奥兹克[1]曾经说的那样,"她是我们时代的契诃夫,她将会比同时代的其他作家更长久地被读者记住"。

——访谈者:珍妮·麦卡洛克、莫娜·辛普森[2],一九九四年

《巴黎评论》:今天早上,我们去了你长大的那栋房子。你在那里度过了整个的童年时光吗?

艾丽丝·门罗:是的。我父亲去世之前还一直住在那儿,那里曾经是个养狐狸和貂的农场。不过,现在那里全变了,是一个美容院,叫"彻底放纵"。我想他们把美容院放在了房子后半部,把厨房整个打掉了。

《巴黎评论》:你后来进去过吗?

门罗:没有。不过,我想,要是进去了,我想看看起居室。我父

---

[1] 辛西娅·奥兹克(Cynthia Ozick,1928—),美国短篇小说家、评论家。
[2] 珍妮·麦卡洛克(Jeanne McCulloch),《巴黎评论》前执行主编,文学杂志《铁皮屋》编辑总监。莫娜·辛普森(Mona Simpson),美国小说家,2020年成为《巴黎评论》第8任出版人。

亲在那里造了个壁炉，我很想看看。有时候我想，我应该进去修修指甲。

《巴黎评论》：我们留意到有一架飞机停在房子对面的空地上，就想起了你的小说《白色垃圾》，还有《我是怎样认识我丈夫的》。

门罗：是的，那里曾经是个飞机场。那个农场的主人有驾驶飞机的嗜好，他有一架小型飞机。他从来就没喜欢过经营农场，所以，他放弃了务农，转行当了飞行教练。他现在还在世，而且身体非常健康，是我遇到过的最英俊的男子之一。他七十五岁的时候才从飞行教练的职位上退下来。退休三个月以后，他出去旅行了一趟，却得了一种怪病，是从山洞里的蝙蝠身上传染的。

《巴黎评论》：你的第一本短篇小说集《快乐影子之舞》[1]，读起来和这个地区、和你的童年世界非常有共鸣。那是你在什么阶段创作完成的？

门罗：那些故事前后写了十五年的时间。《蝴蝶的一天》是最早的一篇，可能是我二十一岁的时候完成的。我也很清楚地记得写《谢谢你送我》的时间，因为当时我的第一个孩子就在我身旁的摇篮里。所以，我应该是二十二岁。书里最后完成的故事应该是在我三十几岁的时候写的。《快乐影子之舞》是其中一篇，《乌德勒支的和平》是另一篇，《影像》是最后完成的一篇。《牛仔沃克兄弟》也是在我三十岁的时候完成的。所以，时间跨度还是挺大的。

《巴黎评论》：你现在觉得这些作品如何？你会重读自己的作品吗？

---

[1]《快乐影子之舞》(*Dance of the Happy Shades*，1968) 门罗的第一部短篇小说集，并获当年的"加拿大总督文学奖"。

门罗：在这部作品集里，有一篇小说叫作《闪亮的房子》。两三年前吧，多伦多的海滨酒店举行了一个纪念加拿大文学杂志《塔玛拉克评论》[①]出版的特别活动，我在活动上曾经朗诵过它。因为这篇小说发表在杂志创刊初期，我得上台朗读它。对我来说真的很困难。我记得我是在二十二岁的时候完成的那篇小说。我一边朗诵，一边不停地对它进行编辑，还要用我当年写作的一些手法来改。现在看来，这些手法都过时了。我一边读，眼睛一边溜着下一个段落，尽量快速进行编辑。我没有提前把它再看一遍，我从来不在朗诵前重读作品。读到我早期作品的时候，我能意识到有些方法我现在不会用了，那是五十年代的人使用的方法。

《巴黎评论》：你有没有对已经发表了的小说进行过修改？现在看来，很明显，普鲁斯特在临终前还修改过《追忆似水年华》的第一卷。

门罗：是的，还有亨利·詹姆斯也重新改写了自己作品中简单易懂的部分，让它们读起来更晦涩难懂。实际上，最近我也在这么做。我的那篇《搬离》(Carried Away，1991) 被选进了一九九一年度的《美国最佳短篇小说选》。我在选集里重读了这篇小说，主要是想看看它究竟怎么样，结果我发现其中一个段落很松散。那个段落好像只有两句话，但非常重要。我就拿起笔，在选集的空白处把它改写了一遍，主要是等到结集出书的时候，可以做个参考。我常常在出书的时候对作品进行一些修改，过后却觉得修改是个错误，因为我其实已经不在写作那个故事的节奏当中了。我看到一小段话，似乎没有起到它应该起到的作用，我会把它改写得更紧凑严密些。不过，当我最终再次读到那些段落的时候，又觉得它们似乎有点儿突兀。所以，我对这

[①] 《塔玛拉克评论》(Tamarack Review)，加拿大文学杂志，创刊于1956年，1982年停刊。

类事情不很确定。答案可能是作者应该停止这么做。对作品也应该像对待孩子那样,有那么个时刻,你对自己说,这不再是我的了。

《巴黎评论》:你曾经提到过,你不会让你的朋友们阅读你还没有完成的作品?

门罗:是的,我不会把没有完成的东西给任何人看。

《巴黎评论》:你在多大程度上依赖你的编辑?

门罗:《纽约客》其实是第一次让我对真正的编辑工作有了体会。在此之前,编辑对我而言多少就是个审稿环节,再加上几条建议,仅此而已。对于故事中能够发生什么,我和编辑肯定需要有共识。比如说,如果一个编辑认为威廉·麦克斯韦尔[1]的小说里什么都没有发生,那这编辑对我就没有什么用处。编辑需要有非常敏锐的眼光发现我可能误导了自己的地方。《纽约客》杂志的齐普·麦格拉斯是我第一个真正意义上的编辑,他太棒了。我真的很惊讶,他对我想表达的东西能理解得那么深。有时候,他对我的东西没有太多意见。不过,他偶尔会给我好多的指导。我改写过一篇小说,叫作《火鸡季节》,之前他其实已经接受了这篇小说。我觉得他会很干脆地接受我修改过的新版本,可他没有。他说,是啊,新版本里有些地方让我更喜欢了;不过,也有些地方我更喜欢旧的版本。为什么我们不再修改修改看呢?他从来不说,我们需要修改。于是,我们把故事重新放到一起,写出了一个更好的故事,我是这么觉得的。

《巴黎评论》:你们是怎么完成修改的呢?是通过电话还是信件?你去过《纽约客》杂志社敲定你的稿子吗?

---

[1] 威廉·麦克斯韦尔(William Maxwell, 1908—2000),美国作家、编辑,曾任《纽约客》小说编辑近四十年。代表作有长篇小说《再见,明天见》等。

门罗：通过信件。我们也常常打电话，不过，我们只见过对方几面。

《巴黎评论》：你最早在《纽约客》上发表小说是什么时候？

门罗：《致命殴打》发表于一九七七年，那是我在《纽约客》发表的第一篇小说。不过，我在五十年代写的作品，都曾寄给过《纽约客》。之后，我停了好长一段时间，只把稿子寄给加拿大的杂志。《纽约客》曾给我寄过很客气的便条——用铅笔写的，非正式的短信。他们从来不署名，也不会极度鼓励你。我还记得其中一张，写着：文字非常好，不过主题过于老套。确实是。那个故事写的是两个上了年纪的人的罗曼史——老农场主向一名老处女求婚，而她明白这正是她想要的。我的故事里有很多老处女。小说的名字叫作《紫苑花盛开的那一天》，写得很糟。那还不是我十七岁时的作品，我当时已经二十五岁了。我疑惑为什么我会写老处女的故事。我其实不认识什么老处女。

《巴黎评论》：而且，你很年轻就结婚了，也不像是你在预测自己的老处女生活。

门罗：我想，在内心深处，我知道自己就是一名老处女。

《巴黎评论》：你一直在写作吗？

门罗：从我七年级或是八年级的时候就开始了。

《巴黎评论》：你上大学的时候，是不是已经开始认真写作了？

门罗：是的。我没有机会去尝试别的什么事情，因为没有钱。我明白我只能在大学读两年，因为那时候的奖学金只够维持两年的。那是我人生的一段小假期，是一段美好的时光。我从十来岁就开始承担家务事了。所以，大学时光是我这辈子唯一不用做家务的日子。

《巴黎评论》：你上完两年大学，马上就结婚了？

门罗：我大学第二年结束之后立即就结婚了。我二十岁。我们搬到了温哥华。结婚是件大事——还有搬家，也是个巨大的冒险。在加拿大境内，我们搬到了力所能及最远的地方。我们俩一个只有二十岁，另一个二十二岁。我们很快建立起了非常适当的中产阶级生活。我们考虑买个房子，生孩子，而我们也很快做到了这些。我二十一岁时就有了第一个孩子。

《巴黎评论》：而在这个过程中，你还一直在写作？

门罗：我在怀孕期间一直像疯了一样写作，因为觉得有了孩子，我就再也不能写作了。每次我怀孕都刺激着我要在孩子还没有降生之前完成大部头的作品。但实际上，我从没有完成过任何大部头的东西。

《巴黎评论》：《谢谢你送我》这个故事，你是用一个相对冷酷的城市男孩的角度来写的。有个晚上，他挑选了个小镇姑娘，两人一起过夜，而对于她的贫困生活，这男子既着迷又厌恶。看上去令人惊讶的是，写这个故事的时候，你自己的生活是非常平稳安逸的。

门罗：我怀着大女儿的那年夏天，我丈夫的一个朋友来看我们。他在我们那儿待了大概一个月左右。他当时在那里参与加拿大电影局一部电影的拍摄工作。他告诉了我们好多事情——就像我们现在这样闲聊，关于我们生活中的趣事。他给我们讲了个故事，说他曾经在乔治湾的一个小镇上，和一个当地女孩约会过。这个中产阶级男孩遭遇到的事情对我来说非常熟悉，而他却不熟悉。我立即非常强烈地认同那个女孩，她的家庭和她的处境。我猜我在之后不久开始写这个故事，我记得当时我的小宝贝从摇篮里望着我。

《巴黎评论》：你的第一本书出版的时候，你多大年纪？

门罗：我大约是三十六岁。我写这些故事写了许多年，最终，一家加拿大出版社，瑞尔森出版社的一位编辑写信给我，问我是否有足够的故事来出一本书。这个出版社后来被麦格劳-希尔公司收购了。最初，那编辑想把我的小说和另外两三个作家的作品放在一起出个合集。这个计划流产了，不过，他手上还是有一些我的故事。他后来辞职了，可还是把这些稿子交给了出版社的另一位编辑。后来的这位编辑说，如果你能再写三个短篇，我们就可以出本书了。于是，我在出版那本书的前一年写了《影像》《牛仔沃克兄弟》和《明信片》。

《巴黎评论》：这些故事都在杂志上发表过吗？

门罗：大部分故事发表在《塔玛拉克评论》杂志上。那是一本非常棒的小型杂志，非常勇敢的一本杂志。杂志编辑说，他是加拿大唯一可以叫得出所有读者名字的编辑。

《巴黎评论》：你有没有一个特别的时间用于写作？

门罗：当孩子们还小的时候，我的写作时间是在他们上学之后。那些年我非常努力地写作。我丈夫和我拥有一间小书店，甚至我在书店工作的那些年，我也可以在家里待到中午时分。我是应该在家里做家务，可我用来写作。后来，我不用每天都去书店上班了，我就写到家里人回家吃午饭，等他们吃完午饭离开之后继续写。大约写到下午两点半，我很快喝上杯咖啡，开始做家务，争取在晚饭前把事情做完。

《巴黎评论》：那在你女儿们还没到上学年龄之前，你什么时候写作呢?

门罗：在她们睡午觉的时候。

《巴黎评论》：你在她们睡午觉的时候写作？

门罗：是的。从下午一点到三点。我写出好多东西，不怎么好，不过，我还是挺多产的。在我写第二本书《女孩和女人们的生活》的时候，我创作力非常旺盛。我要照顾四个孩子，因为我女儿的一个小朋友和我们一起住，我还要每周在书店帮两天忙。我曾经试过一直写到凌晨一点，然后第二天一早六点起床。我记得自己曾经想，这太可怕了，我可能要死了。我会心脏病发作。我那时候大概只有三十九岁，可我却想到了这些；然后，我想，就算我死了，我也写出了那么多页的东西，他们会明白这个故事如何发展。那是一种绝望……绝望的竞赛。现在，我可没有那样的精力了。

《巴黎评论》：写作《女孩和女人们的生活》经历了怎样的一个过程？

门罗：我还记得我开始写那部小说的那一天。那是在一月份，是个星期天。书店星期天不开门，我就去了那里，把自己反锁在里面。我丈夫说，他会准备晚餐，所以我有一整个下午。我记得自己环顾四周，看到那么多伟大的文学作品围绕着我，心里想，你个傻瓜！你在这里做什么呢？不过，想完之后，我上了楼进了办公室，开始写其中的一个章节"伊达公主"，那是关于我母亲的。关于我母亲的素材是我一生中的重要素材，而且对我来说，它们一直是信手拈来的。我只要放松下来，那些素材就会浮上来。所以，一开始写那个故事，我就沉溺其中了。可是，我犯了个大错。我试图把它写成一部常规的小说，一个关于童年和青春期的平常故事。差不多到了三月份，我感到我写的东西不成立。我觉着不对劲。我想，我不得不放弃它了。我非常沮丧。后来,我意识到,我需要做的是把这部小说拆开,然后,把每一部分写成短篇的形式,这样我就能够驾驭了。也是这件事情让我意识到,我永远写不出真正的长篇小说,因为我无法用写长篇小说的方式来思考。

《巴黎评论》:你的《乞丐女仆》也可以被算作一部长篇小说吧,因为里面的故事都有内在的联系。

门罗:我不想过多地事后品评,不过,我经常想写另一个系列故事。在我的新书《公开的秘密》里面,有些人物会重复出现。《破坏者》里的碧·多德在《搬离》当中提到过,是个小姑娘。《搬离》是我为这部集子写出的第一个故事。比利·多德是图书管理员的儿子。我在《太空船降落了》这个故事当中提到过他们两个。不过,我决不能够让这类的写作结构压倒故事本身。如果我为了适应一个故事,而开始去修改另一个故事,那我可能正在犯错误,在不应该费事的地方费工夫。所以,尽管我很喜欢这主意,却不知道是否会再写这类的系列故事。凯瑟琳·曼斯菲尔德① 在她的一封信里说过类似这样的一段话:噢,我希望写出一部长篇小说,我希望我身后不只留下些零碎的故事。如果这辈子只留下些零星的短篇,你心里就很难摆脱那种雕虫小技微不足道的感觉。我知道你肯定会说起契诃夫什么的,可还是遗憾啊。

《巴黎评论》:而且,契诃夫总是想写成一部长篇小说。他要把它命名为《我朋友们的生活》。

门罗:我知道。而且,我理解那种感觉,其实你是能够做到把所有的素材放进一个大容器里的。

---

① 凯瑟琳·曼斯菲尔德(Katherine Mansfield,1888—1923),新西兰短篇小说家,被视为新西兰现代文学的奠基人。

《巴黎评论》：当你开始写一个故事的时候，你已经知道这个故事会是什么样子了吗？情节都已经设计好了吗？

门罗：并没有完全设计好。任何好的小说通常都会出现变化。我现在正在写一个故事，刚开头，不太顺利。我每天早上都在写，还是无法把握它。我不怎么喜欢它，不过我想，或许写到某个时刻，我可以投入到这个故事里。通常，还没有动笔之前，我已经对自己要写的故事人物非常熟悉了。在我没办法有规律地写作的那些日子，故事会先在我的脑子里酝酿很长时间，而我一开始动笔，就能够深入故事里了。现在，我的酝酿工作就是在笔记本上写满构思。

《巴黎评论》：你用笔记本？

门罗：我有一大堆笔记本，上面的字迹非常潦草，就是把任何冒出来的想法记录下来。我看着那些草稿常常感到疑惑，把这些东西写出来是否有任何的意义。我与那些有天赋的作家相反，你明白，我指的是那种文思泉涌的作家。我不是一下子就能把握住它——我是指我希望表达的东西。我总是误入歧途，然后再把自己拽回来。

《巴黎评论》：你如何意识到你写的东西误入歧途了呢？

门罗：我会沿错误的方向写上一整天，还觉得，嗯，今天写得不错，比平时写的页数要多。然后，第二天早上醒来，我意识到我不想继续写那篇东西了。当我感到对于自己所写的东西特别犹豫，需要强迫自己才能继续写下去的时候，我大概就明白我写的东西有很大的问题。经常是在写到四分之三的时候，我就会到达某个临界点，相对还算早，就觉着要放弃这篇东西了。之后，会有一两天，我非常沮丧，到处抱怨。我开始想些别的可以写的题材。这就像是一场外遇：你和新的男子外出约会，只是为了从内心的失望和折磨中走出来，你其实一点儿也不喜欢他，可是你还没有注意到。不过，对于那篇我想放弃的故事，会忽然有些新想法从我脑子里冒出来，我又明白该如何继续下去了。可是，这些想法似乎只有在我说完"不行，这行不通，算了吧"之类的话之后才会出现。

《巴黎评论》：你总是能有新的想法出现吗？

门罗：有时候也不行。每逢这样的时候，我一整天情绪都不好，这也是我唯一非常烦躁的时候。这些时候，要是格里和我说话，或在房子里进进出出，把门弄得砰砰响，我就觉得快要爆炸了。要是他还哼起歌来的话，那就更糟了。我极力想清楚一些事情，但却处处碰壁，还是弄不明白。通常在我放弃一个故事之前，我会花些时间仔细考虑清楚。这个过程大约是一个星期，努力想清楚这故事，试着挽救它，之后放弃它，考虑其他可以写作的题材；然后，我又回到这个故事，经常都是在意想不到的时候有所突破，比如在杂货店或是开车出去兜风的时候。我会想，噢，我必须从如此这般的角度来写，我必须去掉这个角色，那几个角色当然应该没结婚，诸如此类。对这篇故事来说，这些会是大的改变，也常常会是极端的改变。

《巴黎评论》：这种变化会使故事成功？

门罗：我其实也不知道这变化是否让那故事更好。它的作用只是让我有可能把这故事继续写下去。这也是为什么我说，我不认为自己有什么灵验的招数，可以用它来支配我的写作。我只是尽可能于重重困难之中，抓住我想表达的东西，最终勉强完成。

《巴黎评论》：写作中，你经常变叙事换角度或是语气吗？

门罗：哦，是的。有时候，我对自己写的东西不确定，我就会从第一人称开始试到第三人称，一遍一遍地试。这是我的主要问题之一。我经常是使用第一人称，把自己陷进故事里，之后却发现由于某些原因，无法继续下去。在这种时候，我会相当无助，会听从别人的建议。我的代理人不喜欢我在《阿尔巴尼亚处女》中使用第一人称，我就想，反正我对此也不十分确定，于是，就把它改了。但是后来，我又把它改回了第一人称。

《巴黎评论》：从故事主题这个层面来说，你如何有意识地去理解正在写的故事？

门罗：嗯，并不是完全有意识的。我能看清一个故事可能出现的错误走向。对我来说，意识到写得滥的部分比看到优秀的部分更容易些。有些故事不像另一些故事那样成功，而有些故事的构想比另一些更为轻松。

《巴黎评论》：轻松？

门罗：对我来说，它们更为轻松。我没觉得自己承担了很大的责任。我在读缪丽尔·斯帕克①的自传。因为她是基督徒，一位天主教徒，所以，她认为上帝才是真正的作家。它让作家们不要试图去争夺那种权力，不要尝试去写关于人生意义一类的虚构作品，不要去攫取只有上帝才能掌控的东西。所以，人们写娱乐性的东西。我想这正是斯帕克想说的。我觉得，有时候我有意把故事写得娱乐化。

《巴黎评论》：你能举个例子吗？

门罗：哦，我觉得那篇《杰克·兰达酒店》就是一篇带有娱乐效果的故事，我挺喜欢的。无论如何，我想要这种效果。而像《我年轻时的朋友》这样的故事却不会是娱乐性的。它具有其他的效果，是能打动我内心最深处的。

---

① 缪丽尔·斯帕克（Muriel Spark, 1918—2006），英国作家，代表作为长篇小说《布罗迪小姐的青春》。

《巴黎评论》：写作这些自认为带有娱乐性的作品的时候，你是否也感受到和处理重要题材时同样的痛苦和烦恼？

门罗：是的，那肯定是一样的。

《巴黎评论》：有没有一些故事完成起来是毫不费力的？

门罗：实际上，《我年轻时的朋友》这一篇我完成得很快。是我听来的一段趣闻。我认识一个在哥德里奇镇图书馆工作的年轻人，他为我做一些资料收集的工作。有天晚上，他来我这里做客，谈起了他家的邻居，就住在他家旁边的那个农场。那家人信仰某种宗教，而这种宗教禁止人们玩纸牌，所以他们玩加拿大弹棋，一种棋盘游戏。他只是告诉了我这些事情，然后，我就问起那家人，他们的宗教、他们是什么样的人这类的问题。他向我描述那家人，然后告诉了我那家的一件婚姻丑闻：有个经常去拜访的年轻人，和他们同属一个教会，而且和那家的大女儿订了婚。可令人吃惊的是，那家的小女儿怀孕了，于是这场婚姻就调换了主角。他们还继续住在同一个屋檐下。我写的修房子，还有重新粉刷房子这些事情都是真的。新婚夫妇粉刷了他们那一半，但那姐姐没有——房子只粉刷了一半。

《巴黎评论》：里面有个护士也是真的？

门罗：噢，护士是我虚构的，不过那名字可是真的。有一次，我们这里的波利斯剧院举办筹款活动，离我们这里大概十六公里吧。每个人都要贡献点儿什么来进行拍卖。有人想出了个主意，说我可以拍卖我故事中某个人物的命名权，就是在我的下一个故事中，要用拍得者的名字作为其中一个角色的名字。一位从多伦多来的女士出了四百块加币买下了这个权利。她的名字是安德鲁·阿特金森。我忽然想到，这就是那位护士。我后来再没有她的消息了，希望她不会介意。

《巴黎评论》：你如何开始写这个故事的？

门罗：每年秋天，我们从安大略省开车去不列颠哥伦比亚省，春天再开回来。我是在开车旅行途中开始写这个故事的。我们在路上，所以也没有动笔，但是，在旅馆中的那些个晚上，我就想起了这一家人。然后，我妈妈的故事开始围绕着这家人出现了，之后，我在讲述我妈妈的故事——我于是看清了它是关于什么的。我觉得这个故事来得相当容易，对我来说没有任何困难。我经常会写到我母亲以及我对她的感觉，写起来毫不费力。

《巴黎评论》：你作品中出现了几位母亲的形象。那位独特的母亲也出现在其他故事里，她读上去非常真切。不过，佛罗这个人物也很真实——就是《乞丐女仆》里面罗斯的后妈。

门罗：佛罗不是真实的某个人。她是我了解的某类人，是那种作家们谈论的混合形成的人物。我觉得，佛罗非常强壮，写那个人物的时候，我刚刚搬回东部生活，而我离开已经有二十三年了。这里的整个文化都给了我巨大的冲击。我感到我曾经生活的世界，我童年的世界，在我搬回来遭遇到真实世界的一瞬间变得模糊不清。佛罗就是这种真实世界的化身，比我记忆中的要残酷得多。

《巴黎评论》：很明显，你经常旅行。不过，你的作品似乎有种根深蒂固的乡村情感。你是否觉得你在这里听到的故事让你更有共鸣；或者，当你居住在城市的时候，你也会使用那里的素材？

门罗：当你住在一个小镇的时候，你会听到更多的事情，关于各色人等；在城市，你主要是听到和你类似的人们的故事。如果你是个女性，很多事情来自你的朋友们。我的那篇《与众不同》就取材于我在维多利亚的生活，《白色垃圾》的大部分也源自那里。那篇《适宜》是来自于这里的一个真实恐怖的事件，一对六十出头的老夫妇，一个

919

杀死了另一个再自杀。在城市里，这些故事我只能在报纸新闻上看到，我不会串起所有的线索。

《巴黎评论》：对你来说，虚构一个故事和混合真实事件哪一样更容易？

门罗：目前来说，我带有个人经验的写作比以前少了，原因很简单，也很明显，你用尽了童年的素材。除非你能像威廉·麦克斯韦尔那样，不停地回到童年记忆并能从中发掘出更多完美崭新的层面。在你的后半生，你能拥有的深刻而又私人的素材就是你的孩子们。在你的父母去世之后，你可以描述他们，但你的孩子们还在那里，你还希望他们将来到养老院来探望你。也许转而去描述更多依赖观察得到的故事是明智的。

《巴黎评论》：和你的家庭故事不同，你有几篇作品可以被称作历史小说。你是去寻找这些故事素材，还是等着这些故事在你脑子里出现？

门罗：我从来没有在寻找写作素材方面遇到过麻烦。我等着它们出现，它们总是会出现。如何去处理汹涌而来的素材才是我的问题。对于历史小说，我不得不对许多史实做大量的研究。好多年来，我一直想写一个关于维多利亚时代女性作家的故事，是这个地区的一位女作家。唯一的麻烦是我找不到我想引用的诗文；所有读到的东西都很糟，都有些荒唐可笑了。我希望有一些更理想的东西。最后，是我自己写了里面的诗文。写作过程中，我参阅了大量的旧报纸，我丈夫手边有一些——他在做关于我们所在的郡、也就是安大略省休伦郡的研究。他是一位退休的地理学家。我脑子里有非常清晰的那个镇子的形象，我把它叫作沃利镇。我从剪报上得到小镇的样子。还有，如果需要某些具体资料，我有时会让那个图书馆的年轻人帮我一把，比如找找旧车型号，或者是一八五〇年代的长老会教堂之类的信息。他很棒，也很喜欢做这些事情。

《巴黎评论》：那些出现在你作品里的姨妈呢？

门罗：我的姨婆和外婆在我们的生活中非常重要。不管怎么说，我家住在一个摇摇欲坠的农场，养狐狸和貂，还是在镇子最糟糕的地区北面一点儿。可她们住在真正的市中心，有一栋漂亮的房子，保持着文明的生活习惯。所以，她们的房子和我们的房子之间，关系总有些紧张，但这对我来说很重要。在我还是个小姑娘的时候，我很喜欢这一点；不过，到了青春期的时候，我觉得这是个负担。那个时期，我母亲不是我生活中最主要的女性角色，尽管她是绝对重要的人；她不再是那个设定生活规范的人。所以，这些老年女性走进来，替代了她的角色，尽管她们设立的规范我全然不感兴趣，不过，那种持续的紧张对我来说很重要。

《巴黎评论》：所以，实际上你并没有像小说《女孩和女人们的生活》里的那对母女一样，搬到城里去生活？

门罗：我们搬到城里过了一个冬天。我母亲决定在城里租栋房子过个冬天，她就这么做了。她邀请女士们来参加午餐聚会，努力想融入那个圈子，但是却完全做不到。她融不进去。她们无法相互理解。我还记得我们搬回农场时的情景。家里的男人们占领了农场，我爸爸还有哥哥。你甚至看不出油毡地毯上的花纹了，房子像是被泥沙淹没过似的。

《巴黎评论》：有没有一些小说你喜欢，但是其他人不喜欢？比如，有没有你先生不喜欢的故事？

门罗：我非常喜欢《橙子街溜冰场的月光》，但是，格里不喜欢。

那故事是他告诉我的，他的童年轶事，也可能因此他期待着一个非常不同的故事。我以为他会喜欢，所以也没怎么担心。他看完了说，哦，它不属于你作品中最好的。那是我们唯一一次对我写的东西有争执。从那以后，他就非常小心，不当着我的面阅读我写的东西。如果他喜欢某一篇，他就会提起来，但也可能绝口不提。我想，在婚姻里处理这类的问题，你必须如此。

《巴黎评论》：格里就是本地人，他当时住的地方离你长大的地方不超过四十公里。和你的第一任丈夫吉姆[①]比起来，他的这些童年轶事或是记忆是否对你更有价值？

门罗：是这样的。吉姆来自多伦多附近的一个城市。不过，他的家庭背景是完全不同的。他住在富裕的中产阶层地区，那里所有的男人都在多伦多上班，而且是专业人士。约翰·契弗曾经描述过在纽约附近的类似地区。我以前从来不了解这个阶层的人士，所以，他们的思维方式对我来说有趣得要命，不过，那不是轶事一类的东西。我猜，有很长一段时间，我对那个阶层有太多的敌意，以至于没有去了解过他们。我那时更左倾一些。而格里告诉我的东西却是对我的成长记忆的进一步延伸——尽管一个小镇男孩的经历和一个农场女孩是截然不同的。格里生活中最有意思的部分可能是他七岁到十四岁之间的经历。在那个年纪，男孩子们成群结队在镇子里闲逛。他们倒不是小流氓啊什么的，不过，他们或多或少做事情随心所欲，像是镇子上的一种亚文化现象。而女孩子们不是这其中的一部分，从来就不是。我们总是和一小群女孩扎堆，我们就是没有那种自由。所以，了解他们的这部分生活会非常有趣。

[①] 吉姆·门罗（Jim Munro），艾丽丝·门罗的第一任丈夫。两人于1963年在加拿大西部的维多利亚市开办了"门罗书店"（Munro's Books），吉姆至今仍在经营这家书店。

《巴黎评论》：你在这个地区以外的地方住过多少年？

门罗：我在一九五一年底结婚，然后搬到了温哥华，在那里一直住到一九六三年。然后，我们搬到了维多利亚市，我们在那里开了间书店，门罗书店。我应该是在一九七三年夏天搬回来的。所以，我在维多利亚只住了十年。我的第一段婚姻维持了二十年。

《巴黎评论》：你搬回东部来，是因为遇到了格里，还是为了工作？

门罗：是为了工作。还有是因为我和我的第一任丈夫在维多利亚住了十年。我们的婚姻在最后那一两年已经面临解体。那是个很小的城市，你有个很小的朋友圈子，里面的每个人都相互认识。在我看来，如果你的婚姻正在解体，继续待在同一个环境里就非常困难了。我觉得这对我们两个人都好。他无法离开，因为他要照顾书店。多伦多附近的约克大学向我提供了一个教师的职位，在那里教授创意写作。可我只做了很短的一段时间，我恨那份工作。所以，尽管我没有钱，我还是辞去了那个职位。

《巴黎评论》：是因为你不喜欢教授创作？

门罗：不喜欢！那太可怕了。那是在一九七三年。约克大学是加拿大比较激进的大学，再加上我的班上都是男生，只有一名女生，可她几乎没有说话的机会。他们尝试的是当时非常流行的写作风格，也就是既艰涩难懂又老生常谈的那类东西。他们似乎对所有的事情都无法容忍。对我来说，在那个位置上，我学会了如何大声嚷嚷回去以及表达自己某些关于写作的想法，这些都是好事。那些想法我以前从没有认真总结过。不过，我不知道怎么和他们沟通，怎么做才能不与他们为敌。现在我可能知道怎么做了。不过，我所教的东西和写作没什么关系——更像是为将来进入电视行业而进行的良好培训，或是让你非常安心地认可一些俗套的东西。我应该是能够改变些什么的，但是我没能做到。有个学生，不是我班上的，交给我一篇她写的故事。我记得读的时候我热泪盈眶，因为写得太好了，也因为我已经有好长时间没有读到过好的学生作品了。她问我怎么才能够注册到我的课程，我说，不要！不要靠近我的班级，只需要继续把你写的东西拿给我看。她后来成了一名作家。我学生里唯一做到的一个。

《巴黎评论》：加拿大是否也像美国那样，开设创意写作专业的大学在扩展？

门罗：加拿大在这方面的扩展并不大。这里没有像美国爱荷华大学那样的写作项目。不过，在大学里教授写作也成就了一些人的个人事业。有一阵子，我很同情他们，觉得他们的东西不可能发表。可事实是，他们挣的钱可能有我一向挣的数目的三倍，这让我不是很理解。

《巴黎评论》：看上去，你绝大部分的故事就发生在安大略省。你是选择住在这里呢，还是机缘巧合？

门罗：现在，我会选择住在这里。这是格里母亲留下的房子，他曾经住在这里照顾她。我的父亲和继母也住在这个地区。我们觉得人生一世能够照顾老人家的时间其实是有限的，之后，我们会继续自己的生活。当然，也是有很多其他原因，我们并没有离开。老一辈的人都走了，我们却一直住在这里。现在，我们留在这里的一个原因是，这里的风景对我们俩来说都太重要了。我们有这个共同之处真是非常棒。而且，感谢格里，让我可以用如此不同的视角来领略这个地方。我无法以同样的感情拥有其他任何的一片风景，一个乡村、一片湖泊或是一个小镇。我现在意识到了这一点，所以我永远不会离开了。

《巴黎评论》：你怎么遇到格里的？

门罗：我在大学的时代就认识格里了。他是高年级生，而我是新生。他是"二战"后退伍的军人，这意味着我们之间有七岁的差距。那时候我十八岁，极度迷恋他。不过，他没有注意到我，他那时候注意的是另外一些人。那个大学很小，所以你会认识每个人，知道他们是谁。他当时属于一个很小的团体——我记得我们称他们为"波希米亚人"。他们给文学杂志写诗，他们是危险的，醉酒闹事什么的。我觉得他和那个文学杂志社有联系。我在写第一篇故事的时候，计划的一部分就是，我可以把手稿拿给他看。然后，我们就开始聊天，他会爱上我，事情就从那儿开始了。可我把手稿拿给他的时候，他说，约翰·凯恩斯才是编辑，他在走廊那头。那是我们唯一的一次交往。

《巴黎评论》：这是你在大学两年和他唯一的一次交往？

门罗：是的。不过，在我发表了第一篇小说之后，我收到格里写来的一封信。他那时已经离开了大学。我呢，在两个学年之间的假期里，到餐馆做服务生。那是一封非常美的信，通篇都是关于我的小说的，是我收到的第一封粉丝来信。但是，信里一点儿也没有说到我，比如说提到我的美丽，或者表示要是我们能一起聚聚该有多好啊什么的。那就是一封纯粹的文学欣赏的信。我对那封信没有表现出应有的感激，因为我对他有更多的幻想；如果那封信是其他任何人写来的，我的反应都会不一样。不过，那的确是一封非常可爱的信。再之后，我搬回了伦敦①，在西安大略大学找到了工作，他碰巧听到了我在广播里的声音。我在接受一个采访。我当时一定是谈到了我住在哪里，给人的印象是我又单身一人了，因为他之后就直接来看我了。

---

① 此处伦敦（London）系加拿大安大略省西南部城市，是西安大略大学所在地。

《巴黎评论》：这已经是在二十来年之后了？

门罗：至少是二十年之后了，我们那些年也没有见过面。他看上去和我想象中的完全不同。他直接打电话给我说，我是格里·弗雷姆林。我现在在克林顿，我想着我们什么时候能一起吃个午饭。我知道他家是在克林顿，还想着他可能回来看望父母。我那时候知道他在渥太华工作，有人曾经告诉过我。我想，他的妻子孩子在渥太华，而他在这里看望父母亲，想和旧相识吃个午饭。这就是我想象的情景。等到见了面我才知道，他就住在克林顿，也没有妻子和孩子什么的。我们去了教工俱乐部，一人喝了三杯马提尼，那可是中午啊。我觉得我们都有些紧张。不过，我们很快就变得熟悉起来。我记得到了当天下午，我们就已经在谈论搬到一起住了。真是够快的。我想我是在西安大略大学教完了那个学期的课程后，就搬到了克林顿镇。我们开始生活在一起，就住在他搬回来照顾母亲的那幢房子里。

《巴黎评论》：搬回东部不是因为你决定要在这里从事写作。

门罗：我从来没有为了任何写作的想法而做过什么决定，尽管我也从来没有想过要放弃它。我想，我只是不太能理解某些条件比另一些条件更有利于你写作这样的说法。唯一会阻止我写作的就是把写作当成一份职业——比如当我被公众定义为作家、给我一间办公室让我写作的时候。

《巴黎评论》：这倒让人联想起你早期的一篇小说《办公室》——一个女人为了写作租了间办公室，结果被房主不停地干扰，最后她只好搬出来。

门罗：那写的是我的真实经历。我的确租过一间办公室，可在里面我却一个字也写不出——除了那篇小说。房主总是来烦我，不过，即便后来他不再打扰我了，我也写不出来。一旦划定个地方写作，比如在办公室,我就什么也写不出来。我曾经在澳大利亚的昆士兰大学做过驻校作家,我在那里有间办公室,是在大学的英文系,非常时髦漂亮的办公室。那里没人听说过我的名字,也就没人来看我。当然,那里也没人想成为作家。就像在佛罗里达,随时有穿着比基尼的人走来走去。我有大把的时间,坐在那间办公室,构思我的小说,可我却什么也想不出来;我的确想写些什么,可脑子却瘫痪了。

《巴黎评论》:温哥华为你提供的素材没那么有用吗?

门罗:我住在温哥华地区的郊区,最初是在北温哥华,然后是西温哥华。在北温哥华的时候,男人们都是一早出门,傍晚才回来。所以,白天都是主妇和孩子们。有很多非正式的聚会,几乎找不到机会可以独自待一会儿。主妇们聚在一起,争论些什么方式吸尘或是清洁绒毛玩具更好,我都快被弄疯了。还只有第一个孩子的时候,我就把她放在婴儿车里走到好几公里以外,来避免参加那些咖啡聚会。和我的成长环境相比,那里更加狭隘和压抑。好多事情是被禁止的——比如认真地探讨些什么。你的生活被严密安排好了,包括一系列被认可的消遣方式、被允许发表的意见,还有被大家接受的作为一个女人的行为方式。我想,那些女人唯一发泄的机会就是在派对上和别人的丈夫调情,那也是仅有的让你能有种真实感的时刻。在我看来,让她们和男人们唯一发生关联的、具有实质内容的,就是性;否则,男人们通常不和你谈话,或者即便和你谈话,也是一副居高临下的样子。我曾经遇到过大学教授什么的,如果我也了解他谈论的话题,就会被视为不可接受。男人们不喜欢你讲话,女人们也不喜欢你讲话。所以,你生活的世界是女人们谈论最好的饮食,或者如何护理毛绒玩具。我周围的都是些正在往上爬的男人们的太太。我是如此痛恨那个社区,以至于从未能把它写出来。后来,我们搬到了西温哥华。那是一个各年龄和各阶层人士混合的社区,不仅仅有年轻的中产夫妇。我在那儿交到了非常好的朋友。我们谈论书籍，还有丑闻，什么事情都能嘲笑一番，就像一群高中女生。那段生活是我一直想写而还没有动笔的——年轻女人们的颠覆性社群，它让每个人都保持着活力。不过，搬到维多利亚还开了那家书店是我生活中最美好的事情。感觉非常棒，因为镇子上所有疯狂的人都到书店来，和我们聊天。

《巴黎评论》：你们怎么想到要开一家书店？

门罗：吉姆那时候想离开他工作的伊顿商场，那是城里的一个大型百货商店。我们商量着他想做什么样的生意，我就说："瞧，要是我们有个书店，我可以帮忙。"每个人都觉得我们会破产，的确，我们差一点儿就破产了。我们非常穷。不过那时候，我大点儿的两个女儿都上学了，所以我可以经常去书店照看。那是我第一段婚姻中最快乐的时光。

《巴黎评论》：你是否一直有种感觉，知道那次婚姻不会长久？

门罗：我感觉自己当时就像维多利亚时代的女孩子——结婚的压力是那么大，你会觉得需要赶紧解决掉这个问题：好吧，我要结婚了，他们就不会再用这个事情来烦我了。然后，我就会成为一个独立的人，我的人生就会开始了。我觉得，我结婚是为了能够写作，为了能够安顿下来，让我的注意力重新回到重要的事情上。现在有时候，我回过头看自己以前的日子，会想：那个年轻女人真是冷酷啊。我现在比那个时候传统得多了。

《巴黎评论》：每个年轻艺术家都在某种程度上不得不冷酷的吧？

门罗：如果是个女人，那会更糟。我不停地想提醒我的孩子们：你肯定你一切都好吗？我不是有意要这么……这当然会让她们恼怒，因为这暗示她们像是某种被损坏的物品。对孩子们，我是有些心不在焉的，而小孩子洞悉这类事情。我倒不是有意忽略她们，但我也没有全身心扑在她们身上。我大女儿两岁左右的时候，她会走到我的桌子跟前，而我正在打字。我会用一只手把她赶开，另一只手还在继续打字。我和她说过这些。这真糟糕，它让我女儿和对我来说最重要的事情成了敌人。我觉得我做的一切事情都是反过来的：在孩子们还小、最需要我的时候，我是个充满野心的作家。到现在，孩子们完全不需要我了，我却那么爱她们。我出神地看着房子四周，想着，以前这儿的家庭聚餐要多得多啊。

《巴黎评论》：你的第一本书就赢得了加拿大总督文学奖，大概相当于美国的普利策奖。在美国，靠处女作获得如此巨大荣誉的作家凤毛麟角。而一旦发生这样的事情，这位作家此后的写作生涯似乎会遇到更多困境。

门罗：嗯，首先是，我那时候已经不年轻了。不过，后来的确更加困难。有差不多一年的时间，我什么也写不出来，就因为不停地在想，接下来，我必须写一部长篇小说。我倒没有压力说自己必须写出一部极其畅销、每个人都在谈论的书，比如，像谭恩美①的处女作发表之后那样。我的那本书销量很差，即使获得了总督文学奖，还是没人听说过。你去一个书店，找这本书，他们却没有。

《巴黎评论》：书评对你来说很重要吗？你觉得曾经从评论中学到过什么吗？是否有评论伤害过你？

门罗：重要，也不重要，因为你真的不能从评论里学到多少东西，当然，你也不会因为它而受到太大伤害。对你作品的批评，会让你觉得在公众面前受了羞辱。尽管没什么要紧，你也还是希望人们鼓

---

① 谭恩美（Amy Tan，1952— ），美籍华裔作家，1989年凭处女作小说《喜福会》一举成名。

掌欢送你下台,而不是鼓噪着轰你下台。

《巴黎评论》:在你的成长过程中,你是个喜欢读书的人吗?是否有作品对你产生过影响?

门罗:三十岁之前,阅读真的就是我的生活。我就活在书里面。美国南方的作家是最早一批让我感动的作家,他们向我证明你可以描述小镇,描述乡下人,而这些正是我非常熟悉的生活。不过,有意思的是,连我自己都没太意识到,我真正热爱的美国南方小说家都是女性。我不是太喜欢福克纳。我热爱尤多拉·韦尔蒂、弗兰纳里·奥康纳、凯瑟琳·安·波特,还有卡森·麦卡勒斯。她们让我觉得女性也可以写奇特的边缘化的东西。

《巴黎评论》:这也是你一直在写的东西。

门罗:是的。我逐渐认识到这是女人的领域,而关于现实生活主流的大部头小说是男性的领域。我不知道这种边缘人的感觉是怎么来的,我并没有被排挤到边缘。或许是因为我自己是在边缘社会长大的。我明白,伟大作家身上的某些东西,我感到自己是不具备的,不过,我不确定那究竟是些什么。我第一次读到 D.H.劳伦斯的作品的时候,觉得极度不安。我总是对作家有关女人性方面的描述感到不安。

《巴黎评论》:你能告诉我究竟是什么让你觉得不安?

门罗:我的不安是,当我成为其他作家的描述对象的时候,我怎么能是一名作家?

《巴黎评论》:你怎么看魔幻现实主义的作品?

门罗:我的确非常喜欢《百年孤独》。我爱这本书,但它无法模仿。它看似简单,实则不然。当读到蚂蚁搬走婴儿,处女升入天空,族里的长老去世,天上飘下花瓣雨的情景时,真是精彩。不过,正如这本书一样难以写就,也如这本书一样完美的是威廉·麦克斯韦尔的《再见,明天见》,里面的一个角色是一条狗。他让一个原本老套的题材变得光彩夺目。

《巴黎评论》:你新近的一些作品似乎标志着你的创作方向改变了。

门罗:大概在五年前,我还在写《我年轻时的朋友》里面的故事的时候,我就想写一个另类现实的故事。我一直拒绝写这类故事,是担心会写成像《灵界》①那样非常无聊的玩意儿。我很害怕会这样。不过,我开始写《搬离》,就继续信手写下去,还写了那么一个莫名其妙的结尾。这可能和年纪有关。它让你对什么是可能的,究竟发生了什么——不仅是能够发生什么,还有究竟发生了什么——这一类问题的认知发生了变化。与现实脱节的事情曾在我的生活中发生,在其他人身上我也看到过。这是我的问题之一——为什么我无法写出长篇小说,我从来无法将事物之间的相互关联看得很透彻。

《巴黎评论》:你写作的自信心如何?经过这么多年,在自信心上有什么变化?

门罗:对于写作,我一向是非常自信的,但这其中又夹杂着担心,担心这种自信是完全错误的。在某种程度上,我觉得我的自信源自我的愚钝。还因为,我离文学的主流那么远,我没有意识到女人不像男人那样容易成为一名作家,对较低社会阶层的人来说也是一样。如果你生活在一个小镇,在那里,你连个真正读书的人都遇不到,而你自认为还写得不错,你当然觉得自己确实有罕见的天赋。

---

① 《灵界》(*The Twilight Zone*, 1959),美国超现实、悬疑、灵异电视剧,是美国最成功的电视剧集之一。

《巴黎评论》：在避开与文学界的接触方面，你可称得上是个高手了。你是有意识地这样做，还是特定的环境使然？

门罗：有好长一段时间，这当然是环境使然；不过，后来，就是一种选择了。我想我是个友善的人，但不好交际。主要也是因为作为一个女人，一个家庭主妇，一个母亲，我需要留出大量的时间，而这被解读成害怕交际。如果不是这样，我可能已经丧失了自信。我会听到太多我不理解的谈话。

《巴黎评论》：所以你对于置身主流之外感到高兴？

门罗：这可能正是我想说的。如果不是这样，我可能无法作为一个作家很好地幸存下来。在一群比我更清晰地知道自己正在做什么的人当中，我很可能会失去自信。他们经常高谈阔论，而且在信心方面都公认比我更有底气。不过，话说回来，对作家，这也很难说——谁是自信的呢？

《巴黎评论》：你成长的社区对你的写作生涯感到高兴吗？

门罗：人们知道我在这里或那里发表作品，不过，我的写作风格并不华丽。在我的家乡，我的作品也不很受欢迎，因为里面有性、粗话，而且不大好理解……当地一份报纸曾经发表了一篇关于我作品的社论："一种刻薄内省的人生观……其扭曲的人格表现在……"这篇文章发表的时候，我父亲已经去世了。要是我父亲还活着，他们不会这么做的，因为镇上每个人都非常喜欢他。他是那么受欢迎且受人尊重，以至于大家对我的小说会保持缄默。不过，他去世后，情况就不同了。

《巴黎评论》：不过，你父亲喜欢你的作品？

门罗：不过，他喜欢我的作品，是的，他为我感到骄傲。他读很多的书，可他总是对阅读这事感到难为情。后来，在他去世前，他写过一本书，是在他去世后出版的。那是一部关于西南部内陆早期拓荒者家庭的故事，故事设定的时间就在他出生前，小说结尾的时候，他还是个孩子。他很有作家的天分。

《巴黎评论》：你能为我们读上一段吗？

门罗：在其中一个章节，他描述了一个生活在比他稍早时代的男孩子的学校是什么样子："在另外几面墙上，是已经泛黄的地图。上面画着些有趣的地方，比如蒙古，零星地散布着些牧民，穿着羊皮袄，骑在小马驹上。非洲的中心地带是一片空白，只用一条张开血盆大口的鳄鱼，还有把黑人按在大爪子下的狮子作为标记。而在地图正中心的地方，斯坦利先生正与利文斯顿先生互致问候，他们都戴着旧式的帽子。"

《巴黎评论》：你在他的小说里读到了自己生活的影子吗？

门罗：它不是关于我的生活的。不过，我辨认出相当多的我的写作风格。还有他看问题的角度——这我倒是不奇怪，因为我知道我们在这点上是一致的。

《巴黎评论》：你母亲在去世前看过你的任何作品吗？

门罗：我母亲不会喜欢我的东西的。我认为她不会喜欢的，性和那些粗话。如果她还健在，为了能发表自己的作品，我会不得不和家里大吵一架，甚至断绝关系。

《巴黎评论》：你觉得你会那么做吗？

门罗：我觉得会。是的，像我刚才说的，我年轻的时候更加冷酷。我现在想到我母亲的时候，感觉很温柔，可我有这种感觉的时间并不长。我不知道如果我女儿写到我，我会有什么感觉。她们现在的年纪，如果是个作家的话，该是出版处女作的时候了，描述自己的童年生活。成为你孩子作品中的某个人物，这种经历一定让人感到恐怖。有些人的评论很草率，这会伤害到其他人。比如有篇关于我的小说评论说，哦，她父亲是个邋遢的养狐狸的农夫，用这样一些句子来反映我家里的贫穷。一位女性主义作家解读说，《女孩和女人们的生活》里的"我父亲"是完全自传性的。她把我变成一个有悲惨的成长背景的人，因为我有个"不负责任的父亲"。这还是加拿大的大学里某位学者的言论，我真是太生气了，甚至想要起诉她。我非常愤怒，不知道怎么去处理。我觉得，她怎么写对我来说没什么，我已经取得了那么多成功，但对我父亲不公平，他只不过是我父亲而已。他现在已经去世了。难道因为我写的小说，他以后就该被认为是个"不负责任的父亲"？后来，我意识到，这位学者代表着年轻的一代，他们生活在完全不同的经济状况下。他们生活在一个福利社会，享受全面的医疗保险。他们无法想象一些事情，比如一场疾病能给家庭带来怎样毁灭性的打击。他们从未经历过任何真正的财政困难。看到一个贫穷的家庭，他们想到的是，那是一种选择。而你不愿意改善自己的生活，那就是"不负责任"，那是愚蠢或类似的东西。我小时候，房子里没有洗手间，这个太令年轻人震惊了，真邋遢。事实上，他们想到的也许不是邋遢，而是：这太有趣了。

《巴黎评论》：我们还没有问到你每天的写作习惯。你一星期实际上写作几天？

门罗：我每天早上都写，一星期七天。一般我从早上八点钟开始，上午十一点左右结束。剩下的时间我就做其他的一些事情。除非我正在对作品做最后的润色或什么的，那我会希望持续工作一整天，中间只稍稍休息一下。

《巴黎评论》：你严格执行这个时间表吗？要是遇上婚礼或是其他必要的活动怎么办？

门罗：我每天对自己的写作页数有个定量，我强迫自己完成。如果我知道我在某一天要去别的地方，我会尽力在之前多写几页。这是一种强迫症，非常糟糕。不过，我不会让进度过于延后的，好像那样我就会失去这个故事似的。这和年龄增长有关。人们变得强迫自己做某些事情。我对自己每天走多远的路程也有规定。

《巴黎评论》：你每天走多远？

门罗：我每天走五公里。如果我知道有哪一天我没有办法走那么多，我必须在其他时间把它补回来。我留意到同样的事情也发生在我父亲身上。你是在保护自己，这么做会让你觉得如果你遵守所有好的规矩和习惯，就没有什么可以打败你。

《巴黎评论》：你用五个月左右的时间完成了一个故事，你会休息一阵子吗？

门罗：我几乎是马上就开始下一个故事的写作。以前，我有孩子还有好多其他事情的时候，不是这样的。不过，到了现在，有可能停止写作这个想法让我有点儿惊慌——就好像一旦停下来，我可能会永远停止写作。我脑子里可是储存了一堆故事。不过，写作不仅需要你有个故事，也不仅仅是技能或是技巧，还需要有一种激情和信念，没有它，我无法写下去。我曾经有过全然不知疲倦写作的日子，那时这种激情和信念似乎用之不竭。但现在，我有了些小小的变化，有时候会想到，如果失去它，感觉会怎样，可我甚至无法描述它究竟是什么。我觉得它只对故事本身敏感，甚至与这篇故事成功与否没有太大关系。上了年纪以后，在某种程度上，你的兴致有可能被耗尽了，你无法预见这一点。它甚至在一些曾经对生活充满兴致和责任的人身上也会出现，就是为了活着而活着。你在旅行的时候，可以从许多人的脸上看到这一点——比如，餐馆里的中年人，或者像我这样在中年的尾巴上、即将步入老年的人。你能看到这一点，或是像只蜗牛一样感觉到它，那种眼神里的讪笑。那种感觉就是，某种程度上，人对事情做出反应的能力被关闭了。我现在觉得这是可能的。我感觉这就像是你有可能得关节炎，所以你要锻炼，以防止自己患上这种病。我现在更加意识到，所有东西都会有失去的可能，包括以前填满你生活的那些东西。或许，应该坚持下去，做些什么来避免它发生。某些原因导致一篇故事失败——我说的不是这个。故事会失败，但你对于写这个故事的重要性的信念不会失败。失去这种激情和信念可能才是危险所在。这可能是一头野兽，藏身于老年人心理的最深处——你对于值得做的事情也失去了感觉。

《巴黎评论》：有人会觉得疑惑，因为艺术家似乎是一直可以工作到生命最后的。

门罗：我想这也是有可能的。但你还是需要更加警觉一些。二十年前，我无法想象我会失去这些——信念，以及激情。我猜想这就像是你不再坠入情网了。不过，不再坠入情网是可以忍受的，毕竟那不是必须的。我觉得这就是我还在继续写的原因。是的，我没有一天停止写作。就像我每天坚持散步一样。如果我一个星期没有锻炼，我的身体就失去了正常状态。你必须时刻保持这种警觉性。当然，如果你放弃了写作，也就无所谓了。我害怕的不是放弃写作，而是放弃那种兴奋，或者失去想要写作的冲动感。我的疑惑是：一旦人们不需要做每天都在做的事情了，大部分的人会做什么？甚至连退休的人也会去学个什么课程或培养些兴趣爱好来填补这个空白；想着我可能会像他们那样，或是要那样去生活，我真的充满了恐惧。我这辈子唯一做的事情就是写作。所以，我不了解如果有各种不同的事情可以做，那样的生活会是怎样。我想象中唯一能过的另一种生活就是学者式的生活，但我可能把它理想化了。

《巴黎评论》：它们是非常不同的生活，是只有一个目标的生活与有一系列目标的生活的差别。

门罗：你外出打高尔夫球，你很享受，然后你种花，还请朋友来家里晚餐。但我有时候想，要是停止了写作怎么办？要是这个能力逐渐消失了怎么办？那样的话，我不得不开始学习些别的事情。你无法从写虚构类的作品转变为写非虚构类的东西，我觉得不行。创作非虚构作品本身就已经是非常困难的了，那是要学习一件全新的事情。不过，也许我会试试。我试过两次要写本书，是每个人都会写的那类家族故事。不过，我还没有完成故事的框架，也还没有中心。

《巴黎评论》：发表在《格兰街》[①]杂志上的那篇《劳碌一生》呢？读起来很像回忆录。

门罗：是的。我会把散文集结成书，这一篇也会收进去。[②]

《巴黎评论》：嗯，威廉·麦克斯韦尔写的那本关于他的家族故事的书《先辈们》，也是这种写法。

门罗：是的，我非常喜欢那本书。我问过他写作那本书的事情。他手上有许多的素材可以利用。他做到了每个写这类作品的作家必须做的事，就是把家族历史放到一个更大的历史环境中去写。具体到他的这本书，就是在十九世纪早期，美国的宗教复兴。我对此完全不了解。我不知道美国其实曾是个没有上帝的国家，可忽然之间，整个国

---

① 《格兰街》(*Grand Street*)，美国文学、艺术视觉杂志，由美国出版人本·索南伯格创办于1981年，已于2004年停刊。艾丽丝·门罗的《劳碌一生》即发表于该刊创刊号。
② 《劳碌一生》后被门罗收入2006年出版的《岩石堡风景》一书。

家对宗教陷入疯狂。这个背景太棒了。如果你有这样的背景,这本书就成立。它是要花些时间的。我不断地想着,我也要写一本这样的书,可接着,我有了另一个故事的构思,而这个故事总像是无限重要,尽管它不过是个故事而已。我在《纽约客》上读到了对威廉·特雷弗的专访,他说了类似这么一段话:然后,又一个小故事的构思出现了,而它解答了生活将会怎样这个问题。

(原载《巴黎评论》第一百三十一期,一九九四年夏季号)

THE PARIS REVIEW

石黑一雄

2017年诺贝尔文学奖得主
获奖理由:"他在极具情感力量的长篇小说中,揭示了我们与世界的虚幻联系之下的深渊"

《巴黎评论》访谈发表时间:2008年

石黑一雄

(Kazuo Ishiguro)

1954—

日裔英国小说家,1954年生于日本长崎,与奈保尔、鲁西迪并称"英国文坛移民三雄"。1986年凭长篇小说《远山淡影》步入文坛,1989年凭《长日将尽》获得布克奖。另著有短篇集《小夜曲》(2009),长篇小说《浮世画家》(1986)、《无可慰藉》(1995)、《莫失莫忘》(2005)、《被掩埋的巨人》(2015)等。

石黑一雄

◎陶立夏/译

用精准的英国管家式口吻写就《长日留痕》的作者本人也彬彬有礼。在其位于伦敦戈德格林的寓所门口迎接我之后，他立即表示要为我沏茶，尽管从他在橱柜前面对诸多选择时缺乏决断的样子判断，他并不是在下午四时享用阿萨姆的老茶客。当我第二次到访，茶具已在风格随意的书斋中摆开。他耐心地重新审视生命中那些细节，总是对年少时的自己，尤其是对那个弹着吉他、用支离破碎的断句写大学论文的嬉皮，带着忍俊不禁的包容。"教授们鼓励这么做，"他回忆道，"除了一位非常保守的非洲讲师。但他很有礼貌。他会说，石黑先生，你的文风有点儿问题。如果你在考试时也这么写，我不得不给你打不及格。"

石黑一雄一九五四年生于长崎，五岁时随家人迁往英格兰南部小城吉尔福德。他有二十九年未曾重回日本（他说，他的日文"糟透了"）。二十七岁时发表第一部小说《远山淡影》（1982），主要以长崎为背景，获得一致好评。他的第二部小说《浮世画家》（1986）获得了英国著名的惠特布莱德奖。而他的第三部小说《长日将尽》（1986）奠定了他的国际声望。该书在英国的销量超过一百万册，荣获布克奖，并被麦钱特-艾沃里公司拍成了电影，安东尼·霍普金斯主演，鲁丝·普罗厄·贾布瓦拉担任编剧（初期剧本由哈罗德·品特操刀，石黑回忆道，有"许多山珍野味在砧板上切来切去的镜头"）。

石黑一雄的一页手稿

石黑获得过一枚大英帝国勋章，有段时间，他的画像悬挂于唐宁街十号。他拒绝被神化，下一部小说《无可慰藉》（1995）让读者大为意外，五百多页看来全是意识流。一些困惑的书评人对其口诛笔伐，詹姆斯·伍德写道："它创造出了专属的糟糕门类。"但其他人则激情澎湃地为之辩护，其中包括安妮塔·布鲁克纳，她消除自己最初的疑虑后，称其"几乎可以肯定是篇杰作"。作为另两部广受好评的作品——《我辈孤雏》（2000）和《莫失莫忘》（2005）——的作者，石黑一雄还写过电影和电视剧剧本，他也作词，最近与爵士女歌手史黛西·肯特合作的爵士专辑《早安，幸福》畅销法国。

石黑与十六岁的女儿内奥米、妻子罗拉一同住在白色泥灰墙的舒适居所内，罗拉曾是一名社工。屋内有三把闪闪发光的电吉他和一套顶级的音响设备。楼上供石黑写作的小办公室从地板到天花板定制成浅淡的木色，按颜色分类的文件夹整齐堆放在文件架中。他被译成波兰语、意大利语、马来西亚语和其他语种的作品排放在一面墙上。另一面墙上是供研究用的书——例如，托尼·朱特的《战后：1954年以来的欧洲史》与艾迪斯通·C.内贝尔三世的《更有效地管理酒店》。

——访谈者：苏珊娜·亨内维尔，二〇〇八年

《巴黎评论》：你的小说创作从一开始就很成功——但你年少时期的作品有无未能发表的？

石黑一雄：大学毕业后，我在伦敦西区与无家可归者一同工作时，写过半小时长的广播剧并寄给了BBC。剧本虽被枪毙但我得到了鼓励的回复。它的趣味有些糟糕，但却是我第一篇不介意拿来示人的习作。剧本名为《土豆与爱人》。交剧本的时候，我拼错了土豆的

复数形式，写成了 potatos。故事说的是两个在炸鱼薯条店打工的年轻人。他俩的斗鸡眼都很严重，而且两人坠入了爱河，但他们从未捅破彼此都是斗鸡眼的事实。两人对此讳莫如深。故事的结尾，在叙述者做了一个奇怪的梦后，他们决定不要结婚。梦中，叙述者看见防波堤上有一家人朝他走来。父母亲是斗鸡眼，孩子们是斗鸡眼，狗也是斗鸡眼，于是他说：行啦，我们不会结婚。

《巴黎评论》：你着了什么魔才会写这个故事？

石黑一雄：那时我开始考虑将来的职业。成为音乐家已经无望。我向录音公司 A&R 的人约见了好多次。两秒钟后，他们就说：没戏，朋友。所以我想该试一下写广播剧。

后来，几乎在无意之间，我看到一则马尔科姆·布雷德伯里在东英吉利大学教授创意写作硕士班的小广告。如今这门课已名闻遐迩，但那时它还是个笑柄，刺目的美国作派。随后我还发现，上一年因为没有足够多的申请人所以并未开班。有人告诉我伊恩·麦克尤恩十年前曾上过这课程。我觉得他是那时候最激动人心的年轻作家。但最吸引我的地方还是能重回校园一年，政府支付全额费用，况且我只需要交一篇三十页的小说。我把广播剧本和申请表一同寄给了马尔科姆·布雷德伯里。

当被录取时我感到些许诧异，因为它突然就成真了。我还以为，那些作家会审查我的作品，过程将令人羞愧难当。有人告诉我在康沃尔某片荒僻之地上有座小屋出租，它曾被用作瘾君子的康复所。我打电话过去说，我需要找个地方住一个月，因为我想自学写作。这就是我在一九七九年那个夏天做的事。这是我第一次真正思考短篇故事的构架。我花费数年才想明白诸如视角、如何讲述故事之类的问题。最后我有两个故事可以拿出手，所以感觉底气更足了。

《巴黎评论》：你首次写有关日本的文字是在东英吉利大学那年吗？

石黑一雄：是的。我发现自己一旦无视此刻包围我的这个世界，想象力就会鲜活起来。如果我试图这样开始一个故事："当我走出坎登镇地铁站进入麦当劳时，遇到了大学时代结识的朋友哈利"，我就想不出接下来该写什么。然而当我写到日本，有些什么会豁然开朗。我给班上同学看的故事中，有一篇以原子弹投放长崎为背景，故事以一个年轻女子的视角讲述。我从同学们那里收获了爆棚的自信心。他们都说：这些关于日本的事实在振奋人心，你前程远大。接着我就收到费伯出版社的来信，将我的三篇作品收录入"推介系列"，销售业绩很不错。我知道汤姆·斯托帕和泰德·休斯就是这样被发现的。

《巴黎评论》：你是那时候开始写《远山淡影》的吗？

石黑一雄：是的，费伯出版社的罗伯特·麦克拉姆给了我第一笔预付金，我才得以完成此书。我本来已经开始写一个以康沃尔小镇为背景的故事，讲的是一个年轻女子和她智障的孩子，她的背景暧昧不明。我脑子里一直想着，这女人在两种说法间摇摆：我要为这孩子奉献一切，以及，我已爱上这个男人而孩子是个累赘。我和无家可归者共事时曾遇到过很多这样的人。但当我的日本短篇故事在同学那里获得热烈反响之后，我重新审视这个以康沃尔为背景的故事。我意识到，如果以日本的方式讲述这个故事，所有看来狭隘琐碎的事物都将激发共鸣。

《巴黎评论》：五岁之后你就再未回过日本，那你的父母亲又是多典型的日本人呢？

石黑一雄：我母亲是她那一代人中非常典型的日本女性。她讲究特定的礼仪——以今时今日的标准来看属于"女性主义前派"。当我看日本老电影时,发现很多女人的言行举止和我母亲完全一样。传统中,日本女性使用与男性稍许不同的正式语言,现今两者则要混淆得多。当我母亲在上世纪八十年代去日本的时候,她说她震惊地发现年轻女孩子在使用男性语言。

投放原子弹时我母亲在长崎。她即将度过少年时代。她家的房子有些扭曲,直到下雨他们才意识到损害程度。屋顶开始四处开裂,就像受到龙卷风袭击。事情发生时,母亲是全家人中——四个孩子与双亲——唯一在投放炸弹时受伤的人。一块飞舞的碎片击中了她。当其余家庭成员去城市其他地方救难时,她独自在家养伤。但她说,当她想起战争时,原子弹不是最让她惧怕的东西。她记得躲在她工厂的地下掩体。他们列队站在黑暗中而炸弹就在他们头顶上方落地。他们以为大家都会死。

我父亲不是典型的日本人,因为他在上海长大。他有中式性格:当坏事发生,微笑以对。

《巴黎评论》:你的家人为什么移居英国?

石黑一雄:那原本只是场短期旅行。我父亲是个海洋学家,英国国家海洋学院的负责人邀请他前来推广他的一项发明,与风暴时的浪涌运动有关。我从未搞明白那是什么。国家海洋学院创立于冷战时期,弥漫着密不可宣的气息。我父亲加入了那个建在密林中的单位。我只去过那里一次。

《巴黎评论》:你对这次变迁感受如何?

石黑一雄:我觉得我并不明白其中的含义。我祖父和我曾去长崎的百货商店买一种很棒的玩具:有张母鸡的图片,你则有把枪,然后你朝着母鸡开枪,如果打中正确部位,一颗蛋就会掉出来。但他们不允许我带上这玩具。这是让我颇觉沮丧的部分。全程搭乘英国海外航空公司的飞机，用了三天时间。我记得想要在一张椅子上入睡，有人拿着葡萄柚汁四处出没，每次飞机降落加油时都有人叫醒我。等我再次搭乘飞机时已经十九岁。

然而，我不记得在英国有过什么不愉快。要是我年纪再大些，我想或许会艰难得多。尽管之前从未上过课，我并不记得曾为语言所困。我喜欢牛仔电影和电视剧，并从中学到了只字片语。我的最爱是《拉勒米》(*Laramie*)，由罗伯特·福勒和约翰·史密斯主演。我还看过《独行侠》(*The Lone Ranger*)，这在日本也很著名。我盲目地崇拜这些牛仔。他们会说"当然"而不说"是的"。我的老师会说：石黑，你说"当然"是什么意思？我被迫搞明白原来独行侠说话的方式和唱诗班成员不一样。

《巴黎评论》：你觉得吉尔福德如何？

石黑一雄：我们在复活节期间抵达，我母亲被这看似血腥残酷的画面吓到了：一个男人被钉在十字架上，鲜血淋漓。而这些图画还要给孩子们看！如果你从一个日本人的角度，甚至一个火星人的角度来看，这场面几乎灭绝人性。我的父母不是基督徒。他们不相信耶稣基督是神。但他们以礼待之，当然，如果你是一个陌生部落的座上客，你也会尊重他们的风俗。

对我来说，吉尔福德看来截然不同。它是乡村，质朴而且色调非常单一：很绿。并且没有玩具。在日本，一切都带着让人目眩神迷的图像，你知道，到处是电线。吉尔福德很静谧。我记得有位很和善的英国阿姨，茉利阿姨，带我去商店买冰激凌。我从未见过这样的商店。它很空旷，柜台后只站着一个人。还有双层巴士。我记得初来乍到那几天搭乘过一辆。那真是惊心动魄。当你乘那些巴士经过狭窄的街道，感觉像骑着刺猬。我记得有关刺猬的联想。你知道刺猬是什么吗？

947

《巴黎评论》：那种典型的英国啮齿类动物？

石黑一雄：如今你再也见不到了，即便在乡村。我觉得它们已经灭绝得差不多了。但在我们生活的地方，它们随处可见。它们看着像豪猪，只是它们并不阴险歹毒。它们是讨喜的小东西。它们会在夜晚出没，于是常会被碾到。你会在室外看见这些小东西带着刺和内脏散落各处，被利落地扫进路边的下水道里去。我记得这景象让我困惑。我见过这些扁平的、死去的东西，于是我将它们与行驶时如此接近人行道的巴士联想起来。

《巴黎评论》：孩提时代你读很多书吗？

石黑一雄：就在我离开日本前，名叫"月光蒙面侠"的超级英雄很热门。我曾站在书店中，试着牢记他在儿童漫画书中的探险场景，然后回家自己画。我让母亲把我的画缝订起来，这样看起来就是本像样的书。

然而，作为一个生活在吉尔福德的孩子，我读的唯一的英语读物大概就是看图说话。它们都是为英国孩子准备的教材，是些关于诸如你怎么得到电之类的乏味文章。我不喜欢。与我祖父从日本寄来的东西相比，它们实在乏味。有个日语系列我想现在还有卖的，是活泼得多的看图说话版本。它妙趣横生，有些内容纯粹是娱乐，搞笑的词条和行文搭配着插图。当你打开书的时候，各种各样的学习辅助工具会掉出来。

通过这些书，我了解到自己离开日本后哪些人物开始走红，比如日本版本的詹姆斯·邦德。他也叫詹姆斯·邦德，但和伊恩·弗莱明笔下或是肖恩·康纳利演绎的版本毫无相似之处。他是个漫画人物。我觉得他非常有意思。在体面的英国中产阶级看来，詹姆斯·邦德代表着现代社会所有不足之处。电影令人反胃——使用了污言秽语。邦德毫无道德观，因为他会用不绅士的手法把别人痛揍一顿，而且还有那些穿比基尼的女孩，想来他一定和她们有肉体关系。作为一个孩子，你想看这种电影的话，得先找个不认为詹姆斯·邦德有伤风化的大人。但在日本，他出现在这种具有教育意义并受肯定的语境中，这向我展示了态度的不同。

《巴黎评论》：你在学校写作吗？

石黑一雄：写。我上当地的公立小学，学校正在试验现代教学方法。那是六十年代中期，而我的学校为没有严格界定的课程而洋洋自得。你可以玩手动计算器，也可以用陶土做头奶牛，你还可以写文章。这项目很受欢迎，因为它有利于交际。你写上一点，然后阅读彼此的东西，你可以大声读出来。

我虚构了一个叫席涅先生的人物，这是我朋友的童子军团长的名字。我觉得给间谍起这个名字很酷。那时我对福尔摩斯中毒太深。我会模仿着写维多利亚时期的侦探故事，开头当事人会上门，然后讲个漫长的故事。但大部分精力都花在了把我们的书装饰成书店里的平装书的样子上，在封面上画弹孔并在背面贴报章的推荐语，"才华横溢，紧张刺激。——《每日镜报》"。

《巴黎评论》：你觉得这经历对你成为作家有影响吗？

石黑一雄：那太好玩了，还让我觉得写故事是不费吹灰之力的事。我觉得这感受一直伴随我。如果人们处于放松的环境中，事情总是相对容易达成。

《巴黎评论》：侦探故事之后，下一个让你入迷的是什么？

石黑一雄：摇滚乐。福尔摩斯之后，我停止了阅读，直到二十多岁。但从五岁开始我就弹钢琴。十五岁时开始弹吉他，大约十一岁时开始听流行唱片——非常糟糕的流行唱片。当时觉得它们很棒。我喜欢的第一张专辑是汤姆·琼斯演唱的《家乡的绿草地》。汤姆·琼斯是威尔士人，但《家乡的绿草地》是首牛仔歌曲。他唱的是我从电视上了解到的牛仔世界。

我有台父亲从日本带给我的微型卷盘录音机，我可以从收音机的扬声器直接录音，一种早期的音乐下载方式。我会试图从带噪声的糟糕录音中听出歌词。到我十三岁时，我买了《约翰·韦斯利·哈丁》，我的第一张鲍勃·迪伦唱片，一上市就买了。

《巴黎评论》：你喜欢它什么呢？

石黑一雄：歌词。我当即就知道，鲍勃·迪伦是个伟大的词作者。有两样东西我很有自信，即便是在那时候：什么是好的歌词，什么又是好的牛仔电影。通过迪伦，我想我第一次接触意识流或者说超现实歌词。我还发现了莱昂纳德·科恩，他以文学的方式演绎歌词。他已经发表过两本小说和一些诗集。作为一个犹太人来说，他的意象很具天主教风格。很多的圣徒和圣母。他就像个法国香颂歌手。我喜欢这个想法：音乐家可以全然自给自足。你自己写歌，自己唱，自己编曲。我觉得这很诱人，于是我开始写歌。

《巴黎评论》：你的第一首歌是怎样的？

石黑一雄：有点儿像莱昂纳德·科恩的风格。我想开场那句歌词是："你的双眸再不会睁开，在我们曾生活嬉戏的海滩上。"

《巴黎评论》：是首情歌？

石黑一雄：迪伦和科恩的部分魅力就在于，你不知道那些歌是关于什么的。你纠结万分地表达着自己，但你总是会遇到你无法全然了解的东西，你就被迫假装懂得。在你的年少时代，大部分时间里生活就是如此，而你羞于承认。不知怎的，他们的歌词似乎能体现那种状态。

《巴黎评论》：十九岁时，当你终于再次登上飞机，你去了哪里？

石黑一雄：我去了美国。这是我很早之前就有的雄心壮志。我为美国文化神魂颠倒。我在一家婴儿用品公司打工存钱。我包装婴儿食品，还检查名为"四胞胎诞生""剖腹产"等字样的八毫米电影是否有损伤。一九七四年四月，我登上一架加拿大航班，这是较廉价的抵达方式。我在温哥华降落，半夜搭灰狗客车穿越边境。我在美国停留了三个月，每天的花费是一美金。那时候，每个人都对这些事抱有浪漫态度。每天晚上，你都得搞清楚要去哪里睡觉，或是"灵魂碰撞"。整个西海岸，都有搭便车旅行的年轻人建立起来的网络。

《巴黎评论》：你是个嬉皮吗？

石黑一雄：我想我曾是，起码表面上是。长发，蓄须，吉他，帆布背包。讽刺的是，我们都觉得自己很独特。我搭车走太平洋沿海公路，穿过洛杉矶、旧金山，以及整个北部加州。

《巴黎评论》：你怎么看待整个经历？

石黑一雄：它大大超过我的预期。有些部分惊心动魄。我搭运货列车从华盛顿州穿越爱达荷州去蒙大拿。和我一起的是个明尼苏达州来的家伙，那一晚我们过得像完成特殊使命。那是个污秽不堪的地方。你必须在门口脱光衣服，和那些酒鬼一同进入淋浴间。踮着脚尖经过黑色的水坑，在另一头，他们给你洗过的睡衣，你在铺位上睡觉。第二天早晨，我们和这些老式的无业游民去货运站。他们和搭车文化毫无关系，这文化几乎全是由中产阶级学生和逃亡者组成。这些人则搭火车旅行，他们浪迹于不同城市的贫民区。他们靠献血维生。

他们是酒精中毒者。他们穷困潦倒且疾病缠身,而且他们看起来糟糕透了。他们和浪漫半丁点关系都没有。但他们会提供很多好建议。他们告诉我们,火车行驶过程中不要试图跳车,因为你会丢了性命。如果有人想上你的车厢,尽管把他们扔下去。如果你觉得这会要了他的命,也没关系。他们会想偷你的东西,停车之前你都得和他们困在一起。如果你睡着了,你会仅仅因为身揣五十美金而被抛出车外。

《巴黎评论》:你写过有关这次旅行的事吗?

石黑一雄:我一直写日记,类似那种仿凯鲁亚克体。每天我都写下发生了什么:第三十六天。遇到了什么人。我们做了什么。我回家后,拿出这些厚厚的日记,坐下来写了两个片段,深入地写,以第一人称的叙述方式。一篇写的是关于我在旧金山被偷了吉他。那是我第一次开始留意结构。但我将这种奇怪的翻译腔融入了我的叙事风格,因为我不是美国人,所以它读起来矫揉造作。

《巴黎评论》:就像你的牛仔时期?

石黑一雄:有点儿那个时代的余音。我觉得美国口音有些特别酷的地方。诸如"公路"(freeway)而不是"马路"(motorway)这样的词汇。我甘愿受罚也要说:从这里到公路有多远?

《巴黎评论》:似乎你的整个青年时期都有个模式:你盲目崇拜某些东西,然后模仿。先是福尔摩斯,接着是莱昂纳德·科恩,然后是凯鲁亚克。

石黑一雄:当你处于青春期,这就是你学习的方式。其实写歌是我喜欢的领域,因为我必须做的不仅仅是模仿。如果我的朋友和我经过某个吉他弹得像鲍勃·迪伦的人,我们会对他不屑一顾。关键是要找到你自己的声音。我的朋友和我很清楚我们都是英国人,我们无法写出原汁原味的美式歌曲。当你说"在路上",你会想象61号公路,而不是M6。挑战在于,要找到相对应的有说服力的英语。蒙蒙细雨中被困寂寞的路途,但得是在苏格兰边界的灰色环路上,浓雾正漫起,而不是坐着凯迪拉克行驶于美国的传奇公路。

《巴黎评论》:你的履历中说你曾是松鸡捕猎助手,请解释下?

石黑一雄:从学校毕业后的第一个夏天,我在巴尔莫勒尔城堡为伊丽莎白王太后工作,王室家族在那里消夏。那时候,他们会雇用当地学生担任捕猎松鸡的助手。王室成员会邀请人们到他们地盘上打猎。王太后和她的宾客会带着猎枪与威士忌乘上路虎车,驶过荒原中的一个个射击点。那是他们瞄准射击的地方。从距离石楠丛大约一百码远的地方开始,我们十五人列队走过荒原。松鸡生活在石楠丛里,听到我们靠近的声音,它们就上蹿下跳。等我们到达石楠丛的时候,附近的松鸡都已聚到了一起,而王太后和她的客人们正举枪而待。射击点附近没有石楠,所以松鸡只得飞起来。接着猎杀就开始了。然后我们走向下一个射击点。这有点儿像高尔夫。

《巴黎评论》:你遇到过王太后吗?

石黑一雄:遇到过,时常遇到。有一次她来到我们的阵营,气势吓人,当时只有我和另一个女孩在那里。我们压根不知道该做些什么。我们闲聊了一小会儿,然后她再次驾车离开。但那是很不正式的见面。尽管她自己不打猎,你经常会在旷野中看见她。我想他们喝掉了很多酒精饮料,气氛相当融洽。

《巴黎评论》:这是你第一次接触那个世界吗?

石黑一雄:是我最后一次接触那样的世界。

《巴黎评论》：这对你有何助益？

石黑一雄：我觉得很有意思。但更令人着迷的是那些打理这些豪宅的人的世界，那些仆从。他们说一种苏格兰方言，没有人——包括苏格兰学生——可以听懂。他们对那边荒原非常非常熟悉。他们性格坚毅。他们对我们很恭敬，因为我们是学生——直到真正的松鸡捕猎开始。他们的工作是让我们保持绝对精准的队形。如果我们中有谁脱离队形，松鸡就有可能逃脱。所以他们会变身为疯狂的军士长。他们会站在悬崖上，用奇怪的苏格兰口音咒骂我们，简直骂飞头盖骨——你们这些该死的混账！然后他们会从悬崖上下来，再次变得彬彬有礼、毕恭毕敬。

《巴黎评论》：你的大学生涯如何？

石黑一雄：我在肯特大学学习英语与哲学。我发现相较于那些通过包装婴儿用品将我从王室家族带往运货列车的年月，大学很无趣。一年后，我决定再休学一年。我去了一个叫兰福瑞的地方，离格拉斯哥不远，其中六个月在居民区担任社区义工。最初抵达时我完全找不到北。我在英格兰南部很典型的中产家庭长大，而那里是苏格兰内陆工业区内成片的破落工厂。这些典型的小居民区，规模都不超过两条街，划分成敌对阵营彼此憎恨。第三代居民和其他被驱逐后突然来到这里的家庭之间关系紧张。那里的政治局势很活跃，但却是货真价实的政治。与学生的政治世界天差地别，这与之后你是否反对北大西洋公约组织的运动有些相像。

《巴黎评论》：这些经历对你有何影响？

石黑一雄：我成长很多。我不再是那个叫嚣着一切"妙不可言"并以一百码时速四下呼啸的人了。当我在美国旅行时，紧随"你想加入什么乐队""你从哪里来"之后的第三个问题是："你觉得什么是生命的意义?"然后我们会交流观点和怪异的准佛教冥想技巧。《禅与摩托保养艺术》被四处传阅。没有人真的阅读它,但书名很酷。当我自苏格兰回来,我已经成熟地摆脱了那些。在我见识到的世界里,那些毫无意义。这都是些挣扎谋生的人。涉及很多酒精与药物。有些人心怀真正的勇气为一些东西努力追寻,而放弃却是如此轻易。

《巴黎评论》:那时你的写作进展如何?

石黑一雄:那时候,人们不会讨论书籍。他们讨论电视剧、实验戏剧、电影、摇滚乐。那时我读了玛格丽特·德拉布尔写的《金色的耶路撒冷》。这时期我已经开始阅读十九世纪的大部头小说,所以对我来说,可以用同样的技巧讲述现代生活的故事,对我来说是个极大的启示。你不必描写拉斯柯尔尼科夫谋杀一个老妇人,或是拿破仑战争。你可以只写个有关四处晃荡的小说。那时我尝试写一部小说,但没有太多进展。它非常糟糕。我把它放在楼上了。写的是一个夏天,年轻学生们在英国境内漫无目的地闲晃。酒吧里的交谈,女朋友和男朋友们。

《巴黎评论》:这正是你的作品引人注目的地方——你从不做现下很普遍的事,将你自己的故事写成小说:伦敦的现代生活,或是成长于一个在英国的日本家庭。

石黑一雄:我正要和你说呢——我确实写过这些。但写得三心二意,因为我主要做的事还是试图写出能跨越疆界的歌曲。

《巴黎评论》:回头看你发表的第一部小说《远山淡影》,现在你觉得它如何?

石黑一雄:我很喜欢它,但我确实觉得它过于故弄玄虚。结尾几乎就像个谜题。从艺术角度来看,我觉得使人困惑到如此程度并无益处。那只是缺乏经验——错误估计了什么太直白什么又太含蓄。即便是那时候,我也感到结尾差强人意。

《巴黎评论》:你想达成怎样的效果?

石黑一雄:打个比方说,有人在谈论一个共同的朋友,他因为这个朋友在一段感情中的犹豫不决而生气。他彻底地暴怒了。随即你意识到他是在通过朋友的境地说他自己。我觉得这在小说里是一个有趣的叙事方式:有些人觉得自己的人生过于痛苦或尴尬而无法启齿,所以要通过别人的故事来讲述他自己的故事。我有很多时间与无家可归者共事,倾听他们如何落得如此境地的故事,我变得很敏锐,觉察到一个事实,那就是他们并不以直接的方式讲述这些故事。

在《远山淡影》中,讲述者是一个半老的中年女人,她成年的女儿已经自杀。这在书的开头已经开门见山地说明。但她没有解释是什么造成了这种结果,而是开始回忆她在长崎时期的友谊,那是在"二战"刚结束的时候。我觉得读者会想,我们究竟为什么要听另一件事呢?有关女儿的自杀她有何感受?女儿为什么要自杀?我希望读者会逐渐意识到,中年女人的故事正通过她朋友的故事得以讲述。但因为我不懂如何创造回忆的语感,最终当旧时日本的场景淡入很显然是新近发生的场景中时,我不得不借助些噱头。

即便是现在,当我在活动中谈论新作的时候,还有人会问:这两个女人是同一个女人吗?结尾处的桥上,当"你"转换成"我们"时发生了什么?

《巴黎评论》:你觉得写作课程对你成为作家有帮助吗?

石黑一雄:我的看法是,我想写歌,但总不得其门而入。我去东英吉利大学后,每个人都鼓励我,不出几个月我已经在杂志发表作品并获得了第一本书的出版合同。从技术角度,它也对我成为作者有所助益。

我感觉自己向来不擅长叙述有趣的故事。我描写很沉闷的故事。我觉得自己的长处在处理书稿。我可以看着一篇初稿，然后生出有关下一稿的很多想法。

马尔科姆·布雷德伯里之后，我的另一个重要导师是安吉拉·卡特，她教会我很多与写作这门事业相关的知识。她介绍我认识黛博拉·罗杰斯，黛博拉现在还是我的经纪人。安吉拉还瞒着我把我的作品发给《格兰塔》杂志的比尔·波福德。我在卡迪夫租的公寓的厨房里有台投币电话机。某天它响了起来，我寻思着：真怪，投币电话在响。而电话那头正是比尔·波福德。

《巴黎评论》：是什么给你灵感创作了第二部小说《浮世画家》，描写一个画家因战时的军事家身份而无法释怀？

石黑一雄：《远山淡影》中有条副线是关于一位老教师，他不得不重新审视自己构建整个人生的价值观基础。我对自己说，我要淋漓尽致地写部小说描写此种情境下的人——这就是，一个由于生在特定年代而在职业生涯留下污点的画家。

这部小说为《长日将尽》提供了动力。我看着《远山淡影》心想，以职业角度探讨萧瑟人生的主题已经探索得很令人满意，那有关私人生活又当如何？年轻的时候，你会觉得一切都和职业有关。最终你会意识到工作只是一部分而已。当时我正有如此感悟。我想把这一切都再写一遍。你如何以成就事业的方式荒废人生，你又如何在人生舞台上蹉跎了一辈子。

《巴黎评论》：你为什么觉得这个故事不再适合以日本为背景？

石黑一雄：开始写《长日将尽》时，我意识到自己想要表达的精髓是流动的。

《巴黎评论》：我觉得这是你的独到之处，展现出某种变色龙般的能力。

石黑一雄：我觉得不是像变色龙。我想说的是，同一本书我写了三次。不知怎的我就是无法自拔。

《巴黎评论》：你是这样认为，但所有读过你第一本小说再读《长日将尽》的读者都会有片刻的迷幻感——他们从如此真实的日本场景穿越到了达林顿勋爵府。

石黑一雄：这是因为人们第一眼总会先留意到细枝末节。对我来说，精髓不在故事背景中。尽管我知道有时确实如此。普里莫·莱维的作品中，如果你抽离背景，你就拿走了整个故事。但我最近看了场精彩的《暴风雨》，背景是北极。绝大多数作者有意识地写特定事物，有些东西则决定得没那么刻意。我的情况是，讲述者与背景的选择都会经过深思熟虑。你必须非常谨慎地选择背景，因为随之而来的是各种情绪和历史反响。这之后，我会为吹拉弹唱留下足够空间。举例来说，我为手头正在写的小说选择了一个古怪的故事背景。

《巴黎评论》：关于什么？

石黑一雄：还不能多谈，但我可以拿初期的情况来举例。一段时间以来，我都想写本有关社会如何记忆与遗忘的小说。我已经写过独立个体是如何与痛苦记忆和解。但我发现个人记得与忘记的模式和社会不同。什么时候遗忘才更好？这问题不断涌现。"二战"之后的法国是个有趣的案例。你可以对戴高乐说的话持不同意见，他说：我们必须让这国家重新运作起来。我们别再为谁结盟过、谁没有而费神。让我们把这些深刻的事留待他日再说。但有人会说，这样的话正义就得不到伸张，这会造成更严重的问题。分析家可能就是这样形容一个镇压者的。然而，如果我写与法国有关的事，它就会变成一本关于法国的书。我想象到自己不得不面对法国研究专家们的质询：所以，你都说了些什么与法国有关的事？你指责我们些什么呢？而我只能说：其实，这只是为更广大的主旨服务。另一个选择则是《星球大战》策略："在一个远得不能再远的星系。"《莫失莫忘》就是走这条路线，它遇到了特定的挑战。很长时间里，我都有这个问题。

《巴黎评论》：你决定如何处理？

石黑一雄：一个可行的解决办法就是将小说设定在公元前四百五十年的英国，罗马人已经离开，盎格鲁-撒克逊人开始掌权，随即凯尔特人灭绝。没人知道究竟发生了什么，他们就是消失了。既不是种族灭绝也不是民族融合。我认为你在历史中回溯得越远，故事读来就越有隐喻意味。大家去看《角斗士》，将它解读为一则现代寓言。

《巴黎评论》：《长日将尽》中的英国背景又是怎么来的呢？

石黑一雄：这是我妻子的一个笑话引起的。有个记者要就我的第一本小说采访我。我妻子说：如果这个人进来问你些有关小说的严肃、沉重的问题而你假装是你的管家，会不会很有意思？我们都觉得这想法很搞笑。从此以后，我对把管家作为一种暗喻这事欲罢不能。

《巴黎评论》：来暗喻什么呢？

石黑一雄：两样东西。其一是某种冷若冰霜的情绪。英国管家必须无比克制，对所有发生在他周围的事都没有任何个人化的反馈。这似乎是一个很好的切入点，可以深入到不仅是英国人还有我们所有人共通的部分，那就是：我们都害怕动感情。管家还代表着把重大的政治决定权留给他人。他说：我只要尽力服务好这个人，我就在尽可能地贡献社会，但我自己不会做重要决定。无论我们是否生活在民主社会，很多人都处于这一境地。决策时我们中绝大多数人都不在场。我们尽忠职守，并为之骄傲，我们还希望自己的微薄之力会被善加利用。

《巴黎评论》：你曾是吉维斯①的拥趸吗？

石黑一雄：吉维斯的影响很深远。但不仅仅是吉维斯，还有影片背景中所有的管家形象。他们的搞笑以微妙的方式表达。不是闹腾的幽默。他们干巴巴的语言风格里有种病态的东西，有些事一般来说都有更为感情充沛的表达方式。而吉维斯是个中翘楚。

那时我已经很有为全球读者写作的意识。我觉得，这是种回应，针对上一代英国小说作品中刻意的地方主义。如今回头去看，我不知道那是否只是种控诉。但我的同辈们已经意识到我们必须面对全世界的读者，而不只是英国读者。我想到的可以达成这一目标的方法是采用世人皆知的英式传奇为主题——也就是说：英国管家。

《巴黎评论》：你做了很多研究吗？

石黑一雄：是的，但我惊讶地发现，相对本国在"二战"之前服务业的就业人数比例来说，仆人们撰写的有关仆人的书实在太少了。他们中绝少有人认为自己的生涯值得书写，这太奇妙了。所以《长日将尽》中有关仆佣的从业规则都是杜撰的。当史蒂芬提及"员工计划"，那是捏造。

《巴黎评论》：在那本书中，同时在你的很多小说中，主人公似乎

---

① 吉维斯（Jeeves），电影《万能管家》中的主角，电影改编自英国幽默小说家佩勒姆·伍德豪斯爵士（1881—1975）的代表作。原作创作于1915年，总共有11本小说和35篇短篇，讲述"二战"前英国贴身管家为主人解决各种问题的故事。

转瞬间就悲剧地失去了爱的机会。

石黑一雄：我不知道他们是不是在转瞬间失去的。某种意义上来说，他们老早就已失去。他们可能会回首并思索：曾有那么一个时刻本可以扭转全局。这么想对他们来说是种诱惑，哎，这只是命运的小纠结。其实，是某些重大的事件让他们错失了爱以及生命中至关重要的东西。

《巴黎评论》：在你看来，为什么要让这些人物前赴后继地这么做呢？

石黑一雄：如果不给自己做精神分析，我说不出个所以然。如果某个作者告诉你为何要重复某一特定主题，永远不要当真。

《巴黎评论》：《长日将尽》赢得了布克奖。成功为你带来什么改变？

石黑一雄：《浮世画家》出版时，我还过着籍籍无名的日子。一夜之间天翻地覆，大概在它出版六个月之后，它获得布克奖提名，并赢得惠特布莱德奖。就在那时我们决定买部答录机。陡然间，我几乎不认识的人都邀请我们去晚餐。要过一阵子我才明白，我不必应承所有的事情，否则你的生活将会失控。等我三年后赢得布克奖时，我已经学会如何礼貌地拒绝别人。

《巴黎评论》：作家生涯中的公众活动——巡回签名售书、采访——最终会影响到写作吗？

石黑一雄：这会以两种明显的方式影响你的写作。其一，这会占据你三分之一的工作时间。另外被见多识广的人挑战智商常会耗费你很多工夫。为什么你的作品里总有一只三条腿的猫，或是，你为什么对鸽子肉馅饼着迷呢？很多写进你作品的东西可能是无意识的，起码这些意象附带的情感共鸣可能未被解析过。当你做巡回推广时，这些东西就无法再保持这种状态。过去，我觉得尽可能坦诚会更好，但我看到了这样做的害处。有些作者被搞得焦头烂额，最后他们气急败坏。这也会影响到你如何写作。你坐下来创作时会想，我是写实主义者，我觉得自己还有点荒诞派。你开始变得更忸怩作态。

《巴黎评论》： 当你写作时会主动联想到译者可能会遇到的问题吗？

石黑一雄： 当你发现自己置身于世界的其他角落时，你会尴尬地意识到那些因文化差异而无法翻译的事物。有时你会花四天时间向丹麦人解释一本书。举例来说，我不是很喜欢用品牌名和其他文化参照物，并不仅仅因为它们无法在地理位置上转化。它们也很难在时间中转化。三十年后，它们将毫无意义。你不仅仅为不同国度的人写作，你还在为不同时代的人写作。

《巴黎评论》： 你有惯常的写作作息吗？

石黑一雄： 我一般从早上十点写到下午六点。大约四点之前，我尽量不碰电子邮件和电话。

《巴黎评论》： 你用电脑写作吗？

石黑一雄： 我有两张书桌。一张是写字台，一张有电脑。电脑是一九九六年买的。它没有连接到网络。初稿时我更喜欢用笔在写字台上写。我希望它在旁人看来多少有些难以辨认。草稿是一片混乱。我对风格或者连贯性毫不在意。我只想把一切都写在纸上。如果我突然遇到一个与之前内容不相容的新想法，我还是会写进去，不过我会留下标记，以后再解决。接着我在此基础上计划出全局。我标注段落，排列组合它们。当我写下一稿的时候，会对去向有更清晰的看法。这次，我会写得更谨慎。

《巴黎评论》：你一般会写几稿？

石黑一雄：很少超过三稿。尽管如此，有些段落我不得不一再改写。

《巴黎评论》：很少有作者在回顾自己的早期作品时有你这样积极的评价。接着《无可慰藉》面市了。尽管现在有些评论家认为它是你最优秀的作品，但也有人说那是他们读到过的最糟糕的东西。对此你有何感受？

石黑一雄：我觉得几乎是自己把自己逼进了更具争议的领域。如果说人们对我最初的三部作品有何诟病的话，可能就是不够勇敢。我确实觉得这听来有几分道理。《纽约客》刊登过一则《长日将尽》的书评，读来通篇都是溢美之词。接着又写道：它的问题在于一切运作起来就像钟表机械。

《巴黎评论》：太过完美。

石黑一雄：是的。我没有制造混乱也没有冒险。一切都操控得当。被批评说太完美可能不会让其他人想太多。哇，这样的批评！但这却与我的感受吻合。我一次又一次提炼同一部小说。那时我很渴望做些自己无法确定的事。

《长日将尽》出版后不久，我和太太坐在一家便利小吃店里，讨论如何创作出面向国际读者的小说，并试图找到全球性的题材。我太太指出梦的语言是国际通用的。不管来自什么文化背景，所有人都认同它。接下来的几周，我开始问自己，梦有什么语法？刚才，我们两人在这没有旁人的房间里交谈。第三人要进入这个场景。在常规作品中，会有敲门声，有人会进来，我们会打招呼。但梦中的意识没耐心处理这种事。典型的情况是，就我们两个坐在这房间里，突然我们发觉我身边一直坐着另一个人。我们或许会对没有留意过这人感到些许惊讶，但无论他何时出现，我们都立即接受。我觉得这很有意思。我开始注意到记忆与梦境之间的相似，你根据当下情绪随意操纵两者的方式。梦的语言能让我写出一个隐喻式的故事，读者会认为它在针对特定社会发表意见。我花了几个月搜集了很多笔记，最后我觉得已做好写小说的准备。

《巴黎评论》：当你创作它的时候，有无谋篇布局的概念？

石黑一雄：有两个故事线。有莱德的故事，在他的成长过程中，父母是一对处于离婚边缘的怨偶。他觉得让他们和好的唯一途径是达到他们的期望。事实上，他最终成为了魅力非凡的钢琴家。他觉得如果举办这场至关重要的演唱会，就能平复一切伤痕。当然，到那时已经无力回天。无论他的父母之间发生了什么，都早已根深蒂固。还有布罗德斯基的故事，这个老人为挽回自己搞砸的感情做着最后的努力。他觉得作为指挥如果能让音乐会成功举办，他就可以赢回一生所爱。这两个故事发生的环境相信，所有问题的病灶在于对音乐的价值有错误的认知。

《巴黎评论》：你怎么回应困惑的书评人？

石黑一雄：故意玩晦涩并不是我的意图。考虑到小说是要追随梦境的逻辑，它已尽我当时所能写得尽可能清晰。在梦境中，一个角色常会由不同的人扮演。但我不会对《无可慰藉》做丝毫改动。那就是彼时的我。我觉得这几年来它已经获得了对等的地位。别人向我提及它的频率要多过其他作品。在我巡回售书的时候，我知道那晚上有一部分时间要专门留给《无可慰藉》，尤其是在美国西岸。学者关于它的论著要多过我的其他作品。

《巴黎评论》：接下来是《我辈孤雏》，讲的是一个英国侦探，克里斯多夫·班克斯，试图揭开他父母在上海失踪的谜案。

石黑一雄：《我辈孤雏》是我写作生涯中少有的范例，我想要描写特定时间与地点发生的故事。三十年代的上海让我浮想联翩。它是现今国际大都市的雏形，各族群居住在他们的租界中。我的祖父曾在那里工作，我父亲在那里出生。八十年代，我父亲带回了祖父在那里时留下的相册，有很多公司的照片：人们穿着白色制服坐在带吊扇的办公室里。那是个迥然不同的世界。他告诉我很多故事——比如说，祖父带我父亲到受监控的华人区和一个即将死于癌症的人告别时，怀揣着手枪。这些事很激发灵感。

而且我一直想写个侦探故事。英国侦探的形象——夏洛克·福尔摩斯——与英国管家有很多相似之处。不是指尽忠职守，而是在冷静理性方面，但受困于特定的职业身份。情感疏离。就像《无可慰藉》中的音乐家，他个人生活中有些什么已分崩离析。在克里斯多夫·班克斯的脑海中，解开父母失踪之谜和阻止第二次世界大战之间存在着古怪的逻辑省略。我想在《我辈孤雏》的核心部分探讨这一奇怪逻辑。我试图描述我们内心有部分的自我总是以童年的方式看待事物。但小说并未完全按我的设想发展。我原本的概念是小说之中再套一个类型小说。我本想让班克斯以阿加莎·克里斯蒂的风格再破一宗谜案。但结局是我舍弃了几乎一年的心血，一百零九页文字。《我辈孤雏》给我的麻烦超过其他任何作品。

《巴黎评论》：我知道，《莫失莫忘》还有几个失败的版本。

石黑一雄：是的。最初的构思是写有关学生或年轻人在三十年而不是八十年的跨度中度过一生的故事。我想他们会在夜晚遭遇用超大卡车运送的核武器，并以某种形式难逃一劫。最终的境地却是我决定让这些学生成为克隆人。这样我就有了他们的生命周期为何如此短暂的科学依据。使用克隆人概念的勾人之处在于，这会让人们随即就问：作为人类有什么意义？这是陀思妥耶夫斯基式疑问"灵魂是什么？"的世俗化解读。

《巴黎评论》：你对寄宿学校这一背景有特殊兴趣吗？

石黑一雄：它极好地比喻了童年。广义上来说，在这种境况下，掌权的人可以控制孩子知道或不知道什么。对我来说，这与我们在现实生活中对待孩子的方式并无多少区别。从很多角度来看，孩子们都在肥皂泡中成长。我们试图保持那些肥皂泡——我认为，做得非常妥当。我们不让他们接触坏消息。我们做得如此周到，以至于当我们和小孩走在一起时，遇到的陌生人也会成为同谋。如果他们在争吵，他们会停止。他们不想让孩子知道大人会仅仅为了互相折磨而争吵的坏消息。寄宿学校就是这种现象的具体象征。

《巴黎评论》：你是否和很多评论家一样，觉得这部小说很黑暗？

石黑一雄：其实，我一直觉得《莫失莫忘》属于我欢快的作品。过去，我书写角色们的失败。它们是对自己的警告，或者说是"如何才不会活成这样"指导书。

通过《莫失莫忘》，我第一次觉得我允许自己去关注人身上积极的部分。好吧，他们或许有缺陷。他们容易有妒忌、小气之类的人类情绪。但我想展现三个本质优秀的人。当他们最终意识到自己时日无多，我不希望他们过多关注自己的地位或是物质财富，我希望他们更关心彼此并正确地处理问题。所以对我来说，它说的是人类对抗道德黑暗面时的积极举动。

《巴黎评论》：你如何选择书名？

石黑一雄：这有点儿像给孩子取名字。会发生很多争论。有些书名不是我起的，例如——《长日将尽》。我在澳大利亚参加作家节，与迈克尔·翁达杰、维多利亚·格莱丁和罗伯特·麦克拉姆一起坐在长椅上，还有一位是名叫朱迪斯·赫兹伯格的荷兰作家。我们半真半假地玩着为我即将完成的小说起名字的游戏。迈克尔·翁达杰提议说叫《牛腰肉：别具滋味的故事》。那时就到这种程度。我不停解释说必须和管家沾点边。接着朱迪斯·赫兹伯格提到弗洛伊德的一个说法：Tagesreste，用来谈论梦境的，意思有些类似"白日的废墟"。她绞尽脑汁翻译成"长日将尽"。我觉得它很符合情境。

至于接下来的这部小说，要在《无可慰藉》与《钢琴梦》中做选择。一位朋友说服我和我太太为我们女儿选择了正确的名字：娜奥米。我们在阿萨米和娜奥米之间纠结不已，而他说：阿萨米就像把萨达姆和阿萨德讲串了——彼时阿萨德是叙利亚的独裁者。好吧，又是他说的，陀思妥耶夫斯基或许会选《无可慰藉》，艾尔顿·约翰可能会选《钢琴梦》。所以我选了《无可慰藉》。

《巴黎评论》：其实，你是陀思妥耶夫斯基的书迷？

石黑一雄：是的。也是狄更斯、奥斯丁、乔治·艾略特、夏洛蒂·勃朗特和威尔基·柯林斯的书迷。我最初在大学里读的都是血统纯正的十九世纪文学。

《巴黎评论》：你为什么喜欢呢？

石黑一雄：有种写实感，让人觉得小说中构建出来的世界和我们生活的世界大同小异。而且，是很容易让你沉迷的作品。叙事充满自信，使用传统技巧来处理情节、结构和人物。因为我孩提时代阅读量很少，所以需要扎实的基础。夏洛蒂·勃朗特的《维莱特》和《简·爱》，陀思妥耶夫斯基的四部大作，契诃夫的短篇小说，托尔斯泰的《战争与和平》。还有《荒凉山庄》。简·奥斯丁的六部小说至少读五部。如果你读了这些，你就会有扎实的基础。我还喜欢柏拉图。

《巴黎评论》：为什么？

石黑一雄：在他写的苏格拉底对话录中，绝大多数情况都是，有个自以为无所不知的人沿着街道走来，苏格拉底和他一同坐下并将他教育得落花流水。这看起来似乎带着破坏性，但主旨在于，善的本质难以琢磨。有时人们将他们的整个人生建筑在坚定的信仰上，但这信仰可能是错误的。这是我早期作品的主题：自以为无所不知的人们。但没有苏格拉底这样的角色。他们就是自己的苏格拉底。

柏拉图的对话录中有这么一段，苏格拉底说理想主义的人往往会在遭遇两三次打击后变得厌世。柏拉图认为，这可能就像追寻善之本义的过程。当你遭遇打击时不该觉得幻灭。你的发现就是：追寻很艰难，但你依旧有继续追寻的责任。

（原载《巴黎评论》第一百八十四期，二〇〇八年春季号）